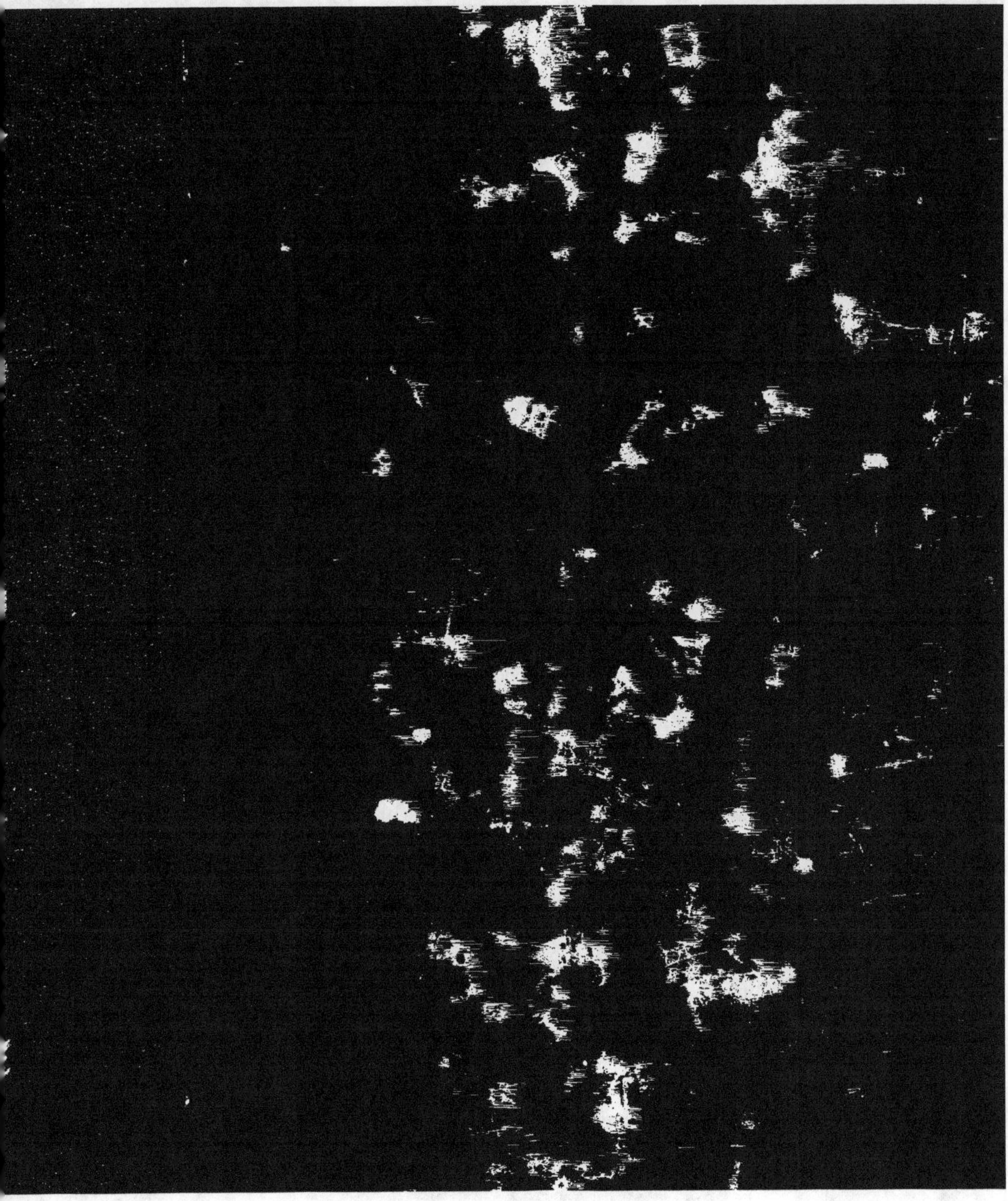

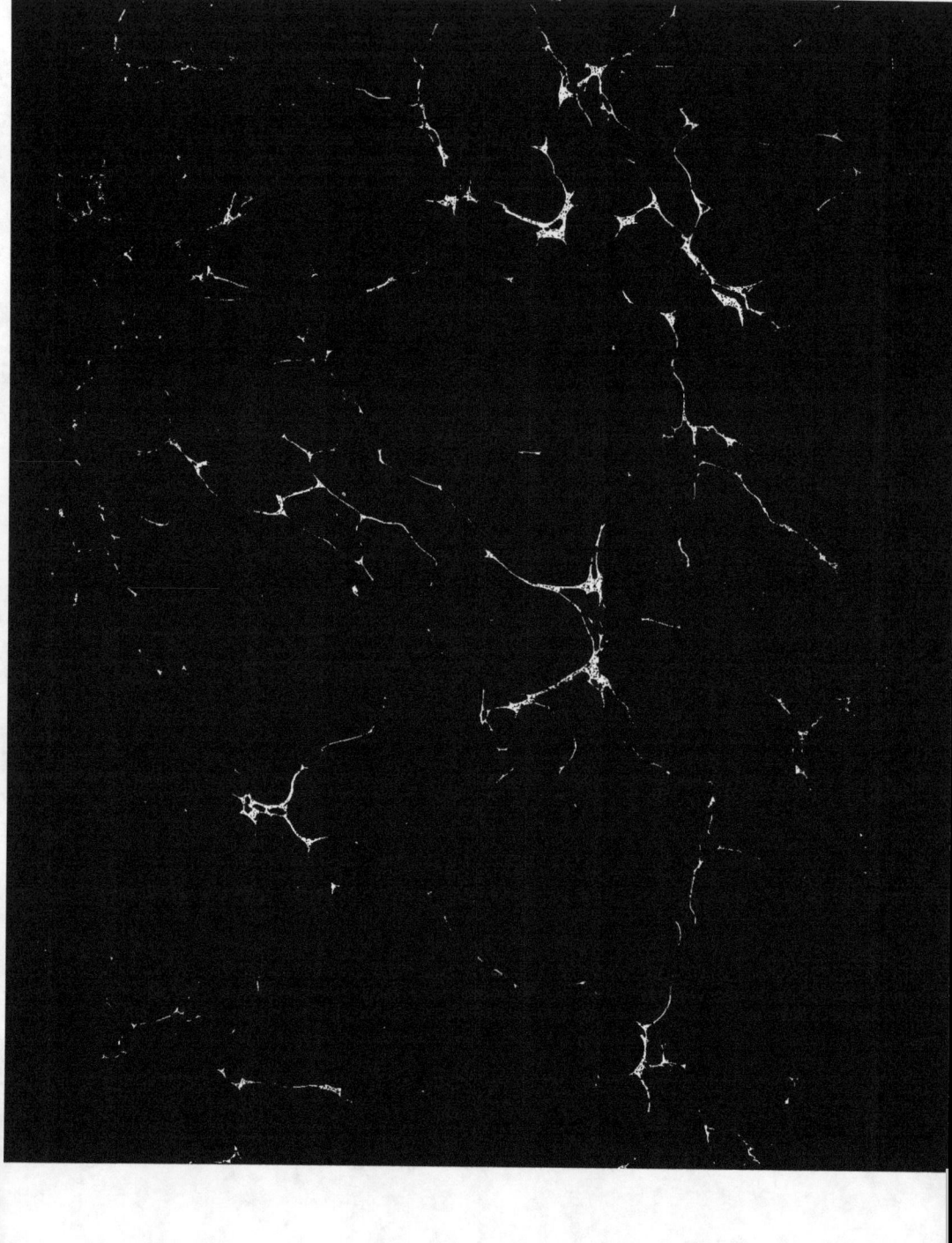

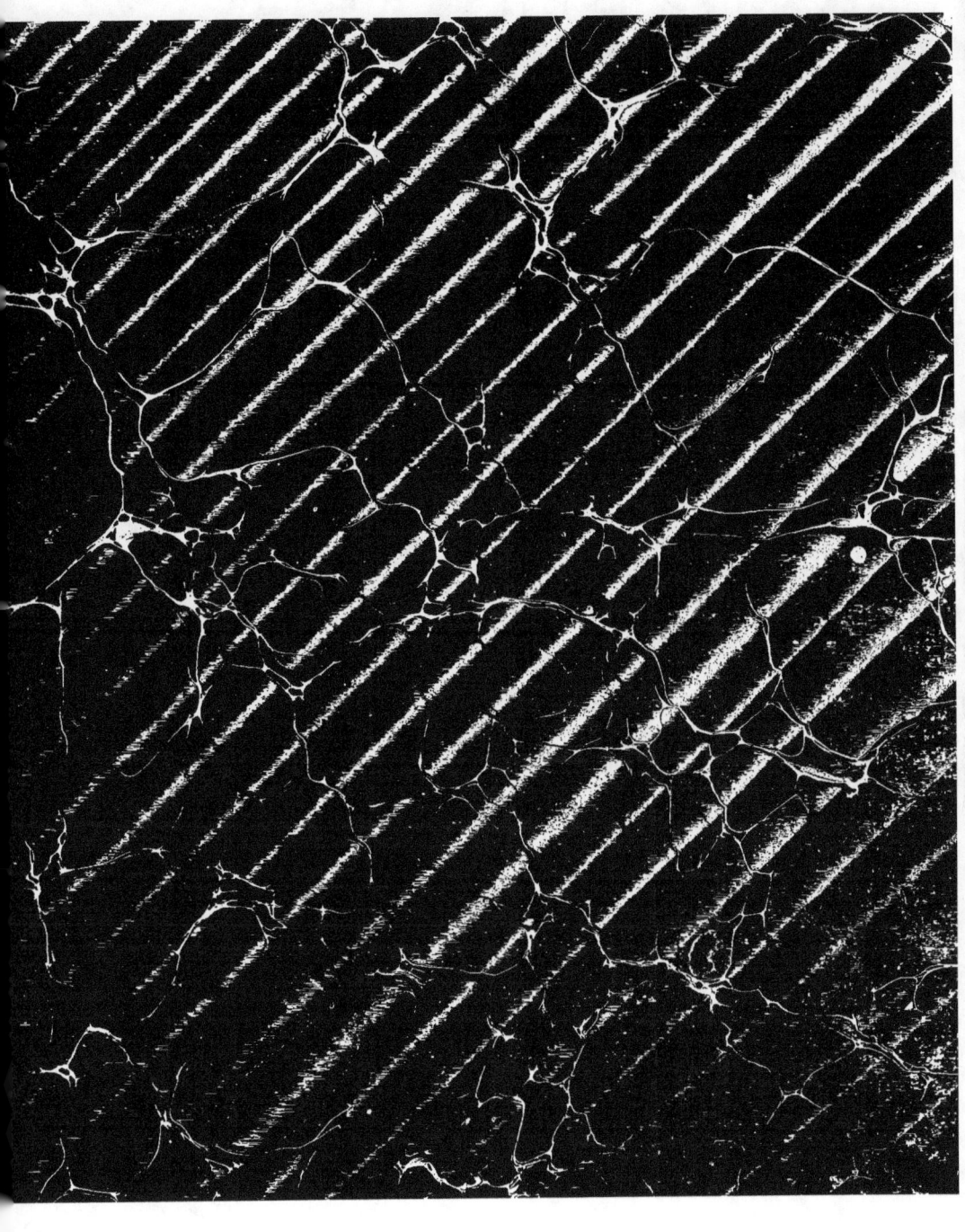

CORRESPONDANCE
DE
NAPOLÉON I{ᵉʳ}

CORRESPONDANCE

DE

NAPOLÉON Ier

PUBLIÉE

PAR ORDRE DE L'EMPEREUR NAPOLÉON III

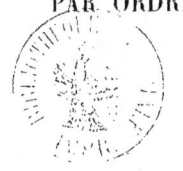

TOME XVI

PARIS

IMPRIMERIE IMPÉRIALE

M DCCC LXIV

RAPPORT A L'EMPEREUR.

SIRE,

Le 3 février dernier, Votre Majesté a institué une nouvelle Commission pour la publication de la Correspondance de Napoléon Ier. Je remets sous ses yeux le texte de ce décret et le rapport qui l'a précédé.

Votre Majesté, voulant élever à la mémoire de Napoléon Ier un monument qui transmît à la postérité les diverses phases de la pensée du Fondateur de sa Dynastie, a ordonné la réunion et la publication de la Correspondance de son Oncle.

Une Commission, instituée par un décret du 7 septembre 1854, a été chargée de ce grand travail; elle a accompli sa tâche avec une activité et un dévouement dignes d'éloges; c'est par ses soins qu'ont été publiés les quinze volumes qui ont paru et qui conduisent le lecteur à la paix de Tilsit.

Plusieurs membres de cette Commission sont aujourd'hui décédés; quelques autres sont empêchés de prêter un concours aussi assidu que par le passé aux travaux de la Commission; d'un autre côté, à mesure que la publication avance, les documents s'offrent avec une abondance qui dépasse toutes les prévisions.

En présence de cet état de choses, Votre Majesté a pensé qu'il convenait d'instituer une Commission nouvelle; et, pour donner une preuve de plus du haut intérêt qu'il attache à une œuvre qui est à la fois dynastique et nationale, l'Empereur a décidé que cette nouvelle Commission serait présidée par Son Cousin S. A. I. le Prince Napoléon.

En conséquence, et pour me conformer aux ordres de l'Empereur, je viens présenter à la signature de Votre Majesté un projet de décret qui a pour objet la formation d'une Commission nouvelle, et qui détermine en même temps les attributions de son Président.

Je suis avec respect, etc.

VAILLANT.

NAPOLÉON, par la grâce de Dieu et la volonté nationale, EMPEREUR DES FRANÇAIS,

A tous présents et à venir, SALUT.

AVONS DÉCRÉTÉ et DÉCRÉTONS ce qui suit :

ARTICLE PREMIER.

Une nouvelle Commission est instituée, sous la présidence de notre bien-aimé Cousin le Prince Napoléon, pour continuer les travaux relatifs à la publication de la Correspondance de l'Empereur Napoléon Ier.

ART. 2.

Sont nommés membres de cette Commission :

    MM. Le comte WALEWSKI, membre du Conseil privé;
        AMÉDÉE THIERRY, sénateur;
        Le comte DE LABORDE, directeur général des Archives de l'Empire;
        SAINTE-BEUVE, membre de l'Académie française;
        Le colonel FAVÉ, l'un de nos aides de camp.

ART. 3.

Notre bien-aimé Cousin le Prince Napoléon, comme Président de la Commission, sera chargé de toutes les mesures relatives à la direction des travaux et à la liquidation des dépenses.

Les employés du secrétariat seront nommés par lui.

ART. 4.

Le Président nous présentera, tous les six mois, un rapport sur les travaux de la Commission et sur l'état d'avancement de la publication.

ART. 5.

Le ministre de notre Maison et des Beaux-Arts est chargé de l'exécution du présent décret.

Fait au palais des Tuileries, le 3 février 1864.

NAPOLÉON.

Par l'Empereur :

Le Maréchal de France
Ministre de la Maison de l'Empereur et des Beaux-Arts.

VAILLANT.

La nouvelle Commission s'est réunie sous ma présidence. J'ai nommé les employés; j'ai cherché à en réduire le nombre au strict nécessaire et à désigner des hommes laborieux, intelligents, déjà presque tous habitués à ce travail, qui demande les soins les plus attentifs. J'ai nommé M. Rapetti, ancien professeur au Collége de France, secrétaire de notre Commission.

Nous nous sommes occupés d'abord de l'esprit qui devait diriger notre publication; tout en rendant justice à ceux qui avaient été chargés avant nous de coordonner ce monument de l'histoire contemporaine, nous avons voulu y apporter les modifications qu'indiquait l'expérience.

Avant tout, il fallait établir un *criterium* pour l'examen des pièces à publier. La Commission n'a pas voulu s'imposer à cet égard une règle fixe et invariable; elle a pensé qu'il suffisait de poser un petit nombre de principes. Une seule règle nous a paru devoir être suivie sans exception, c'est de ne publier que des pièces émanant directement de l'Empereur Napoléon Ier, et de reproduire les textes dans leurs détails les plus minutieux, même avec leurs imperfections grammaticales.

Nous avons voulu aussi éviter des répétitions trop fréquentes. Napoléon administrait, certes, autant qu'il gouvernait; sa Correspondance contient une foule de prescriptions particulières qui ne sont souvent que le développement d'une mesure générale. Ces détails offrent sans doute un certain intérêt, mais ils se répètent nécessairement, et ils augmentent d'une manière si considérable, qu'ils nuiraient à toute vue d'ensemble et feraient disparaître l'esprit général, même pour le lecteur attentif.

Nous avons écarté tout ce qui était blessant pour des personnes; quand il donnait des ordres, quand il écrivait, quand il exprimait une opinion sur un homme, Napoléon pensait à l'action à exercer, à l'effet à produire à l'instant, bien plus qu'à prononcer un jugement que l'histoire dût enregistrer. Nous en trouvons à chaque instant la preuve dans ses lettres. Nous n'avons laissé les personnalités que quand les événements ont trop justifié ces rapides aperçus par lesquels Napoléon prouvait sa profonde connaissance des hommes; souvent encore, dans ce cas, nous avons supprimé les noms propres, ne les laissant que lorsqu'ils étaient, soit par les éloges, soit par le blâme, un moyen d'éclairer la conduite de certains personnages dans la succession des événements.

La publication de la Correspondance de Napoléon n'a pas de précédents. Quand on songe à la rapidité de ses dictées, au nombre prodigieux de ses lettres de chaque jour, à la quantité, à la diversité des affaires dont il s'occupait en même temps, allant tout à la fois de l'intérêt le plus important au détail le plus minutieux, on se demande quel est le gouvernement, quelle est la famille même qui, ayant un de ses membres mêlé aux grandes affaires du monde, voudrait prendre l'opinion publique pour confidente non-seulement de ses actions, mais de ses pensées les plus intimes? C'était une idée nouvelle et hardie que Vous nous avez chargés d'appliquer. Mais nous croyons que la justice de la postérité ne fera point défaut au grand homme; qu'elle saura l'apprécier, dans sa Correspondance, comme citoyen, comme général, consul, empereur, et enfin comme proscrit et martyr. Sans doute, les esprits routiniers et d'une bienveillance craintive pourront nous reprocher d'avoir trop laissé voir Napoléon sans cette sorte de toilette dont les héros eux-mêmes ont besoin d'être parés pour se montrer en public; quelques-unes de ses lettres prises isolément pourront donner lieu à des méprises : mais, pour les penseurs, les hommes sérieux et impartiaux, pour ceux qui jugent de haut et en dehors des exigences de la politique du jour, l'ensemble de l'œuvre jettera une grande lumière sur les transformations de notre Révolution, sur les vicissitudes du Gouvernement impérial, et sera, en définitive, un monument qui portera plus haut encore la gloire de Napoléon Ier.

En général, nous avons pris pour guide cette idée bien simple, à savoir que nous étions appelés à publier ce que l'Empereur aurait livré à la publicité si, se survivant à lui-même et devançant la justice des âges, il avait voulu montrer à la postérité sa personne et son système.

Nous avons, à cet égard, un témoignage frappant; c'est un recueil d'une quarantaine de volumes contenant les lettres du général Bonaparte pendant les campagnes d'Italie, d'Égypte, jusqu'au moment du Consulat, lettres qui ont été réunies sous les yeux mêmes du Premier Consul, et dont la collection nous est restée. Ces documents importants, qui n'étaient point destinés à la publicité, mais que l'Empereur avait fait réunir pour les avoir auprès de lui comme une sorte de mémento rétrospectif de sa propre existence, étaient un guide qui devait nous fournir des indications précieuses sur les intentions de l'Empereur. Nous avons pu reconnaître, dans le choix des pièces réunies par l'Empereur, le même esprit que nous nous efforçons d'apporter dans notre œuvre : il a respecté la vérité historique avec le plus grand soin ; il a supprimé les prescriptions administratives trop détaillées ; il a reproduit bien rarement ce qui pouvait offenser un nom propre.

La Commission, pénétrée de la mission que Votre Majesté lui a donnée, pénétrée de sa responsabilité devant l'histoire et devant la mémoire de Napoléon Ier, considère comme un devoir d'apporter dans son travail la sollicitude la plus consciencieuse. J'ai pu voir combien les préoccupations de la politique du jour avaient peu d'influence sur des hommes honnêtes et éclairés, qui accomplissent leur œuvre en vue de la postérité. L'élévation du but dans l'avenir fait disparaître à leurs yeux l'importance que certains faits peuvent avoir dans le présent.

Nous osons affirmer que la meilleure justification de l'impartialité de notre travail serait la publication des pièces laissées de côté : l'ombre ferait ressortir la lumière du tableau ; ce serait le jugement le plus favorable pour la mémoire de l'Empereur et pour notre modeste tâche.

Nous avons pensé qu'il était nécessaire de pousser le scrupule de l'exactitude jusqu'à indiquer, de manière à frapper l'attention du lecteur, la véritable provenance des pièces publiées. Si la pièce est la reproduction de l'original ou d'une copie authentique de l'original, la signature de Napoléon figure au bas de la pièce imprimée, et nous avons soin d'indiquer que l'impression s'est faite soit d'après l'original, soit d'après une copie que nous avons jugée authentique ; mais, pour les cas les plus fréquents, lorsque nous reproduisons les minutes de l'ancienne secrétairerie d'état, nous n'ajoutons pas la signature de Napoléon, qui ne figure pas, au reste, sur ces manuscrits. Il nous a semblé nécessaire de laisser cette différence entre une pièce expédiée et une minute : premier jet de la pensée, souvent modifiée depuis par des corrections que l'Empereur faisait de sa main au moment de signer, quelquefois non expédiée, la minute d'une lettre ne porte pas avec elle la preuve qu'elle soit arrivée à sa destination et qu'elle n'ait pas été interceptée par suite d'événements de guerre; il faut avertir l'histoire de ces hasards, quand ils ont été possibles; des dépêches arrêtées ont eu parfois de si graves conséquences!

Une autre modification au travail de l'ancienne Commission consiste à toujours indiquer, à côté du nom du destinataire, la fonction qu'il remplissait et le lieu où il se trouvait; cette indication est bien importante, alors qu'il s'agit de commandements militaires; elle guidera le lecteur dans ces rapides et nombreuses vicissitudes de l'épopée impériale qui, d'un citoyen français, faisaient successivement un prince, un souverain, quelquefois changeant de trône et redevenant ensuite général.

Le volume que nous avons l'honneur de présenter à Votre Majesté contient une table analytique, qui remplace la table chronologique des volumes précédents. Une table par matières, vu le maintien du classement chronologique dans l'ordre général de la publication, était indispensable pour les recherches. Ces tables analytiques, à la fin de chaque volume, seront fondues dans une table analytique générale, où toute la publication sera résumée.

Un fait nous a frappés dans l'examen des quinze premiers volumes : c'est le petit nombre de lettres qui nous sont venues de l'étranger. Napoléon a passé hors de France une grande partie de son règne; il a dû laisser à l'étranger des lettres importantes. Il est, de plus, certain qu'en 1814 et 1815 des documents ont été enlevés à nos archives par des mains intéressées. Nous avons chargé des envoyés spéciaux de se rendre à l'étranger pour tâcher de retrouver les lettres qui peuvent nous manquer et pour en prendre copie.

Votre travail n'a pas été aussi rapide que nous l'eussions désiré; il nous a fallu un certain temps pour nous pénétrer tous du même esprit, et Votre Majesté n'ignore pas combien un travail collectif est souvent difficile; nous espérons qu'à l'avenir les volumes se succéderont avec plus de rapidité, la Commission désirant vivement non-seulement faire aussi bien qu'il dépend d'elle, mais aussi rapidement que possible pour achever cette œuvre nationale.

Le décret du 3 février veut qu'un rapport soit fait tous les six mois à Votre Majesté; j'ai cru, en m'acquittant pour la première fois de cette obligation, qu'il était nécessaire d'entrer en quelques développements assez étendus sur les débuts de notre travail et l'esprit qui doit le diriger. A l'avenir, nous serons plus sobres d'explications, et nous nous bornerons à rendre compte à Votre Majesté des progrès de notre publication.

Le Prince,
Président de la Commission.
NAPOLÉON (Jérôme).

CORRESPONDANCE

DE

NAPOLÉON PREMIER.

13095. — A M. DE CHAMPAGNY,
MINISTRE DES RELATIONS EXTÉRIEURES.

Saint-Cloud, 1er septembre 1807.

Monsieur de Champagny, je vous envoie la lettre du roi de Saxe : vous verrez à me faire un rapport là-dessus.

Faites mettre au *Moniteur* un grand détail de la guerre d'Alger et de Tunis et des événements qui s'en sont suivis depuis trois mois.

Répondez à M. Bessières, mon consul à Venise, qu'il écrive souvent à Ali-Pacha pour lui recommander ma garnison de Corfou, et pour qu'il approvisionne mes troupes de tout ce dont elles auraient besoin.

Il faut faire porter des plaintes en Saxe contre l'envoyé de Saxe à Constantinople, pour la conduite qu'il a tenue.

Vous répondrez à M. de Dreyer qu'il n'est pas fondé dans sa demande ; que tout Danois pris sur bâtiment anglais est notre ennemi, qu'il y aurait de l'absurdité à soutenir un autre principe ; mais que, s'il est agréable au roi de Danemark que je relâche les prisonniers danois que j'ai dans les mains, et si surtout cela peut être utile à son service, je le ferai volontiers.

NAPOLÉON.

D'après l'expédition originale. Archives des affaires étrangères.

13096. — NOTE POUR M. CRETET,
MINISTRE DE L'INTÉRIEUR.

Saint-Cloud, 1ᵉʳ septembre 1807.

La mendicité est un objet de première importance. L'Empereur a demandé différents rapports, qu'on n'a pas faits; mais on a dû présenter le travail. Les choses devraient être établies de manière qu'on pût dire : tout mendiant sera arrêté. Mais l'arrêter pour le mettre en prison serait barbare ou absurde. Il ne faut l'arrêter que pour lui apprendre à gagner sa vie par son travail. Il faut donc une ou plusieurs maisons ou ateliers de charité par département.

Ce serait une erreur de croire qu'il n'y a dans ce genre que des maisons connues du Gouvernement : il y en a plusieurs dont l'établissement est dû à l'activité et à l'industrie des particuliers. Ce serait aussi tomber dans une erreur que de vouloir envisager cet objet autrement qu'en grand. Il s'agit d'une opération considérable qui doit dépenser huit ou dix millions; mais cette somme ne peut être à la charge du budget du ministère de l'intérieur; en rédigeant un travail en grand, on y ajoutera un projet de répartition de la dépense entre tous les départements, qui l'acquitteraient au moyen de centimes additionnels.

NAPOLÉON.

D'après la copie comm. par MM. de Champagny.

13097. — A EUGÈNE NAPOLÉON,
VICE-ROI D'ITALIE.

Saint-Cloud, 1ᵉʳ septembre 1807.

Mon Fils, les 1ᵉʳ et 2ᵉ régiments napolitains sont en Italie; faites-en passer la revue et faites-moi connaître par un livret particulier la situation en hommes, celle de l'armement, de l'habillement, de la comptabilité, ainsi que de l'instruction. Il faut garder le général Broussier en Italie; c'est un homme qui, en cas de guerre, rendrait des services.

Ordonnez au général Lauriston de faire une proclamation pour accorder un pardon général aux Bocchèses, afin qu'ils ne soient pas recherchés pour les événements antérieurs à la prise de possession des Français. Faites faire la même chose à Venise et à Trieste, pour engager les habitants qui se seraient sauvés à retourner tranquillement chez eux. Enfin ordonnez au général Lauriston d'entrer en liaison avec les Monténégrins, et saisissez toutes les occasions d'envoyer à Cattaro des vivres et tout ce qui est nécessaire.

NAPOLÉON.

D'après la copie comm. par S. A. I. Mme la duchesse de Leuchtenberg.

13098. — A JOSEPH NAPOLÉON, ROI DE NAPLES.

Saint-Cloud, 1er septembre 1807.

Mon Frère, je reçois votre lettre du 23 août. Je ne crois pas que M. Nardon puisse remplir les fonctions de préfet de police à Naples, parce qu'il faudrait pour cette place un homme qui eût travaillé plusieurs mois dans la préfecture; que le métier de préfet de police ne s'apprend qu'en exerçant; que rien de ce qui est écrit sur cette matière ne donne une idée claire de ce qu'il y a à faire. M. Nardon, d'ailleurs, est difficile à vivre; il a une grande ambition, du zèle; mais il y a de la légèreté dans sa manière de voir; du reste, il a quelque mérite.

J'ai donné ordre qu'on passât la revue des régiments napolitains qui sont en Italie, et, sur le rapport qui m'en sera fait, je verrai ce que je dois en faire.

Écrivez à Ali-Pacha pour qu'il facilite les approvisionnements de l'île de Corfou. J'ai appris avec le plus grand intérêt que mes troupes y étaient enfin arrivées. J'attends avec une grande impatience d'apprendre que le général César Berthier y est arrivé. Je vous réitère de compléter la garnison de cette île, de manière qu'il y ait 4 à 5,000 hommes et le nombre d'officiers d'artillerie et du génie nécessaire afin de mettre la place dans le meilleur état de défense.

NAPOLÉON.

D'après l'expédition originale comm. par les héritiers du roi Joseph.

13099. — NOTE POUR M. CRETET,
MINISTRE DE L'INTÉRIEUR.

Saint-Cloud, 2 septembre 1807.

Avant d'entreprendre des greniers publics, il faudrait discuter plusieurs questions, et dire d'abord dans quel cas deux millions de quintaux de blé peuvent exister à Paris. Est-ce en cas d'approvisionnement fait par le Gouvernement? Cela ne paraît pas admissible : deux millions de quintaux de blé feraient un capital de trente millions et coûteraient annuellement, 1° pour l'intérêt du capital, 1,500,000 francs, 2° pour entretien et manutention, 1,600,000 francs; ce qui ferait une dépense annuelle de plus de trois millions. Cette dépense offrirait-elle au Gouvernement des avantages assez importants? C'est une autre question à examiner. Pour la résoudre, il faut prendre connaissance de ce qui s'est passé dans un espace de temps déterminé. Si les faits prouvent qu'il aurait été utile d'avoir des approvisionnements aussi considérables, on pourra aviser aux moyens de parvenir à ce but; si, au contraire, l'analyse des événements antérieurs prouve que l'avantage du Gouvernement ne serait pas en proportion du sacrifice qu'on serait obligé de faire pendant le nombre d'années sur lequel on aurait établi les calculs, un approvisionnement considérable serait reconnu inutile.

Dans la supposition de ce dernier résultat, quelle serait l'utilité d'un grand grenier public? Les particuliers apporteront-ils à Paris assez de blé pour le remplir? Pour résoudre ces nouvelles questions, il faudrait aussi chercher dans une période de vingt années quelles sont les époques où il y a eu en même temps à Paris deux millions de quintaux de grains. Il est bien évident que les greniers publics n'attireront pas le blé à Paris, car ils ne changeront rien aux combinaisons de la mouture et des besoins, et à l'intérêt qu'ont les particuliers à ne pas s'assujettir à des dépenses considérables et à la perte qui résulte de la stagnation des capitaux.

On a eu l'idée de considérer ces magasins comme une ressource pour les fermiers des cantons qui fournissent à Paris, lesquels, dans des années d'abondance, sont forcés à vendre leur blé à vil prix, par l'impossibilité où ils se trouvent de placer dans leurs granges toute leur récolte; mais cette idée est hypothétique; il semblerait d'ailleurs qu'on atteindrait mieux le but proposé en ayant plusieurs magasins placés à portée des lieux où le blé se recueille.

On a aussi eu l'idée de faire une sorte de mont-de-piété des grains, c'est-à-dire de prêter aux fermiers sur les grains qu'ils déposeraient dans les greniers publics. Il faut d'abord savoir si une pareille institution existe dans un pays quelconque; il faut établir aussi quelle sorte d'abonnement peut être fait entre le dépositaire et l'agriculteur pour l'entretien des grains déposés; il faut savoir aussi par qui seront supportées les pertes qui résulteraient du dépérissement des grains.

Toutes ces questions fussent-elles résolues à l'avantage du projet, il resterait toujours à examiner si, au lieu d'avoir à l'Arsenal un magasin capable de contenir deux millions de quintaux, il ne serait pas préférable de diviser les magasins et d'en avoir un au confluent de l'Oise et de la Seine, un second au centre du Soissonnais, un troisième au centre de la Beauce, un quatrième au centre de la Brie : alors on aurait cet avantage que le blé renfermé dans ces magasins, s'il appartenait au Gouvernement, pourrait être converti en farine sur le lieu; car les moyens de mouture pour l'approvisionnement de Paris sont à peu près tous dans les mêmes localités d'où l'on tire le blé. L'agriculture déposerait plus volontiers ses blés dans des magasins qui seraient presque sous ses yeux que dans un gouffre comme Paris. Le négociant aurait lui-même plus de confiance, puisque tous les magasins se trouveraient sous la garde d'une administration publique.

Dans tous les cas, il paraît prudent de commencer à Paris par un seul magasin et de n'en entreprendre un second que quand le premier sera reconnu insuffisant. Mais, dans tous les cas, il faut que le plan soit combiné de manière qu'il réponde à la grande idée qu'on a eue de former un seul grenier public.

Il est nécessaire que le ministre discute tous ces objets. Ces questions conduiront le ministre à examiner si nous ne payons pas trop aujourd'hui en donnant aux munitionnaires 400,000 francs pour la conservation des grains.

NAPOLÉON.

D'après la copie comm. par MM. de Champagny.

13100. — NOTE POUR M. CRETET,
MINISTRE DE L'INTÉRIEUR.

Saint-Cloud, 2 septembre 1807.

Le ministre est invité à écrire aux syndics de Lyon que la fabrique de cette ville ne fabrique pas de manière à conserver sa réputation. La tenture verte, avec les bordures roses tissues en or, qui a été placée dans le cabinet de Sa Majesté, à Saint-Cloud, il n'y a pas beaucoup plus d'un an, est déjà passée. Les syndics se transporteront chez le fabricant, examineront d'où provient ce vice de fabrication et rendront un compte qui sera mis sous les yeux de Sa Majesté. Les étrangers qui voient dans un tel état des ameublements aussi modernes ne peuvent que prendre une très-mauvaise idée de la fabrique de Lyon.

NAPOLÉON.

D'après la copie. Archives de l'Empire.

13101. — DÉCISION.

Saint-Cloud, 2 septembre 1807.

M. Cretet, ministre de l'intérieur, demande à l'Empereur la permission de lui présenter le jury chargé d'examiner les produits de l'industrie à la dernière exposition.

Il n'y a pas de motif pour la présentation du jury. Il n'y aurait pas de difficulté à l'égard des négociants et fabricants qui ont remporté des prix.

D'après l'expédition originale. Archives de l'Empire.

13102. — DÉCISION.

Saint-Cloud, 2 septembre 1807.

M. Decrès, ministre de la marine, soumet à l'Empereur une demande formée par le ministre des États-Unis pour obtenir la remise de 50 à 60 Américains pris sur des bâtiments anglais et détenus à Lorient.

S'il le demande à titre de droit, cela n'est pas possible; si c'est comme chose agréable au Président, Sa Majesté l'accorde.

D'après l'expédition originale. Archives de la marine.

13103. — AU PRINCE CAMBACÉRÈS,
ARCHICHANCELIER DE L'EMPIRE.

Saint-Cloud, 3 septembre 1807.

Jusqu'à ce que nous ayons fait choix d'un ministre des cultes, nous avons chargé notre maître des requêtes, M. Portalis, de préparer le travail de ce ministère, et nous lui en avons confié la signature. Notre intention est de mettre de l'ordre dans les différentes branches du clergé. Nous désirons, à cet effet, que vous nous présentiez dans le courant de la semaine prochaine un rapport sur les paroisses et les succursales. Vous y joindrez un tableau qui nous fasse connaître la répartition de toutes les cures et succursales dans les différents diocèses de notre Empire, par département. Une colonne particulière devra indiquer le nombre des succursales qui ne sont pas payées par nous. Notre intention est d'arrêter promptement une circonscription telle que le nombre des succursales ne passe pas 30,000, c'est-à-dire que nous voulons bien supporter les charges de trois millions de plus, mais non payer 36,000 succursales arbitrairement et légèrement établies par nos préfets et évêques. Par ce moyen, toutes les querelles finiront entre les communes et les succursaux, et ces derniers recevront tous un traitement de nous et seront immédiatement payés par nous.

Vous nous ferez également un rapport sur la situation des séminaires dans tous les diocèses, et sur l'exécution des ordres que nous avons donnés pour établir, à nos frais, un séminaire dans chaque métropole. Vous nous présenterez le devis de cette dépense, tant pour frais de premier établissement que pour entretien annuel, voulant établir sans délai lesdits séminaires métropolitains.

D'après la minute. Archives de l'Empire.

13104. — A M. DE CHAMPAGNY,
MINISTRE DES RELATIONS EXTÉRIEURES.

Saint-Cloud, 4 septembre 1807.

Monsieur de Champagny, je vous renvoie votre portefeuille. Il n'y a pas d'inconvénient à donner des passe-ports à l'ambassadeur extraordinaire d'Espagne. Donnez des ordres pour qu'il soit convenablement traité en France.

Je désire que vous me rendiez un compte sur les mesures que viennent de prendre les Anglais en faveur de différents petits pavillons, que nécessairement ils ne protégent que pour faire leur commerce et les introduire à volonté.

Donnez communication au roi de Hollande des lettres de mes consuls relatives aux différents objets de contrebande.

Le général Savary n'a emporté à Saint-Pétersbourg que mille louis. Les banquiers auxquels il s'est adressé n'ont pu lui fournir de fonds, parce qu'ils n'ont plus de correspondance avec M. Perregaux. Il est nécessaire que vous lui fassiez ouvrir un crédit, afin qu'il ne manque pas d'argent.

NAPOLÉON.

D'après l'expédition originale. Archives des affaires étrangères.

13105. — A M. DE CHAMPAGNY,
MINISTRE DES RELATIONS EXTÉRIEURES.

Saint-Cloud, 4 septembre 1807.

Monsieur de Champagny, je vous renvoie les pièces que vous m'avez communiquées ce matin. Il faut répondre à l'ambassadeur de la Porte à Vienne qu'il est nécessaire de savoir d'abord si la Porte a accepté la médiation de la France, et lui demander si c'est lui qui est chargé de traiter de la paix.

Quant au Portugal, il paraît que cela marche mal. Il faut attendre au reste la nouvelle de ce qui se sera passé au 1er septembre. Vous pouvez, en attendant, dire à M. de Lima qu'une fois l'armée française entrée en Portugal il ne sera plus temps de revenir; que le Brésil ne nous importe guère; qu'une colonie de plus ou de moins est peu de chose; que ce sont les ports de Porto et de Lisbonne et le commerce de vins qui s'y fait, qui doivent fixer toute notre attention.

NAPOLÉON.

D'après l'expédition originale. Archives des affaires étrangères.

13106. — A M. DE CHAMPAGNY,
MINISTRE DES RELATIONS EXTÉRIEURES.

Saint-Cloud, 4 septembre 1807, minuit.

Monsieur Champagny, je désire que vous m'apportiez demain samedi, à neuf heures du matin, les copies de toutes les lettres qui ont été écrites à Constantinople au grand vizir, de Tilsit et depuis Tilsit, ainsi que les instructions qui ont été données aux deux officiers qui ont été envoyés aux Turcs par la Moldavie et la Valachie.

Faites-moi connaître si les changements qui viennent d'avoir lieu depuis peu en Hollande remplissent mes intentions pour la prohibition du commerce anglais. Si M. Serurier est à Paris, amenez-le avec vous; je le verrai après la conférence.

NAPOLÉON.

D'après l'expédition originale. Archives des affaires étrangères.

13107. — AU PRINCE DE NEUCHÂTEL,
MAJOR GÉNÉRAL DE LA GRANDE ARMÉE.

Saint-Cloud, 4 septembre 1807.

Mon Cousin, donnez ordre au gouverneur du Hanovre de casser sur-le-champ les États, d'en faire arrêter les principaux membres et de les envoyer à Hameln. Il leur fera rendre compte de tout l'argent qu'ils ont reçu depuis un an et de l'emploi qu'ils en ont fait.

NAPOLÉON.

D'après l'expédition originale. Dépôt de la guerre.

13108. — A EUGÈNE NAPOLÉON,
VICE-ROI D'ITALIE.

Saint-Cloud, 4 septembre 1807.

Mon Fils, qu'est-ce que c'est que le général Ramel[1] qui est à Cività-Vecchia? De quel droit met-il des contributions sur les importations de blé, et au profit de qui? Faites-en justice, et maintenez une bonne discipline parmi les généraux qui sont sous vos ordres.

NAPOLÉON.

D'après la copie comm. par S. A. I. Mme la duchesse de Leuchtenberg.

[1] Ramel n'était qu'adjudant commandant.

13109. — AU VICE-AMIRAL DECRÈS,

MINISTRE DE LA MARINE.

Saint-Cloud, 5 septembre 1807.

Apportez-moi, dans la semaine prochaine, les instructions à signer pour que mes six vaisseaux, y compris l'espagnol, et la frégate de Cadix, partent, le plus tôt possible et aussitôt que le temps sera favorable, pour se rendre à Toulon, mon intention étant de réunir le plus de vaisseaux à Toulon et d'y avoir jusqu'à 25 vaisseaux de guerre.

Mon escadre de Cadix et celle de Rochefort sont bien commandées. Celle de Brest, vous me proposerez quelqu'un pour la commander, qui devra partir sur-le-champ.

Vous me proposerez également les différents ordres pour les frégates à expédier à la Martinique, Santo-Domingo et l'île de France. Vous ferez connaître aux commandants de ces escadres, pour instruction générale et pour qu'ils s'en servent en cas d'événement, que le port de Corfou m'appartient; que le port de Tarente peut contenir plusieurs vaisseaux à l'abri de forces supérieures; que la rade est parfaitement armée; et vous leur ferez connaître les ports de l'Adriatique où ils peuvent relâcher, et, entre autres, celui de Cattaro, dont mes troupes ont déjà pris possession.

J'aurais besoin aussi, à Toulon, que mes principales flûtes, telles que le *Frontin* et autres, fussent en bon état, afin de pouvoir promptement, avec le secours de mes escadres, porter un corps de 15,000 hommes où il serait nécessaire.

Recommandez sans délai à mon préfet maritime à Toulon de tenir mon escadre en bon état.

Pour rendre mes opérations plus faciles, mon intention est de me rendre maître sur-le-champ de la Sardaigne. Les cinq vaisseaux que j'y ai peuvent porter 4,000 hommes: le *Frontin*, l'*Incorruptible*, l'*Uranie*, armés en flûte, doivent porter également 3,000 hommes, et d'autres petits bâtiments peuvent porter 500 chevaux. Faites-moi un rapport sur cet objet.

Je désirerais que mon expédition de Toulon mît en mer immédiatement après le coup de vent de l'équinoxe, c'est-à-dire en octobre. J'espère que les vivres ne peuvent pas être une objection. Faites-moi un rapport là-dessus. Avec les ports de Cagliari, de Corfou, de l'Adriatique, mes vaisseaux auront plus de facilités dans leurs opérations.

D'après la minute. Archives de l'Empire.

13110. — AU PRINCE DE NEUCHÂTEL,
MAJOR GÉNÉRAL DE LA GRANDE ARMÉE.

Saint-Cloud, 6 septembre 1807.

Mon Cousin, vous répondrez au maréchal Brune pour lui témoigner ma satisfaction de la prise de l'île de Dänenholm, et pour lui demander des renseignements sur la possibilité de prendre l'île de Rügen.

NAPOLÉON.

D'après l'expédition originale. Dépôt de la guerre.

13111. — A M. DE CHAMPAGNY,
MINISTRE DES RELATIONS EXTÉRIEURES.

Saint-Cloud, 6 septembre 1807.

Monsieur de Champagny, vous appellerez les députés du Hanovre à une conférence, et vous leur ferez connaître qu'ils ne sauraient m'être présentés; que je suis mécontent des États; que Gœttingen est pour jamais séparé du Hanovre; qu'ils doivent s'occuper sur-le-champ de payer toutes les contributions de guerre qui ont été imposées, sans quoi je vais casser les États, et je gouvernerai le Hanovre comme pays conquis.

NAPOLÉON.

D'après l'expédition originale. Archives des affaires étrangères.

13112. — AU GÉNÉRAL CLARKE,
MINISTRE DE LA GUERRE.

Saint-Cloud, 6 septembre 1807.

Monsieur le Général Clarke, j'ai chargé mon ministre des relations extérieures de me proposer un vice-consul pour résider auprès des Monténégrins. Écrivez au vice-roi d'Italie et au général Marmont qu'ayant promis par mon traité de ne pas inquiéter les Monténégrins, mon intention est qu'ils ne soient aucunement recherchés pour ce qui se serait passé pendant la guerre, et qu'on prenne, au contraire, tous les moyens possibles pour les gagner et s'en faire aimer.

« NAPOLÉON.

D'après l'expédition originale. Dépôt de la guerre.

13113. — AU VICE-AMIRAL DECRÈS,
MINISTRE DE LA MARINE.

Saint-Cloud, 6 septembre 1807.

Je vois par l'état de situation des troupes de la Martinique que le 2ᵉ bataillon du 26ᵉ de ligne est réduit à 600 hommes; le 82ᵉ à 1,300 hommes. Je pense donc qu'il faudrait au moins envoyer 300 hommes du 82ᵉ et 150 du 26ᵉ, afin de tenir ces bataillons dans une force convenable. Ces 450 ou 500 hommes peuvent partir de Rochefort et de Bordeaux, où j'ai des troupes. Vous pouvez profiter de ces circonstances pour leur faire passer de la poudre et autres objets de détail dont cette colonie peut avoir besoin.

D'après la minute. Archives de l'Empire.

13114. — AU VICE-AMIRAL DECRÈS,
MINISTRE DE LA MARINE.

Saint-Cloud, 6 septembre 1807.

Vous trouverez ci-joint une lettre du roi de Naples avec la situation de la rade de Tarente. Je désire que vous vérifiiez si une de mes escadres se trouvera là à l'abri d'une force supérieure.

D'après la minute. Archives de l'Empire.

13115. — A EUGÈNE NAPOLÉON,
VICE-ROI D'ITALIE.

Saint-Cloud, 6 septembre 1807.

Mon Fils, je ne sais si je vous ai mandé que les troupes russes qui quittent Cattaro et même celles de Corfou doivent venir dans la terre ferme de Venise; mon intention est que vous les réunissiez du côté de Trévise et de Padoue, en ayant soin qu'elles soient bien casernées, bien nourries et bien traitées. Soit que ces troupes arrivent par terre ou par mer, arrangez-les en conséquence.

NAPOLÉON.

D'après la copie comm. par S. A. I. Mme la duchesse de Leuchtenberg.

13116. — A JOSEPH NAPOLÉON, ROI DE NAPLES.

Saint-Cloud, 6 septembre 1807.

Mon Frère, je reçois votre lettre du 27 août; par cette lettre, je ne vois pas que mes troupes soient entrées à Corfou; mes ministres ne le savent pas davantage; de sorte que l'on est ici dans une ignorance parfaite de ce qui se passe à Naples. Les lettres que vous m'écrivez sont de simples billets, c'est tout simple; mais votre chef d'état-major doit écrire longuement et en détail au ministre.

Les deux convois sont-ils entrés à Corfou? A-t-on pris possession de la citadelle? Dans quel état l'a-t-on trouvée? Que deviennent les Russes? Où sont-ils? On ne sait rien ici de tout cela.

Les îles de Corfou ne font pas partie de votre royaume; mais, en attendant, mon intention est que les troupes qui sont dans ce pays fassent partie de votre armée, et que vous preniez toutes les mesures nécessaires pour le payement de ces troupes et celui des munitions de guerre et de bouche. Je vous ai mandé que je trouvais que vous y aviez envoyé trop peu de canonniers. Recommandez au général César Berthier de bien traiter les habitants, de s'en faire aimer, de leur laisser leur Constitution quant à présent, d'être le moins qu'il pourra à charge au pays, et de mettre le plus tôt possible la place de Corfou en état de défense. Faites-y passer des vivres autant que vous pourrez.

NAPOLÉON.

D'après l'expédition originale comm. par les héritiers du roi Joseph.

13117. — A JOSEPH NAPOLÉON, ROI DE NAPLES.

Saint-Cloud, 6 septembre 1807.

Mon Frère, je reçois votre lettre du 28 août, par laquelle vous m'instruisez que le général César Berthier est parti; mais vous ne m'apprenez pas s'il est arrivé. Si les Russes débarquent chez vous, il faut les bien traiter et les diriger sur Bologne, où le vice-roi leur donnera une destination ultérieure.

J'approuve fort ce que Saliceti propose, que vous fassiez passer 10,000 quintaux de blé à Corfou. Je vous ai fait connaître que, quoique les îles de Corfou ne fissent pas partie de votre royaume, elles sont cependant sous vos ordres pour le civil et le militaire, comme commandant en chef de mon armée de Naples. En système général, je désire que vous laissiez subsister le plus possible la Constitution du pays; l'empereur Alexandre, qui en est l'auteur, la croit très-bonne. Faites bien connaître au général César Berthier que mon intention est que les habitants de ces îles n'aient qu'à se louer d'être passés sous ma domination; qu'en le choisissant j'ai compté sur sa probité et sur les soins qu'il mettra à faire aimer son administration.

L'idée d'établir des bateaux de correspondance est très-sensée. Il faudrait avoir de ces bâtiments qui partissent tous les jours, s'il est possible.

Mes troupes sont entrées en possession de Cattaro.

Les Anglais assiégent Copenhague, qui se défend toujours.

NAPOLÉON.

D'après l'expédition originale comm. par les héritiers du roi Joseph.

13118. — A JOSEPH NAPOLÉON, ROI DE NAPLES.

Saint-Cloud, 6 septembre 1807.

Mon Frère, vous m'avez envoyé un petit état de situation du 28 août, où sont portés dans une même colonne les hommes détachés, et aux hôpitaux. Il y a une trop grande différence entre les hommes détachés, et aux hôpitaux, pour les confondre dans la même colonne. Par exemple, le 52e est porté comme ayant 898 hommes présents, et 1,000 hommes aux hôpitaux et détachés. Au moyen de cette confusion, cet état ne me sert à rien, et je ne puis avoir une idée de la situation de mon armée.

Mon intention est que vous fassiez passer à Corfou les 1,400 hommes du 14e d'infanterie légère, et que vous portiez la garnison à 5,000 hommes.

Faites-y passer le général de brigade Donzelot, pour commander en second sous les ordres du général César Berthier.

NAPOLÉON.

D'après l'expédition originale comm. par les héritiers du roi Joseph.

13119. — A JOSEPH NAPOLÉON, ROI DE NAPLES.

Saint-Cloud, 6 septembre 1807.

Mon Frère, indépendamment des îles de Corfou, je dois avoir sur le continent de l'Albanie des possessions qui étaient, je crois, occupées par les Russes et que possédaient les Vénitiens : faites-moi un rapport sur cet objet. Il sera convenable de préparer des projets pour l'établissement de fortifications de campagne qui me rendent constamment maître de ces points de la terre ferme.

NAPOLÉON.

D'après l'expédition originale comm. par les héritiers du roi Joseph.

13120. — A M. DE CHAMPAGNY,
MINISTRE DES RELATIONS EXTÉRIEURES.

Rambouillet, 7 septembre 1807.

Monsieur Champagny, je vous renvoie votre portefeuille. La dépêche de M. Dupont-Chaumont[1] est obscure et inutile. En général, vous lui répondrez que vous venez de vous faire remettre sous les yeux toutes ses lettres depuis que le roi de Hollande est monté sur le trône; que vous n'y avez trouvé aucun renseignement direct tendant à me faire connaître que ce prince ait été entouré des amis de l'Angleterre: qu'une seule dépêche avait insinué que le Roi avait rétabli les titres de la féodalité; cette dépêche, conçue en termes généraux, avait paru fort extraordinaire, mais que, depuis, ce qu'elle annonçait ne s'était pas trouvé exact et s'était réduit à la permission donnée par le Roi à ses chambellans de rappeler d'anciens titres dans leurs invitations pour le palais, démarche que l'Empereur a blâmée, mais qui enfin était d'une nature différente que celle indiquée dans la lettre de l'ambassadeur: que sa dépêche d'aujour-

[1] Ministre plénipotentiaire près le roi de Hollande.

d'hui tendrait à faire croire que les Anglais gouvernent la Hollande : il me faut là-dessus des détails. Les personnes les plus importantes en Hollande sont les ministres : sont-ils tous émigrés et amis des Anglais? Ceux que nous connaissons à Paris sont loin d'être de ce sentiment.

Reste à connaître les membres de Leurs Hautes Puissances; l'opinion est que la plupart de ces membres sont du parti connu pour anti-anglais.

L'Empereur recevra avec plaisir des renseignements circonstanciés là-dessus; autant il approuvera le zèle de l'ambassadeur à faire connaître les erreurs du ministère de Hollande, autant il trouve insignifiantes et peu dignes de considération les espèces de diatribes qui sentent l'esprit de parti. Elles ont l'inconvénient de ne pas éclairer l'Empereur ni son frère, qui cependant ne paraît pas avoir donné aussi fort dans le travers que le dit M. Dupont-Chaumont, et paraît fort aimé de tous les partis.

L'Empereur, en nommant son frère roi de Hollande, a entendu qu'il fût Hollandais.

Enfin, en dernière analyse, vous demanderez à M. Dupont-Chaumont des explications sur sa lettre.

Vous ferez venir M. Serurier[1]; vous lui ferez lire la lettre de M. Dupont-Chaumont, et lui ordonnerez de vous remettre avant mercredi un mémoire signé de lui, qui me fasse connaître ce qui est à sa connaissance sur ce que veut dire M. Dupont-Chaumont relativement aux amis des Anglais et aux personnes qui entourent le Roi. Vous lui direz que j'ai droit d'attendre de mes agents et de leur demander la vérité, sans secret et sans réticence.

Faites connaître à mon ministre à Florence qu'il a tort de se fâcher de ce que la Reine ait mieux célébré sa fête que la mienne; que cette observation suppose trop d'exigence.

Répondez à M. Lachevardière que j'ai vu avec plaisir son arrivée à Danzig; que je lui recommande surtout de veiller autour de lui à ce que tout se passe suivant les lois de la plus extrême probité; que le temps des abus est passé. Rédigez votre lettre d'un style mystérieux et qui

---

[1] Premier secrétaire de la légation en Hollande.

fasse connaître à cet individu que, s'il continue, le tonnerre gronde sur sa tête.

NAPOLÉON.

Faites mettre dans les journaux les différents détails des bulletins d'Alep et de la Syrie.

<small>D'après l'expédition originale. Archives des affaires étrangères.</small>

13121. — A M. GAUDIN,
MINISTRE DES FINANCES.

Rambouillet, 7 septembre 1807.

Monsieur Gaudin, vous trouverez ci-joint un rapport de M. Montalivet d'où il résulte que le produit des frais de la taxe pour l'entretien des routes, depuis le 1er prairial an VIII jusqu'au 22 septembre 1806, a été de.................................... 92,989,394 francs;
mais que le trésor public n'a reçu que........ 89,938,117

Différence..... 3,051,277

Il est indispensable que vous vous concertiez avec le ministre du trésor pour me faire connaître d'où vient cette différence, car, jusqu'à ce que vous m'en ayez justifié différemment, je resterai dans l'opinion que c'est trois millions que retiennent les receveurs.

Sur les droits de navigation, les ponts et chaussées croient dus........................ 10,600,000 francs.
Le trésor n'a reçu que.................... 10,300,000

Voilà encore une différence de............ 300,000
Qui est-ce qui prend cet argent-là?
Sur les droits de bac, il y a aussi une différence de 155,000 francs.

NAPOLÉON.

<small>D'après l'expédition originale. Archives de l'Empire.</small>

13122. — A M. GAUDIN,
MINISTRE DES FINANCES.

Rambouillet, 7 septembre 1807.

Donnez ordre que les régisseurs de l'octroi de Marseille soient mis en arrestation, et que leur détention soit prolongée jusqu'à ce qu'ils aient donné au conseil général les comptes de leur gestion, toutes les pièces y relatives, et notamment celles concernant le droit de transit et d'entrepôt. Elle durera aussi jusqu'à ce qu'ils aient donné une caution de 600,000 francs, qui puisse mettre la ville de Marseille à couvert des pertes résultant des infidélités et malversations qui pourront être prouvées par l'examen de cette comptabilité.

Donnez ordre au conseil général de Marseille de nommer une commission de trois membres pour l'examen de la gestion des régisseurs, faire une inspection générale et connaître toutes les dilapidations.

Témoignez mon mécontentement au préfet de ce qu'il a soutenu les régisseurs contre la commune, et de ce qu'il a témoigné si peu d'égards pour les observations du conseil général.

Donnez ordre qu'au 22 septembre les régisseurs cessent leur administration, et que, sous quelque prétexte que ce soit, ils ne puissent être admis à un autre bail qu'autant que cela conviendrait au conseil général de Marseille et qu'il serait satisfait.

D'après la minute. Archives de l'Empire.

13123. A M. MOLLIEN,
MINISTRE DU TRÉSOR PUBLIC.

Rambouillet, 7 septembre 1807.

Monsieur Mollien, je ne comprends rien à votre lettre. Je serais fâché que vous eussiez pu penser que ce que j'ai dit au Conseil d'état dût vous concerner d'aucune manière. J'aurais droit de me plaindre de cette injustice de votre part; toutefois je ne veux pas le faire, puisqu'elle m'offre une nouvelle occasion de vous assurer du contentement que j'ai de vos services, et de l'intention où je suis de vous donner, sous peu, une preuve éclatante de mon estime.

NAPOLÉON.

D'après l'expédition originale commun. par Mme la comtesse Mollien.

13124. — AU VICE-AMIRAL DECRÈS,
MINISTRE DE LA MARINE.

Rambouillet, 7 septembre 1807.

Mes troupes ont pris possession de Corfou. C'est un corsaire français, qui s'appelle l'*Étoile-de-Napoléon*, qui a servi d'amiral et a rendu des services dans cette circonstance. J'ai bien hâte d'avoir à Corfou quelques frégates, corvettes et bricks. Voici le moment favorable pour cette expédition. Arrivant de Toulon et tirant sur Brindisi et Tarente, on pourrait aborder. Il faudrait un officier intelligent à la tête de cette division. Cette opération m'importe avant tout. Il serait pour moi de quelque importance d'avoir une escadre dans l'Adriatique, qui reçût les frégates et vaisseaux que j'enverrai de Venise. Les Anglais n'ayant plus rien dans la Méditerranée ne pourront plus bloquer; les îles seront purgées de l'oppression des petits bâtiments.

D'après la minute. Archives de l'Empire.

13125. — A EUGÈNE NAPOLÉON,
VICE-ROI D'ITALIE.

Rambouillet, 7 septembre 1807.

Mon Fils, j'ai reçu la lettre que vous m'avez envoyée du général Lauriston. Je ne sais trop ce qu'il veut dire, mais, si j'entends bien les lois militaires, les généraux de division sont sous les ordres du général en chef. Le plus grand mal qu'il pourrait y avoir, vu l'éloignement de la Dalmatie, ce serait que ces lois n'y fussent pas respectées.

J'ai relu aussi la lettre que le Pape vous a écrite. Vous savez que je n'ai pas admis le cardinal Litta. Ainsi nous verrons le parti que prendront actuellement ces prêtres.

Votre aide de camp Bataille m'a perdu mes dépêches; il mérite d'être puni; mettez-le pour quelques jours aux arrêts. Un aide de camp peut perdre en route ses culottes, mais il ne doit perdre ni ses lettres ni son sabre. Les paquets dont le vôtre était chargé n'étaient pas si gros qu'il ne pût les mettre dans l'intérieur de la voiture et sous sa main; alors il ne les aurait pas perdus. Tous ces gaillards-là sont des freluquets.

NAPOLÉON.

D'après la copie comm. par S. A. I. Mme la duchesse de Leuchtenberg.

13126. — A EUGÈNE NAPOLÉON,
VICE-ROI D'ITALIE.

Rambouillet, 7 septembre 1807.

Mon Fils, mes troupes sont arrivées à Corfou. Expédiez, je vous prie, quatre ou cinq bricks, corvettes ou bâtiments plus légers, pour tenir station à Corfou et protéger les communications avec Naples et la terre ferme de Turquie.

NAPOLÉON.

D'après la copie comm. par S. A. I. Mme la duchesse de Leuchtenberg.

13127. — A JOSEPH NAPOLÉON, ROI DE NAPLES.

Rambouillet, 7 septembre 1807.

Mon Frère, j'ai reçu votre lettre du 29 août avec les états qui y étaient joints. Le 6e de ligne, en partant de Naples, était de 1,600 hommes, en arrivant à Otrante, il n'aura plus été que de 1,500 hommes, et dans ce moment il ne doit être qu'à 1,300. Il faut donc que les hommes de ce régiment sortant des hôpitaux aillent au dépôt d'Otrante pour en partir bien armés et bien habillés pour Corfou.

J'ai ordonné au vice-roi de faire partir d'Ancône 1,200 hommes du 6e et des 7e et 5e régiments italiens, afin de tenir ces régiments au grand complet. Je conçois que l'époque actuelle est l'époque critique de mon armée de Naples; mais, la saison des pluies venant en novembre, mes troupes reprendront leurs forces. Il est bien nécessaire alors que vous vous empariez de Reggio et de Scilla. Il est honteux que les Anglais aient un pied sur le continent, je ne saurais le souffrir. Prenez vos dispositions en conséquence.

NAPOLÉON.

D'après l'expédition originale comm. par les héritiers du roi Joseph.

13128. — DÉCISION.

Rambouillet, 7 septembre 1807.

Le général Clarke, ministre de la guerre, rend compte à l'Empereur que plusieurs prisonniers de guerre russes demandent à se fixer en France.

Accordé. Tout ce qui veut se fixer en France non-seulement doit y être autorisé, mais l'on doit même les y engager.

D'après la copie. Archives de l'Empire.

13129. — AU PRINCE DE NEUCHÂTEL,
MAJOR GÉNÉRAL DE LA GRANDE ARMÉE.

Rambouillet, 8 septembre 1807.

Il me paraît que la viande que fournit la ville de Danzig peut être comptée sur les dix millions que cette ville doit payer.

NAPOLÉON.

D'après l'expédition originale. Dépôt de la guerre.

13130. — A M. FOUCHÉ,
MINISTRE DE LA POLICE.

Rambouillet, 8 septembre 1807.

Il y a dans le *Journal de Paris*, n° 241, un article de Manheim sur le Wurtemberg. Je désirerais connaître l'auteur de cet article, dont la cour de Wurtemberg se plaint.

D'après la minute. Archives de l'Empire.

13131. — A CHARLES IV, ROI D'ESPAGNE.

Rambouillet, 8 septembre 1807.

Monsieur mon Frère, le choix de M. le duc de Frias, que Votre Majesté m'envoie comme ambassadeur extraordinaire, ne peut que m'être agréable, puisqu'elle l'a jugé digne de sa confiance. Je recevrai avec plaisir, par son organe, les félicitations que Votre Majesté l'a chargé de me présenter sur les succès dont la Providence a béni mes armes dans une cause qui nous était commune, et sur la paix qui en a été la suite. Votre Majesté, qui dans cette occasion s'est conduite en fidèle allié de ma couronne, me secondera avec plus de zèle encore dans la circonstance présente, qui est pour elle d'un intérêt plus particulier. Ce n'est que par des mesures bien concertées et fidèlement exécutées que le Portugal peut être amené à cet état de déférence qui nous donnera l'espoir de la paix maritime, et que Votre Majesté jugera plus conforme à ses vues. J'ai donné une grande attention à tout ce qu'elle m'écrit à cet égard; mais elle sentira facilement que ce n'est pas encore le moment d'agiter ces questions, et qu'il faut, avant tout, arracher le Portugal à l'influence de l'Angleterre et forcer cette dernière puissance à désirer et à demander la paix.

D'après la minute. Archives de l'Empire.

13132. — A L'INFANT JEAN, RÉGENT DU PORTUGAL.

Rambouillet, 8 septembre 1807.

Monsieur mon Frère et Cousin, j'ai regardé la paix du continent, sur laquelle je reçois avec plaisir les félicitations de Votre Altesse Royale, comme un acheminement à la paix maritime. Toutes les mesures que j'ai prises tendent à la rétablir; elles sont adoptées par chaque puissance qui a, comme le Portugal, un intérêt direct à faire respecter par l'Angleterre son indépendance et ses droits.

Aucune demi-mesure n'aurait ni le même succès ni le même caractère d'attachement à la cause commune; et Votre Altesse Royale est amenée par les événements à choisir entre le continent et les insulaires. Qu'elle s'attache étroitement à l'intérêt général, et je garantis dans sa personne, dans sa famille, la conservation de sa puissance. Mais si, contre mes espérances, Votre Altesse Royale mettait sa confiance dans mes ennemis, je n'aurais plus qu'à regretter une détermination qui la détacherait de moi et qui renverrait aux chances des événements la décision de ses plus importants intérêts.

<small>D'après la minute. Archives de l'Empire.</small>

13133. — DÉCISION.

<small>Rambouillet, 8 septembre 1807.</small>

Le maréchal Davout rend compte à l'Empereur qu'il a fait remettre 50 louis à Mme Sulkowska, mère de l'aide de camp tué en Égypte, qui, retirée en Gallicie, y vit dans la gêne.

Renvoyé au prince de Neuchâtel pour faire demander l'âge de cette dame, à laquelle je ferai payer une pension de 3,000 francs.

NAPOLÉON.

<small>D'après l'expédition originale. Dépôt de la guerre.</small>

13134. — NOTE POUR M. GAUDIN,
MINISTRE DES FINANCES.

<small>Rambouillet, 9 septembre 1807.</small>

Témoignez mon mécontentement à M. Bourrienne. Comment peut-il penser que pour une action réelle on peut attendre quatre ou cinq ans? On a traité avec les possesseurs de marchandises anglaises et non avec la ville. Elle doit payer en six mois, en lettres de change de telles maisons dont on ne peut pas craindre que les effets soient protestés. Elles seront de 2 à 500,000 francs. Les payements se feront à raison de deux millions par mois.

<small>D'après la minute. Archives de l'Empire.</small>

13135. NOTE POUR M. DECRÈS,
MINISTRE DE LA MARINE.

<small>Rambouillet, 9 septembre 1807.</small>

Dans les circonstances actuelles, la navigation offre toutes sortes de difficultés. La France ne peut regarder comme neutres des pavillons sans considération. Celui d'Amérique, quelque exposé qu'il soit aux avanies des Anglais, a une sorte d'existence, puisque les Anglais gardent encore quelque mesure à son égard et qu'il leur en impose. Celui du Portugal et celui du Danemark n'existent plus. Celui des petites villes allemandes dont les noms sont à peine connus est soumis par les Anglais à telle législation qui leur convient. L'Angleterre ne le laisse entrer dans les ports de France que parce qu'il est dans sa dépendance et qu'il ne navigue que pour son intérêt. Il faut proposer un projet de décret pour déclarer que les bâtiments portant ces pavillons, qui entrent, ne peuvent sortir, et qu'ils doivent être soumis à toutes les rigueurs du blocus. On fera pour chacun une instruction et un procès particulier.

D'après la minute. Archives de l'Empire.

13136. — NOTE POUR M. PORTALIS,
CHARGÉ DES AFFAIRES DES CULTES.

Rambouillet, 9 septembre 1807.

J'approuve le décret[1] avec les changements suivants :

1° Je veux nommer les bourses et demi-bourses, comme je nomme aux places des lycées; 2° ces bourses et ces demi-bourses devraient être d'abord mises au concours entre tous les élèves qui sont dans les séminaires diocésains, en conséquence d'une présentation triple faite par chaque évêque et le ministre des cultes.

Voir si l'on pourrait établir à Saint-Denis le séminaire métropolitain de Paris, et quels seraient les encouragements à donner pour le séminaire diocésain. Cet encouragement devrait porter sur une soixantaine d'élèves. On y consacrerait 20,000 francs, divisés en bourses et demi-bourses à la nomination de l'Empereur.

D'après la minute. Archives de l'Empire.

13137. — DÉCISION.

Rambouillet, 9 septembre 1807.

M. Cretet, ministre de l'intérieur, propose à l'Empereur de décréter que l'achat de cinquante mille quintaux métriques de blé fro-

Envoyer trois auditeurs, avec des instructions bien faites, pour vérifier l'approvisionnement existant.

[1] Pour l'organisation des séminaires métropolitains.

ment, ordonné comme devant être fait en 1808 pour l'approvisionnement de réserve de Paris, sera exécuté très-promptement.

Le ministre examinera et résoudra les questions ci-après : Jusqu'à quel point aurait-on souffert en l'an x si l'on n'avait pas été en paix? Jusqu'à quel point souffrirait-on si les mêmes circonstances se représentaient à présent qu'on est en guerre et qu'il n'y a plus de neutres? Ces questions conduisent à celle-ci : Y a-t-il moyen de jouir du canal de Saint-Quentin en septembre prochain? Quand il faudrait faire des sacrifices, ils seraient bien placés, car il y aura probablement une mauvaise récolte l'année prochaine.

D'après la minute. Archives de l'Empire.

13138. — DÉCISION.

Rambouillet, 9 septembre 1807.

M. Mollien, ministre du trésor public, fait connaître à l'Empereur qu'il a destitué le payeur de la 8ᵉ division militaire, pour avoir tardé de payer la solde de retraite et le traitement de réforme, quoiqu'il eût reçu les fonds nécessaires à ces payements.

L'intention de Sa Majesté est que cette destitution et ses causes soient rendues publiques par *le Moniteur*.

D'après la copie. Archives des finances.

13139. — A M. DE CHAMPAGNY,
MINISTRE DES RELATIONS EXTÉRIEURES.

Rambouillet, 10 septembre 1807.

Monsieur de Champagny, vous ferez comprendre facilement à M. de Watteville qu'il n'est pas d'usage que les ministres traitent directement les affaires avec moi; que, s'il a à m'entretenir des affaires intérieures de la Fédération comme Médiateur, et non comme Empereur des Français.

il est possible que je l'entende; mais que, s'il a à me parler de commerce et autres objets comme au souverain de France, une audience directe sera difficile à obtenir; qu'il doit donc s'en expliquer avec vous.

NAPOLÉON.

D'après l'expédition originale. Archives des affaires étrangères.

13140. — AU GÉNÉRAL CLARKE,
MINISTRE DE LA GUERRE.

Rambouillet, 10 septembre 1807.

Notre cavalerie n'est pas assez instruite; elle ne sait pas assez monter à cheval. Faites-moi un rapport qui me fasse connaître quels sont les moyens qui existent pour former de bons écuyers. Il y a, je crois, une école à Versailles; je ne connais pas son organisation, mais je la crois très-insuffisante. Je vous recommande de porter une grande attention à l'école de manége de Fontainebleau. C'est un très-bon moyen pour remettre dans nos troupes à cheval de bons principes d'équitation. Peut-être faudrait-il encore établir deux ou trois écoles comme celle de Versailles.

D'après la minute. Archives de l'Empire.

13141. — NOTE POUR M. PORTALIS,
CHARGÉ DES AFFAIRES DES CULTES.

Rambouillet, 10 septembre 1807.

Il faut prendre un parti sur les trois questions agitées dans le travail des cultes : séminaires métropolitains, séminaires diocésains, succursales.

1° J'ai déjà décrété ce qui me paraissait convenable relativement aux séminaires métropolitains[1]. Il est très-important d'organiser Lyon et Malines; celui-ci est très-essentiel à cause des principes à y professer. Il faut aussi organiser Paris.

2° Les séminaires diocésains doivent être considérés comme le recrutement de l'Église. Il y a déjà dans ces séminaires 2,500 étudiants. Mon intention est de les encourager par des établissements de bourses et de demi-bourses. Il faut me présenter un projet de répartition de bourses

[1] Voir pièce n° 13136.

entre les différents diocèses, et sur ce que je donnerai pour chaque séminaire. Un encouragement de 600,000 francs serait suffisant. Annuellement je nommerai au moins à deux mille places. Ce qui me donnerait le droit d'intervenir dans la discipline des séminaires.

3° Quant aux succursales, c'est une querelle assurée. Le travail est trop étendu, des évêques en conviennent. En faisant une réduction du tiers sur les succursales à la charge des communes, il resterait six mille, ce qui porterait la dépense à deux millions; ce qui, avec les 600,000 francs affectés aux séminaires, ferait un total de 2,600,000 francs.

D'après la minute. Archives de l'Empire.

13142. — AU GÉNÉRAL DEJEAN,
MINISTRE DIRECTEUR DE L'ADMINISTRATION DE LA GUERRE.

Rambouillet, 11 septembre 1807.

Monsieur Dejean, vous trouverez ci-joint des pièces relatives à des dilapidations qui ont eu lieu dans le 75° régiment. Faites-moi un rapport sur cette affaire et sur le projet de décret que m'envoie M. Lacuée. Il me paraît convenable que vous ordonniez sur-le-champ l'arrestation du capitaine Gomerèt et des autres officiers qui auraient participé à cette dilapidation. Je désire que vous me fassiez un rapport détaillé que je puisse faire imprimer et mettre à l'ordre de l'armée; et dans ce rapport vous proposerez la retenue, aux dépens des officiers composant le conseil, de la somme dont le corps se trouve frustré.

Prenez toutes les mesures nécessaires pour arrêter des dilapidations si contraires au bien du service.

NAPOLÉON.

D'après l'expédition originale. Dépôt de la guerre.

NOTE
SUR L'AFFAIRE DU 75° RÉGIMENT.

Rambouillet, 11 septembre 1807.

On ne peut accuser le conseil d'administration, puisque l'opération peut avoir été faite de deux manières différentes.

Le drap peut avoir été reçu par le corps; après avoir été reçu, le garde-magasin et le capitaine d'habillement peuvent avoir vendu le drap, et le conseil n'en avoir rien su : dans ce cas, l'officier d'habillement et le garde-magasin sont coupables, et le conseil d'administration n'est pour rien dans cette dilapidation.

Le drap peut ne pas avoir été fourni, le garde-magasin et le capitaine d'habillement avoir donné le récépissé qui aura été remis au conseil d'administration, qui ne peut pas aller mesurer les pièces de drap : alors ce conseil est trompé comme le ministre; s'en prendre à lui, c'est comme si l'on s'en prenait à M. Dejean, qui est aussi responsable. En conséquence, il ne s'agit pas d'aller chercher la métaphysique de la responsabilité, mais le coupable. Il paraît être ou le capitaine d'habillement, ou le garde-magasin, ou le tailleur; il faut faire arrêter, retenir les appointements, prendre inscription sur les biens, s'il y en a, des auteurs du délit.

Vient une seconde enquête dont l'objet est de savoir si le marchand a été payé ou non. S'il ne l'a pas été au trésor, il faut sur-le-champ opérer la retenue et faire déposer cet argent à la caisse d'amortissement, comme objet contentieux, jusqu'à ce que l'affaire soit réglée.

D'après la copie. Dépôt de la guerre.

13143. — DÉCISION.

Rambouillet, 11 septembre 1807.

Le général Clarke, ministre de la guerre, soumet à l'Empereur une demande de prolongation de congé adressée par le prince de Hohenzollern, commandant le régiment de Westphalie.

Le général Clarke fera connaître à cet officier qu'il s'instruise de ses manœuvres, parce que mon intention est de le faire commander au premier jour, et qu'il s'attirerait un affront s'il ne le savait pas.

D'après la copie. Archives de l'Empire.

13144. — A M. DE CHAMPAGNY,
MINISTRE DES RELATIONS EXTÉRIEURES.

Rambouillet, 13 septembre 1807.

Monsieur Champagny, je vous renvoie votre portefeuille. Répondez à

M. Bourrienne que les bois sont bien vendus; qu'il doit ne pas avoir de communications avec le ministre de Prusse et ne se mêler en rien de cette affaire.

Portez plainte sur les communications qui continuent à exister entre Memel et le gouvernement anglais.

NAPOLÉON.

D'après l'expédition originale. Archives des affaires étrangères.

13145. — AU VICE-AMIRAL DECRÈS,
MINISTRE DE LA MARINE.

Rambouillet, 13 septembre 1807.

Mon intention est que vous partiez demain pour Boulogne. Vous passerez la flottille en revue; vous visiterez tous les magasins; vous donnerez tous les ordres pour qu'elle soit prête à prendre la mer au 15 octobre. Vous resterez quatre ou cinq jours à Boulogne; de là vous vous rendrez à Calais et à Flessingue, et vous reviendrez par Anvers. Il est probable que j'irai moi-même dans quinze jours d'ici. Vous parlerez aux matelots, aux troupes, aux habitants; vous leur direz que dans quinze jours il y aura au camp 100,000 hommes. Vous m'écrirez tous les jours pour me faire connaître la situation de la flottille et celle des approvisionnements. Vous inspecterez aussi les approvisionnements de terre, et vous me ferez connaître quelle est la quantité de biscuit, de vin et d'eau-de-vie que j'y ai encore. Vous enverrez chercher M. Dreyer; vous lui ferez connaître que des chaloupes canonnières partent en ce moment de Hollande, et que toutes les mesures se prennent pour pouvoir vraiment, si les Anglais s'entêtent dans la Baltique, profiter de leur absence pour frapper un grand coup.

D'après la minute. Archives de l'Empire.

13146. — A M. DE CHAMPAGNY,
MINISTRE DES RELATIONS EXTÉRIEURES.

Rambouillet, 14 septembre 1807.

Monsieur de Champagny, la note de M. de Cetto mérite une grande considération. Tout ce qui y est contenu est nouveau pour moi. Il est fort extraordinaire que la Maison d'Autriche prétende ressaisir une influence en Allemagne sous un autre titre. Présentez-moi un projet de réponse et un projet de note à remettre à l'ambassadeur d'Autriche. Vous lui ferez connaître que, la Maison d'Autriche n'ayant pas satisfait à l'article du traité de Presbourg qui la charge de désigner un prince de sa Maison pour prendre possession de Mergentheim, et que, ne pouvant souffrir, comme Protecteur de la Confédération du Rhin, que la Maison d'Autriche se mêle en aucune manière des affaires de la Confédération, j'ai ordonné la prise de possession en mon nom de la principauté de Mergentheim, pour la tenir en dépôt jusqu'à ce que, 1° l'Autriche ait fait connaître le prince de sa Maison qui, aux termes du traité de Presbourg, doit avoir cette principauté, 2° que ce prince ait consenti à faire partie de la Confédération du Rhin (car aucun prince entre l'Inn et le Rhin ne peut y être étranger), et comme tel ait promis de résider dans le pays; 3° qu'il n'ait aucune correspondance directe ou indirecte de suprématie avec l'empereur d'Autriche. Vous ajouterez que j'ai lieu de me plaindre de l'extension que donne la Maison d'Autriche à cette stipulation, qui tendrait à lui redonner de l'influence dans les affaires d'Allemagne. Vous me communiquerez les projets de réponse que vous ferez à M. de Cetto, au roi de Wurtemberg et aux autres princes de la Confédération. Mais, avant de me présenter les rapports, il est nécessaire que vous ayez une conférence avec M. de Cetto pour bien connaître tout ce qu'a fait sur cette affaire la Maison d'Autriche, et depuis quelle époque. Ayez-en une aussi avec l'ambassadeur d'Autriche.

NAPOLÉON.

D'après l'expédition originale. Archives des affaires étrangères.

13147. — A M. DARU,
INTENDANT GÉNÉRAL DE LA GRANDE ARMÉE.

Rambouillet, 14 septembre 1807.

Monsieur Daru, faites connaître aux plénipotentiaires prussiens que si, au 1ᵉʳ octobre, tout ce qui est relatif aux contributions n'est pas stipulé et les affaires arrangées, l'article de la convention qui porte que les revenus seront perçus par le roi de Prusse à dater de la signature de la paix sera annulé, et que je m'emparerai des revenus courants; car, quoique ma nombreuse armée soit nourrie en Prusse, cependant cet état de choses m'empêche de désarmer et me porte à de grandes dépenses.

NAPOLÉON.

D'après la copie comm. par M. le comte Daru.

13148. — A EUGÈNE NAPOLÉON,
VICE-ROI D'ITALIE.

Rambouillet, 14 septembre 1807.

Mon Fils, je reçois votre lettre par laquelle vous m'apprenez que les troupes russes sont arrivées à Venise et que l'escadre russe est en Istrie. Je suis fâché que vous ne me fassiez pas connaître de combien de vaisseaux et de frégates cette escadre est composée. Du moment que les troupes russes seront débarquées, faites-les placer dans les lieux que vous jugerez le plus convenables, tels que Padoue, Trévise, Bassano, et ayez soin qu'elles s'y trouvent bien. Faites avancer à leur trésorier, sur son reçu et sur la demande qui vous en sera faite, les fonds qui pourraient être nécessaires pour leur payer jusqu'à la concurrence d'un mois de solde, en supposant qu'ils n'aient pas d'argent. Envoyez un officier pour instruire les généraux qui les commandent de ce qui s'est passé à Copenhague et leur dire de se méfier des Anglais.

Faites dire aux commandants de leurs vaisseaux que, dans le cas où ils s'apercevraient que les Anglais commettent des hostilités contre le pavillon russe, ils peuvent se retirer dans les ports d'Ancône, de Corfou et de Tarente. Désignez-leur le port d'Istrie où ils doivent aborder, et envoyez sur-le-champ dans ce port un bataillon et deux compagnies d'artillerie pour y construire des batteries, de manière que je n'aie pas à craindre l'affront d'apprendre que le pavillon russe ait été insulté par les Anglais dans mes ports.

Ayez soin aussi de donner des ordres à Ancône pour que le port soit tenu en bon état de défense, que les vaisseaux russes soient bien traités, et surtout qu'ils y soient protégés, si jamais il y a lieu, contre les Anglais. Il ne faut pas cependant ébruiter cela.

En instruisant les Russes des affaires de Copenhague, vous leur ferez comprendre qu'il est possible que les Anglais aient donné des ordres pour arrêter leurs bâtiments.

Enfin je vous recommande que les troupes russes soient bien traitées et qu'elles n'aient aucune espèce de rixe avec mes troupes. Recommandez également à mes préfets et aux peuples de l'endroit où ils seront de les bien accueillir.

Le comte de Tolstoï, ambassadeur de Russie, sera ici dans huit jours. Vous en donnerez la nouvelle au général russe, afin qu'il lui envoie à Paris son état de situation et corresponde avec lui pour tous ses besoins.

Ayez soin que les généraux russes et autres officiers supérieurs qui arriveraient à Milan soient traités à la Cour avec une particulière distinction; telle est ma volonté.

NAPOLÉON.

D'après la copie comm. par S. A. I. Mme la duchesse de Leuchtenberg.

13149. — A JOSEPH NAPOLÉON, ROI DE NAPLES.

Rambouillet, 14 septembre 1807.

Mon Frère, mes relations avec la Russie continuent à être sur le meilleur pied. Le Danemark a déclaré la guerre à l'Angleterre; depuis le 16 août Copenhague est bloqué par terre et par mer; mais l'armée de terre anglaise est elle-même bloquée entre la place et un corps de troupes danoises qui est maître du plat pays dans l'île de Seeland. Au 28 août, date des dernières nouvelles que j'ai reçues de Copenhague, les affaires des Anglais paraissaient y aller mal, et on avait l'espoir qu'ils échoueraient et seraient forcés de se rembarquer.

L'escadre russe qui était à Ténédos a reçu l'ordre de se rendre à Cadix ou dans un de mes ports. J'ai envoyé partout des ordres pour qu'ils fussent parfaitement reçus. Cependant, s'il arrivait que vous eussiez moyen de communiquer avec ladite escadre, vous ne manqueriez pas de faire instruire l'amiral qui la commande des affaires de Copenhague, de la crainte que j'ai que les Anglais ne cherchent à intercepter l'escadre russe, et du conseil que je lui ai fait adresser à Cadix, et que je lui réitère par votre moyen, de se réfugier dans un de mes ports jusqu'à ce que tout ceci soit éclairci.

Indépendamment de la grande escadre russe, il y en a une dans l'Adriatique; le vice-roi m'apprend que cette dernière est arrivée en Istrie. Il est à désirer que vous puissiez communiquer, sans trop d'éclat, à l'officier russe qui commande cette escadre les nouvelles de Copenhague : lui recommander de naviguer avec prudence, parce qu'il serait possible que les Anglais cherchassent à enlever son escadre, et l'avertir que, dans le cas où cette crainte serait fondée, il peut se réfugier à Ancône ou dans ceux de vos ports les plus sûrs. Mettez à toutes ces communications de la prudence, car il m'est avantageux que les Anglais laissent encore naviguer librement les Russes.

Si les vaisseaux russes entrent dans vos ports, donnez des ordres pour qu'il leur soit fourni tout ce dont ils auraient besoin, et que toutes les mesures soient prises pour qu'ils soient à l'abri de toute crainte des Anglais. Si des officiers supérieurs russes venaient à Naples, je vous prie de les recevoir à votre cour avec une distinction particulière, en faisant connaître que c'est ma volonté.

J'ai vu avec grand'peine que le colonel et probablement les grenadiers du 6e étaient pris. Le général César Berthier a mis trop de lenteurs dans cette expédition.

NAPOLÉON.

D'après l'expédition originale comm. par les héritiers du roi Joseph.

13150. — A LOUIS NAPOLÉON, ROI DE HOLLANDE.

Rambouillet, 14 septembre 1807.

Je désire que vous donniez l'ordre dans vos ports que, si des vaisseaux russes s'y présentent, ils y soient accueillis et bien traités. Je vous prie également de me faire connaître si, sans délai, plusieurs divisions de chaloupes canonnières peuvent se mettre en mouvement pour se rendre de vos ports en Danemark et y aller seconder les opérations du prince royal. Il serait inutile d'attendre que toutes fussent réunies. Faites partir les dix premières, et instruisez, par un de vos officiers, le prince royal de leur départ. Faites-moi connaître, je vous prie, les ordres que vous aurez donnés, l'époque où les dix premières chaloupes pourront partir, et incessamment les autres.

Réitérez les ordres pour que les communications avec l'Angleterre soient fermées de la manière la plus stricte. Il faut que les bâtiments qui viendraient d'Angleterre, au lieu d'être renvoyés, soient confisqués. Dans ce moment où tout le monde est indigné contre l'Angleterre, il serait d'un très-mauvais effet que l'on pût penser que les Anglais sont traités avec plus de ménagements dans les ports de Hollande ou de France.

Les nouvelles de Copenhague ont porté au plus haut point l'irritation à Saint-Pétersbourg.

D'après la minute. Archives de l'Empire.

13151. — AU PRINCE DE NEUCHÂTEL,
MAJOR GÉNÉRAL DE LA GRANDE ARMÉE.

Rambouillet, 15 septembre 1807.

Mon Cousin, répondez au général Songis qu'il fait bien de retenir les vingt et une bouches à feu françaises qui font partie de celles qui ont été tirées de Dresde, mais qu'il est inutile de les remplacer; qu'il doit faire la même chose pour les fusils et les sabres; les fusils prussiens ne peuvent servir aux Saxons; je suis instruit qu'il y a des projets faits par des agents prussiens de corrompre les entours des commissaires et tirer les fusils de l'arsenal de Berlin même; que je lui recommande de ne rien laisser prendre; que je préférerais briser ces armes que de les voir livrer aux Prussiens, et que je ne considère pas seulement l'argent, mais l'inconvénient d'armer nos ennemis.

J'approuve fort que le maréchal Soult ait renfermé le général Blücher dans Kolberg.

Je vois par l'état du dépôt de Potsdam qu'il y a 1,243 chevaux en état de partir et 860 malades ou blessés, et qu'il n'y a en état de partir que 480 hommes et 300 blessés ou malades; cela établit une grande disproportion entre les hommes et les chevaux. Écrivez au général Bourcier qu'il distribue ces chevaux entre les régiments qui ont le plus d'hommes à pied. Écrivez au général Saint-Hilaire qu'il reprendra sa division lorsqu'elle passera par Berlin. Recommandez au maréchal Soult d'écrire au général Savary sur les petits libelles que les Russes font encore courir et sur les différentes plaintes au sujet des prisonniers, afin que, selon les circonstances, Savary en parle à l'empereur, s'il y a lieu.

NAPOLÉON.

D'après l'expédition originale. Dépôt de la guerre.

13152. — AU PRINCE DE NEUCHÂTEL,
MAJOR GÉNÉRAL DE LA GRANDE ARMÉE.

Rambouillet, 15 septembre 1807.

Mon Cousin, le maréchal Soult devait évacuer, le 20 août, Elbing et se porter sur la rive gauche de la Vistule. Au 1er septembre, il devait évacuer la rive gauche de la Vistule et se porter sur l'Oder. Remettez-moi sous les yeux la convention qui a été faite, et présentez-moi un projet d'ordre pour déterminer l'époque des évacuations de la Silésie, de la vieille Prusse et des autres provinces de la monarchie prussienne, en mettant les mêmes distances entre l'évacuation de chaque province et en prenant pour base le terme où, les affaires étant arrangées, on pourra commencer les évacuations.

D'après la minute. Archives de l'Empire.

13153. — AU VICE-AMIRAL GANTEAUME.

Rambouillet, 15 septembre 1807, 8 heures du matin.

Monsieur le Vice-Amiral Ganteaume, ayant ordonné au ministre de faire un voyage, j'ai voulu vous confier par intérim le portefeuille de ce département pendant l'absence du ministre. Rendez-vous chez le ministre secrétaire d'état, qui vous remettra une expédition du décret et vous conduira chez le ministre. Je vous envoie différentes lettres[1], que vous expédierez secrètement et dont personne ne doit avoir connaissance. Vous

---

[1] «Ordres pour les expéditions de la Martinique, de l'île de France, de la flotte de Cadix, en date de ce jour.» (*Note de la minute des Archives de l'Empire.*)

aurez soin d'y joindre des instructions, si le ministre ne les a pas faites. Envoyez-leur[1] les dernières nouvelles que l'on a des croisières anglaises dans le Levant.

NAPOLÉON.

Ces lettres vous seront envoyées dans deux heures.

<small>D'après l'expédition originale comm. par Mme la comtesse Ganteaume.</small>

13154. — A M. BAUDIN,
CAPITAINE DE VAISSEAU.

Palais impérial de Rambouillet, 15 septembre 1807.

Ayant résolu d'envoyer dans notre colonie de la Martinique un renfort de garnison, nous avons fait choix de vous pour commander nos frégates *l'Hortense* et *l'Hermione*, que nous destinons à cette mission.

Notre intention est que, ayant appareillé le plus tôt possible de nos rades, vous vous rendiez sans délai dans cette colonie, où vous débarquerez aussitôt les troupes dont notre ministre de la marine vous a, conformément à nos ordres, prescrit l'embarquement à bord des frégates que vous commandez.

Vous chasserez, prendrez ou détruirez tous les bâtiments ennemis que vous pourrez atteindre dans votre traversée.

Vous éviterez dans votre route toute relâche qui ne serait pas indispensable.

A votre arrivée à la Martinique, vous serez aux ordres de notre capitaine général; et, s'il ne juge pas à propos de vous retenir aux Antilles pour le service de nos colonies, vous reviendrez en France, en vous portant toutefois sur tel point de croisière où vous espérerez obtenir des succès.

Notre intention est cependant que vous dirigiez vos croisières de manière à être rentré dans nos ports à la fin de février ou dans le courant de mars au plus tard, afin de profiter pour votre atterrage de la longueur des nuits et de la faveur des vents.

[1] « Aux commandants de ces expéditions. » (*Minute.*)

Nous comptons que vous ne négligerez rien pour faire le plus de mal possible à nos ennemis dans la mission qui vous est confiée, et nous nous reposons pour cet objet sur vos talents, votre courage et votre zèle pour notre service.

Notre ministre de la marine est chargé de vous remettre des instructions de détail relatives à la présente mission.

Mêmes instructions au capitaine Mequet, commandant *l'Italienne* et *la Sirène*.

D'après la minute. Archives de l'Empire.

13155. — A M. BILLARD,
CAPITAINE DE VAISSEAU.

Palais impérial de Rambouillet, 15 septembre 1807.

Ayant résolu d'envoyer dans nos colonies orientales notre frégate *la Caroline*, dont nous vous avons confié le commandement, notre intention est que vous appareilliez, à la première occasion favorable, pour vous rendre directement dans notre île de France, aux ordres de notre capitaine général Decaen et à ceux du commandant de nos forces navales dans ces mers.

Vous chasserez, prendrez ou détruirez tous les bâtiments ennemis que vous pourrez atteindre dans votre traversée.

Vous éviterez dans votre route toute relâche qui ne sera pas indispensable.

Notre ministre de la marine est chargé de vous transmettre des instructions de détail relatives à votre mission.

Nous comptons que vous ne négligerez rien pour la bien remplir, et pour faire le plus de mal possible à nos ennemis dans les différentes croisières et opérations qui vous seront confiées dans le cours de votre campagne, et nous nous reposons pour cet objet sur votre courage, sur vos talents et votre zèle pour notre service.

Mêmes instructions au capitaine Dornal de Guy, commandant *la Manche*.

D'après la minute. Archives de la marine.

13156. — AU VICE-AMIRAL ROSILY,
COMMANDANT L'ESCADRE RÉUNIE À CADIX.

Palais impérial de Rambouillet, 15 septembre 1807.

Monsieur le Vice-Amiral Rosily, notre intention est que vous mettiez à la voile avec les cinq vaisseaux de ligne et la frégate qui composent l'escadre sous vos ordres, et le vaisseau espagnol que Sa Majesté Catholique a bien voulu y réunir, pour vous rendre dans notre port de Toulon. Vous profiterez d'un temps fait et des circonstances qui favoriseraient votre sortie en vous faisant éviter la rencontre de l'escadre qui vous bloque. Nous chargeons notre ministre de la marine de vous transmettre une instruction plus détaillée sur votre départ de Cadix et votre navigation. Nous nous reposons du reste sur votre expérience et sur votre zèle pour notre service.

NAPOLÉON.

D'après la copie. Archives de la marine.

13157. — A EUGÈNE NAPOLÉON,
VICE-ROI D'ITALIE.

Rambouillet, 15 septembre 1807.

Mon Fils, j'ai lu un rapport du chef du bureau topographique d'Italie. Je vois que le terrain compris entre l'Adige et la Sesia est à peu près achevé, mais qu'il n'y a rien de fait de l'Adige à l'Isonzo. Je crois vous avoir déjà mandé qu'il fallait faire travailler à la carte du pays entre l'Isonzo et le Tagliamento d'abord, et ensuite à celle du Tagliamento à l'Adige. La partie de l'Isonzo au Tagliamento devient très-pressante, puisque ce sera là le théâtre de la guerre.

NAPOLÉON.

D'après la copie comm. par S. A. I. Mme la duchesse de Leuchtenberg.

13158. — A LOUIS NAPOLÉON, ROI DE HOLLANDE.

Rambouillet, 15 septembre 1807.

La flottille de Boulogne n'arriverait jamais et courrait de grands dangers en route; elle n'arriverait pas dans deux mois. Faites partir du Texel et de la Meuse des divisions de chaloupes canonnières, si vous en avez. Ne pensez pas à la flottille de Boulogne.

D'après la minute. Archives de l'Empire.

13159. — DÉCISION.

Rambouillet, 15 septembre 1807.

Le maréchal Victor rend compte à l'Empereur des mesures qu'il a prises pour garantir le 1er corps d'armée de l'épidémie qui règne dans les provinces de la Prusse.

Je désire beaucoup connaître l'état des hôpitaux. Cette circonstance de maladie est une nouvelle raison pour que je désire avoir l'état de situation de mon armée. Le major général doit porter une grande attention sur cet objet.

NAPOLÉON.

D'après l'original. Dépôt de la guerre.

13160. — AU PRINCE DE NEUCHÂTEL,
MAJOR GÉNÉRAL DE LA GRANDE ARMÉE.

Rambouillet, 16 septembre 1807.

Mon Cousin, vous donnerez des ordres à tous mes maréchaux et commandants de mes différents corps pour que la convention sur l'évacuation de la Prusse soit exécutée de la manière suivante.

L'article 2 doit s'entendre, qu'on doit évacuer la vieille Prusse jusqu'à la Vistule lorsque l'entier payement des contributions, la fixation des limites de Danzig et l'exécution des différents articles du traité auront eu lieu.

Au lieu du 5 septembre : quinze jours après qu'on aurait évacué la vieille Prusse, on doit évacuer jusqu'à l'Oder.

Et, vingt-cinq jours après être arrivé sur l'Oder, c'est-à-dire trente-cinq jours après avoir commencé le mouvement, on doit avoir évacué jusqu'à l'Elbe.

Pour la Silésie, on devait l'évacuer le 1er octobre, c'est-à-dire trente-cinq jours après que le mouvement aura commencé, en exécution des articles du traité. Ainsi, si le mouvement rétrograde commençait le 1er octobre, la Silésie ne serait évacuée que le 15 novembre.

NAPOLÉON.

D'après l'expédition originale. Dépôt de la guerre.

13161. — A M. DE CHAMPAGNY,
MINISTRE DES RELATIONS EXTÉRIEURES.

Rambouillet, 16 septembre 1807.

Monsieur de Champagny, je vous renvoie votre portefeuille. Répondez à M. Daru que je ne sais ce que veulent dire les plénipotentiaires prussiens en demandant qu'on leur remette les postes. Tout doit rester sur le même pied jusqu'au dernier moment de l'évacuation.

Proposez-moi d'accorder au ministre de Saxe ce qui lui est nécessaire.

Faites-moi un rapport sur ce que me coûtera la mission de Perse. Dans le nouvel état des choses, il faut tâcher d'en diminuer la dépense autant que possible.

Quant aux affaires de Constantinople, il est convenable d'y expédier un courrier pour instruire M. Sebastiani de l'état des choses, des affaires de Danemark, de notre prise de possession de Corfou, de Cattaro, de l'armistice conclu entre les Turcs et les Russes, lequel paraît très-avantageux aux Turcs et dont ils ne doivent pas se plaindre.

Vous écrirez à M. Sebastiani que les Turcs ont mauvaise grâce de se plaindre que je rappelle un officier, tandis qu'ils ont maltraité eux-mêmes mes canonniers et les ont forcés de rentrer. Vous ferez connaître à M. Sebastiani que je suis fâché qu'il n'ait pas répondu là-dessus avec force aux Turcs.

Il ne faut pas qu'on presse les Suisses pour le bataillon neuchâtelois. Les raisons qu'ils allèguent sont très-vraies. Il vaut mieux qu'ils recrutent leurs cadres que de donner des hommes à un régiment étranger.

NAPOLÉON.

D'après l'expédition originale. Archives des affaires étrangères.

13162. — A M. DE CHAMPAGNY,
MINISTRE DES RELATIONS EXTÉRIEURES.

Rambouillet, 16 septembre 1807.

Monsieur de Champagny, je désire que vous expédiiez M. Deponthon à Pétersbourg. Écrivez au général Savary que des dépêches plus importantes lui seront expédiées avant dix jours; que j'ai beaucoup agréé les détails qu'il vous a donnés; qu'il continue à vous instruire fréquemment et en détail. Effectivement, mon intention est d'écrire plus sérieusement lorsque les affaires de Copenhague auront pris un caractère plus décisif.

NAPOLÉON.

D'après l'expédition originale. Archives des affaires étrangères.

13163. — AU GÉNÉRAL SAVARY,
EN MISSION À SAINT-PÉTERSBOURG.

Rambouillet, 16 septembre 1807.

Monsieur le Général Savary, j'ai reçu votre lettre que m'a apportée un courrier russe. Vous avez dû, à l'heure qu'il est, recevoir par M. de Montesquiou une lettre de moi qui vous aura fait connaître l'état des choses. Je viens de dicter une longue lettre à M. de Champagny, qui est actuellement à Rambouillet et qui la rédige.

Nous n'avons point de nouvelles de Copenhague depuis le 1er septembre. Tout me porte à penser que les Anglais ont manqué leur coup: ils croyaient prendre Copenhague sans coup férir, et même sans guerre.

La Porte a accepté ma médiation, et l'armistice a eu lieu avec Michelson.

Rien ne finit avec la Prusse. Le Roi a une douzaine de plénipotentiaires à Berlin, qu'il laisse sans instructions. Croirait-on qu'il y a cinq semaines qu'ils n'en ont point eu de réponse, quoiqu'ils lui écrivent tous les huit jours! N'ayant aucun des papiers des pays qu'ils doivent rendre, le reste ne s'évacue pas. Notez bien que je n'exige aucune nouvelle contribution, mais que ce sont toujours celles qui avaient été frappées avant la paix. Ce pays aura bien de la peine à se remettre. Ils sont insolents et sans moyens. Je vous donne ces détails pour votre instruction en cas qu'on vous en parle.

On m'écrit d'Elbing, en date du 2 septembre, que les premiers convois de nos prisonniers ne font que de rentrer; qu'en général ils se plaignent d'avoir été maltraités, même depuis la paix. Le maréchal Soult se plaint aussi que des petits libelles pareils à ceux qu'on jetait dans nos camps avant la bataille de Friedland sont de nouveau distribués; qu'on en a jeté beaucoup parmi les prisonniers qu'on nous rend. Il faut parler de cela au ministre de la police ou au ministre de la guerre.

Les Suédois nous ont cédé l'île de Rügen. On les dit fort mécontents des Anglais. Je n'ai aucun moyen de traiter directement avec eux; mais je crois que l'empereur doit trouver des moyens, moitié par menaces, moitié par négociations, de les faire entrer dans la cause commune. Je crois qu'ils y sont tenus par les traités. Quand vous lirez ceci, le Portugal aura déclaré la guerre à l'Angleterre. Les Anglais sont donc chassés de partout. Les Anglais ne m'ont rien fait dire. Je ne sais ce qu'ils ont répondu sur la médiation de la Russie.

Remerciez l'empereur de ses belles pelisses et de son buste.

Il faut être très en garde contre les mauvais bruits. Les Anglais soufflent le diable sur le continent. Ils disent que l'empereur de Russie va être assassiné. Moi, ils me tuent de toutes sortes de maladies. Ils font faire la guerre à l'Autriche, etc.

Duroc envoie un beau service de porcelaine. C'est un service qui avait été fait pour moi et le plus beau qu'ait fait Sèvres. Je ferai partir le service égyptien aussitôt qu'il aura été terminé.

La lettre de M. de Champagny ne doit pas partir aujourd'hui. J'expédie Depouthon. C'est un bon officier du génie. Si l'empereur a besoin d'un officier du génie pour Cronstadt, etc. il peut lui servir.

P. S. Mon intention est d'envoyer à Saint-Pétersbourg M. de Laforest, soit avec le titre d'ambassadeur, soit avec celui de ministre, comme l'empereur le voudra. Mon dessein est d'avoir cependant toujours un de mes aides de camp à Saint-Pétersbourg, pour entretenir l'empereur dans ses bonnes dispositions. Mais j'ai pensé que j'avais besoin là d'un homme consommé dans les affaires, et, dans tous les pays, ce choix n'est pas facile aujourd'hui. L'empereur doit se souvenir que M. de Laforest a traité les affaires de Ratisbonne conjointement avec la Russie, et qu'il était en dernier lieu ambassadeur à Berlin. J'attends pour le faire partir que ce choix ait été agréé à Saint-Pétersbourg.

Avant huit jours d'ici, je vous expédierai des lettres et vous ferai connaître mes intentions en détail sur différents objets. Mais, si la Russie voulait attacher la Suède à la cause commune, l'empereur peut compter que je suis disposé à faire ce qu'il jugera le plus convenable.

D'après la minute. Archives de l'Empire.

13164. — A ALEXANDRE IER, EMPEREUR DE RUSSIE.

Rambouillet, 16 septembre 1807.

Monsieur mon Frère, je remercie Votre Majesté des belles fourrures qu'elle m'a envoyées. Je ne puis rien lui donner de si beau. Je désire cependant qu'elle trouve agréables quelques porcelaines de Sèvres que je lui envoie.

Je n'ai aucunes relations avec la Suède. Le Roi a abandonné Stralsund et mes troupes y sont entrées. Il a depuis rendu l'île de Rügen par une convention. On m'a écrit qu'il était retourné en Suède malade, et que toute son armée témoignait un grand mécontentement contre les Anglais à cause de l'affaire du Danemark. Aussitôt que j'ai appris les événements qui s'y passaient, j'ai réuni mes instances à celles du roi d'Espagne auprès du Portugal, et j'ai décidé cette dernière puissance à déclarer la guerre à l'Angleterre.

Les garnisons des troupes de Votre Majesté qui étaient à Cattaro et à Corfou sont en route pour se rendre à Venise. J'ai fait prévenir vos différents amiraux, et j'espère qu'à l'heure qu'il est ils se seront mis en sûreté dans mes ports ou dans ceux d'Espagne.

Je ne sais rien de l'Angleterre; j'ignore absolument ses dispositions. Je prépare mes flottes et mes flottilles, et il me semble que le moment n'est pas éloigné où nous pourrons chasser les Anglais de tout le continent. Je pense même que la Suède et l'Autriche ne sont pas très-loin de prendre parti contre eux.

NAPOLÉON.

D'après la copie comm. par S. M. l'Empereur de Russie.

13165. — A EUGÈNE NAPOLÉON,
VICE-ROI D'ITALIE.

Rambouillet, 16 septembre 1807.

Mon Fils, je reçois votre lettre du 11 à minuit. Je vois que la division Clauzel est composée de 5,482 hommes; mais je ne vois pas de combien de compagnies chaque bataillon est composé. C'est à cela que vous devez porter votre principal soin. Je consens qu'il ne parte du 8e léger que 517 hommes; mais je ne voudrais pas que ces 517 hommes formassent six compagnies, je voudrais qu'ils n'en formassent que trois. Même observation pour le 18e léger, pour le 5e de ligne. Le 11e, qui est de 800 hommes, pourrait envoyer quatre compagnies. Même observation pour le 23e, pour le 60e, etc. En les organisant ainsi, mon but est de fournir des hommes aux cadres qui sont en Dalmatie, et de faire partir, deux ou trois mois après, cinq autres mille hommes; ce qui ne sera point difficile à faire, puisque 1,000 hommes existent déjà aujourd'hui, qu'il y a 3,000 hommes à recevoir de la conscription de 1808, et qu'ainsi ce nombre pourra bientôt être envoyé. Quant aux 5 ou 600 invalides, il est urgent que vous chargiez le général Charpentier d'en passer la revue, afin de s'en débarrasser. Il faut songer aussi que le moment actuel est celui où il y a le plus de malades en Italie, et qu'en novembre les dépôts de Dalmatie gagneront plus de 500 hommes par la sortie des hôpitaux. Au total, mon intention est que la division Clauzel soit toute composée de compagnies de 200 hommes, afin qu'elle puisse les incorporer en Dalmatie.

NAPOLÉON.

D'après la copie comm. par S. A. I. Mme la duchesse de Leuchtenberg.

13166. — DÉCISION.

Rambouillet, 16 septembre 1807.

Le général Clarke, ministre de la guerre, propose à l'Empereur d'accorder la solde à cinquante-trois élèves d'artillerie et du génie de l'école de Metz, qui, après l'examen prochain, excéderont le nombre fixé;

D'employer à l'état-major de cette école trois capitaines en second de plus, dont deux d'artillerie et un du génie;

D'y appeler les professeurs de mathématiques et de dessin des écoles de régiment établies à Metz, Besançon et Strasbourg;

D'affecter une des casernes de Metz au logement nécessaire à ces cinquante-trois élèves.

De l'argent et toujours de l'argent!

On conçoit qu'il faut deux ans pour le génie; un an d'école pour l'artillerie est suffisant.

Mais la chose à laquelle le ministre doit bien veiller, c'est qu'on fasse des officiers d'artillerie. Il faut que, dans les six mois, ils connaissent toutes les sortes d'armes, toutes les sortes d'artifices, toutes les manœuvres de force.

Au total la demande du ministre est accordée.

Le ministre fera connaître combien de livres de poudre a consommées l'école de Metz.

Les élèves sauront-ils les manœuvres d'artifices? Combien de fois les fait-on tirer à la cible? Ceux destinés à l'artillerie ont-ils monté et démonté des fusils? Combien de pièces ont-ils désenclouées par les différents procédés? Combien ont-ils fait de manœuvres de force avec du 24 et sans chèvre? Combien ont-ils fait de cartouches, de balles, d'étoupilles, de fusées? Ont-ils ensaboté des boulets, fait des lances à feu, des chemises soufrées, goudronnées? Combien chaque élève en a-t-il fait? Combien de fois sont-ils allés au polygone? Ont-ils tiré des bombes, combien de fois ont-ils mis dans le rond ou dans le tonneau? Ont-ils tiré à ricochet, construit des batteries, fait des saucissons, des gabions? Connaissent-ils les différentes espèces de bois, les dimensions et le poids des différentes ferrures, les différentes espèces d'attelages? Savent-ils atteler et dételer des voitures de divers attelages? Ont-ils fait de la poudre? Enfin connaissent-ils la théorie des mines, de la sape, le tracé des places et des fortifications de campagne? Ont-ils eux-mêmes ouvert la tranchée? Voilà ce que Sa Majesté veut que sachent les officiers d'artillerie. Il est inutile qu'ils sachent la coupe des pierres, la construction.

D'après la minute. Archives de l'Empire.

13167. — DÉCISION.

Rambouillet, 16 septembre 1807.

M. Portalis, chargé des affaires des cultes, soumet à l'Empereur un rapport en exécution de la note de Sa Majesté qui réduit le nombre des succursales à la charge des communes.

L'état des succursales à la charge du Gouvernement doit demeurer définitivement arrêté et n'être sujet à aucun changement.

A l'égard des succursales à la charge des communes et dont le nombre est de plus de 9,000, il doit être réduit à 6,000. Cette réduction se fera par un travail concerté entre l'évêque et les préfets, dans la huitaine de la publication du décret portant les dispositions ci-dessus.

Dans les paroisses ou succursales trop étendues, il pourra être établi des chapelles ou annexes. Ces établissements n'auront lieu que d'après une délibération de la commune, ou un engagement des plus forts contribuables de supporter la dépense. Les chapelles seront sous l'inspection du curé ou desservant.

D'après la minute. Archives de l'Empire.

13168. — A MARIE-LOUISE, RÉGENTE D'ÉTRURIE.

Saint-Cloud, 16 septembre 1807.

Madame ma Sœur et Cousine, les vues constantes de l'Angleterre sur Livourne ont obligé de recourir à quelques mesures pour fermer ce port à son commerce, ou pour le défendre contre ses armes. A différentes époques de la guerre, Livourne a eu, par les mêmes motifs, une garnison française, et cette place a été ainsi conservée à Votre Majesté. Je dois continuer d'avoir, pour vos intérêts et contre nos communs ennemis, la même vigilance, et j'aurai égard de toute manière à la position des états de Votre Majesté. Mon intention est de ne laisser à Livourne que le nombre d'hommes indispensablement nécessaire contre les Anglais et contre leur commerce, et de réduire ainsi les charges auxquelles la présence de ces troupes peut donner lieu. Je désire qu'elles soient accueillies pendant leur séjour momentané comme le sont par moi les troupes espagnoles qui servent en Allemagne avec mon armée. Les intérêts de la France, de l'Espagne, de la Toscane, sont confondus, et, sur quelque point que mes troupes soient placées, elles défendent la cause de Votre Majesté comme la mienne.

D'après la minute. Archives de l'Empire.

13169. — AU GÉNÉRAL CLARKE,
MINISTRE DE LA GUERRE.

Saint-Cloud, 17 septembre 1807.

Je désire que vous me fassiez un rapport sur les régiments étrangers au service de France, sur leur situation actuelle, sur le lieu où ils se trouvent. Mon intention est de prendre des mesures pour resserrer leurs cadres et les faire passer au service des royaumes de Naples et de Hollande, pour diminuer la dépense. Je ne parle pas des régiments suisses, qui, sous tous les points de vue, forment une classe à part.

D'après la minute. Archives de l'Empire.

13170. — AU VICE-AMIRAL DECRÈS,
MINISTRE DE LA MARINE, À BOULOGNE.

Saint-Cloud, 17 septembre 1807.

Je vous prie de me faire connaître pourquoi l'ordre que j'ai donné, il y a plusieurs années, de faire l'expérience des cales flottantes de M. Ducrest, n'a pas été exécuté. Me faire un rapport la semaine prochaine, et me proposer des mesures pour faire cette expérience.

D'après la minute. Archives de l'Empire.

13171. — AU PRINCE DE NEUCHÂTEL,
MAJOR GÉNÉRAL DE LA GRANDE ARMÉE.

Saint-Cloud, 17 septembre 1807.

Mon Cousin, faites connaître à M. Daru et à M. Bourrienne que je n'approuve point le marché passé avec la ville de Hambourg pour le payement de seize millions en trois ans; que je veux que les seize millions soient payables à raison de deux ou trois millions par mois.

NAPOLÉON.

D'après l'expédition originale. Dépôt de la guerre.

13172. — A M. CHAUNAY-DUCLOS,

CAPITAINE DE VAISSEAU.

Palais impérial de Saint-Cloud, 19 septembre 1807.

Monsieur Chaunay-Duclos, Capitaine de nos vaisseaux, l'occupation de Corfou et de Cattaro par nos troupes ne laissant plus d'asile à nos ennemis sur la mer Adriatique, nous avons résolu d'envoyer une division navale à Corfou pour y concerter ses opérations avec celles de notre marine d'Italie, et nous avons fait choix de vous pour remplir cette mission et commander nos frégates *la Pomone* et *la Pauline* et notre corvette *la Victorieuse*.

Vous appareillerez sans délai pour vous rendre à votre destination, où vous trouverez, à votre arrivée, des ordres sur vos opérations ultérieures.

Notre intention étant que vous évitiez, autant que possible, la rencontre de forces supérieures dans votre traversée, nous estimons qu'en partant de Toulon vous devrez faire route vers le sud-sud-est, de manière à passer à trente lieues à l'est des îles de Corse et de Sardaigne, et à atterrir aux environs de Tunis.

De là, vous prolongerez de près la côte de Barbarie pour passer au sud de toutes les îles, jusqu'à ce que, avec les vents d'est qui ont lieu vers la fin de septembre, vous puissiez atteindre les parages des Sept Iles et venir mouiller, de la bordée, à Corfou.

Cette route nous paraît la plus convenable dans les circonstances présentes et eu égard à la saison.

Si, par des événements que nous ne pouvons pas prévoir, vous trouviez des obstacles dans cette route, nous nous en rapportons à votre zèle et expérience sur le parti que vous croirez devoir prendre dans l'intérêt de notre service.

Les ports de notre île de Corse, celui de Gênes, ceux de l'île d'Elbe, les golfes de Naples, de Tarente, de Cattaro même, vous offriront des points de relâche dont vous pourrez profiter, si cela vous devient indispensable.

Vous nous reposons sur vos talents et votre courage pour le succès de la mission importante que nous voulons bien vous confier.

D'après la minute. Archives de la marine.

13173. — A M. DE CHAMPAGNY,
MINISTRE DES RELATIONS EXTÉRIEURES.

Fontainebleau, 22 septembre 1807.

Monsieur de Champagny, M. de Lima est allé hier chez le grand-duc de Berg, sans qu'il ait jamais demandé à être présenté à ce prince; cela était cependant de son devoir, sous la triple considération de ce qu'il doit à mon beau-frère, au grand amiral et au prince souverain; témoignez-lui-en mon mécontentement. M. de Metternich, qui n'y avait pas été présenté, a eu le bon sens de s'y faire présenter la veille.

Vous vous concerterez avec M. de Ségur, et vous me ferez un rapport sur la manière dont doivent être reçus les ministres et les ambassadeurs. Du moment qu'un ministre m'est présenté, il doit se rendre chez les princes de la Famille et chez les grands dignitaires. S'il est ministre, il doit faire visite à tous les grands officiers, soit de la Couronne, soit de l'Empire, ainsi que chez un certain nombre de personnes dont l'état lui sera remis par le grand maître des cérémonies, telles que le gouverneur de Paris, les présidents de la Cour de cassation, du Sénat et du Corps législatif. S'il est ambassadeur, il peut être convenable qu'il fasse notifier qu'il a reçu son audience, et qu'en conséquence il reçoive les visites.

Je désire qu'avant mercredi toutes les difficultés soient levées et mon règlement adopté, afin que, quand le ministre de Russie arrivera, tout se trouve établi. Il est bon que vous m'éclairiez dans votre rapport sur ce qui se faisait à Versailles et sur ce qui se fait à Vienne et à Saint-Pétersbourg. Mon règlement adopté, il faut que tout le monde s'y conforme. Je suis maître d'établir chez moi l'ordre qui me convient. Cela a été engrené par la mauvaise direction que les relations extérieures lui ont donnée dans le temps.

L'intention du grand-duc de Berg avait été de ne pas inviter M. de

Lima; mais l'eût-il invité, cela n'excuse pas sa malhonnêteté. Je désire que vous lui appreniez à vivre.

NAPOLÉON.

D'après la copie. Archives des affaires étrangères.

13174. — DÉCISION.

Fontainebleau, 22 septembre 1807.

Le prince de Neuchâtel, major général, soumet à l'Empereur les observations du général Barrois, transmises par le maréchal Victor, au sujet de la défense de la place de Küstrin, qui n'a plus que six pièces de campagne et une faible garnison. Le général Barrois demande une augmentation de troupes ainsi que des pièces d'artillerie.

Ce qu'il y a dans cette lettre m'étonne beaucoup. Témoigner mon mécontentement au général Songis. Il ne devait pas laisser la place de Küstrin sans pièces. Je n'ai pas donné l'ordre de la désarmer. Elle ne devait pas l'être sans mes ordres. Trente ou quarante pièces de canon sont bientôt ôtées. Donner ordre qu'on y mette soixante pièces de campagne, et qu'on les retienne de la Silésie, puisqu'on a le temps, vu le retard de l'évacuation.

NAPOLÉON.

D'après l'original. Dépôt de la guerre.

13175. — A M. DE CHAMPAGNY,
MINISTRE DES RELATIONS EXTÉRIEURES.

Fontainebleau, 23 septembre 1807.

Monsieur de Champagny, il faut que vous fassiez connaître au ministre de Saxe et à M. Bourgoing que les inquiétudes qu'on a eues à Dresde sur le royaume de Westphalie ne sont point fondées; qu'on n'a jamais entendu y réunir que des pays appartenant autrefois à la Prusse, et non aucun pays qui appartînt à la Saxe; que, s'il y avait quelque erreur dans la nomenclature, on s'empresserait, à la première connaissance qu'on en aurait, de relever les erreurs qui auraient été commises.

NAPOLÉON.

D'après l'expédition originale. Archives des affaires étrangères.

13176. — AU PRINCE DE NEUCHÂTEL,

MAJOR GÉNÉRAL DE LA GRANDE ARMÉE.

Fontainebleau, 23 septembre 1807.

Mon Cousin, vous trouverez ci-joint une lettre au ministre des finances, par laquelle je lui ordonne de mettre onze millions à votre disposition, sur les fonds appartenant à la Grande Armée, qui sont déposés à la caisse d'amortissement.

Vous disposerez de ces onze millions de la manière suivante. Vous garderez un million pour vous, que vous prendrez moitié en argent et moitié en rentes sur l'État au cours de 85 francs.

Vous donnerez 600,000 francs, moitié en argent et moitié en rentes sur l'État au même cours de 85 francs, aux maréchaux Ney, Davout, Soult et Bessières, et 400,000 francs, moitié en argent, moitié en rentes au cours de 85 francs, aux maréchaux Masséna, Augereau, Bernadotte, Mortier et Victor. Vous ferez connaître à chacun de ces maréchaux que les rentes sur l'État doivent être réunies aux autres biens et faire partie du fief que je veux établir incessamment en leur faveur, et qu'ainsi ils ne peuvent aliéner ces rentes; que, quant à la somme qui leur est donnée en argent, ils doivent l'employer à se procurer un hôtel à Paris, qui doit être compris dans le fief que nous érigerons en leur faveur, étant nécessaire que les possesseurs des grands fiefs aient un hôtel à Paris: qu'il faudra donc qu'ils vous fassent connaître l'hôtel qu'ils auront acheté, et que, dès ce moment, ils ne pourront ni le vendre ni l'aliéner. Vous ferez connaître au maréchal Lannes qu'il est nécessaire que, sur les fonds de la Grande Armée que je lui ai donnés, il se procure un hôtel à Paris, qu'il ne pourra plus aliéner.

Vous donnerez 200,000 francs à chacun des généraux dont la liste est ci-jointe. Cette somme leur sera donnée également, moitié en argent et moitié en rentes sur l'État au cours de 85 francs, et il faut qu'ils aient un hôtel à Paris ou dans un chef-lieu de département. Cette maison sera inaliénable et fera partie du fief que je veux ériger en leur faveur.

Il faudra que vous vous arrangiez avec le ministre des finances pour prendre à la caisse d'amortissement partie de ces onze millions en argent, et partie en rentes au cours de 85 francs.

NAPOLÉON.

D'après la copie. Archives de la justice.

13177. — ANNEXE A LA PIÈCE PRÉCÉDENTE.
RÉPARTITION DES ONZE MILLIONS ACCORDÉS PAR L'EMPEREUR.

	Sommes.	En argent.	En rentes sur l'État.
Le prince de Neuchâtel....	1,000,000	500,000	500,000 fr.
Le maréchal Ney.........	600,000	300,000	300,000
Le maréchal Davout......	600,000	300,000	300,000
Le maréchal Soult........	600,000	300,000	300,000
Le maréchal Bessières.....	600,000	300,000	300,000
Le maréchal Masséna.....	400,000	200,000	200,000
Le maréchal Augereau....	400,000	200,000	200,000
Le maréchal Bernadotte...	400,000	200,000	200,000
Le maréchal Mortier......	400,000	200,000	200,000
Le maréchal Victor.......	400,000	200,000	200,000
Le général Oudinot.......	200,000	100,000	100,000
Le général Songis........	200,000	100,000	100,000
Le général Chasseloup....	200,000	100,000	100,000
Le général Walther.......	200,000	100,000	100,000
Le général Dupont........	200,000	100,000	100,000
Le général Grouchy.......	200,000	100,000	100,000
Le général Nansouty......	200,000	100,000	100,000
Le général Belliard.......	200,000	100,000	100,000
Le général la Riboisière...	200,000	100,000	100,000
Le général Suchet........	200,000	100,000	100,000
Le général Junot.........	200,000	100,000	100,000
Le général Marmont......	200,000	100,000	100,000
Le général Saint-Hilaire...	200,000	100,000	100,000
Le général Friant........	200,000	100,000	100,000
A reporter.	8,200,000	4,100,000	4,100,000

	Sommes.	En argent.	En rentes sur l'État.
Report.....	8,200,000	4,100,000	4,100,000 fr.
Le général Duroc.........	200,000	100,000	100,000
Le général Legrand........	200,000	100,000	100,000
Le général Caulaincourt...	200,000	100,000	100,000
Le général Savary.........	200,000	100,000	100,000
Le général Lauriston......	200,000	100,000	100,000
Le général Caffarelli......	200,000	100,000	100,000
Le général Bertrand.......	200,000	100,000	100,000
Le général Rapp..........	200,000	100,000	100,000
Le général Mouton........	200,000	100,000	100,000
Le général Clarke.........	200,000	100,000	100,000
Le général Ordener.......	200,000	100,000	100,000
Le général Reille.........	50,000	25,000	25,000
Le colonel Lacoste........	50,000	25,000	25,000
M. de Ségur.............	200,000	100,000	100,000
Le sénateur Beauharnais...	200,000	100,000	100,000
	10,900,000	5,450,000	5,450,000

D'après la copie. Archives de l'Empire.

13178. — NOTE AUTOGRAPHE.

Date incertaine.

Ducs. Il faut trente maisons à Paris, qui s'élèvent avec le trône. Il faut leur donner 500,000 francs, argent ou bons de la caisse, pour payer la maison, et au moins 100,000 francs de rente : 15,000,000; 3,000,000.

Comtes. Soixante maisons qui aient maison à Paris ou dans les chefs-lieux de département. Il faut qu'ils aient 50,000 francs de rente au moins, et 200,000 francs pour payer la maison : 12,000,000; 3,000,000.

Barons. Quatre cents barons ayant au moins 5,000 francs de rente : 2,000,000.

Suivent quatre feuilles d'ébauches couvertes de chiffres, et quelques noms illisibles.

D'après la copie comm. par S. M. le roi d'Italie.

13179. — AU PRINCE DE NEUCHÂTEL,
MAJOR GÉNÉRAL DE LA GRANDE ARMÉE.

Fontainebleau, 24 septembre 1807.

Mon Cousin, écrivez au maréchal Victor qu'il fasse connaître au général Blücher que, s'il fait aucune disposition de guerre, et s'il ne cesse ses bravades, il enverra des troupes pour le renfermer et l'assiéger dans Kolberg; que c'est l'ordre formel de l'Empereur, qui est las des fanfaronnades prussiennes; qu'il retire donc ses postes, ses grand'gardes et établisse une bonne police parmi ses gens.

NAPOLÉON.

D'après l'expédition originale. Dépôt de la guerre.

13180. — DÉCISION.

Fontainebleau, 24 septembre 1807.

M. Cretet, ministre de l'intérieur, propose à l'Empereur la destitution d'un chef de légion de la garde nationale, accusé d'avoir accordé, de son chef, des exemptions de service, et d'avoir fait trafic de remplacements et de congés.	Renvoyé au grand juge pour poursuivre l'exécution des lois de l'Empire. NAPOLÉON.

D'après l'original. Archives de la justice.

13181. — AU GÉNÉRAL DUROC,
GRAND MARÉCHAL DU PALAIS.

Fontainebleau, 25 septembre 1807.

Vous enverrez chercher demain M. Izquierdo. Vous conférerez avec lui de l'argent que me doit le roi d'Espagne, des affaires du Portugal et de l'Étrurie. La lettre du ministre du trésor vous fournira des renseignements sur ce que me doit l'Espagne, et vous verrez ce que M. Izquierdo dit à cette occasion, et si je puis compter sur la rentrée exacte de l'emprunt de Hollande dans mes coffres.

Quant au royaume de Portugal, je ne fais pas de difficulté de donner au roi d'Espagne une suzeraineté sur le Portugal, et même d'en distraire une partie pour la reine d'Étrurie et pour le prince de la Paix.

Quant aux affaires d'Étrurie, vous lui ferez connaître qu'il est bien difficile qu'une branche de la Maison d'Espagne continue à être établie au milieu de l'Italie; que cela m'offre de grandes difficultés, aujourd'hui que toute l'Italie m'appartient, sous le rapport des affaires religieuses, des moines, du commerce de Livourne, et à raison de l'incapacité absolue où l'on se trouve dans ce pays pour gouverner; faire une transaction avec l'Espagne pour que les intérêts de la monarchie soient à couvert, et, de concert avec l'Espagne, ôter cette difformité de la presqu'île d'Italie: mais que je ne veux rien faire là-dessus que l'Espagne ne soit contente: et que je désirerais qu'il m'offrît quelque projet là-dessus.

D'après la minute. Archives de l'Empire.

13182. — A EUGÈNE NAPOLÉON,
VICE-ROI D'ITALIE.

Fontainebleau, 25 septembre 1807.

Mon Fils, je vous ai fait connaître, par ma lettre de ce jour, que mon intention était que 3 ou 4,000 hommes se rendissent d'Ancône et des dépôts de l'armée de Naples pour renforcer cette armée. J'ai aussi donné ordre que le régiment d'Isembourg s'y rendît. Mais alors il ne restera plus de troupes suffisantes dans les états du Pape. J'ai donc pensé que le meilleur moyen était de diriger sur Ancône toute la division Duhesme, qui est à Civita-Vecchia, que vous pourrez compléter de manière à former un corps de 3,000 hommes, et que vous y joigniez un ou deux escadrons de cavalerie de 3 ou 400 hommes avec six pièces de canon. Ainsi la division d'Ancône sera de près de 4,000 hommes. Vous pourrez d'abord faire marcher ces forces de Brescia sur Bologne, et vous me ferez connaître le jour de leur arrivée dans cette dernière ville. Elles s'y reposeront trois jours, après lesquels elles continueront leur marche sur Ancône, si elles ne reçoivent pas de contre-ordre. Ces troupes sont destinées à prendre possession du duché d'Urbin, de la province de Macerata, de Fermo, de Spolétto, afin de bien établir ma communication avec le royaume de Naples.

Lorsque ces troupes seront arrivées à Bologne, vous pourrez laisser transpirer le but de ce mouvement, dont je ne veux pas faire mystère, sans pourtant le dire officiellement.

Je vous ai fait connaître que mon intention est que toutes les troupes qui sont dans le royaume d'Étrurie doivent être nourries, habillées et soldées par le roi d'Étrurie, et que celles qui se trouvent dans les états du Pape doivent être nourries, habillées et soldées par le Pape; cela ne laissera pas que de faire une assez grande économie.

Envoyez directement à Corfou tout ce qui est nécessaire à la solde, habillement et entretien du 5ᵉ régiment de ligne italien.

NAPOLÉON.

D'après la copie comm. par S. A. I. la duchesse de Leuchtenberg.

13183. — A JOSEPH NAPOLÉON, ROI DE NAPLES.

Fontainebleau, 25 septembre 1807.

Mon Frère, je reçois votre lettre du 16. Je ne conçois pas qu'il faille autant de troupes pour garder le royaume de Naples, qui n'est attaqué que par quelques misérables brigands. Je conçois encore moins, à moins que je ne m'explique cela par les théories de votre ministre des finances, qu'avec le secours de six millions, que je vous envoie, vous ne puissiez pas solder 25,000 hommes dans un royaume d'une population de plus de quatre millions d'habitants. La raison que vous n'avez pas de commerce n'est pas satisfaisante. Quand on peut donner à une armée du blé, du vin, du pain, la petite quantité d'argent que vous avez à lui payer pour sa solde est bien peu de chose. Si les denrées ne sortent pas, il faut dire aussi qu'il ne sort pas de numéraire pour d'autres objets. Vos finances, et c'est l'opinion publique, sont horriblement menées. Cela est bien malheureux. Naples m'affaiblit d'une armée et me coûte beaucoup d'argent. La première de toutes les choses est de remettre votre solde au courant. D'ailleurs, voilà l'hiver; qui peut empêcher vos bâtiments de commerce de venir apporter vos denrées à Gênes et dans les autres ports de la France?

Mon intention est qu'il y ait deux généraux de brigade à Corfou. Le général Donzelot est destiné à y commander en cas de mort du général César Berthier.

Je vois avec peine que le 101ᵉ n'a qu'un bataillon dans la terre de Labour; que le régiment de la Tour d'Auvergne n'y a que le 3ᵉ bataillon; que le 20ᵉ de ligne n'est pas également réuni dans la province de Salerne, et qu'il y en a une partie dans la Pouille; que tout le régiment suisse n'est pas réuni.

Vous portez dans l'état de la garnison de Corfou 1,600 hommes pour le 6ᵉ de ligne. Vous savez que les grenadiers et une compagnie ont été pris, c'est-à-dire 300 hommes; il ne reste donc plus guère que 1,200 hommes.

Je donne ordre à tout le régiment d'Isembourg de se rendre à Naples. Je donne également l'ordre au vice-roi de vous envoyer un renfort de 3 à 4,000 hommes tirés des dépôts des régiments de votre armée. Ce renfort partira d'Ancône en deux détachements, l'un le 15 octobre et l'autre le 1ᵉʳ novembre.

NAPOLÉON.

D'après l'expédition originale comm. par les héritiers du roi Joseph.

13184. — A M. CRETET,
MINISTRE DE L'INTÉRIEUR.

Fontainebleau, 26 septembre 1807.

Je vous envoie différentes pièces sur les douanes du royaume d'Italie. Il y a un tableau des importations et des exportations pendant les années 1804, 1805 et 1806, qui ne laisse pas que d'avoir de l'intérêt. Je vous prie de le garder soigneusement. Je désire que vous voyiez M. Aldini. que vous fassiez un historique de ce que j'ai fait depuis trois ans en faveur du commerce de France, et que vous me présentiez des mesures pour favoriser le commerce de France en Italie sans nuire à la prospérité du pays. Vous admettrez à votre conférence avec M. Aldini M. Collin, afin de voir quels sont les changements à faire au tarif. Il est nécessaire que vous me remettiez sous les yeux ce que j'ai fait là-dessus et où en sont les différents traités que j'ai ordonné que l'on rédigeât; cela s'est effacé de ma mémoire.

D'après la minute. Archives de l'Empire.

13185. — AU GÉNÉRAL CLARKE,
MINISTRE DE LA GUERRE.

Fontainebleau, 26 septembre 1807.

Donnez ordre au dépôt du 26ᵉ de ligne de fournir un capitaine, un lieutenant, un sous-lieutenant, un sergent-major, deux sergents et quatre caporaux, 220 hommes et deux tambours, pris parmi les conscrits, bien habillés, en prenant, si cela est nécessaire, les conscrits de 1808. Ce détachement se rendra à Bordeaux, pour être embarqué sur les deux frégates qui sont dans ce port. Donnez le même ordre à une compagnie organisée de la même manière, tirée des dépôts du 82ᵉ. Ce qui fera les 450 hommes nécessaires au ministre de la marine. Faites composer également un détachement de même nature par le 3ᵉ bataillon du 86ᵉ; un détachement pareil sera composé par le 4ᵉ bataillon du 15ᵉ de ligne, et ces deux détachements réunis, formant 450 hommes, seront embarqués sur les deux frégates de Saint-Malo.

D'après la minute. Archives de l'Empire.

13186. — A M. DARU,
INTENDANT GÉNÉRAL DE LA GRANDE ARMÉE.

Fontainebleau, 26 septembre 1807.

Monsieur Daru, je reçois votre lettre du 18 septembre. Je vous prie de ne signer le traité définitif des contributions qu'après me l'avoir soumis. Mon *sine quâ non* est, d'abord cent cinquante millions, 2° le payement en effets commerciaux valables; et, si cela était impossible et qu'au lieu d'effets commerciaux je dusse me contenter de bons du Roi, mon intention est de garder les places de Stettin, Glogau et Küstrin, avec 6.000 hommes de garnison dans chacune de ces places, jusqu'à l'entier payement de ces bons; et, comme ces 18.000 hommes me causeraient des frais extraordinaires, mon intention est que les frais pour solde, nourriture, habillement et entretien de ces 18.000 hommes soient à la charge du Roi.

Vous devez parler vivement aux ministres du roi de Prusse. Il me semble que l'on fait à Memel de mauvaises plaisanteries, et ce n'est certainement pas le cas. Vous devez déclarer que, si l'on veut payer, on peut en trouver les moyens. Le roi de Prusse n'a pas besoin d'entretenir une armée, il n'est en guerre avec personne. Il faut aussi que les bons, à défaut d'être signés par des négociants, le soient par des propriétaires.

Je crois vous avoir déjà mandé que vous devez notifier que, si ces conditions n'étaient pas acceptées, vous déclarerez nul l'article du traité relatif à la convention d'évacuation, et mettrez opposition sur les revenus des mois de septembre et d'octobre comme appartenant à l'armée; et en effet mon intention est de m'emparer dans ce cas de tous ces revenus.

NAPOLÉON.

D'après la copie comm. par M. le comte Daru.

13187. — A EUGÈNE NAPOLÉON,
VICE-ROI D'ITALIE.

Fontainebleau, 16 septembre 1807.

Mon Fils, j'ai reçu votre lettre du 15 septembre, dans laquelle vous me faites plusieurs questions sur ce qu'on doit faire des marchandises anglaises saisies à Ancône. 1° Que doit-on faire de ces marchandises? On doit les vendre au profit de l'armée; la moitié de leur produit doit être déposée dans une caisse particulière à Milan; l'autre moitié sera distribuée aux corps d'armée qui ont fait les saisies. 2° Qui doit juger les réclamations? C'est le tribunal des prises qui doit décider.

NAPOLÉON.

D'après la copie comm. par S. A. I. Mme la duchesse de Leuchtenberg.

13188. — AU GÉNÉRAL CLARKE,
MINISTRE DE LA GUERRE.

Fontainebleau, 17 septembre 1807.

Je vous renvoie les plans et rapports que vous m'avez faits sur les différentes places. Je désire que vous teniez toutes les semaines un conseil de fortification, afin de comparer les comptes de tout ce qu'on a fait avec les sommes accordées cette année, de manière que, dans le courant de novembre, vous puissiez me rendre compte, connaître la situation de mes principales places; et que chacun de vos rapports dise ce qui a été dépensé depuis l'an vııı et ce qu'on a fait, afin qu'on puisse voir ce qu'a coûté chaque ouvrage.

Vous devrez aussi me faire connaître les évaluations faites par les officiers du génie, afin que je m'assure que leurs évaluations n'ont pas été dépassées, et que je puisse connaître le degré de confiance que je puis mettre à leurs estimations pour tous les nouveaux travaux que je veux entreprendre.

Dans le même conseil que je tiendrai pendant le mois de novembre, vous me présenterez le budget de 1808. Les fonds que je veux affecter au génie ne peuvent dépasser douze millions. L'art est de dépenser cette somme au plus grand avantage de l'État. Sur cette somme, mon intention est de dépenser cinq millions pour Alexandrie.

Par ce moyen, je connaîtrai en général la situation positive des différentes places. Je fixerai définitivement les projets à adopter. J'accorderai les fonds pour les travaux à faire en 1808. La place qui m'importe par-dessus tout, c'est Alexandrie; après Alexandrie, Mayence; après Mayence, Wesel; après Wesel, Strasbourg et Kehl, et enfin les places de Venloo, Juliers et Maëstricht.

Comme la place de Flessingue désormais m'appartient, et que cette place acquiert une nouvelle importance, il sera convenable de me présenter un projet complet qui me fasse connaître le parti qu'on pourrait tirer de la coupure des digues, si l'ennemi s'était emparé de l'île.

Anvers, Boulogne, Ostende viennent après.

Strasbourg, Mayence et Wesel sont déjà susceptibles d'une grande défense. Les ouvrages que l'on fait à Kehl, à Cassel et à Wesel tendent à donner à ces places de nouvelles propriétés.

La place de Venloo, selon sa capacité, peut se défendre; celle de Juliers, au contraire, n'est encore susceptible d'aucune défense sérieuse; Alexandrie est dans un état pire encore. Je mets donc de l'importance à ce qu'en 1808, et 1809 au plus tard, Alexandrie et Juliers puissent avoir toutes leurs propriétés.

Du reste je n'accorde point de fonds supplémentaires, ni pour Kehl. ni pour Mayence, ni pour Anvers, ni pour Boulogne; cependant j'autorise pour Kehl qu'on puisse dépenser cette année 200,000 francs de plus, lesquels devront être portés sur le budget de 1808.

Quelque important que soit Kehl, la prise de cette place n'influera pas sur celle de Strasbourg. La prise de Cassel, au contraire, influera réellement sur celle de Mayence. Il faut donc prendre un parti sur cette place si importante.

Quant à Lans-le-Bourg, j'arrêterai le plan aux différents conseils que je tiendrai en novembre; mais il faut qu'il soit coordonné avec l'auberge que les ponts et chaussées sont chargés de construire, et qu'on me fasse bien connaître la situation topographique des lieux où doivent être établis les bâtiments, de manière qu'ils soient à l'abri d'un coup de main. Mais, comme la somme de 400,000 francs est beaucoup trop considérable, il faudra peut-être se réduire à établir un logement pour un simple bataillon de 900 hommes. L'auberge, dans ce cas-là, sera plus commode pour les officiers. Cette caserne ne doit jamais être qu'un logement de passage. Je pense qu'il est nécessaire aussi de terminer la caserne de Chambéry.

Je désire qu'avant novembre le général Marescot ait été faire une inspection sérieuse à Alexandrie. Les grandes dépenses que j'y ai faites. celles que je veux y faire l'année prochaine, demandent qu'il n'y ait rien de négligé. J'exige qu'on soit assuré de la bonne conduite de la comptabilité, de la bonne conduite de ceux qui dirigent les travaux. et aussi de leur docilité à exécuter les différents ordres.

Il faut aussi que le général Marescot approfondisse sur les lieux les divers tracés et le système général de la place, et vous remette ses observations, afin d'améliorer ce qui en sera susceptible; car c'est dans Alexandrie que je voudrais concentrer tout l'art de la défense, afin que. perdant l'Italie, une petite armée ou une garnison de 15 à 20,000 hommes puisse s'y tenir renfermée pendant un an. si elle a des vivres pour cet espace de temps.

D'après la minute. Archives de l'Empire.

13189. — A EUGÈNE NAPOLÉON,
VICE-ROI D'ITALIE.

Fontainebleau, 27 septembre 1807.

Mon Fils, le cardinal Bayane se rend à Paris; il passera par Milan. Mon intention est qu'à Milan vous l'empêchiez de passer outre, et que vous lui demandiez si, dans son âme et conscience de cardinal, il croit ses pouvoirs et ses instructions suffisantes pour arranger tous les points de discussion qui existent avec la cour de Rome; que, s'il ne se croit pas assez autorisé, il doit écrire à Rome qu'il a été retenu à Milan, vu les explications qu'on lui a demandées. S'il a tous les pouvoirs et instructions nécessaires, il peut continuer sa route. S'il n'était pas encore parti de Rome, vous écririez à M. Alquier dans ce sens, et vous lui feriez connaître qu'il serait convenable que le cardinal Bayane ne partît pas de Rome s'il n'a pas les instructions nécessaires.

NAPOLÉON.

D'après la copie comm. par S. A. I. Mme la duchesse de Leuchtenberg.

13190. — AU GÉNÉRAL SAVARY,
EN MISSION À SAINT-PÉTERSBOURG.

Fontainebleau, 28 septembre 1807.

Je reçois votre lettre du 9 septembre. M. de Champagny vous répond en détail.

Je ne vous connaissais pas aussi galant que vous l'êtes devenu. Toutefois les modes pour vos belles Russes vont être expédiées. Je veux me charger des frais. Vous les remettrez en disant qu'ayant ouvert, par hasard, la dépêche par laquelle vous les demandiez, j'ai voulu en faire moi-même le choix. Vous savez que je m'entends très-bien en toilette. Talleyrand enverra des acteurs et des actrices.

Je suis on ne peut pas plus mécontent des Prussiens : ce sont des gens dont on ne peut rien faire, aussi bêtes qu'ils l'aient jamais été.

N'alarmez pas inutilement l'empereur Alexandre; environné, comme il l'est, de l'amour de ses sujets, il n'a rien à craindre, pour peu qu'il montre un peu de vigueur.

J'attends M. de Tolstoï et je le recevrai, non comme ambassadeur, mais comme un homme honoré de l'amitié particulière de l'empereur. Cela me gênera un peu, à vous dire vrai, à cause de l'exemple; vous savez que je n'ai pas l'habitude de voir les ambassadeurs et les ministres; mais il faudra bien sortir de la règle pour être agréable à l'empereur Alexandre.

P. S. Vous trouverez ci-joint deux lettres pour l'impératrice. Je vous les envoie sous cachet volant; vous les cachetterez, et vous ne les remettrez qu'après vous être assuré qu'elles seront agréablement reçues et qu'on y répondra.

D'après la minute. Archives de l'Empire.

13191. — A ALEXANDRE Ier, EMPEREUR DE RUSSIE.

Fontainebleau, 28 septembre 1807.

Monsieur mon Frère, l'escadre de Votre Majesté, de Corfou, composée de quatre vaisseaux, est arrivée devant Venise. Ayant rencontré deux frégates anglaises, elle a été mouiller à Trieste, d'où l'amiral a expédié un courrier au prince de Kourakine; et, au retour du courrier, l'escadre de Votre Majesté a mis à la voile de Trieste pour se rendre à Venise, malgré les frégates anglaises. Elle convoyait vingt-deux bâtiments marchands, portant 4,000 hommes de la garnison de Cattaro. Tout est prévu pour que ces troupes soient bien à Padoue.

Votre Majesté aura été bien affligée de ce qui s'est passé à Copenhague. Il me semble qu'il nous sera facile de chasser les Anglais de tout le continent d'Europe; une déclaration commune produirait cet effet.

Je remercie Votre Majesté de ce qu'elle a bien voulu me communiquer la note anglaise; l'expédition de Copenhague explique son véritable esprit.

L'ambassadeur turc, qui était à Vienne, est arrivé hier à Paris; je ne l'ai pas encore vu; il a des pouvoirs de la Porte.

Votre Majesté veut-elle me permettre de lui témoigner toute ma reconnaissance pour les bons sentiments qu'elle témoigne au général Savary? Je désire fort que Votre Majesté soit persuadée de tous ceux que je lui porte, et qu'elle croie que je ne le cède à personne pour l'intérêt que j'attache à tout ce qui peut lui être agréable.

NAPOLÉON.

D'après la copie comm. par S. M. l'empereur de Russie.

13192. — A M. DE CHAMPAGNY,
MINISTRE DES RELATIONS EXTÉRIEURES.

Fontainebleau, 29 septembre 1807.

Monsieur de Champagny, faites connaître à mon ministre à Florence que j'entends que l'archevêché de Florence soit donné à un homme connu par ses bons sentiments pour la France, et non à l'évêque d'Arezzo, dont l'inimitié et la haine ont éclaté dans toutes les circonstances. Passez une note là-dessus au ministre de Toscane. Les armes de Suède doivent être abattues en Toscane et le ministre de Suède chassé. Écrivez pour faire chasser de Florence le chargé d'affaires de cette nation.

NAPOLÉON.

D'après l'expédition originale. Archives des affaires étrangères.

13193. — AU PRINCE DE NEUCHÂTEL,
MAJOR GÉNÉRAL DE LA GRANDE ARMÉE.

Fontainebleau, 29 septembre 1807.

Mon Cousin, les magasins de subsistances resteront entre les mains de mes agents, lors même que le roi de Westphalie prendra possession de ses états. Même observation pour les approvisionnements de siége des places. Je ne vois pas, au reste, d'autre place que Magdeburg.

Je ne trouve rien de si baroque que la question : si je remettrai les magasins d'habillement et d'équipement au Roi. Ils appartiennent à l'armée française et doivent rester dans ses mains. Même observation pour l'artillerie. Tout le produit des usines, salines, mines, etc. les magasins de grains appartenant aux anciens souverains ou qui existent depuis que je suis maître du pays, resteront dans les mains de mes agents. Enfin, jusqu'à ce que j'aie déterminé de quelle manière cette prise de possession doit avoir lieu, on ne doit rien faire.

NAPOLÉON.

D'après l'expédition originale. Dépôt de la guerre.

13194. — A EUGÈNE NAPOLÉON,
VICE-ROI D'ITALIE.

Fontainebleau, 29 septembre 1807.

Mon Fils, j'ai reçu votre lettre du 24; elle ne m'a pas satisfait. Je ne conçois pas comment on peut mettre en doute si les rues de Mantoue doivent être éclairées; je ne conçois pas plus pourquoi les villes de Modène, Reggio, Pavie, Crémone, Vérone, Crema, etc. ne le seraient pas, si elles le sont aujourd'hui. Mon intention est donc que, dans toutes les villes où il y a illumination, elle soit maintenue, et que, dans celles où il n'y en a pas, on ne l'accorde qu'autant que la ville aurait le moyen d'y pourvoir. Quant à Mantoue, Porto-Legnago, Palmanova, comme places fortes, elles doivent être illuminées la nuit; mais en général ces illuminations ne coûtent pas cher, on peut les faire économiquement et mettre plus ou moins de lanternes. L'illumination de Paris coûte moins de 400,000 francs. On peut organiser l'éclairage de Mantoue de manière qu'il ne coûte pas plus de 7 à 8,000 francs. Mais cet éclairage, s'il n'est pas complet, le sera au moins pour les besoins publics et pour le service de la place.

NAPOLÉON.

D'après la copie comm. par S. A. I. Mme la duchesse de Leuchtenberg.

13195. — A EUGÈNE NAPOLÉON,
VICE-ROI D'ITALIE.

Fontainebleau, 29 septembre 1807.

Mon Fils, les marchandises anglaises traversent le royaume d'Italie; une partie de celles qu'on a trouvées à Livourne venaient de Milan. Il est temps que cela finisse. Tenez un conseil pour que toutes les marchandises anglaises soient confisquées à la fois dans tout mon royaume d'Italie, et que toutes les mesures soient prises pour empêcher qu'elles ne passent aux frontières. Guerre sans relâche aux marchandises anglaises; c'est le moyen d'arriver à la paix. Beaucoup de marchandises anglaises traversent le royaume avec des plombs faux. Il paraît que les douanes en Italie sont mal menées.

NAPOLÉON.

D'après la copie comm. par S. A. I. Mme la duchesse de Leuchtenberg.

13196. — A LOUIS NAPOLÉON, ROI DE HOLLANDE.

Fontainebleau, 29 septembre 1807.

Je reçois votre lettre du 27 septembre, par laquelle vous m'annoncez votre arrivée à la Haye.

Vos intentions pour fermer les communications de la Hollande avec l'Angleterre ne sont pas remplies. Le gouvernement hollandais continue à donner des passe-ports pour Hambourg, par mer, ce qui veut dire évidemment pour l'Angleterre. Des marchands d'Amsterdam sont partis, il y a peu de jours, pour Londres, sur des bateaux. A la dernière foire de Rotterdam, toutes les boutiques étaient remplies de marchandises anglaises, et aucune n'a été saisie. Je ne puis donc que vous faire connaître que, si les marchandises anglaises ne sont pas arrêtées, surtout du côté de mes frontières, j'enverrai des colonnes mobiles pour les confisquer et en arrêter les propriétaires. Je ne parle pas de l'attachement que vous devez à la France. Par son alliance, par les traités, les Hollandais n'ont pas le droit de faire le commerce avec l'Angleterre, et ce sont ses alliés les plus chauds et les plus nécessaires. On n'est point roi quand on ne sait pas se faire obéir chez soi.

D'après la minute. Archives de l'Empire.

13197. — DÉCRET.

Fontainebleau, 30 septembre 1807.

Article 1er. Il sera tenu un chapitre général des établissements de sœurs de la Charité et autres consacrées au service des pauvres.

Art. 2. Ce chapitre se tiendra à Paris dans le palais de Madame, qui présidera ledit chapitre, assistée du grand aumônier; M. l'abbé de Boulogne, aumônier de Sa Majesté, fera les fonctions de secrétaire.

Art. 3. Chaque établissement aura, à ce chapitre, un député ayant une connaissance particulière de la situation, des besoins et du nombre de chaque maison.

Art. 4. Ce chapitre sera invité à faire connaître ses vues sur les moyens les plus propres à étendre ces institutions, de manière qu'elles fournissent à la totalité des établissements consacrés aux malades et aux pauvres.

NAPOLÉON.

Extrait du *Moniteur* du 4 octobre 1807.

13198. — A M. MOLLIEN,
MINISTRE DU TRÉSOR PUBLIC.

Fontainebleau, 30 septembre 1807.

Monsieur Mollien, mon intention est qu'à la caisse de service, à dater des renouvellements qui auront lieu au 1er octobre, l'intérêt de l'argent ne soit renouvelé qu'au taux de trois pour cent.

NAPOLÉON.

D'après l'expédition originale comm. par Mme la comtesse Mollien.

13199. — AU GÉNÉRAL CLARKE,
MINISTRE DE LA GUERRE.

Fontainebleau, 30 septembre 1807.

Le général Junot, comme gouverneur de Paris, reçoit de la guerre....................................	60,000 francs.
Pour frais de logement....................	10,000
Pour indemnité de fourrages...............	15,000
Pour frais de bureaux.....................	144,000
Comme colonel général des hussards........	22,000
Pour traitement extraordinaire de général commandant la première division militaire.........	12,000
	263.000

Cela est une faiblesse du ministre de la guerre.

Mon intention est qu'il ne lui soit plus rien payé, ni comme frais de logement, ni pour indemnité de fourrages, ni comme colonel général des hussards, ni comme commandant de division militaire. Faites-lui connaître qu'à compter de l'année prochaine son traitement sera réduit.

et témoignez mon mécontentement aux inspecteurs aux revues de n'avoir pas réclamé contre ces abus.

Quant aux 144,000 francs de frais de bureaux d'état-major, je veux que le gouverneur n'ait pas de frais de bureaux, qu'il n'en soit accordé qu'au commandant d'armes, et que cette dépense soit réglée à 6,000 francs. c'est-à-dire 3,000 francs pour frais de bureaux de la place; 1,000 francs pour ceux de la division; il y aura 2,000 francs pour frais de bureaux de la police.

Le commandant d'armes ne jouira ni de fourrages ni d'indemnité de logement. Il aura 6,000 francs de frais de bureaux et 3,000 francs d'appointements par mois, tout devant être compris dans cette somme.

Vous ferez connaître au général Junot que je l'autorise à toucher, pendant le reste de l'année, tout ce qu'il a touché cette année, et que, moyennant cela, il ne lui sera rien payé pour ses frais de voyage à Bayonne et pour son traitement de commandant en chef du corps de la Gironde; que, cependant, il n'aura rien à réclamer pour frais de bureaux depuis son départ, et qu'à dater de l'année prochaine son traitement de gouverneur ne peut être de plus de 60,000 francs.

Faites-moi une recherche sur le traitement de premier inspecteur et autres traitements extraordinaires, non que je veuille retrancher quelque chose cette année, mais pour asseoir le budget de l'année prochaine.

D'après la minute. Archives de l'Empire.

13200. — A EUGÈNE NAPOLÉON,
VICE-ROI D'ITALIE.

Fontainebleau, 30 septembre 1807.

Mon Fils, je reçois votre lettre du 25. Vous avez été bien au delà de mes intentions. Je ne conçois pas comment vous faites offrir de l'argent à l'escadre russe; cela n'a pas de sens. Je ne conçois pas comment vous avez envoyé des vivres à cette escadre, quand elle ne vous en demandait pas et qu'elle n'était pas mouillée dans vos ports. Je ne conçois pas comment vous avez offert de l'argent aux troupes russes; on est toujours à temps; il faut laisser demander, et accorder. Je ne veux point qu'elles soient mieux nourries que mes troupes; vous ne leur avancerez rien au delà. Quant à la solde, vous ne leur accorderez d'argent qu'après vous être bien assuré qu'ils n'en ont pas et qu'ils n'ont aucun moyen d'en avoir. Quant à l'escadre, il ne faut lui rien fournir, à moins qu'elle ne soit dans mes ports. Ainsi donc mon intention est d'accorder aux Russes ce qui leur est nécessaire, mais de ne leur rien offrir, et de ne pas tant courir à leur rencontre : c'est trop exagérer les choses.

Napoléon.

D'après la copie comm. par S. A. I. Mme la duchesse de Leuchtenberg.

13201. — A FRÉDÉRIC, PRINCE ROYAL DE DANEMARK.

Fontainebleau, 30 septembre 1807.

Mon Frère et Cousin, j'ai reçu la lettre de Votre Altesse Royale, du 12 septembre. J'ai pris et je prends une part sincère aux malheurs que vient d'éprouver le Danemark. Il est à regretter qu'à force de ruses et de mauvaise foi le gouvernement anglais ait donné le change aux ministres de Danemark sur les véritables dangers du moment; car, si une partie de l'armée de Votre Altesse Royale se fût trouvée à Copenhague, les choses eussent tourné bien autrement. Mais le passé est sans remède. Je compte sur son énergie et la bravoure de la nation. Je seconderai volontiers Votre Altesse Royale dans tout ce qu'elle entreprendra pour rentrer dans son pays. J'ai fait donner à cet effet des pleins pouvoirs à mon ministre pour conclure et signer toute convention à ce sujet.

Napoléon.

D'après la copie comm. par S. M. le roi de Danemark.

13202. — A M. GAUDIN,
MINISTRE DES FINANCES.

Fontainebleau, 1er octobre 1807.

Vous trouverez ci-joint un rapport de M. Thibaudeau, duquel il résulte que le directeur des octrois ne répond pas et laisse flotter à l'aventure cette branche importante de l'administration publique. Comme elle est sous vos ordres, je ne puis que vous en témoigner mon mécontentement. Je désire que vous me fassiez mercredi un rapport qui me fasse connaître le nombre de lettres des maires et conseils généraux écrites avant le 15 septembre et qui sont sans réponse; et vous me proposerez des mesures pour obvier à ce grand inconvénient. Depuis quand les ministres et leurs bureaux ne doivent-ils pas répondre dans le mois à toutes les affaires contentieuses?

D'après la minute. Archives de l'Empire.

13203. — AU PRINCE DE NEUCHÂTEL,
MAJOR GÉNÉRAL DE LA GRANDE ARMÉE.

Fontainebleau, 1er octobre 1807.

Mon Cousin, donnez ordre par un courrier extraordinaire à ma Garde de se rendre à Paris. L'artillerie restera jusqu'à nouvel ordre à Hanovre, savoir : le personnel, le matériel et le train. Les ambulances et les caissons resteront aussi jusqu'à nouvel ordre, ainsi que les chevaux de trait et tout ce qui est équipage militaire. Le général Walther m'enverra l'état de ces équipages, afin que je désigne le moment où ils devront rentrer.

Écrivez au prince d'Aremberg, colonel du régiment de ce nom, de se rendre à Paris. Il laissera le commandement du régiment au major.

NAPOLÉON.

D'après l'expédition originale. Dépôt de la guerre.

13204. — A M. LACÉPÈDE,
GRAND CHANCELIER DE LA LÉGION D'HONNEUR.

Fontainebleau, 1er octobre 1807.

Je reçois votre lettre du 26. Les établissements ne peuvent aller que peu à peu. Au lieu de faire entrer les jeunes demoiselles dans des pensions à Paris, il n'y a qu'à les faire entrer sur-le-champ à Écouen. Quand la maison ne contiendrait cette année qu'une centaine de demoiselles, ce serait suffisant. Vous m'avez dit que les bâtiments étaient prêts et en état de recevoir cent demoiselles. L'achat du mobilier et des lits n'est pas une chose qui ne puisse se faire promptement à Paris. La directrice peut d'ailleurs, sous votre autorisation, établir un petit règlement provisoire pour placer ces jeunes demoiselles. D'ailleurs, avant qu'elles y soient installées, le règlement définitif sera établi.

Quant à Chambord, c'est une chose qui demande à être méditée; le trésor de la Légion d'honneur est trop dégarni dans ce moment pour pouvoir y penser.

Les 400 francs qu'on donne pour Écouen ne sont que pour la certitude que la demoiselle aura une dotation. Il n'y a donc pas de chef de bataillon qui ne fasse cette dépense, puisque c'est pour sa fille et qu'elle lui coûte au moins cela chez lui. D'ailleurs, je ne suis point maître de faire cette espèce de grâce. Il faut partir du principe qu'on est riche ou pauvre, selon que sa fortune est en rapport avec son éducation. Les parents doivent sentir cela. Plusieurs peuvent avoir pensé que ces 400 francs sont perdus pour leur famille; ce n'est pas mon intention. Mais allez de l'avant; pourvu que vous mettiez le mot *provisoire*, cela va bien. C'est une des choses sur lesquelles je ne puis asseoir mes idées qu'avec le temps. Mais je ne vois pas que d'ici à huit jours vous ne puissiez avoir à Écouen cinquante ou soixante demoiselles, de celles qui payent les 400 francs.

Quant à la nomination des dames, vous ne m'avez pas laissé les états; envoyez-les-moi; j'en nommerai quatre ou cinq, qui me paraissent suffisantes pour les cent premières.

<small>D'après la minute. Archives de l'Empire.</small>

13205. — A EUGÈNE NAPOLÉON,
VICE-ROI D'ITALIE.

Fontainebleau, 1er octobre 1807.

Mon Fils, l'Impératrice a fait présent à la vice-reine d'Italie d'une guirlande d'hortensias. Je désire que, sans que la princesse en sache rien, vous la fassiez estimer par de bons bijoutiers et que vous me fassiez connaître cette estimation, pour que je voie de combien ces messieurs ont l'habitude de me voler.

NAPOLÉON.

<small>D'après la copie comm. par S. A. I. Mme la duchesse de Leuchtenberg.</small>

13206. — A JOSEPH NAPOLÉON, ROI DE NAPLES.

Fontainebleau, 1ᵉʳ octobre 1807.

Mon Frère, j'ai reçu votre lettre du 20. Je vous ai déjà renvoyé les cadres d'un de vos régiments napolitains. Que voulez-vous que je fasse venir en France des régiments composés de compagnies de 40 hommes? Il faut que les compagnies soient de 120 ou 140 hommes. Ainsi donc il y aura à peu près de quoi former deux bataillons passables des deux régiments napolitains. Les cadres du second régiment, qui retournent à Naples, pourront revenir quand il aura fait 3,000 recrues.

Vous me demandez de faire venir à Gaëte, Otrante et Naples, les 3ᵉˢ bataillons des régiments de l'armée. Si je faisais cela, ces régiments seraient bientôt perdus, car comment envoyer à Naples des conscrits nus et sans repos, des extrémités de la France? Vous ne réfléchissez pas assez sur l'organisation militaire et vous n'en prenez pas assez de soin. Je n'ai de grandes et de fortes armées que parce que je porte la plus grande attention à ces détails. Si le royaume de Naples fournissait son contingent en finances, vous ne manqueriez pas de troupes, je vous en enverrais; mais vous ne payez rien. Vos finances sont déplorablement administrées; elles sont tout en métaphysique; l'argent est cependant une chose très-physique.

Tâchez donc de m'envoyer des détails de Corfou. Envoyez-y des officiers. Je n'ai encore entendu parler de rien. Envoyez-y trois fois par semaine.

NAPOLÉON.

D'après l'expédition originale comm. par les héritiers du roi Joseph.

13207. — A M. CRETET,
MINISTRE DE L'INTÉRIEUR.

Fontainebleau, 2 octobre 1807.

Je vous prie de témoigner mon mécontentement au préfet de Troyes, pour avoir autorisé, sans votre permission, une espèce de fête qu'on veut faire en l'honneur de Thibaut, comte de Champagne. Il est ridicule d'aller réveiller, après plusieurs siècles, la mémoire d'hommes qui n'ont point eu un mérite éclatant.

Demandez au préfet de Tours ce que c'est que ce monument qu'on veut élever à Agnès Sorel; cela me paraît inconvenant. Si j'ai bonne mémoire, Agnès Sorel était la maîtresse d'un roi. Elle est plus recommandable par le poëme de *la Pucelle* qu'à d'autres titres. Écrivez au préfet que mon intention est qu'il ne soit élevé aucun monument.

Qu'est-ce que c'est que le directeur du lycée de Tours? Quelle espèce de discussions a-t-il eues avec le préfet? De quelle espèce d'individus est composée l'administration de ce lycée?

<small>D'après la minute. Archives de l'Empire.</small>

13208. — A EUGÈNE NAPOLÉON,
VICE-ROI D'ITALIE.

<small>Fontainebleau, 2 octobre 1807.</small>

Mon Fils, j'ai reçu votre lettre relative à l'escadre russe. Je vous ai mandé, par ma lettre d'avant-hier, qu'il y avait des mesures à garder et qu'il ne fallait pas trop de prévenances. Je vous avais dit de bien traiter les officiers généraux qui viendraient à Milan, mais je ne vous avais pas dit d'envoyer des invitations à des commandants d'escadre pour venir vous voir.

NAPOLÉON.

<small>D'après la copie comm. par S. A. I. Mme la duchesse de Leuchtenberg.</small>

13209. — A M. GAUDIN,
MINISTRE DES FINANCES.

<small>Fontainebleau, 3 octobre 1807.</small>

Il y a dans cette lettre de M. Gobier une chose qui me frappe : c'est la facilité qu'il y a de communiquer, par les canaux, de Hollande en France, et de Hollande en Allemagne et en Suisse, par le Rhin. Je croyais que des mesures avaient été prises pour étendre au Rhin et aux canaux les dispositions relatives au blocus de l'Angleterre. Il faut donc me faire un rapport là-dessus.

<small>D'après la minute. Archives de l'Empire.</small>

13210. — A EUGÈNE NAPOLÉON,
VICE-ROI D'ITALIE.

Fontainebleau, 3 octobre 1807.

Mon Fils, je vous envoie le général Lemarois. Vous lui donnerez le commandement du duché d'Urbin, de la Marche d'Ancône et des provinces de Macerata et Fermo. Vous lui donnerez pour instructions de prendre le commandement de toutes les troupes, soit du Pape, soit des miennes, qui se trouvent dans ces provinces; de placer son quartier général à Ancône, et de réunir ses troupes, afin qu'au premier ordre que je lui en donnerai il puisse prendre possession de ces provinces, en séquestrer le revenu et y établir une administration provisoire.

NAPOLÉON.

D'après la copie comm. par S. A. I. Mme la duchesse de Leuchtenberg.

13211. — NOTE POUR M. CRETET,
MINISTRE DE L'INTÉRIEUR.

Fontainebleau, 4 octobre 1807.

Le Cher sera rendu navigable de tel point à tel point : un quart par le département, un quart par le trésor et la moitié par les forêts du Domaine et des particuliers. Le quart des départements, au moyen de centimes pour arriver aux 103,000 francs proposés par an, pendant dix ans. Le trésor fournira la même somme. Le ministre des finances verra M. Bergon pour savoir combien les forêts peuvent fournir.

Un jury pour les particuliers.

Cette navigation serait établie en trois ans.

D'après la minute. Archives de l'Empire.

13212. — NOTE POUR LE GÉNÉRAL DUROC,
GRAND MARÉCHAL DU PALAIS.

Fontainebleau, 4 octobre 1807.

Je désire habiter le palais de Fontainebleau en laissant chaque chose à sa destination ancienne.

Il faut rétablir les cuisines, comme elles l'étaient, à la cour des cuisines. Il paraît que cette restauration coûterait 400,000 francs. Mon intention est de la faire en deux ans, de sorte que, l'année prochaine, la moitié soit terminée, et qu'on puisse y établir les valets de pied et cuisiniers, qui sont encombrés dans le palais. Les cuisines des princes ne doivent être que des réchauffoirs.

Je pense que les dépendances de mes officiers sont trop resserrées dans la situation actuelle. On peut loger là des maîtres d'hôtel et chefs cuisiniers, ce qui débarrassera d'autant l'intérieur du palais.

Il est difficile de penser que l'École militaire puisse longtemps rester si près du palais; mon intention est qu'elle reste à Fontainebleau, mais les jeunes gens ont trop de dissipations étant si près de la Cour; il faut donc les en séparer. La reprise de cette aile me donnera tous les logements dont je puis avoir besoin.

L'aile opposée qu'occupe le général Bellavène ne doit pas être réparée, parce qu'il paraît que, pour compléter le palais, il faut rétablir cette aile suivant la même architecture que l'École militaire. C'est un travail que je ne suis pas pressé de faire. Les deux ailes devraient être réunies par une belle grille qui donnât entrée au château. Je voudrais avoir le devis de ce que coûterait cette grille, savoir les bâtiments qu'il faudra abattre à cet effet, et faire une place carrée devant la grille, afin que le palais se trouvât annoncé.

Jardins. Il faut arrêter l'entretien des jardins, il paraît qu'on n'a encore rien arrêté pour cet objet, et faire le fonds des travaux, à prendre sur le budget de 1807, vu que c'est le temps d'y travailler. Ce supplément de budget sera accordé sur le fonds des dépenses diverses du service de l'intendant général. Il faut y faire planter le plus possible, soit des vignes, soit des arbres, et rendre le jardin aussi beau qu'il doit l'être.

Écuries. A l'emplacement de l'ancien chenil, il faut y établir des écuries, ce qui continuera les anciennes écuries, et y construire un grand nombre de remises. Les fondements, qui sont bons, et les matériaux aideront à cette construction.

Il faut défendre à l'École militaire de couper aucun des arbres des allées. On en a coupé pour le manége, et cela est un mal.

D'après la copie, Bibliothèque du Louvre.

13213. — DÉCISION.
Fontainebleau, 4 octobre 1807.

M. Cretet, ministre de l'intérieur, propose à l'Empereur de convoquer les colléges électoraux des départements dont la députation au Corps législatif doit être renouvelée.

Pour la nomination du président du collége de l'Escaut, consulter les membres du Sénat et de la députation.

Pour Maine-et-Loire, savoir si M. de Brissac, présenté, est le même que le sénateur.

Pour le Morbihan, présenter un bas Breton, appartenant au pays par sa famille depuis trois cents ans, et parlant l'idiome.

D'après l'original. Archives de l'Empire.

13214. — DÉCISION.
Fontainebleau, 4 octobre 1807.

Le général Clarke, ministre de la guerre, propose à l'Empereur de lever le pont de bateaux établi entre le Vieux et le Neuf-Brisach, attendu l'approche de la mauvaise saison et le peu d'utilité actuelle de ce pont.

Un pont de bateaux à Neuf-Brisach ne peut être que très-utile. Il faudrait l'y laisser constamment et proposer un péage tel, qu'il compensât l'intérêt de la dépense du pont, la surveillance, la manœuvre et l'entretien. Il faudrait faire de même à Wesel. Faire sur ces deux ponts le péage et la dépense, lundi prochain. On ne doit lever ces ponts qu'aux mêmes époques que ceux de Mayence et de Strasbourg.

D'après l'original. Archives de l'Empire.

13215. — A M. DE CHAMPAGNY,
MINISTRE DES RELATIONS EXTÉRIEURES.

Fontainebleau, 6 octobre 1807.

Monsieur de Champagny, témoignez mon mécontentement à M. Didelot de l'extrême imprudence qu'il a eue de montrer la dépêche que vous lui avez écrite. Cette conduite est insensée. N'y aurait-il eu qu'un bonjour dans votre lettre, sous quelque prétexte que ce soit, elle ne devait pas être montrée, pas même lue devant un étranger. Je blâme donc sa démarche, d'autant plus que rien ne l'y autorisait.

NAPOLÉON.

Refusez à M. Mériage la permission de revenir à Vienne. Il faut qu'il reste encore où il est.

D'après l'expédition originale. Archives des affaires étrangères.

13216. — A M. DE CHAMPAGNY,
MINISTRE DES RELATIONS EXTÉRIEURES.

Fontainebleau, 6 octobre 1807.

Monsieur de Champagny, mon intention est d'ôter l'exequatur au sieur .... consul américain à Gênes. Il porte une croix de Malte que les Anglais lui ont donnée, ce qui est contraire à la constitution américaine; et c'est d'ailleurs un mauvais sujet. Vous préviendrez de cette disposition le ministre des États-Unis. Je donne ordre au ministre de la police d'éloigner le sieur .... de Gênes.

NAPOLÉON.

D'après l'expédition originale. Archives des affaires étrangères.

13217. — A M. GAUDIN,
MINISTRE DES FINANCES.

Fontainebleau, 6 octobre 1807.

Écrivez à M. Bourrienne que les seize millions provenant de Hambourg doivent être dirigés sans délai sur Paris.

Je n'approuve point le traité que M. Bourrienne a fait à Lubeck, vu le terme de trois ans qu'il a donné pour le payement; il faut que ce soit payé dans l'année.

Écrivez au ministre du trésor public pour qu'il dirige le transfert de cet argent à Paris, de manière que cela rentre promptement et nous revienne au meilleur marché possible.

D'après la minute. Archives de l'Empire.

13218. — A M. MOLLIEN,
MINISTRE DU TRÉSOR PUBLIC.

Fontainebleau, 6 octobre 1807.

Monsieur Mollien, par les états que vous m'avez remis, il paraît que sur le revenu de sept cent vingt millions, auquel se monte le budget de 1808, il y a à peu près cent vingt millions qui n'échoient pas dans l'année. Jusqu'à ce qu'on ait pu prendre un parti pour fixer définitivement cet objet, il me semble que vous pouvez négocier quarante millions à quatre pour cent à la Banque, quarante millions à six pour cent aux receveurs, et enfin quarante millions à la Grande Armée. Faites votre négociation avec la Banque. Vous avez déjà les quarante millions des receveurs. Faites-moi connaître comment doivent se composer les fonds de la Grande Armée; il me semble que cela pourrait être de la manière suivante : 1° tout ce que la Grande Armée a payé pour solde au compte du trésor pour 1806 et 1807; 2° la somme qui vous sera nécessaire pour arriver aux quarante millions. Mais je ne sais pas si la somme de cent vingt millions sera suffisante, car, par exemple, l'enregistrement, les douanes, les droits réunis, n'effectuent une partie de leurs rentrées qu'en janvier, février et mars de l'année suivante.

Indépendamment de ce, comme le service de 1806 est un exercice courant, il faudra voir aussi ce qui ne sera pas recouvré sur cet exercice au 1er janvier 1808, afin que ce qui restera à recouvrer soit réalisé de quelque manière à la caisse publique, et qu'on puisse solder cet exercice. Faites-moi un état là-dessus.

NAPOLÉON.

D'après l'expédition originale comm. par M™ la comtesse Mollien.

13219. — AU GÉNÉRAL CLARKE,
MINISTRE DE LA GUERRE.

Fontainebleau, 6 octobre 1807.

Monsieur le Général Clarke, il faut donner des ordres, soit en France, soit en Italie, pour qu'on tienne des comptes exacts de tout ce qu'on fournit aux Russes, soit en argent et habillement, soit en denrées. Il faut, avec le même soin, faire des inventaires et expertises pour les magasins qu'ils ont laissés à Cattaro et à Corfou, afin d'établir les compensations.

NAPOLÉON.

D'après l'expédition originale. Dépôt de la guerre.

13220. — AU GÉNÉRAL DEJEAN,
MINISTRE DIRECTEUR DE L'ADMINISTRATION DE LA GUERRE.

Fontainebleau, 6 octobre 1807.

Monsieur Dejean, je ne puis que vous témoigner mon extrême mécontentement du passe-port ci-joint que vous avez délivré à un Anglais, pour se rendre en Angleterre par Amsterdam. De quel droit ouvrez-vous la porte d'Amsterdam aux Anglais? Les Hollandais prennent cela pour un ordre et demandent ensuite pourquoi on se plaint de ce qu'ils ont des communications avec l'Angleterre.

NAPOLÉON.

D'après l'expédition originale. Dépôt de la guerre.

13221. — AU VICE-AMIRAL DECRÈS,
MINISTRE DE LA MARINE.

Fontainebleau, 6 octobre 1807.

Je vois avec surprise que je n'ai ni à Gênes ni à Toulon aucune frégate en construction. Mon intention est que sur-le-champ vous en fassiez mettre en construction deux à Toulon et deux à Gênes. Vous donnerez l'ordre de mettre deux bricks et une frégate en construction à Corfou. Prenez des mesures telles que les deux frégates de Toulon et de Gênes soient finies le plus tôt possible. J'ai besoin de frégates dans la Méditerranée, et il me convient plutôt d'en faire construire que d'en faire passer de l'Océan.

Donnez pour instruction à quatre bricks de partir des ports de Toulon pour se rendre à Corfou, d'où ils établiront leurs croisières dans l'Adriatique. Il faut que ce soient de bons marcheurs. Si *le Cyclope*, qui est à l'île d'Elbe, marche bien, il pourrait être un de ces bricks.

Il faudrait aussi à Corfou quelques petits bâtiments qui puissent rôder le long des côtes de la Grèce; mon intention est que vous en envoyiez six des meilleurs qui sont à Toulon.

Donnez aussi ordre à Toulon de mettre en armement *l'Uranie* et *l'Incorruptible*, afin d'avoir toujours là deux frégates.

Il est convenable d'envoyer à Corfou un ingénieur de la marine qui pourra mettre en construction deux beaux bricks et même une frégate. Il pourra aussi donner tous les soins nécessaires aux frégates et autres de mes bâtiments qui relâcheraient à Corfou. Il faut envoyer également à Corfou un officier d'artillerie de la marine qui entende l'installation des batteries, aussi quelques chefs ouvriers avec une escouade d'une douzaine d'ouvriers, également un capitaine de vaisseau ou de frégate pour commander la marine à Corfou sous les ordres du gouverneur, faisant fonctions de capitaine de port et de chef d'administration; enfin vous y enverrez aussi un commis, si vous le trouvez convenable. Tout cela est nécessaire à Corfou pour y former quelques armements, mettre en état quelques frégates ou autres de mes bâtiments qui pourraient s'y rendre, et être en mesure de confectionner les vivres pour une escadre. Vous pouvez envoyer tous ces officiers par terre à Otrante, où ils s'embarqueront. Quelques enseignes et officiers de vaisseaux y seraient utiles, car déjà le gouverneur a pris une belle corvette anglaise et l'a mise en armement.

Il faudrait aussi faire armer quelques corsaires à Venise, à Naples, à Ancône, pour se rendre à Corfou.

D'après la minute. Archives de l'Empire.

13222. — AU PRINCE DE NEUCHÂTEL,
MAJOR GÉNÉRAL DE LA GRANDE ARMÉE.

Fontainebleau, 6 octobre 1807.

Mon Cousin, j'avais donné des ordres pour qu'au 15 septembre on démolît Küstrin et Glogau. Faites-moi connaître si on y a envoyé des mineurs et où en est la démolition de ces places. Demandez au maréchal Victor un rapport sur les commandants, sur les magasins de vivres, les canons et les munitions de guerre de ces places. Qu'attend-on pour les faire sauter? Je suppose qu'on n'attend que mes ordres.

NAPOLÉON.

D'après l'expédition originale. Dépôt de la guerre.

13223. — A JOSEPH NAPOLÉON, ROI DE NAPLES.

Fontainebleau, 6 octobre 1807.

Mon Frère, je reçois votre lettre du 26 septembre avec différentes lettres de Corfou. Je n'ai pas chargé le général César Berthier de déclarer que Corfou faisait partie de l'Empire, et, puisque je m'étais tu, il devait bien aussi se taire. Témoignez-lui mon mécontentement. Il devait déclarer que la Constitution était conservée sur le pied où elle se trouve. Ordonnez-lui d'agir avec plus de circonspection et de prudence. Je ne conçois pas comment les magasins à poudre ne sont pas encore à sa disposition. Je conçois encore moins comment il peut proposer de rendre Parga à Ali-Pacha; il y a dans cette proposition de la folie. Écrivez-lui fréquemment pour lui refroidir la tête et le faire marcher plus lentement. Faites-lui comprendre qu'il ne sait pas, que personne ne sait ce qu'il fera demain, et qu'ainsi il doit constamment se maintenir dans un grand système de prudence envers tout le monde. Le général César Berthier a eu très-grand tort d'arborer le drapeau français. Il oublie dans ses lettres les choses les plus importantes, telles que le nombre des troupes russes qui se trouvent à Corfou. Vous y avez sans doute envoyé, comme je l'ai ordonné, du grain, de la poudre, et surtout le 14ᵉ d'infanterie légère. Vous sentez que j'ai là trop peu de troupes. Si vous n'avez pas encore fait partir le 14e, faites-le partir sans délai ; c'est ma volonté. Il n'y aura pas de difficultés pour les vivres et les munitions qui sont à Corfou et qui appartiennent aux Russes ; tout cela me sera cédé ; j'attends l'ambassadeur de Russie, et ce sera la première chose qu'il fera. J'espère que vous avez envoyé à Corfou un de vos officiers, diligent et qui s'empressera de vous faire son rapport. Je n'ai pas encore d'idée nette sur ce pays ; et comment en aurais-je, quand je ne sais pas encore le nombre de troupes russes qui s'y trouvent et les positions qu'elles occupent ?

Donnez l'ordre positif au général César Berthier de n'employer à Zante et à Céphalonie que quelques officiers français, avec des troupes du pays et les Albanais qu'il a pris à sa solde, mais pas un seul soldat français de ligne, ni un italien. Mon intention est que toutes mes troupes soient concentrées à Corfou, Parga et Sainte-Maure ; que la position de Parga soit fortifiée et mise en bon état, qu'on y fasse travailler sans cesse, de manière à la mettre à l'abri des efforts des Turcs ; qu'on fasse la même chose à Sainte-Maure. On doit, du reste, très-bien traiter Ali-Pacha et les Turcs.

Autorisez le général César Berthier à mettre en construction sur le chantier de Corfou deux bricks, qui seront montés par des matelots du pays. On y mettra une garnison française et quelques officiers de marine qu'on enverra. Ces deux bricks serviront à défendre l'île contre les corsaires.

Tenez au courant la solde des troupes qui sont dans les Sept Îles, et laissez toujours une somme de 50.000 francs à la disposition du gouverneur pour dépenses extraordinaires ; autant à la disposition du commandant de l'artillerie ; autant à celle du commandant du génie, sauf à remplacer tous les mois ce qu'ils auront employé.

Voici de quelle manière je désire que mes troupes soient placées. Le général César Berthier, gouverneur général, à Corfou, avec un bataillon du 14e d'infanterie légère, les deux bataillons du 6e, le 5e régiment italien et les troupes du pays. Il aura sous ses ordres le général Cardenau. pour commander en second en cas qu'il lui arrive un événement ; un adjudant général, six adjoints d'état-major, un colonel pour faire fonctions de commandant d'armes de Corfou, indépendamment des colonels des 6ᵉ et 14ᵉ régiments (le colonel du 6ᵉ étant prisonnier, le major ira le remplacer); un colonel du génie; un colonel d'artillerie; un chef de bataillon d'artillerie faisant fonctions de directeur du parc; un chef de bataillon et quatre autres officiers du génie (en tout six officiers du génie pour Corfou); et quatre capitaines en second d'artillerie, également six officiers d'artillerie en tout pour l'état-major de Corfou.

La garnison de Corfou fournira à la position de Parga un détachement de 600 hommes, qui sera relevé toutes les fois qu'on le jugera convenable. Ce détachement sera composé, savoir : de 3 compagnies du 6ᵉ, qui, au moment du départ, seront toujours complétées à plus de 100 hommes présents sous les armes par compagnie, ce qui fera 300 hommes; 6 pièces d'artillerie de campagne avec une demi-compagnie d'artillerie; 100 Grecs et 2 compagnies du 5ᵉ régiment italien, qui également seront toujours complétées à 100 hommes présents. Ces forces seront sous les ordres d'un général de brigade français, d'un chef de bataillon et d'un capitaine hors de ligne, faisant fonctions de commandant d'armes à Parga, d'un officier du génie et d'un officier d'artillerie en résidence. Indépendamment des pièces de campagne, on enverra à Parga 18 ou 20 pièces de fer, et l'on travaillera sans délai à faire là un point d'appui qui soit à l'abri des efforts des Turcs et de qui que ce soit; on y élèvera des batteries battant la mer, pour empêcher les Anglais d'en approcher.

Le général Donzelot commandera à Sainte-Maure. Il aura sous ses ordres le second bataillon du 14ᵉ d'infanterie légère, 900 Albanais, 6 pièces de campagne et une compagnie d'artillerie. On lui enverra aussi assez de pièces de fer pour élever des batteries de côtes. Il fera travailler avec la plus grande activité aux ouvrages nécessaires qui mettront l'île à l'abri des Anglais. Il aura de plus sous ses ordres deux officiers du génie et un officier d'artillerie commandant.

Il y aura à Céphalonie un chef de bataillon français commandant, deux capitaines, un lieutenant d'artillerie et une escouade de 16 canonniers, 600 Albanais et 600 Grecs levés dans le pays. De même à Zante. Ainsi, si une expédition anglaise considérable se portait sur Céphalonie et Zante, et que ces îles ne pussent être secourues par Sainte-Maure ou par les Turcs du continent, je ne serais exposé à perdre que quelques officiers et pas de soldats français.

Si vous voulez envoyer six compagnies, ayant 120 hommes par compagnie, de vos troupes napolitaines, à Corfou, elles pourraient y prendre du service et y être utilement employées.

Il vous reste donc à expédier le nombre d'officiers d'artillerie et du génie nécessaire, à envoyer un autre général de brigade pour commander à Parga, et un certain nombre d'officiers pour commander à Zante et à Céphalonie.

Le commandant de Sainte-Maure devra avoir une correspondance suivie avec le gouverneur général de Corfou; mais il correspondra aussi directement avec vous, pour vous donner fréquemment des nouvelles de ce qui se passe. Vous donnerez pour instruction à ces commandants de vivre en bonne amitié avec les Turcs, de les cajoler, mais de se tenir constamment sur leurs gardes et en bon état de défense.

NAPOLÉON.

<small>D'après l'expédition originale comm. par les héritiers du roi Joseph.</small>

13224. — A JOSEPH NAPOLÉON, ROI DE NAPLES.

Fontainebleau, 6 octobre 1807.

Mon Frère, dans l'état de situation que vous m'avez envoyé le 8 septembre, je vois qu'il n'y a à Corfou qu'un colonel d'artillerie et trois capitaines adjoints : il est donc nécessaire d'y envoyer encore un chef de bataillon et un capitaine, pour Sainte-Maure.

Je vois qu'il n'y a qu'un chef de bataillon du génie : il est donc nécessaire d'y envoyer un colonel; qu'il n'y a que deux compagnies d'artillerie à pied, faisant ensemble 130 hommes : il est donc nécessaire d'en envoyer deux autres.

Je n'y vois pas d'ouvriers : il est nécessaire d'en envoyer une escouade avec un bon officier, pour faire toutes les réparations convenables aux affûts.

Je ne vois pas si l'on a envoyé de l'artillerie de campagne; il en faut au moins 18 pièces. Il ne s'agit pas de se laisser renfermer dans la place de Corfou : c'est l'île de Corfou, l'île de Sainte-Maure et le poste de Parga, qu'il faut défendre. Je vous ai fait connaître mes intentions dans la lettre que je vous ai écrite hier; prenez des mesures pour vous y conformer.

J'ai fait partir, il y a huit jours, de l'or pour être envoyé à Corfou, où il faut qu'on ne manque de rien. Pourquoi n'y envoyez-vous pas des corsaires qui empêcheraient les corsaires ennemis d'infester l'Adriatique et vos mers? Qui vous empêche, dans cette saison, d'envoyer des bâtiments chargés d'huile et de blé à Marseille?

Je désire beaucoup qu'aussitôt que les froids seront arrivés vous ne souffriez pas que les Anglais mettent le pied sur le continent.

Faites-moi connaître pourquoi on n'occupe pas Butrinto ni les autres points du continent qui appartiennent aux Sept Iles?

NAPOLÉON.

Faites ce que je vous dis pour les forts; faites ce que je vous dis scrupuleusement, puisque vous ne savez pas mes projets.

D'après l'expédition originale comm. par les héritiers du roi Joseph.

13225. — AU GÉNÉRAL SAVARY,
EN MISSION À SAINT-PÉTERSBOURG.

Fontainebleau, 6 octobre 1807.

Monsieur le Général Savary, les frégates et les vaisseaux de transport russes ont paru devant Venise. 4,500 hommes de troupes de cette nation ont été débarqués et sont cantonnés dans les environs de Padoue. L'amiral doit être retourné dans les ports de l'Istrie. On leur a fourni tout ce dont ils avaient besoin, comme vous le verrez par la lettre ci-jointe écrite au vice-roi.

Les Anglais ont pris un brick et six bâtiments de transport russes dans l'Archipel. Je ne sais pas si c'est une déclaration de guerre ou une conséquence de toutes les vexations qu'ils ont l'habitude d'exercer en mer.

Vous avez eu tort de trouver mauvaise la conduite du général Rapp. Les officiers prussiens portent quelquefois leur insolence à un degré qu'un homme d'honneur ne saurait tolérer. Vous savez que le roi de Prusse est faible, et qu'il manque de l'énergie qui serait pourtant bien nécessaire pour imposer silence à ses officiers. Enfin toutes les lettres des officiers de l'armée me prouvent que le général Rapp n'a pas pu faire autrement. Les Russes, par suite de l'armistice, avaient évacué Bucharest ; immédiatement après, un courrier de Saint-Pétersbourg étant arrivé le 12 septembre à leur quartier général, ils sont rentrés dans la ville et ont réoccupé tout le pays. Vous sentez que cela inquiète beaucoup les Turcs. J'attends l'ambassadeur de Russie pour m'entendre avec lui sur toutes ces questions. Lorsque les circonstances veulent que vous parliez des Prussiens, faites comprendre leur mauvaise conduite. D'ailleurs vous savez que, dans le traité de paix, j'ai stipulé la restitution de la Prusse comme la Russie a stipulé l'évacuation de la Valachie et de la Moldavie. Il est donc nécessaire que nous nous entendions sur tout cela, et, avec le désir que l'empereur Alexandre et moi avons de tout concilier, nous lèverons les difficultés sur tous les points.

Napoléon.

D'après l'expédition originale. Archives des affaires étrangères.

13226. — A M. DE CHAMPAGNY,
MINISTRE DES RELATIONS EXTÉRIEURES.

Fontainebleau, 7 octobre 1807.

Monsieur de Champagny, faites connaître à M. de Beauharnais que je vois avec peine sa dépêche relative à ses correspondances avec les agents du prince royal; que cela m'a paru misérable; que ces intrigues sont indignes de mes ambassadeurs; que cela n'est que propre à le jeter dans un ordre d'affaires qui le compromettra, et qu'il doit se garder de tous les piéges qui lui seront tendus et où il tombera infailliblement.

Napoléon.

D'après l'expédition originale. Archives des affaires étrangères.

13227. — A M. FOUCHÉ,
MINISTRE DE LA POLICE GÉNÉRALE.

Fontainebleau, 7 octobre 1807.

Je vous envoie une correspondance interceptée du comte de Lille. Elle m'a paru intéressante. Je vous prie de me faire un rapport sur tout ce que vous pourrez y comprendre. Il me semble que la correspondance de Fauche-Borel y joue un rôle.

<small>D'après la minute. Archives de l'Empire.</small>

13228. — A EUGÈNE NAPOLÉON,
VICE-ROI D'ITALIE.

Fontainebleau, 8 octobre 1807.

Mon Fils, je reçois votre lettre du 3 octobre avec la lettre du cardinal Bayane qui y était jointe. Vous avez eu tort de faire revenir le cardinal de Turin; vous sentez que cela va faire de l'éclat, et que ce n'était pas là mon but. L'esprit de votre instruction était tel, que vous deviez envoyer au cardinal Bayane une personne de confiance pour lui dire de ne pas quitter Turin jusqu'à nouvel ordre, ce qui se colore par le prétexte d'une maladie ou autrement, s'il n'avait pas eu les pleins pouvoirs nécessaires pour terminer toutes nos discussions avec le Pape. Vous avez agi là avec beaucoup de légèreté. Dans les affaires diplomatiques, c'est manquer de sagesse que de mettre le public dans sa confidence : or c'est ce que vous faites lorsque, pour une affaire hypothétique et provisoire, vous faites revenir le cardinal à Milan.

NAPOLÉON.

<small>D'après la copie comm. par S. A. I. Mme la duchesse de Leuchtenberg.</small>

13229. — AU GÉNÉRAL SAVARY,
ENVOYÉ EN MISSION À SAINT-PÉTERSBOURG.

Fontainebleau, 8 octobre 1807.

Vous trouverez ci-joint l'état des troupes russes de Cattaro. Vivres, argent, solde, j'ai ordonné qu'on fournît à ces troupes tout en abondance. Vous trouverez ci-joint une lettre de l'amiral Baratinski. Il paraît qu'il a reçu des ordres de l'amiral Siniavine pour se rendre à Corfou. Par mes ordres, il a été approvisionné pour un mois. A Cadix, à Toulon, en Hollande, j'ai ordonné que les escadres russes qui s'y présenteraient fussent fournies de tout. Je n'ai pas encore d'avis que l'amiral Siniavine soit arrivé à Cadix.

D'après la minute. Archives de l'Empire.

13230. — A M. DE CHAMPAGNY,
MINISTRE DES RELATIONS EXTÉRIEURES.

Fontainebleau, 9 octobre 1807.

Monsieur de Champagny, écrivez à mes consuls en Hollande que j'apprends avec peine qu'ils donnent des certificats d'origine hollandaise à des marchandises provenant de l'industrie et du commerce anglais, destinées pour la France et l'Italie. Faites-leur bien connaître qu'ils aient à être plus circonspects et à ne pas favoriser ainsi le commerce de l'Angleterre.

NAPOLÉON.

D'après l'expédition originale. Archives des affaires étrangères.

13231. — NOTE POUR M. CRETET,
MINISTRE DE L'INTÉRIEUR.

Fontainebleau, 9 octobre 1807.

Sa Majesté prend fort à cœur la destruction de la mendicité et la formation des cent dépôts dont elle a ordonné l'établissement. Elle a déjà accordé des fonds assez considérables dans la Côte-d'Or, pris sur les produits du quart de réserve des bois des communes.

Le ministre de l'intérieur a à lui proposer, pour d'autres départements, une pareille disposition de fonds, provenant de la même source et existant actuellement à la caisse d'amortissement. Sa Majesté désire que le ministre lui remette bientôt ce travail et qu'il porte la disposition des fonds des communes aussi loin qu'elle peut aller. Mais ces moyens ne sont pas suffisants. Sa Majesté est dans l'intention de disposer, pour le même objet, d'une portion du revenu des villes sur leurs recettes de 1808. En arrêtant les budgets de Meaux, Évreux, Carignan et Rive-de-Gier, Sa Majesté a ordonné qu'une somme de 70,000 francs resterait à la disposition du ministre de l'intérieur pour être employée à concourir à l'établissement des dépôts de mendicité. Elle prévoit qu'avec ce double moyen de recette on pourvoira à cette dépense. Sa Majesté invite le ministre de l'intérieur à être désormais très-sévère sur les dépenses inutiles des communes, et à réserver, à mesure qu'il arrêtera des budgets, ce qui pourra se trouver disponible. Sa Majesté désire aussi que le ministre lui envoie, le plus tôt possible, l'état des revenus des communes dont il arrête le budget pour l'année 1807, en les classant par départements.

Il est encore une dépense qui pourrait être convenablement faite par les communes : elle consisterait dans l'établissement de bourses et demi-bourses dans les séminaires diocésains. Le nombre de ces bourses et demi-bourses serait relatif à la situation des finances de la commune. C'est le corps municipal qui nommerait. Cette disposition concourrait, avec les deux mille quatre cents bourses et demi-bourses aux frais du trésor public, à recruter les prêtres dont les églises ont besoin. Lorsque le ministre aura remis à Sa Majesté le tableau des revenus des communes pour 1807, elle pourra fixer ses idées à cet égard.

Il est d'autant plus nécessaire de trouver des objets de dépenses utiles pour les communes que, si l'on ne dispose pas de leurs moyens, ils ne manqueront pas d'être employés à des choses inutiles. Plusieurs communes ont été chargées, pour l'établissement des lycées et des écoles secondaires, de dépenses considérables, qui doivent être en général terminées. Les dépôts de mendicité coûteront beaucoup moins, et quand ce nouvel établissement sera fait, il sera indispensable de trouver d'autres dépenses générales à faire faire aux communes. On pourrait, par exemple, mettre l'entretien des prisons à leurs frais; cela serait fort avantageux au service des prisons, puisque l'ordonnateur se trouverait ainsi près de la dépense. Cette mesure serait aussi fort avantageuse au ministère, puisqu'elle le déchargerait de dépenses qui ne laissent pas que d'aller fort haut.

En renvoyant à Sa Majesté l'état qu'elle demande, le ministre est invité à y joindre le relevé du revenu des communes en immeubles, afin qu'elle connaisse le montant du dixième qui doit être prélevé pour le clergé selon la loi du budget.

NAPOLÉON.

D'après la copie comm. par M. le comte de Montalivet.

13232. — A EUGÈNE NAPOLÉON,
VICE-ROI D'ITALIE.

Fontainebleau, 9 octobre 1807.

Mon Fils, je vous ai déjà mandé d'envoyer du biscuit et du blé de Venise à Corfou; faites-en aussi passer d'Ancône. Le 5ᵉ de ligne italien, qui est à Corfou, est mal habillé : faites-lui envoyer les objets qui lui manquent pour qu'il soit en bon état. Je vous ai déjà donné l'ordre de faire partir des conscrits pour compléter les compagnies du 6ᵉ de ligne et du 5ᵉ italien à 140 hommes. Faites partir vingt-cinq milliers de poudre d'Ancône et cent vingt-cinq milliers de Venise pour Corfou, une grande quantité de poudre étant nécessaire pour cette île. Faites partir un million de cartouches de Venise pour Corfou. Rendez-moi compte du départ de tous ces objets. Envoyez quatre petits bâtiments de ma marine italienne pour rester en station à Corfou pour servir à maintenir libre la communication entre l'Albanie et le royaume de Naples et en éloigner les corsaires.

NAPOLÉON.

D'après la copie comm. par S. A. I. Mᵐᵉ la duchesse de Leuchtenberg.

13233. — A JOSEPH NAPOLÉON, ROI DE NAPLES.

Fontainebleau, 9 octobre 1807.

Mon Frère, je reçois des lettres du 20 septembre du général César Berthier. Sa correspondance n'est pas satisfaisante. Il ne me parle de l'escadre russe qu'à l'occasion de plaintes que lui donne lieu de faire la conduite de l'amiral Siniavine; mais il ne parle pas du nombre des vaisseaux et frégates, de la force des troupes, ni de l'époque où l'amiral doit partir. Je suis encore à connaître la quantité de troupes que les Russes ont à Corfou. Je ne connais pas davantage la force des croisières anglaises dans ces parages.

Donnez ordre au général Berthier de tenir un journal exact de tout ce qui entre, de ce qui sort, de sa correspondance avec Ali-Pacha et les Grecs, et avec les autres pachas turcs. Il doit vous envoyer ce journal régulièrement.

Je vois avec peine que, le 20 septembre, le général Donzelot et le 14e léger n'étaient pas à Corfou. Cela est de la plus grande importance. Je fais passer à Corfou du biscuit et du blé, de Venise et d'Ancône. Je compte sur les 10,000 quintaux que vous devez faire partir d'Otrante. Mon intention est que Corfou soit approvisionnée pour un an.

J'ai envoyé de l'or et j'ai donné ordre qu'on fît passer exactement tous les mois 250,000 francs en or à Corfou. Il m'est très-important que la garnison de Corfou soit parfaitement bien payée et ait sa solde toujours au courant.

Je vois avec peine que la solde des troupes soit arriérée; cela ne peut se concevoir autrement que par le défaut total d'ordre dans l'administration. Du reste, ce qui n'est qu'un mal ordinaire pour Naples en serait un très-grand pour Corfou.

NAPOLÉON.

D'après l'expédition originale comm. par les héritiers du roi Joseph.

13234. — A LOUIS NAPOLÉON, ROI DE HOLLANDE.

Fontainebleau, 9 octobre 1807.

On m'assure que le commerce anglais se fait au bord du Weser et de l'Ems. On désigne assez particulièrement Emden. Envoyez quelqu'un faire saisir les marchandises anglaises qui se trouvent là, et prenez des mesures pour arrêter cette contrebande.

D'après la minute. Archives de l'Empire.

13235. — A M. DE CHAMPAGNY,
MINISTRE DES RELATIONS EXTÉRIEURES.

Fontainebleau, 12 octobre 1807.

Monsieur de Champagny, expédiez à M. de Rayneval l'ordre de revenir en France; il paraît que ce jeune chargé d'affaires a déployé peu d'énergie et de talents diplomatiques. Avec plus d'énergie de sa part les choses auraient autrement tourné.

Écrivez à M. de Beauharnais que je me regarde comme en guerre avec le Portugal; que je compte que, le 1er novembre, mes troupes seront à Burgos; que, si l'Espagne veut d'autres troupes, elle n'a qu'à en faire la demande, que je lui en enverrai; que, quant aux arrangements à faire pour le Portugal, il doit s'entendre avec le prince de la Paix; que, dans le climat d'Espagne, l'hiver est la vraie saison pour agir; que le corps du général Junot doit être de près de 20,000 hommes.

Comme il serait possible que les Anglais envoyassent des troupes à Lisbonne, je désire savoir combien l'Espagne envoie de troupes. Mais dites bien qu'il ne s'agit pas de faire comme dans la dernière guerre; qu'il faut marcher droit à Lisbonne.

NAPOLÉON.

D'après l'expédition originale. Archives des affaires étrangères.

13236. — A M. CRETET,
MINISTRE DE L'INTÉRIEUR.

Fontainebleau, 12 octobre 1807.

Monsieur Cretet, je désire que vous me fassiez un rapport sur le Temple, sur Vincennes, sur le palais actuel de justice y compris la Conciergerie, la préfecture de police et l'hôtel actuel de la Comptabilité. Le but de ce rapport est de me faire connaître s'il convient d'établir la prison d'état à Vincennes, afin de ne pas l'avoir au milieu de Paris, ou s'il convient d'établir au Temple des prisons criminelles, le tribunal criminel et même la cour des Comptes. Alors la préfecture de police serait convenablement établie pour le but où je veux arriver. La Conciergerie et les prisons actuelles du tribunal criminel seraient établies ailleurs. On dit qu'il y a au Temple un beau palais qui ne sert à rien.

D'après la minute. Archives de l'Empire.

13237. — AU GÉNÉRAL CLARKE,
MINISTRE DE LA GUERRE.

Fontainebleau, 12 octobre 1807, 8 heures du matin.

Monsieur le Général Clarke, envoyez un courrier extraordinaire au général Junot, à Bayonne. Témoignez-lui mon mécontentement de ce qu'il ne correspond pas tous les jours avec vous, et qu'il ne vous fait pas connaître la situation de son armée et de ses administrations.

Donnez-lui l'ordre de partir vingt-quatre heures après la réception de votre lettre pour entrer en Espagne avec son armée, en se dirigeant sur les frontières du Portugal. L'Espagne doit avoir donné des ordres pour la nourriture de ses troupes.

Vous ferez connaître au général Junot que mon ambassadeur est parti de Lisbonne; qu'ainsi il n'y a pas un moment à perdre afin de prévenir les Anglais.

Avez-vous reçu un état de situation de son armée depuis que les troupes sont arrivées à Bayonne? Celui que j'ai, en date du 15 septembre, est évidemment faux et ne présente pas ce qui existe, mais l'exécution des ordres que j'ai donnés, car tout est au grand complet.

NAPOLÉON.

D'après la copie. Dépôt de la guerre.

13238. — AU GÉNÉRAL CLARKE,
MINISTRE DE LA GUERRE.

Fontainebleau, 12 octobre 1807.

J'apprends avec étonnement qu'après avoir armé les Russes à Metz, on les a désarmés. D'où viennent ces ordres et contre-ordres, et qui est coupable d'une inadvertance aussi grave? Sans doute qu'il ne fallait pas armer les Russes en France, mais aux frontières; mais, si on les avait armés, il était absurde de les désarmer. Si cela s'est fait avant que vous ne preniez le portefeuille, il faut envoyer ma lettre au ministre Dejean; si ce sont des subalternes, il faut les punir. Des choses de cette nature peuvent être de la plus grande importance, en faisant naître des soupçons et de fausses interprétations.

Avant que je n'allasse commander mon armée, le ministre de la guerre était dans l'usage de me remettre, tous les jours, des extraits de la correspondance des généraux et commandants des divisions militaires: ces bulletins m'étaient très-utiles pour savoir ce qui se passe et voir ce qu'il y a d'essentiel dans la correspondance militaire.

<small>D'après la minute. Archives de l'Empire.</small>

13239. — AU GÉNÉRAL CLARKE,
MINISTRE DE LA GUERRE.

Fontainebleau, 12 octobre 1807.

Monsieur le Général Clarke, présentez-moi un projet de décret :

1° Pour nommer un gouverneur général des îles Ioniennes, qui sera investi directement de toute l'autorité militaire et supérieurement de l'autorité civile et diplomatique;

2° Pour nommer le sieur Bessières, consul général à Venise, mon commissaire près le sénat des Sept Iles, et l'investir de l'autorité qu'ont les préfets coloniaux, mais sous l'autorité du gouverneur général; enfin pour le charger, également sous l'autorité du gouverneur, de toute la correspondance avec mes consuls et agents de la Morée, de la Bosnie et de l'Archipel;

3° Pour nommer un payeur qui sera chargé de tenir des comptes directs avec le trésor public, pour l'argent qui sera envoyé dans les Sept Iles pour l'entretien et solde des troupes qui s'y trouvent; ce payeur sera chargé en outre de la recette des sommes qui seront perçues pour mon compte dans ces îles;

4° Pour nommer un commandant de la marine qui sera sous l'autorité du gouverneur général, et qui tiendra un journal exact de tous les bâtiments qui entreront et sortiront, de ceux qui seront signalés, etc.

Le gouverneur général correspondra exactement avec le ministre de la guerre. Mon commissaire correspondra avec mes ministres pour toutes les affaires civiles, de finances, de législation, etc. Le payeur comptera avec le trésor public et y enverra ses bordereaux plusieurs fois par semaine.

Vous mettrez dans le décret que le gouvernement des Sept Iles sera tout entier dans les mains de la guerre, comme les colonies sont dans celles du ministre de la marine. Du reste, mon intention est qu'il ne soit rien innové à l'administration intérieure du pays, et qu'elle soit maintenue dans sa plus grande franchise, jusqu'à ce que j'aie donné de nouveaux ordres. Mûrissez bien ce projet, et conférez-en en détail avec le ministre de la marine.

NAPOLÉON.

D'après la copie. Dépôt de la guerre.

13240. — AU GÉNÉRAL CLARKE,
MINISTRE DE LA GUERRE.

Fontainebleau, 12 octobre 1807.

Monsieur le Général Clarke, demandez au général César Berthier si 2 ou 300 hommes de cavalerie pourraient lui être utiles; je lui enverrais 2 ou 300 chasseurs. Pourrait-il les monter, soit à Corfou, soit à Parga? Aurait-il du fourrage pour les nourrir? Écrivez au général César Berthier qu'il doit beaucoup ménager Ali-Pacha; qu'il est absurde de mettre en doute si je dois lui céder ou non Parga; que ce n'est pas à mes généraux à rien céder; que je lui ai déjà écrit que j'attendais qu'il fît occuper Parga en force et mît ce point à l'abri de toute insulte; que toutes les fois qu'Ali-Pacha lui parle il doit dire qu'il va envoyer près de moi; que du reste il doit bien vivre avec tous les pachas et les Grecs. Son dilemme doit être que, la paix étant faite, tout le passé doit être oublié, et que tout le monde doit vivre en bonne amitié. Recommandez-lui de ne pas être dupe de la finesse d'Ali-Pacha, et de ne se permettre aucune négociation diplomatique, ni parlage inutile; recommandez-lui aussi de marcher lentement. Où a-t-il trouvé que c'était moi qui devais payer les bâtiments que nolisent les Russes pour transporter leurs troupes à Venise? Il paraît qu'il a fait des marchés et qu'il paye: il y a dans cette conduite de la folie.

NAPOLÉON.

D'après la copie. Dépôt de la guerre.

13241. — A M. FOUCHÉ,
MINISTRE DE LA POLICE GÉNÉRALE.

Fontainebleau, 12 octobre 1807.

La fraude redouble dans le département de l'Escaut. Faites-moi un rapport et remettez-moi la note de trente ou quarante individus, principaux agents de cette fraude, soit qu'ils demeurent sur le territoire français, soit hollandais. On désigne spécialement Gand, Saint-Nicolas, Anvers.

D'après la minute. Archives de l'Empire.

13242. — AU PRINCE DE NEUCHÂTEL,
MAJOR GÉNÉRAL DE LA GRANDE ARMÉE.

Fontainebleau, 12 octobre 1807.

Je vous renvoie la correspondance de votre frère. Recommandez-lui prudence et sagesse, de bien vivre avec Ali-Pacha, de faire occuper en force Parga, d'être bien avec la Porte, les Russes et les Grecs, de se débarrasser de toutes les demandes qui le gênent en disant qu'il les envoie à Paris, de faire armer Parga, de marcher posément.

Où a-t-il trouvé que c'était moi qui devais payer le nolis des bâtiments qui transportent des troupes à Venise? je ne lui ai jamais dit cela; que les Russes ont plus de bâtiments que moi dans l'Adriatique? Il a eu grand tort de donner des bons; il y a de la légèreté dans sa conduite.

Engagez-le à vous écrire souvent, et répondez-lui par l'estafette, qui arrive très-promptement à Naples.

D'après la minute. Archives de l'Empire.

13243. — A CHARLES IV, ROI D'ESPAGNE.

Fontainebleau, 12 octobre 1807.

Monsieur mon Frère, dans le temps que la Hollande, les différents princes de la Confédération du Rhin, Votre Majesté, l'empereur de Russie et moi, sommes réunis pour chasser les Anglais du continent et tirer

vengeance, autant que possible, du nouvel attentat qu'ils viennent de commettre contre le Danemark, le Portugal offre depuis seize ans la scandaleuse conduite d'une puissance vendue à l'Angleterre. Le port de Lisbonne a été pour eux une mine de trésors inépuisable; ils y ont constamment trouvé toute espèce de secours dans leurs relâches et dans leurs expéditions maritimes : il est temps de leur fermer et Porto et Lisbonne. Je compte qu'avant le 1er novembre l'armée que commande le général Junot sera à Burgos, réunie à l'armée de Votre Majesté, et que nous serons en mesure d'occuper en force Lisbonne et le Portugal. Je m'entendrai avec Votre Majesté pour faire de ce pays ce qui lui conviendra, et, dans tous les cas, la suzeraineté lui en appartiendra, comme elle a paru le désirer. Nous ne pouvons arriver à la paix qu'en isolant l'Angleterre du continent et en fermant tous les ports à son commerce. Je compte sur l'énergie de Votre Majesté dans cette circonstance, car il est indispensable de forcer l'Angleterre à la paix pour donner la tranquillité au monde.

<small>D'après la minute. Archives de l'Empire.</small>

13244. — AU CARDINAL FESCH,
GRAND AUMÔNIER.

<small>Fontainebleau, 13 octobre 1807.</small>

Mon Cousin, je vous envoie le mémoire de la ville d'Ajaccio. Voici, ce me semble, ce qui pourrait être fait. Le couvent des Jésuites est suffisant pour l'instruction publique et la préfecture. On pourrait rendre le séminaire à sa première destination et y établir le séminaire: ou bien on pourrait mettre le séminaire au couvent de Saint-François, et laisser les bâtiments du séminaire pour y établir toutes les administrations. Par là l'église de Saint-François serait rendue au culte. On pourrait mettre l'hôpital militaire à la Piazza d'Olmo. Faites-moi un petit rapport sur tout cela.

NAPOLÉON.

<small>D'après l'expédition originale comm. par M. du Casse.</small>

13245. — A M. CRETET,
MINISTRE DE L'INTÉRIEUR.

Fontainebleau, 13 octobre 1807.

Monsieur Cretet, je désire que vous me fassiez un rapport sur les travaux dans les deux départements de la Corse. On en fait quelques-uns qui sont inutiles. Il ne faut en Corse que deux seuls grands chemins, l'un d'Ajaccio à Bastia et l'autre de Bastia à Saint-Florent; tous les autres chemins doivent être considérés comme vicinaux. On sent qu'une île a moins besoin de grands chemins qu'une province du continent, vu que la mer est un grand moyen de communication.

Faites-moi connaître ce que coûteraient un pont sur le Liamone et un sur le Gravone.

Remettez-moi les plans et un rapport sur ce que coûtent les quais du port d'Ajaccio, et le projet adopté pour donner de bonnes eaux à la ville d'Ajaccio. Où en sont les travaux et à quoi sont-ils évalués?

NAPOLÉON.

D'après la copie comm. par M. le comte de Montalivet.

13246. — A M. GAUDIN,
MINISTRE DES FINANCES.

Fontainebleau, 13 octobre 1807.

Les Anglais viennent de lever le blocus de l'Elbe et du Weser. Ils ont été portés à cette démarche parce qu'ils ont eu une si grande facilité à charger les bâtiments neutres de leurs marchandises et à les faire écouler dans le continent, parce que, du moment que les neutres peuvent naviguer librement, leur commerce peut trouver un débouché. Faites-moi connaître quelle est la législation actuelle pour les bâtiments de l'Elbe et du Weser, et proposez-moi de donner l'ordre que tous les bâtiments qui arriveraient ayant touché en Angleterre soient saisis et leur cargaison confisquée, et que les bâtiments neutres qui n'auraient pas été en Angleterre, mais qui se seraient chargés dans d'autres pays de marchandises anglaises ou de denrées coloniales, soient mis en entrepôt jusqu'à ce qu'il soit bien prouvé, par une enquête et par une décision, que ces marchandises ne viennent pas des colonies anglaises. Voyez avec M. Collin s'il y aurait d'autres mesures à prendre pour empêcher dans l'Elbe cette contrebande, qui est si avantageuse aux Anglais. Apportez-moi, mercredi, un projet de décret sur les mesures à prendre, ainsi que toutes les pièces relatives au blocus de l'Angleterre.

D'après la minute. Archives de l'Empire.

13247. — AU VICE-AMIRAL DECRÈS,
MINISTRE DE LA MARINE.

Fontainebleau, 13 octobre 1807.

Monsieur Decrès, mon ministre a quitté le Portugal; on doit donc considérer la guerre comme déclarée à cette puissance. Envoyez donc des courriers dans tous mes ports, à Hambourg et en Hollande, et écrivez par l'estafette à Naples, en Italie, à Livourne et à Gênes, pour que l'embargo soit mis sur tous les bâtiments portugais.

NAPOLÉON.

D'après l'expédition originale comm. par Mme la duchesse Decrès.

13248. — AU GÉNÉRAL DUROC,
GRAND MARÉCHAL DU PALAIS.

Fontainebleau, 13 octobre 1807.

Écrivez à M. Denon que j'ai arrêté que le quadrige de Berlin serait placé sur le temple de la Victoire, à la Madeleine.

Ses médailles peuvent être approuvées; mais il faudrait qu'une constatât la prise de Magdeburg, une la prise de Stettin, l'autre la conquête de la Silésie avec toutes ses places, une la prise du Hanovre, une autre l'occupation de Hambourg.

J'avais chargé dans le temps quelqu'un de demander à M. Denon une quinzaine de gravures sur les événements qui se sont passés à Tilsit; je ne sais pas si ces gravures ont été faites.

D'après la minute. Archives de l'Empire.

13249. — AU MARÉCHAL DAVOUT,
CHARGÉ DU 1ᵉʳ COMMANDEMENT DE LA GRANDE ARMÉE.

Fontainebleau, 13 octobre 1807.

Mon Cousin, j'ai reçu vos lettres du 25 septembre. La légion polacco-italienne et le régiment de lanciers ne doivent pas rester au service de Pologne; ils passent au service du roi de Westphalie. Je leur ai déjà donné l'ordre de se rendre à Magdeburg. Il faut que le gouvernement polonais leur fasse comprendre qu'il ne peut les prendre à son service, parce qu'il ne peut pas les payer; qu'il ne peut pas même payer la légion du Nord, tandis que j'aurais pu la prendre à ma solde.

J'ai accordé à Mᵐᵉ Sulkowska une pension de 6,000 francs. J'ai ordonné à M. Estève de lui en envoyer le brevet et de la lui faire toucher exactement.

Les bruits de guerre avec l'Autriche sont absurdes. Vous devez tenir constamment le langage le plus pacifique; le mot de guerre ne doit jamais sortir de votre bouche. Vous devez bien accueillir les officiers autrichiens.

Vos approvisionnements d'infanterie me paraissent suffisants. Il n'y a idée de guerre avec personne. Quant aux réparations pour l'artillerie, j'ai ordonné qu'il vous fût accordé des fonds. Je dois avoir de grands magasins de vivres et d'autres objets; il faut veiller à ce qu'ils ne soient point gaspillés, et que, si l'armée évacue avant qu'ils soient consommés, vous vous en fassiez rendre compte.

J'ai donné ordre que la solde vous fût payée exactement et qu'une gratification fût accordée à vos officiers.

NAPOLÉON.

D'après l'original comm. par Mᵐᵉ la maréchale princesse d'Eckmühl.

13250. — AU GÉNÉRAL SONGIS,
COMMANDANT L'ARTILLERIE DE LA GRANDE ARMÉE.

Fontainebleau, 13 octobre 1807.

J'ai reçu votre lettre de Berlin, du 30 septembre. J'approuve fort la

conduite que vous avez tenue relativement à la démolition des places de
Prusse. Le maréchal Victor a parfaitement rempli mes intentions. Il est
nécessaire que ces places ne restent pas sans défense; il est bon même
d'y mettre un certain nombre de pièces de canon.

D'après la minute. Archives de l'Empire.

13251. — A M. PORTALIS,
CHARGÉ DES AFFAIRES DES CULTES.

Fontainebleau, 14 octobre 1807.

Témoignez mon mécontentement à l'évêque d'Ajaccio de ce qu'il établit le séminaire dans un village au lieu de l'établir dans la métropole; que mon intention est qu'il passe au moins dix mois de l'année dans le chef-lieu de son diocèse.

D'après la minute. Archives de l'Empire.

13252. — A LOUIS NAPOLÉON, ROI DE HOLLANDE.

Fontainebleau, 14 octobre 1807.

Mon Frère, vos lettres m'assurent que la Hollande est revenue à l'exécution du traité d'alliance, et qu'en conséquence tout commerce est interdit avec l'Angleterre. Prenez de nouvelles mesures pour que même une lettre ne parvienne.

Après avoir organisé votre armée, ne la désorganisez pas. J'apprends que vous voulez défaire votre Garde. La Hollande ne peut pas avoir moins de 40,000 hommes à l'effectif, ce qui fait 25,000 hommes sous les armes. Si elle n'a pas ces troupes, qui la défendra? La paix n'est pas sûre. Voulez-vous vous exposer à voir votre flotte prise et Amsterdam brûlé? Croyez-vous que je consentirai à vous envoyer de mes troupes dont j'ai besoin ailleurs? Et puis pensez-vous que, si je vous envoie de mes troupes, je serais assez bon pour les payer? Dans tous les cas, il vous faudrait donc de l'argent. Tenez votre armée sur un bon pied et n'allez pas économiser des miettes. Quatre ou cinq millions de plus ou de moins ne peuvent pas changer la face de la Hollande, tandis que 15 ou 20,000 hommes de plus ou de moins peuvent la sauver ou la perdre.

Des finances, des troupes et de la sévérité à faire exécuter les lois, voilà les devoirs des rois. Laissez crier les marchands; pensez-vous que ceux de Bordeaux ne crient pas?

D'après la minute autographe. Archives de l'Empire.

13253. — AU GÉNÉRAL SAVARY,

EN MISSION À SAINT-PÉTERSBOURG.

Fontainebleau, 14 octobre 1807.

Monsieur le Général Savary, je reçois votre lettre du 23 septembre. L'officier d'ordonnance Deponthon, et l'aide de camp du prince de Neuchâtel, Périgord, vous seront successivement arrivés depuis Montesquiou. Vous aurez également reçu une partie des choses que vous avez demandées. Je vous envoie aujourd'hui des lettres pour l'impératrice régnante.

J'ai vu avec peine que vos lettres à M. de Champagny n'étaient pas dans le style convenable. Un ministre est toujours un ministre. D'ailleurs un homme sage et prudent n'accroît jamais le nombre de ses ennemis. Quelle nécessité y avait-il de répondre à une phrase banale par laquelle le ministre vous recommandait l'économie? Vous donnant un crédit illimité, il était de son devoir, en qualité de ministre qui a un budget dont il rend compte, de vous dire d'économiser. Mais vous avez, messieurs, la tête près du bonnet, vous vous formalisez trop. Vous avez eu d'autant plus tort que je n'ai pas d'homme plus honnête et plus attaché que Champagny.

Guilleminot, en Valachie, s'est mêlé de beaucoup plus de choses qu'il ne devait. Ses instructions ne lui disaient pas de signer l'armistice, ni de stipuler des conditions absurdes, telles que la remise des vaisseaux de guerre et la reprise des hostilités au 1ᵉʳ mars si l'on ne s'arrangeait pas. La lettre que vous lui avez écrite n'a donc aucun inconvénient. Si cet officier est encore à Bucharest, ce que je ne crois point, et que, pour soutenir sa pointe, il vous répondît qu'il a agi d'après ses instructions, vous ne devez pas le croire. J'ai écrit à Sebastiani pour faire revenir la Porte sur ces deux articles. Mais le principal n'est pas ces deux articles :

c'est la remise des places fortes qui a dû indisposer l'empereur Alexandre. M. de Champagny vous écrit longuement et vous envoie diverses pièces que vous ne connaissez pas, telles que les articles secrets du traité avec la Russie, et le traité d'alliance, afin que vous soyez au fait de toutes les affaires.

Un courrier russe est parti, il y a trois jours; il vous porte des lettres qui seront probablement vues. Le fait est que l'amiral Siniavine était encore le 20 septembre à Corfou. L'équipage dont se plaint surtout le gouverneur de Corfou est celui du vaisseau *l'Asie*, qui est commandé par un Anglais; mais ce sont là de petites affaires. Au reste, j'ai fait donner à l'amiral l'avis de se méfier des Anglais; je pense que cela aura produit l'effet convenable.

Après ce que vous m'écrivez, je puis penser que du 15 au 17 l'ambassadeur Tolstoï sera ici. Il eût été très-nécessaire qu'il arrivât plus tôt, afin de pouvoir envoyer des ordres et des instructions aux vaisseaux russes.

Les prisonniers russes sont arrivés à Cologne et à Coblentz; on en a formé sept bataillons. On leur avait donné de mauvaises armes à Metz; j'ai ordonné qu'on les leur retirât et qu'on leur en donnât de meilleures.

L'Angleterre n'a fait ici, ni directement ni indirectement, aucune proposition. Tout porte à penser qu'elle est dans le système de continuer la guerre. Notre première opération doit être, aussitôt que lord Gower sera chassé de Saint-Pétersbourg, de faire chasser le ministre anglais de Vienne. A l'heure qu'il est, celui qui est à Lisbonne doit avoir quitté cette ville.

J'ai vu avec plaisir que l'empereur faisait venir son armée en Finlande. Il faut aussi obliger la Suède à fermer ses ports et à déclarer la guerre à l'Angleterre.

Quant aux affaires de Turquie, c'est une chose qui demande bien des combinaisons, sur laquelle il faut marcher bien doucement; elle est trop compliquée pour que vous puissiez connaître mes intentions. J'attends pour tout cela M. de Tolstoï. Au reste, il paraît que cet empire tombe tous les jours.

L'ambassadeur de la Porte, qui était d'abord allé à Vienne et de Vienne s'était rendu à Paris, y était à peine arrivé qu'il a reçu un courrier qui le rappelait à Constantinople.

NAPOLÉON.

Je vous envoie deux lettres du prince et de la princesse de Bade pour l'impératrice.

<small>D'après l'expédition originale comm. par M. le baron du Havelt.</small>

13254. — A CHRISTIANE, MARGRAVE DE BADE.

Fontainebleau, 15 octobre 1807.

Je reçois la lettre de Votre Altesse, du 26 septembre. Je suis vraiment fâché que les circonstances soient telles que je n'aie pas pu faire ce qu'elle désirait pour le duc de Brunswick. J'ai chargé mon ministre des relations extérieures de lui faire connaître la pension dont ce prince doit jouir en vertu du traité de Tilsit. J'espère trouver d'autres occasions où je serai plus heureux et où je pourrai la convaincre du désir que j'ai de lui être agréable.

<small>D'après la minute. Archives de l'Empire.</small>

13255. — AU CARDINAL FESCH,
GRAND AUMÔNIER.

Fontainebleau, 16 octobre 1807.

Mon Cousin, je vous renvoie votre rapport pour que vous me rédigiez un projet de décret sur tout cela. Le bâtiment du séminaire étant dans le plus bel emplacement de la ville, il paraît difficile d'y établir le séminaire. Ne serait-il pas plus convenable de le placer dans l'ancien couvent des Capucins? Il me semble qu'avec une vingtaine de mille francs on pourrait l'établir là, et y avoir une centaine de séminaristes.

NAPOLÉON.

<small>D'après l'expédition originale comm. par M. du Casse.</small>

13256. — A M. CRETET,
MINISTRE DE L'INTÉRIEUR.

Fontainebleau, 16 octobre 1807.

Monsieur Cretet, il faut s'occuper du programme de la fête du 2 décembre. Mon intention est que vous mentionniez dans ce programme les différentes dispositions du décret qui institue cette fête, pour qu'elles soient exécutées avec la plus grande exactitude. Que chaque commune ayant plus de 10,000 francs de revenus fasse, ce jour-là, sur les fonds de la commune, la dot d'une fille sage, qui sera mariée avec un homme ayant fait la guerre. Le choix sera fait dans les communes par le conseil municipal, et dans les chefs-lieux par les préfets. Il faut que la ville de Paris fasse la même chose et donne une fête digne d'elle. Faites en sorte que le programme soit fait et tout cela annoncé avant le 1er novembre, afin d'avoir tout le mois de novembre pour se préparer. Il faut principalement motiver cette fête comme étant l'anniversaire du couronnement, plus que comme étant l'anniversaire de la bataille d'Austerlitz.

NAPOLÉON.

D'après la copie. Archives de l'Empire.

13257. — AU GÉNÉRAL CLARKE,
MINISTRE DE LA GUERRE.

Fontainebleau, 16 octobre 1807.

Monsieur le Général Clarke, j'ai écrit au général Junot, commandant en chef mon armée de la Gironde, que mon intention était que l'armée agisse sur les bords du Tage et se dirige en Espagne par Valladolid, Salamanque et Ciudad-Rodrigo, d'où elle partira pour se rendre à Lisbonne.

Vous écrirez à mon ambassadeur près le roi d'Espagne, à Madrid, par le même courrier qui portera mes instructions au général Junot; vous lui ferez connaître que, du moment où les ordres que je donne à mon armée seront prêts à recevoir leur exécution, mon intention est qu'elle agisse sur le Tage; que, lorsqu'elle sera réunie à Valladolid, elle sera forte de 20,000 hommes d'infanterie et de 2,000 chevaux; que je désire que le roi d'Espagne y joigne 10,000 hommes d'infanterie, 4,000 chevaux et 30 pièces de canon; ce qui portera le total de cette armée à 30,000 hommes d'infanterie, 6,000 hommes de cavalerie, 4,000 hommes d'artillerie et sapeurs, et à peu près 70 pièces de canon. Total général, 40,000 hommes de toutes armes. Cette armée, ainsi organisée, se rendra sous Lisbonne sous les ordres du général Junot.

Deux autres divisions devront se diriger, l'une sur Porto et l'autre, à travers la province d'Alentejo, au midi du Tage. Ainsi, en supposant que chacune de ces divisions soit de 6,000 hommes espagnols, de toutes armes, l'Espagne aurait à fournir moins de 30,000 hommes. Vous écrirez que la solde de mon armée lui sera payée par moi, mais qu'elle sera nourrie par l'Espagne, sauf à faire une compensation avec la nourriture des troupes espagnoles qui sont en France.

Vous prendrez en conséquence vos mesures pour que la solde de l'armée de la Gironde soit faite exactement jusqu'au 1er janvier. Vous ferez de même mettre une somme de 50,000 francs à la disposition du commandant du génie de l'armée; 50,000 francs à la disposition du commandant de l'artillerie; enfin 50,000 francs à la disposition du général Junot pour dépenses secrètes.

Quant à ce que l'on fera payer de contributions au Portugal, soit en argent, soit en marchandises, cela ne regarde point le ministère de la guerre : c'est une affaire purement diplomatique, et il est probable que le roi d'Espagne nommera quelqu'un à Paris pour discuter et régler définitivement cette question.

NAPOLÉON.

D'après la copie. Dépôt de la guerre.

13258. — AU GÉNÉRAL CLARKE,
MINISTRE DE LA GUERRE.

Fontainebleau, 16 octobre 1807.

Monsieur le Général Clarke, mon intention est de former un second corps d'observation de la Gironde, qui sera composé de trois divisions.

Ces trois divisions seront composées de trois bataillons de chacune des cinq légions de réserve, de quatre bataillons suisses (deux du 3º, un du 2º et un du 4º), de deux bataillons des troupes de Paris et du 3º bataillon du 5º d'infanterie légère; ce qui fera vingt-deux bataillons ou sept bataillons par division. Chaque division aura douze pièces d'artillerie pour son service. Proposez-moi le plus tôt possible la formation de l'état-major, de l'artillerie, du génie et des administrations. Proposez-moi également les trois généraux de division, les trois adjudants commandants et les six généraux de brigade nécessaires pour commander ce corps. Le corps d'observation de la Gironde aura donc besoin de trente-six pièces d'artillerie. Ces trente-six pièces nécessitent 7 à 800 chevaux.

Mon intention est que vous fassiez partir le 20, après en avoir passé la revue, le bataillon du train de ma Garde qui est à Paris, et que vous chargiez un officier d'artillerie et un officier de ce bataillon du train de se rendre en poste dans les Pyrénées ou dans les Landes, pour acheter 600 mulets de trait ou chevaux et en faire faire les harnais, de manière qu'au 20 novembre il y aurait là 800 chevaux ou mulets harnachés, servis par 400 hommes du train de la Garde. S'il y avait des harnais confectionnés, on pourrait les faire partir de Paris.

Vous ordonnerez que les 3ᵉˢ bataillons des cinq légions de la réserve partent pour Bayonne au 1ᵉʳ novembre, au plus tard. Ces 3ᵉˢ bataillons seront réunis aux deux premiers et seront sous les ordres des majors qui les commandent.

NAPOLÉON.

D'après la copie. Dépôt de la guerre.

13259. — AU GÉNÉRAL CLARKE,
MINISTRE DE LA GUERRE.

Fontainebleau, 16 octobre 1807.

Monsieur le Général Clarke, vous donnerez des ordres pour qu'il soit formé une réserve générale de cavalerie, composée de régiments provisoires. Elle sera organisée de la manière suivante :

1º Une brigade de grosse cavalerie, commandée par un général de brigade et composée de deux régiments provisoires;

1ᵉʳ régiment : 120 hommes du 1ᵉʳ carabiniers et 120 du 2ᵉ; 140 de chacun des 1ᵉʳ, 2ᵉ et 3ᵉ cuirassiers; ensemble, 660 hommes;

2ᵉ régiment : 140 hommes du 5ᵉ cuirassiers et 140 du 12ᵉ; 120 de chacun des 9ᵉ, 10ᵉ et 11ᵉ; ensemble, 640 hommes.

Chaque régiment sera commandé par un major de l'un des régiments, par un adjudant-major et deux adjudants sous-officiers, choisis de manière que deux officiers ne soient pas fournis par un même régiment; le détachement fourni par chaque régiment sera composé d'un capitaine, d'un lieutenant, de deux sous-lieutenants, d'un maréchal des logis chef, de quatre maréchaux des logis, de six brigadiers, de deux trompettes, d'un maréchal ferrant, et le reste de soldats.

Cette brigade de grosse cavalerie se réunira à Tours.

2° Une brigade de dragons, commandée par un général de brigade et composée de deux régiments provisoires, composés et organisés de la même manière que la brigade de grosse cavalerie ;

1ᵉʳ régiment : 120 hommes de chacun des 11ᵉ, 14ᵉ, 18ᵉ et 19ᵉ de dragons; total, 480 hommes;

2ᵉ régiment : 140 hommes du 20ᵉ de dragons et 120 de chacun des 21ᵉ, 25ᵉ et 26ᵉ; total, 500 hommes.

Cette brigade de dragons se réunira à Orléans.

3° Une brigade de chasseurs, commandée par un général de brigade et composée de la même manière que les deux précédentes;

1ᵉʳ régiment : 120 hommes de chacun des 1ᵉʳ, 2ᵉ, 5ᵉ, 7ᵉ et 11ᵉ chasseurs; ensemble, 600 hommes;

2ᵉ régiment : 140 hommes de chacun des 12ᵉ, 13ᵉ et 20ᵉ de chasseurs et 120 des 16ᵉ et 21ᵉ; ensemble, 660 hommes.

Cette brigade de chasseurs se réunira à Chartres.

4° Une brigade de hussards, commandée par un général de brigade et composée de la même manière que les précédentes;

1ᵉʳ régiment : 120 hommes de chacun des 2ᵉ, 3ᵉ, 4ᵉ et 5ᵉ de hussards; total, 480 hommes;

2ᵉ régiment : 120 hommes des 7ᵉ, 8ᵉ, 9ᵉ et 10ᵉ hussards; total, 480 hommes.

Cette brigade de hussards se réunira à Compiègne.

Vous donnerez des ordres pour que, sans délai, les compagnies qui doivent former chaque régiment soient organisées et mises en marche. Vous choisirez vous-même les majors qui doivent commander les régiments provisoires. Le procès-verbal de formation de chacun des détachements vous sera envoyé, et vingt-quatre heures après ces détachements seront en marche.

S'il est des corps qui ne puissent pas fournir les détachements aussi forts que je les demande, ils les feront partir sur-le-champ aussi forts qu'ils pourront les fournir; il ne faut pas cependant qu'ils soient moindres de 80 hommes, et vous donnerez des ordres, après vous être concerté avec le ministre Dejean, pour que ces régiments soient mis à même d'acheter des chevaux et des selles pour compléter promptement leur nombre.

NAPOLÉON.

D'après la copie. Dépôt de la guerre.

13260. AU GÉNÉRAL CLARKE,
MINISTRE DE LA GUERRE.

Fontainebleau, 16 octobre 1807.

Monsieur le Général Clarke, je vois avec peine que le 112e, qui est à Alexandrie, a 690 malades. Qui est-ce donc qui rend l'air d'Alexandrie si malsain ?

Faites-moi connaître si le régiment d'Isembourg est parti de Gênes pour se rendre dans le royaume de Naples. S'il n'est pas parti, faites-le partir sans délai.

J'ai disposé de deux bataillons de chacun des quatre régiments suisses qui sont en France. Faites-moi connaître quand les 3es bataillons se trouveront en état et prêts à partir.

NAPOLÉON.

D'après la copie. Dépôt de la guerre.

13261. — A M. FOUCHÉ,
MINISTRE DE LA POLICE GÉNÉRALE.

Fontainebleau, 16 octobre 1807.

Je vois avec surprise que *le Publiciste* parle du comte de Lille sans le nommer. Faites connaître au rédacteur de ce journal que, la première fois qu'il parlera de cet individu, je lui ôterai la direction du journal : que je désire qu'il soit porté la plus grande attention sur cet objet.

D'après la minute. Archives de l'Empire.

13262. — A JOSEPH NAPOLÉON, ROI DE NAPLES.

Fontainebleau, 16 octobre 1807.

Mon Frère, je vous ai envoyé le régiment d'Isembourg, composé de trois bataillons, et j'ai dirigé 3 à 4,000 hommes de vos dépôts pour renforcer votre armée. Mais, parbleu! ne souffrez pas la honte d'avoir les Anglais à Reggio et à Scilla; c'est une ignominie sans égale.

Le 9 novembre, le premier détachement de vos dépôts, composé de 1,500 hommes, doit arriver à Naples.

NAPOLÉON.

D'après l'expédition originale comm. par les héritiers du roi Joseph.

13263. — DÉCISION.

Fontainebleau, 16 octobre 1807.

M. de Champagny, ministre des relations extérieures, propose à l'Empereur de payer à M. Gaillande, vice-consul au cap de Bonne-Espérance, les appointements attachés à son emploi depuis sa nomination.	Ce rapport n'est pas clair; il ne fait pas connaître l'époque à laquelle le sieur Gaillande est parti pour se rendre au cap de Bonne-Espérance, quand il est entré en fonctions, les appointements qui lui ont été donnés en partant, pourquoi ses appointements n'ont pas été fixés du moment de sa nomi-

nation. Tout cela n'est pas clair. Ce n'est pas ainsi qu'on doit me remettre des rapports.

NAPOLÉON.

D'après la copie. Archives de l'Empire.

13264. — DÉCISION.

Fontainebleau, 16 octobre 1807.

Sire, au commencement de la campagne contre la Prusse, Votre Majesté daigna me faire l'honneur insigne de m'appeler à Mayence et de m'employer auprès de son auguste personne. Elle se réserva néanmoins de prononcer sur ma destination définitive à la fin de la campagne, et décida que je conserverais jusqu'alors ma place de premier aide de camp du maréchal Ney.

Deux campagnes sans exemple ont été achevées depuis cette époque. On m'a rayé du tableau de l'état-major du maréchal par ordre de S. A. le prince de Neuchâtel, alors ministre de la guerre, sans me donner néanmoins cette destination définitive.

Dans une position aussi pénible, j'ose recourir humblement à la bienveillance de Votre Majesté et la supplier de vouloir bien prendre une décision qui m'assimile aux officiers de sa Maison militaire.

JOMINI, adjudant commandant.

Il sera attaché au maréchal Ney, qui le demande.

NAPOLÉON.

D'après l'original. Dépôt de la guerre.

13265. — NOTE POUR M. CRETET,

MINISTRE DE L'INTÉRIEUR.

Fontainebleau, 17 octobre 1807.

Sa Majesté n'a point accordé la somme de 44,700 francs pour l'administration de l'île d'Elbe. Elle regarde comme affligeant pour le ministère de l'intérieur que la mine de l'île d'Elbe ne rende rien depuis six ans. Elle désire qu'il soit fait un rapport qui établisse ce que cette mine a rendu, année par année, ce qu'elle devait rendre, et ce qu'il y a à faire pour tirer enfin parti de cette branche de revenu. Il conviendrait même d'envoyer en toute hâte à l'île d'Elbe un auditeur intelligent qui ferait une enquête sur tout ce qui s'est passé dans cette île relativement à l'exploitation de la mine. Sa Majesté ne serait pas surprise que le commissaire qui a été employé dans les pays conquis exploitât l'île à son profit.

D'après la copie. Archives de l'Empire.

13266. — NOTE DICTÉE PAR L'EMPEREUR[1].

Fontainebleau, 17 octobre 1807.

Les associés Vanlerberghe, Desprez et Ouvrard ont suspendu leurs payements. Cette compagnie était chargée du service des vivres de la guerre et de la marine, de la conservation de l'approvisionnement de l'intérieur, c'est-à-dire d'un mouvement d'affaires de plus de soixante millions par an.

Les prix de son marché étaient tellement avantageux et les circonstances avaient été tellement favorables, à raison des bonnes récoltes qui ont été faites pendant les cinq ans de la durée de son entreprise, que cette affaire aurait dû être le fondement d'une des plus grandes fortunes de France.

Mais cette compagnie a donné dans d'étranges spéculations. Au lieu de se contenter du service qu'elle avait à faire en France, elle s'est chargée des affaires de l'Espagne; elle a fourni à cette puissance pour beaucoup de millions de blé et de chanvre, et elle lui a aussi fait en argent des remises très-considérables, de sorte qu'elle s'est trouvée avoir fait en l'an XIII et en l'an XIV pour une centaine de millions d'affaires avec l'Espagne. Elle s'était aussi entremêlée, en l'an XIII, dans les négocia-

[1] "Cette note fut expédiée au ministre de l'intérieur avec une lettre portant invitation de la communiquer aux préfets." (Minute.)

tions d'escompte des obligations du trésor public. Le détail des affaires d'une seule maison s'est ainsi porté au delà de ce qu'on avait vu jusqu'à ce jour.

Dans les mois de brumaire et de frimaire de l'an xiv, cette compagnie, au moyen des crédits accordés par elle pour ses opérations particulières et pour des affaires faites avec l'étranger, avait déplacé de France plus de cent millions, détérioré tous les changes de l'Europe au désavantage de la France, et produit les embarras dans lesquels se trouva alors la Banque. Les régents de cet établissement, trompés par la connaissance qu'ils avaient du service dont cette compagnie était chargée en France, avaient cru servir l'état en escomptant un papier de circulation qui n'était créé que pour le service particulier de cette compagnie, dont les désordres ont été si désastreux.

Le premier soin de Sa Majesté, qui en avait eu quelque connaissance à l'armée, fut, au moment même de son retour en France, à la fin du mois de janvier 1806, de se faire rendre compte de la situation de cette compagnie, et il fut constaté qu'elle se trouvait débitrice envers le trésor public d'une somme de cent quarante millions dont elle s'était mise en possession par des opérations clandestines et frauduleuses, en détournant les fonds des obligations qui lui avaient été remises pour les réaliser, et en les appliquant à des affaires étrangères à son service et aussi extravagantes que gigantesques.

On conçoit facilement combien aurait été critique, en ce moment, la position du trésor, si d'ailleurs la situation politique de la France n'avait pas été aussi favorable.

Pour ces cent quarante millions dus au trésor et qui avaient été reçus en obligations équivalentes à de l'argent comptant, la compagnie avait des permissions d'exportation au Mexique, des traites en piastres et quelques créances sur des maisons de banque de Paris. Il fallut se contenter de ces traites et de ces créances, et tâcher de couvrir le trésor public au moyen de ces valeurs. Une partie des fonds appartenant au trésor est en effet rentrée. Mais la situation de la compagnie, au moment où elle manque, est telle qu'elle doit encore quarante-huit millions au trésor public. Il est probable que le trésor public ne perdra point ces capitaux, et qu'il en sera couvert tant par le service fait à la guerre et à la marine que par d'autres effets dont on peut espérer le remboursement.

Tels sont les résultats des opérations de cette compagnie, qui s'est laissé diriger par un esprit d'extravagance et par des spéculations aventurières dont il y a peu d'exemples, spéculations qui auraient été funestes non-seulement à elle, mais encore au trésor public, par la trop grande confiance qu'il lui avait accordée, et à l'état, si les circonstances eussent tourné différemment.

Dans tous ces calculs, la compagnie est encore traitée avec avantage, car on n'y comprend pas le compte des intérêts à sa charge pour le déplacement de sommes aussi considérables : ce compte, arrêté au trésor public, dépasse déjà plus de six millions.

Si la compagnie s'était bornée à l'entreprise dont elle était chargée, si elle ne s'était point embarrassée d'affaires faites avec l'étranger, si elle ne s'était pas jetée dans les plus ridicules spéculations, elle aurait fait honneur à son service, elle se serait assuré des profits considérables, et elle aurait répondu à la confiance du Gouvernement. Sa conduite rappelle l'excessive crédulité et l'esprit qui régnaient au temps des actions du Mississipi.

D'après la minute. Archives de l'Empire.

13267. — AU GÉNÉRAL JUNOT,
COMMANDANT LE CORPS D'OBSERVATION DE LA GIRONDE.

Fontainebleau, 17 octobre 1807.

Je reçois votre lettre du 10. Mon intention est que vous correspondiez tous les jours avec le ministre et quelquefois avec moi.

Je donne ordre que deux adjudants commandants vous soient envoyés, et que des régiments provisoires, formés de détachements des corps qui composent votre armée, se mettent en marche pour vous renforcer. De nouveaux détachements se mettront en marche après, de manière à maintenir votre armée dans son complet actuel. Des ordres sont partis également pour que les corps qui forment votre 3ᵉ division envoient tout ce qu'ils ont de disponible. Les régiments suisses envoient leurs 2ᵉˢ bataillons, ce qui augmentera votre armée de deux bataillons. J'ai ordonné que deux nouvelles compagnies d'artillerie vous fussent envoyées. Un général de brigade se rend à l'armée de la Gironde pour commander l'artillerie. Une escouade d'ouvriers est partie pour se rendre à votre armée, ainsi que plusieurs généraux de brigade.

Je ne suis point d'opinion de former à six compagnies les bataillons de votre 2ᵉ division. Je vois que le plus fort bataillon est à 1,000 hommes, c'est-à-dire à 150 hommes par compagnie; les fatigues de la route les réduiront à 100 hommes; ce n'est pas trop.

Vous êtes le maître d'ordonner que les compagnies de grenadiers soient complétées également à ce nombre. Vous les ferez compléter par des grenadiers postiches.

Un 2ᵉ corps d'observation sera, au 1ᵉʳ décembre, réuni à Bayonne, et sera fort de 30,000 hommes, dont 5,000 de cavalerie. Dans toutes les chances vous serez appuyé.

Faites-moi faire la description de toutes les provinces par où vous passez, des routes, de la nature du terrain; envoyez-moi des croquis. Chargez des officiers du génie de ce travail, qu'il est important d'avoir. Que je puisse voir la distance des villages, la nature du pays, les ressources qu'il présente. Et ne quittez pas votre armée, d'abord parce qu'un général ne doit jamais la quitter; ensuite parce qu'il n'est grand que dans son armée, et qu'il est petit dans les cours. Quelque invitation que l'on vous fasse, marchez avec une de vos divisions.

J'apprends, au moment même, que le Portugal a déclaré la guerre à l'Angleterre et renvoyé l'ambassadeur anglais : cela ne me satisfait pas; continuez votre marche; j'ai lieu de croire que c'est entendu avec l'Angleterre pour donner le temps aux troupes anglaises de venir de Copenhague. Il faut que vous soyez à Lisbonne au 1ᵉʳ décembre, comme ami ou comme ennemi.

Maintenez-vous dans la meilleure harmonie avec le prince de la Paix.

Adressez-vous à mon ambassadeur pour toutes les affaires que vous aurez à discuter avec la cour.

D'après la minute. Archives de l'Empire.

13268. — A M. DE CHAMPAGNY,
MINISTRE DES RELATIONS EXTÉRIEURES.

Fontainebleau, 18 octobre 1807.

Monsieur de Champagny, faites-moi un rapport sur la question de Fribourg, afin d'intervenir dans cette discussion pour maintenir l'acte de médiation.

NAPOLÉON.

D'après la copie. Archives des affaires étrangères.

13269. — A EUGÈNE NAPOLÉON,
VICE-ROI D'ITALIE.

Fontainebleau, 18 octobre 1807.

Mon Fils, donnez ordre au général Lauriston de faire partir un officier intelligent pour se rendre de Cattaro à Corfou, par terre. Cet officier tiendra note des chemins et de la nature du pays. Il est très-intéressant de savoir si l'on pourrait se servir de cette voie pour avoir fréquemment des nouvelles de Corfou.

NAPOLÉON.

D'après la copie comm. par S. A. I. Mme la duchesse de Leuchtenberg.

13270. — A JOSEPH NAPOLÉON, ROI DE NAPLES.

Fontainebleau, 18 octobre 1807.

Mon Frère, je reçois votre lettre du 8, avec l'état de situation qui y était joint. Je vois que vous avez près de 40,000 hommes présents sous les armes, et 7,000 hommes aux hôpitaux. Je vous envoie la valeur de 6,000 hommes, soit du régiment d'Isembourg, soit des différents détachements de vos dépôts. Votre état est fait dans la saison de l'année où les hôpitaux sont le plus remplis; avant deux mois il en sortira la moitié des malades.

Comment est-il possible que vous souffriez la honte d'avoir les Anglais à Scilla? Vous avez fait la faute de les laisser s'y établir; il faudra un siége pour les en chasser. Je vous réitère de prendre Scilla. Tout ce que le général Lamarque allègue dans son mémoire est ridicule. Si j'avais 40,000 hommes en Italie, je voudrais être maître de tout le royaume de Naples, de tous les états du Pape et avoir encore 20,000 hommes sur l'Adige pour renforcer l'armée française. Vous recevrez cette lettre avant le 1er novembre. Faites qu'à la fin de novembre les Anglais soient chassés de Scilla et ne souillent plus de leur présence un seul coin du continent. Toutes vos troupes restent libres par cette opération; vos gardes seules sont suffisantes à Naples. Dans la saison de novembre les brigands ne lèveront pas le pied, parce que les chaleurs ne s'opposeront point à la marche des troupes.

Deux de mes frégates et quelques corvettes sont parties de Toulon pour se rendre à Corfou; donnez des ordres secrets à Tarente et Otrante afin que, si elles se présentent devant ces ports, elles soient protégées, et qu'on ne les prenne pas pour des Anglais.

Je ne vois que la Corse pour recevoir les 4,000 hommes dont vous voulez vous purger. Si vous voulez les y envoyer directement, je n'y vois pas d'inconvénient. Quant au Piémont et à l'intérieur de la France, on en est empesté, et mes peuples ont le droit de se plaindre que je trouble ainsi leur tranquillité. Il y a peu de jours encore que six Napolitains ont assassiné quelques Français. On se plaint aussi en Corse, mais, au moins, les habitants ayant l'habitude d'être armés, on peut facilement les contenir.

NAPOLÉON.

D'après l'expédition originale comm. par les héritiers du roi Joseph.

13271. — A JOSEPH NAPOLÉON, ROI DE NAPLES.

Fontainebleau, 18 octobre 1807.

Vous me proposez des régiments napolitains, mais ceux que vous m'avez envoyés ne sont pas complets; ce ne sont pas des régiments d'officiers qu'il me faut. Je ne fais pas de difficulté de recevoir des régi-

ments napolitains, pourvu que les compagnies soient à un effectif de
140 hommes. Les régiments que vous avez en Italie ne sont pas à un
effectif de 60 hommes par compagnie. Ce n'est pas ainsi qu'on forme des
régiments. Il fallait laisser les 3ᵉˢ bataillons à Capoue pour faire partir
dans la saison favorable de gros détachements, pour recruter les deux
1ᵉʳˢ bataillons qui sont en France. J'ai deux bataillons napolitains qui
seront bientôt réduits à rien. Il faut donc que les régiments que vous
m'envoyez soient composés de deux bataillons de neuf compagnies
chacun; chaque compagnie, au moment de passer les Alpes, doit avoir
140 hommes; ce qui fait 1,260 hommes par bataillon. Les 3ᵉˢ bataillons resteront à Capoue, afin de recevoir les recrues, et ils feront tous
les ans partir 7 à 800 hommes pour recruter les deux 1ᵉʳˢ bataillons.
Alors il sera possible d'avoir deux régiments.

Quant à l'idée d'avoir à Naples des troupes napolitaines aussi bonnes
que les miennes, je ne crois pas que vous viviez assez, ni votre fille,
pour voir ce miracle-là. Je vois par là que vous êtes comme les trois
quarts des hommes, qui ne connaissent point la différence des troupes.
Des troupes comme celles que je vous laisse ne sont pas remplaçables
par des troupes étrangères. Les troupes russes leur sont inférieures; les
troupes allemandes plus inférieures; les troupes italiennes plus inférieures encore : et cependant les Italiens sont formés depuis douze ans,
sont mêlés de beaucoup de Français et ont passé quatre ans au camp de
Boulogne.

Je désire que vous renvoyiez le régiment des pontonniers, le bataillon
du train et le régiment d'artillerie à cheval, français, que vous avez. Il
ne faut pas à Naples de régiments d'artillerie napolitains, vous n'en
avez pas besoin. Je crois que vous pouvez renvoyer encore quelques régiments de cavalerie française, ce qui tendrait à diminuer vos dépenses.

L'idée que je serais obligé de maintenir 30,000 Français pour garder
le royaume de Naples n'est pas admissible, Naples les payerait-il; et
encore serait-ce une certaine charge pour la France.

J'apprends avec plaisir ce que vous me dites de M. Rœderer. Je
trouve que vous avez tort de tant payer les officiers français qui sont à

Naples: il faudrait alors en diminuer beaucoup le nombre. Quant aux fournisseurs, je ne sais pas pourquoi vous leur donnez de l'argent, puisque vous avez de tout, du blé, du vin, des draps. Vous n'avez besoin de fournisseurs que pour la manutention, et alors ce que vous auriez à payer serait très-peu de chose.

Napoléon.

D'après l'expédition originale comm. par les héritiers du roi Joseph.

13272. — ORDRE
CONCERNANT DES ASSOCIATIONS RELIGIEUSES.

Fontainebleau, 19 octobre 1807.

Il sera tenu un petit conseil composé du grand juge, président; du ministre de la police; de MM. Regnaud, Bigot et Treilhard, conseillers d'état, et de M. Portalis, maître des requêtes, chargé des affaires des cultes.

Le maître des requêtes remettra à ce conseil l'état de toutes les maisons de Sœurs, ou, en propres termes, de tous les couvents qui ont été réorganisés, soit par des décrets présentés par le ministre des cultes, soit par des actes passés au Conseil et ayant reçu l'approbation de Sa Majesté. Il y joindra les statuts originaux de ces établissements; il présentera en même temps un rapport faisant connaître, en réalité et sans fard, le but véritable de ces institutions, qui n'ont jamais été approuvées par Sa Majesté avec connaissance de cause : elle a cru ne signer que pour autoriser des associations pour des maisons de charité, et il y a peu de jours encore qu'elle était dans l'opinion qu'il n'en existait pas d'autres dans son empire.

L'objet spécial du petit conseil est de bien connaître l'étendue de ces établissements, leur but, leurs avantages, leurs inconvénients, afin de pouvoir prendre à leur égard des déterminations en connaissance de cause : quel est leur nombre, de combien d'individus sont-ils composés; combien ont-ils de novices; combien y a-t-il eu de prises d'habit; combien y a-t-il de différentes natures de statuts; indépendamment des statuts passés au Conseil d'état, quels sont les règlements ou statuts ecclésiastiques qui déterminent l'espèce et l'ordre des cérémonies intérieures, et les offices ou devoirs auxquels les membres des associations sont tenus: y a-t-il des affiliations entre elles; ont-elles des rapports avec un supérieur ou directeur général, et quels sont ces rapports. Il est évident qu'on n'a mis dans les règlements officiels que ce qui était strictement nécessaire pour la police: dès lors, ce qui concerne la règle qui régit ces associations a été laissé à une autre autorité, et l'on a lieu de penser qu'elles sont soumises à des pratiques que Sa Majesté ignore. La commission demandera sur tout cela à M. Portalis des renseignements clairs et précis. Sa Majesté n'a point l'habitude d'être trompée, et elle veut être éclairée complétement.

Le petit conseil s'occupera aussi des objets suivants :

1° Les droits de dispenses pour le carême et pour d'autres cas rapportent des sommes considérables: Sa Majesté a connaissance qu'ils ont produit dans certains diocèses plus de 100,000 francs; elle sait aussi que les évêques en font emploi pour leurs séminaires; mais rien ne lui garantit une bonne direction : le conseil s'assurera de ce qui est, et proposera ce qu'il convient d'ordonner.

2° Des donations considérables sont faites aux ecclésiastiques: on assure que, dans quelques départements, elles se sont élevées, l'année dernière, à 200,000 francs : il faut connaître l'état exact des choses et l'emploi des fonds. Lorsque le conseil aura recueilli des renseignements complets, il rédigera des instructions pour le grand juge, la police et les cultes. Il faut que les choses soient établies de manière qu'en évitant toute cause d'alarme on soit certain des résultats.

3° Qu'est ce que les Pères de la Foi? Sa Majesté les a supprimés à Amiens; ils ont été défendus dans le diocèse de Lyon, et cependant ils existent; il y en a à Clermont qui rivalisent avec l'instruction publique, discréditent les lycées et s'emparent de l'esprit de la jeunesse. On assure qu'ils entretiennent des rapports avec Rome, et qu'ils ont un chef secret. Cela est-il en effet? où sont-ils établis? combien sont-ils? qu'est-ce qui distingue un Père de la Foi d'un Père de la compagnie de Jésus? à quoi les reconnaît-on? combien y a-t-il de colléges entre leurs mains? Enfin, quels moyens faut-il prendre pour empêcher les associations qui entretiennent, en France, des pratiques et des correspondances étrangères?

4° Qu'est-ce que les Sulpiciens? Les uns assurent que ce sont des Jésuites, les autres des Molinistes. Combien sont-ils? quelle est leur doctrine? Ont-ils des correspondances avec les cours étrangères? Enfin, que convient-il de faire pour s'assurer que, dans les séminaires, et que partout où l'on donne des leçons de théologie, on prêche les quatre propositions de Bossuet?

Le conseil fera un travail sérieux sur ces divers objets; il présentera tous les documents propres à les faire parfaitement connaître, et proposera tous les règlements qu'il convient d'adopter.

Il se réunira à l'hôtel du grand juge, qui indiquera les jours et les heures des séances.

D'après la minute. Archives de l'Empire.

13273. — A EUGÈNE NAPOLÉON,
VICE-ROI D'ITALIE.

Fontainebleau, 19 octobre 1807.

Mon Fils, le 2ᵉ corps de la Grande Armée, stationné dans le Frioul, doit être complété, chaque compagnie à un effectif de 140 hommes, ou à 1,260 hommes par bataillon. Le 13ᵉ de ligne a un effectif de 1,700 hommes; il lui manque donc 700 hommes. Le 35ᵉ a un effectif de 2,500 hommes; il lui manque donc 1,100 hommes. Le 53ᵉ a un effectif de 2,100 hommes; il lui manque donc 300 hommes. Le 106ᵉ est au complet. La plupart des 3ᵉˢ bataillons de ces régiments peuvent offrir de quoi les compléter, de sorte que l'effectif de la division Seras, qui n'est que de 9,700 hommes, serait de 11,800 hommes. La division Broussier, qui est de 7,500 hommes, doit être de 10,800; les dépôts de ces régiments peuvent offrir à peu près ce complet.

Le général Lemarois doit être arrivé à Ancône; il prendra le commandement de la division Duhesme; vous donnerez à ce général un congé pour se rendre en France, comme il l'a demandé. Le quartier général du général Lemarois sera à Ancône; il fera occuper les provinces de Macerata, Fermo et le duché d'Urbin, dont il a le gouvernement. Vous lui donnerez l'ordre de diriger des colonnes mobiles sur les frontières du royaume de Naples, afin d'arrêter les brigands qui se réfugient dans les états du Pape. Il a deux régiments de grenadiers qui forment une force de près de 3,000 hommes. Avec ces troupes il doit être à même de purger de brigands la frontière des états du Pape. Aussitôt qu'un de ces brigands sera pris, il nommera une commission militaire et le fera juger et fusiller.

Vous donnerez l'ordre que tous les détachements de la division Miollis, qui appartiennent à ceux de mes régiments qui sont à Naples, soient de suite dirigés sur Naples, excepté toutefois les grenadiers et voltigeurs des 3es et 4es bataillons, qui resteront en Italie. Tous les autres détachements qui doivent être envoyés à Naples, le général Miollis les réunira en colonnes qui seront fortes chacune d'environ 1,000 hommes; à Naples, les détachements composant ces colonnes seront incorporés, et les officiers et sous-officiers rentreront dans les cadres des 3es et 4es bataillons. Je vois dans l'état de situation de cette division 500 hommes du 20e de ligne, 500 hommes du 62e; je suppose que ce sont des basses compagnies. Cela réduira un peu la division Miollis; mais il y a d'autant moins d'inconvénient que cela fera taire les criailleries de la reine d'Étrurie.

NAPOLÉON.

Ci-joint le décret que j'ai pris pour l'armée de Naples.

D'après la copie comm. par S. A. I. Mme la duchesse de Leuchtenberg.

13274. — A M. DE CHAMPAGNY,
MINISTRE DES RELATIONS EXTÉRIEURES.

Fontainebleau, 20 octobre 1807.

Monsieur de Champagny, je vous renvoie dans le portefeuille la lettre du prince régent. J'y reconnais l'esprit vague et insensé de M. d'Aranjo. Toutefois, mon intention est que vous fassiez, le 22, la notification à la légation de Portugal que la guerre est déclarée, et qu'ils aient à quitter Paris sous vingt-quatre heures et mes états sous quinze jours.

Mon intention est en même temps que vous écriviez au ministre de la marine de donner l'ordre à tous mes bâtiments de guerre et corsaires de courir sur le pavillon portugais.

NAPOLÉON.

D'après l'expédition originale. Archives des affaires étrangères.

13275. — A M. DE CHAMPAGNY,
MINISTRE DES RELATIONS EXTÉRIEURES.

Fontainebleau, 20 octobre 1807.

Monsieur de Champagny, le dernier almanach de Gotha est mal fait. D'abord il y est question du comte de Lille, et puis de tous les princes de la Confédération comme s'il ne s'était fait aucun changement dans la constitution de l'Allemagne; les noms de la famille de France y sont en termes inconvenants. Faites venir le ministre de Gotha et faites-lui comprendre qu'il faut qu'au prochain almanach tout cela soit changé. Il doit être fait mention de la Maison de France comme dans l'almanach impérial; il ne doit plus y être question du comte de Lille ni d'aucun prince d'Allemagne autres que ceux qui sont conservés par les statuts de la Confédération du Rhin. Vous demanderez que cet article vous soit communiqué avant d'être imprimé. S'il est d'autres almanachs qui s'impriment chez mes alliés où il soit question des Bourbons et de la Maison de France en termes inconvenants, écrivez à mes ministres pour qu'ils fassent connaître que vous vous en apercevez, et pour que cela soit changé l'année prochaine.

NAPOLÉON.

D'après la copie. Archives des affaires étrangères.

13276. — A FRÉDÉRIC, ROI DE WURTEMBERG.

Fontainebleau, 20 octobre 1807.

Monsieur mon Frère, j'ai reçu la lettre de Votre Majesté, du 7 octobre. Ma qualité de Protecteur des princes de la Confédération du Rhin me met dans la situation d'accroître leur territoire et non de le diminuer. Dans tous les cas, ce ne serait qu'après des négociations préalables et de l'agrément de Votre Majesté qu'on disposerait d'une partie quelconque de son territoire, même du moindre village.

NAPOLÉON.

D'après la copie comm. par S. M. le roi de Wurtemberg.

13277. — A M. RÉGNIER,
GRAND JUGE, MINISTRE DE LA JUSTICE.

Fontainebleau, 21 octobre 1807.

Les notaires sont institués à vie par la loi. Je désire qu'ils soient compris dans l'examen des juges qui va avoir lieu en exécution du sénatus-consulte. La commission du Sénat ne fera aucune difficulté à cet égard : ils tiennent aux greffes des tribunaux et ne sont point étrangers à l'ordre judiciaire. Il y en a trois ou quatre à Paris qui doivent être compris dans la réforme. Je veux de l'ordre, et je ne veux pas que de malhonnêtes gens soient autorisés à surprendre la confiance du public. L'intervention de mon autorité est nécessaire après tant de désordres.

Faites une enquête sur le sieur . . . . et sur trois ou quatre autres qui sont les notaires de toutes les mauvaises affaires. Je vous prie de conférer sur ces individus avec le premier syndic.

D'après la minute. Archives de l'Empire.

13278. — AU GÉNÉRAL CLARKE,
MINISTRE DE LA GUERRE.

Fontainebleau, 21 octobre 1807.

La récapitulation, que l'on m'a remise, des troupes au 1ᵉʳ octobre me paraît inexacte. On porte à la Grande Armée 319,000 hommes présents sous les armes et 73,000 aux hôpitaux : il est constant qu'il n'y a pas plus de 23,000 hommes aux hôpitaux. On porte 7,000 prisonniers de guerre : il est constant qu'il n'y a jamais eu ce nombre de prisonniers de guerre. Aussi arrive-t-on ainsi à un effectif de 432,000 hommes. qui est un total fort exagéré. Dans la prochaine récapitulation que vous me présenterez, je désire que vous distinguiez, soit à la Grande Armée, soit à l'armée de Naples, soit à l'armée d'Italie, les troupes françaises des troupes étrangères.

D'après la minute. Archives de l'Empire.

13279. — A M. FOUCHÉ,
MINISTRE DE LA POLICE GÉNÉRALE.

Fontainebleau, 21 octobre 1807.

Monsieur Fouché, le décret qui reçoit les comptes des journaux de l'an XIV et 1806 vous a été adressé le 12 août dernier. Je vois dans ces comptes plusieurs dépenses qui sont irrégulières, telles qu'une somme de 5,400 francs pour indemnité à de petits théâtres, et 296 francs pour gratification à un auteur : ce n'est pas que ces dépenses ne puissent être nécessaires, mais le premier principe de l'administration est que toute dépense doit être faite par mon ordre. Travaillant avec moi toutes les semaines, il n'y a point de raison que vous vous éloigniez de ces règles fondamentales de l'État. Dans le budget de 1807, que j'ai réglé, j'ai porté 1,500,000 francs pour la caisse des théâtres; vous ne lui avez fait payer que 100,000 francs par mois. J'y ai porté 200,000 francs pour l'arriéré des théâtres de 1806. J'autorise la caisse d'amortissement à vous avancer cette somme, parce que l'Opéra a des besoins; mais il faut que vous la remplaciez le plus promptement possible à la caisse d'amortissement.

D'après la minute. Archives de l'Empire.

13280. — A M. LACÉPÈDE,
GRAND CHANCELIER DE LA LÉGION D'HONNEUR.

Fontainebleau, 21 octobre 1807.

Envoyez au soldat de la garde russe, auquel j'ai accordé la décoration, le brevet. Vous le traiterez comme étranger : l'aigle d'or. Faites-lui toucher sa pension, en ladite qualité, du jour où je lui ai donné l'aigle à Tilsit.

D'après la minute. Archives de l'Empire.

13281. — A EUGÈNE NAPOLÉON,
VICE-ROI D'ITALIE.

Fontainebleau, 21 octobre 1807.

Mon Fils, je vous envoie un décret que vous recevrez par le ministre de la guerre; faites-le mettre à exécution. Je pense que le général Lemarois a au moins 3,000 hommes sous ses ordres. Donnez-lui pour instructions de réunir les troupes du Pape pour donner la chasse aux brigands; il ne fera ni proclamations ni écritures, mais il fera arrêter tout gouverneur ou autre agent qui s'élèverait contre son autorité.

D'après la copie comm. par S. A. I. Mme la duchesse de Leuchtenberg.

13282. — A JOSEPH NAPOLÉON, ROI DE NAPLES.

Fontainebleau, 21 octobre 1807.

Mon Frère, je vois, par votre lettre du 3 octobre, que votre royaume vous rend, un mois dans l'autre, 900,000 ducats, qui, à 4 livres 18 sous, font 4,410,000 francs par mois, c'est-à-dire près de cinquante-deux millions par an. Cela est bien peu de chose. Mon royaume d'Italie me rend cent vingt-deux millions. Je désirerais avoir une statistique de votre royaume qui me le fît bien connaître en étendue, en population et impositions. Il me semble que votre royaume devrait rendre au moins cent millions.

NAPOLÉON.

D'après l'expédition originale comm. par les héritiers du roi Joseph.

13283. — A JOSEPH NAPOLÉON, ROI DE NAPLES.

Fontainebleau, 21 octobre 1807.

Mon Frère, par votre lettre il paraît que vous employez trente-six millions pour les frais de l'armée française. Cela est beaucoup trop considérable. Vous avez deux régiments de dragons qui sont incomplets; s'ils étaient à 900 hommes chacun et à 600 chevaux, ils ne vous coûteraient que 700,000 francs par régiment, ou 1,400,000 francs pour les deux.

Vous avez trois régiments de chasseurs incomplets; si ces trois régiments étaient chacun à un effectif de 800 hommes et de 600 chevaux, ils ne vous coûteraient que deux millions. Ainsi la cavalerie, en la supposant forte de plus de 4,000 hommes et de plus de 3,000 chevaux, ne vous coûterait que 3,500,000 francs. Comme vous savez, il y a une grande différence entre ce que vous avez et ce que je porte ici en supposant le complet; cela devrait donc vous coûter beaucoup moins.

Dix régiments d'infanterie, chacun de deux bataillons, chaque bataillon à 1,000 hommes, ou 20,000 hommes, ne devraient vous coûter que dix millions; vous savez que vous avez beaucoup moins que ce nombre.

Un bataillon du train ne devrait vous coûter que 400,000 francs. Un bataillon d'artillerie ne devrait vous coûter que 700,000 francs. Ainsi votre armée ne devrait pas coûter quinze millions; encore de ces quinze millions faut-il ôter la différence de votre situation actuelle au complet que j'ai supposé. Il est vrai qu'il faut y ajouter quelques dépenses de généraux, quelques dépenses de réparations d'artillerie, quelques dépenses de casernes; mais enfin, en mettant pour tout cela une somme de cinq millions, avec une somme de vingt millions vous avez bien plus qu'il ne vous faut pour faire face à toutes vos dépenses.

Je vous prie de faire raisonner cela et de faire faire votre budget en double, par corps et ensuite par masse.

Quant à la solde, cette dépense doit être fort au-dessous des six millions que je vous envoie. J'ai encore diminué vos dépenses en ordonnant que les officiers de vos 3es et 4es escadrons rentrent en Italie, en ordonnant que vous renvoyiez aussi les cadres des 3es et 4es bataillons, en maintenant vos bataillons à un effectif de 140 hommes par compagnie, enfin en vous ôtant les pontonniers, les bataillons du train d'artillerie et l'artillerie à cheval; il vaut mieux remplacer toutes ces troupes par de l'infanterie.

En administration politique, les problèmes ne sont jamais simples; jamais la question ne se réduit à savoir si telle mesure est bonne. Par exemple, un régiment d'artillerie à cheval est sans doute un régiment qu'il est agréable d'avoir; mais il faut chercher si c'est bien ce qui convient mieux, et si votre argent ne serait pas mieux employé à solder un régiment de 3,000 hommes, qui ne coûte guère davantage.

Le grand besoin que j'ai d'établir avec soin l'état de mon militaire, afin de ne pas porter le désordre dans toutes mes affaires, exige que je fixe sur un pied définitif mon armée de Naples et que je sache qu'elle est bien entretenue.

Vous jugerez du soin qu'il faut que j'apporte dans ces détails quand vous saurez que j'ai plus de 800,000 hommes sur pied. J'ai une armée encore sur la Passarge, près du Niémen; j'en ai une à Varsovie; j'en ai une en Silésie; j'en ai une à Hambourg; j'en ai une à Berlin; j'en ai une à Boulogne; j'en ai une qui marche sur le Portugal; j'en forme une seconde à Bayonne; j'en ai une en Italie; j'en ai une en Dalmatie, que je renforce en ce moment de 6,000 hommes; j'en ai une à Naples; j'ai des garnisons sur toutes mes frontières de mer. Vous pouvez donc juger, lorsque tout cela va refluer vers l'intérieur de mes états, et que je ne pourrai plus trouver d'allégeance étrangère, combien il sera nécessaire que mes dépenses soient sévèrement calculées.

Vous devez avoir un inspecteur aux revues assez habile pour vous faire l'état de ce que doit vous coûter un régiment selon nos ordonnances.

NAPOLÉON.

D'après l'expédition originale comm. par les héritiers du roi Joseph.

13284. — A M. LACÉPÈDE,
GRAND CHANCELIER DE LA LÉGION D'HONNEUR.

Fontainebleau, 22 octobre 1807.

Ayant autorisé la formation provisoire de la maison d'Écouen jusqu'à concurrence de soixante et quinze et cent demoiselles, mon intention est que vous nommiez le nombre de dames nécessaire pour ce nombre de demoiselles.

Il ne faut point organiser ici une petite pension. Les parents ne doivent pas pouvoir envoyer un sou à leurs demoiselles, et la plus stricte égalité doit régner entre elles. Il faut se borner à leur apprendre à bien écrire d'abord. Il sera déterminé dans le règlement général ce qu'on doit leur montrer du dessin. Ce que je vous recommande principalement, c'est la religion. Le choix d'un directeur est donc un objet d'une grande importance. Il faut que les élèves entendent la messe tous les jours et aillent faire la prière en commun avant de se coucher.

Jusqu'à ce qu'il soit décidé si l'on doit enseigner deux cultes, il faut n'accepter que le culte catholique; on peut retarder l'admission des autres.

Cette maison sera dans la dépendance du grand aumônier. Vous vous entendrez avec lui pour qu'il choisisse un homme capable de bien monter cet important service. Il faut que la chapelle soit disposée le plus tôt possible, et qu'il y ait le dimanche grand'messe, catéchisme et un petit sermon à leur portée.

Quant à la littérature, il faut aussi y aller très-doucement, en partant du principe (que vous devez faire entendre à la directrice) que les premières considérations sont les mœurs. Mais, provisoirement, on peut leur montrer la langue française et la partie de la rhétorique qui n'éveille point l'imagination des jeunes personnes.

D'après la minute. Archives de l'Empire.

13285. — AU MARÉCHAL DAVOUT,
CHARGÉ DU 1ᵉʳ COMMANDEMENT DE LA GRANDE ARMÉE, À VARSOVIE.

Fontainebleau, 22 octobre 1807.

Mon Cousin, je reçois vos lettres du 5 octobre. Le mémoire que vous m'envoyez sur l'esprit de la Pologne est sans doute de Zajonchek ou de quelqu'un de son parti: c'est ce qu'on n'a cessé de me répéter quand j'étais en Pologne. c'est ce que les hommes chauds disent dans tous les pays. Si vous ôtez de la Pologne les principales familles qu'on appelle oligarques, le parti qui s'est attaché aux Russes après les événements passés, il est clair qu'il ne restera plus personne. Mais tout cela ne marche pas ainsi. J'ai vu tous ces Polonais des grandes familles, que l'on veut calomnier, être justement ceux qui se sont prononcés davantage, et il n'est pas rare de les retrouver dans les troupes polonaises. Kollontay, au lieu de venir joindre à Varsovie, est resté en Russie et s'est fait mettre en prison. Il ne peut donc plus être question de lui. Les circonstances ont été dures. Je n'ai pas eu à me plaindre de la commission de Varsovie : elle a fait ce qu'elle a pu. Je n'ai point eu à me plaindre du prince Poniatowski, du comte Stanislas Potocki; ils ont fait ce qu'ils ont pu. Mon intention est donc que vous ne prêtiez point l'oreille à ces insinuations de partis et que vous vous mettiez bien avec le gouvernement de la Saxe : laissez-le faire. Il est naturel que ces hommes désirent ne plus avoir de troupes françaises chez eux. Je désire plus qu'eux les retirer, et, du moment que les affaires de Prusse seront finies et que les choses auront pris un pli, je les retirerai. C'est ainsi que vous devez vous en expliquer. Le roi de Saxe est un homme de sens; faites tout ce qui est possible pour lui être agréable.

NAPOLÉON.

D'après l'original comm. par Mme la maréchale princesse d'Eckmühl.

13286. — A EUGÈNE NAPOLÉON,
VICE-ROI D'ITALIE.

Fontainebleau, 22 octobre 1807.

Mon Fils, le décret que je vous ai envoyé vous fera connaître ce que fera le général Lemarois; si effectivement la cour de Rome veut s'arranger, il la ménagera; vous verrez qu'il n'y est question en rien de l'administration du pays; si la cour de Rome ne veut pas s'arranger, je m'emparerai pour toujours de ces provinces.

NAPOLÉON.

D'après la copie comm. par S. A. I. Mme la duchesse de Leuchtenberg.

13287. — PROJET DE CONVENTION.

Fontainebleau, 23 octobre 1807.

ARTICLE 1er. Le Portugal sera divisé en trois parties :

La partie septentrionale, comprenant le port de Porto et une population de 800,000 âmes, sera donnée au roi d'Étrurie, qui en jouira sous le titre de roi de la Lusitanie septentrionale.

La partie méridionale, comprenant l'Algarve et l'Alentejo, de manière à former une population de 400,000 âmes, sera donnée au prince de la Paix, pour en jouir à titre de souveraineté.

La troisième partie, formant la partie intermédiaire, dont la population sera de deux millions d'âmes et qui comprendra la ville de Lisbonne, sera gardée en réserve, soit pour être rendue, à la paix, en compensation des colonies enlevées par les Anglais et spécialement des colonies espagnoles, soit pour toute autre disposition qui aura été concertée entre les deux puissances.

Art. 2. Cette division en trois parties sera faite par des plénipotentiaires respectivement nommés par la France et l'Espagne.

Art. 3. Moyennant ces arrangements, le royaume d'Étrurie sera cédé à S. M. l'Empereur et Roi, pour en jouir en toute souveraineté et propriété.

Art. 4. Il sera fait une nouvelle délimitation des frontières de la France et de l'Espagne, de manière que la ville de Fontarabie et le port du Passage appartiennent à la France au moyen d'une frontière nouvelle qui, quittant l'ancienne derrière la montagne de Larhune, passerait par la gorge d'Olette, comprendrait les Palomières et Vera, Echalar, traverserait la Bidassoa et se dirigerait ensuite par Lesaca, le revers de la montagne d'Aya, Oyarzun, Renteria, Lezo, arriverait jusqu'à la mer, entre Saint-Sébastien et le port du Passage.

Art. 5. Les hautes parties contractantes s'arrangeront à l'amiable pour un partage à faire des colonies dans les deux Indes.

Art. 6. S. M. le roi d'Espagne exercera un droit de suprématie et de suzeraineté sur tous les états provenant du démembrement du royaume de Portugal.

Art. 7. S. M. l'Empereur et Roi s'engage à reconnaître comme empereur des Amériques et roi d'Espagne S. M. le roi d'Espagne, dans le moment opportun, et lorsqu'il sera certain de le faire reconnaître sous ce titre par les autres puissances.

D'après la minute. Archives de l'Empire.

13288. — A M. DE CHAMPAGNY,
MINISTRE DES RELATIONS EXTÉRIEURES.

Fontainebleau, 23 octobre 1807.

Monsieur de Champagny, je vous renvoie la lettre de Perse. Il faut me présenter une réponse dans laquelle je dirai que j'ai fait ma paix avec la Russie; que, si on le désire, j'interviendrai pour faire celle de la Perse; que l'empereur de Russie m'a assuré, dans les conversations que j'ai eues avec lui, qu'il ne voulait rien de la Perse; que j'ai regretté de n'avoir pas auprès de moi un ambassadeur persan, muni de pleins pouvoirs et des instructions nécessaires pour faire comprendre la Perse dans la paix.

Vous écrirez au général Sebastiani, et vous me présenterez un projet de réponse au sultan Mustafa, pour lui dire que, mon ambassadeur ayant été quinze jours sans avoir de ses nouvelles et sans recevoir de notification de son avénement au trône, et les 500 canonniers que j'envoyais à Contantinople ayant été renvoyés de la Bosnie où ils étaient arrivés, j'avais eu lieu de penser qu'il n'appréciait pas tout le prix de mon amitié pour son empire; que cependant je ne l'en ai pas moins fait comprendre dans la paix de Tilsit; que je l'ai fait par suite de l'amitié que m'avait inspirée le sultan Selim; qu'aujourd'hui que je suis assuré, et que les dépêches de mon ambassadeur en font foi, qu'il hérite de l'amitié de l'empereur Selim pour moi, il me trouvera toujours disposé à soutenir les intérêts de son pays; que j'attends le ministre qu'il m'annonce avec les pouvoirs et instructions nécessaires.

Je vous renvoie votre portefeuille. Faites-moi connaître de quelle nature sont les demandes du grand-duc de Würzburg.

NAPOLÉON.

D'après l'expédition originale. Archives des affaires étrangères.

13289. — AU GÉNÉRAL CLARKE,
MINISTRE DE LA GUERRE.

Fontainebleau, 23 octobre 1807.

Du moment que l'ennemi aura pris les deux ouvrages connus, l'un sous le nom de *Tête de pont*, l'autre de *Citadelle*, Magdeburg devient d'une faible résistance, puisqu'il n'y a point de ligne magistrale autour de la gorge. D'ailleurs, ces deux points pris, une des grandes propriétés de Magdeburg est détruite, puisqu'elle n'aurait plus de passage sur la rive droite.

Deux objets donc sont à déterminer : 1° le tracé d'une ligne magistrale autour de la gorge, en profitant de ce qui existe, de manière que la dépense soit moins considérable; 2° la défense des deux ouvrages de la rive droite. Tous les ouvrages qu'on y ajoutera n'augmenteront que de plus ou de moins la résistance de la tête de pont, qui réellement représentera une petite place sans commandement.

Il faut donc tirer des ressources des inondations. Ce terrain est marécageux; tous les ouvrages que l'on fera seront chers, auront peu de résultat : l'inondation seule en fera une place forte. Quel est le moyen d'inonder les îles et le terrain autour de la tête de pont? Un pont éclusé au petit bras de l'Elbe entre la tête de pont et l'île suffit-il? Dans ce cas-là, que coûterait-il? Faut-il y joindre encore un deuxième pont éclusé au bras qui passe près la citadelle? Faut-il enfin écluser le grand bras de la place? On sent que cela serait dispendieux. La question est toute là.

Quant aux magasins, il ne faut jamais penser à en construire dans les îles, encore moins sur la rive droite. Il y a des églises, des maisons, enfin un emplacement quelconque, qu'il faut abattre.

D'après la minute. Archives de l'Empire.

13290. — AU GÉNÉRAL CLARKE,
MINISTRE DE LA GUERRE.

Fontainebleau, 23 octobre 1807.

J'ai un traité avec le grand-duc de Bade qui me cède Kehl et les environs. Tout ce qu'il me cède m'appartient. Vous devez demander au ministre des relations extérieures la communication du traité.

D'après la minute. Archives de l'Empire.

13291. — AU VICE-AMIRAL DECRÈS,
MINISTRE DE LA MARINE.

Fontainebleau, 23 octobre 1807.

Monsieur Decrès, il y a à Anvers trois cales vacantes depuis longtemps : faites mettre sur-le-champ trois vaisseaux sur le chantier. Il n'y a à Lorient que quatre vaisseaux en construction; faites-en mettre deux autres de 80. Faites-moi connaître quand *la Pallas* et *l'Elbe* seront mises à l'eau à Nantes; quand *l'Amazone* et *l'Élisa* seront mises à l'eau au Havre; quand *la Vistule* et *l'Oder* seront mises à l'eau à Dunkerque; quand *la Bellone* sera mise à l'eau à Saint-Malo; quand *la Clorinde* sera mise à l'eau à Paimbœuf; enfin quand le vaisseau de 80, *la Ville-de-Varsovie*, sera mis à l'eau à Rochefort.

Il faudrait mettre à Rochefort deux autres vaisseaux en construction. Pressez un peu plus vivement les constructions de Toulon. Faites mettre à l'eau *le Breslau*, à Gênes.

En général, les constructions marchent bien doucement.

NAPOLÉON.

D'après l'expédition originale. Archives de l'Empire.

13292. — AU VICE-AMIRAL DECRÈS,
MINISTRE DE LA MARINE.

Fontainebleau, 23 octobre 1807.

Ce que vous m'avez envoyé sur le port d'Ancône n'est pas satisfaisant. Trois vaisseaux français y ont été; *le Généreux* y a été à l'abri des ennemis; par conséquent, deux ou trois vaisseaux poursuivis pourraient encore y trouver un refuge. Je désire que vous me remettiez sur ce port un mémoire plus détaillé, qui me fasse connaître ce que coûterait le dévasement, et ce qu'il y aurait à faire pour que les vaisseaux de 74 et de 80 pussent y entrer et s'y trouver en sûreté contre un ennemi supérieur.

D'après la minute. Archives de l'Empire.

13293. — AU MARÉCHAL DAVOUT,
CHARGÉ DU 1ᵉʳ COMMANDEMENT DE LA GRANDE ARMÉE, À VARSOVIE.

Fontainebleau, 23 octobre 1807.

Mon Cousin, j'apprends que vos soldats manquent de viande, fatiguent le pays et le ruinent. Ne craignez rien des Autrichiens ni des Russes et dormez tranquille. Vous ne serez pas attaqué que je ne vous en aie prévenu un mois d'avance. Placez donc une de vos divisions le long des confins de la Silésie, du côté de Kalisz, de manière qu'il n'y ait qu'un régiment au plus dans une même ville. Cette division devra occuper la nouvelle Silésie, qui faisait partie de la Pologne. Une autre division peut être répandue le long de la Vistule, depuis Plock jusqu'à Rawa, ayant son quartier général à Varsovie et occupant les petites villes de Lowicz. etc. Cette division sera également bien. Que votre troisième division ait son quartier général à Thorn et occupe Bromberg jusqu'à Posen ; elle sera encore parfaitement. Ainsi disséminées, vos troupes ne fatigueront pas les habitants, trouveront des ressources de tout genre et vivront plus facilement.

Faites mettre dans les journaux de Varsovie que la meilleure intelligence règne entre l'Autriche et moi ; et cela, faites-le mettre de toutes les manières, tantôt prenant pour texte le séjour du grand-duc de Würzburg à Fontainebleau, tantôt la prochaine remise de Braunau, tantôt en parlant de l'ambassade de Vienne ; la meilleure intelligence règne également entre les Russes et moi ; mais dans les circonstances où nous sommes. et dans le pays où vous êtes, où l'on désire la guerre, il faut porter une grande attention à redresser constamment les esprits.

NAPOLÉON.

D'après l'original comm. par Mᵐᵉ la maréchale princesse d'Eckmuhl.

13294. — A EUGÈNE NAPOLÉON,
VICE-ROI D'ITALIE.

Fontainebleau, 23 octobre 1807.

Mon Fils, mes états de situation de l'armée de Dalmatie sont trèsarriérés. Écrivez au général Marmont que je témoigne mon mécontentement sur ce manque d'exactitude, et qu'il faut qu'il vous expédie ses états de situation tous les cinq jours.

NAPOLÉON.

D'après la copie comm. par S. A. I. Mme la duchesse de Leuchtenberg.

13295. — AU PRINCE DE BÉNÉVENT,
VICE-GRAND ÉLECTEUR.

Fontainebleau, 25 octobre 1807.

Mon Cousin, nous vous avons chargé, par décret de ce jour, de remplir, par intérim et en l'absence du prince Eugène, vice-roi d'Italie, les fonctions attribuées à la dignité d'archichancelier d'état. Ces fonctions n'ayant point encore été exercées, notre intention est que vous vous occupiez de cet objet dans tous ses détails, et que vous nous présentiez un projet de règlement qui spécifie plus particulièrement les attributions de l'archichancelier d'état, qui détermine ses rapports avec le ministère des relations extérieures, et qui en règle l'usage de manière à ne point gêner la marche de ce département.

D'après la minute. Archives de l'Empire.

13296. — AU GÉNÉRAL DEJEAN,
MINISTRE DIRECTEUR DE L'ADMINISTRATION DE LA GUERRE.

Fontainebleau, 25 octobre 1807.

Monsieur Dejean, je ne crois pas à l'exactitude de l'état que vous m'avez remis sur la remonte; je crois qu'il y a plus de chevaux qu'il n'en porte à la Grande Armée, et que les chevaux des dépôts de Potsdam et de Silésie et ceux dépêchés dans les différents gouvernements n'y sont pas compris. Ce doit être un objet de 2,000 chevaux. Prenez des renseignements pour former le plus exactement possible cet état; mais, en attendant, voici quelles sont mes intentions.

Je veux que les régiments qui ont des détachements en France, autres que ceux attachés à l'armée de la Gironde, puissent m'offrir à la fin de novembre une compagnie de 140 chevaux chacun, prêts à partir. Dans la formation de cette compagnie ne seront point compris les détachements que je viens de demander à des régiments pour former les quatre brigades de cavalerie provisoires de la réserve.

Le ministre de la guerre a dû vous envoyer l'état de la composition de ce dernier corps. Écrivez aux majors et commandants des dépôts, et remettez-moi un état de la force des dépôts, en hommes, des régiments de cavalerie dont les dépôts sont en France, au 1er octobre.

Dans une colonne, vis-à-vis des régiments qui doivent concourir à la formation des brigades provisoires de cavalerie, vous ferez mettre le nombre d'hommes à fournir par ces régiments, et, dans une autre colonne, le nombre d'hommes à fournir en conséquence de cet ordre, c'est-à-dire à raison de 140 hommes par compagnie. La comparaison de ces deux sommes fera connaître s'il y a plus d'hommes qu'il n'en faut, ou s'il faut en envoyer.

A côté, vous ferez faire le même état pour les chevaux, qui me fasse connaître ce que coûtent ces nouvelles remontes à chaque corps, ce qui reste en caisse, ce qui reste à donner, et la situation de votre crédit. Faites faire le même état pour les selles. Mais je suppose que vous devez avoir assez d'effets d'équipement.

NAPOLÉON.

D'après l'expédition originale. Dépôt de la guerre.

13297. — A LOUIS NAPOLÉON, ROI DE HOLLANDE.

Fontainebleau, 25 octobre 1807.

Je vous ai mandé déjà que je ne voulais pas que vous licenciiez vos troupes. Envoyez-moi votre état de situation. Si c'est impossible que vous nourrissiez ces troupes, j'en ferai plutôt passer une partie à mes frais en Italie.

D'après la minute. Archives de l'Empire.

13298. — A LOUIS NAPOLÉON, ROI DE HOLLANDE.

Fontainebleau, 25 octobre 1807.

Je reçois votre lettre du 21. Ma santé est bonne. Je n'ai été qu'un instant légèrement enrhumé. Je ne vois pas comment vous avez jamais eu 50,000 hommes. Je désirerais fort avoir cet état de situation. Le moment actuel n'est pas celui de la réforme; les affaires ne sont pas assez décidées pour cela. Au premier bruit qui m'en est parvenu, je vous en ai écrit. C'est la troisième lettre que je vous écris sur cet objet.

Quant aux troupes de Flessingue, c'est une affaire peu importante. Je suis seulement fâché que vos ministres aient mis tant d'impétuosité à déclarer qu'on ne pouvait les nourrir. Voici mes principes : si le traité entre la France et la Hollande me cède entièrement Flessingue, les troupes doivent être à ma charge; mais, si les choses restent dans la situation actuelle, elles doivent être à la charge de la Hollande. Partez bien du principe que les troupes que j'enverrai pour défendre la Hollande doivent être entretenues par la Hollande.

La partie de vos troupes qui est à Hambourg y est nécessaire.

Vous avez assez dans l'intérieur pour garder le Texel, car, si vous avez réellement 50,000 hommes, n'en ayant que 12,000 à Hambourg, il doit vous en rester plus de 30,000 en Hollande. Je vous répète, pour la centième fois : *chi va piano va sano, e chi va sano va lontano*. Il faut, entre méditer une chose et l'exécuter, mettre un intervalle de trois ans, et vous ne mettez pas trois heures. Sans doute votre Garde est trop nombreuse : mais, puisqu'elle était formée, il fallait la garder. Depuis un an, je vous répète la même chose : mais, comme vous avez formé votre Garde précipitamment, vous la défaites plus précipitamment.

D'après la minute. Archives de l'Empire.

13299. — DÉCISION.

Fontainebleau, 26 octobre 1807.

M. Cretet, ministre de l'intérieur, demande, au nom de plusieurs conseils municipaux, la permission d'envoyer des députations à l'Empereur.

Accordé, si ces députations ne coûtent rien aux villes.

NAPOLÉON.

D'après la copie. Archives de l'Empire.

13300. — CONVENTION SECRÈTE

ENTRE S. M. CATHOLIQUE ET S. M. L'EMPEREUR DES FRANÇAIS, POUR LE RÈGLEMENT DES AFFAIRES DU PORTUGAL.

Fontainebleau, 27 octobre 1807.

Nous Napoléon, par la grâce de Dieu et les Constitutions, Empereur des Français, Roi d'Italie et Protecteur de la Confédération du Rhin, ayant vu et examiné le traité fait et signé à Fontainebleau par le général de division, grand maréchal de notre palais, grand-cordon de la Légion d'honneur, etc. Michel Duroc, revêtu, pour cet objet, de nos pleins pouvoirs, avec Don Eugenio Izquierdo de Ribera y Lezaun, conseiller d'état et de guerre de S. M. le Roi d'Espagne, également revêtu des pleins pouvoirs de son souverain, et dont la teneur suit :

S. M. l'Empereur des Français, Roi d'Italie et Protecteur de la Confédération du Rhin, et S. M. Catholique le Roi d'Espagne, désirant, en commun accord, régler les intérêts des deux pays, et fixer le sort futur du Portugal par une saine politique et convenablement à l'intérêt des deux pays, ont nommé comme plénipotentiaires, savoir : S. M. l'Empereur des Français, Roi d'Italie, etc. le général de division Michel Duroc, grand maréchal du palais, etc. et S. M. Catholique le Roi d'Espagne Don Eugenio Izquierdo de Ribera y Lezaun, son conseiller d'état et de guerre, qui, après avoir échangé leurs pleins pouvoirs, sont convenus des articles suivants :

Article 1er. La province d'Entre Minho y Douro sera cédée à S. M. le roi d'Étrurie, en pleine propriété et souveraineté, avec le titre de roi de la Lusitanie septentrionale.

Art. 2. La province d'Alentejo et le royaume d'Algarve seront cédés en pleine propriété et souveraineté au prince de la Paix, pour les posséder sous le titre de prince d'Algarve.

Art. 3. Il ne sera disposé des provinces de Beira, Tras los Montes et Estramadure portugaise qu'à la paix générale, et alors d'après les circonstances et selon ce qui en aura été convenu par les deux parties contractantes.

Art. 4. Les descendants de S. M. le roi d'Étrurie posséderont le royaume de Lusitanie septentrionale comme héritage et d'après les lois de succession adoptées dans la famille qui occupe le trône d'Espagne.

Art. 5. Les descendants du prince de la Paix posséderont la principauté d'Algarve comme héritage et d'après les lois de succession adoptées dans la famille qui occupe le trône d'Espagne.

Art. 6. Dans le cas qu'il n'y aurait pas de descendants ou héritiers légitimes du roi d'Étrurie ou du prince d'Algarve, alors le Roi d'Espagne disposera de ces pays, à l'investiture, de manière cependant à ce qu'ils ne soient jamais gouvernés par un seul prince et qu'ils ne puissent être réunis avec la couronne d'Espagne.

Art. 7. Le royaume de la Lusitanie septentrionale et la principauté d'Algarve reconnaîtront comme protecteur S. M. le Roi d'Espagne, et dans aucun cas leurs souverains ne peuvent faire la guerre ou la paix sans son consentement.

Art. 8. Dans le cas que les provinces séquestrées de Beira, Tras los Montes, l'Estramadure portugaise seraient données, à la paix générale, à la Maison de Bragance, en échange contre Gibraltar, Trinidad ou autres colonies prises par les Anglais aux Espagnols et leurs alliés, alors le nouveau souverain de ces provinces aura les mêmes obligations envers S. M. le Roi d'Espagne que le roi de la Lusitanie septentrionale et le prince d'Algarve.

Art. 9. S. M. le roi d'Étrurie cède le royaume d'Étrurie en pleine souveraineté à l'Empereur des Français et Roi d'Italie.

Art. 10. Aussitôt qu'on aura définitivement pris possession des provinces du Portugal, les princes qui doivent en avoir la jouissance nommeront chacun des commissaires pour régler leurs bornes naturelles.

Art. 11. S. M. l'Empereur des Français et Roi d'Italie garantit à S. M. le Roi d'Espagne la possession de ses états situés au midi des Pyrénées sur le continent de l'Europe.

Art. 12. S. M. l'Empereur des Français et Roi d'Italie s'engage à reconnaître S. M. Catholique comme Empereur des Deux Amériques.

quand tout aura réussi et que Sa Majesté prendra ce titre. Cela peut avoir lieu à la paix générale ou au plus tard dans trois ans.

Art. 13. Les deux parties contractantes s'arrangeront sur le partage égal des îles, colonies ou autres possessions portugaises au delà de la mer.

Art. 14. Le présent traité sera tenu secret. Il sera ratifié et la ratification échangée à Madrid, au plus tard vingt jours après la signature du présent.

Fait à Fontainebleau, 27 octobre 1807.

Nous avons approuvé et approuvons, par le présent, le traité ci-dessus avec tous les articles y contenus. Nous déclarons l'avoir accepté, ratifié et confirmé, et promettons de le tenir inviolable.

En foi de quoi nous avons délivré le présent, signé par nous et scellé de notre sceau impérial.

A Fontainebleau, 27 octobre 1807.

NAPOLÉON.

D'après la copie. Dépôt de la guerre.

13301. — CONVENTION RELATIVE A L'OCCUPATION DU PORTUGAL.
ANNEXE À LA PIÈCE 13300.

Fontainebleau, 27 octobre 1807.

Article 1er. Un corps de troupes impériales françaises, de 25,000 hommes d'infanterie et de 3,000 hommes de cavalerie, entrera en Espagne et marchera droit sur Lisbonne. Il lui sera joint un corps de 8,000 hommes d'infanterie et de 3,000 hommes de cavalerie de troupes espagnoles, avec 30 pièces d'artillerie.

Art. 2. Pendant le même temps, une division de troupes espagnoles, forte de 10,000 hommes, prendra possession de la province d'Entre Minho y Douro et de la ville de Porto, et une autre division, forte de 6,000 hommes, et aussi composée de troupes espagnoles, prendra possession de la province d'Alentejo et du royaume des Algarves.

Art. 3. Les troupes françaises seront nourries et entretenues par l'Espagne, et leur solde sera payée par la France pendant tout le temps de leur passage en Espagne.

Art. 4. Du moment que les troupes combinées seront entrées en Portugal, les provinces de Beira, Tras los Montes et Estramadure portugaise, qui doivent rester en séquestre, seront administrées et gouvernées par le général commandant les troupes françaises, et les contributions qui seront frappées tomberont au profit de la France. Les provinces qui doivent former le royaume de Lusitanie septentrionale et la principauté des Algarves seront administrées et gouvernées par les généraux commandant les divisions espagnoles qui y entreront, et les contributions qui y seront frappées tomberont au profit de l'Espagne.

Art. 5. Le corps du centre sera sous les ordres du général commandant les troupes françaises, auquel seront soumises les troupes espagnoles qui leur seront jointes; néanmoins, si le roi d'Espagne ou le prince de la Paix jugent à propos de se rendre à ce corps d'armée, le général commandant les troupes françaises et ses troupes seront sous leurs ordres.

Art. 6. Un nouveau corps de 40,000 hommes de troupes françaises sera réuni à Bayonne, au plus tard le 20 novembre prochain, pour être prêt à entrer en Espagne pour se porter en Portugal, dans le cas où les Anglais enverraient des renforts et menaceraient de l'attaquer. Ce nouveau corps n'entrera cependant en Espagne qu'après que les deux hautes puissances contractantes se seront entendues à cet effet.

D'après la copie. Dépôt de la guerre.

13302. — A M. DE CHAMPAGNY,
MINISTRE DES RELATIONS EXTÉRIEURES.

Fontainebleau, 27 octobre 1807.

Monsieur de Champagny, il est convenable d'envoyer un crédit extraordinaire à M. Bourgoing, mon intention étant qu'il tienne à Varsovie un grand état de maison et qu'il invite les Polonais et les personnes de la cour du Roi. Quant à ses instructions, les voici en peu de mots :

1° Tenir un langage pacifique et ôter toute alarme aux Autrichiens, calmer les Polonais des Gallicies en disant que je suis bien avec l'Autriche et la Russie; enfin faire que l'une et l'autre de ces puissances soient contentes de son langage;

2° Intervenir pour que le roi de Saxe n'éprouve aucune espèce de désagrément et soit reçu par les troupes françaises avec le plus grand éclat;

3° Faire connaître en toute occasion au Roi et aux gens du pays que je ne laisse les troupes françaises que pour leur plaire; qu'aussitôt qu'il aura vu le pays et qu'il sera prouvé qu'elles n'y sont plus nécessaires, je les ôterai tout à fait. Tel doit être son langage constant.

Écrivez à M. Daru que j'ai été très-surpris des propositions qui ont été faites par les plénipotentiaires prussiens; que j'entends que les cent premiers millions que me doit le roi de Prusse me soient payés dans l'année; qu'il est bien prouvé qu'il a de l'argent et qu'il peut payer vingt à trente millions tout de suite, et qu'il peut payer le reste avec ses revenus, vu qu'il n'a besoin que de très-peu de troupes.

Je désirerais expédier demain un courrier en Russie. Préparez des dépêches pour le général Savary, dans lesquelles vous lui donnerez toutes les nouvelles de ce qui se passe en Portugal et en Europe.

NAPOLÉON.

D'après l'expédition originale. Archives des affaires étrangères.

13303. — A M. FOUCHÉ,
MINISTRE DE LA POLICE GÉNÉRALE.

Fontainebleau, 27 octobre 1807.

Les billets gratis délivrés dans les quatre grands théâtres sont la principale cause des désordres qui ont souvent lieu au parterre. Mon intention est que l'usage de la distribution de ces billets cesse entièrement au 1er novembre. J'en ai fait avertir les personnes à qui j'ai confié la surveillance et la direction principale de ces théâtres. Je vous charge expressément de tenir la main à ce que l'on se conforme exactement à cette disposition.

Il s'est passé du désordre à Malines; faites-moi connaître ce que c'est.

D'après la minute. Archives de l'Empire.

13304. — A M. DARU,
INTENDANT GÉNÉRAL DE LA GRANDE ARMÉE.

Fontainebleau, 27 octobre 1807.

Monsieur Daru, je vous ai fait connaître, par ma lettre du 29 juillet[1], que mon intention était que les cent cinquante millions de contributions de la Prusse fussent payés de la manière suivante : quinze millions en argent comptant avant d'évacuer et quatre-vingt-dix millions en lettres de change, à raison de six millions par mois à compter du mois de septembre. Les mois de septembre et d'octobre seraient donc échus. Ce serait donc vingt-sept millions à payer tout de suite et soixante et dix-huit millions à payer à raison de six millions par mois.

Tâchez de faire payer huit millions par mois si vous pouvez, la Prusse peut le faire; mais ne consentez à rien moins de six millions. Jusqu'à ce que cela soit ainsi arrangé, je garderai les forteresses. Il faut aussi qu'avant d'évacuer vous stipuliez le passage d'une route militaire de la Poméranie suédoise à Magdeburg et la continuité de celle de Stettin à la Poméranie. Vous stipulerez aussi le passage de Varsovie et de Stettin à Danzig pour la communication de mes troupes.

NAPOLÉON.

D'après la copie comm. par M. le comte Daru.

13305. — A JOSEPH NAPOLÉON, ROI DE NAPLES.

Fontainebleau, 27 octobre 1807.

Mon Frère, je reçois votre lettre du 16 octobre. J'attends avec intérêt le rapport de l'adjoint que vous avez envoyé à Corfou. Le général César Berthier n'écrit pas. Comment se peut-il que l'amiral Siniavine se rende à Messine quand il a les ordres, que j'ai moi-même vus, de se rendre à Cadix ou à Toulon, ou dans un de vos ports?

J'imagine que le général Donzelot, le 14e léger, de la poudre, sont arrivés dans cette colonie. Des expéditions sont parties aussi de Venise et d'Ancône.

[1] Voir pièce n° 12954.

J'ai déclaré la guerre au Portugal; vous devez donc vous emparer de tous les vaisseaux portugais qui seraient dans vos ports ou qui y arriveraient. Une armée de 30,000 hommes, commandée par le général Junot, est déjà sur les frontières de Portugal. J'espère être à Lisbonne dans le mois de novembre. Vos corsaires peuvent aussi courir sur le pavillon portugais. Comment arrive-t-il que vos matelots n'arment pas de corsaires?

Vous pouvez envoyer en Corse, en les faisant embarquer à Civita-Vecchia, 500 galériens. Ils auront là du travail, et vous vous en débarrasserez.

Vous pouvez envoyer en France les régiments napolitains que vous voudrez, mais complets en hommes. J'ai fait venir en France ce que j'ai pu de vos cadres, complétés à 140 hommes par compagnie. J'ai ordonné que le 1er régiment suisse passât à votre service et cessât d'être au mien, et j'ai fait donner l'ordre au second bataillon de ce régiment, qui est à l'île d'Elbe, de joindre sans délai les autres bataillons.

NAPOLÉON.

D'après l'expédition originale comm. par les héritiers du roi Joseph.

13306. — AU GÉNÉRAL CLARKE,
MINISTRE DE LA GUERRE.

Fontainebleau, 28 octobre 1807.

Écrivez au général Junot qu'il m'a paru que son ordre de marche était comme s'il changeait de garnison et non comme il convient à une armée en marche; que de cette manière il n'arrivera jamais; qu'il aurait dû marcher en trois colonnes, par division; il serait arrivé dix jours plus tôt.

D'après la minute. Archives de l'Empire.

13307. — DÉCISION.

Fontainebleau, 29 octobre 1807.

M. Mollien, ministre du trésor public. Renvoyé au grand juge, pour

soumet à l'Empereur un rapport sur un receveur général dont les écritures ont donné lieu, après examen, à plusieurs graves accusations.

faire exécuter les lois de l'état et punir les coupables, s'il y en a.

Renvoyé au ministre des finances, pour être, le présent rapport, communiqué à tous les préfets, afin que cela leur serve d'avertissement, et qu'ils portent le plus grand soin à ces sortes d'affaires de remise et de modération, qui sont l'origine de beaucoup d'abus.

NAPOLÉON.

D'après l'original. Archives des finances.

13308. — AU PRINCE DE NEUCHÂTEL,
MAJOR GÉNÉRAL DE LA GRANDE ARMÉE.

Fontainebleau, 30 octobre 1807.

Mon Cousin, vous m'avez demandé tantôt si l'on devait tirer de la viande du royaume de Westphalie pour envoyer du côté de Berlin. Il faut bien s'en garder, puisque l'armée va être dans le cas de séjourner longtemps dans la Westphalie.

NAPOLÉON.

D'après l'expédition originale. Dépôt de la guerre.

13309. — AU MARÉCHAL BESSIÈRES,
COMMANDANT LA CAVALERIE DE LA GARDE IMPÉRIALE.

Fontainebleau, 30 octobre 1807.

Mon Cousin, mon intention est que ma Garde fasse son entrée à Paris toute ensemble; que vous alliez à sa rencontre, qu'elle soit reçue par le corps municipal de Paris sous un arc de triomphe qui sera disposé sur la route par laquelle elle doit venir, et que, dans les huit jours qui suivront son entrée, vous donniez un grand dîner aux officiers et un grand bal à l'École militaire. Les maires et le conseil général donneront un grand dîner à tous les soldats de ma Garde. Il sera nécessaire de retenir les premières colonnes pour que tout le corps entre ensemble à Paris.

L'empereur de Russie m'a fait remettre une de ses croix pour un soldat de ma Garde. Choisissez un grenadier d'une conduite distinguée qui ait fait avec honneur les campagnes d'Italie et d'Égypte avec moi. Mon intention est de lui donner cette croix moi-même un jour de parade.

NAPOLÉON.

D'après l'original comm. par Mme la duchesse d'Istrie.

13310. — AU GÉNÉRAL SAVARY,
EN MISSION À SAINT-PÉTERSBOURG.

Fontainebleau, 30 octobre 1807.

Monsieur le Général Savary, je ne vous ai pas écrit depuis longtemps. J'attendais à chaque instant l'arrivée du comte Tolstoï et voulais vous écrire immédiatement après. J'apprends qu'il ne sera ici que dans cinq ou six jours; je n'ai pas voulu tarder davantage à vous donner de mes nouvelles. Mon armée marche sur les frontières de Portugal, et, quand vous lirez cette lettre, elle sera à Lisbonne. C'est le général Junot qui la commande.

Je vais signer un traité d'alliance avec le Danemark. J'y ai fait mettre la clause que, si la Russie déclarait la guerre à la Suède, le Danemark ferait cause commune et ferait marcher son armée par la Norwége ou partout ailleurs.

La garnison de Cattaro est à Padoue; elle vit bien avec les Français et est abondamment pourvue de tout. Celle de Corfou n'est pas encore arrivée à Ancône, mais je sais qu'elle est partie de Corfou.

L'amiral Siniavine est parti le 2 octobre, sans doute pour Cadix; je présume qu'il y est arrivé à l'heure qu'il est.

Je suis toujours dans la même situation; je n'ai aucune nouvelle de la Suède, ni de l'Angleterre.

Guilleminot m'a dit qu'il vous avait écrit; il m'a assuré que les deux articles dont se plaint l'empereur étaient passés parce que les plénipotentiaires russes n'avaient fait aucune objection.

Les prisonniers russes sont à Cologne. J'attends l'arrivée de M. de Tolstoï pour les faire partir.

J'ai fait demander à la cour de Vienne le passage pour les garnisons de Corfou et de Cattaro; je n'ai point encore de réponse, mais elles ne partiront que lorsque je me serai entendu avec M. de Tolstoï.

Je voulais aller en Italie, mais j'ai voulu retarder mon voyage pour attendre l'ambassadeur.

Je n'écris pas aujourd'hui à l'empereur pour ne pas l'ennuyer. Je lui écrirai après avoir vu M. de Tolstoï. Communiquez-lui la partie de ces nouvelles qui peut l'intéresser.

Je suis ici à Fontainebleau depuis six semaines, où je chasse beaucoup.

Les Anglais disent que l'empereur de Russie a fait mettre l'embargo sur leurs bâtiments. Je n'en ai pas encore de nouvelle officielle.

Les Américains sont très-mal avec l'Angleterre, et l'on croit que ces deux puissances ne tarderont pas à être en guerre. L'Angleterre est aujourd'hui fort embarrassée, et si, comme je n'en doute pas, nous obligeons l'Autriche et la Suède à lui déclarer la guerre, il y a lieu de croire qu'elle ne tardera pas à venir à résipiscence.

Par tout ce qui me revient de tous côtés, je vois avec plaisir que tout prend de l'énergie en Russie.

Je n'ai que de bons renseignements à donner des troupes russes qui sont en France.

Vous ne sauriez trop dire à l'empereur combien je lui suis attaché et combien le moment où je pourrai le revoir serait doux pour moi. Je me fais une vraie fête de voir M. de Tolstoï.

NAPOLÉON.

D'après l'expédition originale. Archives des affaires étrangères.

13311. — A M. DE CHAMPAGNY,
MINISTRE DES RELATIONS EXTÉRIEURES.

Fontainebleau, 31 octobre 1807.

Monsieur de Champagny, écrivez au sieur Bourrienne, à Hambourg.

que mon intention est que les villes hanséatiques adoptent le code Napoléon, et qu'à compter du 1ᵉʳ janvier ces villes soient régies par ce code. Écrivez la même chose au général Rapp, à Danzig; qu'ils fassent faire cette ordonnance par les magistrats du pays.

Je désire que vous écriviez également à M. Otto, à Munich, à mes chargés d'affaires près le prince Primat et les grands-ducs de Hesse-Darmstadt et de Bade, pour leur prescrire de faire des insinuations légères et non écrites pour que le code Napoléon soit adopté comme loi civile de leurs états, en supprimant toutes les coutumes et se bornant au seul code Napoléon.

NAPOLÉON.

D'après l'expédition originale. Archives des affaires étrangères.

13312. — A M. CRETET,
MINISTRE DE L'INTÉRIEUR.

Fontainebleau, 31 octobre 1807.

Monsieur Cretet, ma Garde arrive dans les premiers jours de novembre. Mon intention est qu'elle soit reçue, à son entrée à Paris, avec une grande pompe, et qu'un arc de triomphe soit érigé sur la route par laquelle elle doit passer. J'ai ordonné au maréchal Bessières de donner à l'École militaire un grand dîner et un grand bal aux officiers. Je désire que le corps municipal et le conseil général donnent un grand dîner à tous les soldats, au nom de la ville de Paris. Le corps municipal et le conseil général décideront de quelle manière cela doit être fait.

Ce doit être un dîner fraternel donné à une douzaine de mille hommes. Il faut que, dans les emblèmes et devises qui seront faits à cette occasion, il soit question de ma Garde et non de moi, et qu'ils fassent voir que, dans ma Garde, on honore toute la Grande Armée.

Le préfet et le corps municipal recevront ma Garde à l'entrée de Paris. Enfin vous chargerez le préfet de disposer les choses de manière que cette cérémonie soit la plus touchante et la plus efficace possible. Je n'ai pas besoin de vous dire de faire composer, à cette occasion, des chansons et des pièces de vers. Les couronnes d'or seront présentées ce jour-là à la Garde, pour être placées sur ses drapeaux. Le préfet se concertera pour tous ces objets avec le maréchal Bessières.

NAPOLÉON.

D'après la copie comm. par M. le comte de Montalivet.

13313. — A M. LACÉPÈDE,
GRAND CHANCELIER DE LA LÉGION D'HONNEUR.

Fontainebleau, 31 octobre 1807.

Vous recevrez un décret qui nomme le sieur Durandeau, commandant de la garde nationale de Viteaux (Côte-d'Or), membre de la Légion d'honneur, en conséquence de la conduite courageuse qu'il a tenue dans l'arrestation des brigands qui ont volé Mme Grassini. Vous lui écrirez une lettre propre à encourager les maires et les fonctionnaires. Vous direz, entre autres choses, que je ne mets pas de différence entre ceux qui défendent la patrie contre les ennemis extérieurs de l'état et ceux qui montrent du courage contre les ennemis de la société et de la tranquillité intérieure.

D'après la minute. Archives de l'Empire.

13314. — AU GÉNÉRAL JUNOT,
COMMANDANT LE CORPS D'OBSERVATION DE LA GIRONDE.

Fontainebleau, 31 octobre 1807.

Vous marchez sur seize colonnes, c'est-à-dire que votre 1re colonne est partie de Bayonne le 19 octobre, tandis que la 16e ne partira que le 5 novembre. Je n'approuve point cette marche. Vous auriez dû marcher sur trois colonnes, c'est-à-dire par division. Par ce moyen, mon armée aurait été rendue à Salamanque du 10 au 12 novembre. Vous dirigerez sur-le-champ la 1re division sur Alcantara, et vous prendrez vos mesures de manière qu'elle y soit arrivée avant le 25 novembre. Vous faites marcher l'artillerie à quatre jours de vos divisions et la cavalerie à quinze jours de l'armée : faites avancer sur-le-champ toute ma cavalerie, de manière qu'elle gagne le plus possible. Vous la partagerez en quatre, en attachant une partie à chaque division et en gardant une quatrième partie pour la réserve, de manière que chaque division soit prête à combattre.

Je désire donc que le 26, au plus tard, toute la 1re division avec son artillerie arrive à Alcantara, pendant que la 2e sera en marche sur Alcantara et que la 3e aura déjà dépassé Ciudad-Rodrigo, et que le 1er décembre toute mon armée soit réunie à Alcantara.

Si les Portugais ne font aucune défense, et que vous puissiez marcher sans obstacle, vous entrerez même avant cette époque en Portugal, afin de réunir toute votre armée à Abrantès.

D'Alcantara à Abrantès il y a vingt-cinq lieues, c'est-à-dire quatre jours de marche. Vous devez agrandir les marches des queues de vos colonnes et leur faire gagner six jours. J'ai hâte que mon armée arrive à Lisbonne. De Bayonne à Salamanque il n'y a que cent lieues. Dans la saison où nous sommes, vous y mettez vingt-six jours; vous pouvez n'en mettre que seize ou dix-sept. De Salamanque à Alcantara il y a cinquante lieues, qui peuvent être faites en neuf jours. Ainsi votre 1re division peut arriver le 10 à Salamanque, et le 19, ou au plus tard le 20, à Alcantara.

Les Anglais font sortir à force leurs troupes de Copenhague; il ne faut pas que, par défaut de lenteur, vous vous laissiez prévenir. Il est des passages de Lisbonne à Alcantara qu'il est bon de saisir. Vous ne devez pas mettre plus de difficulté à entrer sur le territoire du Portugal que sur le territoire espagnol. S'il y a jour, comme je l'ai mandé au ministre de la guerre, à ce que vous y entriez comme auxiliaire, sans rien convenir par écrit, il n'y a aucune difficulté à faire entrer ma 1re division en Portugal dès le 22. D'Alcantara à Lisbonne il y a cinquante lieues: dans cette supposition, ma 1re division serait à Lisbonne le 1er décembre, et tout le reste suivrait.

Quant aux troupes espagnoles qui doivent vous joindre, vous pouvez les faire venir par la rive gauche du Tage jusqu'à Abrantès, si vous pensez n'en avoir pas besoin, et dans ce cas vous pourrez ne les pas introduire à Lisbonne et les jeter sur la gauche, entre Lisbonne et le cap Saint-Vincent.

Enfin, dans la supposition que le Portugal vous reçût comme auxiliaire, jusqu'à ce que j'aie décidé définitivement le sort de cette puissance, vous resteriez à Lisbonne et à vingt lieues de Lisbonne, et vous auriez soin que toutes les troupes portugaises fussent jetées préférablement du côté du cap Saint-Vincent.

Il y a de Lisbonne à Bayonne deux cents lieues; c'est aujourd'hui pour nos troupes une marche fort ordinaire; cela doit se faire en trente-cinq jours. Vous aurez vu, par la convention que j'ai faite avec l'Espagne, qu'une division espagnole doit se rendre à Porto et l'autre dans le pays des Algarves.

Arrivées à Lisbonne, mon intention est que mes troupes soient baraquées dans un camp sur une des hauteurs. Mes troupes ont campé à Boulogne tout l'hiver pendant plusieurs années. La ville vous offrira des bois et toutes les ressources pour faire des baraques superbes.

Vous établirez trois camps pour vos divisions, mais de manière qu'ils soient tous à une distance de cinq lieues. Chacune devra camper sur deux lignes, ou même, s'il est possible, chaque division campera en bataillon carré, de manière à couvrir les quatre côtés du bataillon carré; et les fortifier, s'il est nécessaire, par des redoutes. A Lisbonne, vous ferez donner à mes troupes des capotes, des couvertures et tout ce qui leur sera nécessaire.

Je vous ai déjà fait connaître qu'en vous autorisant à entrer comme auxiliaire, c'était pour que vous pussiez vous rendre maître de la flotte, mais que mon parti était décidément pris de m'emparer du Portugal.

Le Portugais est brave, la ville est populeuse, mon ordre est donc positivement que mes troupes ne soient point disséminées dans des casernes, mais campées sur des hauteurs, bien disposées, de manière à être maître de la rivière, du port et de la ville. De ces camps, des détachements, tous les jours ou tous les deux jours, seront envoyés faire le service des batteries ou la police de la ville.

J'espère qu'au 1er décembre mes troupes seront à Lisbonne, parce que le prince royal, n'ayant que 15,000 hommes, ne peut vouloir résister, et que, s'il voulait le faire, vous y seriez entré le 10 décembre.

Vous seriez responsable de tous les événements qui pourraient arriver sur mer à l'occasion du moindre retard.

Les troupes espagnoles vont arriver; vous écrirez à mon ministre en Espagne de presser pour qu'au moins quelques régiments de cavalerie vous arrivent à Alcantara. Mais enfin, n'en recevant pas, vous êtes assez fort pour arriver à Lisbonne. Je donne des ordres pour que le 2ᵉ corps de la Gironde se porte sans délai à Bayonne.

Lisbonne est tout. Je vous enverrai d'ailleurs de nouvelles instructions avant ce temps. Le général Loison part demain pour remplacer le général Laroche; s'il tardait à venir, vous avez des généraux de cavalerie que vous pouvez employer.

Il part après-demain un nouveau régiment provisoire de Paris; je vais donner l'ordre à un autre régiment provisoire de partir de Bretagne, de sorte que, quel que soit le nombre des malades que vous ayez, vous pourrez vous maintenir au complet.

Je n'accorde aucun traitement extraordinaire à personne; mais, du moment que vous serez sur le territoire portugais, avec ce qui proviendra des contributions, on payera d'abord la solde et ce qui est dû à l'armée, et les généraux et officiers seront traités comme à la Grande Armée. Le ministre de la guerre vous écrira à ce sujet. Vous emploierez dans toutes les affaires d'argent le consul général à Lisbonne, et vous mettrez le plus grand ordre dans l'armée.

Vous trouverez ci-joint un petit mémoire extrait de la correspondance du général Leclerc et un mémoire que j'ai fait faire sur les expéditions qui ont eu lieu en Portugal.

Aussitôt que vous aurez en vos mains les différentes places fortes, vous y mettrez des commandants français et vous assurerez de ces places. Je n'ai pas besoin de vous dire qu'il ne faut mettre au pouvoir des Espagnols aucune place forte, surtout du pays qui doit rester dans mes mains.

D'après la minute. Archives de l'Empire.

13315. — A LOUIS NAPOLÉON, ROI DE HOLLANDE.

Fontainebleau, 31 octobre 1807.

Je désirerais que vous ordonnassiez qu'à dater du 1ᵉʳ janvier prochain le code Napoléon sera la loi civile de vos peuples.

D'après la minute. Archives de l'Empire.

13316. — A M. DE CHAMPAGNY,
MINISTRE DES RELATIONS EXTÉRIEURES.

Fontainebleau, 1ᵉʳ novembre 1807.

Monsieur de Champagny, il est nécessaire d'expédier un courrier dans la nuit au général Savary pour lui envoyer le traité fait avec le Danemark, pour qu'il le communique à l'empereur. Il serait fâcheux que les Danois nous prévinssent. Vous ferez connaître à Savary les nouvelles que vous avez, et vous lui ajouterez qu'immédiatement après que M. de Tolstoï sera arrivé je lui enverrai un officier. Je vous enverrai ce soir à six heures une lettre pour Savary, que vous ferez partir par votre courrier.

NAPOLÉON.

D'après l'expédition originale. Archives des affaires étrangères.

13317. — A M. CRETET,
MINISTRE DE L'INTÉRIEUR.

Fontainebleau, 1ᵉʳ novembre 1807.

Monsieur Cretet, vous recevrez dans le jour un décret relatif à la ville d'Ajaccio. Mon intention est que l'exécution en soit suivie avec la plus grande activité, parce qu'aussitôt que les travaux seront avancés je simplifierai l'administration de l'île, qui, dans ce moment, coûte trop cher, en concentrant dans la même ville tous les établissements.

Les galériens napolitains et les noirs qui sont en Corse y commettent des brigandages, parce qu'ils n'y sont pas employés. Le roi de Naples a encore 4.000 galériens, que je ne puis permettre de recevoir en France et encore moins en Italie, où ils ont commis déjà beaucoup de désordres. Le lieu véritablement convenable, c'est la Corse. Il faut donc faire des travaux dans cette île pour donner de l'occupation à ces individus. Il faut aussi y envoyer un nombre suffisant d'ingénieurs. Écrivez aux préfets du Liamone et du Golo pour connaître les moyens à prendre, soit pour établir, soit pour encourager la culture du coton dans ces départements. Je désire aussi que vous me fassiez un rapport sur la possibilité de l'introduction de cette culture dans nos contrées méridionales.

NAPOLÉON.

D'après la copie comm. par M. le comte de Montalivet.

13318. — AU GÉNÉRAL SAVARY,
EN MISSION À SAINT-PÉTERSBOURG.

Fontainebleau, 1er novembre 1807.

Monsieur le Général Savary, je vous ai expédié un courrier hier; mais au moment même arrive Montesquiou, qui m'apporte votre lettre du 9 octobre avec le rapport qui y était joint. L'empereur désire envoyer de ses cadets dans mes ports : il n'y a point de difficulté à cela; ils seront reçus et traités comme des officiers français; vous pouvez lui en donner l'assurance. Il désire 50,000 fusils de mes manufactures : il n'y a pas non plus de difficulté à cela; dès que Tolstoï en fera la demande, ils lui seront remis; il y en a un million dans mes arsenaux; ainsi ce n'est pas pour moi un grand sacrifice; d'ailleurs il n'en est pas que je ne fasse pour être agréable à l'empereur. M. de Tolstoï est arrivé à Francfort, il y a quelques jours, et sera ici après-demain. Je lui ferai remettre l'hôtel que j'ai acheté de la princesse Caroline, tout meublé; m'a coûté un million. Vous savez que c'est l'hôtel le plus élégamment arrangé de Paris. J'en fais présent à l'empereur pour loger ses ministres. Il faudra que les meubles en soient conservés avec soin, afin que cela n'occasionne pas de grandes dépenses lors du renouvellement de ses ambassadeurs. Vous prierez l'empereur d'agréer cette maison comme un hommage de ma part. Si, par échange, il veut faire présent pour mes ambassadeurs d'un hôtel meublé, je ne m'y oppose pas; je vous autorise à le recevoir.

J'attendais Tolstoï pour écrire à l'empereur.

Vous avez reçu Saint-Aignan.

Quant à nos affaires, elles sont de trois espèces : 1° faire la guerre à l'Angleterre; 2° obliger l'Autriche et la Suède à se déclarer contre l'Angleterre; 3° arranger les affaires de la Porte.

1° *Déclarer la guerre à l'Angleterre :* par les pièces que je vous ai envoyées, vous avez vu que la Russie devait faire une *déclaration* au 1er décembre, chasser lord Gower et déclarer la guerre à l'Angleterre. Je juge, comme la Russie, que cette *déclaration* aujourd'hui n'aboutira à rien et que l'affaire de Copenhague a changé la face des choses. Vous vous bornerez à demander que Gower soit chassé et la guerre déclarée.

2° *Pour ce qui regarde la Suède :* l'île de Seeland est évacuée par les Anglais. Par le traité que je viens de conclure avec le Danemark, cette puissance doit faire cause commune avec la Russie; si la Russie déclare la guerre à la Suède, le Danemark la lui déclarera aussi, et une armée danoise doit l'attaquer en même temps.

3° *Quant aux affaires de la Porte :* je sens la nécessité de terminer quelque chose, et je suis prêt à m'entendre là-dessus avec la Russie. Mais cette affaire est bien intéressante pour moi. Je remets à vous en écrire après avoir vu Tolstoï. J'aurais besoin même d'avoir une entrevue pour cela avec l'empereur, après que la guerre aura été déclarée par la Russie à l'Angleterre.

Faites passer désormais vos courriers par Varsovie et Dresde, parce que, s'il arrivait que j'allasse en Italie, je donnerais l'ordre que, de Varsovie, on les dirigeât sur Milan. Cependant je suis encore très-incertain sur ce voyage. Cela dépendra de beaucoup d'autres circonstances.

P. S. J'envoie décidément Caulaincourt comme ambassadeur extraordinaire en Russie. Il aura 600,000 francs de traitement, ce qui, joint à ce qu'il a, le mettra dans le cas de faire une figure convenable. Vous pouvez donc compter qu'il sera à la fin de novembre à Saint-Pétersbourg. J'avais d'abord voulu envoyer Laforest, mais j'ai craint qu'il ne fût trop vieux et qu'on crût qu'il n'avait pas assez ma confiance, ce qui m'importe par-dessus tout.

<small>D'après la minute. Archives de l'Empire.</small>

13319. — INSTRUCTIONS POUR L'ENTRÉE DE LA GARDE A PARIS.

Fontainebleau, 2 novembre 1807.

La Garde impériale arrivera le 24 novembre dans les environs de Paris et sera logée à Saint-Denis, Vincennes, Claye, Courbevoie, Rueil, etc. pour être réunie le lendemain, sur la route de Claye, à midi, et faire son entrée à une heure par la porte Saint-Martin.

La Garde sera reçue comme il a été ordonné; elle entrera ensuite par la porte Saint-Martin, descendra les boulevards jusqu'à la rue de Rivoli, et arrivera, par cette rue, sur les places du Carrousel et des Tuileries, où elle sera rangée en bataille. Si l'Empereur est à Paris, il en passera la revue et recevra ensuite le corps d'officiers dans les grands appartements; sinon, la Garde déposera ses aigles dans le cabinet de Sa Majesté et ira prendre ensuite ses quartiers.

Le 26, le corps municipal de la ville de Paris donnera un banquet, aux Champs-Élysées, aux officiers et soldats de la Garde.

Le 27, le maréchal Bessières donnera à dîner à tous les officiers de la Garde et au corps municipal, dans l'intérieur du quartier Napoléon; les princes et les maréchaux de l'Empire pourront être invités à ce dîner.

Le 30, le maréchal Bessières donnera un grand bal à la Garde et à la ville de Paris. Il prendra les ordres ultérieurs de l'Empereur pour les invitations. Si l'Empereur est à Paris, il ira peut-être.

Il sera fait un plancher dans l'ancienne chapelle, au niveau des grands appartements, pour la salle de bal.

Il sera tiré un feu d'artifice dans l'intérieur du Champ-de-Mars.

Il ne sera fait à la Garde aucune distribution d'habillements avant son entrée; elle entrera avec ses habits de guerre.

Elle marchera dans l'ordre suivant :

Les chasseurs à cheval, les fusiliers, les chasseurs à pied, les grenadiers à pied, les dragons, les grenadiers à cheval.

La gendarmerie d'élite qui se trouve à Paris pourra envoyer la veille un escadron qui fermera la marche.

Chaque chef de corps marchera à la tête de son régiment.

La réponse à faire au corps municipal, au lieu où il doit recevoir la Garde, sera soumise à l'Empereur.

L'Empereur donnera un ordre du jour général pour la Garde avant son entrée à Paris.

Le maréchal Bessières ira à la rencontre de la Garde et surveillera l'exécution du présent ordre.

NAPOLÉON.

D'après l'original comm. par Mme la duchesse d'Istrie.

13320. — AU VICE-AMIRAL DECRÈS,
MINISTRE DE LA MARINE.

Fontainebleau, 2 novembre 1807.

Monsieur Decrès, il est convenable que vous donniez des ordres pour qu'un capitaine de vaisseau, quatre capitaines de frégate, six lieutenants de vaisseau, une douzaine d'enseignes, un commissaire de marine intelligent et un ingénieur de construction, se tiennent prêts à partir pour rejoindre le général Junot, afin qu'arrivés à Lisbonne ils puissent prendre possession du port et même des vaisseaux, si on a le bonheur d'en prendre. Il sera donc nécessaire que ces officiers partent secrètement et sans bruit de Bayonne, le 17 novembre, pour être rendus le 20 à Ciudad-Rodrigo, quartier général du général Junot. Vous enverrez à ce général la liste des officiers que vous lui adresserez. Il faut que ces officiers n'aient rien à demander, et aient leur solde pour tout novembre et décembre.

NAPOLÉON.

D'après l'original comm. par Mme la duchesse Decrès.

13321. — A EUGÈNE NAPOLÉON,
VICE-ROI D'ITALIE.

Fontainebleau, 2 novembre 1807.

Mon Fils, l'état que je vous ai envoyé des conscrits que vous devez recevoir en Italie est le résultat de ce qui vous revient sur les conscriptions de 1806, 1807 et 1808. J'ai donné ordre que le détachement du 81e qui est à Corfou rejoignît son dépôt.

Mon intention est que les huit détachements que vous allez envoyer pour compléter les huit régiments qui sont en Dalmatie se réunissent dans une ville de l'État vénitien, et que vous en fassiez passer la revue. Chaque 3ᵉ bataillon fournira autant de deux compagnies que vous aurez plus de 200 hommes à envoyer. Vous chargerez un général de brigade du commandement de cette brigade, et, lorsque vous serez assuré que son habillement, son armement, sa chaussure sont en bon état, vous la ferez partir.

La division Clauzel et cette brigade feront au général Marmont un renfort de 8,000 hommes.

Pour tous les régiments de l'armée de Naples et de l'armée de Dalmatie, qui ont deux bataillons au dépôt, il faut distinguer le 3ᵉ bataillon, qui doit toujours former un cadre, et se servir du 4ᵉ bataillon seulement comme dépôt. Je ne vois pas d'inconvénient que vous fassiez partir les deux escadrons napolitains, le premier monté et le second à pied. Un bataillon du 5ᵉ italien me suffit à Corfou, surtout si ce bataillon est à l'effectif de 140 hommes par compagnie.

Je dois vous dire en confidence, et pour vous seul, que, par un traité que j'ai fait avec l'Espagne, le royaume d'Étrurie m'est cédé en toute propriété et souveraineté; il est probable qu'avant peu j'en prendrai possession. Il est donc convenable de faire vendre toutes les marchandises anglaises, et de maintenir la division Miollis assez forte pour qu'elle puisse prendre possession du pays et y faire exécuter les lois qu'il me paraîtra convenable d'y faire promulguer.

Quant au bataillon du 5ᵉ italien, vous pouvez le faire venir à Novare. Je vous ai demandé de réunir dans cette ville une division italienne de 5 à 6,000 hommes, que j'ai l'intention de faire venir en France du moment qu'elle sera organisée et complète et que la division italienne, qui est à Stralsund, sera en marche pour venir à Milan.

Napoléon.

D'après la copie comm. par S. A. I. Mme la duchesse de Leuchtenberg.

13322. — A M. CRETET,
MINISTRE DE L'INTÉRIEUR.

Fontainebleau, 3 novembre 1807.

Monsieur Cretet, je vous envoie une pétition du conseil général du département du Nord. Mon intention est que vous me fassiez un rapport sur l'ingénieur en chef de ce département. S'il est trop âgé, il faut lui donner sa retraite et envoyer à sa place un homme capable de faire le service. Je désire que vous me fassiez faire un relevé de toutes les lettres des conseils généraux de département, avec une analyse qui me fasse connaître si ce sont des félicitations ou des réclamations qu'elles contiennent.

NAPOLÉON.

D'après la copie comm. par M. le comte de Montalivet.

13323. — AU GÉNÉRAL CLARKE,
MINISTRE DE LA GUERRE.

Fontainebleau, 3 novembre 1807.

Monsieur le Général Clarke, le 2º corps de la Gironde sera partagé en trois divisions.

La 1ʳᵉ division sera commandée par le général Barbou et composée de trois bataillons de la 1ʳᵉ légion de réserve de l'intérieur, de trois bataillons de la 2ᵉ légion et du 2ᵉ régiment suisse; total, sept bataillons faisant 7,000 hommes.

La 2ᵉ division sera commandée par le général Vedel, que j'ai nommé général de division, et sera composée de deux bataillons de la 3ᵉ légion de réserve, de trois bataillons de la 4ᵉ légion et du 3ᵉ régiment suisse; ce qui fera sept bataillons ou près de 6,000 hommes.

La 3ᵉ division sera commandée par le général Malher, et sera composée de la 5ᵉ légion de réserve, du 2ᵉ bataillon du 4ᵉ régiment suisse, de deux bataillons de la garde de Paris et du 3ᵉ bataillon du 5ᵉ léger: ce qui fera sept bataillons.

Le corps sera commandé en chef par le général de division Dupont.

Vous vous entendrez avec ce général pour le choix du chef de l'état-major. Vous nommerez un officier pour commander le génie. Le général Boussart commandera la cavalerie.

Le général Dupont sera rendu à Bayonne pour le 15 novembre.

Chaque division aura douze pièces de canon.

Vous vous entendrez avec le ministre Dejean pour nommer un ordonnateur et organiser les administrations, de manière qu'au 1er décembre ce corps puisse commencer à agir, si cela était nécessaire.

Le général Ruffin, que j'ai nommé général de division, remplacera le général Dupont dans le commandement de la 1re division du 1er corps de la Grande Armée.

Vous donnerez ordre aux adjudants commandants Thomas, Rewest et Chameaux, et aux capitaines adjoints Bochud, Caignet, Ferret, Gaillard et Fouchard de se rendre à Bayonne pour être employés dans ce corps.

Le général Pannetier sera employé dans le même corps, division du général Barbou.

Les généraux de brigade Godinot et Liger-Belair seront employés dans le même corps, division du général Malher.

Les généraux Cassagne, Laplane et Laval seront employés dans le même corps, division du général Vedel.

NAPOLÉON.

D'après la copie. Dépôt de la guerre.

13324. — A M. FOUCHÉ,
MINISTRE DE LA POLICE GÉNÉRALE.

Fontainebleau, 4 novembre 1807.

Je désire que vous fassiez aux journaux une nouvelle circulaire pour leur réitérer de ne point parler du mouvement de mes troupes. Ils ont mis que deux régiments de carabiniers étaient partis de Lunéville : cela ne peut sortir que de *la Gazette*, ou d'un bulletin de Lunéville. Il est fort inutile d'apprendre aux étrangers les mouvements de troupes que je fais chez moi.

D'après la minute. Archives de l'Empire.

13325. — AU PRINCE LEBRUN,
ARCHITRÉSORIER DE L'EMPIRE.

Fontainebleau, 5 novembre 1807.

Il ne faut ajourner aucun projet. Quand les ministres ont renvoyé une affaire au Conseil d'état, c'est qu'ils ont jugé avoir besoin qu'elle y soit discutée. Le Conseil d'état doit donner son avis sur toutes.

D'après la minute. Archives de l'Empire.

13326. — AU GÉNÉRAL CLARKE,
MINISTRE DE LA GUERRE.

Fontainebleau, 5 novembre 1807.

Monsieur le Général Clarke, des circonstances différentes me portent à donner une autre formation aux deux brigades d'infanterie provisoires de réserve dont j'avais ordonné la réunion à Nancy et à Sedan. Vous trouverez ci-joint le tableau de la formation de ce corps, qui portera le titre de *Corps d'observation des côtes de l'Océan*, et qui se réunira : la 1re division à Metz, la 2e à Nancy, et la 3e à Sedan.

Chacune de ces trois divisions sera composée de deux brigades, chaque brigade de deux régiments provisoires, chaque régiment provisoire de quatre bataillons, chaque bataillon de quatre compagnies des 3es bataillons portés dans le tableau, et qui seront complétées à 150 hommes chacune; total 48 bataillons. Cela formerait un total de 28,800 hommes.

Les quatre brigades de cavalerie provisoire de la réserve, qui se réunissent à Orléans, Tours, Chartres et Compiègne, seront comprises dans ce corps, ainsi que les trois compagnies d'artillerie légère, et les trente-six pièces de canon qu'elles servent.

J'ai donné l'ordre que le général Mouton, mon aide de camp, se rendît, le 15 novembre, dans les villes où se réunissent ces brigades. Il passera la revue de ces troupes et vous rendra compte de leur situation.

Il est nécessaire d'organiser, pour le service de ces trois divisions, dix-huit pièces de canon, et d'y destiner trois compagnies d'artillerie à pied et une compagnie pour le parc : dix-huit autres pièces seront servies par les trois compagnies d'artillerie à cheval dont j'ai ordonné la formation. Ainsi il y aura trois compagnies d'artillerie à cheval, quatre à pied et cinquante-quatre pièces de canon.

Proposez-moi un général d'artillerie pour commander cette artillerie, un directeur du parc et des officiers d'artillerie.

Tout cela formera un corps de plus de 34,000 hommes.

Entendez-vous avec le ministre Dejean pour fournir des caissons à ce corps et aux deux corps de la Gironde.

Je suppose que vous avez pris des mesures pour organiser le service de santé de ces corps.

Réunissez à la Fère les quatre compagnies d'artillerie à pied, les dix-huit pièces d'artillerie et le parc de ce corps. Faites-moi connaître quand les trois compagnies d'artillerie à cheval pourront se mettre en marche, pour que j'indique le lieu où elles devront se réunir.

Recommandez au maréchal Kellermann de faire fournir des capotes aux trois divisions du corps d'observation des côtes de l'Océan.

Proposez-moi trois généraux de division, six généraux de brigade, un général d'artillerie, un du génie, trois adjudants commandants et douze officiers d'état-major, pour composer l'état-major de ce corps. En attendant, donnez l'ordre au général de brigade Brun de se rendre à Metz, pour prendre le commandement de la 1re division; au général de brigade Lefranc de se rendre à Nancy, pour prendre le commandement de la 2e division, et au général de division Morlot de se rendre à Sedan, pour commander la 3e division.

La 1re division, composée de quatre régiments et de seize petits bataillons, doit pouvoir rester tout entière à Metz. Je désire qu'elle puisse rester toute dans cette ville, parce qu'elle prendra plus d'ensemble. Si elle ne peut pas y rester, vous me proposerez les villes voisines où l'on pourrait détacher une brigade. Même observation pour la 2e division, qui se réunit à Nancy. Quant à la 3e division, une brigade sera placée à Sedan et l'autre à Mézières.

NAPOLÉON.

D'après la copie. Dépôt de la guerre.

13327. — AU GÉNÉRAL CLARKE,
MINISTRE DE LA GUERRE.

Fontainebleau, 5 novembre 1807.

Monsieur le Général Clarke, répondez au général Junot que j'entends qu'il vous fasse connaître les receveurs qui n'auraient pas payé exactement les ordonnances du trésor. Je considère cela comme un acte très-coupable, et mon intention est d'être rigoureux sur cet objet.

Faites-lui connaître qu'à l'avenir, dès que mon armée sera entrée en Portugal, elle doit être nourrie, habillée et soldée sur les contributions qui seront levées dans ce pays; il faut que, dès ce moment-là, je n'aie plus un sou à y envoyer.

Je n'entends pas que, sous le prétexte de manque de vivres, sa marche soit retardée d'un jour : cette raison-là n'est bonne que pour des hommes qui ne veulent rien faire; 20,000 hommes vivent partout, même dans le désert.

NAPOLÉON.

D'après la copie. Dépôt de la guerre.

13328. — A M. FOUCHÉ,
MINISTRE DE LA POLICE GÉNÉRALE.

Fontainebleau, 5 novembre 1807.

Les Anglais commencent à vouloir faire jouer un rôle à Moreau, pour nous brouiller avec les États-Unis d'Amérique. Il faut avoir soin que nos journaux ne répètent rien de cela.

D'après la minute. Archives de l'Empire.

13329. — A M. FOUCHÉ,
MINISTRE DE LA POLICE GÉNÉRALE.

Fontainebleau, 5 novembre 1807.

Monsieur Fouché, depuis quinze jours il me revient de votre part des folies; il est temps enfin que vous y mettiez un terme, et que vous cessiez de vous mêler, directement ou indirectement, d'une chose qui ne saurait vous regarder d'aucune manière: telle est ma volonté.

D'après la minute. Archives de l'Empire.

13330. — AU VICE-AMIRAL DECRÈS,
MINISTRE DE LA MARINE.

Fontainebleau, 6 novembre 1807.

J'ai pris un décret hier pour curer le port d'Ancône. Je suppose que vous avez déjà fait partir l'ingénieur. Je désirerais y établir deux cales, une pour y construire une frégate et une pour un vaisseau. Cette manière de faire est la seule qui puisse nous donner des vaisseaux. Ancône est le bassin d'une partie des Apennins. Les bois et surtout les courbes y abondent. Il est économique d'en profiter et de les employer là.

Avez-vous des idées claires sur les bouches de Cattaro? Nos vaisseaux y sont-ils à l'abri de forces supérieures ennemies?

Avez-vous envoyé un ingénieur constructeur à Corfou? Ordonnez qu'on mette là en construction d'abord une frégate, et, si cela est possible, un vaisseau de 74. Les ouvriers du pays et les bois de l'Albanie rendront cette entreprise utile.

D'après la minute. Archives de l'Empire.

13331. — AU VICE-AMIRAL DECRÈS,
MINISTRE DE LA MARINE.

Fontainebleau, 6 novembre 1807.

La Pomone et *la Pauline* sont parties pour Corfou. J'aurais besoin de quatre autres frégates dans l'Adriatique, deux à Ancône et deux à Cattaro, afin de maintenir cette mer libre ou d'obliger l'ennemi à y avoir des forces très-considérables. Mon armée de Dalmatie et de Corfou nécessite la présence de ces frégates. Aujourd'hui une seule frégate bloque toute l'Adriatique.

Faites-moi connaître si l'on ne pourrait pas faire partir de Lorient deux divisions, chacune de deux frégates, et de Bordeaux une autre division de deux frégates, pour se rendre deux à Ancône, deux à Cattaro et deux à Corfou.

Faites-moi connaître le nombre de bâtiments légers qui de Toulon ont été envoyés à Corfou, et faites-moi connaître le jour de leur départ. Présentez-moi les instructions pour les commandants de ces frégates.

Activez l'armement des deux frégates de Toulon ainsi que de *la Danaé*, et tant la construction des frégates de la Méditerranée que la mise à l'eau des frégates que j'ai en construction à Saint-Malo et autres points. Faites-moi connaître s'il y aurait possibilité d'envoyer un plus grand nombre de frégates dans l'Adriatique.

Ne serait-il pas possible d'envoyer quelques frégates croiser sur les côtes du Brésil? Elles prendraient une quantité immense de bâtiments portugais.

D'après la minute. Archives de l'Empire.

13332. — AU VICE-AMIRAL DECRÈS,
MINISTRE DE LA MARINE.

Fontainebleau, 6 novembre 1807.

Faites donc partir les deux frégates qui sont au Havre pour Cherbourg, ce qui me rendrait une division de frégates disponible.

Faites mettre à l'eau *l'Amphitrite*, qui est à Cherbourg; faites terminer *le Breslau* à Gênes, et faites-y mettre un autre vaisseau sur le chantier.

Faites-moi un rapport sur le port de Savone. Beaucoup de personnes pensent que ce port pourra contenir des vaisseaux de guerre, et que l'on peut même y établir des chantiers de construction. Ce port est le plus commode pour correspondre avec le Pô et le Piémont, puisqu'il est au défaut des Alpes et des Apennins et qu'il n'y a pas de montagnes. Faites envoyer un ingénieur sur les lieux pour me faire un rapport sur ce port, qu'on travaille à dévaser depuis longtemps. Il y a à côté la belle rade de Vado, qui sera d'une grande utilité.

Faites-moi connaître si l'on pourra mettre à l'eau *le Rivoli*, à Venise, dans le courant de mai et de juin, et y avoir terminé un des vaisseaux qui sont en construction pour le compte du royaume d'Italie. Ces deux vaisseaux nous aideront à nous rendre maîtres de l'Adriatique.

D'après la minute. Archives de l'Empire.

13333. — A EUGÈNE NAPOLÉON,
VICE-ROI D'ITALIE.

Fontainebleau, 6 novembre 1807.

Mon Fils, envoyez-moi l'état des bâtiments armés que j'ai, ainsi que la situation de mon armée italienne. Le dernier état de l'armée italienne que j'ai est du 1er juillet; vous voyez que c'est un peu vieux. On doit m'envoyer tous les mois un état pareil à celui que m'a apporté le général Caffarelli.

Si j'ai à Venise deux frégates capables de faire guerre, dirigez-les sur les bouches de Cattaro, d'où elles seront propres à tenir la mer, puisqu'elles peuvent entrer et sortir sans difficulté. Rendez-moi compte de l'état de mes constructions tant françaises qu'italiennes.

NAPOLÉON.

D'après la copie comm. par S. A. I. Mme la duchesse de Leuchtenberg.

13334. — A JOSEPH NAPOLÉON, ROI DE NAPLES.

Fontainebleau, 6 novembre 1807.

Mon Frère, avez-vous mis vos deux vaisseaux en construction? Quand seront-ils terminés? Vous devez sentir plus que personne l'importance d'avoir ces deux vaisseaux, qui vous mettront dans le cas de n'avoir rien à craindre des frégates anglaises; et les Anglais n'ont pas un tel nombre de vaisseaux de guerre qu'ils puissent en avoir partout.

NAPOLÉON.

D'après l'expédition originale comm. par les héritiers du roi Joseph.

13335. — A M. FOUCHÉ,
MINISTRE DE LA POLICE GÉNÉRALE.

Fontainebleau, 7 novembre 1807.

Je vous ai fait connaître plusieurs fois que je ne voulais point que des prêtres, dits *du nom de Jésus,* qui ne sont que des Jésuites déguisés, influassent en rien sur l'instruction publique, même dans les séminaires. Mon intention est que vous écriviez aux préfets qu'ils se fassent rendre compte des individus de ces associations qui exerceraient dans leurs départements, et veillent à ce qu'ils soient chassés des colléges.

D'après la minute. Archives de l'Empire.

13336. — AU MARÉCHAL SOULT,
CHARGÉ DU 2ᵉ COMMANDEMENT DE LA GRANDE ARMÉE, À ELBING.

Fontainebleau, 7 novembre 1807.

Du moment que nos conventions seront signées avec les Prussiens, mon intention est que vous évacuiez la rive droite de la Vistule; que vous teniez plusieurs régiments de cavalerie légère dans l'île de Nogat; que vous placiez une de vos divisions à Marienburg, comme tête de pont, en la disséminant à Neuburg, Mewe, cette division pouvant être appuyée par le corps qui est à Danzig; que vous envoyiez votre cavalerie entre l'Oder et l'Elbe et que vos deux autres divisions et vos parcs soient dirigés sur Stettin. Mon intention est que vous ayez le commandement de tout le pays compris entre la Vistule et l'Oder, excepté la Pologne, qui est occupée par le maréchal Davout.

Aussitôt que j'aurai appris que vous êtes en marche sur Stettin, je vous donnerai aussi le commandement de la Poméranie suédoise.

Vous pourrez diriger tout cela de Stettin. Mais, sous aucun prétexte, pour aucun motif, vous ne devez point évacuer la droite de la Vistule sans mon ordre. Dites, promettez ce que vous voudrez, mais n'exécutez pas ce mouvement que je ne vous en aie écrit.

Les Russes n'ont pas évacué la Valachie, ni la Moldavie; les Prussiens ne sont pas d'accord sur les contributions. L'Autriche vient de déclarer la guerre à l'Angleterre. La division Verdière vient de recevoir l'ordre de se rendre à Stettin. Les alliés vont à Baireuth. Il n'y aura donc définitivement entre l'Elbe et l'Oder que vous et le 1ᵉʳ corps. Six divisions d'infanterie ne peuvent pas être gênées dans un si grand espace de terrain et pourront passer l'hiver tranquillement, s'il y a lieu.

D'après la minute. Archives de l'Empire.

13337. — A JOSEPH NAPOLÉON, ROI DE NAPLES.

Fontainebleau, 7 novembre 1807.

Mon Frère, je vous ai fait connaître que mon intention était que Céphalonie fût garnie de troupes albanaises, et qu'il n'y eût dans cette île, de mes troupes françaises, qu'un ou deux officiers; également à Zante.

Deux de mes frégates et une corvette doivent être arrivées à Corfou. Elles sont parties le 7 octobre de Toulon. Quand vous lirez cette lettre, il y aura quarante jours qu'elles seront parties; vous devez donc en avoir des nouvelles. Ces frégates sont propres à favoriser le passage de mes troupes à Corfou.

J'espère que toutes les troupes que le vice-roi a envoyées à Corfou pour compléter le 6e et le 14e sont arrivées.

Mon intention est que, à la réception de cette lettre, vous envoyiez à Corfou un bataillon du 2e régiment italien, que vous compléterez le plus possible. Vous y ferez passer également un bataillon napolitain, que vous compléterez à 140 hommes par compagnie. Vous y ferez passer aussi deux bataillons de la Tour d'Auvergne, que vous compléterez de manière à former ensemble 1,800 hommes. Vous y joindrez 200 hommes d'artillerie française et italienne. Ainsi vous enverrez à Corfou un renfort de 3,600 hommes, qui, joint au 6e de ligne, au 14e léger, au 5e italien, à l'artillerie, fera une division de plus de 8,000 hommes.

Vous ferez passer à Corfou le général de brigade Valentin, pour qu'il y ait toujours dans cette île, indépendamment du gouverneur général, deux généraux de brigade. Vous y ferez passer également l'officier d'état-major Romeuf, qui y sera employé, et plusieurs officiers d'état-major. Vous ferez passer à Corfou un escadron de chasseurs à cheval de 200 hommes, une compagnie du train d'artillerie avec 120 chevaux du train, de manière qu'il y ait toujours à Corfou une division de huit pièces de canon attelées.

Il n'y a dans les îles que 120 canonniers; en vérité, c'est trop peu.

Je vous prie de faire exécuter ces ordres bien ponctuellement. Dans l'état de situation que vous m'avez envoyé, je vois qu'il n'y a qu'un adjudant commandant : un seul ne suffit pas.

Je vous prie d'approvisionner le plus tôt possible Corfou de vivres, de grains et de poudre. Il est nécessaire que vous y fassiez passer plusieurs centaines de milliers de cartouches, et qu'il y ait là du blé pour un an.

Non-seulement le général César Berthier doit se tenir maître de l'île, mais il ne doit dans aucun cas se laisser renfermer dans la forteresse. Avec les troupes que je lui envoie, il peut se mettre dans cette situation, puisqu'il aura 8 à 9,000 hommes. Cela tient à des plans généraux que vous ne pouvez pas connaître; n'y portez donc aucun retard. Il faut qu'il y ait à Corfou 400 hommes d'artillerie; envoyez-y également une nouvelle escouade d'ouvriers.

Vous ne répondez pas à toutes mes lettres et vous ne correspondez pas assez avec Corfou. J'ai ordonné que l'on travaillât aux fortifications de Corfou, de Parga et de Sainte-Maure : je n'entends parler de rien.

J'ai ordonné au vice-roi d'y envoyer du biscuit, beaucoup de blé, de la poudre. Nous sommes dans la saison où les croisières ennemies ne peuvent empêcher qu'on y arrive.

Le vice-roi me mande qu'il a fait partir, le 20 octobre, 2,200 tonneaux de farine pour Corfou; du 15 au 22, 1,500 rations de biscuit; que le 20 octobre il a fait partir de Venise de la poudre et des boulets.

NAPOLÉON.

D'après l'expédition originale comm. par les héritiers du roi Joseph.

13338. — A ALEXANDRE Ier, EMPEREUR DE RUSSIE.

Fontainebleau, 7 novembre 1807.

Monsieur mon Frère, M. le comte de Tolstoï m'a remis la lettre de Votre Majesté. Je ne veux pas tarder un moment à lui exprimer tout le plaisir que m'a fait éprouver l'arrivée de son ambassadeur. En voyant une personne que Votre Majesté honore d'une confiance si particulière, je me suis ressouvenu de tout le bonheur que j'avais eu à Tilsit. Nous serons bien heureux quand elle pourra tenir sa promesse et faire son grand voyage. Quant à moi, je ressens un grand plaisir de pouvoir montrer, dans la personne de l'ambassadeur de Votre Majesté, la vérité et la force des sentiments qu'elle m'a inspirés. J'ai ce matin causé fort longtemps avec M. le comte de Tolstoï.

L'escadre de Votre Majesté a passé le 19 octobre devant Cadix et n'est pas entrée dans ce port. Je suppose qu'elle entrera ou à Lisbonne ou à la Corogne, ou dans un de mes ports de l'Océan. J'ai fait sortir plusieurs frégates à sa recherche, et pour engager l'amiral Siniavine à ne pas donner dans la Manche.

J'écris en détail à Savary sur ces différentes affaires.

L'Autriche a pris le parti de déclarer la guerre à l'Angleterre, si l'Angleterre ne remet pas les choses à Copenhague dans l'état où elles étaient. Ainsi, voilà l'Angleterre en guerre avec tout le monde. Il n'y a plus que le roi de Suède, qui entendra probablement raison quand Votre Majesté lui aura parlé un peu sérieusement.

NAPOLÉON.

D'après la copie comm. par S. M. l'empereur de Russie.

13339. — AU GÉNÉRAL SAVARY,
EN MISSION À SAINT-PÉTERSBOURG.

Fontainebleau, 7 novembre 1807.

Monsieur le Général Savary, Caulaincourt partira dans trois jours; mais je ne veux pas perdre un moment à vous expédier un courrier pour vous faire connaître que M. de Tolstoï m'a remis hier ses lettres de créance, à Fontainebleau. Il a été ensuite présenté à l'Impératrice et aux princes et princesses. Il a dîné, selon l'usage, chez le grand maréchal. Le soir il a assisté au spectacle. Je l'ai fait inscrire du voyage de Fontainebleau et fait loger au palais, où il a couché et où il restera tout le temps que j'y resterai. J'ai porté toute la journée le cordon de l'ordre de Saint-André. La manière dont on l'a traité a déjà excité des réclamations de quelques membres du corps diplomatique. On leur a répondu que ce n'était que la réciprocité du traitement qui était fait à mon envoyé à Saint-Pétersbourg. M. de Tolstoï m'a remis, dans l'audience que je lui ai donnée aujourd'hui, la lettre particulière de l'empereur et la vôtre. J'ai causé plus d'une heure avec lui sur différents objets. Nous sommes convenus qu'il écrirait au prince de Kourakine, et que je lui remettrais un projet de note pour décider la cour de Vienne à déclarer la guerre à l'Angleterre. Je lui ai parlé franchement des affaires de Constantinople relativement à la Russie, en lui faisant comprendre que tout ce qui pouvait resserrer nos liens me convenait; que le monde était assez grand pour nos deux puissances, qu'il fallait toujours s'entendre et ne donner lieu à aucun sujet de refroidissement; que je pensais que la Russie réunissait des troupes pour marcher contre la Suède, si cette puissance refusait de faire cause commune avec le continent; que, quant à moi, mes troupes étaient sur les frontières du Portugal et allaient y entrer.

M. de Tolstoï m'a beaucoup parlé de l'évacuation de la Prusse. Je lui ai dit que je la désirais aussi, mais que les Prussiens ne finissaient rien; que je m'attendais que des arrangements allaient enfin avoir lieu, et que cela ne tarderait pas. J'ai ajouté que d'ailleurs il entrait sans doute dans la politique de la Russie de garder la Valachie et la Moldavie; que, si tel était le projet de la Russie, il était de compensation que je gardasse quelques provinces de la Prusse; que, si la Russie avait des idées plus étendues sur l'empire de Turquie, il fallait que M. de Romanzof lui envoyât des instructions plus précises; que, quant à moi, je voulais tout ce qui pourrait resserrer nos liens.

Quant à l'escadre russe, voici les nouvelles les plus récentes que j'en aie : je vous envoie en original la lettre du ministre de la marine. Il paraît que cette escadre a positivement passé devant Cadix le 19 octobre. Je regrette que l'amiral ne soit pas entré dans ce port, puisque les Anglais n'étaient pas en force pour l'en empêcher, vu que mon escadre était prête à appareiller pour le secourir.

Du moment que j'aurai d'autres nouvelles, je m'empresserai de les envoyer à Saint-Pétersbourg. M. de Tolstoï ne m'a pas paru, du reste, connaître toutes les intentions de l'empereur. J'espère qu'il aura été content. Il est nécessaire qu'on lui écrive et qu'on lui fasse connaître tout ce que l'on veut. Je suppose que, si la Suède fait la folie de vouloir résister, la Russie n'aura pas besoin qu'une division française et danoise passe en Norwége pour l'appuyer.

Je suppose que Caulaincourt sera rendu à Saint-Pétersbourg avant le 5 décembre.

En revenant aux affaires de Prusse, M. Daru a eu la bêtise de demander les places de Graudenz et de Kolberg en otage. Il a fait cette demande de son propre mouvement. J'ai déclaré que je ne rendrai point les places de Küstrin et Glogau que les contributions ne soient entièrement payées. Du reste, le corps du maréchal Soult et ma grosse cavalerie passent l'Oder; mes troupes s'approchent tous les jours davantage et se concentrent sur l'Allemagne.

NAPOLÉON.

Au moment même arrive un courrier de Vienne. L'empereur d'Autriche a pris le parti de déclarer la guerre à l'Angleterre. A cet effet, un courrier se rend par Calais auprès de M. de Starhemberg pour lui porter l'ordre de déclarer que, si l'Angleterre ne remet pas les choses à Copenhague dans l'état où elles étaient, il quittera Londres sous vingt-quatre heures. Même déclaration a été faite à M. Adair, à Vienne. Il serait honteux pour la Russie, après un événement qui la touche de si près, d'être restée en arrière; mais j'espère que lord Gower est déjà chassé. M. de Champagny vous écrit en détail sur cette affaire.

D'après l'expédition originale. Archives des affaires étrangères.

13340. — AU GÉNÉRAL JUNOT,
COMMANDANT LE CORPS D'OBSERVATION DE LA GIRONDE.

Fontainebleau, 8 novembre 1807.

Le Portugal a fait, en date du 21 octobre, une déclaration par laquelle il ferme ses ports aux Anglais. Je vous ai déjà fait connaître que rien ne devait arrêter votre marche d'un jour, et que vous deviez marcher droit sur Lisbonne. Si le prince régent veut rester en paix avec moi, il peut envoyer un plénipotentiaire à Paris; mais vous devez marcher droit à

Lisbonne, et, arrivé à Lisbonne, mettre garnison sur la flotte et les arsenaux.

Je vous ai envoyé une vingtaine d'officiers de marine qui vous auront joint avant le 20 novembre. Votre mission sera parfaitement belle si vous pouvez vous emparer de la flotte.

Je suppose qu'en conséquence de ma dernière dépêche vous avez accéléré votre marche; elle était beaucoup trop lente; dix jours sont précieux : toutes les troupes anglaises de l'expédition de Copenhague sont rentrées en Angleterre.

P. S. J'ai nommé le général Dupont commandant du 2ᵉ corps de la Gironde; il sera à Bayonne le 16. Ce corps y sera réuni à la fin de novembre et sera fort de 30,000 hommes.

Je vous envoie un bavardage du prince de la Paix sur son plan de campagne. Il faut décider ce qu'il veut, mais gagner le Tage et marcher par la rive droite sur Lisbonne. Il ne faut point détacher vos forces sur la rive gauche. Vos forces doivent rester réunies jusqu'à ce que vous soyez arrivé à Lisbonne. Vous mettrez seulement garnison dans les places fortes qu'on vous cédera. Je désirerais que vous y missiez les corps les plus faibles de votre 3ᵉ division.

J'apprends dans le moment que l'Autriche a déclaré la guerre à l'Angleterre.

D'après la minute. Archives de l'Empire.

13341. — AU GÉNÉRAL CLARKE,
MINISTRE DE LA GUERRE.

Fontainebleau, 10 novembre 1807.

Monsieur le Général Clarke, vous recevrez le décret de ce jour sur l'organisation des Sept Iles.

Il est nécessaire que vous envoyiez à Corfou un auditeur ou un inspecteur aux revues, homme ferme et zélé, qui y demeure pendant un mois. Il rapportera des renseignements sur la constitution du pays, sur les emprunts qui ont été faits et sur les affaires contentieuses, tant en recettes qu'en dépenses, dont le payeur doit se charger. Il assistera aux conférences du gouverneur et du commissaire impérial pour la rédaction du budget, qu'il rapportera avec toutes les pièces et documents nécessaires.

Écrivez au gouverneur que je ne veux pas de dilapidations, et que mon intention est de n'en souffrir aucune; qu'il ait à exécuter exactement le décret et à prendre moins sur lui à l'avenir; qu'il doit écrire souvent, prendre toujours des ordres pour les affaires d'administration, et, quant au passé, s'occuper à se mettre en règle.

Napoléon.

D'après la copie. Dépôt de la guerre.

13342. — AU GÉNÉRAL MENOU,
GOUVERNEUR GÉNÉRAL DES DÉPARTEMENTS AU DELÀ DES ALPES.

Fontainebleau, 10 novembre 1807.

Je ne puis que vous témoigner mon mécontentement de la faiblesse que vous mettez dans votre administration, ce qui me porte à écouter d'autres rapports que les vôtres. Un rassemblement a eu lieu à Turin pour attendre le roi de Sardaigne, qui devait, disait-on, y être ramené par les Russes. Des propos tenus par un sieur Toggia avaient occasionné ce rassemblement. Cela a donné nécessairement lieu à des rapports, qui auraient dû être faits par vous. Puisque vous êtes chargé de la police, vous ne devriez pas vous coucher sans avoir écrit chaque jour. Le ministre, instruit par vous, ne serait pas exposé à donner confiance à de faux rapports qui compromettent les meilleurs citoyens. Je ne puis donc attribuer l'événement qui vient d'arriver qu'à la mauvaise direction que vous donnez à votre gouvernement. Vous sentez qu'aucune chose de quelque importance ne doit être ignorée de l'administration. Quant à l'affaire dont il s'agit, j'ai ordonné qu'on fît une enquête pour découvrir le calomniateur, qui sera entièrement privé de ma confiance et puni, s'il y a lieu.

D'après la minute. Archives de l'Empire.

13343. — AU GÉNÉRAL CLARKE,
MINISTRE DE LA GUERRE.

Fontainebleau, 11 novembre 1807.

Monsieur le Général Clarke, donnez l'ordre au général Dupont d'accélérer son départ pour Bayonne, de former sa première division des sept premiers bataillons de toutes les troupes qui seront arrivées avant le 20 novembre. Il formera sa seconde division des sept bataillons qui arriveront après, et il suivra, pour la formation de ses divisions, non les ordres que j'ai donnés, mais l'ordre de l'arrivée des bataillons.

Accélérez le départ de l'artillerie.

Donnez également des ordres pour accélérer le départ des régiments qui forment le 2e corps de la Gironde, pour Bayonne. Supprimez les séjours, et, s'il y a de petites étapes, faites-les doubler.

Donnez également l'ordre que les régiments provisoires de cavalerie qui doivent former les quatre brigades de réserve accélèrent leur marche, de manière à arriver le plus tôt possible, en supprimant les séjours et en doublant les petites étapes.

Donnez ordre que les bataillons composant le corps d'observation des côtes de l'Océan accélèrent aussi leur marche, en supprimant les séjours et brûlant les petites étapes.

Donnez l'ordre également aux trois compagnies d'artillerie à cheval de partir sans délai avec leur artillerie. Donnez l'ordre qu'au 20 novembre les places frontières de l'Espagne soient armées. Envoyez-y des compagnies d'artillerie. Au 20 novembre, vous y ferez entrer des approvisionnements pour servir à la garnison pendant quinze ou vingt jours. Ces approvisionnements se feront par réquisition par l'intermédiaire des préfets.

Faites fabriquer 200,000 rations de biscuit à Perpignan et 300,000 à Bayonne. Voyez le ministre de la marine pour que, s'il y a du biscuit tout fait à Bordeaux, on le fasse filer sur Bayonne. Tout cela doit être le plus secret possible, surtout l'armement des places des frontières d'Espagne du côté des Pyrénées orientales. Donnez des instructions secrètes, et faites marcher les corps de manière que les premières opérations ostensibles ne se fassent pas voir dans ce pays avant le 25 novembre.

Quand je parle de places, je veux dire celles de l'extrême frontière, telles que Bellegarde. Je ne connais pas assez cette frontière pour savoir s'il y en a d'autres. Les approvisionnements qu'on verra là, on dira que c'est pour l'armée de la Gironde.

Faites-moi faire un livret qui me présente l'état de situation des 1er et 2e corps de la Gironde et de celui des côtes de l'Océan, et qui me fera connaître quand partiront les compagnies d'artillerie, l'état-major des trois corps, les caissons de l'artillerie, et le jour où chaque chose sera rendue à sa destination. Vous comprendrez dans ce livret le 106e, qui va à Perpignan. Vous comprendrez dans ce livret, sous le titre de *Troupes qui n'ont pas encore de destination définitive*, les quatre bataillons qui sont dans la 13e division militaire, qui ont ordre de se tenir prêts à marcher avec le régiment irlandais.

Vous accélérerez le départ des régiments napolitains qui entrent en France par le mont Cenis, en toute hâte pour Avignon.

NAPOLÉON.

D'après la copie. Dépôt de la guerre.

13344. — AU GÉNÉRAL CLARKE,
MINISTRE DE LA GUERRE.

Fontainebleau, 11 novembre 1807.

Monsieur le Général Clarke, le corps d'observation des côtes de l'Océan ne sera réuni à Metz, Nancy et Sedan, tout entier, que vers le 25 novembre; cela ne peut point cadrer avec mes projets. Voici donc les mesures que mon intention est que vous preniez sans délai.

Faites préparer à Metz et sur toute la route de Metz à Bordeaux, des voitures en nombre suffisant pour porter mille hommes par convoi; et vous ferez ainsi aller en poste, par un mouvement continu, les troupes qui seront arrivées à Metz le 15 et le 16 novembre.

Le 15 novembre, à cinq heures du matin, les premiers 1,000 hommes formés des deux compagnies du 7e, des deux compagnies du 10e et des deux compagnies du 16e, avec un des chefs de bataillon que vous aurez déjà désigné et qui devra y être rendu, partiront sur ces voitures et continueront leur mouvement sur Bordeaux, de manière à y être rendus, si c'est possible, le 25 ou le 26 novembre.

Six heures après, le second convoi, composé des deux compagnies du 24°, de deux du 44° et des deux du 63°, suivra et prendra les mêmes relais.

Six heures après, le troisième convoi, composé de deux compagnies du 44°, des deux compagnies du 18° et des deux du 57°, suivra ce même mouvement et sera suivi par les deux compagnies du 96°, par celles du 88° et par celles du 100°; de sorte que ces 3,600 hommes se trouvent rendus à Bordeaux avant la fin de novembre.

Un officier d'état-major, que vous expédierez du ministère avec les fonds nécessaires, marchera devant, préparera la route et fera tous les payements.

Une autre route sera tracée de Nancy à Bordeaux, une troisième sera tracée de Sedan; mais de manière que les trois routes ne se rencontrent pas.

De Nancy, de Sedan comme de Metz, le premier convoi partira le 15, en sorte que 10,000 hommes de ce corps soient arrivés à Bordeaux avant la fin de novembre; les secondes compagnies de tous ces régiments, qui n'arriveront que du 20 au 25 novembre, partiront de même pour aller rejoindre les premières et de manière à arriver du 5 au 10 décembre.

Quant aux quatre compagnies du 17° d'infanterie légère, qui arrivent toutes ensemble, à celles du 34° de ligne, à celles du 51° de ligne, à celles du 61°, à celles du 94°, à celles du 95°, à celles du 28° d'infanterie légère, à celles du 25° d'infanterie légère, à celles du 105° de ligne, à celles du 14° de ligne, à celles du 85°, à celles du 3°, à celles du 21°, à celles du 33°, formant quatorze bataillons, chacun de 600 hommes, c'est-à-dire de 7 à 8,000 hommes, ils continueront leur route sans s'arrêter jusqu'à Orléans, en marche ordinaire, et ils seront formés à Orléans.

Mon intention est, du reste, qu'il ne soit fait aucun changement à la formation du corps des côtes de l'Océan, du moins autant que les circonstances le permettront; seulement, ils devront se former à Bordeaux, où ils vont se rendre en poste, et de la manière qu'il vient d'être ordonné ci-dessus, au lieu de se former à Metz, Sedan et à Nancy, comme il avait d'abord été indiqué.

Vous aurez soin d'écrire aux généraux qui sont à Metz, à Sedan et à Nancy, de faire des ordres du jour pour encourager la troupe et sur la nécessité d'accélérer les marches pour aller au secours de l'armée de Portugal contre l'expédition que les Anglais préparent.

Vous donnerez également l'ordre, par courrier extraordinaire, aux quatre brigades de cavalerie de réserve, cuirassiers, dragons, chasseurs et hussards, de se mettre en marche par la route la plus droite sur Bordeaux ; là, ces quatre brigades seront formées, au lieu de l'être à Orléans, Tours, etc. Vous ne leur accorderez pas de séjours ; vous leur recommanderez d'activer leur marche le plus possible. Le général Grouchy et les autres généraux qui commandent ces brigades se rendront à Bordeaux pour les y former. Trois compagnies d'artillerie à cheval se mettront également en route et se dirigeront chacune de leur côté sur Bordeaux, avec leur matériel en bon état.

Vous exécuterez d'abord mes ordres et ferez toutes les avances de fonds nécessaires ; car il faut que les charretiers soient exactement payés et sur le même pied que l'ont été ceux qui ont été employés, l'année passée, au transport de ma Garde à Mayence.

S'il y avait des généraux de brigade, parmi ceux nommés, qui ne dussent pas être rendus avant le 1er décembre à Bordeaux, il faudrait en envoyer d'autres.

Je vous ai ordonné d'extraire de chacun des 3es bataillons des 47e, 86e, 70e et 15e de ligne, un bataillon de six compagnies : envoyez-leur l'ordre de départ et dirigez ces bataillons sur Bordeaux.

NAPOLÉON.

D'après la copie. Dépôt de la guerre.

13345. — AU PRINCE DE NEUCHÂTEL,
MAJOR GÉNÉRAL DE LA GRANDE ARMÉE.

Fontainebleau, 11 novembre 1807.

Mon Cousin, vous enverrez demain un nouvel officier d'état-major à l'armée, et vous ferez connaître aux maréchaux les dispositions suivantes.

Le territoire de l'armée sera divisé en six commandements. Le premier commandement comprendra le duché de Varsovie et la province de Küstrin, y compris Küstrin et son territoire. Le maréchal Davout y commandera, et il placera ses troupes de manière à pouvoir y passer tout l'hiver et dans l'ordre suivant : 1° une division avec un régiment de cavalerie légère à Thorn, à Bromberg et à Posen, occupant par des détachements d'infanterie et de cavalerie les frontières du côté de la Prusse et de la Russie; 2° une division et deux régiments de cavalerie légère à Varsovie et à Kalisz; 3° une division et les quatre régiments de cavalerie légère du général Pajol à Küstrin et dans la province de Küstrin. La division de dragons qui est attachée au maréchal Davout se rendra en Silésie. Par ce moyen, la Pologne se trouvera soulagée d'une division d'infanterie, d'une division de dragons et d'une division de cavalerie légère. La place de Küstrin ne recevra d'ordres que du maréchal Davout. Il y aura un de ses généraux de division qui aura là son quartier général.

Le deuxième commandement comprendra l'île de Nogat et le pays de la rive gauche de la Vistule jusqu'à l'Oder, non compris le territoire de Danzig et le territoire du duché de Varsovie. La Poméranie suédoise fera partie de ce commandement, ainsi que la place de Stettin et la province d'Ukermark.

Le maréchal Soult aura ce commandement. Son corps sera placé de la manière suivante : 1° une division d'infanterie et trois régiments de cavalerie légère dans l'île de Nogat et sur la rive gauche de la Vistule; 2° deux divisions autour de Stettin et dans l'Ukermark; 3° une division de dragons entre Stettin et la Vistule; 4° la division Molitor, qui fera désormais partie du 4ᵉ corps, dans la Poméranie suédoise; 5° le régiment du grand-duc de Berg, qui fera également partie du 4ᵉ corps, sera cantonné dans la Poméranie.

La ville de Danzig et son territoire formera un commandement particulier. Il y aura là le corps du général Oudinot augmenté du 9ᵉ de hussards et des 7ᵉ et 2ᵉ de chasseurs.

Le troisième commandement comprendra la Silésie. Le maréchal Mortier aura ce commandement. Il y aura le 5ᵉ et le 6ᵉ corps. Le 5ᵉ corps sera dans la haute Silésie et le 6ᵉ corps dans la basse Silésie. Il y aura trois divisions de dragons, celle qui était attachée au 3ᵉ corps et les deux qui se trouvent déjà en Silésie.

Le quatrième commandement comprendra les pays situés entre l'Oder et l'Elbe. Le maréchal Victor aura ce commandement. Il y aura là le 1ᵉʳ corps et les trois divisions de grosse cavalerie.

Le cinquième commandement comprendra les villes hanséatiques. Le maréchal prince de Ponte-Corvo aura ce commandement. Il y aura ce qui s'y trouve actuellement.

Le sixième commandement comprendra le Hanovre.

Le parc général d'artillerie se rendra à Erfurt. Le grand quartier général et le quartier général de la réserve de cavalerie seront à Berlin.

La division Verdière sera dissoute; les 2ᵉ et 12ᵉ légers se rendront à Paris; le 3ᵉ et le 72ᵉ feront partie du corps du maréchal Soult et remplaceront le 14ᵉ et le 55ᵉ: le 14ᵉ rejoindra son dépôt, en partant vingt-quatre heures après la réception de votre ordre; le 55ᵉ rejoindra le camp de Boulogne. L'artillerie de la division Verdière se rendra à Mayence, pour servir dans l'intérieur. Les troupes bavaroises et wurtembergeoises, et les autres troupes alliées, qui se trouvent en Silésie et dans la province de Berlin, se rendront à Baireuth, pour de là être renvoyées chez elles. Vous me ferez connaître le jour de leur arrivée, et vous me demanderez mes ordres. La brigade de cavalerie légère du général Bruyères sera cantonnée dans la Poméranie suédoise. La division de dragons de Milhaud se rendra en Hanovre; tous les détachements appartenant à ces corps la rejoindront.

Par cet arrangement, mes troupes seront placées de manière à passer l'hiver sans se gêner les unes les autres. Le maréchal Davout restera à Varsovie, le maréchal Soult à Stettin, le maréchal Mortier à Breslau, le maréchal Victor à Berlin et le prince de Ponte-Corvo à Hambourg. Si j'avais oublié quelque corps, ce que je ne crois pas, vous me le ferez connaître avant d'expédier vos ordres. Réitérez l'ordre à M. Daru de réunir les magasins de capotes et effets d'habillement à Magdeburg, où doit être le dépôt général, en ne laissant à Varsovie que ce qui est nécessaire au 3ᵉ corps, et à Danzig ce qui est nécessaire à la division Oudinot, et c'est peu de chose.

NAPOLÉON.

D'après l'expédition originale. Dépôt de la guerre.

13346. — A EUGÈNE NAPOLÉON,
VICE-ROI D'ITALIE.

Fontainebleau, 11 novembre 1807.

Mon Fils, Marescalchi vous communiquera le traité que j'ai fait avec l'Espagne; vous y verrez que la Toscane m'appartient. Mon intention est de la réunir au royaume d'Italie. Je crois avoir à Livourne assez de troupes pour cela; mais il faut préparer, en secret, les mesures nécessaires.

NAPOLÉON.

D'après la copie comm. par S. A. I. Mᵐᵉ la duchesse de Leuchtenberg.

13347. — DÉCISION.

Fontainebleau, 11 novembre 1807.

M. Gaudin, ministre des finances, soumet à l'Empereur un rapport sur les mesures prises pour étendre au Rhin et aux canaux de la Belgique les dispositions relatives au blocus de l'Angleterre.

Ce rapport n'est pas assez clair. La navigation du Rhin n'est pas la seule. Les canaux de la Belgique sont dans le même cas. Après les canaux de la Belgique, viennent les transports par terre. Peut-on transporter de Hollande par terre des marchandises provenant du cru ou du commerce anglais? Voilà la question. Quelles sont les mesures à prendre pour empêcher cela? Toute marchandise anglaise prohibée en France ne peut entrer par le Rhin; soit qu'elle aille sur la rive gauche, soit qu'elle aille sur la rive droite, on doit l'empêcher.

NAPOLÉON.

D'après la copie. Archives de l'Empire.

13348. — DÉCISION.

Fontainebleau, 11 novembre 1807.

La princesse de Lucques soumet à l'Empereur des types et dessins de monnaies pour sa principauté, avec cette légende : *Napoleone protegge l'Italia.*

Ce type n'est pas convenable; ce qu'on veut mettre en place de *Dieu protége la France* est indécent.

NAPOLÉON.

D'après l'original. Archives de l'Empire.

13349. — AU GÉNÉRAL CLARKE,
MINISTRE DE LA GUERRE.

Fontainebleau, 12 novembre 1807, 4 heures du matin.

Si les ordres que je vous ai donnés, par ma lettre d'hier, pour faire partir en poste les troupes du corps d'observation des côtes de l'Océan, ne sont pas expédiés, je désire que vous les contremandiez. Vous me ferez un rapport sur ce que cela coûtera et sur les moyens d'exécution. Les circonstances sont moins urgentes aujourd'hui.

D'après la minute. Archives de l'Empire.

13350. — AU MARÉCHAL BESSIÈRES,
COMMANDANT LA CAVALERIE DE LA GARDE IMPÉRIALE.

Fontainebleau, 12 novembre 1807, 4 heures du matin.

Mon Cousin, contremandez l'ordre que je vous ai donné hier de faire partir en poste de Châlons les fusiliers de ma Garde, et donnez-leur celui de rentrer à Paris avec le reste de la Garde.

NAPOLÉON.

D'après l'original comm. par Mme la duchesse d'Istrie.

13351. — AU GÉNÉRAL JUNOT,
COMMANDANT LE CORPS D'OBSERVATION DE LA GIRONDE.

Fontainebleau, 12 novembre 1807.

Je reçois votre lettre du 3 novembre. Deux dépêches que vous avez reçues de moi par des courriers extraordinaires vous auront fait connaître mon intention relativement à votre marche en Portugal. Elles s'accordent assez avec les projets que vous me faites connaître. Je conçois toujours l'espérance que vous saisirez la flotte. Je vous envoie ci-joint l'état des officiers de marine qui vont vous joindre.

Si on vous laisse arriver, comme je le suppose, voici la conduite que vous devez tenir : occuper les ports, bien placer vos troupes dans des camps, saisir la flotte, faire arborer sur tous les bâtiments le pavillon français, y répartir les officiers de marine que je vous envoie, mettre à bord de chaque vaisseau 200 hommes d'infanterie.

Je donne ordre au ministre de la marine de diriger en toute hâte un bataillon de canonniers de la marine, afin d'en garnir les vaisseaux. Vous ferez sur-le-champ armer les vaisseaux qui seront en état de l'être, vous ferez tenir l'équipage de force à bord, et y ferez mettre des vivres, afin que j'aie là sept à huit vaisseaux de ligne qui puissent se porter partout.

Du moment que vous aurez pris possession de la flotte et des places fortes, vous procéderez au désarmement de l'armée.

Vous ferez connaître au prince régent qu'il doit se rendre en France ; vous tâcherez qu'il y consente de bon gré. Vous lui donnerez des officiers dont la commission apparente sera de l'escorter, mais bien réellement pour le garder. Arrivé à Lisbonne, vous m'en ferez prévenir, et on attendra là mes ordres. Vous en ferez de même de tout ce qui a droit au trône, et, sans dureté, sans vexation, vous les ferez partir pour Bayonne. S'il y a des Suisses, vous les incorporerez dans vos régiments suisses, en envoyant les officiers à Paris pour être placés dans mes régiments suisses, s'il y a lieu.

Vous vous déferez des hommes les plus marquants, et qui pourraient vous donner de l'inquiétude, en leur donnant l'ordre de se rendre à Paris. Tous devront attendre à Bayonne de nouveaux ordres.

Vous pouvez même réunir de l'armée portugaise un corps de 5 à 6,000 hommes, officiers et soldats, en les dirigeant par colonnes de 1,000 hommes sur la France, et leur déclarant que je les prends à mon service. Vous les feriez assermenter; vous y mêleriez quelques officiers français, et donneriez d'autres noms à leurs régiments; et effectivement je les prendrai à mon service. Par ce moyen, vous vous débarrasserez de beaucoup de monde. Vous aurez soin de les diriger par différents chemins.

Les revenus doivent être perçus pour mon compte. Le sieur Herman doit être administrateur général des finances du pays; je donne ordre au ministre du trésor public de vous envoyer un receveur général, qui sera sous ses ordres.

Je n'ai pas besoin de vous recommander de ne donner lieu à aucune espèce de plaintes : c'est à vous à donner à tout le monde l'exemple du plus grand désintéressement. Veillez avant tout à ce que la solde de l'armée soit pourvue. Ce qui viendra des prises, des bijoux, magasins de marchandises anglaises, moitié sera pour le domaine privé et moitié pour l'armée; et, dans cette moitié, les généraux et les chefs auront lieu d'être satisfaits de la manière dont ils seront traités.

Les marchandises anglaises doivent être saisies; les individus anglais, arrêtés et envoyés en France; les propriétés anglaises, même foncières, doivent êtres séquestrées en mon nom, telles que maisons, vignes, terres, etc.

Je vous réitère de bien vous conduire, et comme je le ferais moi-même, et de donner l'exemple de la plus grande pureté; il vaut mieux avoir une fortune noblement acquise, que vous pourrez avouer et que vous tiendrez de mes mains, qu'une fortune illégitime et honteuse. Il paraît que la gloire militaire que vous recueillez en Portugal ne sera pas grande; il faut donc que vous acquériez celle d'un administrateur probe et irréprochable; il faut donc que vous donniez l'exemple.

Votre chef d'état-major est un homme peu délicat, qui a pris beaucoup d'argent à Fulde; imposez-lui une loi scrupuleuse. Faites connaître que qui que ce soit qui vole, j'en ferai justice.

Vous ferez arborer à Lisbonne le pavillon français, et vous vous tiendrez dans cette situation.

Votre armée doit être exactement payée. Vous devez de plus accorder aux généraux, colonels et commandants, des traitements comme ceux de la Grande Armée, mais pas davantage.

Tous les objets précieux que vous prendrez, vous les ferez mettre dans des caisses et envoyer à la caisse d'amortissement. Ils auront la destination définitive que je vous ai dite par ma lettre.

<small>D'après la minute. Archives de l'Empire.</small>

13352. — A M. GAUDIN,
MINISTRE DES FINANCES.

Fontainebleau, 13 novembre 1807.

J'apprends que le directeur des douanes fait entrer des marchandises prohibées et de contrebande, sous le prétexte qu'elles appartiennent à l'Impératrice; que dernièrement, des marchandises saisies étant à l'encan, l'encan fut suspendu sous le même prétexte. Je ne puis que vous témoigner mon mécontentement de tout ceci. D'abord aucune marchandise prohibée ne peut entrer sans mon ordre; et c'est me manquer essentiellement que de donner la main à des abus qui touchent de si près à ma Maison. Tout ce qui regarde l'Impératrice et ma famille doit être spécialement l'objet de mon attention. Je sais bien que ce sera quelques graines ou autres misères de cette espèce; mais ni vous ni le directeur des douanes ne deviez en permettre l'introduction sans avoir mon opinion, sous le prétexte que c'est pour l'Impératrice. Je désire que vous me fassiez un petit rapport sur tout cela, et que cela n'ait pas lieu désormais. Quand il y a des lois qui pèsent sur la société, il faut que tout le monde donne l'exemple.

<small>D'après la minute. Archives de l'Empire.</small>

13353. — AU GÉNÉRAL CLARKE,
MINISTRE DE LA GUERRE.

Fontainebleau, 13 novembre 1807.

Monsieur le Général Clarke, donnez ordre que le 22 novembre au plus tard la 1re division du 2e corps de la Gironde parte de Bayonne en une seule colonne et se rende à Vittoria, où elle tiendra garnison pour maintenir la communication avec le général Junot. Elle ne bougera pas de Vittoria sans mon ordre. Elle pourra se cantonner dans les villages voisins. Comme il est possible que les charretiers et les chevaux d'artillerie ne soient pas arrivés à cette époque, le général Dupont organisera, par tous les moyens quelconques, voie de réquisition ou autrement, six pièces d'artillerie, et il s'entendra à cet effet avec le préfet et le maire de Bayonne, afin que cette 1re division, qui doit être composée des sept premiers bataillons qui arriveront, ne soit pas sans artillerie.

Le général Barbou commandera cette 1re division. Il enverra des officiers à Bilbao, Burgos et Pampelune, pour connaître l'esprit de ces pays sur les événements qui se passent en Espagne. Le général Dupont en enverra de son côté.

Le général Dupont enverra un officier d'état-major au général Junot pour lui faire connaître le jour où sa 1re division arrivera à Vittoria.

Le général Barbou enverra du côté de Zamora et auprès du capitaine général de la Galice, pour connaître les mouvements des Portugais et des Espagnols de ce côté.

NAPOLÉON.

D'après la copie. Dépôt de la guerre.

13354. — A M. DE TOURNON,
CHAMBELLAN DE L'EMPEREUR.

Fontainebleau, 13 novembre 1807.

Vous remettrez la lettre ci-jointe au roi d'Espagne. Vous aurez soin d'observer en route, des Pyrénées à Madrid, l'opinion du pays sur ce qui vient de se passer en Espagne; si l'opinion est en faveur du prince des Asturies ou du prince de la Paix.

Vous vous informerez aussi, sans faire semblant de rien, de la situation des places de Pampelune et de Fontarabie; et, si vous vous aperceviez qu'on armât quelques places, vous m'en feriez part par un courrier. Vous observerez à Madrid pour bien voir l'esprit qui anime cette ville.

Vous remettrez cette lettre au Roi, et vous m'en rapporterez la réponse.

P. S. Vous aurez soin également de prendre des renseignements bien positifs sur l'armée espagnole, sur les points qu'elle occupe aujourd'hui, sur ce qu'elle aurait du côté de Cadix ou ailleurs.

D'après la minute. Archives de l'Empire.

13355. — A CHARLES IV, ROI D'ESPAGNE.

Fontainebleau, 13 novembre 1807.

Monsieur mon Frère, j'ai reçu les lettres de Votre Majesté des 29 octobre et 3 novembre. Je dois à la vérité de lui faire connaître que je n'ai jamais reçu aucune lettre du prince des Asturies, et que, directement ni indirectement, je n'ai jamais entendu parler de lui; de sorte qu'il serait vrai de dire que j'ignore s'il existe. Le traité que Votre Majesté a reçu lui aura fait voir qu'en consentant que mes troupes fussent commandées par elle ou par le prince de la Paix, il ne m'était jamais venu dans l'idée que le prince des Asturies pût les commander. Cette circonstance me ferait penser que tous les griefs dont on charge le prince des Asturies ne sont pas exacts. Du reste, l'intérêt des peuples de Votre Majesté et des miens veut que nous poussions vivement la guerre contre le Portugal. Elle peut être sans inquiétude sur un débarquement d'Anglais dans la Galice. L'expédition du Portugal a manqué déjà, il y a quelques années, et, au moment où je croyais que ce grand débouché allait être fermé aux Anglais, Votre Majesté jugea à propos de faire sa paix. J'ai trop de confiance dans sa loyauté et ses principes politiques pour craindre que la même chose arrive aujourd'hui. Quelques discussions de palais, affligeantes sans doute pour le cœur sensible d'un père, ne peuvent avoir aucune influence sur les affaires générales. C'est dans cette croyance que je prie Votre Majesté de croire à l'impatience que j'ai d'apprendre qu'elle persiste dans les mêmes sentiments hostiles contre le Portugal, sentiments dont toutefois, pour mon compte, je ne saurais me départir. Que Votre Majesté ne doute pas du désir que j'ai de voir la paix rétablie dans son palais, et de savoir qu'elle a trouvé quelques consolations dans les inquiétudes qui l'assiégent, car personne ne lui est personnellement plus attaché que moi.

D'après la minute. Archives de l'Empire.

13356. — A EUGÈNE NAPOLÉON,
VICE-ROI D'ITALIE.

Fontainebleau, 13 novembre 1807.

Mon Fils, je reçois votre lettre du 4. J'y vois avec peine que mes intentions n'ont pas été exécutées en Italie, puisque vous permettez le transit aux marchandises anglaises venant de Suisse sans autres certificats que ceux des autorités du pays. Ce n'est pas ainsi que nous opérons en France : ces marchandises sont toutes confisquées et prohibées partout. Pour les denrées coloniales, il faut un certificat du consul français du lieu d'où elles proviennent, qui constate que ces denrées ne sont pas du cru anglais. Vous n'avez donc autre chose à faire que de défendre le transit, l'importation, par l'Étrurie et la Suisse, de toute toile de coton ou autres marchandises anglaises, et d'ordonner que tout ce qui est aux douanes soit confisqué, mis dans un magasin particulier, pour en être disposé selon les décisions qui seront prises. Faute de ces mesures, je vois que l'Italie a toujours été ouverte aux marchandises anglaises.

NAPOLÉON.

D'après la copie comm. par S. A. I. Mme la duchesse de Leuchtenberg.

13357. — A LOUIS NAPOLÉON, ROI DE HOLLANDE.

Fontainebleau, 13 novembre 1807.

Je reçois votre lettre du 9 novembre. Si vous faites retoucher au code Napoléon, ce ne sera plus le code Napoléon. Je ne vois pas quel temps il vous faut, ni quels changements il y a à faire, ni le tort que cela fera aux fortunes particulières. Vous êtes bien jeune en administration si vous pensez que l'établissement d'un code définitif peut troubler les familles et porter une confusion funeste dans le pays. C'est un conte que l'on vous fait, parce que les Hollandais voient avec jalousie tout ce qui vient de la France. Cependant une nation de 1,800,000 âmes ne peut pas avoir une législation à part. Les Romains donnaient leurs lois à leurs alliés : pourquoi la France ne ferait-elle pas adopter les siennes en Hollande? Il est nécessaire également que vous adoptiez le système monétaire français; ce que fait l'Espagne, l'Allemagne, toute l'Italie, pourquoi ne le feriez-vous pas? Cela resserre les liens des nations d'avoir les mêmes lois civiles et les mêmes monnaies. Quand je dis « les mêmes monnaies, » j'entends bien que vos monnaies porteront les armes de Hollande et l'effigie du roi; mais le type, mais l'organisation doivent être les mêmes.

Je reçois avec plaisir la note des bâtiments qui commercent de mes ports avec l'Angleterre. Continuez à me donner les mêmes avis. Faites arrêter ces bâtiments s'ils venaient dans vos ports; je donne ordre qu'ils le soient quand ils se présenteront dans les miens.

Je vous envoie ci-joint une note de quelques contrebandiers hollandais, qu'il convient de faire arrêter et dont la saisie des papiers serait très-importante.

D'après la minute. Archives de l'Empire.

13358. — A M. CRETET,
MINISTRE DE L'INTÉRIEUR.

Fontainebleau, 16 novembre 1807.

Monsieur Cretet, vous aurez reçu le décret par lequel j'ai autorisé la caisse d'amortissement à prêter huit millions à la ville de Paris. Je suppose que vous vous occupez de prendre des mesures pour que les travaux soient rapidement terminés et augmentent les revenus de la ville. Dans ces travaux, il y en a qui ne rendront pas grand'chose, et qui ne sont que d'embellissement; mais il y en a d'autres, tels que les galeries à établir sur les marchés, les tueries, etc. qui seront d'un grand produit; mais pour cela il faut agir. Les magasins pour lesquels je vous avais accordé des fonds ne sont pas encore commencés.

Je suppose que vous avez retrouvé les fonds qui étaient destinés pour des fontaines, et que vous les avez employés provisoirement pour la machine de Marly. Poussez tout cela vivement. Ce système d'avancer de l'argent à la ville de Paris pour augmenter ses branches de revenus a aussi le but de concourir à son embellissement: mon intention est de l'étendre à d'autres départements.

J'ai beaucoup de canaux à faire : celui de Dijon à Paris, celui du Rhin à la Saône, et celui du Rhin à l'Escaut. Ces trois canaux peuvent être poussés aussi vivement que l'on voudra. Mon intention est, indépendamment des fonds qui sont accordés sur les revenus de l'État, de chercher des fonds extraordinaires pour ces trois canaux. Pour cela, je voudrais vendre le canal de Saint-Quentin, dont le produit serait versé pour accélérer les travaux du canal de l'Escaut ; je voudrais vendre le canal d'Orléans, dont le produit servirait à accélérer les travaux du canal de Bourgogne ; enfin je vendrais même le canal du Languedoc, pour le produit en être affecté à la construction du canal du Rhin à la Saône. Je suppose que le canal de Saint-Quentin pourrait être vendu huit millions, celui de Loing autant, et celui du Languedoc autant et plus. Ce serait donc une trentaine de millions que je me procurerais sur-le-champ, et que j'emploierais à accélérer les trois grands canaux avec toute la rapidité possible. L'argent, je l'ai. L'État n'y perdra rien ; il y gagnera au contraire immensément, puisque, s'il perd ses revenus des canaux de Loing, de Saint-Quentin et du Midi, il gagnera les produits des canaux de l'Escaut, de Napoléon et de Bourgogne. Et, quand ces travaux seront finis, si les circonstances le permettent, je les vendrai encore pour en faire d'autres.

Ainsi, mon but est de faire les choses en sens inverse de l'Angleterre, ou de ce que l'on propose de faire. En Angleterre on aurait accordé un octroi pour le canal de Saint-Quentin, et le Gouvernement l'aurait alloué à des capitalistes. J'ai, au contraire, commencé par construire le canal de Saint-Quentin. Il m'a coûté, je crois, huit millions ; il me rendra 500,000 francs ; je ne perdrai donc rien en le vendant à une compagnie ce qu'il m'a coûté ; et puis, avec cet argent, je ferai d'autres canaux. Faites-moi, je vous prie, un rapport là-dessus ; car, sans cela, nous mourrons sans avoir vu naviguer ces trois grands canaux. En effet, voilà six ans que le canal de Saint-Quentin est commencé, et il n'est pas encore fini. Or ces canaux-là sont d'une bien autre importance. On évalue la dépense de celui de Bourgogne à trente millions. Certainement, ce qu'on peut dépenser par an, sur les fonds généraux de l'état, ne va pas à plus d'un million; les départements ne rendent pas plus de 500,000 francs : il faudra donc vingt ans pour finir le canal. Que ne se passera-t-il pas pendant ce temps? Des guerres et des hommes ineptes arriveront, et les canaux resteront sans être achevés. Le canal du Rhin à l'Escaut est aussi d'une grande dépense. Les fonds généraux de l'État ne suffisent pas pour le conduire aussi vite que l'on voudrait. Le canal Napoléon est dans le même cas.

Faites-moi connaître combien il serait possible de dépenser par an à chacun de ces canaux. Je suppose que, sans nuire aux autres travaux, on pourrait dépenser à chacun trois ou quatre millions par an, et qu'ainsi, dans cinq ou six ans, nous pourrions les voir naviguer tous les trois. Vous me ferez connaître combien les impôts établis fournissent de ressources pour ces trois canaux, combien j'ai accordé pour 1808 et les fonds supplémentaires que j'ai accordés en 1806 pour pousser les travaux avec la plus grande activité. Vous me proposerez de vendre les trois canaux déjà faits, et à quel prix il faudrait les vendre; je me charge de trouver des acquéreurs. Alors l'argent sera en abondance.

Il faut me dire dans votre rapport combien sont évalués les trois canaux que je veux promptement achever, et comparer cela avec les sommes qu'ont coûté les trois anciens canaux que je veux vendre. Vous comprenez ce que je veux dire. Sur votre rapport, mon intention est de passer outre.

Peut-être cela conduira-t-il à ouvrir une caisse de travaux publics, où les fonds spéciaux des routes, de la navigation, etc. seraient versés directement. On pourrait aussi accorder à cette administration les fonds provenant de la vente des trois anciens canaux, et d'autres encore, s'il en existe qu'on puisse vendre. Les fonds en seraient versés, selon les conditions de vente, dans la caisse des travaux publics, et, avec cette institution, nous changerions la face du territoire.

Pour des affaires de cette nature, aucune circonstance n'est plus favorable que celle-ci. Puisque j'ai des fonds destinés à récompenser les généraux et les officiers de la Grande Armée, ces fonds peuvent tout aussi bien leur être donnés en actions sur ces canaux qu'en rentes sur l'état ou en argent. Je serais obligé de leur donner de l'argent, si quelque chose comme cela n'était pas promptement établi. Mais il faudrait que la chose fût tellement bonne que des particuliers s'y associassent, et que la caisse d'amortissement pût prendre ces actions au pair, s'il y en avait plus que je n'en veux donner aux officiers. J'attends votre rapport avec intérêt.

Je suis fâché que le canal de Charlemont ne soit pas déjà fait. Si vous établissez la compagnie, je vous ferai prendre autant d'actions que vous voudrez. Tout est possible en France, dans ce moment, où l'on a plutôt besoin de chercher des placements d'argent que de l'argent.

J'ai fait consister la gloire de mon règne à changer la face du territoire de mon empire. L'exécution de ces grands travaux est aussi nécessaire à l'intérêt de mes peuples qu'à ma propre satisfaction.

J'attache également une grande importance et une grande idée de gloire à détruire la mendicité. Les fonds ne manquent pas; mais il me semble que tout cela marche lentement, et cependant les années se passent. Il ne faut point passer sur cette terre sans y laisser des traces qui recommandent notre mémoire à la postérité. Je vais faire une absence d'un mois; faites en sorte qu'au 15 décembre vous soyez prêt sur toutes les questions, que vous les ayez examinées en détail, afin que je puisse, par un décret général, porter le dernier coup à la mendicité. Il faut qu'avant le 15 décembre vous ayez trouvé, sur le quart de réserve et sur les fonds des communes, les fonds nécessaires à l'entretien de soixante ou cent maisons pour l'extirpation de la mendicité. Que les lieux où elles seront placées soient désignés, et le règlement mûri. N'allez pas me demander encore des trois ou quatre mois pour obtenir des renseignements. Vous avez de jeunes auditeurs, des préfets intelligents, des ingénieurs des ponts et chaussées instruits; faites courir tout cela, et ne vous endormez pas dans le travail ordinaire des bureaux.

Il faut également qu'à la même époque tout ce qui est relatif à l'administration des travaux publics soit mûri et prévu, afin que l'on puisse préparer tout, de manière qu'au commencement de la belle saison la France présente le spectacle d'un pays sans mendiants, et où toute la population est en mouvement pour embellir et rendre productif notre immense territoire.

Il faut aussi que vous me prépariez tout ce qui est nécessaire sur les mesures à prendre pour tirer du desséchement des marais du Cotentin et de Rochefort des sommes pour alimenter la caisse des travaux publics, et pour achever les desséchements ou en opérer d'autres. Les soirées d'hiver sont longues; remplissez vos portefeuilles, afin que nous puissions, dans les soirées de ces trois mois, discuter les moyens d'arriver à de grands résultats.

NAPOLÉON.

D'après la copie comm. par MM. Champagny.

13359. — A M. DE CHAMPAGNY,
MINISTRE DES RELATIONS EXTÉRIEURES.

Fontainebleau, 15 novembre 1807.

Monsieur de Champagny, répondez au ministre d'Amérique que, puisque l'Amérique souffre que ses bâtiments soient visités, elle adopte le principe que le pavillon ne couvre point la marchandise; puisqu'elle reconnaît les absurdes lois du blocus de l'Angleterre, qu'elle consent que ses vaisseaux soient sans cesse arrêtés, se rendent en Angleterre et soient ainsi détournés de leur navigation, pourquoi les Américains ne souffrent-ils pas le blocus de la France? Certes, la France n'est pas plus bloquée par l'Angleterre que l'Angleterre ne l'est par la France : pourquoi les Américains ne souffrent-ils pas également la visite des bâtiments français? Certes, la France reconnaît que ces mesures sont injustes, illégales et attentatoires à la souveraineté des peuples; mais c'est aux peuples à recourir à la force et à se prononcer contre des choses qui les déshonorent et flétrissent leur indépendance.

NAPOLÉON.

D'après l'original. Archives des affaires étrangères.

13360. — AU GÉNÉRAL CLARKE,
MINISTRE DE LA GUERRE.

Fontainebleau, 15 novembre 1807.

Le général Servan est prévenu d'avoir donné des états de situation de mes troupes en 1806, dans un ouvrage qui a été imprimé, intitulé : *Campagnes des Français en Italie depuis Henri IV jusqu'en 1806*. Le général Servan était alors inspecteur aux revues; il a donc abusé de ma confiance pour divulguer les choses les plus secrètes de l'état. Vous lui ordonnerez les arrêts, et me ferez connaître ce qu'il allègue pour sa justification; et, lorsqu'il sera prouvé que le général Servan a donné ces renseignements, vous ferez mettre à l'ordre de l'armée que ce général a été mis aux arrêts pour avoir, par une conduite coupable et insensée, divulgué les secrets de l'état.

Vous veillerez à ce qu'aucun renseignement ne soit publié, sur les frontières militaires de l'empire, que vous ne l'ayez permis, et vous ne la donnerez, votre permission, pour rien de ce qui pourrait donner à l'ennemi des connaissances qui pourraient être nuisibles.

D'après la minute. Archives de l'Empire.

13361. — A JÉRÔME NAPOLÉON, ROI DE WESTPHALIE.

Fontainebleau, 15 novembre 1807.

Mon Frère, vous trouverez ci-joint la Constitution de votre royaume. Cette Constitution renferme les conditions auxquelles je renonce à tous mes droits de conquête et à mes droits acquis sur votre pays. Vous devez la suivre fidèlement. Le bonheur de vos peuples m'importe, non-seulement par l'influence qu'il peut avoir sur votre gloire et la mienne, mais aussi sous le point de vue du système général de l'Europe. N'écoutez point ceux qui vous disent que vos peuples, accoutumés à la servitude, recevront avec ingratitude vos bienfaits. On est plus éclairé dans le royaume de Westphalie qu'on ne voudrait vous le persuader; et votre trône ne sera véritablement fondé que sur la confiance et l'amour de la population. Ce que désirent avec impatience les peuples d'Allemagne, c'est que les individus qui ne sont point nobles et qui ont des talents aient un égal droit à votre considération et aux emplois; c'est que toute espèce de servage et de liens intermédiaires entre le souverain et la dernière classe du peuple soit entièrement abolie. Les bienfaits du code Napoléon, la publicité des procédures, l'établissement des jurys, seront autant de caractères distinctifs de votre monarchie. Et s'il faut vous dire ma pensée tout entière, je compte plus sur leurs effets, pour l'extension et l'affermissement de votre monarchie, que sur le résultat des plus grandes victoires. Il faut que vos peuples jouissent d'une liberté, d'une égalité, d'un bien-être inconnus aux peuples de la Germanie, et que ce gouvernement libéral produise, d'une manière ou d'autre, les changements les plus salutaires au système de la Confédération et à la puissance de votre monarchie. Cette manière de gouverner sera une barrière plus puissante, pour vous séparer de la Prusse, que l'Elbe, que les places fortes et que la protection de la France. Quel peuple voudra retourner sous le gouvernement arbitraire prussien, quand il aura goûté les bienfaits d'une administration sage et libérale? Les peuples d'Allemagne, ceux de France, d'Italie, d'Espagne désirent l'égalité et veulent des idées libérales. Voilà bien des années que je mène les affaires de l'Europe, et j'ai eu lieu de me convaincre que le bourdonnement des privilégiés était contraire à l'opinion générale. Soyez roi constitutionnel. Quand la raison et les lumières de votre siècle ne suffiraient pas, dans votre position la bonne politique vous l'ordonnerait. Vous vous trouverez avoir une force d'opinion et un ascendant naturel sur vos voisins qui sont rois absolus.

NAPOLÉON.

D'après la copie comm. par S. A. I. le prince Jérôme.

13362. — CONSTITUTION DU ROYAUME DE WESTPHALIE.

Palais de Fontainebleau, 15 novembre 1807.

NAPOLÉON, par la grâce de Dieu et les constitutions, Empereur des Français, Roi d'Italie et Protecteur de la Confédération du Rhin;

Voulant donner une prompte exécution à l'article 19 du traité de paix de Tilsit, et établir pour le royaume de Westphalie des constitutions fondamentales qui garantissent le bonheur des peuples et qui, en même temps, assurent au souverain les moyens de concourir, en qualité de membre de la Confédération du Rhin, à la sûreté et à la prospérité communes,

Nous avons statué et statuons ce qui suit :

TITRE Ier.

Article 1er. Le royaume de Westphalie est composé des états ci-après, savoir : les états de Brunswick-Wolfenbuttel; la partie de l'Alt-Mark située sur la rive gauche de l'Elbe; la partie du pays de Magdeburg située sur la rive gauche de l'Elbe; le territoire de Halle; le pays de Hildesheim et la ville de Goslar; le pays de Halberstadt; le pays de Hohenstein; le territoire de Quedlinburg; le comté de Mansfeld; l'Eischfeld avec Treffurt; Mülhausen; Nordhausen; le comté de Stolberg-Wernigerode; les états de Hesse-Cassel avec Rinteln et le Schauenburg, non compris le territoire de Hanau, Schmalkalden, et le Katzenelnbogen sur le Rhin; le territoire de Corvey; Gœttingen et Grubenhagen, avec les enclaves de Hohenstein et d'Elbingerode; l'évêché d'Osnabrück; l'évêché de Paderborn; Minden et Ravensberg, et le comté de Rietberg-Kaunitz.

Art. 2. Nous nous réservons la moitié des domaines allodiaux des princes, pour être employée aux récompenses que nous avons promises aux officiers de nos armées qui nous ont rendu le plus de services dans la présente guerre.

La prise de possession de ces biens sera faite sans délai par nos intendants, et le procès-verbal en sera dressé contradictoirement avec les autorités du pays, avant le 1er décembre.

Art. 3. Les contributions extraordinaires de guerre qui ont été mises sur lesdits pays seront payées, ou des sûretés seront données pour leur payement, avant le 1er décembre.

Art. 4. Au 1er décembre, le roi de Westphalie sera mis en possession, par des commissaires que nous nommerons à cet effet, de la pleine jouissance et souveraineté de son territoire.

TITRE II.

Art. 5. Le royaume de Westphalie fait partie de la Confédération du Rhin. Son contingent sera de 25,000 hommes de toutes armes, présents sous les armes, savoir : 20,000 hommes d'infanterie, 3,500 de cavalerie, 1,500 d'artillerie.

Pendant ces premières années, il sera seulement soldé 10,000 hommes d'infanterie, 2,000 de cavalerie et 500 d'artillerie; les 12,500 autres seront fournis par la France et tiendront garnison à Magdeburg. Ces 12,500 hommes seront soldés, nourris et habillés par le roi de Westphalie.

TITRE III.

Art. 6. Le royaume de Westphalie sera héréditaire dans la descendance directe, naturelle et légitime du prince Jérôme Napoléon, de mâle en mâle, par ordre de primogéniture, et à l'exclusion perpétuelle des femmes et de leur descendance.

A défaut de descendance naturelle et légitime du prince Jérôme Napoléon, le trône de Westphalie sera dévolu à nous et à nos héritiers et descendants naturels et légitimes ou adoptifs;

A défaut de ceux-ci, aux descendants naturels et légitimes du prince Joseph Napoléon, roi de Naples et de Sicile;

A défaut desdits princes, aux descendants naturels et légitimes du prince Louis Napoléon, roi de Hollande;

Et à défaut de ces derniers, aux descendants naturels et légitimes du prince Joachim, grand-duc de Berg et de Clèves.

Art. 7. Le roi de Westphalie et sa famille sont soumis, pour ce qui les concerne, aux dispositions du pacte de la Famille impériale.

Art. 8. En cas de minorité, le régent du royaume sera nommé par nous ou nos successeurs, en notre qualité de chef de la Famille impériale.

Il sera choisi parmi les princes de la Famille royale.

La minorité du Roi finit à l'âge de dix-huit ans accomplis.

Art. 9. Le Roi et la Famille royale ont pour leur entretien un trésor particulier, sous le titre de trésor de la couronne, montant à une somme de cinq millions de francs de rente.

Les revenus des forêts domaniales et une partie des domaines sont affectés à cet effet. En cas que les revenus des domaines soient insuffisants, le surplus sera payé par douzième, de mois en mois, par la caisse du trésor public.

TITRE IV.

Art. 10. Le royaume de Westphalie sera régi par des constitutions qui consacrent l'égalité de tous les sujets devant la loi et le libre exercice des cultes.

Art. 11. Les États, soit généraux, soit provinciaux, des pays dont le royaume est composé, toutes corporations politiques de cette espèce, et tous priviléges desdites corporations, villes et provinces, sont supprimés.

Art. 12. Sont pareillement supprimés tous priviléges individuels, en tant qu'ils sont incompatibles avec les dispositions de l'article ci-dessus.

Art. 13. Tout servage, de quelque nature et sous quelque dénomination qu'il puisse être, est supprimé, tous les habitants du royaume de Westphalie devant jouir des mêmes droits.

Art. 14. La noblesse continuera de subsister dans ses divers degrés et avec ses qualifications diverses, mais sans donner ni droit exclusif à aucun emploi et à aucune fonction ou dignité, ni exemption d'aucune charge publique.

Art. 15. Les statuts des abbayes, prieurés et chapitres nobles seront modifiés de telle sorte que tout sujet du royaume puisse y être admis.

Art. 16. Le système d'imposition sera le même pour toutes les parties du royaume. L'imposition foncière ne pourra dépasser le cinquième du revenu.

Art. 17. Le système monétaire et le système des poids et mesures maintenant en vigueur en France seront établis dans tout le royaume.

Art. 18. Les monnaies seront frappées aux armes de Westphalie et à l'effigie du Roi.

TITRE V.

Art. 19. Les ministres sont au nombre de quatre, savoir:
Un pour la justice et l'intérieur;
Un pour la guerre;
Un pour les finances, le commerce et le trésor.
Il y aura un ministre secrétaire d'état.

Art. 20. Les ministres seront responsables, chacun pour sa partie, de l'exécution des lois et des ordres du Roi.

TITRE VI.

Art. 21. Le conseil d'état sera composé de seize membres au moins, et de vingt-cinq membres au plus, nommés par le Roi et révocables à volonté.

Il sera divisé en trois sections, savoir :

Section de la justice et de l'intérieur;

Section de la guerre;

Section du commerce et des finances.

Le conseil d'état fera les fonctions de cour de cassation. Il y aura auprès de lui des avocats pour les affaires qui sont de nature à être portées à la cour de cassation, et pour le contentieux de l'administration.

Art. 22. La loi sur les impositions ou loi des finances, les lois civiles et criminelles, seront discutées et rédigées au conseil d'état.

Art. 23. Les lois qui auront été rédigées au conseil d'état seront données en communication à des commissions nommées par les États. Ces commissions au nombre de trois, savoir : commission des finances, commission de justice civile, commission de justice criminelle, seront composées de cinq membres des États, nommés et renouvelés chaque session.

Art. 24. Les commissions des États pourront discuter, avec les sections respectives du conseil, les projets de lois qui leur auront été communiqués.

Les observations desdites commissions seront lues en plein conseil d'état présidé par le Roi, et il sera délibéré, s'il y a lieu, sur les modifications dont les projets de lois pourront être reconnus susceptibles.

Art. 25. La rédaction définitive des projets de lois sera immédiatement portée, par des membres du conseil, aux États, qui délibéreront après avoir entendu les motifs des projets de lois et les rapports de la commission.

Art. 26. Le conseil d'état discutera et rédigera les règlements d'administration publique.

Art. 27. Il connaîtra des conflits de juridiction entre les corps administratifs et les corps judiciaires, du contentieux de l'administration, et de la mise en jugement des agents de l'administration publique.

Art. 28. Le conseil d'état, dans ses attributions, n'a que voix consultative.

TITRE VII.

Art. 29. Les États du royaume seront composés de cent membres, nommés par les colléges de département, savoir : soixante et dix membres choisis parmi les propriétaires, quinze parmi les négociants et les fabricants, et quinze parmi les savants et les autres citoyens qui auront bien mérité de l'état.

Les membres des États ne recevront pas de traitement.

Art. 30. Les membres seront renouvelés par tiers, tous les trois ans; les membres sortants pourront être immédiatement réélus.

Art. 31. Le président des États est nommé par le Roi.

Art. 32. Les États s'assemblent sur la convocation ordonnée par le Roi. Ils ne peuvent être convoqués, prorogés, ajournés et dissous que par le Roi.

Art. 33. Les États délibèrent sur les projets de lois qui ont été rédigés par le conseil d'état, et qui lui sont présentés par ordre du Roi, soit pour les impositions ou la loi annuelle des finances, soit sur les changements à faire au code civil, au code criminel et au système monétaire.

Les comptes imprimés des ministres leur sont remis chaque année.

Les États délibèrent sur les projets de lois au scrutin secret et à la majorité absolue des suffrages.

TITRE VIII.

Art. 34. Le territoire sera divisé en départements, les départements en districts, les districts en cantons, et ceux-ci en municipalités.

Le nombre des départements ne pourra être au-dessous de huit, ni au-dessus de douze.

Le nombre des districts ne pourra être au-dessous de trois, ni au-dessus de cinq par département.

TITRE IX.

Art. 35. Les départements seront administrés par un préfet.

Il y aura dans chaque préfecture un conseil de préfecture pour les affaires contentieuses, et un conseil général de département.

Art. 36. Les districts seront administrés par un sous-préfet.

Il y aura dans chaque district ou sous-préfecture un conseil de district.

Art. 37. Chaque municipalité sera administrée par un maire.

Il y aura dans chaque municipalité un conseil municipal.

Art. 38. Les membres des conseils généraux de département, des conseils de district et des conseils municipaux seront renouvelés par moitié tous les deux ans.

TITRE X.

Art. 39. Il sera formé dans chaque département un collége de département.

Art. 40. Le nombre des membres des colléges de département sera à raison d'un membre par mille habitants, sans qu'il puisse néanmoins être moindre de deux cents.

Art. 41. Les membres des colléges de département seront nommés par le Roi et seront choisis, savoir :

Les quatre sixièmes, parmi les six cents plus imposés du département ;

Un sixième, parmi les plus riches négociants et fabricants,

Et un sixième, parmi les savants, les artistes les plus distingués et les citoyens qui auront le mieux mérité de l'état.

Art. 42. Nul ne peut être nommé membre d'un collége de département s'il n'a vingt et un ans accomplis.

Art. 43. Les fonctions de membre de collége de département sont à vie; nul ne peut en être privé que par un jugement.

Art. 44. Les colléges de département nommeront les membres des États et présenteront au Roi les candidats pour les places de juges de paix et de membres des conseils de département, des conseils de district et des conseils municipaux.

Les présentations seront en nombre double des nominations à faire.

TITRE XI.

Art. 45. Le Code Napoléon formera la loi civile du royaume de Westphalie, à compter du 1ᵉʳ janvier 1808.

Art. 46. La procédure sera publique, et le jugement par jurés aura lieu en matière criminelle. Cette nouvelle jurisprudence criminelle sera mise en activité, au plus tard, au 1ᵉʳ juillet 1808.

Art. 47. Il y aura, par chaque canton, une justice de paix; par chaque district, un tribunal civil de première instance; par chaque département, une cour de justice criminelle, et, pour tout le royaume, une seule cour d'appel.

Art. 48. Les juges de paix resteront en fonctions pendant quatre ans et seront immédiatement rééligibles, s'ils sont présentés comme candidats par les colléges de département.

Art. 49. L'ordre judiciaire est indépendant.

Art. 50. Les juges sont nommés par le Roi; des provisions à vie leur seront délivrées lorsque, après cinq années d'exercice, il sera reconnu qu'ils méritent d'être maintenus dans leur emploi.

Art. 51. La cour d'appel pourra, soit sur la dénonciation du procureur royal, soit sur celle d'un de ses présidents, demander au Roi la destitution d'un juge qu'elle croirait coupable de prévarication dans ses fonctions. Dans ce seul cas, la destitution d'un juge pourra être prononcée par le Roi.

Art. 52. Les jugements des cours et tribunaux seront rendus au nom du Roi.

Seul, il peut faire grâce, remettre ou commuer une peine.

TITRE XII.

Art. 53. La conscription sera loi fondamentale du royaume de Westphalie. L'enrôlement à prix d'argent ne saurait avoir lieu.

TITRE XIII.

Art. 54. La Constitution sera complétée par des règlements du Roi, discutés dans son conseil d'état.

Art. 55. Les lois et règlements d'administration publique seront publiés au *Bulletin des lois*, et n'ont pas besoin d'autre forme de publication pour devenir obligatoires.

Donné en notre palais de Fontainebleau, le 15° jour du mois de novembre de l'an 1807.

NAPOLÉON.

Extrait des *Mémoires et correspondance du roi Jérôme*.

13363. — A JÉRÔME NAPOLÉON, ROI DE WESTPHALIE.

Fontainebleau, 15 novembre 1807.

Mon Frère, je pense que vous devez vous rendre à Stuttgart, comme vous y avez été invité par le roi de Wurtemberg. De là vous vous rendrez à Cassel avec toute la pompe dont les espérances de vos peuples les porteront à vous environner. Vous convoquerez les députés des villes, les ministres de toutes les religions, les députés des États actuellement existants, en faisant en sorte qu'il y en ait moitié non nobles et moitié nobles; et, devant cette assemblée ainsi composée, vous recevrez la Constitution et prêterez serment de la maintenir; et immédiatement après vous recevrez le serment de ces députés de vos peuples.

Les quatre membres de la Régence seront chargés de vous faire la remise du pays. Ils formeront un conseil privé, qui restera près de vous tant que vous en aurez besoin.

Ne nommez d'abord que la moitié de vos conseillers d'état; ce nombre sera suffisant pour commencer le travail. Ayez soin que la majorité soit composée de non nobles, toutefois sans que personne s'aperçoive de cette habituelle surveillance à maintenir en majorité le tiers état dans tous les emplois. J'en excepte quelques places de cour, auxquelles, par suite des mêmes principes, il faut appeler les plus grands noms. Mais que dans vos ministères, dans vos conseils, s'il est possible, dans vos tribunaux et cour d'appel, dans vos administrations, la plus grande partie des personnes que vous emploierez ne soit pas noble. Cette conduite ira au cœur de la Germanie et affligera peut-être l'autre classe ; n'y faites point attention. Il suffit de ne porter aucune affectation dans cette conduite, et surtout de ne jamais entamer de discussions ni faire comprendre que vous attachez tant d'importance à relever le tiers état. Le principe avoué est de choisir les talents partout où il y en a. Je vous ai tracé là les principes généraux de votre conduite.

J'ai donné l'ordre au major général de vous remettre le commandement des troupes françaises qui sont dans votre royaume ; souvenez-vous que vous êtes Français ; protégez-les et veillez à ce qu'elles n'essuient aucun tort. Peu à peu, et à mesure qu'ils ne seront plus nécessaires, vous renverrez les gouverneurs et les commandants d'armes. Mon opinion est que vous ne vous pressiez pas, et que vous écoutiez avec prudence et circonspection les plaintes des villes qui ne songent qu'à se défaire des embarras qu'occasionne la guerre. Souvenez-vous que l'armée est restée six mois en Bavière et que ce bon peuple a supporté cette charge avec patience.

Avant le mois de janvier, vous devrez avoir divisé votre royaume en départements, y avoir établi des préfets et commencé votre administration.

Ce qui m'importe surtout, c'est que vous ne différiez en rien l'établissement du Code Napoléon. La Constitution l'établit irrévocablement au 1er janvier. Si vous en retardiez la mise en vigueur, cela deviendrait une question de droit public, car, si des successions venaient à s'ouvrir, vous seriez embarrassé par mille réclamations. On ne manquera pas de faire des objections : opposez-y une ferme volonté. Les membres de la Régence qui ne sont pas de l'avis de ce qui a été fait en France pendant la Révolution feront des représentations : répondez-leur que cela ne les regarde pas. Mais aidez-vous de leurs lumières et de leur expérience ; vous pourrez en tirer un grand parti.

Écrivez-moi surtout très-souvent. Je ne tarderai pas à être de retour à Paris. Je vous assisterai constamment de mon expérience et de mes conseils. Prémunissez-vous contre les intrigants. N'employez aucun Français sans mon autorisation; d'abord parce que c'est mon droit, et, ensuite, parce que je connais les individus de mon pays; et il est des gens tels que..... par exemple, qui sont mal vus par l'opinion publique.

NAPOLÉON.

D'après la copie comm. par S. A. I. le prince Jérôme.

13364. — ORDRE GÉNÉRAL DU SERVICE,
PENDANT L'ABSENCE DE L'EMPEREUR.

Palais impérial de Fontainebleau, 16 novembre 1807.

Les ministres se réuniront les lundis de chaque semaine chez notre cousin l'architrésorier. Le travail de leurs départements respectifs nous sera transmis par notre ministre secrétaire d'état, et, à cet effet, porté par un auditeur, qui se rendra chez les princes et les ministres pour prendre leurs ordres et partir dans la nuit suivante.

Notre cousin l'architrésorier fera une courte analyse de ce qu'il y aura de plus pressant à expédier dans le travail des ministres, ainsi que des observations sur les événements imprévus.

Le grand juge est autorisé à accorder des sursis qu'il jugera de nature à être portés au conseil privé.

Le directeur général des postes expédiera, tous les jours à huit heures du matin, un courrier qui sera chargé des dépêches des princes et des ministres; ces dépêches seront, à cet effet, remises à l'hôtel des postes avant sept heures.

NAPOLÉON.

D'après la minute. Archives de l'Empire.

13365. — A M. DE CHAMPAGNY,
MINISTRE DES RELATIONS EXTÉRIEURES.

Milan, 23 novembre 1807.

Monsieur de Champagny, il est nécessaire d'expédier un courrier à Saint-Pétersbourg. Écrivez au général Savary qu'aussitôt que le général Caulaincourt aura eu sa première audience et qu'il l'aura mis au fait, il peut revenir à Paris. Je vous enverrai demain matin une lettre que le général Savary donnera au général Caulaincourt, afin que celui-ci la remette après qu'il aura reçu sa première audience. Vous direz au général Savary que les troupes russes qui étaient à Padoue se mettent en marche demain pour traverser les états autrichiens.

Je suppose que vous avez envoyé la convention faite avec l'Autriche; si vous ne l'avez pas fait, envoyez-la, afin d'éviter les faux bruits que l'on pourrait répandre.

Recommandez au général Caulaincourt de se tenir très-haut vis-à-vis de M. Merveldt, de le traiter plutôt avec hauteur et indifférence, de ne point voir en aucune manière l'ambassadeur d'Angleterre et de n'aller chez aucune personne en place où il pourrait le rencontrer; qu'il ne doit point oublier que sous aucun point de vue M. Merveldt n'est recommandable : comme ambassadeur d'Autriche, il n'a aucun droit vis-à-vis de mon ambassadeur; comme individu, c'est un militaire sans mérite; comme diplomate, c'est un petit intrigant sans talent; que les grands airs que sa femme se donne sont ridicules, et que, s'il se trouvait dans des sociétés tierces, il le lui fasse sentir en donnant le pas à d'autres pour se venger de ce qu'elle a fait au général Savary; que je désire enfin qu'il le traite avec beaucoup d'indifférence et peu d'égards. C'est la seule manière de se conduire avec cette espèce de gens, qui sont ordinairement bas lorsque l'on est fier envers eux.

NAPOLÉON.

D'après l'original. Archives des affaires étrangères.

13366. — A M. DE MONTALIVET,
DIRECTEUR GÉNÉRAL DES PONTS ET CHAUSSÉES.

Milan, 23 novembre 1807.

Monsieur Montalivet, je désire que vous me fassiez un rapport, que vous me proposiez un projet de décret et que vous prépariez les moyens nécessaires pour arriver aux résultats suivants :

1° Établir au mont Cenis une commune composée de trois hameaux, dont un serait placé au couvent, un à la Ramasse, un à la Grande-Croix.

L'église du couvent sera la paroisse de cette commune; les moines seraient le curé, et son territoire serait composé d'une partie de celui des communes de Lans-le-Bourg, la Ferrière et Novalèse.

2° Établir des cantonniers le long de la route, c'est-à-dire depuis la moitié de la montée à une bonne lieue de Lans-le-Bourg jusqu'à Saint-Martin. Il y aurait un cantonnier pour chaque 300 toises. Dans la campagne prochaine on leur construirait de petites maisons qui ne coûteront pas plus de 2,000 francs. Ils seraient sous les ordres de trois chefs placés à la Ramasse, au couvent et à la Grande-Croix; ce qui ferait trois escouades de cantonniers qui auraient un traitement fixe. Ils seraient chargés de déblayer les neiges et d'entretenir la route. Ces cantonniers auraient la permission de tenir cabaret avec un privilége.

Comme je dépense au moins 12,000 francs par an pour nettoyer les neiges du mont Cenis, avec la moitié de cette somme je pourrai entretenir le Mont-Cenis; ce moyen sera fort avantageux.

Les habitants de la Ferrière et de Novalèse seront très-propres à occuper ces places, qui deviendront l'objet de leur ambition. Ils dépendront de la commune du Mont-Cenis. Mon intention est que les habitants qui habiteront le Mont-Cenis pendant l'hiver soient exempts de contributions, non-seulement pour les biens qu'ils auraient dans cette commune, mais aussi pour ceux qu'ils auraient dans d'autres.

3° Mon intention est que la poste qui est actuellement près du couvent soit placée plus près de la Ramasse, du côté de Lans-le-Bourg; qu'une seconde soit établie à la Grande-Croix; ce qui fera trois postes pour le passage du mont Cenis. Il faut que ces postes aient les priviléges nécessaires pour qu'elles puissent faire grandement le service.

4° Enfin qu'il soit établi une église au couvent pour servir à toute la commune du Mont-Cenis, et une caserne attenant au couvent, capable de contenir 600 hommes dans des lits, et de la place pour en contenir autant cantonnés sur de la paille. Faites établir également dans l'enceinte du couvent une petite caserne avec des prisons pour deux brigades de gendarmerie et une écurie pour trente chevaux. Mais que tout cela ne soit pas bâti comme cela le serait à Paris, mais de la manière dont les habitants bâtissent dans les montagnes, de manière que cela ne soit pas trop coûteux.

NAPOLÉON.

D'après l'expédition originale comm. par M. le baron Ernouf.

13367. — A EUGÈNE NAPOLÉON,
VICE-ROI D'ITALIE.

Milan, 23 novembre 1807.

Mon Fils, il faut s'en tenir, pour les affaires d'Ancône, au décret que j'ai rendu; tout doit rester entre les mains du gouvernement du Pape; mais le général Lemarois, en qualité de gouverneur, doit commander militairement et avoir la police.

Les 400,000 francs nécessaires pour les travaux du port seront pris sur les fonds provenant des provinces, de même que ce qui est nécessaire pour l'entretien des troupes.

NAPOLÉON.

D'après la copie comm. par S. A. I. Mme la duchesse de Leuchtenberg.

13368. — A JOSEPH NAPOLÉON, ROI DE NAPLES.

Milan, 23 novembre 1807.

Monsieur mon Frère, je reçois vos lettres des 7, 9, 11 et 12 novembre. Je suis à Milan depuis deux jours; je serai le 2 décembre à Venise. Berthier doit vous avoir écrit que je vous y verrai avec plaisir, si vos affaires vous permettaient d'y venir. J'attends avec impatience d'apprendre que le 14e d'infanterie légère, le détachement du 6e et l'artillerie sont arrivés à Corfou; que les troupes françaises sont réunies, et que je suis là en mesure de repousser toute agression de la part des Anglais, non-seulement de défendre la place, mais de défendre toute l'île. Vous devez continuer de correspondre avec Ali-Pacha et lui faire connaître que j'ai appris avec peine qu'il n'a plus les mêmes sentiments pour moi; qu'au lieu d'envoyer des vivres en abondance aux Sept Iles, il se refusait au contraire aux différentes demandes; que cela n'était ni bien, ni sage, ni politique.

NAPOLÉON.

D'après l'expédition originale comm. par les héritiers du roi Joseph.

13369. — A M. DE CHAMPAGNY,
MINISTRE DES RELATIONS EXTÉRIEURES.

Milan, 24 novembre 1807.

Monsieur de Champagny, je vous renvoie votre portefeuille. Il est convenable que vous preniez des mesures pour que toutes les vexations qu'on fait à M. de Gallo finissent sans délai. Vous pouvez en donner l'assurance à ce ministre et lui faire connaître que j'ai donné des ordres pour cela. Vous pouvez en écrire au grand juge. Mon intention n'est pas qu'aucun tort soit fait aux marchands français, mais je ferai moi-même plutôt droit à tout ce qu'il devrait.

Il est nécessaire de faire la notification officielle à toutes les cours de l'avénement du prince Jérôme au trône de Westphalie; vous m'en présenterez le modèle. Vous ferez également connaître aux rois de Naples, de Hollande, de Westphalie, qu'ils sont reconnus par l'empereur d'Autriche.

Envoyez un courrier extraordinaire au sieur Beauharnais, pour lui faire connaître que le général Dupont détache de Bayonne une division de 6,000 hommes à Vittoria, pour que cette division soit à portée de renforcer le général Junot, si celui-ci en avait besoin.

Je désire que les lettres de mes consuls, telles que celles du sieur Bessières, et autres consuls dans le Levant qui écrivent longuement, soient précédées d'une courte analyse.

NAPOLÉON.

D'après l'original. Archives des affaires étrangères.

13370. — A EUGÈNE NAPOLÉON,
VICE-ROI D'ITALIE.

Milan, 24 novembre 1807.

Mon Fils, le 2ᵉ bataillon du 2ᵉ régiment de ligne italien complété à 900 hommes, et un bataillon de six compagnies, du 3ᵉ bataillon du 4ᵉ de ligne, complété à 800 hommes, formeront un régiment provisoire sous les ordres d'un colonel de l'armée italienne, et partiront le 26 pour se rendre à Avignon. Un bataillon de vélites et le 2ᵉ bataillon du 5ᵉ régiment formeront un deuxième régiment provisoire, qui se mettra en marche pour se rendre à Avignon, par le plus court chemin, de Milan et de Livourne. Les vélites auront avec eux une compagnie d'artillerie de ligne de 140 hommes, et au moins 120 chevaux. Il leur sera fourni deux pièces d'artillerie à Avignon.

Cette brigade, avec le 1ᵉʳ régiment d'infanterie légère napolitain, formera un corps de 5,000 hommes sous les ordres du général de division Lechi.

Il y sera attaché un régiment provisoire de cavalerie composé de deux escadrons napolitains, d'une compagnie de chasseurs royaux, d'une compagnie de dragons de la Reine et d'une compagnie de dragons Napoléon, complétées au moins à 150 chevaux; ce qui formera un régiment de 6 à 700 chevaux. Ce régiment sera commandé par un major italien, et fera partie de la division Lechi. Il se rendra également à Avignon.

NAPOLÉON.

P. S. Donnez ordre au 6ᵉ bataillon *bis* du train d'artillerie française de partir de Vérone le 28, pour se rendre à Avignon.

D'après la copie comm. par S. A. I. Mᵐᵉ la duchesse de Leuchtenberg.

13371. — A M. DE CHAMPAGNY,
MINISTRE DES RELATIONS EXTÉRIEURES.

Milan, 25 novembre 1807.

Monsieur de Champagny, le major général envoie à M. Otto un courrier pour porter les ordres que la place de Braunau soit remise le 10 décembre. Faites connaître au sieur Otto ce dont il est question dans la note de M. de Metternich.

Le conseiller d'état italien Paradisi a été nommé, et est déjà parti depuis longtemps pour déterminer les limites de l'Isonzo avec les commissaires autrichiens. Faites part de ces dispositions, par un courrier, au sieur Andréossy. Instruisez-le également que j'ai donné des ordres pour que les troupes russes qui sont à Padoue partent pour retourner chez elles, pour qu'il en parle au prince Kourakine. L'expédition d'un courrier à Vienne est nécessaire dans ces circonstances, parce que cela tranquillisera la cour de Vienne.

Vous me ferez un rapport sur cette lettre de la princesse de Baireuth.

NAPOLÉON.

P. S. Il serait possible que le prince de Neuchâtel n'eût pas encore expédié son courrier. Vous pourriez en profiter pour l'envoyer jusqu'à Vienne.

D'après l'original. Archives des affaires étrangères.

13372. — AU PRINCE DE BÉNÉVENT,
VICE-GRAND-ÉLECTEUR.

Venise, 30 novembre 1807.

Monsieur le Prince de Bénévent, j'ai reçu votre lettre. Je suis à Venise depuis hier. Le temps y est extrêmement mauvais. L'entrée a cependant été belle. Ce pays est un phénomène du pouvoir du commerce.

NAPOLÉON.

D'après l'original. Archives des affaires étrangères.

13373. — A M. FOUCHÉ,
MINISTRE DE LA POLICE GÉNÉRALE.

Venise, 30 novembre 1807.

Je vous ai déjà fait connaître mon opinion sur la folie des démarches que vous avez faites à Fontainebleau relativement à mes affaires intérieures. Après avoir lu votre bulletin du 19, et bien instruit des propos que vous tenez à Paris, je ne puis que vous réitérer que votre devoir est de suivre mon opinion et non de marcher selon votre caprice. En vous conduisant différemment, vous égarez l'opinion et vous sortez du chemin dans lequel tout honnête homme doit se tenir.

D'après la minute. Archives de l'Empire.

13374. — A EUGÈNE NAPOLÉON,
VICE-ROI D'ITALIE.

Venise, 4 décembre 1807.

Mon Fils, faites mettre en route, sur-le-champ, tous les hommes qui ont été marqués pour la retraite ou pour la réforme dans la revue qu'a passée le général Charpentier, appartenant, soit aux dépôts de l'armée de Naples, soit aux dépôts de l'armée de Dalmatie, soit à ceux du reste de l'armée. Vous les dirigerez sur Chambéry, et vous en préviendrez le ministre de la guerre français, qui leur fera expédier, dans cette place, leur destination définitive. Prescrivez la même chose pour les régiments de cavalerie et d'artillerie, de sorte qu'il n'y ait plus, en Italie, que des hommes valides et en état de faire la guerre.

Donnez ordre à deux de mes bricks, bien commandés, de se rendre à Ancône, d'où ils feront des sorties et croiseront dans l'Adriatique entre Ancône, les bouches de Cattaro et les côtes de Naples, afin de purger l'Adriatique de corsaires et même d'autres petits bâtiments. Vous ordonnerez aux commandants de ces bricks de vous envoyer, tous les jours, des rapports sur ce qui se passerait en mer, et vous les préviendrez de prendre des précautions à Ancône pour s'assurer, avant d'entrer dans le port, qu'il n'est point bloqué par des frégates ennemies.

Confiez un brick à un officier résolu qui se formera un équipage d'aventuriers et prendra trois mois de vivres; vous lui donnerez la liberté de courir en course : bien entendu qu'une partie des prises appartiendra à l'état selon l'usage établi pour les corsaires, et que l'équipage ne sera plus payé par l'état dès qu'il sera sorti de Venise. Ce brick aura la liberté d'aller sur l'Adriatique et partout où il voudra.

Faites chercher dans Venise deux ou trois marins capables de commander des corsaires et faites proposer des souscriptions pour leur armement. Le programme de ces souscriptions pourra venir de la part de ces hommes; cela aura l'avantage de donner le goût de la course, de former des matelots et d'encourager un peu l'esprit militaire.

Faites partir pour Cattaro la corvette qui doit y servir pour la police.

NAPOLÉON.

D'après la copie comm. par S. A. I. Mme la duchesse de Leuchtenberg.

13375. — A MARIE-LOUISE, REINE RÉGENTE D'ÉTRURIE.

Venise, 5 décembre 1807.

Je reçois la lettre de Votre Majesté, du 24 novembre. Je conçois que, dans les circonstances actuelles, Votre Majesté doit être pressée de se rendre en Espagne, ou, du moins, de quitter un pays où elle ne peut plus être avec la dignité que comporte son rang. J'ai donné des ordres pour qu'elle fût reçue dans mon royaume d'Italie ou dans mes états de France avec les honneurs qui lui sont dus. Si Votre Majesté se trouve à Milan ou à Turin avant le 18 décembre, j'aurai l'avantage de l'y voir.

J'envoie un officier, mon aide de camp le général Reille, qui remettra cette lettre à Votre Majesté. Il sera chargé en même temps de prendre des mesures pour la sûreté du pays et d'éloigner les hommes qui peuvent troubler sa tranquillité, puisque j'apprends que Votre Majesté a déjà cru nécessaire de faire venir quelques troupes de Livourne.

A l'heure qu'il est, mes troupes doivent être entrées à Lisbonne et s'être emparées du Portugal.

D'après la minute. Archives de l'Empire.

13376. — A M. DE CHAMPAGNY,
MINISTRE DES RELATIONS EXTÉRIEURES.

Venise, 6 décembre 1807.

Monsieur de Champagny, mon intention étant de rendre au roi de Naples le palais Farnèse, à Rome, je désire que vous fassiez le plus tôt possible les dispositions nécessaires.

NAPOLÉON.

D'après la copie. Archives des affaires étrangères.

13377. — A M. DE CHAMPAGNY,
MINISTRE DES RELATIONS EXTÉRIEURES.

Venise, 6 décembre 1807.

Monsieur de Champagny, mon intention est que, lorsqu'il sera question d'arranger les limites du royaume de Naples, Ascoli soit compris dans les états du Roi. Je consens à ce que le prince de Bénévent s'arrange avec le roi de Naples relativement à la principauté de Bénévent: le Roi vous en parlera.

NAPOLÉON.

D'après la copie. Archives des affaires étrangères.

13378. — AU GÉNÉRAL CLARKE,
MINISTRE DE LA GUERRE.

Venise, 6 décembre 1807.

Je reçois votre lettre et l'état de répartition des cantonnements que vous avez donnés aux régiments provisoires qui composent le corps d'observation des côtes de l'Océan. Mon intention est que la brigade de chasseurs se réunisse à Bayonne et y soit le 25 décembre; que la brigade de grosse cavalerie se rende également à Bayonne, de manière à y être réunie le 20 décembre. Ces deux brigades, qui font plus de 2,000 hommes de cavalerie, feront partie du 2e corps de la Gironde, suivront son mouvement et seront sous les ordres du général Dupont. La brigade de dragons et la brigade de hussards feront partie du corps d'observation des côtes de l'Océan. Ainsi le général Dupont aura deux régiments provisoires de grosse cavalerie, deux régiments de chasseurs et un détachement du 10e régiment de dragons. Donnez l'ordre au général Dupont d'avoir, le 20 décembre, son quartier général à Vittoria, et de faire entrer, le 16, sa 2e et sa 3e division, de manière à avoir, du 20 au 25 décembre, tout son corps d'armée entre Vittoria et Burgos, en le plaçant selon les circonstances. Je compte qu'il aura, à cette époque, 22,000 hommes d'infanterie, 2,500 hommes de cavalerie, et, avec l'artillerie, passé 25,000 hommes.

Vous lui enjoindrez de ne point quitter son armée pour aller à aucune conférence ni à aucune cour, et de veiller sur les opérations des Espagnols, mais sans témoigner aucune méfiance. Son langage doit être qu'il est destiné à soutenir le général Junot, et que l'on sait que les Anglais méditent une grande expédition contre Lisbonne.

Ainsi, au 10 décembre, aucun corps du 1er et du 2e corps d'observation de la Gironde ne sera en France. Vous ferez donc en sorte de rapprocher de Bayonne les trois divisions d'infanterie, les deux brigades de cavalerie et l'artillerie du corps d'observation des côtes de l'Océan, de manière que, du 20 au 30 décembre, ces divisions puissent, s'il est nécessaire, entrer en campagne pour soutenir le général Dupont. Vous donnerez l'ordre que tous les détachements qui sont en marche pour rejoindre le corps du général Junot soient placés à Salamanque sous les ordres du général Dupont; cela doit faire un corps de 3,000 hommes. Si le général Junot en a besoin, le général Dupont les lui fera passer. S'il n'en a pas besoin, le général Dupont les gardera à Salamanque pour en renforcer au besoin son corps d'armée.

Le bataillon irlandais, le bataillon de Prusse et le bataillon de Westphalie feront partie du corps d'observation des côtes de l'Océan. Le bataillon de Westphalie sera placé dans la 1re division, le bataillon irlandais dans la 2e, et le bataillon de Prusse dans la 3e; ce qui augmentera d'autant ces divisions.

Le 4e bataillon du 15e régiment de ligne, le 3e bataillon du 47e, le 3e du 70e, le 3e du 86e et le 2e du 47e, avec le bataillon suisse, faisant une force de 3 ou 4,000 hommes, se réuniront à Saint-Jean-Pied-de-Port. Il est nécessaire que ce corps soit réuni là le 20 décembre; il portera le nom de *Division d'observation des Pyrénées occidentales.* Vous donnerez l'ordre au général Mouton, mon aide de camp, de prendre le commandement de cette division. Vous organiserez pour cette division douze pièces d'artillerie.

Les différents détachements de la Garde impériale qui sont en marche pour Bordeaux se réuniront dans cette ville.

Le maréchal Moncey aura le commandement en chef du corps d'observation des côtes de l'Océan; cela sera tenu secret aussi longtemps que possible. Vous vous entendrez avec ce maréchal pour nommer son chef d'état-major. Il fera en sorte d'être rendu le 22 décembre à Bordeaux.

<small>D'après la minute. Archives de l'Empire.</small>

13379. — A M. MARET,
MINISTRE SECRÉTAIRE D'ÉTAT.

Venise, 6 décembre 1807.

Je vois avec peine par vos bulletins que l'on continue toujours à parler de choses qui doivent affliger l'Impératrice et qui sont inconvenantes sous tous les points de vue. J'ai écrit fortement là-dessus au ministre de la police. Il ne serait pas hors de propos que, sans paraître en avoir mission de moi, vous lui en parliez, en lui disant qu'en dernière analyse on excite évidemment la populace à se mêler de choses qui ne doivent pas la regarder; comme tous ces bruits qui s'accréditent si facilement ne peuvent atteindre le but d'influer sur ma manière de voir et de sentir, n'est-il pas à craindre que je ne sois obligé, malgré moi, à prendre une autre issue, en témoignant publiquement mon mécontentement à ceux qui en sont les auteurs? Je désire que vous disiez quelque chose dans ce sens-là à Fouché; car je serais fâché, en considérant les services qu'il m'a rendus et le cas que je fais de lui d'ailleurs, que la fausse direction qu'il donne aux affaires m'oblige à prendre un parti. Je lui ai témoigné mon sentiment là-dessus à Fontainebleau et dans une lettre que je lui ai écrite depuis. Il me semble que de pareilles choses ne doivent pas se dire deux fois.

Faites mettre la note suivante dans les petits journaux; mais ayez bien soin qu'elle ne soit pas mise dans *le Moniteur*.

« Deux mariages sont en train à Munich, celui de la princesse Char« lotte de Bavière avec le prince royal de Wurtemberg, et celui de la sœur « de l'empereur de Russie avec le prince royal de Bavière. » Faites mettre cela sous la forme des *on dit*.

Faites-y mettre également que le prince Auguste de Prusse, qui a été fait prisonnier à Prenzlow, qui a demeuré longtemps à Nancy et à

Soissons, et en dernier lieu à Coppet, où il faisait la cour à Mme de Staël, paraît avoir puisé à Coppet de fort mauvais principes. Les propos qu'il tient depuis son arrivée à Berlin sont inconcevables. Ce jeune prince est aussi fanfaron que plusieurs officiers de sa nation et aussi peu corrigé par les événements. Il accuse le prince de Hohenlohe, le duc de Brunswick, le général Blücher, l'armée prussienne, le roi; tout le monde a mal fait, excepté lui. Tout ce qu'on sait de lui, c'est qu'il a été pris dans un marais. Il n'y a ni esprit ni générosité, jeune, sans expérience, sans avoir de preuves, à déclamer contre de vieux militaires victimes de circonstances impérieuses de la guerre. Nous sommes loin de blâmer que le prince Auguste ait été fait prisonnier; c'est un sort qui arrive au plus brave; mais, lorsqu'on survit à un tel malheur sans qu'on ait reçu aucune blessure, on est en situation de se justifier, et non d'accuser et de parler à tort et travers sur des choses qu'on ne sait pas et qu'on n'entend pas. Ce jeune prince aurait encore besoin des conseils de son respectable père et de sa digne mère; ils lui seraient plus profitables que les leçons des mauvais esprits qu'il a vus à Coppet, et que les mauvais propos qu'il y a entendus.

D'après la minute. Archives de l'Empire.

13380. — A FRANÇOIS II, EMPEREUR D'AUTRICHE.

Venise, 6 décembre 1807.

Monsieur mon Frère, M. le colonel Nugent m'a remis la lettre de Votre Majesté, du 22 novembre. Je la prie de recevoir mes remercîments des sentiments qu'elle veut bien me témoigner. Les miens sont en tout conformes à ceux de Votre Majesté et ne leur cèdent en rien. La dernière convention a terminé entièrement nos différends, et j'espère que désormais je n'aurai plus de relations avec Votre Majesté que pour lui donner des preuves de la sincère amitié et de la haute considération que j'ai pour elle.

NAPOLÉON.

D'après la copie comm. par S. M. l'Empereur d'Autriche.

13381. — AU PRINCE DE NEUCHÂTEL,
MAJOR GÉNÉRAL DE LA GRANDE ARMÉE.

Venise, 7 décembre 1807.

Mon Cousin, écrivez au maréchal sous les ordres duquel est la place de Stralsund qu'on ne doit souffrir aucune espèce de correspondance entre Stralsund et la Suède, n'y envoyer ni en recevoir aucun agent, et n'y laisser passer aucune lettre par mer ni par terre, soit officielle, soit non officielle.

NAPOLÉON.

D'après l'original. Dépôt de la guerre.

13382. — A JÉRÔME NAPOLÉON, ROI DE WESTPHALIE.

Venise, 7 décembre 1807.

Mon Frère, je vous envoie les réponses de l'impératrice de Russie. J'ai ouvert celle qui vous est adressée. Je n'ai pas pris la même liberté pour celle de la princesse, parce que je suppose qu'elle ne contient rien d'important; cependant je désire que vous m'en envoyiez une copie.

Il est nécessaire que vous envoyiez un ministre en Russie, que vous recommanderez exclusivement à l'impératrice mère. Mais qui envoyer? Voilà la question. Un Allemand? Vous n'en avez pas d'assez attaché, et votre ministre ne peut m'être utile à Saint-Pétersbourg qu'autant qu'il sera excessivement attaché à mes intérêts et qu'il secondera parfaitement mon ambassadeur. Répondez-moi par mon courrier si vous voyez auprès de vous quelque Allemand qui puisse remplir cette mission. Je serai le 14 à Milan, et probablement le 20 à Paris. Réglez-vous là-dessus.

NAPOLÉON.

D'après la copie comm. par S. A. I. le prince Jérôme.

13383. — A ALEXANDRE Iᵉʳ, EMPEREUR DE RUSSIE.

Venise, 7 décembre 1807.

Monsieur mon Frère, j'ai envoyé, pour résider auprès de Votre Majesté, M. de Caulaincourt. L'avantage qu'il a d'être connu d'elle, et les bontés dont elle l'a honoré dans sa première mission et pendant les moments heureux que j'ai passés à Tilsit, m'ont fait penser que ce choix pourrait lui être agréable.

Je suis depuis plusieurs jours à Venise. Les troupes de Votre Majesté qui étaient à Corfou sont arrivées à Padoue. J'ai fait dire au colonel qui les commande de venir me trouver à Trévise, étant bien aise de savoir par moi-même s'il ne leur manque rien. Mon ministre à Vienne m'avait fait connaître que le passage leur était ouvert par l'Autriche; mais j'approuve l'opinion où sont leurs commandants d'attendre, avant de partir. les ordres de Votre Majesté. Toutefois elle peut être sans inquiétude sur elles.

Deux vaisseaux de la flotte de Votre Majesté sont arrivés à Porto-Ferrajo; je leur ai fait conseiller de se rendre à Toulon, où ils pourront être radoubés et remis en bon état.

L'escadre de l'amiral Siniavine est arrivée à Lisbonne; heureusement que mes troupes doivent y être à l'heure qu'il est. Il serait bon que Votre Majesté donnât autorité au comte de Tolstoï sur cette escadre et sur les troupes, afin que, l'occasion de les employer arrivant, nous puissions le faire sans attendre de nouvelles directions de Saint-Pétersbourg. Je pense aussi que cette autorité immédiate de l'ambassadeur de Votre Majesté aurait le bon effet de faire cesser la méfiance dont parfois les commandants sont agités sur les sentiments de la France.

Lorsque Votre Majesté recevra cette lettre, je serai de retour à Paris. Je me flatte que le comte de Tolstoï aura été content de moi; je le désire beaucoup, car je suis bien heureux de toutes les circonstances qui peuvent mettre au grand jour les sentiments que je porte à Votre Majesté.

Je reçois au même instant la lettre de Savary, du 4 novembre, que m'apporte un de ses officiers, et la *Déclaration* que Votre Majesté a fait passer à la cour de Londres. De toutes les puissances du continent, il ne reste plus que la Suède qui soit en paix avec l'Angleterre; Votre Majesté y mettra probablement bon ordre.

Je suis vraiment heureux de voir se consolider l'ouvrage de Tilsit. Je je serai davantage lorsque Votre Majesté tiendra sa promesse de venir à Paris : ce sera un moment bien doux pour moi et pour mes peuples. Nous viendrons à bout de l'Angleterre, nous pacifierons le monde, et la paix de Tilsit sera, je l'espère, une nouvelle époque dans les fastes du monde.

NAPOLÉON.

D'après la copie comm. par S. M. l'empereur de Russie.

13384. — AU GÉNÉRAL SAVARY,
ENVOYÉ À SAINT-PÉTERSBOURG.

Venise, 7 décembre 1807.

Je reçois votre lettre du 4 novembre et les pièces qui l'accompagnent. Vous trouverez ci-joint une lettre que vous remettrez à Caulaincourt. Je serai le 20 décembre à Paris. Le ministre des relations extérieures vous a envoyé la convention avec l'Autriche et celle avec le Danemark. Mes troupes sont entrées, à l'heure qu'il est, à Lisbonne, fort à propos pour l'escadre de l'amiral Siniavine, qui a jugé à propos de se rendre dans cette ville. J'ai fait passer votre *Déclaration* dans toute l'Adriatique, de sorte que pas un vaisseau, pas un brick russe ne deviendra victime de la rapacité anglaise.

Du moment que Caulaincourt sera bien au courant, revenez à Paris.

Faites connaître à l'empereur que les rois de Hollande, de Naples et de Westphalie envoient des ministres à Saint-Pétersbourg; j'attendrai cependant de savoir positivement si cela est agréable à l'empereur, ces souverains ne voulant rien faire qui ne lui plaise. Je pense que de grands seigneurs, riches, formeront à Saint-Pétersbourg autant de grandes maisons qui seront toutes dévouées à l'empereur, et marcheront dans le sens de Tilsit.

Les commandants des troupes russes qui sont à Padoue ont témoigné le désir d'attendre de nouveaux ordres de Saint-Pétersbourg avant de partir; j'y ai consenti. Il y a eu aussi de petits différends avec les commandants, qui veulent être traités différemment que notre administration ne le comporte. Tout sera réglé à l'amiable, et il ne leur sera rien refusé de tout ce qu'il est convenable de leur accorder. Les prisonniers russes qui sont partis de Mayence sont armés de mes meilleurs fusils; vous pourrez le dire à l'empereur, qui, à leur arrivée à Riga, pourrait prendre ces fusils pour ses Gardes.

Revenez à Paris; je serai fort aise de vous voir, car vous connaissez l'attachement que je vous porte et le cas que je fais de vos services; je me plairai à vous en donner des preuves dans toutes les circonstances, tout en blâmant cependant la force de vos reparties aux observations du ministre des relations extérieures, qui ne vous écrit rien que je ne lui aie ordonné de vous écrire. Monsieur le général Savary voudra bien permettre que, toutes les fois que je trouve des observations à faire à ses rapports, je les lui fasse dire.

J'ai des forces considérables à Corfou. L'armée de Dalmatie est en bon état. Toutes les nouvelles qu'on vous a données de Turquie sont controuvées. Mon premier but, comme le premier sentiment de mon cœur, est de modifier ma politique de manière à accorder mes intérêts avec ceux de l'empereur Alexandre.

D'après la minute. Archives de l'Empire.

13385. — AU MARÉCHAL BERTHIER,
MAJOR GÉNÉRAL DE LA GRANDE ARMÉE.

Udine, 11 décembre 1807.

Écrivez à la régence de Westphalie de me tenir en possession de tous les domaines royaux jusqu'à ce que le partage en ait été fait entre moi et le Roi, et de prendre des mesures pour faire achever le payement des contributions.

D'après la minute. Archives de l'Empire.

13386. — AU GÉNÉRAL MARMONT,
COMMANDANT L'ARMÉE DE DALMATIE.

Udine, 11 décembre 1807.

J'ai reçu vos lettres du 29 novembre. J'aurais été fort aise de vous voir; mais j'ai résolu de faire mon voyage très-promptement. Je vois avec plaisir, par l'état de situation, que vous avez peu de malades. Soignez l'armée et tenez-la en bon état; 3,000 conscrits, tous bien habillés et à l'école de bataillon, partent pour vous renforcer.

Je vois aujourd'hui le corps du Frioul, et je pars immédiatement pour Paris. Envoyez-moi toujours les renseignements que vous pourrez sur la valeur des différentes provinces de la Turquie d'Europe, sans cependant vous compromettre en prenant ces renseignements, ainsi que sur la nature des choses.

Tâchez, à Cattaro, de vous mettre en correspondance avec le commandant de Corfou par des Tartares que vous enverrez par terre.

D'après la minute. Archives de l'Empire.

13387. — AU VICE-AMIRAL DECRÈS,
MINISTRE DE LA MARINE.

Udine, 12 décembre 1807.

La déclaration de guerre de la Russie à l'Angleterre, le départ pour l'Océan de la majorité des troupes anglaises qui étaient en Sicile, me font désirer de réunir une masse de forces dans mon port de Toulon. Mon escadre de Cadix a déjà l'ordre de s'y rendre. Mon intention est que, vingt-quatre heures après la réception de la présente lettre, vous envoyiez l'ordre au contre-amiral Allemand de partir avec mon escadre de Rochefort, pour se rendre à Toulon. Vous le préviendrez de l'ordre que j'ai donné à mon escadre de Cadix. Si Toulon était bloqué, il se rendrait à Villefranche ou dans le golfe Juan, ou à Gênes. Il pourra prendre langue à Ajaccio ou à Saint-Florent sur l'état de la mer. Si des circonstances majeures le mettaient à même d'entrer à Cadix, il se mettrait sous les ordres de l'amiral Rosily, qui profitera de cette supériorité qu'il aurait pour sortir avec les deux escadres réunies. Vous ne manquerez pas de faire connaître que les ports de Porto-Ferrajo, Saint-Florent, Gênes, la Spezia, Naples, Tarente, Corfou, sont à sa disposition, et qu'il trouverait partout protection contre une escadre supérieure. S'il vous est possible de joindre un sixième vaisseau à l'escadre de Rochefort, vous ne manquerez pas de le faire. Vous prendrez des mesures pour que *l'Incorruptible* et *l'Uranie* soient armés sans délai à Toulon.

Donnez l'ordre à l'escadre de Lorient, composée du *Courageux* et de deux des quatre frégates que j'ai dans ce port, de se rendre à Toulon. Vous lui prescrirez tout ce qui est convenable pour le passage du détroit, et leur donnerez l'ordre de se rendre à Saint-Florent ou Ajaccio, avant de se rendre dans le port de Toulon, pour s'assurer qu'il n'est point bloqué. Vous donnerez le même ordre au *d'Hautpoul* et aux deux autres frégates : ce qui fera deux escadres séparées. Vous préviendrez également ces escadres que tous les ports de la Méditerranée sont à leur disposition. Vous donnerez l'ordre également à *la Pénélope* et à *la Thémis* de se rendre à Toulon et de n'aborder dans ce port qu'autant qu'il ne serait pas bloqué, et, dans le cas qu'il le fût, de se retirer sur Gênes ou autres ports de la côte. Donnez ordre à *la Danaé*, qui est à Gênes, de se rendre à Toulon.

Donnez ordre à mon escadre de Brest, composée de sept vaisseaux, une frégate et un brick, de partir également pour se rendre à Toulon. Vous ferez connaître à l'amiral que, mes escadres de Rochefort et Cadix ayant ordre de se rendre dans cette rade, il serait possible que ce port se trouvât bloqué. Il pourra donc, selon les vents, prendre langue à Porto-Ferrajo ou à Ajaccio.

En supposant que l'escadre de Cadix ne pût pas sortir, j'aurai dans le courant de l'hiver dix-huit vaisseaux à Toulon, deux russes qui feraient vingt, et sept espagnols; ce qui ferait vingt-sept vaisseaux; et à Cadix cinq vaisseaux français et dix espagnols, total quinze. J'aurai outre cela probablement à Lisbonne une autre escadre. Ces combinaisons sont déjà un véritable sujet d'appréhension pour l'Angleterre.

Faites préparer à Toulon *le Frontin* et deux ou trois grosses flûtes.

Donnez vos instructions bien détaillées, parce qu'avec la grande quantité de ports que j'ai dans la Méditerranée, et les mois de juin et de juillet, je n'aurai rien à craindre. Mes vaisseaux auront refuge dans mes ports de Corse, d'Italie et même de l'Adriatique, s'ils étaient poursuivis. Envoyez à chaque commandant un état de ma situation dans l'Adriatique.

à Naples, etc. afin que, s'ils prenaient chasse, ils sachent qu'ils trouveront partout refuge. Le seul point scabreux est donc le passage du détroit. Or l'escadre anglaise qui bloque le passage de Cadix n'est pas en force suffisante pour pouvoir se diviser.

Il ne s'agit que d'éviter les points de reconnaissance ordinaire des côtes de Portugal et d'Espagne, et que l'amiral soit prévenu, par l'envoi d'un officier de confiance, de tout ce plan, afin qu'il se trouve toujours à bord, et prêt à saisir le premier moment pour tenir en échec l'escadre anglaise. Je préfère que vous envoyiez un officier de votre état-major à l'amiral Rosily pour lui communiquer ces ordres, du moment qu'ils seront partis.

J'ai à Brest sept vaisseaux en état de partir; je désire qu'ils partent tous les sept; cependant je vous autorise, s'il y a lieu, à n'en faire partir que six, afin de rendre les équipages plus complets.

Faites presser les travaux de Gênes et de Toulon, afin que je puisse faire verser sur d'autres vaisseaux les équipages des mauvais vaisseaux qui de Brest viendraient à Toulon. Tâchez que *le Jemmapes* soit avec l'escadre de Rochefort. Réitérez vos ordres pour que les frégates du Havre se rendent à Cherbourg. Faites mettre en armement les frégates qui seraient à l'eau.

Pressez l'amiral Rosily de partir.

D'après la minute. Archives de l'Empire.

13388. — A FRÉDÉRIC, ROI DE WURTEMBERG.

Milan, 16 décembre 1807.

J'ai reçu les deux lettres de Votre Majesté du 30 novembre et du 1er décembre. Le roi de Bavière m'a paru heureux de l'alliance qui va unir vos deux Maisons. Il attend son retour à Munich pour serrer ses nouveaux liens avec Votre Majesté. Les désirs de Votre Majesté sont remplis : ses troupes rentrent dans ses états et sont entièrement à sa disposition. Je compte être de retour à Paris dans les premiers jours de l'année prochaine, que je souhaite fort bonne à Votre Majesté et à sa famille.

D'après la minute. Archives de l'Empire.

13389. — A FRÉDÉRIC-AUGUSTE, ROI DE SAXE.

Milan, 16 décembre 1807.

J'ai reçu les lettres de Votre Majesté des 7 et 31 octobre. Je charge mon ministre des relations extérieures de faire connaître au ministre de Votre Majesté les décisions que j'ai prises relativement aux biens de Pologne. Je me flatte qu'elle en sera satisfaite et qu'elle les trouvera conformes à ce qu'elle peut elle-même désirer. J'ai appris avec plaisir l'heureuse arrivée de Votre Majesté à Varsovie et l'accueil qu'elle y a reçu. Une division des troupes que j'ai dans le duché de Varsovie s'est déjà rapprochée de l'Oder ; l'autre partie évacuera aussitôt que Votre Majesté le jugera utile à ses intérêts.

NAPOLÉON.

D'après la minute. Archives de l'Empire.

13390. — A M. MARET,
MINISTRE SECRÉTAIRE D'ÉTAT.

Milan, 17 décembre 1807.

Monsieur Maret, vous ferez imprimer dans *le Moniteur* la Déclaration ci-jointe [1]. Vous y ferez également imprimer dans l'ordre suivant, 1° les trois décrets du roi d'Angleterre du 11 novembre, 2° l'extrait des journaux anglais ci-joints [2], 3° le décret que je vous envoie.

NAPOLÉON.

D'après l'original comm. par M. le duc de Bassano.

13391. — DÉCRET.

Palais royal de Milan, 17 décembre 1807.

Napoléon, Empereur des Français, Roi d'Italie, Protecteur de la Confédération du Rhin ;

Vu les dispositions arrêtées par le gouvernement britannique, en date du 11 novembre dernier, qui assujettissent les bâtiments des puissances

---

[1] Déclaration de la Russie contre l'Angleterre. — [2] Voir *le Moniteur* du 24 décembre 1807.

neutres, amies et mêmes alliées de l'Angleterre, non-seulement à une visite par les croiseurs anglais, mais encore à une station obligée en Angleterre et à une imposition arbitraire de tant pour cent sur leur chargement, qui doit être réglée par la législation anglaise;

Considérant que, par ces actes, le gouvernement anglais a dénationalisé les bâtiments de toutes les nations de l'Europe; qu'il n'est au pouvoir d'aucun gouvernement de transiger sur son indépendance et sur ses droits, tous les souverains de l'Europe étant solidaires de la souveraineté et de l'indépendance de leur pavillon; que si, par une faiblesse inexcusable, et qui serait une tache ineffaçable aux yeux de la postérité, on laissait passer en principe et consacrer par l'usage une pareille tyrannie, les Anglais en prendraient acte pour l'établir en droit, comme ils ont profité de la tolérance des gouvernements pour établir l'infâme principe que le pavillon ne couvre pas la marchandise, et pour donner à leur droit de blocus une extension arbitraire et attentatoire à la souveraineté de tous les états;

Nous avons décrété et décrétons ce qui suit :

Art. 1er. Tout bâtiment, de quelque nation qu'il soit, qui aura souffert la visite d'un vaisseau anglais ou se sera soumis à un voyage en Angleterre, ou aura payé une imposition quelconque au gouvernement anglais, est, par cela seul, déclaré dénationalisé, a perdu la garantie de son pavillon et est devenu propriété anglaise.

Art. 2. Soit que lesdits bâtiments, ainsi dénationalisés par les mesures arbitraires du gouvernement anglais, entrent dans nos ports ou dans ceux de nos alliés, soit qu'ils tombent au pouvoir de nos vaisseaux de guerre ou de nos corsaires, ils sont déclarés de bonne et valable prise.

Art. 3. Les îles Britanniques sont déclarées en état de blocus sur mer comme sur terre.

Tout bâtiment, de quelque nation qu'il soit, quel que soit son chargement, expédié des ports d'Angleterre ou des colonies anglaises ou de pays occupés par les troupes anglaises, ou allant en Angleterre ou dans les colonies anglaises ou dans des pays occupés par les troupes anglaises, est de bonne prise, comme contrevenant au présent décret:

il sera capturé par nos vaisseaux de guerre ou par nos corsaires, et adjugé au capteur.

Art. 4. Ces mesures, qui ne sont qu'une juste réciprocité pour le système barbare adopté par le gouvernement anglais, qui assimile sa législation à celle d'Alger, cesseront d'avoir leur effet pour toutes les nations qui sauraient obliger le gouvernement anglais à respecter leur pavillon. Elles continueront d'être en vigueur pendant tout le temps que ce gouvernement ne reviendra pas aux principes du droit des gens qui règle les relations des états civilisés dans l'état de guerre. Les dispositions du présent décret seront abrogées et nulles par le fait dès que le gouvernement anglais sera revenu aux principes du droit des gens, qui sont aussi ceux de la justice et de l'honneur.

Art. 5. Tous les ministres sont chargés de l'exécution du présent décret, qui sera imprimé au *Bulletin des lois*.

D'après la minute. Archives de l'Empire.

13392. — A M. REGNIER,
GRAND JUGE, MINISTRE DE LA JUSTICE.

Milan, 17 décembre 1807.

Écrivez à mon procureur général près la cour criminelle de Rouen que je suis surpris d'apprendre que les incendies se propagent d'une manière alarmante dans le département de la Seine-Inférieure; qu'il prenne toutes les mesures pour découvrir les auteurs de ces crimes et pour les poursuivre.

D'après la minute. Archives de l'Empire.

13393. — A M. DE CHAMPAGNY,
MINISTRE DES RELATIONS EXTÉRIEURES.

Milan, 17 décembre 1807.

Monsieur de Champagny, vous trouverez ci-joint copie d'un décret[1] que vous enverrez, par courrier extraordinaire, en Hollande, en Espagne et en Danemark, en prescrivant à mes ministres de demander que ces puis-

---
[1] Pièce n° 13391.

sances obtempèrent à ce décret. Vous ne manquerez pas de faire sentir les avantages qui résulteront de ces mesures. Vous joindrez en même temps les trois décrets du roi d'Angleterre, du 11 novembre.

NAPOLÉON.

D'après l'original. Archives des affaires étrangères.

13394. — A M. DE CHAMPAGNY,
MINISTRE DES RELATIONS EXTÉRIEURES.

Milan, 17 décembre 1807.

Monsieur de Champagny, je vous envoie plusieurs lettres avec un petit rapport qu'on m'a fait. J'approuve les deux décisions portées à la première page, que j'ai parafées de ma main. Il est convenable que vous passiez une note à M. de Bose, dans laquelle vous consignerez ces deux décisions. Vous les ferez connaître aussi au sieur Bourgoing et au sieur Serra, mon résident à Varsovie, ces décisions devant servir de principe et de base.

Écrivez au sieur Daru de s'entendre avec les commissaires du roi de Westphalie pour l'acquittement des contributions et le partage des domaines; de veiller à ce que ces domaines restent dans les mains de mes différents agents jusqu'au partage, et de soigner mes intérêts.

Quant aux démêlés de la Porte avec la Russie, je pense qu'il est convenable d'envoyer à Caulaincourt l'analyse des différents faits qui se sont passés.

Je crois convenable que le sieur Didelot se rende à Copenhague.

Faites connaître au sieur d'Aubusson Lafeuillade que je l'ai nommé mon ministre et envoyé extraordinaire à Naples.

Écrivez au sieur Andréossy qu'il a très-mal fait de parler des affaires de Constantinople au prince Kourakine, même en forme de conversation, surtout du sort futur que peut éprouver Constantinople. Ces conversations, dont on rend compte à sa cour, ne peuvent que produire de la méfiance et servir d'acheminement à de grands résultats.

NAPOLÉON.

D'après l'original. Archives des affaires étrangères.

13395. — A M. CRETET,
MINISTRE DE L'INTÉRIEUR.

Milan, 17 décembre 1807.

Vous trouverez ci-joint un décret relatif à l'Angleterre. Avant de le publier, vous écrirez une circulaire à toutes les chambres de commerce, pour leur faire sentir les conséquences funestes qu'aurait, pour l'avenir, cette nouvelle législation de l'Angleterre, si elle était passée sous silence : qu'il vaut mieux s'interdire tout commerce, n'importe pendant combien de temps, que de le faire au profit et sous la législation anglaise. Enfin vous les exciterez à la course, qui, dans l'arbitraire que les Anglais ont établi, est notre seul moyen d'approvisionnement.

D'après la minute. Archives de l'Empire.

13396. — A M. CRETET,
MINISTRE DE L'INTÉRIEUR.

Milan, 17 décembre 1807.

Flessingue ayant été réunie à la France, je désire que vous présentiez au Conseil d'état un projet de décret pour réunir cette ville au département le plus voisin. Vous vous entendrez avec le ministre de la marine pour qu'il soit spécifié dans le décret à quel arrondissement de la marine ce port doit appartenir.

D'après la minute. Archives de l'Empire.

13397. — A M. CRETET,
MINISTRE DE L'INTÉRIEUR.

Milan, 17 décembre 1807.

Monsieur Cretet, des plaintes me sont portées contre des délibérations du conseil général de Toulouse. Je désire que vous me fassiez un rapport sur les cahiers de demandes de ce département. Il paraît que le plus mauvais esprit y est manifesté ; qu'il y a été question de comparaisons de l'ancien régime et du nouveau ; qu'on y a même exprimé des regrets sur les anciens États de Languedoc.

NAPOLÉON.

D'après la copie. Archives de l'Empire.

13398. — AU VICE-AMIRAL DECRÈS,
MINISTRE DE LA MARINE.

Milan, 17 décembre 1807.

Un bâtiment russe est arrivé à Morlaix. Je suppose que vous avez donné des ordres pour qu'il ne fût pas expédié. S'il est réellement russe, il tombera entre les mains des Anglais; s'il s'est masqué sous le pavillon russe, à plus forte raison il ne doit point sortir. Donnez, dans ce sens, des ordres dans tous mes ports pour les bâtiments danois, hollandais, espagnols et autres nations alliées. Ils ne doivent point sortir par ce double raisonnement : ou ils naviguent pour le compte des Anglais, ou ils appartiennent à la puissance dont ils portent le pavillon, et, dans ce dernier cas, ils seraient pris. Communiquez cette décision à mes ministres, en Hollande, en Danemark, en Espagne, pour savoir si cela se pratique ainsi à Cadix et dans les ports de Hollande et du Nord.

D'après la minute. Archives de l'Empire.

13399. — AU PRINCE DE NEUCHÂTEL,
MAJOR GÉNÉRAL DE LA GRANDE ARMÉE.

Milan, 17 décembre 1807.

Rappelez le général Rostollant à Paris, et enjoignez-lui de vous rendre compte de l'exécution des ordres qui ont été donnés pour l'interdiction des communications entre la Poméranie et la Suède. Réitérez au général Molitor que toute communication entre la Suède et le continent, Rostock, etc. est interdite.

NAPOLÉON.

D'après l'original. Dépôt de la guerre.

13400. — A M. DARU,
INTENDANT GÉNÉRAL DE LA GRANDE ARMÉE.

Milan, 17 décembre 1807.

Monsieur Daru, vous trouverez ci-joint un mémoire de la régence du royaume de Westphalie. Mon intention est celle-ci : le roi de Westphalie me doit :

1° Les revenus ordinaires arriérés au moment de la prise de possession du pays, et les revenus ordinaires échus depuis la prise de possession jusqu'au 1er octobre;

2° Toutes les contributions de guerre frappées par mes décrets. Tout ce qui a été perçu, depuis le 1er octobre jusqu'au 1er décembre, sera versé dans la caisse de l'armée, comme je l'ai ordonné, et il en sera tenu un compte séparé. Ces sommes serviront à payer ce qui serait encore dû, soit pour les contributions ordinaires, soit pour les contributions extraordinaires.

Quant aux sommes d'argent prêtées par l'ancienne maison de Hesse à des particuliers, je les cède au roi de Westphalie, surtout celles dues par ses sujets, ne demandant autre chose que les contributions de guerre, les contributions ordinaires échues à mon entrée dans le pays, et les contributions dues jusqu'au 1er octobre.

Quant aux domaines, les états que j'en ai font monter le revenu à cinq ou six millions. Mon intention est que tous ces biens restent entre les mains de mes agents, de ceux de l'enregistrement, jusqu'à ce que le partage en ait été fait et que je connaisse la moitié qui doit me rester. Je n'entends point que la remise de cette moitié me soit faite par le roi de Westphalie, mais au contraire que la moitié qui revient au roi de Westphalie lui soit remise par mes agents, et que la moitié que je me suis réservée reste, avec les titres et les pièces, entre les mains de mes agents, qui en feront la remise à ceux que j'en pourvoirai. J'ai toujours évalué à quarante millions ou à deux millions de rente la moitié des domaines du roi de Westphalie. Il faut que vous vous concertiez sur tous ces objets avec les ministres du roi de Westphalie. Je vous autorise même à passer une convention. Veillez à ce que mes intérêts ne soient pas lésés et à ce que tout soit fait conformément à ce que je vous prescris.

NAPOLÉON.

D'après la copie comm. par M. le comte Daru.

13401. — A JOSEPH NAPOLÉON, ROI DE NAPLES.

Milan, 17 décembre 1807.

Mon Frère, j'ai reçu votre lettre de Bologne, du 11 décembre. Je vois, par les lettres qui y étaient jointes, que plusieurs bâtiments ont été pris du côté d'Otrante. Il paraît que tout cela est bien mal mené de ce côté. Envoyez-y un officier de marine.

Pourquoi ne pas faire partir les bâtiments par un temps fait? Cela vaut beaucoup mieux que de les faire partir sans direction et plusieurs ensemble.

NAPOLÉON.

D'après l'expéd. orig. comm. par les héritiers du roi Joseph.

13402. A JOSEPH NAPOLÉON, ROI DE NAPLES[1].

Milan, 17 décembre 1807.

Mon Frère, j'ai vu Lucien à Mantoue; j'ai causé avec lui pendant plusieurs heures. Il vous aura sans doute mandé la disposition dans laquelle il est parti. Ses pensées et sa langue sont si loin de la mienne, que j'ai eu peine à saisir ce qu'il voulait; il me semble qu'il m'a dit vouloir envoyer sa fille aînée à Paris, près de sa grand'mère. S'il est toujours dans ces dispositions, je désire en être sur-le-champ instruit; et il faut que cette jeune personne soit, dans le courant de janvier, à Paris, soit que Lucien l'accompagne, soit qu'il charge une gouvernante de la conduire à Madame. Lucien m'a paru être combattu par différents sentiments, et n'avoir pas assez de force pour prendre un parti. J'ai épuisé tous les moyens qui sont en mon pouvoir de rappeler Lucien, qui est encore dans la première jeunesse, à l'emploi de ses talents pour moi et pour la patrie. S'il veut m'envoyer sa fille, il faut qu'elle parte sans délai, et qu'en réponse il m'envoie une déclaration par laquelle il la met entièrement à ma disposition; car il n'y a pas un moment à perdre, les événements se pressent, et il faut que mes destinées s'accomplissent. S'il a

---

[1] Cette lettre, dont on n'a pu se procurer l'original, est reproduite ici d'après les *Mémoires du roi Joseph*.

changé d'avis, que j'en sois également instruit sur-le-champ, car j'y pourvoirai d'une autre manière.

Dites à Lucien que sa douleur et la partie des sentiments qu'il m'a témoignés m'ont touché; que je regrette davantage qu'il ne veuille pas être raisonnable et aider à son repos et au mien.

Je compte que vous aurez cette lettre le 22. Mes dernières nouvelles de Lisbonne sont du 28 novembre. Le prince régent s'était embarqué pour se rendre au Brésil; il était encore en rade de Lisbonne; mes troupes n'étaient qu'à peu de lieues des forts qui forment l'entrée de la rade. Je n'ai point d'autres nouvelles d'Espagne que la lettre que vous avez lue. J'attends avec impatience une réponse claire et nette, surtout pour ce qui concerne Charlotte.

P. S. Mes troupes sont entrées, le 30 novembre, à Lisbonne. Le prince royal est parti sur un vaisseau de guerre; j'en ai pris cinq, et six frégates. Le 2 décembre, tout allait bien à Lisbonne. Le 6 décembre, l'Angleterre a déclaré la guerre à la Russie. Faites passer cette nouvelle à Corfou. La reine de Toscane est ici; elle veut s'en aller à Madrid.

13403. — A JÉRÔME NAPOLÉON, ROI DE WESTPHALIE.

Milan, 17 décembre 1807.

Mon Frère, j'ai reçu vos différentes lettres. Vous me faites connaître dans celle datée de Stuttgart, le 1ᵉʳ décembre, l'interprétation que vous avez donnée à l'article de la Constitution par lequel je me réserve la moitié des biens qui sont à ma disposition dans votre royaume. Je ne sais point trop la force de la discussion sur les mots *allodiaux* ou *domaniaux*; mais la remise de ces biens ne doit vous être faite qu'après que le partage sera décidé entre vos ministres et le sieur Daru de la moitié qui vous reste et de celle que je me suis réservée. Du reste, tout doit rester entre les mains de mes agents français, sauf à faire le plus tôt possible cette division.

Par votre lettre du 8 décembre, je vois que vous avez demandé compte à la Régence de vos revenus. Je n'aurai point de difficulté, lorsque les comptes auront été réglés entre le sieur Daru et vos ministres, de faire passer les revenus versés dans la caisse de l'armée, échus depuis le 1er octobre jusqu'au 1er décembre, en à-compte de ce qui est dû, soit pour les contributions ordinaires, soit pour les contributions extraordinaires. Ainsi la contribution extraordinaire de guerre se compose de toutes les contributions de guerre frappées par mes décrets pendant la guerre. Les contributions ordinaires sont les revenus du pays jusqu'au 1er octobre. Ce qui a été perçu de ces contributions du 1er octobre au 1er décembre entrera en compte sur l'arriéré des contributions ordinaires et extraordinaires.

Par une autre lettre du 8 décembre, vous me proposez d'annuler l'article de la Constitution relatif aux domaines, et de le remplacer par l'acceptation d'un million de rentes. Je ne connais pas les calculs qu'on vous a présentés; mais j'ai les états très-détaillés de ces biens, ils se montent à plus de quatre millions de rentes. Ainsi deux millions de rentes ou un capital de quarante-huit millions est le minimum de ce que je compte retirer de la partie des domaines que je me suis réservée dans le royaume de Westphalie. Il est donc très-important que vous laissiez entre les mains de mes agents tous les domaines allodiaux ou autres jusqu'à ce que le partage en ait été fait. Ce ne sont point des rentes que je veux, mais des domaines en nature. Je vous prie de ne point vous écarter de ces dispositions. Ces domaines appartiennent à mes généraux qui ont conquis votre royaume; c'est un engagement que j'ai pris envers eux, et dont rien ne peut me faire départir.

Dans une autre lettre de même date, vous me dites du mal de Jollivet sur de prétendus propos qu'on vous a rapportés de lui du temps de la Révolution. Je trouve ridicule que vous veuilliez vous ressouvenir de ce qui s'est passé dans ce temps-là. Vous seriez en cela bien différent de moi, qui récompense ceux qui ont dit du mal de moi alors, et c'est, au contraire, un titre pour eux plus qu'une prévention contre eux.

Par une de vos lettres du 8, je vois que vous ne croyez pas pouvoir faire honneur à votre emprunt sur la caisse d'amortissement. Je ne conçois pas trop cela. Ce serait mal commencer votre gouvernement et mal asseoir votre crédit que de débuter par ne pas payer vos dettes.

Je vous recommande de marcher doucement pour ce qui est relatif à mes intérêts, soit pour l'acquittement des contributions, soit pour le partage des biens. Vous sentez que j'ai mis ma confiance en vous en vous chargeant de mes intérêts, et vous y répondriez mal si, ne voyant que vos propres intérêts, vous mettiez de côté les obligations que je vous ai imposées.

Ne donnez aucun emploi à des Français sans mon autorisation.

NAPOLÉON.

D'après la copie comm. par S. A. I. le prince Jérôme.

13404. — ALLOCUTION DE L'EMPEREUR
AUX TROIS COLLÉGES DES POSSIDENTI, DOTTI ET COMMERCIANTI.

Milan, 20 décembre 1807.

Messieurs les Possidenti, Dotti et Commercianti, je vous vois avec plaisir environner mon trône. De retour, après trois ans d'absence, je me plais à remarquer les progrès qu'ont faits mes peuples; mais que de choses il reste encore à faire pour effacer les fautes de nos pères et vous rendre dignes des destins que je vous prépare!

Les divisions intestines de nos ancêtres, leur misérable égoïsme de ville préparèrent la perte de tous nos droits. La patrie fut déshéritée de son rang et de sa dignité, elle qui, dans des siècles plus éloignés, avait porté si loin l'honneur de ses armes et l'éclat de ses vertus. Cet éclat, ces vertus, je fais constituer ma gloire à les reconquérir.

Citoyens d'Italie, j'ai beaucoup fait pour vous; je ferai plus encore. Mais, de votre côté, unis de cœur comme vous l'êtes d'intérêt avec mes peuples de France, considérez-les comme des frères aînés. Voyez constamment la source de notre prospérité, la garantie de nos institutions, celle de notre indépendance, dans l'union de cette couronne de fer avec ma couronne impériale.

Extrait du Moniteur du 26 décembre 1807.

13405. — AU GÉNÉRAL CLARKE,
MINISTRE DE LA GUERRE.

Milan, 20 décembre 1807.

Monsieur le Général Clarke, j'ai reçu votre rapport sur la nouvelle organisation de l'armée; vous avez parfaitement rempli le but que je me suis proposé. Mais, avant de signer le projet de décret que vous me présentez, je désire que vous consultiez MM. Dejean, Lacuée et quelques chefs de division de vos bureaux ou officiers supérieurs les plus au fait de ces matières, pour examiner la question de savoir s'il ne vaudrait pas mieux, au lieu de 116 régiments, n'avoir en France que 58 ou 60 légions. Le ministre de la guerre n'aurait alors à correspondre qu'avec 60 dépôts. On pourrait alors composer le conseil d'administration : du major, qui en serait le président et qui resterait au dépôt; du quartier-maître, qui pourrait être mieux choisi; du capitaine d'habillement et d'un commissaire des guerres qui serait à la tête de l'administration du corps et résiderait dans le département où se trouverait le dépôt, qui, pour premier principe, ne doit jamais changer. Il est facile alors de concevoir que les ministres de la guerre et de l'administration de la guerre pourraient obtenir plus de facilités, d'économie et de régularité. Comme le dépôt ne changerait jamais de lieu, les revues des détachements des corps, dans quelque coin de l'Europe qu'ils se trouvent, seraient envoyées au dépôt et arrêtées là définitivement. Le major, le quartier-maître, le commissaire des guerres, trois membres principaux du conseil répondraient de cette comptabilité et correspondraient avec les détachements. Le ministre de la guerre nommerait un inspecteur aux revues près de chaque dépôt, pour la revue définitive et arrêter les comptes des corps avec le trésor public. Ces inspecteurs aux revues changeraient, par les mêmes principes que les commissaires des guerres ne changeraient jamais et appartiendraient aux corps. Ainsi le quartier-maître ferait dans le régiment les fonctions de ministre du trésor; le commissaire des guerres serait le commissaire ou le procureur du régiment; le major président en serait l'inspecteur et le commandant militaire. L'inspecteur aux revues ne ferait point partie du corps; il en serait le contrôleur et l'homme chargé des intérêts du Gouvernement.

Quant à la formation, elle devrait être alors, pour arriver au nombre de 58 ou 60 légions, de huit bataillons de guerre à six compagnies et d'un bataillon de dépôt de huit compagnies, par légion, opération qui se ferait en réunissant deux corps de ceux organisés selon le projet. Dans ce cas, la légion serait sous les ordres : 1° d'un général de brigade commandant les bataillons de guerre; 2° d'un premier colonel, commandant les quatre premiers bataillons, et, dans l'ordre de bataille, spécialement affecté au commandement des deux premiers bataillons, et d'un premier lieutenant-colonel commandant les deux seconds bataillons, sous les ordres du colonel; 3° d'un second colonel, commandant les 5ᵉ, 6ᵉ, 7ᵉ et 8ᵉ bataillons, et, dans l'ordre de bataille, spécialement affecté au commandement des 5ᵉ et 6ᵉ bataillons, et d'un second lieutenant-colonel, commandant, sous les ordres du second colonel, les 7ᵉ et 8ᵉ bataillons; 4° d'un major, qui resterait au dépôt, commandant les huit compagnies de dépôt, présidant le conseil d'administration et servant utilement pour toutes les opérations de la conscription.

Il y aurait huit chefs de bataillon. Les lieutenants-colonels auraient un grade au-dessus des chefs de bataillon, et une augmentation de traitement, moindre cependant que celui des majors actuels. Les compagnies de dépôt auraient une organisation différente de celle des compagnies des bataillons de guerre, c'est-à-dire que les ouvriers, dont enfin un corps ne peut se passer, y seraient compris. On mettrait dans chaque compagnie de guerre un musicien, de manière que deux bataillons auraient une musique de douze musiciens, et le régiment réuni en aurait vingt-quatre, et, lorsque toute la légion serait réunie, elle aurait quarante-huit musiciens. Il faudrait bien prévoir de quelle manière serait organisé un régiment en campagne. Ainsi, lorsque deux bataillons partiraient du dépôt de la légion, il faudrait qu'ils eussent leur officier payeur, etc. et, allant en Italie, en Espagne, par exemple, que le conseil d'administration détachât les ouvriers et tout ce qui est nécessaire pour la confection; et, comme on suppose que la légion peut être divisée par les événements de la guerre, quoiqu'il doive arriver rarement qu'elle le soit, en quatre détachements de deux bataillons, il faut que chaque détachement puisse avoir son officier payeur, son chef ouvrier, son chef armurier, son chef tailleur, son chef cordonnier, lesquels seraient pris parmi les chefs de dépôt. Il faudrait donc quatre chefs ouvriers de chaque espèce. Le cas où chaque légion serait divisée en quatre détachements est rare, mais celui où elle serait divisée en deux détachements, l'un de six bataillons et l'autre de deux, doit être commun.

Supposons que la France eût 60 légions ainsi organisées : l'effectif de chaque légion serait donc de 7,840 hommes; ce qui, multiplié par 60, ferait 470,400 hommes d'infanterie, que la France entretiendrait sur le pied de guerre; et dans l'état de paix, n'entretenant les compagnies qu'à 100 hommes, l'effectif de chaque légion serait de 5,600 hommes ou de 336,000 hommes pour le total de l'infanterie. Il serait toujours facile de tirer d'un corps de 5,600 hommes, sans même faire aucune levée, les six premiers bataillons au grand complet, à l'effectif de 5,040 hommes qui, multipliés par 60, feraient 300,000 hommes à envoyer audit effectif et non au présent sous les armes; et en ôtant, pour les malades et la différence de l'effectif au présent, un septième, ce sera toujours une très-belle armée qu'on aurait disponible, et, en moins de trois mois après, les 7ᵉ et 8ᵉ bataillons pourraient rejoindre les six premiers, ou recevoir une autre destination. Il résulte qu'on pourrait faire partir sur-le-champ du corps trente-six compagnies au complet. Le général de brigade partirait avec ces trente-six compagnies; l'aigle de la légion partirait avec, les deux colonels également; le premier commandant quatre bataillons, le second en commandant deux, et le premier lieutenant-colonel commandant les 3ᵉ et 4ᵉ bataillons, sous les ordres du premier colonel. Il y aurait ainsi à l'armée un général de brigade, trois officiers supérieurs et six bataillons formant trois régiments. Il serait possible sans doute que les 7ᵉ et 8ᵉ bataillons allassent servir de garnison ou se porter vers une autre frontière, et ne pas rejoindre les six premiers bataillons; mais ils auraient leur lieutenant-colonel pour les commander et ce qui est nécessaire à leur organisation. Cette organisation offrirait l'avantage que la légion aurait toujours ses commandants, puisqu'elle aurait un général de brigade, deux colonels et deux lieutenants-colonels, c'est-à-dire cinq officiers supérieurs, sans compter les chefs de bataillon. Le Gouvernement n'aurait donc plus que deux légions à réunir pour former une force de 10,000 hommes à l'effectif, et de 8,000 hommes présents sous les armes. Il faudrait laisser au bataillon la petite aigle actuelle, qu'on appellerait *aigle de bataillon*, et il y aurait *l'aigle légionnaire*, portée par un officier, qui serait le point de ralliement de la légion, et à laquelle serait attaché par-dessus tout l'honneur de la légion.

On sent qu'en réduisant les conseils d'administration à 60, on pourra trouver aisément soixante lieux de ressources et propres à la formation des conscrits.

Si, après une longue paix, on diminuait l'effectif des compagnies à 80 hommes, on pourrait toujours lever, dans un moment imprévu, sur-le-champ, quatre bataillons. Cependant je ne me dissimule pas que ce projet peut avoir des inconvénients. Vaut-il mieux avoir 60 légions que 120, sous le rapport de la comptabilité, de l'économie et des moyens militaires? Voilà la question.

Ce travail serait incomplet si l'on n'arrivait à faire la même chose pour la cavalerie et pour l'artillerie. Mes régiments de cavalerie sont de quatre escadrons; est-il plus convenable de les maintenir ainsi ou de n'avoir, par exemple, que sept régiments de grosse cavalerie à huit escadrons? Comme nous avons aujourd'hui soixante et dix-huit régiments de cavalerie, nous n'en aurions plus alors que trente-neuf; et, en en laissant sept d'artillerie, dont quatre à pied et trois à cheval, le ministre de la guerre n'aurait plus à surveiller et à correspondre qu'avec cent six corps au lieu de deux cent douze.

D'après ce principe, deux légions non-seulement formeraient une division de l'armée active, mais encore pourraient avoir dépôt et garnison dans les places fortes. 14,000 hommes effectifs, avec dépôt et garnison, ne forment guère que 9 ou 10,000 hommes présents sous les armes: ce qui est la force réelle d'une division. Méditez sur ce projet, prenez l'avis des personnes les plus exercées sur ces matières, et présentez-m'en le résultat.

NAPOLÉON.

D'après la copie. Dépôt de la guerre.

13406. — AU GÉNÉRAL JUNOT,
COMMANDANT LE 1ᵉʳ CORPS D'OBSERVATION DE LA GIRONDE.

Milan, 20 décembre 1807.

Je reçois à la fois vos lettres des 29, 30 novembre, 1ᵉʳ et 2 décembre. Je donne ordre que tous les détachements qui appartiennent à votre armée continuent leur mouvement sur Bayonne, et que les 3ᵉˢ bataillons des corps que vous avez, et qui sont arrivés à Bayonne, se mettent en marche pour vous joindre. Ne perdez pas un moment à vous défaire de l'armée portugaise. Ce qui est facile dans le premier mois devient très-difficile dans la suite. Qu'elle parte sur-le-champ, après lui avoir fait prêter serment. Faites-la diriger par bataillon sur Bayonne; donnez la retraite à tout ce qui la veut; après avoir pris les fusils, donnez des congés à tous ceux qui le veulent, sans cependant inonder le pays d'hommes sans aveu; et envoyez-moi, comme vous le proposez, quatre bons régiments. Il n'y a pas d'inconvénient à garder quelques compagnies d'artillerie portugaise; encore faut-il les entremêler d'officiers français. Désarmez le plus possible la ville. Établissez un commandant d'armes et une sévère police, et, surtout, désarmez tout le monde, et soyez certain que, si vous ne remplissez pas avec la plus grande rigueur les instructions que je vous donne, vous aurez sujet de vous en repentir.

Il est bien urgent d'occuper la place forte d'Almeida et autres, afin que votre communication soit bien établie avec le général Dupont, qui a déjà son quartier général à Vittoria et sa première division en marche sur Badajoz. Il a ordre de se porter sur vous si cela est nécessaire, mais ne l'employez qu'autant que cela sera utile.

Faites partir sans délai les deux parents du Roi, et dirigez-les sur Bordeaux. Il est bien important, dans ces premiers moments, de ne garder à Lisbonne aucun prince de la famille. Faites-en aussi partir une soixantaine de personnes les plus attachées au prince régent et aux Anglais, que l'on peut soupçonner les plus contraires, et envoyez-les à Bordeaux.

L'espoir que vous concevez du commerce et de la prospérité est une chimère avec laquelle on s'endort. Voyez la misère, la famine, les Anglais débarquant, toutes les intrigues agitant le pays, le fantôme même du prince régent jeté sur vos côtes. Quel commerce faire dans un pays qui est bloqué et dans des circonstances de guerre aussi incertaines que celles où se trouve le Portugal?

Que devez-vous donc sagement faire?

1° Éloigner du pays les princes de la Maison, les généraux de terre ou de mer portugais, les personnages ayant été ministres ou ayant assez de considération pour pouvoir servir de points de ralliement;

2° Désarmer le pays entièrement et n'y laisser aucune troupe de ligne;

3° Camper vos troupes dans de bonnes positions, et réunies; santé et sûreté en seront le résultat. C'est le moyen d'être maître du Portugal et de faire ce que vous voudrez.

Je donne l'ordre que des officiers d'artillerie et du génie vous soient envoyés.

Quant à la marine, travaillez à faire achever le vaisseau qui est en construction. Faites-en mettre d'autres, de notre modèle de 74 et de 80, en construction. Faites monter et armer les vaisseaux qui restent, avec les officiers que je vous ai envoyés, avec les canonniers et les équipages portugais, français et danois, et de toutes les nations.

Je vous envoie mon décret du 17 décembre, qui vous fera connaître notre nouvelle situation avec l'Angleterre. Il sera nécessaire que vous vous y conformiez.

Faites non-seulement payer toutes les impositions, mais établissez une contribution extraordinaire, de manière que vous ne manquiez de rien. Je n'ai pas besoin de vous recommander de bien soigner vos troupes, car il faut que votre armée soit dans une situation telle qu'elle puisse se porter ailleurs et faire demi-tour à droite, sinon tout entière, du moins en partie.

Vous appellerez à vous le général Dupont, si vous en avez besoin. Vous pourrez même l'appeler à Salamanque, quand vous n'en auriez pas besoin. Il sera là plus à portée pour tout événement.

Je suppose que vous m'enverrez la cavalerie portugaise à pied, et que vous équiperez et monterez votre cavalerie avec ses chevaux et ses harnais. Aidez-en aussi la cavalerie du général Dupont.

Profitez du moment pour faire mettre le séquestre sur toutes les propriétés anglaises, telles que maisons, vignes, boutiques. Confisquez partout les marchandises anglaises et mettez la main sur tout ce qui appartient à leur commerce.

Je suppose que je ne tarderai pas à avoir un rapport détaillé sur les routes, les places fortes et sur ce qui peut me faire connaître le pays.

Faites ôter partout les armes de la Maison de Bragance, et expliquez-vous comme considérant cette Maison comme ayant régné.

D'après la minute. Archives de l'Empire.

13407. — DÉCISION.

Milan, 20 décembre 1807.

| Le général Clarke, ministre de la guerre, propose d'employer des troupes au canal de Saint-Quentin, les prisonniers de guerre ayant refusé d'y travailler. | Il y a des Suédois, il faut les faire travailler; aussi les Prussiens. C'est une mauvaise plaisanterie de dire que les prisonniers ne veulent pas travailler. On faisait bien travailler les miens en Suède. |

NAPOLÉON.

D'après l'original. Dépôt de la guerre.

13408. — INSTRUCTIONS
SUR LES TRAVAUX DU GÉNIE A EXÉCUTER DANS LES PLACES DU ROYAUME D'ITALIE PENDANT L'ANNÉE 1808.

Palais de Milan, 21 décembre 1807.

ARTICLE PREMIER. — PLACE DE PALMANOVA.

La somme d'un million de livres italiennes sera répartie de la manière suivante :

Pour revêtir l'escarpe de cinq lunettes, à raison de 130,000 livres l'une, la somme de.......................... 650,000[1]
Pour mettre à l'abri de la bombe les dix-huit souterrains des bastions et arranger les flancs................. 114,000
Pour un magasin à poudre................... 50,000
Pour retrancher un bastion à la gorge et y pratiquer une manutention et un magasin à l'épreuve de la bombe. 100,000
Pour terminer la construction des bâtiments........ 18,000
Pour assainir intérieurement la ville en donnant de l'écoulement aux eaux, pratiquer quatre places.......... 50,000
Pour planter des arbres en janvier, février et mars... 18,000

Total.............. 1,000,000

On aura soin de revêtir l'escarpe des lunettes sur les fronts dont la contrescarpe n'est pas revêtue.

ARTICLE 2. — OSOPPO.

La somme de 150,000 livres sera distribuée ainsi qu'il suit :
Pour le nouveau retranchement en avant du rocher, la somme de.................................... 100,000[1]
On me présentera le tracé le plus convenable pour le retranchement; son but est de servir de refuge à une division dans un cas de besoin; il devra s'appuyer à la rivière et suivre à peu près la muraille de l'enclos. Cet ouvrage sera continué avec de bons fossés pleins d'eau.
Pour rétablir la rampe autrefois pratiquée par le général Bertrand, afin d'avoir une sortie plus sûre......... 10,000
Pour mettre à l'abri de la bombe le magasin à poudre, celui des vivres, la manutention, et commencer les travaux du réduit où doivent se trouver les établissements d'artillerie : 40,000

Total.............. 150,000

ARTICLE 3. — VENISE ET MALGHERA.

On me présentera un projet plus détaillé sur les travaux à exécuter autour de l'enceinte de Venise, à Brondolo et Malghera; les projets qui existent ne suffisent pas pour arrêter des ouvrages.

En fortifiant Malghera, on doit avoir pour but de favoriser les sorties et la rentrée d'une forte garnison. C'est, pour aller à Venise, le seul débouché convenable. Il faut donc que la fortification soit aussi forte que possible, que l'ouvrage ait assez d'étendue pour que l'ennemi ne puisse pas approcher de droite et de gauche et couper la communication. S'il arrivait que cela pût avoir lieu, il faudrait établir deux fortins à droite et à gauche, suffisamment éloignés, pour faciliter la sortie et la rentrée d'une troupe nombreuse; ceci est indépendant du fort nécessaire pour maintenir la communication avec Venise.

On ne peut considérer Malghera comme une place; ce n'est qu'une partie de la défense d'une autre. Une de ses grandes propriétés est d'être à deux usages : de pouvoir donner du déploiement à une sortie de 5 à 6,000 hommes, et en même temps de pouvoir être gardée avec 4 à 500 hommes. C'est donc un problème à résoudre. Si Malghera ne doit être défendu que par 4 ou 500 hommes, son développement ne devrait être que celui d'une bonne redoute; mais alors le but ne serait plus rempli; quel est donc le moyen de concilier les deux cas? Il semblerait qu'un bon tracé assez étendu, avec de larges fossés pleins d'eau pour être à l'abri de toute surprise, pourrait offrir une bonne défense avec peu de monde, et en même temps pourrait contenir au besoin la garnison de Venise.

D'un autre côté, un réduit maçonné, en forme de cavalier, dominant toutes les parties de l'enceinte, renfermant des casernes et des magasins en tout genre à l'épreuve de la bombe, et pouvant être gardé par 3 ou 400 hommes, serait un point d'appui indispensable. Si l'ennemi ne se présente pas en force, ces 4 ou 500 hommes suffisent pour la défense de l'ouvrage et du réduit; si, au contraire, il veut attaquer sérieusement, il lui faut de grands moyens et commencer par ouvrir la tranchée: en ce cas. Venise vient au secours avec 3 à 4,000 hommes. C'est surtout dans la défense de Venise que ce système doit être établi. Sur tous ces points ce double objet doit être employé.

ARTICLE 4. — LEGNAGO.

La somme de 100,000 livres sera employée à achever les travaux de Porto.

ARTICLE 5. — CHÂTEAU DE VÉRONE.

La somme de 20,000 livres est accordée pour établir une plateforme à l'extrémité du pont avec un bon fossé et contrescarpe revêtue, qui serait comme le réduit de la tête de pont.

ARTICLE 6. — MANTOUE.

La somme de 1,182,000 livres sera répartie ainsi qu'il suit :

Pour revêtir la contrescarpe des deux demi-lunes et de la contregarde, la somme de.............................	350,000[1]
Pour construire la contre-garde de droite..........	150,000
Pour revêtir la contrescarpe du bastion du centre.....	100,000
Pour terminer les demi-lunes...................	50,000
Pour le nouveau tracé du camp retranché..........	82,000
Pour procurer une bonne défense au front du corps de place qui regarde la citadelle, y former une séparation entre la place et les moulins.............................	100,000
Pour commencer l'ouvrage de Saint-Georges........	200,000

Le projet m'en sera présenté avant la fin de l'hiver par le général Chasseloup.

Pour le petit ouvrage sur la hauteur de Pradella à la tête de la digue..................................	50,000
Pour la plantation de cent mille arbres............	100,000
Total...............	1,182,000

ARTICLE 7. — PESCHIERA.

La somme de 128,000 livres sera répartie ainsi qu'il suit :

Pour revêtir à demi-revêtement la contrescarpe de la lunette X..............................	50,000^l
Pour achever la contrescarpe B..................	18,000
Pour terminer la contrescarpe du bastion C..........	30,000
On fera un projet pour les ouvrages R et S, de manière qu'ils ne coûtent qu'environ 150,000 livres, que je ferai en trois années. En attendant, on arrangera le réduit de la place d'armes rentrante, afin de pouvoir y placer sept pièces et le mettre à l'abri d'un coup de main avec 60 hommes de garnison...................................	30,000
Total................	128,000

ARTICLE 8. — ROCCA D'ANFO.

Le général Chasseloup me présentera un projet pour terminer ce qui est de plus urgent à la Rocca d'Anfo; en attendant, on emploiera aux travaux commencés les 20,000 livres.

En notre palais de Milan, ce 21 décembre 1807.

NAPOLÉON.

D'après la copie. Dépôt de la guerre.

13409. — DÉCRET.

Palais de Milan, 23 décembre 1807.

NAPOLÉON, Empereur des Français, Roi d'Italie, etc.

Avons décrété et décrétons ce qui suit :

TITRE Ier.

ART. 1er. Une contribution extraordinaire de cent millions de francs sera imposée sur le royaume de Portugal, pour servir au rachat de toutes les propriétés, sous quelque dénomination qu'elles soient, appartenant à des particuliers.

ART. 2. Cette contribution sera répartie par province et par ville, selon les facultés de chacune, par les soins du général en chef de notre armée, et il sera pris les mesures nécessaires pour sa prompte rentrée.

Art. 3. Tous les biens appartenant à la reine de Portugal, au prince régent et aux princes apanagés seront mis sous le séquestre.

Tous les biens des seigneurs qui ont suivi le prince dans son abandon du pays, qui ne seraient pas rentrés dans le royaume au 1er février de l'année 1808, seront également mis sous le séquestre.

Art. 4. Tous les revenus provenant de la contribution extraordinaire de guerre, de la saisie des caisses, des domaines séquestrés, des contributions ordinaires du pays, seront versés dans la caisse du receveur général nommé par notre ministre du trésor public.

TITRE II.

Art. 5. Le 1er corps d'observation de la Gironde prendra le titre d'armée de Portugal.

Art. 6. La solde et les masses de l'armée de Portugal, depuis le 1er novembre de cette année, seront payées par la caisse de ladite armée.

La solde et les masses du 2e corps d'observation de la Gironde seront payées par la même caisse, à dater du 1er décembre de la présente année.

Art. 7. Il sera donné en gratification à l'armée de Portugal un habillement complet pour chaque homme, un sarrau, une paire de guêtres, une chemise, une paire de bas et deux paires de souliers, sans qu'aucun de ces objets soit retenu sur la masse de linge et chaussures.

Art. 8. A dater du 1er décembre de la présente année, il sera donné à chaque homme de notre armée de Portugal une bouteille de vin, indépendamment des vivres de campagne voulus par nos ordonnances.

Art. 9. Les généraux et officiers de tout grade jouiront, en sus de leurs appointements, d'une gratification de la moitié des mêmes appointements, qui leur sera payée tous les mois.

TITRE III.

Art. 10. Notre ministre des finances enverra à Lisbonne, dans le plus court délai, un agent supérieur des douanes, un agent supérieur de l'enregistrement, un des postes et un des contributions, avec le nombre d'employés nécessaire pour les aider dans leurs opérations.

Art. 11. Notre ministre de la police enverra sur-le-champ à Lisbonne un homme intelligent pour mettre à la tête de la police.

Art. 12. Nos ministres de la guerre, de l'administration de la guerre, des finances, du trésor public, et de la police, sont chargés de l'exécution du présent décret, qui ne sera pas imprimé.

NAPOLÉON.

D'après l'original. Archives de l'Empire.

13410. — A M. DE CHAMPAGNY,
MINISTRE DES RELATIONS EXTÉRIEURES.

Milan, 23 décembre 1807.

Monsieur de Champagny, je désire que vous écriviez au sieur Andréossy pour qu'il demande au prince Kourakine d'envoyer un courrier aux forces navales russes qui sont à Corfou, pour leur prescrire de se réunir aux miennes, afin de maintenir et de favoriser les communications des Sept Iles avec le royaume de Naples. L'Angleterre ayant déclaré la guerre à la Russie, cette mesure est dès lors toute simple. Chargez également le sieur Andréossy de faire demander par le prince Kourakine le passage des troupes russes, pour qu'elles suivent leur marche.

NAPOLÉON.

D'après l'original. Archives des affaires étrangères.

13411. — AU GÉNÉRAL CLARKE,
MINISTRE DE LA GUERRE.

Milan, 23 décembre 1807.

Monsieur le Général Clarke, la division d'observation des Pyrénées orientales sera ainsi composée : la 1re brigade, des bataillons des 2e, 4e et 5e régiments d'infanterie italienne, et du bataillon des vélites;

La 2e brigade, du bataillon suisse, du bataillon français du 16e et du 1er régiment d'infanterie napolitain.

Il faut nommer, pour commander cette brigade, un des généraux de brigade français de la Grande Armée.

La cavalerie sera ainsi composée : d'un régiment provisoire de chasseurs qui se réunit à Milan, d'un régiment provisoire de cavalerie italienne, auquel sera joint un escadron napolitain, et du régiment provisoire de chasseurs et de cuirassiers que commande le général Bessières.

Vous procurerez à cette division douze pièces d'artillerie à pied et six d'artillerie à cheval.

Vous emploierez, pour cette artillerie, d'abord la compagnie du train italienne, et la 6ᵉ compagnie du 7ᵉ bataillon *bis* du train.

NAPOLÉON.

D'après l'original. Dépôt de la guerre.

13412. — AU GÉNÉRAL CLARKE,
MINISTRE DE LA GUERRE.

Milan, 23 décembre 1807.

Monsieur le Général Clarke, envoyez en Portugal quatre bons commissaires des guerres et deux bons inspecteurs aux revues. Envoyez-y également quatre auditeurs. Vous vous entendrez pour cela avec M. l'archichancelier. Faites partir sans délai tous ces individus; cela est nécessaire à l'administration du pays. Mon intention est qu'à dater du 1ᵉʳ novembre la solde, les masses et toutes dépenses quelconques du 1ᵉʳ corps de la Gironde soient payées par les contributions du royaume de Portugal, et qu'à dater du 1ᵉʳ décembre la solde, les masses et autres dépenses du 2ᵉ corps de la Gironde soient également payées sur les contributions du Portugal. Il faut qu'indépendamment de ses vingt-quatre onces de pain et de ses vivres de campagne le soldat ait sa bouteille de vin tous les jours; qu'un habillement complet soit donné à toute l'armée, avec sarrau, guêtres et deux paires de souliers en gratification, sans que rien de ces objets soit retenu sur la masse de linge et chaussures. Il paraît que le général Taviel n'est pas encore arrivé en Portugal, de manière que cette armée se trouve sans commandant d'artillerie.

NAPOLÉON.

D'après l'original. Dépôt de la guerre.

13413. — AU GÉNÉRAL CLARKE,
MINISTRE DE LA GUERRE.

Milan, 23 décembre 1807.

Monsieur le Général Clarke, donnez ordre au général Dupont d'avoir, le 10 janvier, son quartier général à Valladolid, où il réunira tout son corps d'armée, ayant soin, sans affectation, d'avoir l'œil sur le pont du Douro, et de tenir des détachements à Salamanque, comme pour se porter sur la route de Lisbonne. Il réunira des vivres à Valladolid par tous les moyens possibles et achèvera d'organiser entièrement son armée. Il aura soin que les trois bataillons de chacune des cinq légions de réserve soient dans une même division. Envoyez-lui un officier à Vittoria, pour que j'aie l'état exact de son corps d'armée et que je sache bien à quoi m'en tenir. Donnez ordre que les 500,000 rations de biscuit que j'ai fait fabriquer à Bayonne soient transportées à Vittoria, pour y rester en réserve.

Donnez ordre au maréchal Moncey d'organiser le corps d'observation des côtes de l'Océan, selon l'organisation primitive que j'avais ordonnée, et d'entrer en Espagne sans délai, de manière que sa première division soit à Vittoria le 5 janvier, la seconde division le 10, avec son quartier général, et la troisième le 12.

Donnez ordre au corps qui est à Orléans de rejoindre le maréchal Moncey, afin de former les divisions comme je l'ai primitivement ordonné.

Donnez des ordres sans délai pour former la division d'observation des Pyrénées à 1,000 hommes par bataillon. Je ne conçois rien à la force que vous donnez à ces bataillons dans votre état de situation. Faites-moi connaître quelle sera la force de cette division au 1er janvier. Si elle était alors forte de 4,000 hommes, et qu'elle eût six pièces de canon au moins, vous donneriez ordre au général Mouton de se diriger sur Pampelune et d'entrer dans cette place le 8 janvier.

Donnez ordre que la division du général Lechi, composée d'Italiens et de Napolitains, la brigade du général Bessières, les régiments suisses et français qui sont à Perpignan, soient réunis sous le nom de *division d'observation des Pyrénées orientales;* que cette division se réunisse, au 1er janvier, à Perpignan, et qu'il y ait pour la commander trois généraux de brigade. Faites transporter à Bellegarde les 200,000 rations de biscuit que j'ai fait fabriquer à Perpignan, et prenez toutes les mesures pour que cette division, que je suppose devoir être forte de 8 à 10,000 hommes, soit prête à agir au premier ordre que je lui donnerai.

Prenez toutes les mesures pour que ces différents corps soient parfaitement organisés et l'artillerie en règle. Dans les derniers états du corps d'observation des côtes de l'Océan, je vois que les commissaires ordonnateurs, les commandants d'artillerie, du génie, les inspecteurs aux revues ne sont pas nommés, pas plus que les adjudants commandants et les commissaires des guerres des différentes divisions. Je suppose que cette organisation est faite à l'heure qu'il est; il faut que ces officiers et administrateurs rejoignent en poste.

Il faut au moins deux commissaires des guerres par division.

Je vois aussi beaucoup de monde manquant dans le 2e corps d'observation de la Gironde. J'ai ordonné à trois colonels et à plusieurs officiers d'artillerie et du génie de l'armée italienne de se rendre à Bordeaux.

NAPOLÉON.

D'après l'original. Dépôt de la guerre.

13414. — AU GÉNÉRAL CLARKE,
MINISTRE DE LA GUERRE.

Milan, 23 décembre 1807.

Monsieur le Général Clarke, donnez ordre à tous les bataillons et détachements des corps de Hesse-Cassel et de Westphalie qui sont en France de se rendre à Cassel pour faire partie de l'armée du roi de Westphalie.

Vous en excepterez, bien entendu, les bataillons qui sont au 2e corps de la Gironde, ou des côtes de l'Océan.

NAPOLÉON.

D'après l'original. Dépôt de la guerre.

13415. — A M. FOUCHÉ,
MINISTRE DE LA POLICE GÉNÉRALE.

Milan, 23 décembre 1807.

Je vois dans votre bulletin que Mme de Staël veut placer ses enfants à Vienne. Je ne vois pas à cela de difficulté, puisque cette femme est étrangère; mais, cela étant, ce jeune homme doit toujours être considéré comme étranger en France.

D'après la minute. Archives de l'Empire.

13416. — AU GÉNÉRAL JUNOT,
COMMANDANT L'ARMÉE DE PORTUGAL.

Milan, 23 décembre 1807.

Je reçois votre lettre du 6 et celle du 7 décembre. Un aide de camp du vice-roi, qui est parti il y a deux jours, vous porte des lettres de moi. Je vois avec plaisir que mes troupes aient occupé Peniche; mais vous ne me faites pas connaître si la place d'Almeida et les autres places du royaume sont occupées par mes troupes. Je n'ai pas besoin de vous réitérer de quelle urgence il est que vous vous en empariez, et qu'il y ait commandant et garnison française dans toutes ces places.

Je trouve que la marche que vous suivez n'est pas bonne, parce qu'elle n'est pas prévoyante. Vous faites comme les hommes qui n'ont point l'expérience des conquêtes, vous vous bercez de vaines illusions : tout le peuple qui est devant vous est votre ennemi. Vous aurez, du moment que la mer sera tenable, des Anglais sur vos côtes et des intrigues dans vos provinces. Alors tous les moyens que vous aurez laissés aux Portugais tourneront contre vous; car enfin la nation portugaise est brave.

Je vous réitère donc que mon intention positive est que, 1° le pays soit occupé par mes troupes; 2° que le pays soit désarmé; 3° que toutes les troupes portugaises soient dirigées sur France, par colonnes de 800 hommes, en ôtant tout ce qui est hors de service; ce n'est pas que je désire avoir beaucoup de ces hommes, mais je désire en débarrasser le pays; 4° que tous les princes, ministres et autres hommes qui peuvent servir de point de ralliement soient envoyés en France.

Je vois avec peine que vous ayez mis la première division à Lisbonne. Vos dépôts suffisent pour garder les forts. Toutes les troupes doivent être campées en carré et être disponibles au premier événement. Vous faites camper votre seconde division, qui est la plus mauvaise; c'est justement l'inverse. Il ne suffit pas d'avoir des troupes pour jeter à quelques marches de Lisbonne, mais il faut qu'elles soient disponibles pour se porter partout sans qu'on s'en aperçoive. C'est là l'avantage des camps.

Dans le projet de nouvelle organisation que vous formez des troupes portugaises, je trouve que vos compagnies ne sont bonnes à rien. Qu'est-ce que c'est que 80 hommes? En arrivant en France, ces compagnies seront réduites à 50 hommes et n'auront que des officiers. Il est préférable d'envoyer de grosses compagnies à l'effectif de 140 hommes.

Vous devez avoir plus de 2,000 hommes de cavalerie. Attelez bien votre artillerie pour qu'elle soit toute disponible pour se porter partout où il sera nécessaire. Je vous le répète, ne gardez point de troupes portugaises. La légion de police, pour la police de la ville, est beaucoup trop forte; mais vous pouvez y entremêler quelques Français pour être instruit de ce qui se passe. Il faut retirer tous les canons et fusils, soit des arsenaux, soit d'ailleurs où ils seraient à la disposition du peuple.

Je pense qu'il faut mettre en armement une petite division d'un vaisseau et de quelques frégates pour obliger l'ennemi à s'éloigner de Lisbonne. Les officiers de marine et canonniers français doivent vous être arrivés. En écrivant à la cour d'Espagne qu'on vous envoie tous les marins français qui s'y trouvent, vous aurez bientôt 300 marins français. Du reste, vous avez des Danois, des Hollandais, des Espagnols et même des Portugais, et vous composerez de tout cela vos équipages, que vous accompagnerez d'une garnison française.

Je ne vois pas d'inconvénient à ce que vous laissiez la division espagnole sur le Douro; mais prenez avec vous quelques détachements de cavalerie et d'artillerie.

Il n'y a pas de doute que vous devez confisquer toutes les marchandises anglaises quelles qu'elles soient. Tout est plus facile dans le premier moment que par la suite. Ne cherchez point la popularité à Lisbonne, ni les moyens de plaire au pays; c'est manquer votre but, enhardir le peuple et vous préparer des malheurs. Momentanément il est impossible de rien faire pour eux qui équivale à l'état de tranquillité et de commerce où ils étaient; ils se plaindront, mais il faut avant tout que votre armée ne manque de rien.

Je vous envoie un décret qui vous fera connaître les différentes dispositions que j'ai ordonnées.

On n'a jamais prétendu que les vingt centimes pour la masse d'ordinaire dussent équivaloir au pied de guerre. Les troupes qui sont en Italie ne touchent que vingt centimes, par la raison qu'elles ne sont pas traitées sur le pied de guerre; mais, en Portugal, il faut que le soldat ait du vin et de l'eau-de-vie. Je suppose que mes troupes ont à Lisbonne les vivres de campagne et sont très-bien nourries. C'est votre premier devoir de ne les laisser manquer de rien. Je désire que vous puissiez payer la solde et les masses du 2e corps de la Gironde, qui reçoit l'ordre de venir à Valladolid afin d'être à portée de vous soutenir.

Le grand nombre de troupes que je suis obligé de lever rend mes dépenses énormes. J'ai fixé la contribution extraordinaire à cent millions; toutes les villes doivent payer en raison de leurs moyens, et avec cela vous ne manquerez pas du nécessaire; mais, je vous le répète, il faut renvoyer les troupes portugaises et désarmer le pays.

Je donne ordre à Paris qu'on vous envoie des auditeurs et quelques personnes de l'administration qui vous seront utiles. Vous verrez que je donne ordre au ministre des finances de vous envoyer des agents des douanes, de l'enregistrement et des postes, et des employés ayant l'habitude des impositions territoriales. Le ministre de la police vous enverra aussi un agent pour mettre à la tête de votre police. Je pense que Mollien vous a envoyé un payeur général capable.

D'après la minute. Archives de l'Empire.

13417. — DÉCRET.

Turin, 27 décembre 1807.

TITRE I.

Article 1er. Il sera fait un canal pour joindre le Pô à la Méditerranée, partant de la Bormida à Carcare et embouchant dans le port de Savone.

Un ingénieur en chef des ponts et chaussées sera chargé de présenter, dans le courant de l'année 1808, la rédaction définitive de ce projet.

Art. 2. La navigation d'Alexandrie au Pô sera perfectionnée de manière que les bâtiments qui naviguent sur le Pô puissent, en tout temps, arriver à Alexandrie.

Le projet de ces travaux sera soumis au conseil des ponts et chaussées avant le 15 février 1808.

TITRE II.

Art. 3. Il sera confectionné une route de Carcare à Ceva d'une largeur de six mètres.

Les arrondissements de Ceva et de Mondovi contribueront, pour la moitié, à la confection de cette route.

Art. 4. La route de Savone à Alexandrie sera confectionnée, jusqu'à Carcare selon les tracés qui ont eu lieu, et depuis Carcare, par l'ancienne route, sur six mètres de largeur.

Art. 5. Il sera confectionné une route de Briançon à Fenestrelle, et de Fenestrelle à Pignerol, sur une largeur de six mètres.

Art. 6. La route de Cesanne à Suze sera ajournée.

Art. 7. Il sera confectionné une route de Gênes à Acqui, par Ovada.

Art. 8. La grande route de Gênes à Nice passera entre la mer et le faubourg de San-Pier d'Arena.

Art. 9. La route de Gênes à Plaisance n'aura que six mètres de largeur.

TITRE III.

Art. 10. Il sera construit un pont de pierre sur le Pô à Turin.

Art. 11. Le pont sur la Dora sera construit en pierre.

Art. 12. Il sera construit un pont en bois sur la Sesia, à Verceil.

Art. 13. Il sera construit un pont en bois sur la Bormida, entre Alexandrie et Tortone.

Art. 14. Il sera construit des ponts en bois sur les trois torrents qui coulent de Turin à Verceil.

Art. 15. Un fonds de 100,000 francs sera employé aux travaux nécessaires pour défendre le pays contre les inondations de la Sesia. Du reste, les dépenses seront à la charge des propriétaires riverains.

TITRE IV.

Art. 16. Le fonds spécial des routes des neuf départements au delà des Alpes sera fixé à un million pour l'année 1808, et prélevé sur la régie du sel. Ce million sera versé tous les mois par douzième dans la caisse centrale d'Alexandrie par ladite régie.

Art. 17. Une somme de 800,000 francs sera perçue de la même manière, et versée dans la même caisse, pour fournir aux dépenses des travaux ordonnés par le titre Ier, pendant l'année 1808.

Art. 18. Il sera affecté aux travaux extraordinaires des ponts et chaussées, pour la confection des travaux ci-dessus désignés :

1° La moitié du capital provenant de la vente de 532,000 francs de rente des domaines incorporés, qui doivent être vendus en conséquence de notre décret de ce jour;

2° La moitié de tous les produits provenant des fiefs et domaines engagés, en exécution de la loi du 14 ventôse an vii;

3° La moitié des sommes provenant des décomptes des ventes faites dans les neuf départements avant la loi du 5 ventôse an xii;

4° La moitié des sommes dues au trésor public pour affranchissement de bénéfices, commanderies, etc.

Art. 19. Tous les ans, notre ministre de l'intérieur nous fera connaître le montant de ces produits, et prendra nos ordres pour l'application aux différents travaux spécifiés dans les titres précédents.

Art. 20. Tous ces fonds extraordinaires seront à la disposition de notre ministre de l'intérieur et employés sur le fonds spécial, selon les ordonnances de notre intendant du trésor dans les départements au delà des Alpes.

TITRE V.

Art. 21. Le plateau du mont Cenis et la portion des pentes de cette montagne qui sera ultérieurement circonscrite formeront le territoire d'une nouvelle commune qui sera nommée le Mont-Cenis : elle dépendra du département du Pô.

Art. 22. Les habitations de cette commune seront réparties en trois hameaux : celui du centre sera placé près de l'hospice ; ceux des extrémités seront placés l'un à la Ramasse, l'autre à la Grande-Croix.

Art. 23. La commune du Mont-Cenis est érigée en cure ; l'église de l'hospice sera l'église paroissiale ; les moines qui la desservent exerceront la cure ; elle dépendra du diocèse de Turin.

Art. 24. Le maire du Mont-Cenis sera nommé par nous et assimilé aux maires des communes au-dessus de 5,000 âmes.

Art. 25. Les personnes qui voudront bâtir dans un des trois hameaux du Mont-Cenis recevront des alignements auxquels elles seront tenues de se conformer, pour la partie de leur construction qui sera sur la route. Si le terrain sur lequel elles bâtiront n'est pas une propriété particulière, il leur sera cédé sans indemnité.

Art. 26. Les habitants du Mont-Cenis qui y passeront les six mois d'hiver, du 1er octobre au 1er avril, ne seront assujettis ni à la contribution foncière, ni à la contribution mobilière, ni à celle des portes et fenêtres, ni aux patentes, pour l'année qui commencera pendant ledit hiver.

Art. 27. Voulant favoriser la population de la commune du Mont-Cenis, nous exemptons les habitants qui y passeront les six mois d'hiver de toutes les contributions pour les biens qu'ils possèdent, dans quelque département que ces biens soient situés.

Art. 28. Le prix des chevaux de poste des trois relais du Mont-Cenis sera, en hiver, depuis le 1er novembre jusqu'au 1er avril, double du prix fixé pendant les autres mois.

Art. 29. Il sera construit des lieux de refuge le long de la route et dans la partie supérieure. Ces refuges, placés à cent toises au moins et à deux cents toises au plus de distance, serviront de logement aux cantonniers qui y habiteront, qui sont autorisés à y tenir auberge, sans être assujettis à aucuns droits de vente en détail.

Art. 30. Ces cantonniers seront divisés en trois escouades : l'une pour la pente de la Ramasse à Lans-le-Bourg; l'autre pour la partie située entre la Ramasse et la Grande-Croix; la troisième pour le revers du côté de Suze.

Art. 31. Le nombre de ces cantonniers, leur traitement, le mode de leur service, seront ultérieurement déterminés par notre directeur général des ponts et chaussées.

Art. 32. Les lieux de refuge seront construits de manière à ce que la dépense de chacun n'excède pas 2 à 3,000 francs.

Art. 33. Les bâtiments de l'hospice seront augmentés de manière à trouver, dans de nouveaux corps de logis, une caserne pour deux brigades de gendarmerie, avec prison; une écurie pour trente chevaux; une caserne pour coucher 600 militaires dans des lits, avec place pour 600 hommes de plus sur la paille; et enfin une église assez spacieuse pour servir de paroisse. Ces divers bâtiments devront coûter au moins 150,000 francs.

Art. 34. Les plans, devis et détails de ces divers travaux seront rédigés par les ingénieurs, soumis au conseil des ponts et chaussées, et mis sous nos yeux, avant le 1er avril 1808.

NAPOLÉON.

Extrait du *Moniteur* du 17 janvier 1808.

13418. — A EUGÈNE NAPOLÉON,
VICE-ROI D'ITALIE.

Turin, 27 décembre 1807.

Mon Fils, je suis arrivé à Turin hier, à quatre heures. J'ai été fort satisfait de l'esprit de cette ville et de celles du Piémont que j'ai traversées.

Je vous envoie un décret qui règle la force de mon armée italienne pour 1808, et qui est la base du budget. Je vous l'envoie en minute, pour que vous voyiez si je n'ai point oublié quelque chose. Vous me le renverrez pour que je le signe.

Vous dirigerez les régiments de Toscane qui arrivent à Bologne sur Parme. Je donne ordre au maréchal Pérignon d'en former un régiment; cela ne coûtera rien à mon trésor d'Italie. Je n'ai pas eu le travail général de l'artillerie; je désire cependant que vous ayez les yeux sur l'approvisionnement de Palmanova, et que vous y réunissiez les bombes et munitions d'artillerie nécessaires, de manière à avoir là mille boulets ou bombes par pièce et deux affûts par pièce. Vous devez veiller à ce que cet approvisionnement soit rendu à Palmanova avant le commencement de mai. Je vous recommande surtout beaucoup les bombes. De quelle place les retirerez-vous? Il faut là huit à dix mille bombes de 8 pouces; ce qui est une dépense de 80 à 100,000 francs. Si vous en avez à Venise ou à Mantoue, faites-les venir de ces places; si vous n'en avez pas, faites-les faire. Il est donc convenable que vous me présentiez le projet des munitions d'artillerie nécessaires pour l'emploi des 1,400,000 francs que j'ai affectés dans le budget pour les dépenses, ainsi que le projet des affûts et des caissons à construire.

Vous verrez que, par mon décret, j'ajoute au bataillon des sapeurs un bataillon du train.

Vous vous servirez des chevaux pour les transports par terre, de manière que vous n'aurez aucun argent à dépenser pour les transports militaires.

Corfou est tellement bloqué que je pense très-inutile d'y rien faire passer. Il serait cependant bon que vous pussiez mettre cinquante milliers de poudre sur une corvette bonne marcheuse, que vous confierez à quelque bon officier qui tenterait de se glisser dans Corfou; il faudrait de l'habileté de la part de cet officier. Il ne faut rien envoyer sur des bâtiments mauvais marcheurs, qui se laissent surprendre par des vaisseaux de guerre; il ne faut envoyer que des corvettes bonnes marcheuses, qui peuvent échapper facilement.

Faites mettre vingt milliers de poudre sur chacun des deux bricks qui sont à Ancône, et faites-les passer à Corfou. Prévenez-les que cette île est bloquée et qu'ils doivent manœuvrer de manière à éviter les croisières anglaises. La poudre est très-nécessaire à Corfou, que je crois menacé d'une attaque au mois de février.

Il faut organiser le bataillon dalmate, qui est en Dalmatie, de soldats et de grenadiers et voltigeurs de la légion dalmate; que j'aie là 800 hommes, c'est tout ce qu'il faut; mais, pour le former et l'organiser véritablement bien, il faut l'envoyer à Cattaro.

Faites partir 200 hommes à pied de chacun des 3ᵉ et 24ᵉ régiments de chasseurs pour la Dalmatie, où ils seront montés et compléteront l'escadron qui s'y trouve. On fera confectionner les selles en Dalmatie, selon l'usage du pays. Envoyez également une compagnie de 150 hommes à pied des chasseurs royaux, qui se monteront aussi en Dalmatie, de manière que j'aie bientôt de 7 à 800 hommes à cheval. Prescrivez au général Marmont de prendre des mesures pour que ces remontes se fassent avec les chevaux du pays et au meilleur marché possible.

NAPOLÉON.

D'après la copie comm. par S. A. I. Mᵐᵉ la duchesse de Leuchtenberg.

13419. — A M. GAUDIN,
MINISTRE DES FINANCES.

Turin, 28 décembre 1807.

Maret vous enverra un décret pour l'établissement du conseil extraordinaire de préfecture dans les neuf départements au delà des Alpes. Vous verrez qu'il n'y est pas question de Parme ni de Plaisance, mon intention étant de ne rien aliéner dans ce pays. Vous me présenterez, à votre prochain travail, la nomination des membres de ce conseil. Il faut que le président soit un homme fort intelligent. La dette du Piémont ne se monte plus qu'à 1,200,000 francs, sur lesquels 230,000 francs appartiennent à la maison Carignan. Mais, dans les états que l'on m'a remis, on n'a pu me justifier ce que je demandais. Chargez le sieur Dauchy de prendre de nouveaux renseignements. En effet, la dette du Piémont était de 2,400,000 francs de rentes; 825,000 francs ont été amortis par décrets sur celles appartenant à des mains-mortes; 365,000 francs l'ont été par des ventes de domaines; ce qui réduit la dette à 1,200,000 francs. Mais comment n'y a-t-il que 365,000 francs d'amortis par les ventes, lorsque les ventes se sont élevées, par les états qui m'ont été remis, à 8 millions pour le domaine et 5,800,000 francs pour la caisse d'amortissement, ce qui produirait une extinction de 6 à 700,000 francs de rentes? Prenez des éclaircissements là-dessus. Ce que la caisse d'amortissement a acquis de *monti* a été consolidé sur le grand-livre du Piémont. Je désire que vous en fassiez un rapport qui me fasse connaître combien la caisse d'amortissement a acquis de *monti*, combien elle a vendu de domaines, combien, par le décret du mois de mai 1806, il y a eu d'inscrit sur le trésor. Je désire également connaître la partie des actions du (*lacune*) qui sont éteintes, et la partie des décomptes pour la dette d'incorporation de propriétés religieuses que le sieur Defermon a liquidées, et qui ne faisaient point partie des *monti*. Je désire aussi connaître la partie des domaines qui ont été vendus soit par le domaine, soit par la caisse d'amortissement, et qui n'auraient pas encore opéré amortissement parce que les acquéreurs n'auraient pas payé.

Vous avez donné un trop grand privilége à la caisse d'amortissement lorsque vous m'avez fait décréter que tout ce qu'elle acquerrait de *monti* serait inscrit sur le grand-livre. Il me semble qu'il serait plus naturel qu'elle conservât ses rentes sans inscriptions, et que vous me proposiez un projet pour constituer sur le grand-livre la partie des *monti* qu'elle a achetés, et pour la faire compter de clerc à maître.

Le million de rentes qui est encore entre les mains des particuliers du Piémont, avec les 700,000 francs qui restaient de l'office de Saint-Georges, forment un capital de 34 millions, desquels il faut ôter la partie des mains-mortes, etc. ce qui réduira ces 1,700,000 francs de rentes à 1,500,000 francs. Ces 1,500,000 francs de rentes forment 30 millions, dont on pourrait se libérer en laissant courir les rentes pour 1808, ce qui diminuerait d'autant, et en inscrivant pour 1809 le tiers de ces rentes sur le grand-livre, c'est-à-dire 500,000 francs, et en donnant 20 millions de domaines pour être partagés entre les porteurs des deux tiers; ce qui aurait l'avantage d'obliger les Génois et autres à employer leurs fonds dans les domaines, et de ne pas charger trop le grand-livre.

Vous trouverez ci-joint un décret pour organiser une liste civile à Parme et à Gênes. Donnez ordre à l'intendant général du trésor, Dauchy, de s'entendre avec M. Salmatoris, que je nomme intendant de la liste civile de Parme et de Gênes.

P. S. Vous trouverez ci-joint des pièces qui m'ont été remises ici, vous pouvez les consulter ; mais mon intention est que vous me les rapportiez à votre travail, telles qu'elles sont.

<small>D'après la minute. Archives de l'Empire.</small>

13420. — NOTE
POUR UNE BULLE CONCERNANT L'ÉVÊCHÉ DE PLAISANCE.

<small>Turin, 28 décembre 1807.</small>

Renvoyé au sieur Bigot Préameneu pour en faire le rapport au conseil d'état, qui doit rejeter cette bulle comme attentatoire aux droits des souverains, comme irrévérente et manquant aux égards dus aux souverains temporels, comme renfermant des prétentions contraires aux libertés de l'Église gallicane, dont les diocèses de Parme font partie, et, notamment, aux dispositions du Concordat. Cette réponse sera envoyée par le ministre des cultes à mon ministre à Rome. Mon intention est que le décret que rédigera le Conseil soit conçu en termes forts et modérés, et fasse bien ressortir ce qu'il y a d'insensé dans l'établissement de ce pouvoir temporel étranger à l'état.

Le ministre secrétaire d'état fournira un décret, pris il y a deux mois, par lequel l'évêché de Parme est réuni à l'Église gallicane.

Il est convenable de dire, dans le considérant du décret, que les abus du pouvoir du Pape se font sentir généralement ; qu'en Allemagne les fausses mesures de la cour de Rome produisent ce dépérissement de la religion ; également en Suisse ; que partout elles sont une source de discordes ; que les états de la monarchie française se sont garantis de ces abus en se tenant fermes dans les principes de nos pères et attachés aux libertés de l'Église gallicane, dont ce diocèse de Parme fait partie.

NAPOLÉON.

D'après la copie. Archives de l'Empire.

13421. — A EUGÈNE NAPOLÉON,
VICE-ROI D'ITALIE.

Turin, 28 décembre 1807.

Mon Fils, vous trouverez ci-joint copie d'un ordre au sieur Dauchy. Reille restera tout le mois de janvier en Toscane, et me rapportera le rapport du conseiller d'état Dauchy et les renseignements qu'ils auront recueillis sur le pays. Vous n'aurez à vous mêler des affaires que sous le point de vue militaire.

NAPOLÉON.

D'après la copie comm. par S. A. I. Mme la duchesse de Leuchtenberg.

13422. — INSTRUCTIONS POUR LE CONSEILLER D'ÉTAT DAUCHY.

Turin, 28 décembre 1807.

Le conseiller d'état Dauchy, après avoir donné tous les ordres pour l'établissement des listes civiles de Parme et de Gênes, se rendra à Florence pour y être chargé de l'administration du pays. Il prendra avec lui quelques administrateurs des départements au delà des Alpes, qu'il emploiera dans la recherche et l'organisation des domaines et la surveillance des différentes branches de l'administration. Je donne ordre au vice-roi de mon royaume d'Italie de le faire reconnaître en qualité d'administrateur général. Le conseiller d'état Dauchy correspondra avec mon ministre des finances de France pour les affaires de Toscane, même pour celles de justice; il ne sera sous les ordres du vice-roi que pour la partie militaire, parce que ce prince commande mon armée d'Italie.

Le conseiller d'état Dauchy enverra le plus tôt possible au ministre des finances un état des finances du pays, avec un rapport sur les couvents à supprimer, sur les différents évêchés, sur les palais royaux, sur leur mobilier, et enfin sur tout ce qui est relatif à l'administration générale du pays. Il portera le plus grand soin à ce que mon décret sur le blocus et les marchandises anglaises soit rigoureusement exécuté.

Le pavillon français continuera à flotter en Toscane. Le conseiller d'état Dauchy n'entrera dans aucune explication sur le sort futur de ce pays.

NAPOLÉON.

D'après la copie comm. par S. A. I. Mme la duchesse de Leuchtenberg.

13423. — A EUGÈNE NAPOLÉON,
VICE-ROI D'ITALIE.

Turin, 28 décembre 1807.

Mon Fils, vous trouverez ci-joint un décret[1]. Faites imprimer ce décret et la circulaire du ministre; envoyez-les à la princesse de Lucques, à Venise, à Ancône, à Livourne, et dans tous mes ports d'Italie.

Vous trouverez également ci-joint un décret qui défend l'introduction de cotons et toiles peintes, manufacturés ou non manufacturés, dans mon royaume d'Italie, par toute autre frontière que par celle de France, et avec le certificat d'origine qui constate que cela vient de France. Voyez *le Moniteur* du 25.

Vous écrirez également dans mes ports de Livourne, de Cività-Vecchia, pour que l'embargo soit mis sur tous les bâtiments sardes, et pour que tous les bâtiments venant de Sardaigne soient mis sous le séquestre, et qu'il ne soit plus donné aucune expédition pour la Sardaigne. Il est inutile de donner de la publicité à ce dernier ordre; il suffira seulement de veiller à son exécution.

Envoyez, par un courrier, au roi de Naples, ce décret et copie de la présente lettre.

NAPOLÉON.

D'après la copie comm. par S. A. I. Mme la duchesse de Leuchtenberg.

13424. — A EUGÈNE NAPOLÉON,
VICE-ROI D'ITALIE.

Turin, 28 décembre 1807.

Mon Fils, mon intention est que la liste civile soit augmentée de

[1] Décret du 27 décembre sur les bâtiments des neutres.

500,000 livres de revenus sur les pays vénitiens, indépendamment des dix millions sur les autres départements. Il faut vous faire acheter, sans délai, les biens qui doivent en former le capital, sauf à les échanger contre d'autres biens, pour les réunir selon les circonstances.

Faites organiser la dotation des quatre commanderies; on peut y affecter des biens situés n'importe où, parce que les grands dignitaires pourront les transporter dans les lieux où ils seront établis; c'est ainsi que j'ai fait en France pour les sénatoreries et les cohortes de la Légion d'honneur, et cela a parfaitement réussi. Cette augmentation de revenus formera une amélioration assez notable à la liste civile; il est d'ailleurs de la dignité du souverain d'avoir quelques propriétés.

NAPOLÉON.

D'après la copie comm. par S. A. I. Mme la duchesse de Leuchtenberg.

13425. — A JOSEPH NAPOLÉON, ROI DE NAPLES.

Turin, 28 décembre 1807.

Mon Frère, je vous envoie la copie d'un décret que je viens de rendre d'après les nouvelles circonstances du commerce maritime. Je désire que vous le fassiez exécuter chez vous. Faites armer le plus de corsaires que vous pourrez, pour courir sur les bâtiments qui communiqueraient avec la Sicile, Malte, Gibraltar, et qui iraient ou viendraient d'Angleterre.

J'ai ordonné l'embargo sur les bâtiments sardes ou qui viendraient de Sardaigne. C'est par la Sardaigne que les Anglais correspondent à présent. J'ai donné ordre qu'on arrêtât tous les bâtiments qui en viendraient. Il est inutile de donner de la publicité à cette mesure.

Je pars dans une heure, et je serai, dans la nuit du 1er au 2, à Paris.

NAPOLÉON.

D'après l'expédition originale comm. par les héritiers du roi Joseph.

13426. — A JÉRÔME NAPOLÉON, ROI DE WESTPHALIE.

Turin, 28 décembre 1807.

J'ai lu votre proclamation. Je la trouve trop longue et pas assez mesurée. C'est dans ces termes qu'aurait pu vous parler un député des États, mais ce n'est pas ainsi que s'exprime la majesté royale. Pourquoi parler d'Austerlitz? C'est déchirer le cœur d'un souverain et d'une nation que j'ai aujourd'hui intérêt de ménager. Ce n'est pas la proclamation d'un souverain, mais le discours d'un publiciste. Vous sentez que je ne vous parle ainsi que pour votre direction, car du reste elle est dans un esprit convenable et qui me plaît. Ce discours était bon dans toute autre bouche que celle du Roi.

D'après la minute. Archives de l'Empire.

13427. — A CATHERINE, REINE DE WESTPHALIE.

Turin, 28 décembre 1807.

J'ai reçu votre lettre du 14 décembre. Je remercie Votre Majesté de la communication qu'elle a bien voulu me faire de la lettre de l'impératrice mère. Elle sait l'intérêt qu'elle m'a inspiré du premier moment que je l'ai vue. Toutes ses bonnes qualités, depuis que je la connais, ont donné un nouveau prix à mes sentiments. Je désire donc apprendre qu'elle continue à être heureuse et contente.

D'après la minute. Archives de l'Empire.

FIN DE L'ANNÉE 1807.

ANNÉE 1808.

13428. — A EUGÈNE NAPOLÉON,
VICE-ROI D'ITALIE.

Paris, 3 janvier 1808.

Mon Fils, je vous remercie de la lettre que vous m'écrivez à l'occasion de la nouvelle année. Je vous envoie, pour votre présent de bonne année, un sabre que j'ai porté sur les champs de bataille d'Italie. J'espère qu'il vous portera bonheur, et que vous vous en servirez avec gloire, si les circonstances vous obligent à le tirer pour la défense de la patrie.

NAPOLÉON.

D'après la copie comm. par S. A. I. Mme la duchesse de Leuchtenberg.

13429. — AU GÉNÉRAL CLARKE,
MINISTRE DE LA GUERRE.

Paris, 4 janvier 1808.

Expédiez par un courrier extraordinaire l'ordre au général Dupont de diriger sur le Portugal tous les régiments provisoires et autres appartenant aux corps de l'armée du général Junot.

Écrivez au général Junot qu'il doit s'attendre, aussitôt que la saison le permettra, que les Anglais feront les plus grands efforts pour lui susciter toute espèce de désordres dans le pays; qu'il ne doit donc pas perdre de temps pour organiser un gouvernement provisoire, renvoyer les troupes portugaises en France, armer les forts de Lisbonne, y établir de bonnes batteries et prendre toutes les mesures que je lui ai prescrites, et dont vous lui prescrirez de nouveau la sévère exécution : c'est une chimère de penser qu'on puisse s'assurer du pays par un autre moyen; qu'il n'a plus que janvier et février pour exécuter ces mesures et soumettre véritablement le pays; qu'il doit également frapper une contribution de guerre et prendre des mesures pour que l'armée soit abondamment pourvue de tout; qu'il faut prendre possession de la place d'Elvas et de toutes les places fortes; qu'il doit également conserver l'administration et la souveraineté de tout le Portugal, jusqu'à ce que la convention pour les limites soit faite. Enfin recommandez au général Junot de vous envoyer des états de situation exacts.

Au lieu d'envoyer un courrier, envoyez un officier intelligent, qui vous rapporte le résultat de ce qu'il aura vu sur la situation de l'artillerie de l'armée, des places du pays, et un très-grand plan de Lisbonne.

D'après la minute. Archives de l'Empire.

13430. — AU MARÉCHAL DAVOUT,
CHARGÉ DU 1ᵉʳ COMMANDEMENT DE LA GRANDE ARMÉE, À VARSOVIE.

Paris, 4 janvier 1808.

Mon Cousin, je reçois votre lettre du 22 décembre. J'ai vu avec plaisir tout ce que vous avez fait pour le roi de Saxe, et la bonne opinion que vous avez de ce souverain. Pendant le peu de temps que j'ai passé à Dresde, j'ai conçu pour lui une grande estime.

NAPOLÉON.

D'après l'original comm. par Mᵐᵉ la maréchale princesse d'Eckmühl.

13431. — A M. DARU,
INTENDANT GÉNÉRAL DE LA GRANDE ARMÉE.

Paris, 4 janvier 1808.

Monsieur Daru, je reçois votre lettre. Qu'allez-vous me parler de domaines allodiaux et de mille et une distinctions de mots qui ne finiraient plus? J'appelle domaine toute terre ayant appartenu aux différents princes, soit aux maisons des princes, soit à des corporations religieuses. Selon mes calculs, cela doit monter à huit millions de rente et à quatre millions pour ma part. Ne vous dessaisissez point de la part qui me revient, que je n'en aie l'état terre par terre; vous sentez combien vous seriez responsable de la moindre négligence qui compromettrait cette récompense de mes soldats. Le roi de Westphalie n'a pas seul gagné son trône.

Comme il est urgent de faire ces partages, j'ai nommé pour mon commissaire le conseiller d'état Jollivet. Vous trouverez ci-joint le décret qui le nomme. Vous lui donnerez les instructions de détail en conséquence, 1° pour ce qui est dû des contributions jusqu'au 1er octobre, en comprenant l'arriéré au moment de mon entrée dans le pays; 2° pour ce qui est dû des contributions de guerre. On réglera les époques de payement de ces différentes contributions; moyennant quoi, la remise de la moitié des domaines sera faite au roi de Westphalie. La liste des biens domaniaux, allodiaux, sous quelque titre que ce soit, sera dressée sans délai. On fera deux états de ces biens, dont le montant doit être pour chacun de quatre millions de rente, si l'on s'en rapporte aux états qui ont été envoyés par la Régence au major général. A l'échange des ratifications de cette convention, la remise sera faite à mes agents de la moitié qui me reviendra, et à ceux du roi de Westphalie, de la moitié qui lui restera. La convention et l'échange des ratifications seront faits dans les formes usitées pour les transactions diplomatiques.

Faites bien connaître au conseiller d'état Jollivet que je ne ratifierai rien que de bien conforme aux présentes instructions.

NAPOLÉON.

D'après la copie comm. par M. le comte Daru.

13432. — A JÉRÔME NAPOLÉON, ROI DE WESTPHALIE.

Paris, 4 janvier 1808.

Mon Frère, je vous envoie copie d'un décret et d'instructions à M. Daru. On me fatigue beaucoup de distinctions, que je trouve ridicules, sur les domaines allodiaux et sur ceux qui ne le sont pas. Mon intention a été de me réserver la moitié nette des domaines; or j'appelle domaines les allodiaux, les apanages, enfin les biens du prince sous quelque titre que ce soit; sans quoi vous ne me donneriez rien, et mon armée serait sans récompense.

NAPOLÉON.

D'après la copie comm. par S. A. I. le prince Jérôme.

13433. — A JÉRÔME NAPOLÉON, ROI DE WESTPHALIE.

Paris, 4 janvier 1808.

Mon Frère, j'ai lu le rapport du colonel Morio. Je n'entre pas dans tous ses détails, mais je crois ce qu'il propose opposé aux circonstances. Je pense que, si vous commencez par faire supporter ces dépenses à votre trésor, vous le ruinerez. Comment ferez-vous quand la Grande Armée passera par vos états? Elle a séjourné un an en Bavière : elle n'a pas coûté un sou au Roi, les habitants l'ont nourrie; il est vrai qu'ils en ont été un peu grevés; mais, s'il eût fallu que le Roi payât, il n'aurait pas pu la supporter quinze jours. Cet ordre que l'on veut mettre est de l'enfantillage et ne pourra être exécuté que dans deux ans d'ici. Ces circonstances ne sont point nouvelles pour moi. J'ai été deux ans en France sans finances. Le roi de Naples commence à peine à régulariser les siennes. En Italie, j'ai été ainsi six ans.

Quant aux 60,000 francs que vous donnez à vos ministres, c'est une folie; il ne faut pas qu'ils aient plus de 20,000 francs. Mes ministres d'Italie, d'un état qui a cent vingt millions, dont Milan, la capitale, est une ville de luxe et de 140,000 habitants, ont 30,000 francs. Vous mettez votre pays sur un pied de luxe qui le fera déchoir.

Dans les 12,500 Français que je compte laisser dans votre royaume jusqu'à ce que vous ayez une armée, je ne comprends pas les Polonais à votre solde. Il n'y a point d'inconvénient à mettre les Polonais sur le pied de paix.

NAPOLÉON.

D'après la copie comm. par S. A. I. le prince Jérôme.

13434. — A JÉRÔME NAPOLÉON, ROI DE WESTPHALIE.

Paris, 4 janvier 1808.

Je suis fâché que M. Muller vous quitte. Le fait est qu'il était très-flatté de sa place; mais il faut qu'il n'ait pas eu lieu d'être content.

D'après la minute. Archives de l'Empire.

13435. — A JÉRÔME NAPOLÉON, ROI DE WESTPHALIE.

Paris, 5 janvier 1808.

Mon Frère, je reçois votre lettre du 16 décembre. Je ne crois pas que vous deviez avoir de gardes du corps. Ce n'est pas l'étiquette de notre famille. Je pense qu'un régiment de chevau-légers, de 400 hommes, un bataillon de grenadiers à pied et un bataillon de chasseurs à pied, chacun de 400 hommes, suffisent pour votre Garde. Mais il ne faut pas les payer plus que vos autres troupes. Mon opinion est qu'il est très-important que le quart de ces 1,200 hommes soit français. Il ne faut pas y mettre de Polonais. Je verrai avec plaisir que vous y joigniez une compagnie de gendarmerie de 100 hommes à cheval; mais je désire que ces gendarmes soient tous Français; vous avez le prétexte qu'il n'y a point de gendarmerie dans le pays. Cette Garde ainsi arrêtée, il faut l'organiser peu à peu. Il ne faut vous modeler en rien sur la formation de ma Garde, qui, étant destinée à offrir des récompenses à une grande armée, me coûte immensément cher. Je pense que vous devez composer la partie allemande de votre Garde de jeunes gens de famille, c'est-à-dire de bons bourgeois ou de fils de fermiers, et exiger qu'ils soient forts et vigoureux, et que leurs parents leur fassent une pension de 100 francs pour la cavalerie et de 72 francs pour l'infanterie, qui leur seront donnés pour prêt en augmentation de solde: ce qui les mettra à même d'être bien tenus, sans que cela vous coûte aucune dépense extraordinaire. Le quart français de votre Garde sera composé de vieux soldats, que je vous autoriserai à prendre. Vous leur donnerez en extraordinaire les 100 francs et les 72 francs, sur les fonds de votre caisse, lesquels leur seront payés en augmentation de paye pour prêt. Ainsi votre Garde serait commandée par quatre capitaines généraux des Gardes pour le service de cour, équivalant à mes quatre maréchaux, dont l'un serait toujours de service près de vous. Ces quatre capitaines généraux, ne les nommez point avant deux ans, pour ne point vous tromper; ils devront être grands officiers de la couronne. Je pense qu'il doit y en avoir deux français, officiers de mérite, capables de commander une armée et d'en imposer même à une armée française, des hommes qui aient gagné des batailles. C'est à ces hommes auxquels il faut laisser l'espérance d'avoir un fief, comme celui que vous donnez au sieur Le Camus, quand ils vous auront servi dix ou quinze ans avec fidélité. Un capitaine général des Gardes commandera le régiment de chevau-légers; il aura sous lui un colonel, quatre chefs d'escadron commandant chacun une compagnie, et ayant sous eux un capitaine, un lieutenant et un sous-lieutenant, chaque compagnie à l'effectif d'une centaine d'hommes.

Sur les 400 hommes de chaque corps, 300 seront de jeunes Westphaliens appartenant à des fermiers ou bons bourgeois qui puissent payer 100 et 72 francs de pension, et n'ayant jamais servi. Jeune, prenez pour vous servir de la jeunesse qui s'attachera à vous. A ces 300 jeunes gens du régiment de chevau-légers vous joindrez 100 Français, tous hommes parlant allemand, ayant fait au moins six campagnes dans la cavalerie: ceux-là donneront l'esprit militaire à votre jeunesse et en feront l'amalgame avec la France. Un autre capitaine général des Gardes commandera le bataillon de grenadiers à pied, ayant sous lui un colonel et un chef de bataillon. Ce bataillon de quatre compagnies à l'effectif de 100 hommes serait composé de 300 jeunes gens du pays et de 100 Français, vieux soldats, parlant allemand et ayant fait plusieurs campagnes. Un autre capitaine général commandera le bataillon des chasseurs, ayant la même organisation que le bataillon de grenadiers. Le minimum de la taille des grenadiers doit être de cinq pieds quatre pouces; le minimum de la taille des chasseurs, de cinq pieds deux pouces. Je mets la taille basse, afin d'exclure moins et d'avoir le plus d'hommes qui puissent payer. Un autre capitaine général commandera la compagnie de gendarmerie d'élite de 100 hommes, tous Français. Vous pourrez avec le temps le mettre à la tête de toute la gendarmerie du pays.

En somme totale, votre Garde serait composée de 300 Français et de 900 hommes du pays. Si vous ne pouvez réunir ces 900 hommes qu'en deux ans, cela est égal. Formez d'abord une compagnie de grenadiers à pied, une de chasseurs à pied, une d'hommes à cheval; quand vous aurez assez de monde pour en former une seconde, vous la formerez. Ainsi, insensiblement, votre Garde se trouvera formée. Elle ne vous coûtera pas plus qu'une Garde ordinaire, si ce n'est la dépense de la pension des 300 Français; et vous aurez des hommes qui jouiront d'une certaine aisance, puisqu'ils tireront de chez eux. Pour compléter mon idée, ne prenez point d'hommes qui aient servi chez les princes; choisissez-les de la première jeunesse, même de l'âge de dix-huit ans, pour la première fois. Je vous fournirai des Français, tant officiers que soldats. Quant aux généraux français, c'est une chose qui ne presse pas et à laquelle il faut penser. Après cela, commencez à former quatre régiments selon le mode hessois, qui est si économique, pour employer les officiers et soldats des différents princes qui régnaient dans les états où vous êtes.

NAPOLÉON.

D'après la copie comm. par S. A. I. le prince Jérôme.

13436. — AU MARÉCHAL MONCEY,
COMMANDANT L'ARMÉE DES CÔTES DE L'OCÉAN.

Paris, 7 janvier 1808.

J'ai reçu vos lettres de Bordeaux du 23 et du 29 décembre.

Votre quartier général doit être à Vittoria le 10 janvier. Ne forcez cependant la marche d'aucune troupe; rien ne presse. Envoyez au ministre de la guerre les états de situation, bien exacts, de votre armée. Je vous laisserai séjourner quelques jours dans la Biscaye, pour que vous puissiez bien vous former et organiser vos divisions. Je vois par votre lettre que votre première division ne sera à Bayonne que le 4 janvier. Il est inutile, comme je vous l'ai dit plus haut, que, pour exécuter à point nommé les ordres du ministre, vous fassiez faire aucune marche forcée à vos troupes. Rendez compte exactement au ministre de la guerre, ce qui n'empêche pas que vous ne m'écriviez quelquefois. Du moment que vous serez entré en Espagne, envoyez des officiers à droite et à gauche, et recueillez des renseignements sur la situation et l'esprit du pays.

Faites passer la lettre ci-jointe au général Mouton.

D'après la minute. Archives de l'Empire.

13437. — AU GÉNÉRAL MOUTON,
COMMANDANT LA DIVISION D'OBSERVATION DES PYRÉNÉES OCCIDENTALES.

Paris, 7 janvier 1808.

Monsieur le Général Mouton, laissez le commandement de votre division à l'officier que vous en jugerez le plus capable, et rendez-vous à Vittoria et à Valladolid. Parcourez les camps des troupes françaises, prenez des renseignements sur la situation des places fortes espagnoles, sur les mouvements qui s'y font, sur les villes, sur l'opinion publique. Envoyez-moi des rapports sur la situation de mes troupes, corps par corps, infanterie, cavalerie, artillerie, officiers généraux, etc. Écrivez-moi longuement tous les jours.

<small>D'après la minute. Archives de l'Empire.</small>

13438. — A M. GAUDIN,
MINISTRE DES FINANCES.

Paris, 8 janvier 1808.

La Toscane est dans votre département, tant pour les finances que pour les autres branches d'administration civile. J'ai donné ordre au conseiller d'état Dauchy de correspondre avec vous pour tous les objets relatifs à ce pays. Vous préviendrez M. Mollien que les troupes toscanes se rendent à Parme, où elles seront formées en bataillons et soldées par mon trésor. Je pense également qu'il est convenable que le ministre Mollien envoie un receveur général à Florence, pour recevoir les contributions et les tenir en réserve à ma disposition, afin que j'en fasse la destination convenable. Il doit bientôt y avoir le revenu d'un mois. Il sera convenable que tout ce qui sera versé pour les troupes entre dans la caisse de l'armée d'Italie, vu que les troupes qui sont en Toscane ne sont que des détachements de ladite armée.

<small>D'après la minute. Archives de l'Empire.</small>

13439. — A JÉRÔME NAPOLÉON, ROI DE WESTPHALIE.

Paris, 8 janvier 1808.

Mon Frère, j'ai reçu vos lettres des 29 décembre et 2 janvier. Le discours que vous avez tenu aux États est trop long. Il a l'inconvénient d'être de nature à faire un effet très-vif en Allemagne. Le projet de la révolutionner et de porter tout à l'instar de la Westphalie est trop manifeste.

Quant aux sieurs Siméon et Beugnot, vous pouvez les employer comme ministres. Gardez-les sans en exiger de serment, ce qui est une formalité inutile, et jusqu'à ce que vous puissiez les remplacer; sans cela ils perdent leur place dans mes conseils. Cependant, s'ils consentent à s'attacher à votre service, pour mon compte j'y consens volontiers.

Avant de penser au ministre des relations extérieures, que votre état soit bien organisé; ce serait dans ce moment une dépense inutile. Les seules missions importantes sont celles de Saxe, de Hesse-Darmstadt et du prince Primat, pour régler les discussions de voisinage que vous pouvez avoir.

NAPOLÉON.

D'après la copie comm. par S. A. I. le prince Jérôme.

13440. AU GÉNÉRAL CLARKE,
MINISTRE DE LA GUERRE.

Paris, 9 janvier 1808.

Vous voulez faire partir de la Fère cent dix-sept voitures d'artillerie, savoir, quatre canons de 12 : mais vous en avez, avec affûts, cinq à la Rochelle, quatre à Blaye et six à Perpignan; faites-les donc prendre à la Rochelle ou à Blaye; six canons de 8 : vous avez une pièce de 8 à Blaye et deux affûts; deux à la Rochelle; ces trois pièces paraissent suffisantes; composez l'équipage selon ce que vous avez à Blaye et à Perpignan. Vous pouvez mettre, au défaut de canons de 8, un plus grand nombre de canons de 12. Il y a à Perpignan soixante canons de 4 : vous avez huit pièces de 4 à Blaye avec sept affûts, six à la Rochelle avec six affûts. Mon intention est que les cent dix-sept voitures qui sont à la Fère y restent, et que vous les remplaciez par cent dix-sept autres voitures formant le service de dix-huit pièces de canon, en le composant de pièces de 12, de 8 et de 4, selon ce que vous avez à Blaye et à la Rochelle.

Je vous laisse toute latitude, à moins qu'on ne tire rien de la rive droite de la Loire. Si vous faites consulter les états, vous trouverez un plus grand nombre de pièces à la Rochelle. Vous trouverez des obusiers à l'île de Ré, et des pièces en grande quantité du côté de Blaye. Déjà le général Junot a, en Portugal, une quantité immense d'artillerie, et bientôt, quels que soient les événements, les Espagnols pourront en fournir. Faites-moi connaître où sont les arsenaux espagnols; je crois qu'il y en a d'occupés par nos troupes, d'où l'on pourra tirer des ressources.

Je vois que les deux corps de la Gironde, le corps d'observation des côtes de l'Océan et les deux divisions d'observation des Pyrénées ont quatre pièces de 12, trente-huit de 8, soixante et douze de 4, vingt-six obusiers; ce qui fait cent quarante pièces de canon. Vous pouvez donc facilement avoir plus de sept cents voitures. Je vois qu'il y a beaucoup de pièces, d'affûts, à Blaye, à la Rochelle, à Toulouse et à Perpignan. Ce qui manque surtout à vos équipages ce sont les pièces de 12 : vous en avez quinze entre la Rochelle, Blaye et Perpignan. Gardez en bon état l'artillerie de la Fère; je puis en avoir besoin ailleurs. Ayez à Bayonne un bon directeur qui compulse bien les états et fasse ressource de tout pour exécuter mes ordres.

D'après la minute. Archives de l'Empire.

13441. — A EUGÈNE NAPOLÉON,
VICE-ROI D'ITALIE.

Paris, 10 janvier 1808.

Mon Fils, immédiatement après la réception de la présente lettre, expédiez l'ordre au général Miollis de diriger sur Pérouse toute son artillerie, sa cavalerie et son infanterie, hormis un bataillon qu'il laissera pour la police de Florence et un pour la police de Livourne. Donnez l'ordre au général Lemarois de mettre en marche sur Foligno toutes ses troupes, infanterie et artillerie, hormis un bataillon qu'il laissera pour la garde d'Ancône. Je compte que le général Miollis pourra réunir 2,500 hommes et le général Lemarois autant, ce qui fera 5,000 hommes. Les troupes du général Lemarois seront sous le commandement d'un général de brigade; arrivées à Foligno, elles seront sous les ordres du général Miollis. Les marches seront calculées pour que les troupes du général Lemarois arrivent à Foligno le même jour que les troupes du général Miollis arriveront à Pérouse. Je donne ordre au roi de Naples de réunir à Terracine une colonne de 3,000 hommes. Le général Miollis se rendra à Pérouse, en partira avec la colonne qui y sera réunie, prendra sous son commandement la colonne de Foligno, et continuera sa route sur Rome, sous prétexte de traverser cette ville pour se rendre à Naples. Les ordres seront donnés de manière que la colonne de 3,000 hommes de Terracine soit en mesure de se diriger en grande marche, et sans perdre de temps, sur Rome, du moment que le général Miollis y sera entré.

Le général Miollis, à son arrivée, prendra possession du château Saint-Ange, rendra au Pape tous les honneurs possibles, et déclarera qu'il a mission d'occuper Rome et le château Saint-Ange pour arrêter les brigands du royaume de Naples, qui y cherchent refuge. Il fera arrêter le consul et les agents du roi Ferdinand, le consul anglais et les individus anglais qui sont à Rome. Il tiendra ses troupes en bon ordre, restera tranquille, ne se mêlera en rien du gouvernement, et fera seulement fournir à ses troupes les vivres et la solde.

Il est bien important que le plus grand secret soit gardé sur cette expédition.

Le général Miollis marchera sur Rome comme s'il allait rejoindre l'armée de Naples; il ne se mettra en marche que lorsque ses troupes seront à Pérouse et que celles du général Lemarois seront à Foligno, et alors il se dirigera à grandes journées sur Rome. Il enverra des ordres à la colonne de Terracine pour qu'elle parte au moment de son arrivée à Rome.

Sa principale mission est de protéger mes malades et de rechercher les brigands; il recevra du reste des ordres ultérieurs. Il avouera qu'il n'a à se mêler que de la partie militaire. J'exige secret et promptitude dans cette opération.

Vous ferez connaître au général Miollis qu'il prendra à Rome le titre de commandant en chef des troupes qui sont dans les états de l'Église; il ne prendra d'ordre que de nous.

La Toscane se trouvant dégarnie par le départ de la division Miollis, vous aurez à Florence le 13ᵉ de ligne, soit bataillons de guerre, soit dépôt; ce régiment se remettra là. Envoyez aussi à Ancône deux escadrons, formant 400 hommes de cavalerie, pour donner un surcroît de forces au général Lemarois.

Vous ferez connaître le jour où le général Miollis arrivera à Pérouse et à Rome au roi de Naples, afin qu'il règle son mouvement en conséquence. Vous aurez soin également de m'instruire du jour où il entrera dans Rome, afin que je puisse lui donner des instructions sur ce qu'il aura à faire.

NAPOLÉON.

D'après la copie comm. par S. A. I. Mᵐᵉ la duchesse de Leuchtenberg.

13442. — A JOSEPH NAPOLÉON, ROI DE NAPLES.

Paris, 10 janvier 1808.

Mon Frère, les impertinences de la cour de Rome n'ont pas de bornes; je suis impatient d'en finir. J'ai renvoyé ses négociateurs. Mon intention est que vous réunissiez à Terracine une colonne de 2,000 hommes de troupes napolitaines d'infanterie et de cavalerie, d'un bataillon français de 8 à 900 hommes, d'un régiment de cavalerie de 400 hommes, de quatre pièces de canon napolitaines et six pièces françaises attelées: ce qui fera 3,000 hommes et dix pièces de canon. Vous ferez tout cela sans bruit. Vous mettrez cette colonne sous les ordres d'un général de brigade, et elle attendra à Terracine les ordres du général Miollis, sous le commandement duquel elle sera. Ce général réunit 3,000 hommes à Pérugia; le général Lemarois, autant à Foligno. Avec ces 6,000 hommes, il se mettra en marche sur Rome, comme s'il allait rejoindre l'armée de Naples. Arrivé à Rome, il prendra possession du château Saint-Ange et le titre de commandant en chef des troupes qui sont dans les états du Pape, et il enverra des ordres à votre division de Terracine pour qu'elle vienne le joindre en toute hâte à Rome. Vous sentez que cette expédition doit être tenue très-secrète. Votre colonne de Terracine ne doit se mettre en mouvement que pour arriver au moment de l'entrée du général Miollis à Rome. Peut-être sera-t-il inutile qu'elle entre dans la ville, mais il sera nécessaire qu'elle en approche à quatre ou cinq lieues. Je charge le vice-roi de vous faire connaître le jour où le général Miollis arrivera à Rome, afin de ne marcher qu'au dernier moment. Je me réserve de donner des ordres ultérieurs lorsque Miollis sera arrivé à Rome.

NAPOLÉON.

D'après l'expédition originale comm. par les héritiers du roi Joseph.

13443. — A CHARLES IV, ROI D'ESPAGNE.

Paris, 10 janvier 1808.

Je me trouvais en Italie lorsque j'ai reçu la lettre de Votre Majesté, du 18 novembre, par laquelle elle me fait connaître son désir de consolider les liens des deux états en unissant le prince des Asturies à une princesse de France. Je partage les sentiments de Votre Majesté ; je consens volontiers à cette alliance. Mais Votre Majesté doit comprendre qu'il n'est aucun homme d'honneur qui voulût s'allier à un fils déshonoré par sa *Déclaration*, sans avoir l'assurance qu'il a réacquis toutes ses bonnes grâces. Votre Majesté ne doute pas de mon désir de dissiper toutes les difficultés et les nuages qui se sont élevés entre elle et moi, afin que, de concert, nous puissions de nouveau prendre toutes les mesures nécessaires pour soumettre nos plus implacables ennemis.

D'après la minute. Archives de l'Empire.

13444. — A CHARLES IV, ROI D'ESPAGNE.

Paris, 10 janvier 1808.

Je reçois la lettre de Votre Majesté. Je pense que les affaires ne sont pas encore assez avancées pour publier la convention que nous avons faite sur le sort futur du Portugal[1]. Il faut nommer d'abord des commissaires pour fixer les limites et prendre toutes les mesures convenables pour assurer l'état des peuples, qui pourraient se trouver compromis par des mesures hasardées et prématurées.

D'après la minute. Archives de l'Empire.

[1] Voir à la date du 23 et du 27 octobre 1807.

13445. — ORDRES POUR LES CONSEILS D'ADMINISTRATION.

Paris, 11 janvier 1808.

Il y aura conseil d'administration les lundi, jeudi et dimanche de chaque semaine. La séance s'ouvrira à onze heures du matin.

Cet ordre sera suivi à dater de dimanche prochain.

Le conseil d'administration du lundi sera pour la guerre; celui du jeudi, pour l'intérieur; celui du dimanche, pour les finances.

On y appellera, indépendamment des ministres et des conseillers ministres d'état, les conseillers d'état ou autres personnes qui seront demandées, l'avant-veille de chaque conseil, par les ministres, et les maîtres des requêtes qui seront désignés par Sa Majesté.

Les ministres amèneront les chefs de division et de bureau qu'ils croiront pouvoir être utiles pour donner des renseignements. Les chefs de division et de bureau apporteront dans leurs portefeuilles toutes les pièces et états concernant la matière du conseil. Ils se tiendront dans la salle du Trône.

Il est à désirer que rien ne soit omis à cet égard, l'intention de Sa Majesté étant de rendre ses décisions en conseil d'administration, et de faire établir, dans les procès-verbaux qui seront dressés, la situation précise, à la date du conseil, des divers exercices, des divers crédits et des divers services.

CONSEIL D'ADMINISTRATION DE LA GUERRE.

Seront membres du conseil d'administration de la guerre les ministres de la guerre, de l'administration de la guerre et le ministre d'état Lacuée.

On y appellera également M. Denniée, secrétaire général de la guerre.

Premier conseil d'administration, qui se tiendra lundi 18 janvier: les deux ministres apporteront à ce conseil les états de situation, par chapitre, du budget de leur ministère pour l'an XIII, les quinze mois de l'an XIV et 1806, et l'année 1807. Ils feront connaître les crédits qu'ils ont eus, les dépenses qu'ils ont faites, les sommes qui restent disponibles sur les différents articles, ou les suppléments de crédit qu'ils sont dans le cas de demander. Un autre état présentera les budgets de 1808, avec une colonne contenant les observations des ministres et les motifs des augmentations demandées.

L'examen de ces états, s'ils sont bien faits, ne doit pas exiger plus d'une demi-heure.

Au second conseil d'administration de la guerre, qui aura lieu le lundi 25 janvier, le ministre de l'administration de la guerre apportera, et dans la même forme indiquée pour le conseil précédent, des rapports et des états sur les remontes, les fourrages, les transports, convois et équipages militaires, le casernement et les lits militaires.

Au quatrième conseil, qui se tiendra le 8 février, le ministre de l'administration de la guerre présentera les rapports et les états de comptabilité, comme il a été dit ci-dessus, sur le service des hôpitaux et sur le reste des objets qui composent les attributions de son ministère.

D'après la copie. Dépôt de la guerre.

CONSEIL D'ADMINISTRATION DE L'INTÉRIEUR.

Seront membres de ce conseil le ministre de l'intérieur et le ministre d'état Regnaud.

Le premier conseil d'administration se tiendra le jeudi 21 janvier. Le ministre apportera à ce conseil les états de situation, par chapitre, du budget de son ministère pour l'an XIII, les quinze mois de l'an XIV et 1806, et 1807; il fera connaître les crédits qu'il a eus, les dépenses qu'il a faites, les sommes qui restent disponibles sur les différents articles, ou les suppléments de crédit qu'il est dans le cas de demander. Un autre état présentera le budget de 1808, avec une colonne contenant ses observations et les motifs des augmentations qu'il croira nécessaires. Le ministre du trésor public apportera sur les mêmes exercices les états du trésor pour servir de contrôle. Il dressera ces états de manière à ne jamais créer un nouveau chiffre et en suivant les formes auxquelles Sa Majesté est accoutumée.

On traitera ensuite de ce qui concerne les dépenses des préfectures.

des centimes fixes et variables et des centimes de dégrèvement. Le ministre fera connaître l'état de situation de ces fonds, depuis et y compris l'an XIII jusqu'à l'année 1807 inclusivement, ce qui reste à la disposition du Gouvernement ou des préfets, et les moyens à prendre pour remédier aux abus qui se sont manifestés dans beaucoup de préfectures.

Il remettra des notes sur les préfets; il proposera les changements qu'il jugera convenables ou nécessaires; il présentera l'état des gratifications accordées antérieurement, et de celles qu'il convient d'accorder pour 1806 ou 1807; il indiquera les fonds qui peuvent subvenir à cette dépense.

Il rendra compte de tous les petits établissements, tels que Charenton et Bicêtre, qui dépendent immédiatement du ministère de l'intérieur, quoiqu'ils paraissent concerner plus particulièrement l'administration de la ville de Paris.

Il fera connaître ce qui est relatif aux prisons, maisons d'arrêt, de force et de mendicité, tant relativement à la comptabilité, à ce qu'ils ont coûté depuis et y compris l'an XIII, à ce qu'il y a à faire cette année et à ce qu'ils coûteront, que relativement à l'administration et à la législation, et aux améliorations à faire dans cette partie.

Le second conseil, qui se tiendra le jeudi 28 janvier, aura pour objet :

L'approvisionnement extraordinaire de grains et farines pour Paris, la législation générale des blés pour la France, le produit et l'emploi du droit d'exportation, la situation de la valeur de la viande dans les années précédentes, et les mesures qu'il y aurait à adopter;

L'instruction publique, en faisant connaître l'état de la législation, celui du travail proposé pour la création de l'Université, et ce qu'il y a à faire pour le terminer; les lycées, les écoles secondaires et les écoles spéciales.

Ces divers objets seront traités tant sous le rapport de l'administration que sous celui de la comptabilité. La comptabilité remontera jusqu'au 1ᵉʳ vendémiaire an XIII.

Le troisième conseil, qui se tiendra le 4 février, sera relatif au commerce et aux manufactures.

Le ministre fera connaître les encouragements qui ont été donnés au commerce, ainsi que l'état des prêts faits par la caisse d'amortissement, et les moyens à prendre pour en assurer le remboursement; les mesures à prendre, par les relations extérieures, pour obtenir de l'Espagne, de l'Italie et de la Hollande des tarifs plus avantageux; les changements aux tarifs des douanes françaises que la situation du commerce peut réclamer; les avantages à faire à l'égard de la Russie pour y suppléer les Anglais; les dispositions qu'on peut adopter pour remplacer le coton et donner à l'industrie une direction telle que nos fabriques trouvent la matière première dont elles ont le plus de besoin, ou en France ou sur le continent.

Le ministre apportera, à l'appui de ce travail, des mémoires sur la balance du commerce depuis et y compris l'an XIII; des états statistiques qui fassent bien connaître la France, et où les manufactures soient divisées en fabriques de soie, de lin ou de fil, de laine et de coton.

Le ministre fera connaître le nombre des tribunaux et des chambres de commerce, l'état de la législation sur les chambres des manufactures, et ce qui s'oppose à leur établissement.

Il présentera la comptabilité des bâtiments civils et autres objets de détail de son ministère depuis le 1er vendémiaire an XIII.

Le quatrième conseil se tiendra le jeudi 11 février; on y traitera ce qui concerne les travaux publics et les ponts et chaussées.

Le ministre fera connaître ce qu'ont coûté les routes et les travaux extraordinaires, ce qu'il y a à faire pour pousser les grands travaux déjà entrepris, ceux qu'il convient d'entreprendre, et enfin tout ce qui est relatif à cette importante partie de son ministère.

Il présentera la comptabilité en recette et en dépense de tous les fonds, soit généraux, soit spéciaux, sous quelque dénomination que ce soit, qui ont été accordés, depuis le 1er vendémiaire an XIII, pour les travaux publics.

D'après la copie comm. par M. le comte de Montalivet.

CONSEIL D'ADMINISTRATION DES FINANCES.

Seront membres de ce conseil le ministre des finances et le ministre d'état Defermon.

Le premier conseil d'administration de finances se tiendra dimanche prochain, 24 du courant.

Le ministre apportera à ce conseil les états de situation, par chapitre, du budget de son ministère pour l'an XIII, les quinze mois de l'an XIV et 1806, et 1807. Il fera connaître les crédits qu'il a eus, les dépenses qu'il a faites, les sommes qui restent disponibles sur les différents articles, ou les suppléments de crédit qu'il est dans le cas de demander. Un autre état présentera le budget de 1808, avec une colonne contenant ses observations et les motifs des augmentations qu'il croira nécessaires.

Le ministre fera connaître, par un rapport, le budget général des recettes de l'état pour 1807, tel qu'il a été évalué, et tel qu'il se réalisera.

Le ministre du trésor public fera connaître la situation des rentrées effectuées en 1807 sur les différents exercices, et ce qui reste à rentrer sur l'exercice an XIV et 1806, et sur l'exercice 1807. Il établira ses bases de service pour l'exercice 1808.

On traitera ensuite de ce qui est relatif à l'administration de l'enregistrement. Le ministre des finances présentera l'état des domaines nationaux et rentes existants, ainsi que le compte en recette et en dépense de chacune des branches de l'administration de l'enregistrement, depuis le 1er vendémiaire an XIII.

Le second conseil d'administration, qui se tiendra le dimanche 31 du courant, sera relatif à l'administration des monnaies et à la refonte, à l'administration des douanes et à la régie du sel et du tabac au delà des Alpes.

Le ministre apportera à ce conseil toute la comptabilité, en recette et en dépense, depuis le 1er vendémiaire an XIII. Il proposera les modifications et améliorations dont ces différentes parties peuvent être susceptibles.

On traitera dans le même conseil ce qui concerne la Banque.

Le troisième conseil, qui se tiendra le dimanche 7 février, aura pour objet les droits réunis et les forêts.

Le ministre y apportera les mêmes états et documents ci-dessus indiqués pour les mêmes exercices.

Le quatrième conseil se tiendra le dimanche 14 février.

On traitera, dans ce conseil, de la dette publique, soit de France, soit de Piémont, soit de Gênes, de la dette viagère et des pensions; on comparera les extinctions des différentes années.

On examinera ensuite l'administration de la loterie et celle des postes.

Le ministre apportera dans ce conseil les mêmes états et documents indiqués ci-dessus pour les mêmes exercices.

Il sera tenu un cinquième conseil le dimanche 21 février, pour la formation du budget général de l'état, en recette et en dépense, pour l'année 1807. L'objet de ce conseil sera le travail préparatoire du compte de finances pour la session du Corps législatif.

<small>D'après la copie. Archives de l'Empire.</small>

DISPOSITION COMMUNE AUX DIVERS CONSEILS.

L'intention de Sa Majesté est que tous les rapports, mémoires et états soient écrits sur un papier d'un format semblable à celui des comptes des finances. Ces pièces, réunies aux procès-verbaux, doivent former, pour chaque conseil, un volume qui restera dans le cabinet de Sa Majesté pour être toujours sous sa main et aider sa mémoire. Sa Majesté invite les ministres à mettre le plus d'ordre et de clarté possible dans ce travail.

Elle a ordonné qu'ils fussent prévenus d'avance, afin qu'ils pussent se préparer et qu'ils eussent le temps de prescrire le travail dans leurs bureaux comme ils entendent qu'il soit fait.

<small>D'après les trois copies précitées.</small>

13446. — A M. DE CHAMPAGNY,
MINISTRE DES RELATIONS EXTÉRIEURES.

Paris, 12 janvier 1808.

Monsieur de Champagny, je vous renvoie vos portefeuilles. Je n'ai pas le temps de lire en détail le mémoire du duc de Bavière, mais il faut lui faire entendre qu'il n'y a rien à faire ici que le roi de Bavière ne soit intervenu.

J'ai lu avec attention les dépêches d'Espagne et de Portugal. Il faut faire faire une notice historique de la conspiration d'après les bulletins et la correspondance du sieur Beauharnais, pour que je puisse en faire usage selon les circonstances. Écrivez au général Junot de se maintenir maître du royaume de Portugal en entier, jusqu'à ce que des commissaires aient été nommés pour fixer les lignes de démarcation et qu'une convention ait été faite à cet effet.

J'ai lu les dépêches de Russie. Je ne vois point de difficulté à ce que vous fassiez échanger les pouvoirs du Turc avec le ministre russe, et que vous expédiiez un courrier à Constantinople pour annoncer que les négociations sont entamées. Vous ferez une note au comte de Tolstoï pour lui faire connaître que j'ai donné des ordres pour les achats que l'empereur me permet de faire dans ses états; qu'une amnistie entière est accordée pour tout ce qui s'est passé en Dalmatie et en Albanie, et que j'ai été fort aise de donner cette marque de déférence à l'empereur. Vous communiquerez à Caulaincourt la note de M. de Tolstoï. Vous enverrez au général Sebastiani un courrier pour le prévenir que les négociations sont commencées, et vous le chargerez de présenter ces deux questions : 1° Si les Russes voulaient conserver la Valachie et la Moldavie, la Porte est-elle dans l'intention de faire cause commune avec la France dans la guerre? quels sont ses moyens de guerre? 2° Si les Anglais débarquaient à Corfou, la Porte se charge-t-elle d'obliger Ali-Pacha à approvisionner cette forteresse et à protéger le passage des courriers et des troupes par la terre ferme? Nous n'avons que de mauvais procédés de ce pacha. Cet objet est très-important à prévoir, car il est probable qu'à la belle saison les Anglais voudront attaquer Corfou par terre. Accordera-t-on le passage pour 4 à 5,000 hommes, force suffisante pour secourir Corfou et qui ne peut donner aucune inquiétude à Ali-Pacha?

Répondez à M. Armstrong que je suis honteux de discuter des points dont l'injustice est si évidente, mais que, dans la position où l'Angleterre met le continent, je ne doute pas que les États-Unis ne lui déclarent la guerre, spécialement à cause de son décret du 11 novembre; que, quelque grand que soit le mal qui en résultera pour l'Amérique, tout homme sensé le préférera à la reconnaissance des principes monstrueux et de l'anarchie que ce gouvernement veut établir sur les mers; que, dans ma pensée, je regarde donc la guerre comme déclarée entre l'Angleterre et l'Amérique du jour où l'Angleterre a publié ses décrets; qu'au reste j'ai ordonné que les bâtiments américains restassent sous le séquestre, pour être statué ce qui sera nécessaire selon les circonstances.

Vous donnerez ordre à mon consul de quitter la Sardaigne, si ce gouvernement ne veut pas faire cause commune avec le continent. Vu les insultes que mes bâtiments reçoivent tous les jours dans ses ports, je ne puis considérer la Sardaigne que comme une colonie anglaise.

NAPOLÉON.

D'après l'original. Archives des affaires étrangères.

13447. — A M. GAUDIN,
MINISTRE DES FINANCES.

Paris, 12 janvier 1808.

Je vois que la caisse d'amortissement a déjà reçu quarante-deux millions de la Grande Armée. Sur ces quarante-deux millions, Hambourg n'y est porté que pour six millions. Ainsi cette ville fournira donc encore dix millions. Mon intention est que vous donniez les ordres au sieur la Bouillerie pour porter les versements à la caisse d'amortissement à la somme de cent millions. En ajoutant aux quarante-deux millions ci-dessus mentionnés celui qui est à Wesel, treize qui sont à Mayence, dix qui sont à Hambourg et trois qui sont à Bremen, cela fera soixante-neuf millions; il ne restera donc plus que trente-deux millions à verser.

Je n'ai pas encore l'état de ce que contenaient les caisses que la caisse d'amortissement a reçues, ni l'état des différentes vaisselles qui ont été déposées à la Monnaie; je désire beaucoup avoir les états de tout cela.

D'après la minute. Archives de l'Empire.

13448. — AU GÉNÉRAL CLARKE,
MINISTRE DE LA GUERRE.

Paris, 12 janvier 1808.

Monsieur le Général Clarke, vous donnerez les ordres pour la formation d'une division qui portera le titre de *division de réserve*, et qui se réunira à Orléans. Cette division sera composée conformément au tableau ci-joint. Les compagnies qui formeront le 17e et le 18e régiment provisoire affaibliront le camp de Boulogne de 3,200 hommes; mais il pourrait être renforcé par les 43e, 51e et 55e. Vous aurez soin d'ordonner que les 17e et 18e régiments provisoires soient formés sur-le-champ à Boulogne et en partent dès que le 44e, qui est à Valenciennes et que vous dirigez sur Boulogne, y sera arrivé. Vous donnerez l'ordre que les 43e, 51e, 44e et 55e se dirigent sur Boulogne, et que les dépôts du 44e et du 51e, qui ne sont pas à Boulogne, s'y rendent également, de sorte que ces quatre régiments soient tous réunis dans cette place. Vous ordonnerez que les 3es bataillons de ces quatre régiments soient égalisés en répartissant les dépôts également entre les 3es bataillons; bien entendu que les compagnies que ces bataillons auront au corps d'observation des côtes de l'Océan et aux différents régiments provisoires compteront comme présents. Vous donnerez l'ordre qu'avant de faire partir les compagnies qui doivent former la division de réserve d'Orléans on complète tout ce que les corps doivent fournir aux douze régiments provisoires du corps d'observation des côtes de l'Océan. Le général de division Verdier commandera cette division de réserve. Le général Schramm y sera employé.

NAPOLÉON.

P. S. Les ordres seront donnés sur-le-champ pour la formation de cette division, et elle se mettra en marche au 1er février. Vous aurez soin de lui faire fournir des capotes et de veiller à ce que les hommes soient bien habillés.

<small>D'après la copie. Dépôt de la guerre.</small>

13449. — AU VICE-AMIRAL DECRÈS,
MINISTRE DE LA MARINE.

Paris, 12 janvier 1808.

Monsieur Decrès, je vous renvoie la lettre relative au *Patriote*. Faites-en mettre un extrait dans *le Moniteur*, surtout le passage de cette lettre relatif aux Américains et au mauvais état des vaisseaux anglais qui étaient dans le même cas. Faites également mettre dans *le Moniteur* une note sur l'île de France, en disant qu'on a des nouvelles du 1er octobre, sans dire par quelle voie; que cette colonie était dans le meilleur état; et communiquez au roi de Hollande les nouvelles que vous avez de Batavia.

Je suis fort aise de voir *le Patriote* rentré. Ne serait-il pas possible de verser son équipage sur un autre vaisseau, en supposant que *le Patriote* ait besoin d'entrer au bassin?

Ne tardez point à m'envoyer le projet de croisières.

<small>D'après la minute. Archives de l'Empire.</small>

13450. — AU VICE-AMIRAL DECRÈS,
MINISTRE DE LA MARINE.

<small>Paris, 12 janvier 1808.</small>

Donnez l'ordre que l'embargo soit mis dans mes ports sur les bâtiments de Sardaigne. Faites savoir qu'on peut courir sur les bâtiments allant et venant de Sardaigne.

<small>D'après la minute. Archives de l'Empire.</small>

13451. — AU GÉNÉRAL LACUÉE,
DIRECTEUR GÉNÉRAL DES REVUES ET DE LA CONSCRIPTION MILITAIRE.

<small>Paris, 12 janvier 1808.</small>

J'ai reçu les états de revue que vous m'avez envoyés. Comment arrive-t-il qu'au 1er novembre il y avait encore 2,500 prisonniers de guerre? Je vois avec plaisir qu'il n'y a plus que 31,000 hommes portés aux hôpitaux. L'intendant général en porte 18,000 dans les états de la Grande Armée, ce qui ne forme plus qu'une différence de 13,000 hommes, et, en comptant 2 à 3,000 hommes sortis depuis, la différence n'est plus que 10,000. Faites bien constater la situation des corps au 1er janvier, et bien établir leur effectif. Autorisez les commissaires des guerres à porter dans un état particulier les prisonniers de guerre, et à les effacer même, si l'on a des renseignements qu'ils ont pris du service à l'étranger ou qu'ils sont morts dans les prisons de l'ennemi. Ordonnez la même chose pour les hôpitaux; faites porter sur un contrôle à part les hommes aux hôpitaux dont on n'a pas de nouvelles depuis six mois. Beaucoup de malades et blessés sont rentrés; ils sont portés aux hôpitaux et aux dépôts, en même temps, comme présents. Je pense que vous êtes autorisé suffisamment, sans qu'il soit nécessaire que je prenne un décret, à faire une circulaire pour autoriser cette mesure, car il m'importe beaucoup que je connaisse exactement la force de mon armée, à 2,000 hommes près.

Le maréchal Kellermann a 6,000 hommes qui attendent des récompenses militaires; je désirerais savoir ce qui s'oppose à ce que l'on se débarrasse de ces hommes.

Je vois dans les états de situation des gouvernements militaires que vous portez des détachements sans dire à quel corps ils appartiennent. J'ai dissous, je crois, tous les régiments provisoires, de sorte que je ne sais pas par quelle raison ces détachements se trouvent là. Je vois bien pourquoi le bataillon du 17ᵉ s'y trouve, c'est pour la garnison de Hameln; c'est un corps entier; le 44ᵉ également; mais je ne vois pas pourquoi il y a là 258 hommes du 27ᵉ léger.

Le pays de Hanau étant dans le commandement du maréchal Kellermann, il y fait des changements de troupes qu'il tire de l'armée de réserve. Je sais alors à quoi m'en tenir; mais je ne vois pas ce que font à Munster 104 hommes du 8ᵉ de ligne, etc. Cela devait-il faire partie d'un régiment provisoire qui, au 1ᵉʳ novembre, devait partir pour l'armée?

Le 45ᵉ, qui est porté au 1ᵉʳ corps à 2,014 hommes présents sous les armes, ou 2,449 hommes effectifs, a 460 hommes à Munster; il s'ensuivrait donc que ce régiment aurait en Allemagne plus de 2,900 hommes effectifs.

Écrivez aux intendants des différents gouvernements pour savoir pourquoi ces détachements s'y trouvent. Si c'est à titre de détachements formant des régiments provisoires, ils devraient avoir rejoint leurs corps. Comme j'ai fort à cœur de réunir mes corps et de ne pas laisser de détachements isolés, opérez cette réunion le plus promptement possible.

<small>D'après la minute. Archives de l'Empire.</small>

13452. — DÉCISION.

Paris, 12 janvier 1808.

Le général Clarke, ministre de la guerre, soumet à l'Empereur la réclamation des troupes françaises des 3ᵉ et 8ᵉ corps, qui demandent à être payées d'après le tarif de la Hollande, tant qu'elles seront à la solde de cet état.

On n'a jamais entendu que la Hollande payât les troupes qui sont à la Grande Armée, mais seulement les troupes qui sont en Hollande; toute autre interprétation serait absurde. On suppose qu'on veut parler des 65ᵉ et 72ᵉ. Les bataillons de ces corps, qui étaient à la Grande Armée, ne peuvent être payés par la Hollande; les dépôts seuls qui étaient restés en Hollande doivent être payés par cette puissance.

NAPOLÉON.

D'après l'original. Dépôt de la guerre.

13453. — DÉCISION.

Paris, 12 janvier 1808.

M. Denon rend compte à l'Empereur qu'on pourrait acheter du prince Spada, pour 155,000 francs, la statue de Pompée et plusieurs autres antiquités.

M. Denon est autorisé à faire les démarches nécessaires pour l'avoir [1].

NAPOLÉON.

D'après la copie. Archives de l'Empire.

13454. — A M. DE CHAMPAGNY,

MINISTRE DES RELATIONS EXTÉRIEURES.

Paris, 13 janvier 1808.

Monsieur de Champagny, je vous renvoie vos portefeuilles. Faites

---

[1] Cette statue de Pompée passe pour être celle aux pieds de laquelle Jules César a été assassiné; elle n'a pas été acquise par M. Denon. Il n'en existe en France qu'une reproduction, toute récente, due au prince Napoléon.

mettre dans *le Moniteur* l'extrait de la conspiration de Burr. Faites connaître mon mécontentement au roi de Hollande de ce qu'il n'a pas déclaré la guerre à la Suède, et que j'exige que tous les bâtiments suédois qui se trouvent en Hollande soient sur-le-champ saisis et déclarés de bonne prise. Envoyez par courrier l'instance positive de faire déclarer la guerre par la Hollande à la Suède. Cette conduite des Hollandais est d'autant plus indigne que leurs troupes se sont battues contre les Suédois à Stralsund. Faites chasser tous les agents suédois, et faites connaître à mon ambassadeur que, s'il y avait la moindre objection contre ces mesures, il ait sur-le-champ à quitter la Haye. Faites venir chez vous l'ambassadeur de Hollande, et témoignez-lui mon indignation de ce que la Hollande continue à faire le commerce avec la Suède et se constitue en paix avec cette puissance.

Écrivez au sieur Gohier[1] que sa lettre de janvier m'a fort étonné, et prescrivez-lui de requérir l'arrestation des Suédois, la confiscation de tous les bâtiments suédois et le séquestre des marchandises qui sont à bord, les Suédois étant en guerre avec la Hollande et la France.

NAPOLÉON.

D'après l'original. Archives des affaires étrangères.

13455. — NOTE POUR M. CRETET,
MINISTRE DE L'INTÉRIEUR.

Paris, 13 janvier 1808.

Toutes les affaires de banquiers et de change me mettent dans une position désagréable avec les étrangers, sans atteindre mon but.

Je voudrais que le ministre de la marine, dont la situation est prédominante dans les affaires du commerce français à Saint-Pétersbourg, déclarât qu'il ne veut payer qu'à Paris, en achetant des lettres de change pour fournitures faites en France; l'établissement du prix ferait partie de cette condition. Ainsi, en achetant un mât, il dirait : « Je ne veux le « payer qu'à Paris, et je ne le payerai que 6 francs. » Il est clair que l'état du papier en Russie deviendrait indifférent dans cette transaction.

[1] Consul général à Amsterdam.

Ce seraient 6 francs à Paris que l'on échangerait contre un mât. Si cette mesure est suffisante pour atteindre mon but, il faut s'en tenir là ; sinon, on ajouterait : « ces 6 francs sont destinés à acquitter les fournitures « faites par la France. » Ce second parti me paraît plus compliqué.

Il conviendrait à cet effet d'avoir pour la marine une ou deux maisons françaises en Russie, assez fortes pour le service qu'on leur ferait faire, et qui s'arrangeraient avec les gens du pays pour les satisfaire et pour prendre leurs lettres de change. Ainsi on dirait à la maison Rhimberg, par exemple : « Vous pouvez tirer sur Baguenault ou sur la Banque ; « l'argent est prêt à Paris ; mais vous ne pouvez prendre que des créances « de France. » Alors naîtra ce change direct que le gouvernement russe désire entre la France et Saint-Pétersbourg.

La Russie tient beaucoup à l'établissement de bonnes maisons françaises à Saint-Pétersbourg, où l'on dit qu'il n'y a que des aventuriers. Les Russes ont besoin d'argent et de lumières, et ils voudraient que la colonie française entrât en concurrence avec la colonie anglaise.

Si l'on pouvait agir ainsi, on laisserait à M. Lesseps la confiance entière qu'il mérite ; on lui donnerait des crédits sur Baguenault ou sur toute autre bonne maison, en ne mettant d'autres conditions que celle d'un change direct ; on lui enverrait des ingénieurs pour la qualité des marchandises, et tout serait arrangé.

Si cette idée ne paraît pas bonne, il s'en présente une autre : les huit ou dix maisons de commerce de Lyon qui ont des créances en Russie peuvent se réunir ; elles enverront leurs fondés de pouvoirs à Saint-Pétersbourg, munis de tous leurs titres ; alors elles achèteront des mâts, ou des crédits en mâts, que je payerai.

Je voudrais que MM. Cretet et Mollien consultassent les négociants de Paris et ceux de Lyon qui sont créanciers de la Russie.

Le ministre de l'intérieur doit prendre en considération tout ceci. La marine y entre comme élément. Il est impossible que le commerce continue si les négociants français ne s'aident eux-mêmes ; la Russie est dans l'intention de les favoriser. Le commerce avec elle ne se fait pas avec des Russes, mais avec des Français. Il serait bon que le commerce français créât à Saint-Pétersbourg des maisons qui recevraient des marchandises françaises et feraient passer des marchandises russes.

<small>D'après la copie. Archives de l'agriculture, du commerce et des travaux publics.</small>

13456. — AU GÉNÉRAL CLARKE,
MINISTRE DE LA GUERRE.

Paris, 13 janvier 1808.

Monsieur le Général Clarke, donnez des ordres pour la formation d'une division de cavalerie, que mon intention est de réunir à Poitiers et qui sera composée de quatre régiments provisoires de cuirassiers, de dragons, de chasseurs et de hussards. Vous nommerez, pour commander chacun de ces régiments provisoires, un major et un adjudant-major, et vous aurez soin de distribuer le nombre d'officiers et sous-officiers que les corps doivent fournir pour organiser chacun de ces quatre régiments provisoires.

NAPOLÉON.

P. S. Les ordres seront donnés sur-le-champ pour la formation de cette division, et les troupes se mettront en marche au 1er février. Vous aurez soin de les faire fournir de capotes et de veiller à ce qu'elles soient bien habillées.

<small>D'après la copie. Dépôt de la guerre.</small>

13457. — NOTE POUR M. DEJEAN,
MINISTRE DIRECTEUR DE L'ADMINISTRATION DE LA GUERRE.

Paris, 13 janvier 1808.

Le ministre fera partir le plus tôt possible 12,000 paires de souliers de Paris pour Bayonne.

Il en fera faire sur-le-champ 12,000 à Bordeaux et à Bayonne.

Il préviendra les fournisseurs que ces souliers seront vérifiés un à un, et qu'ils seront rejetés s'ils ne se trouvent pas de bonne qualité.

<small>D'après la copie. Dépôt de la guerre.</small>

13458. — A EUGÈNE NAPOLÉON,
VICE-ROI D'ITALIE.

Paris, 13 janvier 1808.

Mon Fils, je reçois votre lettre du 5 janvier. Vous dites que les mouvements des troupes à Venise coûtent 100,000 francs par an, et le transport des troupes de la terre ferme à Venise, 5,000 francs par mois : voilà donc 160,000 francs qu'on peut s'épargner. Mon intention est que, sous la responsabilité du ministre de la guerre, il ne soit pas dépensé un sou pour cet objet. Il faut que l'arsenal de la marine fournisse le nombre de bâtiments et de matelots nécessaires pour ces mouvements ; et, en effet, les mouvements de Venise sont, ou des mouvements dans la ville, et les troupes peuvent les faire par terre, ou ce sont des mouvements dans les îles : ces mouvements doivent être prévus, et les bricks, canots et autres petits bâtiments de l'arsenal doivent y être employés. Rien n'est donc facile, avec un peu d'économie et d'ordre, comme de ne faire aucune dépense pour cet objet. Il peut y avoir tous les jours un canot de l'arsenal qui aille à Mestre, à l'heure la plus favorable, pour porter les hommes isolés allant sur le continent et ramener les hommes qui viendraient rejoindre leurs corps.

Quand un corps entier doit venir, l'arsenal doit en être prévenu et envoyer les bâtiments nécessaires. Cela doit toujours se faire ainsi, car, en cas de siége, ce concert auquel on sera habitué n'aura que de bons résultats.

NAPOLÉON.

D'après la copie comm. par S. A. I. Mme la duchesse de Leuchtenberg.

13459. — A EUGÈNE NAPOLÉON,
VICE-ROI D'ITALIE.

Paris, 13 janvier 1808.

Mon Fils, je reçois votre projet de cantonnements. Je ne vois pas ce que vous voulez mettre à Venise. Je pense qu'il ne faut faire aucun changement avant le mois de mars; alors les Russes seront partis. Faites-moi un rapport sur la garnison à mettre dans Venise. Je veux y avoir d'abord une garde de police, moitié italienne, moitié française, et une garde de douane. Il faut ensuite y mettre un régiment italien, et tout au plus quelques compagnies françaises. Envoyez-moi un état de ce qu'il y a de chaque arme, et de ce qu'il faudrait y mettre. Mon intention est de réunir au mois de mai, dans la plaine de Montechiaro, huit bataillons pour les manœuvres et exercices; du reste, d'ici à ce temps, j'aurai fait quelques petits changements dans l'organisation de l'armée, qui me permettront de rapprocher les dépôts de Naples et de Dalmatie le plus près possible de ces armées. Vous n'avez point de divisions militaires; il serait cependant nécessaire d'en établir une qui s'étendrait jusqu'à la Piave, et alors le quartier général serait Udine. Elle aurait son ordonnateur et son état-major.

NAPOLÉON.

D'après la copie comm. par S. A. I. Mme la duchesse de Leuchtenberg.

13460. — AU GÉNÉRAL CLARKE,
MINISTRE DE LA GUERRE.

Paris, 14 janvier 1808.

Monsieur le Général Clarke, je vous envoie un décret qui ordonne la démolition des places de Hameln et de Nienburg.

J'attache une grande importance à ce que ces démolitions commencent le 20 janvier et se fassent avec quelque éclat. La poudre qui se trouve dans ces places servira à la démolition.

Envoyez directement et par un courrier extraordinaire, dans la journée de demain, l'expédition de mon décret au gouverneur, pour qu'il puisse sans délai en commencer l'exécution. Ayez soin de prescrire qu'on n'épargne pas la poudre. Je rends le gouverneur responsable de l'exécution stricte de mon décret, mon intention étant qu'il ne reste aucun débris dont on puisse se servir pour rééditier ces fortifications. On fera également sauter les casernes, s'il y en a qui en méritent la peine. On fera sauter tous les magasins à l'abri de la bombe et surtout les magasins à poudre. Enfin il faut qu'il ne reste rien dans ces places dont on puisse tirer parti, ou qui puisse servir à les rétablir.

NAPOLÉON.

D'après l'original. Dépôt de la guerre.

13461. — AU GÉNÉRAL DEJEAN,
MINISTRE DIRECTEUR DE L'ADMINISTRATION DE LA GUERRE.

Paris, 15 janvier 1808.

Monsieur Dejean, je vous envoie deux états qui me paraissent très-clairs. Je désire que vous les fassiez copier pour votre usage, et que vous me les rapportiez vous-même au prochain travail.

Vous verrez, par le premier de ces états, la grande quantité de subsistances qui existe dans mes magasins. Je désire que vous me fassiez un petit calcul comparatif de ce que la Grande Armée a dû consommer, avec ce qui a été consommé, afin de voir les dilapidations qui ont eu lieu, car autant a été pris par réquisition.

L'état de l'habillement est plus important encore. Vous y verrez la quantité immense d'effets d'habillement qui a été délivrée, et celle qui reste encore en magasin, puisque j'ai 23,000 habits, 52,000 capotes, 64,000 paires de souliers, 60,000 gibernes, 70,000 chemises, 2,800 selles, 8 à 9,000 bois de selles, etc. Notez bien que dans ces quantités ne sont pas compris les selles, brides, souliers, bottes, etc. que vous avez envoyés. Ayez soin de bien recueillir l'état de ce qui a été distribué aux corps, pour le porter en compte s'il y a lieu.

NAPOLÉON.

D'après l'original. Dépôt de la guerre.

13462. — AU GÉNÉRAL DEJEAN,
MINISTRE DIRECTEUR DE L'ADMINISTRATION DE LA GUERRE.

Paris, 15 janvier 1808.

Monsieur Dejean, les armées d'Italie et de Dalmatie coûtent immensément cher; il faut y porter une attention particulière. Vous verrez, dans les états que m'a remis le sieur Joubert, que la journée d'hôpitaux coûte d'abord 32 sous la journée proprement dite, et 8 sous en sus pour dépenses générales, et cela pendant les neuf premiers mois de 1807, ce qui fait 40 sous. Cela est scandaleux; dans un pays où les médicaments de toute espèce sont à très-bon marché, la journée d'hôpitaux ne devrait pas coûter plus de 16 sous. Les vivres ont coûté, pour les neuf premiers mois de 1807, plus de 5 sous : cela ne devrait pas coûter plus de 3 sous. Enfin les transports et convois militaires, étapes, etc. ont coûté près de 500,000 francs. On a dépensé pour les hôpitaux 500,000 francs pour 1807, et autant pour 1806. On fait donc et défait les hôpitaux à plaisir. Il y a dans tout cela vice d'administration. Prenez des mesures pour que les journées d'hôpitaux ne coûtent pas, tout compris, plus de 20 sous, et que le pain ne me coûte pas plus de 3 sous, au plus 17 centimes.

Je vois, par les comptes du payeur, que les fourrages coûtent immensément; cependant le foin et les fourrages sont bons et excessivement bon marché en Italie. Je désire que vous établissiez le budget des dépenses des armées d'Italie et de Dalmatie pour 1808, en prenant pour base la situation actuelle de mes troupes. Je vous envoie les comptes de l'ordonnateur Joubert. On voit, en les lisant, la grande économie qu'on peut faire sur tous les articles.

Napoléon.

D'après l'original. Dépôt de la guerre.

13463. — A M. TREILHARD,
CONSEILLER D'ÉTAT, PRÉSIDENT DE LA SECTION DE LÉGISLATION.

Paris, 15 janvier 1808.

Vous avez présenté au Conseil d'état une rédaction sur les actions de la Banque et les cinq pour cent à affecter aux fiefs qui peut m'être utile. Je désire que vous me l'envoyiez.

D'après la minute. Archives de l'Empire.

13464. — A M. CRETET,
MINISTRE DE L'INTÉRIEUR.

Paris, 17 janvier 1808.

Monsieur Cretet, je vous envoie une correspondance entre le général Menou et le préfet du Pô. Vous témoignerez mon mécontentement à ce préfet. Sa lettre montre qu'il porte bien peu d'attention à mes décrets, et même qu'il en ignore les dispositions les plus précises, puisque mes décrets rendus le 24 floréal an XIII, c'est-à-dire il y a plus de deux ans, exigent qu'il corresponde directement avec le général Menou, qui fait les fonctions de gouverneur général et qui doit en exercer toutes les attributions. Ce mauvais esprit a excité du désordre à Turin et donné lieu à de fausses opérations très-contraires à mes intérêts et à mon service. Vous trouverez ci-joint des copies de mes décrets du 24 floréal, qui, d'ailleurs, ont été envoyés dans le temps à votre ministère et sont insérés dans le *Bulletin des lois*.

D'après la minute. Archives de l'Empire.

13465. — A M. BÉRENGER,
DIRECTEUR DE LA CAISSE D'AMORTISSEMENT.

Paris, 17 janvier 1808.

J'ai reçu le compte des fonds de la Grande Armée. Mon intention est de tenir séparément et de n'additionner jamais les comptes des troisième et quatrième coalitions. Dans le compte de la troisième coalition, vous devez comprendre le produit des marchandises vendues à Neuchâtel, et, dans celui de la quatrième coalition, le produit des différents bâtiments saisis et vendus à Hambourg.

Pour les comptes de la troisième et de la quatrième coalition, il faut toujours relater les décrets que j'ai pris, qui fixaient les sommes qui devaient rentrer à la caisse d'amortissement.

J'ai donné l'ordre au ministre des finances pour que les fonds provenant de la quatrième coalition, à verser à la caisse d'amortissement, fussent portés à 100 millions. Il faut tâcher de les employer de manière à leur faire rendre de l'argent.

D'après la minute. Archives de l'Empire.

13466. — A EUGÈNE NAPOLÉON,
VICE-ROI D'ITALIE.

Paris, 18 janvier 1808.

Mon Fils, témoignez mon mécontentement au commandant de Civita-

Vecchia de ce qu'il tolère les correspondances entre la Sicile et Rome, et faites-lui connaître que je le rends désormais responsable.

Tout bâtiment ayant touché en Sicile doit être séquestré. Il y a, dans le port de Civita-Vecchia, des bâtiments portant pavillon romain, mais beaucoup de bâtiments sont réellement siciliens; donnez ordre qu'ils soient sur-le-champ séquestrés.

NAPOLÉON.

D'après la copie comm. par S. A. I. Mme la duchesse de Leuchtenberg.

13467. — A EUGÈNE NAPOLÉON,
VICE-ROI D'ITALIE.

Paris, 18 janvier 1808.

Mon Fils, je pense que, du moment que j'ai nommé des aumôniers-évêques, ils cessent par là même d'être aumôniers; qu'ils doivent cependant faire les fonctions d'aumôniers jusqu'à ce qu'ils soient installés. Vous dites que j'ai nommé le fils de M. de Brême aumônier : il faut le mettre en exercice. Quant aux aumôniers-évêques, nous verrons avec le temps s'il convient d'en nommer. Tous les aumôniers sont sur la même ligne de prétention à cette place.

NAPOLÉON.

D'après la copie comm. par S. A. I. Mme la duchesse de Leuchtenberg.

13468. — A JOSEPH NAPOLÉON, ROI DE NAPLES.

Paris, 18 janvier 1808.

Mon Frère, l'empereur de Russie a fort bien reçu votre aide de camp: il a nommé un ministre pour résider près de vous. M. de Mondragone sera reçu avec plaisir. J'avais pensé que vous l'aviez déjà mis en route pour Paris; faites-le donc partir sans délai. Un courrier que j'attends dans quatre jours sera porteur de la réponse de l'empereur, mais vous ne devez pas l'attendre pour faire partir Mondragone.

NAPOLÉON.

D'après l'expédition originale comm. par les héritiers du roi Joseph.

13469. — A JOSEPH NAPOLÉON, ROI DE NAPLES.

Paris, 18 janvier 1808.

Mon Frère, il n'y a point de doute que les troupes qui sont à Corfou doivent rester sous votre commandement, comme commandant en chef de mon armée de Naples. Vous me dites que les Russes ont trois magasins remplis de poudre : écrivez au général César Berthier de la prendre; il ne doit pas y avoir de difficulté là-dessus. Si vous avez des renseignements sur la quantité de poudre que renferment ces magasins, faites-le-moi connaître. Il ne doit pas y avoir de Russes actuellement à Corfou.

NAPOLÉON.

D'après l'expédition originale comm. par les héritiers du roi Joseph.

13470. — A JÉRÔME NAPOLÉON, ROI DE WESTPHALIE.

Paris, 18 janvier 1808.

Mon Frère, je reçois, avec votre lettre du 12 janvier, la pétition du duc de Brunswick. Je pense que vous ne devez pas répondre à ce prince, puisqu'il n'a pas mis dans sa lettre le mot *sujet*, et que vous ne devez reconnaître à Brunswick que des sujets. La présence d'un prince de la Maison de Brunswick ne peut être que nuisible dans le pays, et la politique ne peut le permettre. Mais, lorsque le temps sera arrivé, c'est-à-dire dans un ou deux ans, il n'y aura aucun inconvénient à lui permettre de se retirer dans quelque endroit. En attendant, je pense que vous ne devez point lui répondre.

NAPOLÉON.

D'après la copie comm. par S. A. I. le prince Jérôme.

13471. — A FETH-ALI, SCHAH DE PERSE.

Paris, 18 janvier 1808.

Salut au souverain qui étend la gloire de la Perse et qui règne avec sagesse et fermeté!

J'ai reçu les lettres que Votre Majesté m'a écrites. Les assurances qu'elle me donne de son amitié m'ont été et me seront toujours agréables.

Votre serviteur Jusuf-Aga remettra ma lettre à Votre Majesté. J'ai vu avec plaisir qu'il ait passé quelque temps au milieu de ma capitale. Il a été traité comme l'envoyé d'un prince qui m'est cher, et j'ai été satisfait de sa conduite. Je le charge de répéter à Votre Majesté que j'ai pour elle l'attachement le plus sincère, que je désire voir multiplier les relations de bonne intelligence si heureusement établies entre nous. Il ne nous reste plus qu'un ennemi à combattre, c'est l'Angleterre. J'ai déterminé les puissances de l'Europe à me seconder pour la forcer de renoncer à ses tyranniques prétentions. Que Votre Majesté unisse ses efforts aux miens, elle participera à la gloire de donner la paix au monde.

Je prie Dieu, très-grand, très-puissant et très-glorieux Prince, qu'il veille sans cesse à la prospérité de votre empire, et qu'il augmente le nombre de vos années.

Écrit en mon palais impérial des Tuileries, le 18 janvier 1808.

NAPOLÉON.

D'après la copie comm. par M. le comte Gardane.

13472. — AU PRINCE DE NEUCHÂTEL,
MAJOR GÉNÉRAL DE LA GRANDE ARMÉE.

Paris, 19 janvier 1808.

Mon Cousin, mon intention est d'accorder à chaque chef de bataillon de la Garde 6,000 francs, à chaque capitaine 2,000 francs, et à chaque lieutenant et sous-lieutenant 1,000 francs, sur ce qui peut leur revenir pour leur part des contributions de la Grande Armée. Mon intention est également de donner au général Hulin 100,000 francs, au général Dorsenne 100,000 francs; au général Soulès 100,000 francs; aux généraux de brigade Gros, Curial, Lepic, Guyot, et au colonel du 2ᵉ régiment, Boyer, chacun 50,000 francs; aux colonels Friederichs, du 1ᵉʳ régiment, Michel, major en second des grenadiers à pied, Chastel, major au 2ᵉ de grenadiers à cheval, Doguereau, major d'artillerie, et Digeon, major directeur du parc d'artillerie, chacun 30,000 francs; au colonel Jacquin, major de la gendarmerie d'élite, Henry, chef d'escadron du même corps, par extraordinaire, chacun 30,000 francs : total, 790,000 francs.

Vous me ferez connaître à combien se montent les gratifications que j'accorde aux chefs de bataillon, capitaines, etc. Je ne pense pas qu'elles dépassent 610,000 francs; ce qui ferait 1,400,000.

Vous trouverez ci-joint un ordre au ministre des finances de vous remettre deux millions. Comme ces deux millions seront plus que suffisants pour ces gratifications, faites-moi un petit état de ceux de mes écuyers, officiers d'ordonnance et autres personnes de ma Maison qui ont fait la dernière campagne avec moi et auxquels je n'ai rien donné. Il est bien entendu que mon intention est de ne donner qu'aux officiers de ma Garde qui ont fait la campagne de la Grande Armée. Dressez en conséquence les états de toutes ces gratifications, et soumettez-les à mon approbation.

NAPOLÉON.

D'après l'original. Archives des finances.

13473. — AU MARÉCHAL BERNADOTTE,
CHARGÉ DU 5ᵉ COMMANDEMENT DE LA GRANDE ARMÉE, À HAMBOURG.

Paris, 19 janvier 1808.

Mon Cousin, j'ai reçu votre lettre du 10 janvier. J'ai lu avec plaisir les renseignements que vous me donnez sur l'esprit des troupes espagnoles; je désirerais connaître dans quel sens est cet esprit : sont-elles amies du prince de la Paix ou du prince des Asturies? Quelle espèce d'intérêt accordent-elles à ce jeune prince? Je ne vois pas assez dans votre lettre dans quelle direction était l'espèce de mouvement qu'elles avaient.

NAPOLÉON.

D'après la copie comm. par S. M. le roi de Suède.

13474. — A EUGÈNE NAPOLÉON,
VICE-ROI D'ITALIE.

Paris, 20 janvier 1808.

Mon Fils, mon intention est que, pendant le reste de l'hiver, on continue à s'occuper de tenir sur un bon pied l'armée de Dalmatie. Je vois, par l'état de situation du 30 décembre de cette armée, que m'a envoyé le général Marmont, qu'il y a un bataillon italien, dont l'effectif n'est que de 879 hommes : il faut faire partir un détachement pour porter l'effectif de ce bataillon à 140 hommes par compagnie; que les carabiniers n'ont que 475 hommes et les vélites 532 hommes : il faut également augmenter l'effectif des uns et des autres. Je voudrais également compléter tous les régiments français à 140 hommes par compagnie. Je suppose que dans l'état du général Marmont, du 30 décembre, qui porte l'armée de Dalmatie à 18,400 hommes, ne sont pas compris les 3,000 hommes que j'ai fait partir pendant mon dernier voyage en Italie. Je désirerais qu'un autre détachement de 2 ou 3,000 hommes pût être formé du dépôt de l'armée de Dalmatie et se réunît à Trévise. Il faudrait que ces hommes fussent choisis de manière à ce que les régiments se trouvassent, par leur incorporation, avoir un effectif de 140 hommes par compagnie. J'ai quinze bataillons français en Dalmatie : ce serait donc 18,900 hommes qu'il y faudrait, tant d'infanterie de ligne que d'infanterie légère, et il n'y a que 14,400 Français sur le dernier état de situation. Si, comme je le suppose, le détachement de 3,000 hommes que j'ai fait partir dernièrement n'est pas encore arrivé, et qu'il renforce de 2,000 hommes ces 14,400 Français, il manquerait encore 2,500 hommes pour arriver au complet désiré. Les dépôts de l'armée de Dalmatie peuvent fournir ces 2,500 hommes. Mon intention est qu'ils soient réunis sans délai à Trévise, afin qu'ils puissent se mettre en marche au 1er février, dès que la revue en aura été passée.

La cavalerie n'est que de 240 hommes : mon intention est de la porter sans délai à 1,000 hommes. Je vois, par votre état de situation du 1er janvier, que vous avez fait partir 80 hommes de cavalerie; ce qui, avec 240 hommes, fera 320. Ce sera donc encore 680 hommes à envoyer. Le 3e et le 24e régiment de chasseurs peuvent encore fournir une cinquantaine d'hommes à cheval; ce qui compléterait les escadrons à près de 200 hommes et porterait la force en cavalerie à 400 chevaux. Ces deux régiments doivent encore pouvoir fournir beaucoup d'hommes, qui seraient montés et équipés en Dalmatie. Par ce moyen, l'armée de Dalmatie se trouverait ainsi composée au 1er mars : *Troupes françaises* : infanterie de ligne et infanterie légère 18,900 hommes; cavalerie, 1,000; artillerie, 1,000; gendarmerie, 30; sapeurs, 200. Total, 21,130 hommes. *Troupes italiennes* : Garde royale, 1,200 hommes; infanterie légère. 1,200; artillerie, 400; sapeurs, 100. Total, 2,900. Total général. 24,030 hommes.

Vous devez avoir reçu les ordres pour compléter les régiments de l'armée de Naples à 140 hommes par compagnie. Formez de tous les dépôts une bonne colonne de 2 ou 3,000 hommes, pour renforcer les bataillons de guerre. Vous devez avoir des renseignements sur ce qui manque à chaque corps pour être audit complet.

NAPOLÉON.

D'après la copie comm. par S. A. I. Mme la duchesse de Leuchtenberg.

13475. — A EUGÈNE NAPOLÉON,
VICE-ROI D'ITALIE.

Paris, 20 janvier 1808.

Mon Fils, faites en sorte que le camp de Montechiaro soit prêt au 1er avril, parce que, immédiatement après la saison des pluies, mon intention est d'y réunir le 1er d'infanterie légère, le 7e, le 42e et le 112e de ligne. Les trois bataillons de ces régiments y seront; ce qui fera douze bataillons, formant au moins 8,000 hommes. Ces bataillons s'exerceront là aux manœuvres et se formeront à la discipline.

NAPOLÉON.

D'après la copie comm. par S. A. I. Mme la duchesse de Leuchtenberg.

13476. — NOTES
DICTÉES DANS LE CONSEIL D'ADMINISTRATION DE L'INTÉRIEUR.

Palais des Tuileries, 21 janvier 1808.

Après avoir entendu plusieurs observations sur les états du ministère de l'intérieur, l'Empereur prend la parole :

Il résulte de ces observations que les états du ministre de l'intérieur doivent être refaits, mis d'accord avec ceux du trésor et établis dans un meilleur système d'analyse, pour qu'ils puissent être compris, et qu'ils présentent la véritable situation des budgets de l'an XIII et exercices postérieurs.

Ces nouveaux états seront apportés au conseil de jeudi en huit.

Le ministre de l'intérieur présente des états concernant la dette arriérée des départements; il en résulte qu'au 1ᵉʳ janvier 1808 cette dette s'élève à 5,979,000 francs; dans cette somme, six départements doivent 2,888,563 francs; vingt départements ne doivent rien; un certain nombre de départements ont en excédant un actif de 172,231 francs.

L'Empereur s'exprime ainsi :

Pour rendre plus satisfaisant le tableau de la dette arriérée des départements, il convient d'ajouter une colonne où seront portées les sommes des départements qui auront un actif disponible après que leurs dettes auront été acquittées. Cette colonne contiendra le détail de la somme de 172,231 francs ci-dessus. Il faut également ôter de cet état les calculs hypothétiques sur ce qui pourra être accordé en 1808, et sur la situation de la dette arriérée au 1ᵉʳ janvier 1809. L'état de situation demandé, et qui doit être apporté au premier conseil, présentera l'état de situation positif et sans hypothèses au 31 décembre 1807.

Indépendamment de cet état général, on présentera en même temps des états de la dette arriérée, pour chaque nature de dépense et chaque chapitre du budget des départements.

Sa Majesté s'occupe ensuite des moyens d'éteindre la dette arriérée des départements. Elle invite le ministre à faire, au prochain conseil, des rapports sur les vues ci-après, et à y joindre les états et documents propres à éclairer la discussion.

1° Il faut d'abord examiner les différents chapitres de dépense sur lesquels porte la dette arriérée, et proposer, par département et par article du budget, toutes les réductions qui paraîtront justes. Il est probable qu'elles seront assez fortes, particulièrement pour certains chapitres et pour les exercices antérieurs à l'an XIII.

2° Il faudrait avoir un dépouillement de l'emploi du fonds de non-valeurs, qui fît connaître ce qui se trouvait disponible au 31 décembre 1807, département par département. On proposerait alors une compensation, non pas générale et en masse, mais spéciale et par département.

Il est probable qu'au moyen de cette ressource et en y ajoutant, si cela était nécessaire, une partie du fonds de non-valeurs de 1808, on parviendrait à éteindre une grande partie de la dette arriérée dont la légitimité aurait été constatée.

Quant aux six départements qui doivent à eux seuls à peu près la moitié de la dette totale, il faut proposer, par un projet de décret en plusieurs titres, de les imposer en 1808, de manière à ce qu'ils ne doivent plus rien au 1er janvier 1809.

Enfin si, nonobstant l'emploi de ces divers moyens, la dette de quelques départements n'était pas épuisée, on pourrait recourir à des mesures extraordinaires, telles que la disposition d'un 40e sur les fonds disponibles des communes du département.

L'intention de Sa Majesté est que les départements commencent l'année 1809 sans dettes. Le ministre, dans son travail, peut non-seulement proposer et développer les moyens indiqués ci-dessus, il est encore invité à présenter toutes autres mesures qui conduiraient à ce but.

Le ministre de l'intérieur présente un rapport sur le fonds de non-valeurs; il fait connaître la nature et l'objet de ce fonds; mais il ne peut rendre compte de l'emploi, attendu que cette comptabilité est dans les attributions du ministre des finances.

Sa Majesté ordonne le renvoi de ce rapport au ministre des finances, qui sera invité à faire lui-même un rapport spécial sur cette partie du service et à en présenter la comptabilité.

Le ministre des finances fera connaître d'abord l'historique du fonds de non-valeurs, afin de bien établir la théorie. Il fera connaître ensuite : 1° la somme du fonds de non-valeurs qui, depuis l'an VIII, a servi à sa véritable destination, c'est-à-dire à couvrir, dans la caisse du receveur général, les cotes qui n'auraient pas pu être acquittées par les contribuables; 2° quelle est la somme qui a servi à fournir des indemnités pour les accidents fortuits survenus à la propriété des citoyens; 3° quelle partie du fonds de non-valeurs a été employée sur des autorisations du Gouvernement, et quelle partie l'a été en conséquence des décisions des préfets, pour des motifs ou des services quelconques; 4° quelle est la portion du fonds de non-valeurs existante en caisse, et dont on peut disposer.

Le ministre des finances doit ce compte à Sa Majesté, parce qu'il est responsable de ce fonds et que ce compte est nécessaire.

Il apportera au conseil de dimanche prochain tous les documents qui se trouvent dans son ministère, en faisant autant de mémoires et d'états qu'il y a d'exercices, depuis et y compris l'an XIII.

S'il n'a pas tous les documents nécessaires, il les demandera, par des circulaires, aux receveurs généraux, aux directeurs des contributions, etc. L'intention de Sa Majesté est que cette matière soit tellement éclaircie, qu'il n'y ait aucune opération masquée qu'elle ne connaisse, afin de pouvoir approuver celles qui seraient légitimes, mais irrégulières par la forme, ou rendre responsables de celles qui ne pourraient être justifiées les administrateurs qui se les seraient permises.

Sa Majesté désire aussi que le ministre des finances lui fasse connaître de quelle manière on procède à la réimposition; elle avait pensé que le fonds de non-valeurs avait été imaginé pour empêcher la réimposition, et qu'en conséquence il ne pouvait y avoir lieu à réimposer que lorsque ce fonds était insuffisant.

Le ministre fera connaître en même temps ce qui garantit, dans ces opérations, que les contribuables ne payent pas plus que le trésor ne reçoit. Il joindra à son rapport les états, par exercice, des réimpositions qui ont eu lieu depuis l'an VIII.

D'après le registre du ministre secrétaire d'état. Archives de l'Empire.

13477. — A M. DE CHAMPAGNY,
MINISTRE DES RELATIONS EXTÉRIEURES.

Paris, 22 janvier 1808.

Monsieur de Champagny, le 25 janvier l'armée française sera à Perugia; le 3 février elle sera à Rome. L'estafette partant le 23 arrivera à Rome le 1er février, et portera ainsi vos ordres au sieur Alquier deux jours avant que les troupes arrivent. Vous devez faire connaître au sieur Alquier que le général Miollis, qui commande mes troupes et qui a l'air de se diriger sur Naples, s'arrêtera à Rome et prendra possession du château Saint-Ange; que ce général prendra le titre de *commandant de la division d'observation de l'Adriatique*. Il n'aura à se mêler de rien, arrêtera prisonniers le consul du roi Ferdinand et les brigands napolitains qui trouvent refuge dans les faubourgs de Rome. Du reste, qu'on lui fournisse la solde et le logement, et qu'on mette les troupes du Pape sous ses ordres, et il ne se mêlera de rien.

Lorsque le sieur Alquier saura que les troupes sont à la porte de Rome, il présentera au cardinal secrétaire d'état une note conçue en ces termes :

« Le soussigné, ministre de S. M. l'empereur des Français, roi d'Ita-
« lie, est chargé de faire connaître à Son Éminence le cardinal secré-
« taire d'état les dispositions que Sa Majesté a jugé à propos de prendre
« pour assurer les derrières de son armée de Naples et les communica-
« tions de cette armée avec son armée d'Italie. Sa Majesté a ordonné,
« 1° que tous les brigands napolitains qui, dégouttants du sang français,
« ont jusqu'à cette heure trouvé refuge dans les états de Rome et jusque
« dans les faubourgs mêmes de la ville, soient arrêtés et reconduits à
« Naples pour y être jugés par des commissions militaires; 2° que le ras-
« semblement de sujets rebelles napolitains qui a lieu à Rome soit dissous,
« et que ces individus soient tenus de retourner sur-le-champ à Naples
« pour y être à la disposition de leur souverain. Quant aux cardinaux,
« Sa Majesté a lieu de se flatter que Sa Sainteté donnera l'ordre aux
« cardinaux napolitains de donner les premiers l'exemple de l'obéissance,
« en se rendant sous quarante-huit heures à Naples pour y prêter serment
« à leur souverain; s'il en était autrement, Sa Majesté ne pourrait qu'a-
« jouter foi à ceux qui les accusent d'être les instigateurs et les protecteurs
« des brigands napolitains déjà couverts de tant de crimes, et ils seraient
« responsables à ses yeux d'une conduite aussi contraire à l'honneur et aux
« devoirs qu'aux principes de l'Évangile; et, dès lors, Sa Majesté donnerait
« des ordres opposés aux égards qu'elle désirerait que l'on conservât pour
« leur caractère. Sa Majesté a également ordonné que tous les agents de
« la reine Caroline, réfugiés à Rome pour y tramer ses différentes intrigues,
« soient arrêtés, ainsi que tous les agents de l'Angleterre qui, du sein de
« cette ville, agitent la tranquillité de l'Italie. Le général Miollis, comman-

« dant la division d'observation de l'Adriatique, chargé par Sa Majesté de
« prêter main-forte pour l'exécution de ces mesures, a ordre de se rendre
« à Rome, d'où il ne sortira que lorsque cette ville sera purgée de tous
« les ennemis de la France. Le soussigné désire que, dans cette circons-
« tance, le gouvernement romain donne des ordres et prenne des mesures
« pour empêcher, après la menace qu'ont faite les brigands que la fai-
« blesse du gouvernement romain tolère à Rome, qu'ils ne se portent à
« aucun excès contre les hôpitaux, et pour que les troupes du général
« Miollis soient reçues à Rome avec les égards qui sont dus à des troupes
« amies. Son Éminence est trop éclairée pour ne pas sentir les consé-
« quences qui pourraient résulter de toute autre conduite. »

Immédiatement après que cette note aura été remise, le sieur Alquier
aura soin de veiller à ce que tout soit préparé au château Saint-Ange
pour recevoir l'armée. Le sieur Alquier doit connaître les intentions de
l'Empereur tout entières. L'Empereur n'ambitionne pas une extension
de territoire pour ses états d'Italie et ne veut en réalité rien ôter au
Pape; mais il veut que le Pape se trouve dans son système et exercer
dans ses états la même influence qu'il exerce à Naples, en Espagne, en
Bavière et dans les états de la Fédération. Si, cependant, la cour de
Rome, par une suite de l'aveuglement qui la pousse, fait de nouvelles
imprudences, elle perdra pour jamais ses états temporels. La conduite
que le Pape tiendra décidera ces mesures.

Le sieur Alquier s'opposera à toute circulation d'imprimés ou actes
quelconques, contraires à la France, que le gouvernement romain pourrait publier, et en rendra responsables la police et les libraires de Rome.
Les agents de la reine Caroline, les agents anglais, les brigands seront
arrêtés sans délai; les Napolitains qui n'ont point prêté serment au Roi,
les cardinaux napolitains et autres prêtres du pays, seront tenus de se
rendre sur-le-champ à Naples. Le sieur Alquier ne manquera pas de se
plaindre dans la conversation de l'indigne conduite de quelques cardinaux, et surtout des cardinaux-évêques de Capri et de Syracuse qui
montrent tant de passion et d'intérêt pour nos ennemis. Du reste, il doit
faire appeler le gouverneur de Rome et le chef de la police, et les rendre

responsables sur leur tête de la moindre insulte qui sera faite à un Français. Vous mettrez en chiffres, dans votre dépêche au sieur Alquier, le paragraphe suivant :

« L'intention de l'Empereur est d'accoutumer par cette note et ces
« démarches le peuple de Rome et les troupes françaises à vivre ensemble,
« afin que, si la cour de Rome continue à se montrer aussi insensée qu'elle
« l'est, elle ait cessé insensiblement d'exister comme puissance tempo-
« relle, sans qu'on s'en soit aperçu. »

Il est convenable, du reste, si tout se passe tranquillement, que le sieur Alquier donne une fête aux officiers français, à laquelle il invitera les principales dames de Rome, et qu'il présente les officiers au Pape, pour lequel vous recommanderez qu'on ait les plus grands égards. Il est surtout essentiel de ne lui donner aucune garde française, et d'avoir soin qu'aucune troupe n'approche du palais où il fait sa demeure. Le sieur Alquier lui fera d'ailleurs connaître que tout peut s'arranger, et que tout ceci est pour arriver au résultat que sa faiblesse l'empêcherait d'obtenir. Il aura soin que les gazettes parlent sans ostentation de l'entrée des Français, et dans le sens de la note. La note elle-même peut y être insérée, s'il le juge sans inconvénient. Le gouvernement romain peut aussi faire une proclamation au peuple, pour lui annoncer que le château Saint-Ange est occupé par des troupes françaises dans le but de protéger les derrières de l'armée de Naples. Mais il vaudra encore mieux ne rien écrire, si cela est possible. Toutefois, en désirant éviter l'éclat et laisser les choses *in statu quo*, je suis décidé à en faire beaucoup à la première bulle ou publication que le Pape se permettrait, car il y aura immédiatement un décret qui cassera la donation de Charlemagne et réunira les états de l'Église au royaume d'Italie, en fournissant la preuve des maux que la souveraineté de Rome a faits à la religion, et faisant sentir le contraste de Jésus-Christ mourant sur une croix avec son successeur qui se fait roi. Il est essentiel que l'on s'étudie à rendre impossible toute communication de Rome avec la Sicile et la Sardaigne.

NAPOLÉON.

D'après l'original. Archives des affaires étrangères.

13478. — AU GÉNÉRAL CLARKE,
MINISTRE DE LA GUERRE.

Paris, 23 janvier 1808.

Je vous renvoie le rapport du chef d'état-major de l'armée de Naples. Au lieu de phrases, j'aimerais mieux qu'on me fît connaître combien il est dû de solde et les mois qui sont payés.

D'après la minute. Archives de l'Empire.

13479. — A EUGÈNE NAPOLÉON,
VICE-ROI D'ITALIE.

Paris, 23 janvier 1808.

Mon Fils, je reçois votre lettre du 16. Je vois que, le 2 février, mon armée sera à Rome. Envoyez l'ordre au général Miollis de se concerter avec le sieur Alquier pour toutes les opérations, de bien établir sa troupe à Rome, de bien faire soigner mes hôpitaux, et de prendre le titre de *Général commandant de la division d'observation de l'Adriatique*. Pendant tout le temps qu'il restera à Rome, il prendra le commandement de toutes les troupes du Pape, afin qu'il y ait unité dans l'exécution. Il aura soin qu'on n'imprime rien dans les gazettes de Rome de contraire à la France. Il fera connaître au gouvernement romain que, s'il a envie de faire quelques publications, il a ordre de faire arrêter les gouverneurs et les agents qui se les permettraient et de les envoyer en France, et de faire pendre le libraire qui les imprimerait. Du reste, le général Miollis ne doit faire aucun écrit ni aucun acte ostensible.

Je suppose que vous avez envoyé de la cavalerie et quelques troupes à Lemarois, pour le mettre à même de bien maintenir sa communication avec Rome et réprimer le brigandage, s'il y en avait. Écrivez au général Miollis de bien s'entendre avec le sieur Alquier pour l'arrestation des brigands réfugiés dans les faubourgs de Rome; de bien interdire toute correspondance entre la Sicile, la Sardaigne et Rome, et de vous écrire tous les jours dans le plus grand détail.

Je vous ai écrit avant-hier pour que vous fassiez partir tout ce qu'il y a au dépôt de l'armée de Naples, pour renforcer cette armée; ces détachements rafraîchiront la communication de Naples avec Ancône. Je vous ai écrit aussi de former la division de grenadiers et voltigeurs de l'armée de Dalmatie; mais vous pouvez toujours la laisser à Rome jusqu'à ce que cette opération soit décidée, puisqu'il suffit que ces compagnies se trouvent à Venise à la fin de février.

NAPOLÉON.

D'après la copie comm. par S. A. I. Mme la duchesse de Leuchtenberg.

13480. — A JOSEPH NAPOLÉON, ROI DE NAPLES.

Paris, 24 janvier 1808.

Mon Frère, le 17 janvier mon escadre de Rochefort est partie avec un bon vent; elle a ordre de se rendre à Toulon. Là elle ralliera mon escadre de Toulon; de sorte que je suppose que du 10 au 15 février elle se présentera devant Naples. Il faut d'abord que la rade de Baia soit fortifiée de manière que, si mon escadre y était attaquée par une escadre supérieure, vous pussiez la protéger et la mettre à l'abri de tout événement. Il faut que vous fassiez mettre en armement vos frégates, vos chaloupes canonnières, et que vous fassiez rallier ceux de mes bricks qui seraient répandus sur vos côtes, afin que vous puissiez y réunir un bon nombre de transports pour l'expédition de Sicile. Mon intention est que le maréchal Jourdan avec le général Salligny et 9,000 hommes s'embarquent à bord de cette escadre, qui les conduira en droite ligne sur la plage de Sicile, le plus près de Messine, où ils opéreront leur débarquement dans le même temps que le général Reynier, avec 9,000 autres hommes, s'embarquera à Reggio et à Scilla sur des chaloupes canonnières, bricks, barques et autres bâtiments légers du pays, ce qui composera une armée de 18,000 hommes. On construira sur-le-champ une batterie de dix-huit pièces de canon et six mortiers sur la pointe du Phare, vis-à-vis Scilla. On en construira une pareille à Scilla. On retranchera la batterie du Phare, et on la fortifiera de manière qu'elle soit à l'abri, même par terre. Ces deux formidables batteries feront disparaître la mer, et la communication entre Scilla et le Phare deviendra facile en tout temps.

On continuera à y faire passer, par le moyen des barques, des chaloupes canonnières, etc. tous les renforts qui seront nécessaires. Avec 13,000 Français, 2 ou 3,000 Napolitains et autres troupes, et une communication sûre établie, la Sicile est conquise; car les Anglais ne s'obstineront pas à défendre cette île, s'il leur est impossible de m'interdire la communication de Messine à Scilla. Si mon escadre, en se présentant devant le Phare, peut enlever quelques vaisseaux et faire du mal à l'ennemi, elle peut le faire; mais je désire qu'elle ne reste pas plus de quarante-huit heures ancrée sur la côte de Sicile, et qu'elle reprenne le large pour, selon les vents, se rendre à Tarente ou retourner à Toulon. Le cas arrivant, et vos troupes étant parties, celles qui arrivent à Rome le 1er février se dirigeront sur Naples; et j'ai pris, en outre, des mesures pour vous envoyer le nombre de troupes qui vous sont nécessaires, de manière que Reggio, Scilla, Tarente et Naples soient tenus avec une main de fer. Vous recevrez cette lettre le 2 février, je pourrai avoir votre réponse le 10, et mes derniers ordres pourront être à Toulon le 14, avant, probablement, que mon escadre soit arrivée. Voici les questions auxquelles je désire que vous répondiez :

1° Dans la rade de Baia, douze vaisseaux et quelques frégates seront-ils à l'abri de tout événement? Envoyez-m'en un croquis, et faites-moi connaître les batteries que vous y avez.

2° La même escadre serait-elle, à Tarente, à l'abri d'une force supérieure ennemie?

3° Scilla est-il en votre pouvoir? Est-il certain que les mortiers et les canons de la batterie de Scilla croiseraient leurs feux avec celle qui serait établie au Phare?

4° Combien avez-vous de chaloupes canonnières, de spéronares ou autres barques qui pourront faciliter l'embarquement du général Reynier?

5° Vos trois frégates seront-elles armées et pourront-elles se joindre à mon escadre, ce qui serait toujours un moyen de plus pour le transport des troupes?

6° Avez-vous 500,000 rations de biscuit? Si vous ne les avez pas, faites-les faire pour les embarquer sur les bâtiments et pouvoir les débarquer en même temps que l'armée.

7° Dans Reggio et Scilla, les barques, spéronares, sont-elles en sûreté de la mer et d'une force supérieure ennemie?

8° Où pense-t-on que l'escadre puisse venir mouiller pour opérer son débarquement, de manière à être sur-le-champ maître du Phare?

9° Pouvez-vous faire embarquer sur des transports six mortiers de 12 pouces, trois mille bombes avec l'armement et la poudre, neuf crapauds, dix-huit pièces de 24 ou de 36 en fer ou en bronze avec 500 coups par pièce, pour pouvoir armer sur-le-champ la batterie du Phare?

10° Avez-vous des bâtiments pour construire sur-le-champ des écuries pour 400 chevaux du train? Ces mêmes bâtiments feront la navette de Scilla à la plage de Messine, pour débarquer toute la cavalerie.

11° Quelle est la quantité de spéronares, gondoles, petits bâtiments, que vous mettrez à la suite de l'escadre pour accélérer le débarquement? J'ai fait donner à chaque vaisseau une chaloupe de plus.

Vous mettrez dans le secret Saliceti, Jourdan et un officier de marine seulement; mais vous leur tairez que mon escadre vient de Rochefort et de Toulon; gardez cela pour vous seul.

Dans les vingt-quatre heures de l'arrivée de mon escadre à Baia, vous ferez embarquer les 8,000 hommes d'infanterie, 1,000 hommes d'artillerie et sapeurs; vous y joindrez 20 pièces de canon de campagne, avec un seul caisson. Le reste sera embarqué sur des bâtiments de transport et même sur vos trois frégates, que vous pouvez, si vous voulez, faire armer en flûte. Vous ferez embarquer vos biscuits sur des transports. Mon escadre pourra, de son côté, si cela est nécessaire, en débarquant les troupes, débarquer 3 à 400,000 rations de biscuit. Faites embarquer aussi une trentaine de maçons, avec tout ce qui est nécessaire pour construire six fours, et des escouades de boulangers. Vous ferez embarquer des chevaux du train ou des mulets. Mais tout cela doit se faire de manière que l'on ne s'aperçoive d'aucun mouvement extraordinaire. L'escadre pourrait facilement porter 18,000 hommes; mais il y a toujours des domestiques et non-combattants, de sorte que je pense que vous pouvez embarquer à l'aise 9,000 hommes de bonne infanterie, c'est-à-dire six régiments, en ayant soin que chaque régiment laisse à Naples quatre compagnies. Ainsi, au lieu de dix-huit compagnies, il n'en partira que quatorze, formant un présent sous les armes de 1,400 hommes. La cavalerie s'embarquera à Reggio. Du moment, d'ailleurs, que le mouvement sera démasqué, vous pourrez diriger votre cavalerie sur des points où la protection des batteries la fera arriver sans danger. Vous savez que la transformation des bâtiments de 30 à 40 tonneaux en écuries est l'affaire d'un moment.

Cette expédition est fondée sur ce seul principe : avoir Scilla et le Phare. Ne ferait-on que se maintenir au Phare pendant un certain temps, on serait maître de la Sicile. Faites charger sur des petits bâtiments une vingtaine de milliers de quintaux de farine que vous vous procurerez à Naples ou ailleurs, et l'on aura ce qui est nécessaire pour se maintenir maître du passage aussi longtemps qu'il le faudra, et faire passer autant de troupes que l'on voudra; et même les Anglais n'accepteront pas le gant. En parlant de biscuit, je parle aussi de riz et d'eau-de-vie. Si la fortune seconde mon entreprise, il est possible que je sois maître du passage de Naples pendant huit jours. Faites embarquer avec chaque bataillon deux cents outils de pionniers, afin que l'on ait le moyen de se retrancher sur-le-champ, de construire la batterie qui fermera le détroit, de construire des fours, de se baraquer, et alors la Sicile est prise. Vos connaissances locales peuvent apporter des modifications dans ce plan, mais pourvu qu'il repose toujours sur cette base, être maître du Phare et de Scilla, le reste tombe de soi-même. On pourra proposer d'aller droit à Palerme; mais ce sont des expéditions hasardeuses. La Sicile ne sera pas prise quand Palerme le sera, mais quand le Phare sera occupé; la communication est tout. Je suppose que vous enverrez avec l'armée quelques Napolitains affidés et adroits, pour donner les renseignements nécessaires.

Du Phare à Messine il y a deux lieues; ainsi on peut être maître du Phare sans l'être de Messine. On peut se former en camp retranché, dont la gauche serait appuyée à la mer, et la droite, du côté de Messine, ou qui coupe le petit cap du Phare.

Je ne mets point en doute qu'il faille s'emparer sur-le-champ de Milazzo. On trouvera à Milazzo des moyens de subsistance. Qu'est-ce que c'est que Milazzo? mes vaisseaux peuvent-ils y être à l'abri d'une force supérieure, en y établissant une batterie sur-le-champ? De Milazzo au Phare et à Messine y a-t-il un chemin pour l'artillerie? De Milazzo au Phare, y a-t-il des rivières, des torrents qui s'opposent aux communications? Il faut, dans mon opinion, débarquer le plus près possible du Phare; mais encore faut-il qu'on puisse débarquer et mouiller. Si on arrive promptement, on pourra s'emparer de Messine si les Anglais n'y sont pas, et je doute qu'ils veuillent s'enfermer dans cette place. Garderaient-ils la citadelle, ce serait avoir tout obtenu que d'avoir la ville. Je n'ai pas besoin de vous dire que chaque homme doit avoir cinquante cartouches dans le sac et cinquante dans sa caisse, et que vous devez en embarquer cent autres sur des petits bâtiments. Les hommes, en débarquant, débarqueront leur caisse et leur biscuit.

Cette opération me paraît probable, si le plus grand secret est gardé. J'attendrai la réponse que vous ferez à cette lettre, pour vous envoyer les dernières instructions.

Faites-moi connaître où vous avez nouvelle que se trouvent tous les bâtiments anglais.

Dans l'état de situation de votre armée au 15 décembre, qui est le dernier état que j'aie, je vois que vous avez à Naples les 29ᵉ, 52ᵉ et 102ᵉ, et que ces trois régiments peuvent vous fournir les 1,400 hommes que je demande. Vous avez les ouvriers d'artillerie, des mineurs, des sapeurs. Le 20ᵉ de ligne, qui est à Salerne, le 10ᵉ de ligne, qui est dans les Abruzzes, peuvent vous en fournir autant; ce qui complétera le nombre d'hommes dont vous avez besoin. Je suppose que vous avez augmenté la division Reynier, puisque vous avez envoyé des troupes à Reggio. En total, je vois que vous avez présents sous les armes 17,000 hommes d'infanterie française, 2,400 hommes de cavalerie, 1,700 hommes d'artillerie. Vous pouvez destiner à l'expédition 12,000 hommes d'infanterie, 2,000 hommes de cavalerie, 1,000 hommes d'artillerie et sapeurs; ce qui fera 15,000 hommes. Les 2,000 hommes d'infanterie italienne, les régiments d'Isembourg et de la Tour d'Auvergne, et votre armée napolitaine, peuvent offrir 3,000 hommes, sans un autre renfort de 4,000 hommes qui arriveraient par Reggio. Pendant ce temps, vous recevrez la division Miollis et d'autres troupes que je dirige sur Florence et qui vous rejoindront promptement. Il faut que les troupes qui s'embarqueront à Reggio forment deux divisions de 4,500 hommes; celles de Naples, de même; que ces divisions soient commandées par un général de division et deux généraux de brigade. Beaucoup de généraux sont nécessaires aux troupes françaises. D'ailleurs, vous avez l'initiative des mouvements, et vous enverrez toute votre armée de Naples.

La grande affaire, c'est que vous soyez maître de Scilla et de Messine, au moins du Phare. Les Anglais, qui sont loin de s'attendre à cette expédition, ne pourront pas, d'un mois, faire face à mes 9,000 hommes; et, pendant ce temps, vous les renforcerez des 9,000 autres hommes, et recevrez les troupes dont vous avez besoin dans votre royaume.

NAPOLÉON.

P. S. Vous trouverez ci-joint l'état de l'armée comme je pense qu'elle doit être composée.

Je n'ai personne ici qui connaisse la côte de Sicile, et, dans la saison où nous sommes, il importe beaucoup que l'escadre entre dans une rade où elle puisse faire son débarquement tranquillement. Milazzo n'est pas à l'abri d'un coup de vent du nord : si mon escadre y était surprise par un vent du nord, courrait-elle risque d'être jetée à la côte? Si mon escadre, soit en forçant le détroit, soit en doublant le Maritimo, arrivait à Reggio, aurait-elle une baie pour débarquer, entre Messine et Catane, de manière à y être à l'abri des vents? Combien l'ennemi a-t-il de bâtiments à Messine? Peuvent-ils être protégés par ses batteries?

Si aucune rade n'existait, ni aucun autre port, entre Messine et Catane, il faudrait avoir recours au moyen d'aller droit à Palerme. Quelles sont les fortifications de cette place? Où mouillerait l'escadre? Serait-elle à l'abri de l'ennemi? Mais, pour aller à Palerme, il faudrait avoir les trois quarts des troupes, dont je joins ici l'état, c'est-à-dire 15,000 hommes. On pourrait embarquer 1,500 cavaliers à pied, avec leurs selles; ils trouveraient des chevaux à Palerme. Mais mon escadre, et ce qui partira de Toulon, ne pourra embarquer que 11,000 hommes. Aurez-vous, du 10 au 15 février, de quoi embarquer à Naples 4,000 hommes d'infanterie et 600 chevaux? Combien aurez-vous de bâtiments et de quelle grandeur? Si vos trois frégates peuvent naviguer, il faut les armer en flûte; elles porteront seules, par ce moyen, 1,500 hommes.

Vous sentez combien j'ai hâte que vous répondiez à ces questions. Dans tous les cas, je vous recommande beaucoup que les batteries de la rade de Baia soient en bon état. J'ai vu, sur le plan, trois points principaux : il faut à chacun de ces points vingt bouches à feu, dont au moins quatre mortiers. Faites, tout doucement et sans extraordinaire, travailler aux batteries et préparer les plates-formes, pour qu'on puisse dans vingt-quatre heures y porter les pièces, lorsque le mouvement sera démasqué.

Je suppose que de Naples à Scilla il n'y a pas de rade passable où mon escadre puisse être à l'abri des vents du nord.

Envoyez-moi aussi l'état de votre marine et des lieux où elle se trouve, et tous les détails sur la côte de Sicile. Un officier de marine côtier, qui connaisse très-bien les ports de la côte de cette île, les golfes et les chemins, me serait bien utile. Envoyez-moi un Sicilien, ingénieur de terre et de marine, pratique. Qu'ils soient ici avant le 10 février.

Secret et secret!

NAPOLÉON.

D'après l'expédition originale comm. par les héritiers du roi Joseph.

13481. — A M. DE CHAMPAGNY,
MINISTRE DES RELATIONS EXTÉRIEURES.

Paris, 25 janvier 1808.

Monsieur de Champagny, écrivez à M. Bessières pour qu'il fasse counaître à Ali-Pacha toutes les dispositions que j'ai prises et ce que j'attends de lui pour le transport des munitions de guerre et de bouche à Corfou, ainsi que pour le passage des troupes, si le cas arrivait.

NAPOLÉON.

D'après l'original. Archives des affaires étrangères.

13482. — AU GÉNÉRAL CLARKE,
MINISTRE DE LA GUERRE.

Paris, 25 janvier 1808.

Donnez ordre qu'il y ait, rendus à Toulon pour le 10 février, cent cinquante milliers de poudre, six mortiers de 12 pouces, à la Gomer, avec crapauds et armement, trois mille bombes, cinquante affûts, soit de 18, soit de 16, soit de 24, de place, de côte ou de siége, deux mille outils de pionniers, un million de cartouches; tout cela sera à la disposition de l'amiral Ganteaume. Je sais que vous avez des poudres à Marseille : donnez ordre que sur-le-champ elles soient dirigées, par terre, sur Toulon. Par un état que j'ai vu, il paraîtrait que vous n'avez que soixante milliers de poudre à Toulon; cela est honteux. Il faut toujours avoir quatre cents milliers de poudre à Toulon, soit pour la défense de la place, soit pour les expéditions maritimes.

D'après la minute. Archives de l'Empire.

13483. — NOTE POUR LE VICE-AMIRAL DECRÈS,
MINISTRE DE LA MARINE.

Paris, 25 janvier 1808.

Il faut donner l'ordre à l'amiral Ganteaume de partir dans la nuit, de se rendre à Toulon, d'arborer son pavillon sur *la Ville-de-Paris*, et lui donner le commandement supérieur de toute la côte et de l'arsenal.

Il arrivera à Toulon le 30. Le 6 février, vous pourrez avoir son rapport, tant sur la situation des croisières ennemies de la Méditerranée que sur les renseignements qu'il aura pris sur l'opération à faire. Il visitera ses vaisseaux et s'occupera de les mettre en bon état et de les approvisionner de tout ce qui pourrait leur manquer.

La question se réduit à ceci : lorsque mon escadre arrivera, il faut ne pas la laisser entrer, mais mettre sur-le-champ à la voile et filer sur Naples. On embarquera de 10 à 14,000 hommes, et on se dirigera sur Milazzo ou Catane, en passant le détroit à un jour du Phare, et le plus près possible; ou bien, de Naples on ira droit à Palerme; mais pour cela, il faut au moins embarquer 14,000 hommes.

Ce parti ne doit être pris qu'autant que les renseignements que j'attends de Naples, et que l'amiral prendra à Toulon, me feront connaître qu'il n'y a pas de mouillage plus près du Phare.

Si l'on doit aller à Palerme, il faut avoir de quoi embarquer 14,000 hommes. Les dix vaisseaux de l'escadre, les trois frégates, les dix gabares peuvent, à ce que l'on m'assure, porter 10,000 hommes. Il faut, de toute nécessité, y joindre vingt bâtiments légers, savoir : dix bricks et dix tartanes, pinques, doubles felouques ou autres bâtiments de cette espèce. Un brick et une tartane ou pinque seront attachés à chaque bâtiment de l'escadre, et on pourra mettre sur chacun de ces bricks ou tartanes une grosse chaloupe. Les dix bricks porteront, l'un portant l'autre, 100 hommes, et les dix tartanes, chacune 60 hommes; de sorte que l'on pourra embarquer 11,000 hommes d'infanterie et 200 chevaux à bord de l'expédition de Toulon.

J'ai écrit au roi de Naples de faire préparer des écuries pour 300 chevaux et des bâtiments pour transporter 3,000 hommes; ce qui permettra d'embarquer les 14,000 hommes qui devront aller droit à Palerme.

Il faut que l'amiral Ganteaume réunisse avec lui le plus de petits bâtiments qu'il pourra, afin d'avoir plus de moyens de débarquement et de transport. Ces bâtiments, trouvant partout des ports le long de la côte d'Italie, arriveront tous au rendez-vous.

Il n'y a point d'inconvénient à faire partir *la Danaé* de Gênes avec deux ou trois grosses flûtes et sept à huit pinques et autres bâtiments propres au débarquement. Au moment où le mouvement sera démasqué, en faisant mettre l'embargo sur les bâtiments de Toulon, et en faisant partir tous les bâtiments génois qui sont sur la côte, on aura les moyens suffisants.

L'amiral Ganteaume fera embarquer cent milliers de poudre sur une poudrière, fera bonder ses bâtiments de poudre, afin qu'en cas d'événement il puisse en débarquer un peu. Il fera mettre cent mille cartouches par vaisseau de guerre de l'escadre de Toulon, et deux cents outils de pionniers.

L'escadre de Rochefort pourra prendre cent mille cartouches par vaisseau, lors de l'embarquement.

S'il était possible qu'après les renseignements que je recevrai de Naples je me désistasse de l'expédition de Sicile, il se pourrait que j'envoyasse l'escadre à Corfou. Les poudres seraient débarquées dans cette place, et il faudrait avoir cinq mille quintaux de farine à y jeter. J'aurai des flûtes vides que je ferai remplir aussi des principaux objets d'artillerie dont cette place a besoin.

Je pense que vous devez envoyer un courrier à Gênes, pour que la *Danaé* y reste, pour que les bricks et autres petits bâtiments y soient réunis, et qu'il y soit mis en état les plus gros bâtiments qu'il y aura, de quelque nation qu'ils soient, et capables de transporter un millier d'hommes.

Il faut donner l'ordre à l'amiral Ganteaume d'envoyer un brick à l'île d'Elbe, pour y réunir une dizaine de bâtiments les plus propres au débarquement, auxquels il donnera l'ordre de se diriger sur-le-champ sur Naples.

Plusieurs bricks que j'avais envoyés à Corfou sont encore à Civita-Vecchia, Ancône, Gênes, Naples; on peut les réunir pour cette expédition.

Enfin l'amiral Ganteaume, pendant le peu de jours qu'il doit rester à Toulon, doit prendre les mesures les plus énergiques pour réunir le plus de moyens possible de transport et surtout de débarquement.

Je recevrai, le 6 février, l'état des bâtiments et des moyens de transport qu'aura prêts le roi de Naples. Pouvant ainsi embarquer 14 à 15.000 hommes, on sera maître d'aller sur tel point de la Sicile que l'on voudra.

NAPOLÉON.

D'après l'original comm. par Mme la duchesse Decrès.

13484. — A M. DARU,
INTENDANT GÉNÉRAL DE LA GRANDE ARMÉE.

Paris, 25 janvier 1808.

Je vous préviens, Monsieur l'Intendant Général, que, sur la demande qui avait été faite à l'Empereur d'autoriser les régiments de dragons de la Grande Armée à conserver les sapeurs qui y existent maintenant. Sa Majesté a décidé, le 12 de ce mois, qu'il en serait conservé huit par régiment. Je viens de faire connaître cette décision à M. le général Belliard, et je l'ai chargé de donner les ordres nécessaires pour son exécution.

Le major général, par ordre de l'Empereur.

D'après la copie comm. par M. le comte Daru.

13485. — A FERDINAND-JOSEPH, GRAND-DUC DE WURZBURG.

Paris, 25 janvier 1808.

J'ai reçu les lettres de Votre Altesse Royale, du 22 novembre et du 1er janvier. Je la remercie de ce qu'elle m'y dit. J'ai donné des ordres à M. de Champagny d'intercéder auprès du roi de Bavière pour arranger les affaires de son duché. Je suis fâché que les circonstances le portent à ne plus penser à la fille du roi de Saxe. Dans tous les cas, elle peut compter sur mon désir de lui être agréable.

D'après la minute. Archives de l'Empire.

13486. — DÉCISION.

Paris, 25 janvier 1808.

Le prince Eugène Napoléon, vice-roi d'Italie, annonce à l'Empereur que le général russe Nazimof se refuse à laisser passer la revue des troupes tant à Padoue qu'à Trévise, bien que cette revue ait été prescrite par l'Empereur pour régulariser la distribution des vivres.	Renvoyé au ministre de la guerre, pour causer de cela avec M. de Tolstoï. Il lui fera connaître qu'il faut cependant une règle dans les troupes russes, soit pour les fournitures, soit pour la police et la direction. NAPOLÉON.

D'après l'original. Dépôt de la guerre.

13487. — A M. MARET,
MINISTRE SECRÉTAIRE D'ÉTAT.

Paris, 26 janvier 1808.

Monsieur Maret, écrivez à tous les ministres pour que chacun, dans son administration, fasse prendre possession de Flessingue et de Wesel.

NAPOLÉON.

D'après l'original comm. par M. le duc de Bassano.

13488. — A EUGÈNE NAPOLÉON,
VICE-ROI D'ITALIE.

Paris, 26 janvier 1808.

Mon Fils, faites passer la lettre ci-jointe au général Marmont, par un officier intelligent, qui ira jusqu'à Corfou, par terre, et vous rapportera ses observations sur ce qu'il aura vu. Mandez au général Marmont d'écrire au pacha de Janina d'approvisionner Corfou, et de se concerter avec lui pour accélérer les communications de Corfou à Cattaro.

NAPOLÉON.

D'après la copie comm. par S. A. I. Mme la duchesse de Leuchtenberg.

13489. — AU GÉNÉRAL MARMONT,
COMMANDANT L'ARMÉE DE DALMATIE.

Paris, 26 janvier 1808.

Votre aide de camp m'apporte votre lettre du 9 janvier. J'ai déjà écrit depuis longtemps à Sebastiani pour que la Porte prenne des mesures telles qu'en cas de siége de Corfou vous ayez passage pour un corps de 8,000 hommes qui se rendrait à Butrinto. J'ai à Corfou des moyens de transport, et votre armée, que vous pourriez porter jusqu'à 12,000 hommes et qui serait composée de trois divisions, passerait en peu de jours à Corfou, pour se joindre à la garnison et culbuter les Anglais dans la mer. La Porte a ordonné également que des Tartares fussent placés depuis Butrinto jusqu'à Cattaro, pour que les officiers venant de Corfou arrivent rapidement aux Bouches, et que, de même, non-seulement les officiers que vous expédierez puissent faire ce trajet avec la même rapidité, mais encore pour que quelques envois de poudre que vous pourrez faire passer par terre soient protégés. Commencez par expédier par terre 50 mulets chargés de poudre, chaque mulet portant deux barils, ce qui fera un total de cent barils ou dix milliers. Moyennant vos négociations de Scutari et de Berat, vous pourrez facilement obtenir le libre passage. Écrivez à cet effet. Faites également partir plusieurs petits bateaux chargés de poudre, qui iront le long des côtes et réussiront à passer à Corfou à travers la croisière ennemie. Il est probable que, sur cinq bateaux, chargés de trois milliers de poudre chacun, il en arrivera trois ou quatre. Si vous aviez moyen de faire passer aussi quelques affûts, soit de siége, soit de côte, soit de place, faites-le; il paraît qu'ils en ont besoin.

Envoyez régulièrement, au moins tous les quinze jours, un de vos officiers à Corfou; que le général César Berthier vous en envoie un des siens, aussi tous les quinze jours : par ce moyen vous aurez, toutes les semaines, des nouvelles de Corfou, et cette grande quantité d'officiers, passant et repassant, prendra une connaissance parfaite des localités.

J'approuve fort l'envoi d'un agent à Berat. Il faut connaître à fond cette route, dont le détail, lieue par lieue, m'intéresserait beaucoup.

Je ne conçois pas ce que vous me dites que la Dalmatie ne peut pas fournir de chevaux; elle en fournissait plusieurs milliers aux Vénitiens.

Tenez un agent près l'évêque des Monténégrins, et tâchez de vous concilier cet homme. J'ai, je crois, un consul à Scutari, mais il ne m'écrit pas souvent; exigez qu'il vous écrive tous les jours. Envoyez-moi des renseignements sur les golfes de Durazzo et d'Avlona. Des bricks, ou même des frégates peuvent-elles y entrer? Comme vous êtes le maître d'y envoyer des ingénieurs ou des marins, envoyez-y. Recueillez aussi les renseignements que les gens du pays pourraient vous fournir, et faites-moi passer des croquis et des mémoires qui me fassent bien connaître ce que c'est que ces deux golfes.

Je suppose que, dans le cas où une escadre de douze ou quinze vaisseaux arriverait à Corfou ou à Raguse, les mesures sont prises pour la mettre à l'abri de forces supérieures; répondez-moi cependant sur cette question.

Je vois avec plaisir que vous n'avez pas de malades. J'ai ordonné au vice-roi de vous envoyer encore 2,000 hommes pour renforcer vos cadres.

Le ministre de la guerre m'a fait connaître que vous demandiez le général Montrichard; ce général est parti pour prendre service sous vos ordres.

<small>D'après la minute. Archives de l'Empire.</small>

13490. — A JOSEPH NAPOLÉON, ROI DE NAPLES.

<small>Paris, 26 janvier 1808.</small>

Mon Frère, je reçois votre lettre du 15 janvier. Il me semble que le projet de décoration avec les trois Vallées de Sicile est ce qu'il y a de mieux, parce que cela dit quelque chose. Je donnerai le grand Ordre de la Couronne de fer au marquis de Gallo, et le grand Aigle au prince Colonna, commandant de la garde nationale de Naples, au prince Bisignano et au duc de Cassano. J'accepte avec plaisir votre Ordre.

Je suppose que vous avez déjà fait partir votre ambassadeur pour ici, aussi bien celui que vous envoyez en Russie. Je vous ai déjà fait connaître qu'on a fort agréé cette nouvelle en Russie.

Votre lettre du 15 m'annonce que 500 hommes sont partis pour Corfou avec bon vent; il me tarde d'apprendre qu'ils sont arrivés.

NAPOLÉON.

<small>D'après l'expédition originale comm. par les héritiers du roi Joseph.</small>

13491. — A JOSEPH NAPOLÉON, ROI DE NAPLES.

<small>Paris, 26 janvier 1808.</small>

Mon Frère, je vous ai écrit avant-hier fort au long sur ce que je médite. Je suppose que vous m'avez déjà répondu en m'envoyant tous les renseignements convenables. Tout me porte à penser que cela aura lieu avant le 15 février. Il faut que vous ayez des moyens d'embarquer 3 à 4,000 hommes sur de très-gros bâtiments. Alors on pourra aller partout où l'on voudra, parce qu'avec 15,000 hommes on n'aura pas à s'assujettir à s'assurer d'un point. Le principal est que Scilla soit pris. Votre lettre du 15 n'en parle pas, cela m'intrigue beaucoup.

Répétez, je vous prie, au général César Berthier qu'il faut qu'il ne mette pas de troupes françaises à Céphalonie ni à Zante, et que tout ce qu'il a de troupes françaises doit être réuni à Corfou et à Sainte-Maure. J'attends avec impatience la nouvelle que le 14º, les détachements du 6º et les Italiens sont arrivés. Du moment que l'on pourra compter sur la réunion de 6,000 hommes à Corfou, il n'y aura plus à craindre que les Anglais viennent y débarquer, puisqu'ils ne pourraient pas le faire avec 12,000 hommes, force qui n'est pas en proportion avec les moyens de l'Angleterre.

J'ai écrit à la Porte pour que, le cas arrivant que les Anglais débarquassent à Corfou et fissent le siége de la place, l'armée de Dalmatie pût partir de Cattaro, traverser le territoire d'Ali-Pacha et arriver devant Corfou. J'ai là 20,000 hommes qui, arrivés à Butrinto, passeraient facilement à Corfou, se joindraient à la garnison et culbuteraient les assiégeants dans la mer. Je compte que, si le 14º, le reste du 6º et les Italiens sont arrivés à Corfou, on ne laissera pas les Anglais débarquer; mais, si le débarquement s'effectuait, on se défendrait pendant plus de six mois. Il est probable qu'avant que deux mois se soient écoulés depuis le commencement du blocus, l'armée de Dalmatie sera arrivée à Butrinto. Marmont a envoyé un consul à Beyrouth, et j'ai fait demander à Ali-Pacha (ce que d'ailleurs je lui ai fait ordonner par la Porte) que des Tartares soient placés depuis Butrinto jusqu'à Cattaro, pour la rapidité des communications.

Puisque Moncenigo est à Naples, vous pouvez savoir de lui la quantité de poudre que les Russes ont laissée à Corfou; il est ridicule qu'on ne fasse pas la remise de ces poudres.

Il m'importe beaucoup que vous donniez des ordres et que vous preniez des mesures pour connaître la quantité de vaisseaux de guerre, frégates, etc. que les Anglais ont vis-à-vis Corfou; le rapport doit vous en être fait par Otrante et Brindisi. Je désire que vous vous fassiez informer également du nombre de vaisseaux de guerre qui pourraient trouver refuge à Brindisi, et si les batteries qui doivent protéger cette rade sont en état de défense. Il me tarde bien d'apprendre que Scilla soit pris.

NAPOLÉON.

D'après l'expédition originale comm. par les héritiers du roi Joseph.

13492. — A LOUIS NAPOLÉON, ROI DE HOLLANDE.

Paris, 26 janvier 1808.

Je reçois vos lettres des 20 et 21 janvier. Je reçois avec plaisir l'assurance que vous me donnez de porter la plus grande activité dans l'exécution des mesures contre l'Angleterre et des traités qui unissent la Hollande à la France. J'apprends avec un égal plaisir le bon état où vous me dites que sont vos finances, ce qui vous permet de faire face à toutes vos affaires. J'avoue que je ne croyais pas votre situation aussi améliorée, et je ne puis que vous en faire mon compliment.

D'après la minute. Archives de l'Empire.

13493. — AU VICE-AMIRAL DECRÈS,
MINISTRE DE LA MARINE.

Paris, 27 janvier 1808.

Monsieur Decrès, je fais demander au roi d'Espagne, de manière à ne pas être refusé, que le vaisseau de 120 canons *le Prince-des-Asturies* et le *Montanez* me soient cédés; je céderai, en place, au roi d'Espagne, le vaisseau *l'Atlas* de 74, qui est à Vigo. Vous donnerez l'ordre au vice-amiral Rosily d'arborer son pavillon sur *le Prince-des-Asturies*, et de composer l'équipage des deux vaisseaux espagnols en prenant sur les équipages de tous les vaisseaux de l'escadre; cela portera mon escadre, qui est actuellement de cinq vaisseaux, à sept; ce qui, avec le vaisseau espagnol *le San-Justo*, me fera huit vaisseaux bien équipés.

Je demande également au roi d'Espagne de prendre des mesures efficaces pour faire armer à Cadix quatre autres vaisseaux pour être prêts à se joindre à mon escadre, de sorte qu'il y ait à Cadix sept vaisseaux français et cinq espagnols, c'est-à-dire douze vaisseaux. Je réitère également l'ordre pour que l'escadre de Carthagène, composée de deux vaisseaux à trois ponts, deux vaisseaux de 80 et trois frégates, se rende à Toulon. Si cela réussissait ainsi, je me trouverais avoir à Toulon une escadre de dix-sept vaisseaux, dont dix vaisseaux français et sept espagnols, et à Cadix douze vaisseaux, savoir : sept vaisseaux français et cinq espagnols.

NAPOLÉON.

D'après l'original comm. par Mme la duchesse Decrès.

13494. — A M. DARU,
INTENDANT GÉNÉRAL DE LA GRANDE ARMÉE.

Paris, 27 janvier 1808.

L'Empereur, Monsieur Daru, me charge de vous faire connaître que, d'après les états qui lui sont adressés, les domaines, rentes et revenus dont il a été pris possession au nom de Sa Majesté dans le royaume de Westphalie, se composent, 1° de biens ruraux et moulins; 2° de maisons et bâtiments loués; 3° de revenus des fermes tenues par des serfs; 4° de forêts; 5° de mines, usines, manufactures, carrières; 6° de salines; 7° de rentes foncières, emphytéotiques et rentes constituées; 8° de cens seigneuriaux; 9° de dîmes; 10° d'intérêts et capitaux exigibles, formant ensemble un total de 19,013,720 francs, dont l'intention de Sa Majesté est de prendre la moitié pour donner des récompenses aux braves de son armée. Vous tiendrez la main à l'exécution des volontés de Sa Majesté, et vous en préviendrez le roi de Westphalie.

Le major général, par ordre de l'Empereur.

D'après la copie comm. par M. le comte Daru.

13495. — A M. DE CHAMPAGNY,
MINISTRE DES RELATIONS EXTÉRIEURES.

Paris, 28 janvier 1808.

Monsieur de Champagny, je vous ai écrit hier pour demander à l'Espagne deux vaisseaux. Je désire que vous fassiez connaître au sieur Beauharnais qu'il est nécessaire que des ordres soient donnés par la cour d'Espagne pour qu'une division de 15,000 hommes, qui est à Perpignan, soit reçue à Barcelone, pour, de là, se rendre à Cadix. Cette division se reposera quelques jours à Barcelone, et continuera sa route sur Cadix aussitôt que les ordres seront donnés par la cour d'Espagne. Le sieur Beauharnais ne fera cette ouverture que le 9 février, si d'ici là il n'en a pas reçu contre-ordre. Vous lui ferez connaître également qu'un autre corps de 4,000 hommes doit se rendre aussi à Cadix, que, cependant, il ne se mettra en marche que lorsque cela sera arrangé avec le gouvernement espagnol; que ce corps sera tiré de l'armée du général Dupont, qui est à Valladolid, ou de celle du maréchal Moncey, à laquelle je donne ordre de pousser jusqu'à Burgos.

NAPOLÉON.

D'après l'original. Archives des affaires étrangères.

13496. — AU GÉNÉRAL CLARKE,
MINISTRE DE LA GUERRE.

Paris, 28 janvier 1808.

Faites venir chez vous le général Duhesme, et donnez-lui l'ordre de partir dans la journée avec les instructions suivantes.

Il sera arrivé à Perpignan le 4 février; il en partira du 6 au 8 avec sa division; il entrera en Espagne le 9 et se dirigera droit sur Barcelone. Il fera connaître au gouverneur qu'il a ordre de se rendre à Cadix, et qu'il attend la décision de la cour d'Espagne, à ce sujet, à Barcelone; que les étapes sont préparées. Il vous fera connaître la situation des places et des dépôts qui en forment la garnison, sans rien faire qui puisse faire soupçonner des dispositions défavorables aux Espagnols. Il fera fusiller le premier Italien qui manquerait à la discipline, et la fera observer rigoureusement. Il emmènera avec lui un général de brigade français. Je suis dans la supposition qu'il a 6,000 hommes, 1,000 chevaux et dix pièces attelées, avec les cartouches et tout ce qui lui est nécessaire pour faire campagne. Il écrira tous les jours, dès qu'il aura mis le pied en Espagne, pour faire connaître la disposition des esprits, la situation des places fortes, et ce qu'il y a devant lui depuis Barcelone jusqu'à l'Èbre.

Écrivez par un officier au maréchal Moncey de porter son quartier général à Burgos le 10 février, avec deux divisions et toute sa cavalerie, et d'y être rendu le 10 février. Il aura soin d'étendre une de ses divisions, sous le prétexte des vivres, jusqu'à Aranda, et il tiendra à Vittoria sa dernière division. Il dira qu'il s'étend ainsi pour ménager les ressources en vivres et ne pas trop fouler le pays. Vous enverrez cet ordre par un officier qui vous fera bien connaître la situation des esprits de ce côté.

D'après la minute. Archives de l'Empire.

13497. — AU GÉNÉRAL CLARKE,
MINISTRE DE LA GUERRE.

Paris, 28 janvier 1808.

Monsieur le Général Clarke, donnez l'ordre au général de brigade Darmagnac de partir dans la journée de demain pour se rendre à Saint-Jean-Pied-de-Port, où il prendra le commandement de la division des Pyrénées occidentales, sous les ordres du général Mouton. Avant de faire partir le général Darmagnac, vous l'enverrez chercher et vous lui remettrez l'ordre, par écrit, d'être arrivé à Saint-Jean-Pied-de-Port le 3 février, afin de pouvoir en partir le 6 pour se diriger sur Pampelune, où il sera le 9 février. Il doit avoir 3,000 hommes d'infanterie et douze pièces de canon. Arrivé à Pampelune, il attendra de nouveaux ordres; il prendra possession de la place, et, sans faire semblant de rien, il occupera la citadelle et les fortifications, en traitant avec la plus grande courtoisie les commandants et les habitants, ne faisant aucun mouvement, et disant qu'il attend de nouveaux ordres.

NAPOLÉON.

P. S. Indépendamment du compte que le général Duhesme vous rendra, il correspondra également avec le maréchal Moncey; indépendamment du compte que le général Darmagnac vous rendra, il correspondra avec le général Mouton, qui doit être près du maréchal Moncey, et, dans tous les événements extraordinaires, il préviendra toujours le maréchal Moncey.

D'après l'original. Dépôt de la guerre.

13498. — A EUGÈNE NAPOLÉON,
VICE-ROI D'ITALIE.

Paris, 28 janvier 1808.

Mon Fils, j'ai ordonné l'envoi de bricks et de corvettes à Corfou; rien n'est arrivé. Envoyez-moi l'état de toutes les farines, grains, poudres que vous y avez envoyés, et faites-moi connaître les ordres que vous avez donnés aux différents bricks et corvettes. Mes ordres ne sont pas exécutés, et le ministre de la guerre ne rend aucun compte là-dessus. Corfou sera pris, faute d'exécuter les mesures prescrites, et l'Adriatique en souffrira pour toujours. J'avais également ordonné l'envoi de chaloupes canonnières à Corfou; rien n'y était arrivé au 1er janvier.

Faites partir de Venise six chaloupes canonnières chargées de poudre, de boulets, de biscuit, et portant dix ouvriers d'artillerie, une douzaine d'affûts de place de 24, un demi-millier d'acier, huit ou dix milliers de fer, quinze cents outils de pionniers. Ces six canonnières resteront à Corfou, pour la défense de la rade et les communications avec la terre ferme; vous les ferez d'abord diriger sur Raguse, et de là elles fileront plus loin.

NAPOLÉON.

D'après la copie comm. par S. A. I. Mme la duchesse de Leuchtenberg.

13499. — AU GÉNÉRAL LEMAROIS,
COMMANDANT LA DIVISION DES CÔTES DE L'ADRIATIQUE.

Paris, 28 janvier 1808.

Monsieur le Général Lemarois, je désire que vous m'écriviez tous les jours. Rendez-moi compte de tout ce qui partira pour Corfou, et sur quels bâtiments. Faites partir pour cette île des boulets de 20, de 18 et de 14, vingt affûts de côte, de siège et de place, un millier de fer pour l'artillerie, quelques quintaux d'acier, un millier d'outils de pionniers. Je ne sais point si les deux bricks italiens sont à Ancône, s'ils sont prêts à partir pour Corfou, chargés de poudre et de munitions de guerre. Il me semble que des barques qui iraient jusqu'au golfe Durazzo, et qui fileraient le long de la côte, entreraient de nuit à Corfou malgré les croisières anglaises. Faites là-dessus tout ce que vous pourrez, car cette place sera certainement attaquée ce printemps, au mois d'avril.

NAPOLÉON.

D'après l'original comm. par M. le comte Lemarois.

13500. — A JOSEPH NAPOLÉON, ROI DE NAPLES.

Paris, 28 janvier 1808.

Mon Frère, je reçois votre lettre du 18, avec le rapport du général Donzelot. Ce rapport me fait voir l'incapacité de........ qui aurait dû, à son arrivée, vous envoyer un rapport pareil. Je désire donc que vous envoyiez un de vos aides de camp à Corfou, avec l'ordre au général Donzelot de prendre le gouvernement général des Sept Iles; vous direz que vous avez le décret qui le nomme, et vous ordonnerez au général Berthier de rester quinze jours avec le général Donzelot; après lesquels il se rendra à Cattaro par terre, visitera cette place, inspectera les chemins, verra toute la Dalmatie, et de là viendra me joindre à Paris. Votre aide de camp sera discret; vous le préviendrez de ce qu'il porte, afin que ses dépêches ne soient remises que si le général Donzelot est à Corfou; car, s'il se trouvait à Sainte-Maure, il faudrait le faire venir d'abord à Corfou; et, s'il y avait des empêchements qui s'opposassent à ce qu'il pût quitter Sainte-Maure, il ne faut pas que le général Berthier se doute de l'objet de la mission de votre aide de camp, pour ne point le décourager.

Réitérez l'ordre au gouverneur général de retirer les troupes françaises de Zante et de Céphalonie, et de ne les placer qu'à Sainte-Maure et Corfou. Il ne faut pas même laisser de Français à Parga. Le gouverneur ne laissera à Zante et à Céphalonie que deux officiers français avec 25 ou 30 Français; également à Parga. Ainsi il faut que le 6e, le 14e et les Italiens soient tous réunis à Corfou et à Sainte-Maure. Faites partir sur-le-champ quatre officiers du génie français et deux officiers français d'artillerie, de Naples pour Corfou. Je vois que, pour tous vivres, il y a à Corfou cent quarante mille quintaux de mauvaise farine; mais le général Donzelot ne dit pas tout, car on m'assure qu'il y avait plusieurs milliers de quintaux de grains. J'attends avec impatience d'apprendre si votre convoi du 8 est arrivé. Il me semble qu'il était de cent milliers de poudre. Si les Russes avaient là des magasins, pourquoi ne les avoir pas pris? Il ne doit pas vous être difficile d'embarquer cinq ou six cents outils: cela occupe peu de place. Un des généraux de brigade qui sont à Corfou prendra le commandement de Sainte-Maure. Faites passer à Corfou dix nouveaux officiers d'artillerie. Quant à l'argent, j'ai ordonné qu'on y envoyât, tous les mois, 250,000 francs. Depuis trois mois que j'ai donné cet ordre, il a dû y arriver 7 à 800,000 francs. Avec cela, on a pu faire tous les travaux et payer les troupes.

Je désire que l'aide de camp que vous enverrez vous rapporte un mémoire sur la situation de Corfou au 1er février, bastion par bastion, magasin par magasin. Tout me porte à penser que Corfou sera attaqué au mois de mars ou d'avril.

J'ai fait partir d'Ancône et de Venise des corvettes et des bricks; je n'ai pas de nouvelles de leur arrivée.

NAPOLÉON.

D'après l'expédition originale comm. par les héritiers du roi Joseph.

13501. — DÉCISION.

Paris, 28 janvier 1808.

Le général Dejean, ministre directeur de l'administration de la guerre, demande à l'Empereur si la division de troupes italiennes actuellement en France doit être à la charge de la France.

Tant qu'elle sera en France, elle sera à la charge du royaume d'Italie. Quand elle sera dans un pays étranger, elle ne sera plus à la charge de l'un ni de l'autre des deux pays.

NAPOLÉON.

D'après la copie. Archives de l'Empire.

13502. — OBSERVATIONS
FAITES DANS LE CONSEIL D'ADMINISTRATION DE L'INTÉRIEUR.

Palais des Tuileries, 28 janvier 1808.

Le ministre de l'intérieur fait un rapport sur l'approvisionnement de Paris; il en résulte que cet approvisionnement est diminué de 40,000 quintaux.

Sa Majesté charge le ministre, sur sa responsabilité, de s'occuper sans délai des mesures à prendre pour compléter cet approvisionnement avant le mois de mars, en l'approchant le plus possible de la capitale ou même de la ville de Rouen, ce qui remplirait également l'objet qu'on se propose.

Le ministre fait un rapport sur les écoles des arts et métiers; il présente la comptabilité de ces écoles depuis et y compris l'an XIII jusqu'au 1er janvier 1808. Il est porté à penser que ces établissements atteindront très-difficilement le but que Sa Majesté se propose, non-seulement par la difficulté de bien organiser les écoles de cette espèce et d'administrer des établissements dont il faut que les chefs soient en même temps directeurs, fournisseurs et négociants, mais encore par l'impossibilité de trouver le débit des objets fabriqués par les élèves.

Sa Majesté n'adopte point cette opinion; elle rejette toute idée de suppression de ces établissements; elle pense que, s'il est difficile de les faire prospérer, l'administration est en mesure de vaincre ces difficultés; que, loin de songer à détruire ces écoles, il faut s'occuper de les améliorer, soit en leur attribuant des occupations spéciales, soit en leur procurant des travaux réguliers et permanents, au moyen des commandes qui leur seraient faites par divers services du Gouvernement. Sa Majesté invite le ministre à s'entendre avec le ministre de la guerre pour faire faire aux écoles d'arts et métiers des affûts de place et de siége, des caissons, des charrettes, etc. Des modèles seraient fournis aux écoles, que le Gouvernement peut alimenter ainsi, quelque étendus que deviennent leurs moyens de fabrication.

M. de Fourcroy présente des rapports et des états sur la situation des écoles primaires, secondaires, communales et particulières, et sur les maisons d'éducation; il en résulte que ces écoles sont au nombre de 7,356, et qu'elles donnent l'éducation qui est propre à chacune d'elles à 162,300 élèves. M. de Fourcroy fait ensuite un rapport sur la situation et la comptabilité des lycées.

Sa Majesté, entrant dans les détails de la situation des lycées, remarque que plusieurs d'entre eux, tels que le lycée Impérial à Paris, le lycée de Moulins et celui de Metz, sont très-accrédités; elle pense qu'il convient d'y laisser tomber successivement le nombre des élèves du Gouvernement au-dessous de cent.

Sa Majesté invite en même temps M. de Fourcroy à lui présenter un nouvel état, qui sera formé sur les revues des lycées, et qui présentera le nombre des élèves existant au 1er janvier, au 1er avril, au 1er juillet, au 1er octobre 1807 et au 1er janvier 1808. La situation de ces quatre trimestres se trouvera sur un seul et même état; on indiquera, en encre rouge, le nombre des élèves qui, ayant été nommés, ne sont point entrés, ou de ceux qui, étant entrés aux lycées, y sont morts ou en sont sortis pour un motif quelconque. Au moyen de ces annotations, on justifiera les variations que pourront présenter les différents trimestres.

L'intention de Sa Majesté est de ne pas dépenser, en 1809, plus de 1,500,000 francs pour les pensions des lycées, et d'arriver successivement à ce que ces établissements ne coûtent rien à l'état. Cette vue n'est point nouvelle; on l'a fait connaître dès le moment même de la création des lycées; elle tient essentiellement à la durée de ces établissements. C'était une importante entreprise qu'on ne pouvait former qu'en commençant par des sacrifices; mais elle ne sera véritablement fondée que lorsqu'elle ne coûtera plus rien; autrement, les fonds n'étant point spéciaux, ne pouvant être pris que sur les recettes générales de l'état, ne pouvant être accordés que d'année en année, il arriverait un moment où les besoins du trésor public conduiraient à ne plus rien faire pour ces établissements; alors ils cesseraient d'exister, ce qui n'arrivera point lorsqu'ils auront des ressources qui leur seront propres. On pourrait, par exemple, pour couvrir les dépenses, statuer que les pensions, réduites à ce qui est strictement nécessaire, seront payées par les villes qui, pour la plupart, sont trop riches. On ferait établir par chaque ville un certain nombre de bourses, qui seraient uniquement affectées aux habitants de ces villes, et auxquelles Sa Majesté nommerait. Quant aux villes qui, dans l'état de leurs dépenses actuelles, ne pourraient rien fournir pour cet objet, on pourvoirait à leur laisser des moyens disponibles en les dispensant d'une portion suffisante de la dépense qu'elles font pour la guerre. Il arriverait ainsi que les lycées subsisteraient par des moyens étrangers aux dépenses générales de l'état, ne se trouveraient point compris dans les dépenses à la charge du trésor public, et seraient véritablement fondés.

M. de Fourcroy fait un rapport sur la situation actuelle du travail relatif à l'établissement de l'université impériale : il donne lecture de la dernière rédaction délibérée en Conseil d'état, et présente un nouveau projet réduit aux dispositions principales.

Sa Majesté invite M. de Fourcroy à s'occuper sans délai d'un travail qui offrirait, en projet, l'université impériale tout organisée, en y faisant entrer les éléments qui doivent la composer et qui sont actuellement existants; ce travail, joint au projet d'organisation, le rendrait plus clair, et mettrait mieux en état de le juger. On fournirait, à l'appui des calculs sur lesquels il serait basé, tous les états d'après lesquels ce travail aurait été rédigé.

On diviserait l'université impériale en autant d'académies qu'il y a de cours d'appel.

On distinguerait les académies qui auraient deux facultés et celles qui en auraient quatre.

On ferait connaître le nombre des officiers de l'université, des officiers de l'académie et des membres de l'université.

On établirait le nombre des lycées, des écoles secondaires communales, des écoles secondaires particulières, des écoles primaires, et des étudiants qui entreraient dans l'arrondissement de chaque académie.

On joindrait à ce travail tous les calculs de finance, dans lesquels on comprendrait les dépenses de l'École normale et celles de l'université.

On ferait entrer dans l'organisation de l'université impériale la faculté de théologie, conformément aux vues qui sont particulièrement exprimées par Sa Majesté.

Sa Majesté désire que ce travail soit imprimé à la suite des deux projets de rédaction, pour être distribué mardi prochain au Conseil d'état.

D'après la copie. Archives de l'agriculture, du commerce et des travaux publics.

13503. — AU GÉNÉRAL CLARKE,
MINISTRE DE LA GUERRE.

Paris, 29 janvier 1808.

Monsieur le Général Clarke, si vous avez des renseignements sur les batteries de la Spezia, faites-les-moi connaître. Dans tous les cas, donnez l'ordre à une compagnie d'artillerie de ligne, forte de 100 hommes, que vous tirerez d'Alexandrie, de se rendre aux batteries de la Spezia. Donnez ordre également à un chef de bataillon d'artillerie et à un officier en résidence de se rendre à ce poste important. Donnez ordre à un bataillon du 67e de ligne, de six compagnies de 120 hommes chacune, de se rendre également de Gênes dans ce poste important.

Vous donnerez ordre au général Morangiès d'établir son quartier général à la Spezia, et lui recommanderez de faire exercer les troupes du 67e à la manœuvre du canon.

Vous donnerez ordre qu'une demi-compagnie de sapeurs, avec deux officiers du génie, se rende également à la Spezia.

Vous mettrez à la disposition, soit du directeur du génie, soit du directeur de l'artillerie, les fonds qui vous paraîtront nécessaires; car mon intention est qu'il soit établi des batteries de canons et de mortiers dans le golfe, telles qu'une escadre française ou alliée s'y trouve à l'abri de tout événement et protégée contre une escadre supérieure. Il faut que le mouillage se trouve défendu par au moins quarante pièces de 36 ou de 24 et par quinze mortiers de 12 pouces, d'une portée suffisante.

Vous donnerez l'ordre à l'officier qui commande le génie à Gênes de se rendre dans la rade de la Spezia, pour y veiller à la construction des batteries. L'artillerie sera envoyée de Gênes et de Livourne. Mais tout cela est très-pressant, car il faut qu'avant la fin de février ces batteries soient dans le cas de jouer et de protéger l'escadre qui s'y présenterait. Je suppose que Gênes forme une direction d'artillerie.

Expédiez tous ces ordres par l'estafette. Je désire même que le général commandant la 28e division militaire active par tous les moyens l'armement de ce port intéressant.

Donnez ordre au général d'artillerie d'Arancey de se rendre à Florence, pour prendre le commandement de l'artillerie de toute la Toscane. Il emmènera avec lui, du royaume d'Italie, un chef de bataillon, un officier d'ouvriers et quatre capitaines et lieutenants d'artillerie, afin de pouvoir procéder à l'inventaire général de l'artillerie, à la consignation des magasins, poudrières, etc. Aussitôt qu'il aura une connaissance parfaite du matériel de l'artillerie de la Toscane, il vous en fera un rapport détaillé.

NAPOLÉON.

D'après l'original. Dépôt de la guerre.

13504. — AU GOUVERNEUR DES SEPT ILES.

Paris, 29 janvier 1808.

L'amiral Ganteaume, que j'envoie pour ravitailler votre île, vous porte 200 ouvriers de la marine, munis de leurs outils, et 300 hommes d'infanterie tirés des 32e léger et 16e de ligne, formant deux compagnies. Vous incorporerez ces 300 hommes dans le 6e de ligne, officiers et soldats, et vous enverrez le procès-verbal d'incorporation à notre ministre de la guerre.

Vous formerez des 200 ouvriers de la marine une compagnie d'ouvriers d'artillerie; vous les ferez exercer au canon comme les canonniers, afin qu'ils puissent servir comme artilleurs, et vous les emploierez aux travaux de l'arsenal, soit de terre, soit de mer.

L'amiral Ganteaume vous porte également quatre-vingts affûts, cent cinquante milliers de poudre, un million de cartouches, seize pièces de campagne, six mortiers à la Gomer dont deux à grande portée, deux mille cinq cents outils de pionniers. Vous emploierez ces objets pour l'armement des place et forts de Corfou.

La présence de l'amiral Ganteaume permettra aux convois de Brindisi et d'Otrante de passer à Corfou. Vous aurez donc à Corfou le 6e de ligne avec tous les détachements qui sont à Otrante, le 14e léger, le 5e italien et les renforts envoyés des dépôts, près de deux cent cinquante milliers de poudre, avec ce qu'a envoyé le roi de Naples et ce qui a dû partir de Venise et d'Ancône; dix mille quintaux de blé qui vous ont été envoyés d'Ancône, et cinq mille quintaux de farine qu'apporte l'amiral Ganteaume. J'espère donc que vous vous trouverez avoir ainsi dans la seule île de Corfou 5,000 Français et Italiens, indépendamment d'un millier d'Albanais et de Corfiotes. Il n'est pas probable qu'avec ces 5,000 hommes les Anglais puissent débarquer dans l'île. Vous devez garder précieusement les cent quarante quintaux de farine que les Russes ont laissés à Corfou, et la faire manipuler, parce qu'en cas de siége elle serait fort importante.

Si les Anglais vous attaquaient avec des forces qui vous obligeassent à vous réfugier dans les fortifications, vous devez tenir six mois, parce que les Anglais sont peu habiles en fait de siége, et il n'y a pas de doute que vous serez secouru à temps. Le Grand Seigneur a déjà donné des ordres pour que le passage me fût livré chez les Albanais. Le Grand Seigneur m'ayant cédé Butrinto, mon intention est que vous en preniez sur-le-champ possession pour fortifier le cap et y établir une bonne batterie qui sera nécessaire à la protection de Corfou.

Mon intention est que vous n'occupiez Céphalonie et Zante que par des Albanais, ainsi que Parga, et que vous ayez à Sainte-Maure des Albanais et seulement 500 Français et Italiens. Des contre-maîtres et ouvriers vous étant envoyés, il ne vous sera pas difficile de faire construire trois ou quatre chaloupes canonnières pour aider à la défense de la rade. Je donne ordre d'ailleurs qu'il reste à Corfou le fonds de quatre frégates et de plusieurs bricks.

Vous devez avoir reçu, depuis le 1er octobre, 250,000 francs par mois, c'est-à-dire un million, ces quatre mois échus. Le général Ganteaume versera dans la caisse de votre payeur deux autres cent mille francs.

Le roi de Naples vous a envoyé des ingénieurs; j'ai ordonné également au général Marmont de vous en envoyer par terre. Je suppose que vous avez fait occuper toutes les positions avancées qui peuvent prolonger la défense de la place; car, si l'on se rendait avant que le dernier sac des cent quarante quintaux de farine russe fût mangé, que tous les ouvrages avancés eussent été emportés d'assaut, la contrescarpe du corps de la place sautée, la brèche non-seulement praticable mais prise par l'ennemi, et la garnison repoussée dans le dernier retranchement, ceux qui signeraient une pareille capitulation seraient criminels et passés par les armes à leur rentrée en France. Il faut vous arranger comme si vous deviez être attaqué au 1er avril. Avec 5 ou 6,000 hommes que vous devez avoir, et un peu de bravoure et d'intelligence, 12,000 hommes ne peuvent débarquer dans l'île, et les Anglais ne sont pas dans le cas d'employer plus de 6 ou 7,000 hommes à cette expédition.

Correspondez souvent avec le gouverneur des bouches de Cattaro et établissez une correspondance par terre.

Témoignez mon mécontentement au capitaine de frégate qui a été envoyé à Corfou. S'il se fût présenté devant Brindisi et Otrante, tous mes convois seraient passés.

D'après la minute. Archives de l'Empire.

13505. — A M. DE CHAMPAGNY,
MINISTRE DES RELATIONS EXTÉRIEURES.

Paris, 30 janvier 1808.

Monsieur de Champagny, il faut intervenir auprès de la Bavière pour qu'on ne vende rien au milieu des états du grand-duc de Würzburg, et évoquer à vous cette affaire. Vous ferez connaître au grand-duc l'intérêt que je prends à lui, et l'intention où je suis qu'il ne lui soit fait aucun tort.

NAPOLÉON.

D'après l'original. Archives des affaires étrangères.

13506. — AU VICE-AMIRAL DECRÈS,
MINISTRE DE LA MARINE.

Paris, 30 janvier 1808.

Vous trouverez ci-joint l'ordre au ministre de la guerre de tenir à votre disposition, dans les ports de Saint-Malo, Nantes, Bayonne, Cherbourg et Rochefort, huit détachements d'infanterie de 60 hommes chacun, c'est-à-dire 480 hommes. Mon intention est que les quatre bricks qui sont à Rochefort partent successivement, et à vingt-quatre heures l'un de l'autre, et se rendent à la Guadeloupe pour porter un renfort de 240 hommes dans cette colonie; ils y resteront et seront à la disposition du gouverneur pour y établir des croisières.

Le brick *le Serpent* se rendra au Sénégal, où il rafraîchira ses vivres, et de là ira à Cayenne, d'où il établira sa croisière partout où il la jugera la plus fructueuse.

Les bricks *le Milan*, *l'Oreste* et *le Papillon* se rendront à Cayenne; ce qui fera un renfort de 180 hommes pour cette colonie.

Donnez ordre que la frégate *la Revanche* soit réparée à Saint-Malo, et qu'elle puisse prendre la mer avant l'équinoxe; que les trois frégates et les deux bricks qui ne partent pas avec la division de Lorient soient mis en armement, et en état de partir avant l'équinoxe pour porter des secours aux colonies.

Donnez ordre que la frégate *l'Amphitrite*, qui est à Cherbourg, soit mise à l'eau sans délai, afin que, quand j'irai à Cherbourg, je la trouve armée et en état de partir. Donnez ordre que la frégate *la Bellone* soit mise à l'eau à Saint-Malo et puisse partir avant l'équinoxe; que le vaisseau *le Tonnerre* soit promptement achevé, en démolissant un ou deux des bâtiments qui sont dans cette rade pour trouver les bois nécessaires; que *la Pallas* soit mise à l'eau avant le 15 février et se rende à Rochefort; que *la Renommée* soit mise à l'eau avant le 1er mars, et *la Clorinde* avant le 1er avril; que *la Ville-de-Varsovie* soit mise à l'eau avant le 20 février à Rochefort; que *le Breslau* soit mis à l'eau à Gênes avant le 1er mars. Donnez ordre qu'une nouvelle frégate soit mise sur le chantier à Bordeaux, pour faire travailler les ouvriers de la ville. Faites vivement pousser à Flessingue les travaux de la frégate *la Fidèle*. Prenez des mesures pour qu'à Lorient *le Polonais* soit mis à l'eau avant le 15 mars, de sorte qu'à cette époque j'aie à Rochefort *le Patriote*, *le Jemmapes* et *la Ville-de-Varsovie*; à Lorient, *le Vétéran* et *le Polonais*; et que j'aie, en outre, les trois frégates de Nantes. Mon intention est de faire partir, avant l'équinoxe, une frégate de Saint-Malo pour l'île de France, trois frégates et deux bricks de Lorient pour la Martinique, afin de porter des renforts à cette colonie.

Il serait nécessaire de mettre à Flessingue une frégate sur le chantier, ne fût-ce que pour profiter du bois; on pourrait le faire sans occuper les cales, qui sont en ce moment remplies.

D'après la minute. Archives de l'Empire.

13507. — AU MARÉCHAL SOULT,
CHARGÉ DU 2ᵉ COMMANDEMENT DE LA GRANDE ARMÉE, À STETTIN.

Paris, 30 janvier 1808.

J'ai reçu votre lettre du 13 janvier. J'ai reçu avec plaisir le sceptre de Gustave-Adolphe, et j'ai vu aussi avec plaisir les mesures que vous avez prises pour assurer le service dans la Poméranie. L'adjudant commandant que vous m'avez fait expédier m'a fait connaître que le nombre des maladies était de beaucoup diminué et que le corps d'armée était en bonne situation. Je m'en rapporte à vous pour maintenir les troupes dans une bonne discipline et dans un constant exercice.

D'après la minute. Archives de l'Empire.

13508. — A M. DARU,
INTENDANT GÉNÉRAL DE LA GRANDE ARMÉE.

Paris, 30 janvier 1808.

Monsieur Daru, je reçois votre mémoire relatif aux affaires de la banque de Magdebourg; je vous le renvoie avec une apostille de ma main, par laquelle j'approuve ce que vous proposez; vous pouvez en donner la nouvelle au Roi, elle pourra lui être agréable.

Les renseignements contenus dans votre lettre du 20 janvier, ceux que j'avais eus d'ailleurs, me convainquent que la partie des domaines du royaume de Westphalie sur laquelle j'ai des droits monte à 15,500,000 francs de revenu brut; ce qui me fait supposer un revenu net, impositions et charges payées, de 12 millions. Cependant mon intention n'est pas de priver le roi de Westphalie de sommes aussi considérables, et 4 millions de revenu net de bons biens-fonds, sans maisons ni rien d'inutile, peuvent me suffire. Ces 4 millions, je les ai déjà distribués, et vous ne tarderez pas à recevoir mon décret et l'état des individus auxquels je les ai donnés. Je sens qu'il est très-pénible pour le roi de Westphalie de voir en séquestre ces 31 millions de revenu; mais c'est une affaire qu'on peut finir promptement. Je vous laisse donc toute latitude de conclure un traité par lequel vous rendrez tous les domaines au Roi, et garderez seulement à votre disposition, entre les mains de mes agents, un revenu net, toutes charges payées, de 4 millions en bons biens. Conservez-vous la propriété de ces biens ainsi que l'évaluation, afin d'en disposer lorsque j'en ferai faire la remise. Moyennant cette clause je suis content, mais c'est sous votre responsabilité; car, si les biens que vous garderez ne rendaient pas 4 millions de revenu net, les impositions, frais de culture, etc. payés, vous auriez mal fait mes affaires, et les officiers de mon armée auraient le droit de se plaindre de vous. Je dis au Roi que je veux ma moitié. Je veux vous laisser la faculté, lorsque les discussions seront assez avancées, de lui donner la bonne nouvelle que je me contenterai de 4 millions. Tâchez de finir cette affaire dans le mois de février. Vous comprenez bien que je n'entends pas que le Roi prenne possession avant que les domaines que je me serai réservés soient en ma possession. Faites-lui connaître que le ton de force et de prépondérance ne réussirait pas avec moi. S'il défendait à ses sujets de payer à mes intendants, ses sujets seraient plus sages que lui et payeraient pour éviter des malheurs; car, quand le Roi serait plus fort que moi, j'ai bien expliqué dans sa Constitution les clauses auxquelles je lui remettais son royaume.

La troisième question à agiter est celle des contributions ordinaires et extraordinaires. Je vous ai déjà écrit là-dessus. Je n'ai pas l'état des contributions ordinaires. Je vois par celui des contributions extraordinaires qu'Osnabrück, Minden et Brunswick ont payé leur contingent, qu'Eichsfeld a payé plus de la moitié du sien, Cassel, *idem;* que la Vieille-Marche a fait la plus grande partie de ses payements; mais que Gœttingen, Magdeburg et Halle doivent de très-fortes sommes. Voici quelles sont mes intentions. Liquidez avec le Roi par votre traité les sommes restant dues des contributions extraordinaires et ordinaires des provinces d'Osnabrück,

Minden, Brunswick, Eichsfeld, Cassel et la Vieille-Marche, au 1er octobre 1807. Convenez que ces provinces devaient *tant* en contributions ordinaires et extraordinaires; qu'elles ont payé *tant*; qu'ainsi le Roi s'engage pour ce qui reste à payer, montant à la somme de *tant*. Vous ferez le même raisonnement pour les sommes échues et dues à mon entrée en possession et depuis le 1er octobre 1807.

Quant aux provinces de Magdeburg, Halle et Gœttingen dont les dettes se montent seules à 30 millions, le Roi aurait tort de s'engager. Il est convenable que vous liquidiez ce qui est dû par ces provinces pour contributions ordinaires et extraordinaires, et que les particuliers s'engagent. Le Roi peut être derrière les particuliers, s'il veut, mais non en première ligne. Il faut stipuler que les payements seront faits en un an ou dix-huit mois, et que tout cela soit bien mis en règle.

Tâchez que ces affaires se finissent en février. Éclairez le Roi de toute l'expérience que vous avez; faites-lui comprendre qu'il faut que la province de Magdeburg, qui est riche et d'un mauvais esprit, s'engage elle-même pour le complément de ses contributions; que lui-même leur dise que, s'ils ne payent pas, ils auront une armée de 30,000 hommes à nourrir, et alors ils s'exécuteront comme les autres provinces de la Prusse. Vous ferez, de la cession des effets de la banque trouvés à Magdeburg, un des articles du traité.

Il est un autre sujet de contestation avec le Roi, c'est tout ce qui est dû à l'électeur de Hesse-Cassel. Vous lui céderez par le traité ce que ses sujets doivent à l'Électeur pour fonds prêtés: j'aurais bien le droit de m'emparer de ces créances, qui m'appartiennent, mais j'y renonce en sa faveur. Vous ferez consigner dans le traité que je renonce à un droit acquis, pour que le Roi ait plus de moyens d'augmenter son armée et de la tenir en meilleur état. Quant aux créances de l'Électeur sur des princes d'Allemagne, qui ne sont pas sujets du Roi, je me refuse à les céder; vous en ferez dresser l'état, pour que je puisse les percevoir.

NAPOLÉON.

D'après la copie comm. par M. le comte Daru.

13509. — AU MARÉCHAL BESSIÈRES,
COMMANDANT LA CAVALERIE DE LA GARDE.

Paris, 30 janvier 1808.

Vous avez dans les vélites un nommé Galuppo, de Chiavari, qui a écrit à son père qu'il était maltraité dans la Garde, qu'on lui donnait de la soupe et du pain noir comme aux chiens, et, le soir, des fèves gâtées. Savoir ce que c'est que ce jeune homme.

D'après la minute. Archives de l'Empire.

13510. — A EUGÈNE NAPOLÉON,
VICE-ROI D'ITALIE.

Paris, 30 janvier 1808.

Mon Fils, je reçois votre lettre du 20 janvier. Je ne vois pas à quoi sert de former sept divisions militaires. Je préfère n'en avoir que deux, une à Venise, qui ira jusqu'à Ravenne pour défendre les côtes contre les Anglais, l'autre pour l'Isonzo, à Udine. Tous les autres départements du royaume auront leurs commandants militaires et commissaires des guerres, qui correspondront en droite ligne avec le ministre de la guerre à Milan. Ainsi tous les ordres pour l'Adriatique seront adressés au commandant de la division à Venise, et tous les ordres pour le Tagliamento et le Frioul adressés au commandant de la division à Udine. Tous les autres ordres seront adressés directement au commandant du département.

Voici comme j'entends former la garnison de Venise : deux bataillons du 3ᵉ léger italien, un bataillon de garde nationale sédentaire vénitienne, trois compagnies d'artillerie, dont deux italiennes et une française, un bataillon de vétérans de la marine faisant le service de l'arsenal; un petit bataillon de grenadiers et voltigeurs, qui sera tiré de la division de grenadiers et composé de quatre compagnies, maintenues toujours à 100 hommes présents, formera la garde du gouverneur.

Je vous ai demandé différents renseignements, que j'attends, sur la division de grenadiers, sur les 3ᵉˢ et 4ᵉˢ bataillons de l'Istrie, ainsi que sur les dépôts, pour les placer dans des endroits convenables.

NAPOLÉON.

D'après la copie comm. par S. A. I. Mᵐᵉ la duchesse de Leuchtenberg.

13511. — A JOSEPH NAPOLÉON, ROI DE NAPLES.

Paris, 30 janvier 1808.

Mon Frère, une de mes escadres ne tardera pas à paraître devant Corfou. Elle sera assez forte pour chasser les croisières ennemies et être maîtresse de la mer pendant plusieurs jours. Faites en sorte que ce qui reste du 14ᵉ léger, du 6ᵉ de ligne et des dépôts italiens, toutes les poudres et munitions de guerre, les officiers d'artillerie et du génie, et généralement tout ce que vous destinez pour Corfou, soit prêt à Brindisi et à Otrante, afin de profiter de la présence de mon escadre pour passer. Mon intention est qu'il y ait à Corfou 4,000 Français et Italiens, 1,000 Corfiotes et Albanais, de sorte qu'avec ces 5,000 hommes l'ennemi ne puisse débarquer dans l'île que fort d'au moins 12,000 hommes; que les forteresses soient approvisionnées pour se défendre pendant plus de six mois de tranchée ouverte, afin que j'aie le temps de les secourir. La Porte m'ayant accordé le passage par l'Albanie, le cas du débarquement arrivant, 20,000 hommes peuvent se trouver en huit jours à Butrinto. Je désire que vous réunissiez à Brindisi un bataillon de 5 à 600 Napolitains; il passera à la faveur de l'escadre. Envoyez aussi le complément nécessaire en ouvriers et le détachement d'artillerie, et surtout de la poudre et des vivres.

NAPOLÉON.

D'après l'expédition originale comm. par les héritiers du roi Joseph.

13512. — A JÉRÔME NAPOLÉON, ROI DE WESTPHALIE.

Paris, 30 janvier 1808.

Je vous ai fait connaître mes idées sur la formation de votre Garde; c'est le résultat de mon expérience. C'est à vous à en profiter, si vous le jugez convenable.

Je vous ai fait connaître également mon opinion sur le traitement de vos ministres, conseillers d'état, etc. C'est à vous à faire encore là-dessus ce que vous voudrez; ce sont des conseils que je vous donne; mais je crains qu'avec votre esprit vous n'ayez trop de présomption pour en recevoir de personne. Un jour vous vous apercevrez que ce que je vous dis était bien; mais il sera trop tard alors. Je dois cependant vous réitérer ici que c'est une grande folie que de mettre votre intérieur entre les mains des étrangers. Vous avez la confiance de vingt ans; elle vous sera funeste. Quelques-uns de vos préfets, tels que Hardenberg, sont des familles les plus ennemies de la France.

Je désire avoir un état des sommes que le général....... a illégalement perçues dans vos états. Il assure n'avoir touché que 500,000 francs. Faites-vous faire un rapport là-dessus par un de mes conseillers d'état. S'il y a d'autres dilapidations, faites-les-moi connaître.

Quant à mes conseillers d'état, vous pouvez les garder comme ministres; mais ils ne peuvent point vous prêter serment; s'ils l'avaient fait, ils seraient exclus pour jamais de mon Conseil.

Il est inutile que vous envoyiez un ministre à Vienne. Je vous ai, je crois, écrit là-dessus. Avant de faire des dépenses inutiles, il faut en faire d'utiles. Si vous voulez que je vous estime, que je continue à vous protéger, à soutenir vos intérêts, à agrandir vos états autant que les circonstances et la politique générale le permettront, il faut que je voye que vous ne prenez pas votre royaume pour une ferme et que vous voulez avoir une armée et être puissant. Songez au temps, qui peut-être n'est pas loin, où vous serez obligé de marcher; que vous servira alors d'avoir un grand nombre de chambellans, une cour brillante, d'avoir jeté l'argent dans un pays pauvre? Avec deux millions d'habitants et quarante millions de revenus, vous aurez moins de force réelle que l'Électeur de Cassel, qui pouvait renforcer ses alliés de 20,000 bons soldats. J'ai un grand besoin de troupes et d'argent; mes armées sont en Portugal, en Espagne, à Naples, en Dalmatie, en Allemagne, et, avec 800,000 hommes que j'ai sous les armes, je viens d'en lever encore 80,000. Malgré les ressources que je tire du pays conquis, vous verrez, par les comptes de mes ministres, que je mange tous mes revenus et que le budget de la guerre est de 400 millions. Gardez donc les Polonais; disciplinez-les, attachez-les à vous, et, au lieu de 20,000 hommes que vous devez fournir à la Confédération, ayez-en 40,000; vous le pouvez. Peut-être le roi d'Angleterre attache-t-il peu d'importance au Hanovre. Le temps peut venir où le grand-duc de Berg sera placé ailleurs. Si vous êtes un prince maître d'une armée, et non un seigneur qui a une belle cour, il n'y a point de doute que ma politique et l'intérêt de la France sont de vous agrandir.

D'après la minute. Archives de l'Empire.

13513. — A JÉRÔME NAPOLÉON, ROI DE WESTPHALIE.

Paris, 30 janvier 1808.

Mon Frère, dans la lettre que je vous ai écrite, il y a une demi-heure, je vous ai parlé de vos affaires; j'ai maintenant à vous parler des miennes. J'ai fort désapprouvé ce que vous avez dit au sieur Daru. Mes ordres doivent passer avant tout, et les différends d'intérêt que la France a avec vos provinces doivent être réglés. Ces différends peuvent être classés en cinq chapitres.

1° Tous les droits et créances de l'ancien électeur de Hesse-Cassel : j'autorise le sieur Daru à vous céder mes droits sur les créances de l'Électeur sur vos sujets; mais je me refuse à ce qu'il vous cède les créances sur les princes voisins, qui ne sont pas vos sujets.

2° Les contributions ordinaires : elles me sont dues jusqu'au 1er octobre 1807; tout l'arriéré, sous quelque titre que ce soit, au moment où mes troupes ont pris possession du pays, m'est également dû: ces contributions se composent des revenus des domaines et impositions directes ou indirectes sous quelque titre que ce puisse être.

3° Les contributions de guerre : elles me sont dues dans la quotité qui a été frappée; et, si Magdeburg et Halle ne prennent pas d'arrangements, comme l'ont fait la Vieille-Marche et les autres provinces, j'enverrai dans ces provinces un corps de 20,000 hommes, qui vivra aux dépens des habitants; il faut régler ce qu'elles redoivent et les faire payer; elles peuvent faire ce qu'ont fait Berlin, la Silésie, la Vieille-Marche et la Prusse.

4° Les objets de diverses espèces ou affaires contentieuses, tels que les effets de la banque de Magdeburg, les dotations des salines, les magasins de sel, les vivres, canons et munitions de guerre : ces objets m'appartiennent; le sieur Daru est autorisé à stipuler à cet égard, hormis pour les munitions de guerre et de bouche, effets d'habillement, etc. Je vous céderai les munitions de guerre qui seront nécessaires à la défense du pays, et je prendrai à cet égard des arrangements avec vous. J'ai fait connaître mes intentions sur tout cela au sieur Daru.

5° Et enfin la grande contestation est pour les domaines : par les états de la commission de l'armée, qui est partie intéressée dans cette affaire, la totalité est de 31 millions de revenu brut; quinze millions cinq cent mille francs brut me reviennent. Le sieur Daru stipulera également là-dessus mes intérêts; mais je ne pense pas pouvoir approuver ses opérations, s'il ne stipule au moins six millions nets pour ma part, en déduisant les terres sans culture et les frais d'imposition. J'ai autorisé d'ailleurs le sieur Daru à finir toutes ces affaires avant le 1er mars, afin que tout cela soit liquidé et terminé promptement, et que vous commenciez à être véritablement roi.

Comme, dans cette lettre, c'est de mes intérêts qu'il est question, en qualité de mon premier agent, je pense que vous vous entendrez avec le sieur Daru pour que mes intentions soient remplies en tout point.

NAPOLÉON.

D'après la copie comm. par S. A. I. le prince Jérôme.

13514. — OBSERVATIONS
SUR LA CONSTITUTION DE LA COMPAGNIE DES SALINES DE L'EST, DICTÉES DANS LE CONSEIL D'ADMINISTRATION DES FINANCES.

Palais des Tuileries, 31 janvier 1808.

Il est contraire à l'intérêt du Gouvernement qu'il y ait une société quelconque qui perde son capital, et qu'elle le perde parce qu'elle a des jouissances d'intérêt trop considérables. Il en résulte qu'à mesure que le terme de la jouissance approche l'action a moins de valeur. En effet, si une action produit une jouissance de 10 pour cent pendant plusieurs années, cette jouissance n'est pas seulement un intérêt : elle est une portion du capital, puisque, à la fin du bail, la compagnie n'aura, pour rembourser l'action, que la valeur du mobilier, qui n'est que dans une faible proportion avec le capital des actions. La compagnie aura fait le canal dont la construction est une condition du bail ; mais ce canal reste à l'état. Le capital de la compagnie étant de 6 millions, si l'on suppose que les inventaires produiront 3 millions, chaque action sera réduite à 50 pour cent. Le public ne fait pas ce raisonnement ; il regarde et consomme comme un revenu constant le dividende qui lui revient annuellement ; lorsque l'événement arrive, il impute nécessairement au Gouvernement et à une mauvaise administration la perte qu'il éprouve sur son capital. Ainsi le crédit public se trouve atteint ; ainsi le crédit public est intéressé à empêcher des arrangements qui conduisent à de tels résultats. Il faudrait donc que le ministre des finances établît que l'intérêt n'excéderait jamais 6 pour cent, et que l'excédant des bénéfices, avec les intérêts et l'intérêt des intérêts, serait mis en réserve pour augmenter l'action. Cet excédant serait placé par la compagnie, ou à la Banque, ou en 5 pour cent. Chaque actionnaire qui voudra vendre une action aura droit 1° au remboursement de son action ; 2° à un douze-centième dans la réserve. Celui qui possédera l'action à l'expiration du bail aura droit à un douze-centième, 1° dans la valeur des inventaires, 2° dans le fonds de la réserve. Pour s'exprimer d'une manière plus claire, on peut dire que le fonds de la dépense du canal sera avancé par le fonds des actions, lesquelles en seront remboursées par le fonds de la réserve.

Le ministre des finances combinera ces vues avec les conditions du bail et fera un rapport qui donnera lieu à un décret délibéré en Conseil d'état.

Il faut appliquer ces principes aux actions des ponts, et, à l'avenir, à toutes autres de même nature. Cette affaire a été mise dans les attributions de l'intérieur ; mais, sous le rapport d'association financière, et surtout du crédit public, elle rentre dans les attributions du ministre des finances. Chaque action des ponts est de 1,000 francs et rapporte 10 pour cent, comme tout placement en fonds perdu; mais ce calcul n'est point exact. La durée moyenne des ponts est de 60 ans, c'est plus que la durée moyenne de la vie. On aurait dû calculer l'intérêt à 8 pour cent. Quand bien même la chose aurait été ainsi calculée, l'association se trouverait toujours dans le même cas, et dans un cas plus défavorable que celle des salines, car il n'y a point de capital qui reste à l'association à l'expiration des soixante ans. Il faut donc aussi partager le dividende en intérêts annuels et en réserve, et calculer de manière à ce que, dans un temps donné, le capital de la réserve ait recréé celui des actions. On pourrait établir un maximum et un minimum de la réserve. Par le minimum, le capital serait recréé en 60 ans; par le maximum, il le serait en 30 ans. La retenue serait au minimum quand le dividende serait au-dessous de 6 pour cent; elle serait au maximum quand le dividende serait au-dessus de 6 pour cent. Lorsque le capital des actions aurait été recréé par la réserve, il n'y aurait pas lieu à faire une réserve, et le dividende entier serait donné aux actionnaires. Un rapport du ministre sur ces bases donnera également lieu à un décret délibéré en Conseil d'état.

D'après la copie. Archives des finances.

13515. — A M. REGNIER,
GRAND JUGE, MINISTRE DE LA JUSTICE.

Paris, 2 février 1808.

Les six huissiers de la cour criminelle du département de la Seine sont accusés de dilapidations, de commettre des faux, de supposer des frais, et de voler au trésor public plus de 100,000 francs par an. Je suis instruit que vous avez fait réviser les états fournis et payés à ces huissiers depuis le 1er janvier 1807 jusqu'en octobre de la même année, et que vous les avez obligés à restituer 80,000 francs. Mon intention est que les révisions aillent plus loin, et qu'elles remontent à l'an VIII. Si ces huissiers ont commis des faux et sont coupables de délits précisés par le code civil, mon intention est qu'ils soient mis en jugement et poursuivis avec toute la rigueur des lois. Je ne puis que vous témoigner mon mécontenlement des demi-mesures que vous avez prises. J'entends que ces dilapidateurs soient punis, et que vous preniez des mesures pour mettre un terme aux vols des huissiers, si préjudiciables aux intérêts des particuliers et surtout de mon trésor. Je me repose sur votre zèle et sur votre fermeté pour exécuter cette volonté, que j'ai jugé convenable de vous manifester moi-même. Que j'apprenne bientôt que ces abus ont été punis, que les sommes soustraites au trésor ont été remises, et que vous avez pris des mesures tellement efficaces, que ces abus ne peuvent plus se renouveler, car telle est ma volonté.

D'après la minute. Archives de l'Empire.

13516. — A M. DE CHAMPAGNY,
MINISTRE DES RELATIONS EXTÉRIEURES.

Paris, 2 février 1808.

Faites connaître au ministre d'Amérique, verbalement, que toutes les fois que la guerre serait déclarée entre l'Amérique et l'Angleterre, et que, par suite de cette guerre, les Américains enverraient des troupes dans les Florides pour secourir les Espagnols et repousser les Anglais, je le trouverai très-bon. Vous lui laisserez même entrevoir que, dans le cas où l'Amérique voulût faire avec moi un traité d'alliance et faire cause commune, je ne serai pas éloigné d'intervenir près la cour d'Espagne pour obtenir la cession des mêmes Florides en faveur des Américains.

Vous répondrez au roi de Hollande que j'accepte la proposition qu'il me fait de me donner des domaines dans le Brabant, au lieu de ceux de l'Ost-Frise, et vous lui ferez connaître que j'ai nommé un commissaire pour prendre possession desdits biens. Présentez-moi un projet de décret pour nommer le sieur la Rochefoucauld mon ambassadeur près le roi de Hollande. Vous lui donnerez toutes ses instructions, dans lesquelles vous entrerez dans tous les détails convenables; mais vous appuierez surtout sur l'exécution de toutes les mesures tendant à prohiber tout commerce de la Hollande avec l'Angleterre.

NAPOLÉON.

D'après l'original. Archives des affaires étrangères.

13517. — A M. CRETET,
MINISTRE DE L'INTÉRIEUR.

Paris, 2 février 1808.

Monsieur Cretet, présentez-moi un projet sur le sieur .... Il a été acquitté par la cour; mais est-il digne de ma confiance? Comment a-t-il pu adhérer à la recomposition de 400 et tant de mille livres, au dégrèvement de 100,000 francs? Pourquoi ses liaisons intimes avec .... reconnu pour un fripon déhonté, et la protection qu'il lui a accordée dans tous les temps? L'opinion de la ville de Nantes l'accuse aussi pour ses opérations, après son retour de Paris, en 1805 et 1806.

NAPOLÉON.

D'après la copie. Archives de l'agriculture, du commerce et des travaux publics.

13518. — A M. CRETET,
MINISTRE DE L'INTÉRIEUR.

Paris, 2 février 1808.

Monsieur, Sa Majesté désire que vous lui présentiez demain un projet de décret pour mettre, à commencer de 1808, à la charge des communes la moitié des pensions et demi-pensions ou bourses et demi-bourses des lycées. Elle désire également que vous joigniez à ce projet un état dont les diverses colonnes présenteront, 1° le nombre des lycées; 2° le nombre des départements qui forment l'arrondissement de chaque lycée; 3° le nombre des bourses et demi-bourses; 4° la répartition proportionnelle entre les villes qui ont des écoles secondaires, des pensions entières et des demi-pensions, qui sont accordées par suite des examens; 5° le nombre des bourses et des demi-bourses à créer pour former, avec la colonne précédente, la moitié des bourses et demi-bourses qui seront accordées par Sa Majesté à des élèves choisis par les habitants des communes. Il doit résulter des dispositions de ce décret, pour 1808, sur le fonds de trois millions de l'instruction publique une économie de 15 ou 1,600,000 fr. à affecter à d'autres parties du service du ministère de l'intérieur.

L'Empereur recommande aussi, Monsieur, à Votre Excellence le travail relatif aux dépôts de mendicité. Il pense que les communes sont dès à présent en mesure de fournir les fonds nécessaires, et qu'il y aurait de l'inconvénient à laisser ces fonds dans les caisses des receveurs municipaux.

Par ordre de l'Empereur, MARET, ministre secrétaire d'état.

D'après la copie. Archives de l'agriculture, du commerce et des travaux publics.

13519. — AU GÉNÉRAL CLARKE,
MINISTRE DE LA GUERRE.

Paris, 2 février 1808.

Monsieur le Général Clarke, je vous renvoie les dépêches du général César Berthier. Vous lui ferez connaître que je lui ai manifesté plusieurs fois mon intention que toutes les troupes françaises fussent réunies à Corfou et à Sainte-Maure, et que les îles de Céphalonie, de Zante, et Parga fussent gardées par des Albanais et des bataillons du pays; que l'expérience doit lui avoir prouvé qu'il ne faut ajouter aucune foi aux nouvelles des Turcs; que j'ai des lettres de Constantinople, du 1er janvier, qui m'apprennent que jamais mon ambassadeur n'y a été plus puissant; que même la Porte a donné des ordres pour que Butrinto me fût remis; et que le sultan Mustafa a donné les ordres les plus positifs qu'au cas que la forteresse fût assiégée par les Anglais, mon armée de Dalmatie pût filer le long de la côte, gagner Butrinto et culbuter l'armée anglaise dans la mer. Je vous envoie les états de l'artillerie de la place de Corfou.

NAPOLÉON.

D'après la copie. Dépôt de la guerre.

13520. — AU GÉNÉRAL CLARKE,
MINISTRE DE LA GUERRE.

Paris, 2 février 1808.

Mon intention est que, de toutes les compagnies de gardes-côtes répandues depuis Lorient jusqu'à Brest, vous formiez une compagnie de canonniers jeunes et de bonne volonté, qui désireraient passer aux colonies. Vous réunirez à Lorient cette compagnie, que vous composerez d'un capitaine, d'un lieutenant, d'un sous-lieutenant, d'un sergent-major, de quatre sergents, d'un caporal-fourrier, de huit caporaux, de deux tambours et de cent quarante canonniers. Vous en formerez une pareille des détachements de gardes-côtes qui sont depuis Bayonne jusqu'à Nantes; elle se réunira à l'île d'Aix. La compagnie de Lorient sera connue sous le nom de *1re compagnie des canonniers des colonies*, et celle de Rochefort sous le nom de *2e compagnie des canonniers des colonies*.

D'après la minute. Archives de l'Empire.

13521. — A EUGÈNE NAPOLÉON,
VICE-ROI D'ITALIE.

Paris, 2 février 1808.

Mon Fils, j'envoie l'ordre au 1er bataillon du 3e régiment d'infanterie légère italien et à 30 canonniers italiens et 30 canonniers français de se rendre à Corfou par terre; ils se réuniront d'abord à Cattaro. Le général Marmont enverra demander aux pachas qui se trouvent sur cette route le passage pour ses troupes et les vivres. Envoyez-y un de vos officiers. Le 5e de ligne italien, qui est à Corfou, manque de tout; prenez des mesures pour que le ministre Caffarelli envoie tout ce qui est nécessaire pour habiller et mettre promptement en état ce régiment. Il est très-nécessaire que vous leviez la conscription, je l'ai levée en France, et il faut compléter vos cadres. Dans l'état de situation de l'armée de Dalmatie, que m'a envoyé le général Marmont, le bataillon du 3e léger est à 760 hommes: il lui manque donc 300 hommes pour être au complet; envoyez-les de Venise à Cattaro. Veillez à ce que les régiments italiens qui sont à Corfou ne manquent de rien.

NAPOLÉON.

D'après la copie comm. par S. A. I. Mme la duchesse de Leuchtenberg.

13522. — DÉCISION.

Paris, 3 février 1808.

M. de Lacépède, grand chancelier de la Légion d'honneur, rend compte du renvoi	Le faire venir en toute liberté à Paris, où le grand chancelier

en France, sous escorte, d'un militaire décoré pour action d'éclat, mais que son insubordination a fait renvoyer du régiment auquel il appartenait. l'interrogera. Puisque cette décoration lui a été donnée pour une action d'éclat, je ne veux pas la lui ôter, mais tâcher de concilier les intérêts de ce brave avec la discipline.

NAPOLÉON.

D'après la copie. Archives de l'Empire.

13523. — A MADAME MÈRE.

Paris, 4 février 1808.

Madame, j'ai lu avec attention les procès-verbaux du chapitre général des sœurs de charité. J'ai fort à cœur de voir s'augmenter et s'accroître le nombre des maisons et des individus de ces différentes institutions ayant pour but le soulagement et le soin des malades de mon Empire. J'ai fait connaître à mon ministre des cultes ma volonté, que les règlements de ces différentes institutions fussent revisés et arrêtés définitivement par mon Conseil dans l'année. Je désire que les chefs des différentes maisons sentent la nécessité de réunir des institutions séparées, autant que cela sera possible ; elles acquerront plus de considération, trouveront plus de facilités pour leur administration et auront droit à ma protection spéciale. Toutes les maisons que les députés ont demandées, tous les secours de premier établissement et secours annuels que vous avez jugé convenable de demander pour elles, seront accordés. Je suis même disposé à leur faire de nouvelles et de plus grandes faveurs, toutes les fois que les différents chefs de maisons seconderont de tous leurs efforts et de tout leur zèle le vœu de mon cœur pour le soulagement des pauvres, et en se dévouant, avec cette charité que notre sainte religion peut seule inspirer, au service des hôpitaux et des malheureux. Je ne puis, Madame, que vous témoigner ma satisfaction du zèle que vous montrez et des nouveaux soins que vous vous donnez. Ils ne peuvent rien ajouter aux sentiments de vénération et à l'amour filial que je vous porte.

NAPOLÉON.

Extrait du *Moniteur* du 7 février 1808.

13524. — A M. DE CHAMPAGNY,
MINISTRE DES RELATIONS EXTÉRIEURES.

Paris, 4 février 1808.

Il est nécessaire de préparer l'expédition d'un courrier à Constantinople pour les affaires d'Alger. Vous ferez venir l'ambassadeur turc, et vous lui ferez connaître que, par condescendance pour la Porte, je n'ai point fait d'expédition contre Alger; mais que si, au retour du courrier que vous envoyez à Constantinople, mes esclaves ne sont pas rendus, je suis résolu à faire une descente à Alger et à m'emparer de ce pays. Je vous ai écrit avant-hier que je chargeais le ministre de la marine d'expédier un aviso à Alger, qui sera porteur de vos dépêches au sieur Dubois-Thainville, par lesquelles vous lui ferez connaître qu'il doit sur-le-champ quitter Alger, et notifier au Dey que je lui déclare la guerre s'il ne relâche aussitôt les esclaves génois, corses et italiens qu'il aurait. S'il retient mon consul de force, il lui fera connaître que le retour de l'aviso sans lui produira le même effet, et qu'une armée française débarquera à Alger si mon pavillon n'est pas respecté, et les Anglais traités comme doivent l'être les ennemis des Musulmans.

NAPOLÉON.

D'après l'original. Archives des affaires étrangères.

13525. — A M. GAUDIN,
MINISTRE DES FINANCES.

Paris, 4 février 1808.

J'ai pris un décret pour terminer le payement de la solde de 1806 à la Grande Armée. L'avance de la Grande Armée pour cette somme est de vingt-quatre millions. J'ai ordonné que le trésor céderait à la Grande Armée pour vingt-quatre millions d'effets. Je désire que vous me fassiez un rapport sur ces trois natures d'effets, afin que je voie de quelle manière je dois solder ce que je dois de gratification à la Grande Armée. Joignez-y l'état des biens de Vanlerberghe, qui se montent à dix millions, ce qu'ils ont rendu net en l'an XIII, et en 1806 et 1807. Faites-moi le même rapport sur les salines.

D'après la minute. Archives de l'Empire.

13526. — OBSERVATIONS
FAITES DANS LE CONSEIL D'ADMINISTRATION DE L'INTÉRIEUR.

Palais des Tuileries, 4 février 1808.

Sa Majesté fait les observations suivantes sur la comptabilité des bâtiments civils.

La législation des bâtiments civils doit être revue et éprouver beaucoup de modifications. Par exemple, l'hôtel du ministre ne doit point entrer dans cette comptabilité; l'entretien de cet hôtel doit être pris sur les fonds particuliers du ministère, frais de bureaux ou autres.

La plupart des établissements, tels que la Bibliothèque, les Invalides, doivent être chargés de l'entretien et de la réparation de leurs bâtiments. Il est particulièrement très-peu convenable que l'hôtel des Invalides ayant des officiers du génie pour les travaux des bâtiments de l'hôtel, ces officiers ne soient pas chargés en même temps de ce qui concerne le dôme.

Il faut faire passer dès à présent l'entretien de la tour du Temple à la police, et aviser aux moyens de tirer parti du palais du Temple.

Il ne convient pas que les Chevaux numides et les deux pavillons de la place de la Concorde dépendent d'une autre administration que celle du palais des Tuileries.

Il faut classer tous les travaux qui se font à Paris et qui sont du ressort ou des ponts et chaussées ou de la commune, ou sur des fonds isolés et d'occasion. Tous ces travaux, tels que le pont d'Iéna, la colonne de la Grande Armée, le monument Desaix, la nouvelle machine de Marly, etc. doivent être distingués en divers chapitres sous des titres quelconques. Il faut aussi présenter au premier conseil, pour chacun des travaux qui sont entrepris, un état particulier dans lequel on établira, en différentes colonnes, les diverses sortes de crédit. La colonne d'observations fait connaître les modifications et les remplacements de ces crédits.

D'après la copie. Archives de l'agriculture, du commerce et des travaux publics.

13527. — A M. DE CHAMPAGNY,
MINISTRE DES RELATIONS EXTÉRIEURES.

Paris, 6 février 1808.

Monsieur de Champagny, j'ai lu avec intérêt le rapport de M. d'Hauterive sur l'affaire du sieur Artaud. Vous trouverez ci-joint un décret qui destitue le sieur Artaud; vous le ferez imprimer à vingt exemplaires, et vous l'enverrez aux membres du corps diplomatique français pour leur servir de règle.

NAPOLÉON.

D'après la copie. Archives des affaires étrangères.

13528. — AU VICE-AMIRAL DECRÈS,
MINISTRE DE LA MARINE.

Paris, 6 février 1808.

Je reçois votre rapport du 30 janvier. Je désire que vous donniez l'ordre que le *Griffon*, le *Palinure*, le *Surveillant*, le *Pylade* partent sans délai pour la Martinique, portant 240 hommes. Ils passeront par la Guadeloupe et y prendront langue. Après avoir débarqué tous les hommes à la Martinique, s'il n'y a rien de nouveau, ils croiseront à volonté, soit sur Saint-Domingue, soit sur le golfe du Mexique, soit sur tout autre endroit, faisant leur relâche à la Guadeloupe ou à la Martinique. Si la Martinique était attaquée, ils iraient à la Guadeloupe.

Faites partir le brick *le Serpent* pour le Sénégal, pour de là croiser et se présenter à Cayenne.

Faites partir le brick *le Milan* pour Cayenne, et faites partir le brick *le Papillon* pour la Guadeloupe, avec des troupes.

Tenez prêts à Lorient le brick *le Sylphe* et *l'Épingle*.

La Furieuse, *la Félicité*, *la Cybèle* doivent être prêtes à partir au 1ᵉʳ mars. Prenez des mesures pour que cela soit. On formera les équipages de ces trois frégates avec des levées faites sur la côte. Si *le Vétéran* n'est pas arrivé au 10 mars à Lorient, son équipage servira à compléter l'équipage de ces trois frégates.

Prenez des mesures telles que *l'Amphitrite* soit lancée avant le 10 mars; également *la Bellone* à Saint-Malo, *le Tonnerre* à Brest avant juillet; *l'Elbe*, *la Pallas*, *la Renommée* avant le 15 mars à Nantes. Mon intention est que la première frégate qui sera prête soit lancée au 1er mars. Je prends sur mon compte les risques de la gelée passé le 1er mars.

Prenez des mesures pour que *le Patriote*, *le Jemmapes* et *la Ville-de-Varsovie* soient en rade avant le 1er mars.

Faites construire des frégates à Flessingue, à Bordeaux, Marseille et Toulon. Faites mettre une frégate sur le chantier à Gênes. Prenez des mesures telles que les deux frégates qui sont au Havre arrivent à Cherbourg. Il est ridicule qu'elles n'y soient pas encore arrivées.

D'après la minute. Archives de l'Empire.

13529. — AU VICE-AMIRAL DECRÈS,
MINISTRE DE LA MARINE.

Paris, 6 février 1808.

Vous recevrez un décret relativement à Alger. Mon intention est que vous expédiiez par un courrier extraordinaire de nouvelles instructions au commandant de mon escadre de Lorient, pour lui prescrire, s'il n'y a pas d'inconvénient, d'aller, après avoir passé le détroit, se présenter devant Alger, d'appeler à son bord le consul français, de notifier mon décret à la Régence, et de demander que, deux heures après la réception de ce décret, les esclaves génois, italiens, etc. soient mis en liberté. En cas de refus, il ravagera les côtes, prendra ce qu'il pourra et reviendra en France. Comme les choses ainsi présentées pourront faire trembler le Dey et lui faire faire des réflexions, cela donnera lieu à des négociations de quarante-huit heures. Vous l'autoriserez à rester sur cette côte trois ou quatre jours. Cette station lui servira d'ailleurs à connaître la situation des Anglais dans la Méditerranée.

D'après la minute. Archives de l'Empire.

13530. — DÉCISION.

Paris, 6 février 1808.

M. Gaudin, ministre des finances, prend | Proposer au général Beurnon-

les ordres de l'Empereur relativement à la rétrocession projetée de la partie du domaine de Colorno possédée par le sénateur Beurnonville. Cette propriété ferait partie de la dotation des palais impériaux de Parme.

ville 12,000 francs de rente sur le grand-livre, qui seront achetées du produit de la vente de domaines dans les états de Parme, capables d'acquérir une pareille rente.

NAPOLÉON.

D'après la copie. Archives de l'Empire.

13531. — AU COLONEL LACOSTE,

AIDE DE CAMP DE L'EMPEREUR.

Paris, 7 février 1808.

Monsieur le Colonel Lacoste, vous partirez dans la journée pour vous rendre à Brest. Vous irez à bord de mon escadre, si elle n'est pas partie. Vous verrez le préfet maritime pour que, immédiatement après le départ de mon escadre, il fasse mettre en rade le même nombre de vaisseaux, afin que l'ennemi ne puisse pas, par la seule inspection de la rade, s'apercevoir qu'elle est partie. Vous verrez pourquoi l'on ne termine pas le vaisseau *le Tonnerre*; il doit y avoir du bois. Vous me ferez un rapport sur l'état des approvisionnements et des vaisseaux en commission, en rade ou en désarmement.

De là vous irez à Concarneau; vous me rendrez compte des motifs qui empêchent *le Vétéran* de sortir pour se rendre à Brest, Lorient ou Rochefort.

De là vous irez à Lorient, pour voir pourquoi *le Patriote* n'est pas à l'eau et pourquoi on ne termine pas le vaisseau *l'Eylau*.

De là vous vous rendrez à Paimbœuf et à Nantes, et vous vous informerez des motifs qui empêchent que la frégate *l'Elbe*, *la Pallas* et *la Renommée* ne soient mises à l'eau à Nantes, et *la Clorinde* à Paimbœuf. De là vous vous rendrez dans le port de Rochefort. Vous remettrez la lettre ci-jointe au préfet maritime Martin, et vous le presserez pour que toutes les mesures soient prises pour l'armement des vaisseaux *le Jemmapes* et *le Patriote*, pour mettre sans délai à la mer *la Ville-de-Varsovie*, et pour terminer promptement le vaisseau *le Triomphant*, de manière que j'aie dans ce port quatre vaisseaux prêts à tout.

Vous visiterez l'arsenal, vous verrez pourquoi les travaux languissent. Il est bien important qu'ils soient poussés un peu vivement.

Vous irez de là visiter l'île d'Aix et le fort Boyard, et vous me ferez un rapport sur la défense de cette île et sur les travaux du fort.

Quand vous aurez passé dix jours à Rochefort, vous irez à Bordeaux. Vous y verrez la situation de la partie de ma Garde qui s'y trouve. Vous prendrez note des troupes qui y ont passé pour se rendre en Espagne. Vous visiterez les deux frégates qui y sont, et vous presserez pour que la frégate *le Niemen* soit mise à l'eau le plus tôt possible. On fait une frégate en trois mois; celle-là est construite à moitié.

Tant de Brest que de Lorient, de Nantes, de Rochefort et de Bordeaux, vous m'écrirez tous les jours et m'enverrez de longs rapports sur tout ce que vous aurez vu et entendu. Vous attendrez mes ordres à Bordeaux.

NAPOLÉON.

D'après l'original comm. par M. le colonel de la Combe.

13532. — AU VICE-AMIRAL DECRÈS,
MINISTRE DE LA MARINE.

Paris, 7 février 1808.

Monsieur Decrès, mon intention est que vous me présentiez des mesures pour qu'il y ait à Anvers, au lieu de neuf vaisseaux, dix-huit vaisseaux et quatre frégates sur le chantier, et pour que les bois du haut Rhin et de l'Allemagne arrivent à Anvers par le transit de la Hollande. Par ce moyen, je ne serai pas à la discrétion des marchands hollandais, qui gagnent 25 pour cent sur ces articles. Donnez des ordres pour que les travaux d'Anvers doublent d'activité, de manière que l'on puisse mettre cette année, un certain nombre de vaisseaux en rade.

NAPOLÉON.

D'après l'original comm. par Mᵐᵉ la duchesse Decrès.

13533. — AU VICE-AMIRAL DECRÈS,
MINISTRE DE LA MARINE.

Paris, 7 février 1808.

Monsieur Decrès, mon intention est que les huit vaisseaux qui sont à Flessingue commencent à être mis en rade le 15 février, de sorte qu'ils y soient tous les huit dans le courant du mois de mars. Ces vaisseaux exerceront leurs matelots, formeront leurs équipages, et se tiendront en situation de partir au premier ordre. En passant l'été en rade, ils obligeront les Anglais à tenir un égal nombre de vaisseaux pour les bloquer, et cela leur fera tout autant d'inquiétude. Ils pourront passer par la passe hollandaise, et ils pourront prendre leur temps pour étudier le passage par la rade française. J'aurai plusieurs avantages en cela, d'abord de former leurs équipages, de les faire entrer en ligne avec les Anglais, et de préserver les officiers et les équipages qui seront à leur bord de ce que l'air de Flessingue a de malfaisant. Il est malheureux que cette escadre n'ait pas deux frégates. Mon intention est que les deux frégates qui sont à Dunkerque aillent les joindre, et que celle qui est en construction à Flessingue soit poussée avec une telle activité qu'elle puisse être achevée en trois mois.

Demandez à l'amiral Ver Huell si la Hollande ne pourrait pas faire arriver dans ce port, par l'intérieur, deux frégates et quelques corvettes ou bricks pour éclairer cette escadre. Si je ne fais pas sortir mon escadre en hiver, en octobre elle pourra rentrer dans le port, ce qui est une opération de peu d'importance. Mais elle peut passer tout l'hiver en rade; il n'y a pas d'exemple que la rade de Flessingue ait gelé; elle charrie des glaçons; mais le grand inconvénient du charriage des glaçons vient de ce que les câbles sont coupés. Ne pourrait-on pas jeter des corps-morts attachés avec de fortes chaînes de fer pour amarrer les vaisseaux, et placer des piquets et une estacade dans la rade pour arrêter les glaçons qui viennent d'en haut?

Je désire que ces moyens soient approfondis. Au pis-aller, il y sera pourvu en faisant rentrer l'escadre en octobre ou novembre. Le brick *le Favori*, qui est à Flessingue, y restera pour servir à éclairer l'escadre.

NAPOLÉON.

P. S.. Ci-joint une lettre pour le roi de Hollande, que vous ferez partir par votre courrier.

<small>D'après l'original comm. par Mme la duchesse Decrès.</small>

13534. — NOTE POUR LE VICE-AMIRAL DECRÈS,
MINISTRE DE LA MARINE.

Paris, 7 février 1808.

Tenir un officier de marine prêt à partir demain, au reçu du courrier; se rendre à Naples; prévenir le Roi de l'arrivée de l'escadre devant Corfou; calculer avec le Roi les moyens pour l'expédition de Sicile, qui se peut faire par Reggio, si les troupes sont, à Reggio, favorisées par l'amiral qui, en quittant Corfou, arriverait devant Reggio. Le Roi sait mieux que personne la force navale et terrestre de l'ennemi. On ne lui croit pas plus de 6,000 hommes, et si, sans retarder Ganteaume, on peut faire passer 8 ou 10,000 hommes, qui iront s'établir au Phare, et faire des batteries croisées, Ganteaume devient inutile. Dans le cas où le Roi se déciderait, l'officier se rendra de suite à bord de l'escadre pour l'informer du dessein du Roi. Les aides de camp du Roi iront à Tarente fortifier la rade pour protéger l'escadre. Sur la côte d'Otrante à Brindisi, il activera les transports sous la faveur de Ganteaume, recueillera les renseignements sur la croisière anglaise, pour faire connaître à Ganteaume ce qu'on sait. Il peut être rendu en huit jours de Paris à Naples; le onzième ou douzième il peut être à Otrante; il y trouvera l'amiral Ganteaume arrivé, quelques jours étant nécessaires à l'amiral pour opérer à Corfou.

Une lettre du ministre à Ganteaume pour lui faire connaître le projet de venir devant Reggio et Catane pour s'emparer du Phare. Lui faire connaître la grande importance d'avoir la Sicile, ce qui change la face de la Méditerranée, en s'en rapportant cependant à lui, en le laissant maître d'agir selon les probabilités du succès et la connaissance qu'il a des mouvements de l'ennemi.

<small>D'après la minute. Archives de la marine.</small>

13535. — AU VICE-AMIRAL MARTIN,
PRÉFET MARITIME À ROCHEFORT.

Paris, 7 février 1808.

Je vois avec peine que le *Jemmapes* ne soit pas en rade. J'espérais qu'il aurait pu suivre l'escadre du contre-amiral Allemand. Prenez des mesures pour que le *Jemmapes*, le *Patriote* et la *Ville-de-Varsovie* et un des autres vaisseaux soient mis à l'eau, de façon que j'aie quatre vaisseaux avant la saison des maladies à l'île d'Aix. Activez la mise à l'eau des frégates de Bordeaux. Je compte que vous redoublerez de zèle et prendrez tous les moyens nécessaires pour arriver à ce but.

<small>D'après la minute. Archives de l'Empire.</small>

13536. — A EUGÈNE NAPOLÉON,
VICE-ROI D'ITALIE.

Paris, 7 février 1808.

Mon Fils, le général Miollis doit être arrivé le 2 février à Rome; je n'en aurai donc des nouvelles que dans deux jours. Je vous ai écrit, le 23 janvier qu'il doit se concerter avec le sieur Alquier; il faut s'entendre là-dessus : ce n'est pas sur les affaires militaires; si Alquier lui disait donc de quitter Rome, il ne doit point le faire; s'il lui disait de ne pas occuper le château Saint-Ange, il ne doit pas l'écouter; le château Saint-Ange doit être pris de gré ou de force, et mes troupes doivent rester là en station et sur un pied ferme. L'arrestation du consul du roi Ferdinand, du consul anglais, l'arrestation des brigands, l'envoi à Naples des cardinaux et autres sujets napolitains, si la cour de Rome ne le fait pas de bon gré, doit avoir lieu de force. A la moindre insurrection qui éclaterait, il faut la réprimer avec de la mitraille, si cela est nécessaire, et faire de sévères exemples.

J'ai cru nécessaire de vous écrire cette lettre pour votre gouverne, dans la crainte qu'Alquier ne fasse quelque sottise. Expédiez un de vos aides de camp à Rome pour faire connaître au général Miollis que, s'il avait évacué Rome ou le château Saint-Ange, il doit y rentrer. Mais je pense bien que c'est une précaution superflue, car Alquier a des ordres si positifs que je ne suppose pas qu'il ait pu prendre rien sur lui.

Je vous dirai, pour vous, qu'une de mes escadres arrive à Corfou. Je n'ai pas besoin d'ajouter que le secret le plus profond doit être gardé là-dessus; car vous compromettriez la sûreté de mes escadres. Envoyez sur-le-champ le ministre de la guerre à Venise pour faire partir toutes les munitions de guerre et de bouche qui s'y trouvent destinées pour Corfou. Qu'en partant pour Venise le ministre de la guerre même ne sache pas mon secret, que je confie à vous seul.

NAPOLÉON.

D'après la copie comm. par S. A. I. Mme la duchesse de Leuchtenberg.

13537. — A JOSEPH NAPOLÉON, ROI DE NAPLES.

Paris, 7 février 1808.

Mon Frère, je vous ai écrit, le 24 janvier, sur l'opération de Sicile : je suppose que vous avez fait les dispositions nécessaires. Voici les nouvelles que je reçois ce soir : l'amiral Ganteaume me mande, en date du 3 février, de la rade de Toulon, que mon escadre de Rochefort a été signalée sur Villefranche le 3, à dix heures du matin; qu'en conséquence il donnait ordre de désaffourcher pour marcher à sa rencontre, et qu'il se porterait probablement sur Corfou, pour donner chasse à la croisière anglaise, et favoriser le passage de tous les bâtiments de Brindisi et d'Otrante sur Corfou, et tâcher de prendre quelques vaisseaux à l'ennemi. Vous sentez combien il est important que vous gardiez le plus profond secret, et que, cependant, vous expédiiez sans délai deux officiers sûrs et intelligents, l'un sur Otrante et Brindisi, et l'autre sur Tarente. Celui que vous enverrez à Otrante et à Brindisi doit faire en sorte que tous les convois qui se trouvent dans ces ports soient prêts à mettre à la voile, afin que Corfou soit abondamment ravitaillé. Corfou est tellement important pour moi que sa perte porterait un coup funeste à mes projets :

l'Adriatique serait fermée, et votre royaume aurait sur son flanc gauche un port où l'ennemi recruterait des Albanais et d'autres troupes pour vous attaquer; d'un autre côté, il se trouverait avoir une grande influence dans l'Albanie. Je compte donc sur votre zèle pour que rien ne soit oublié, et pour profiter de cette circonstance unique pour mettre Corfou à l'abri de tout événement. Tout ce qui appartient au 6º de ligne, au 14º léger, au 5º de ligne italien, un bataillon napolitain, un autre bataillon italien doivent y passer et renforcer la garnison de Corfou. Je n'ai point d'état de situation de ce qui se trouve à Otrante et à Brindisi, de sorte que j'ignore quelle sera la force de la garnison de Corfou lorsque ces renforts y seront arrivés. Mais mon intention est que, sans délai, vous fassiez embarquer un autre bataillon français, le plus à portée, afin qu'il y ait dans la seule île de Corfou 6,000 hommes, Français, Italiens et Napolitains, sans y comprendre les Albanais et les Corfiotes; ce qui en portera le nombre à 7,500 hommes. Alors les Anglais ne pourront point y descendre, et je serai maître pour jamais de cette île. Faites-y passer toute la poudre, les outils de pionniers, les affûts dont vous pourrez disposer, et envoyez-y tout l'argent que vous avez au trésor de Naples, à raison de 250,000 francs par mois. Faites même l'avance de ces 250,000 francs pour février et mars. Ainsi profitez de cette circonstance pour y envoyer au moins un million. Bondez-la de blé, de farine et autres objets. Je vous tiendrai compte de tout l'argent que vous y aurez envoyé extraordinairement. Faites-y passer aussi quelques officiers du génie et d'artillerie d'extraordinaire. Corfou ainsi assuré, vous enverrez un homme très-discret auprès de l'amiral Ganteaume pour lui faire connaître si vos intentions sont qu'il se présente devant Reggio. Écrivez-lui de se présenter devant Catane et Reggio, pour favoriser le débarquement de 7 ou 8,000 hommes qui occuperaient le Phare, y placeraient une batterie, et s'empareraient des faubourgs de Messine. Dès ce moment la conquête de la Sicile serait assurée, puisque vous dirigeriez votre monde sur Reggio pour renforcer jusqu'à 15,000 hommes l'expédition qui partirait de ce point.

Ce plan est calculé sur le principe que vous êtes maître de Scilla, le point le plus important du monde. Si vous n'êtes pas maître de Scilla, tout devient impossible, et la Sicile aura été perdue par votre faute. Je vous envoie une note sur mon armée navale et sur les moyens de transport qu'elle a avec elle. Vous n'aurez pas manqué d'en préparer de votre côté; et votre lettre que j'attends demain au plus tard me fera connaître sur quoi je puis compter.

Il ne faut point discontinuer d'aucune manière vos préparatifs d'embarquement devant Naples; car il serait possible que l'amiral Ganteaume se portât devant Naples, s'il est contrarié dans son mouvement d'ailleurs, et marchât sur le cap Mortella, pour s'emparer du Phare. D'ailleurs j'attends une autre escadre dans la Méditerranée, et il est bon que vos moyens maritimes soient prêts à tout événement. Ce maudit rocher de Scilla me contrarie dans toutes mes conceptions; je vous avais cependant fait sentir que de là tout dépendait.

Il serait possible que mon escadre fût obligée de se réfugier dans votre port de Tarente; faites placer quelques pièces de canon dans l'île, et que tout soit prêt pour protéger mon escadre.

En résumé, le 3 février, à trois heures après midi, l'amiral Ganteaume n'était pas encore parti de Toulon et n'avait pas pris le parti définitif de se rendre devant Corfou ou Naples. S'il était contrarié par les événements ordinaires de la mer, qu'il eût le temps de recevoir mes ordres, et que j'eusse votre réponse à ma lettre du 24 janvier, il n'y a nul doute que je lui ordonnerais de se rendre devant Naples; mais Scilla est-il pris?

Il est probable que l'amiral Ganteaume sera parti pour Corfou et qu'il y sera arrivé, ou sur le point d'y arriver, lorsque vous recevrez cette lettre. Alors vous devez faire en sorte de compléter la garnison de Corfou à 6,000 hommes, Français et Italiens, et à la pourvoir abondamment de tout. Vous devez presser le siège de Scilla et faire dire à l'amiral Ganteaume, si cela vous paraissait convenable, de venir devant Catane et Reggio, de débarquer 7 à 8,000 hommes pour occuper le Phare, et alors faire votre mouvement entier sur ce point; enfin vous devez continuer l'armement maritime à Naples, pour pouvoir débarquer la plus grande quantité de monde possible en Sicile. Dans les circonstances actuelles de l'Europe, vous ne pouvez pas manquer de troupes, et je vous en enverrai autant que vous voudrez. Quand vous apprendrez que Ganteaume est à Corfou, accélérez le mouvement intermédiaire des troupes que vous avez entre Reggio et Naples, sur Reggio, puisque c'est de Reggio qu'aura lieu tout le mouvement, tout en continuant vos préparatifs d'embarquement à Naples. Jusqu'à ce que vous ayez reçu des nouvelles de Ganteaume, vous devez agir de manière à être toujours prêt, à Naples, à embarquer à son bord vos troupes, en marchant droit à Mortella, toujours dans le but de s'emparer du Phare. Enfin vous devez garder le plus grand secret sur tout ceci, car l'espionnage peut aller vite de Naples en Sicile, et une indiscrétion nous exposerait aux plus grands malheurs. Saliceti, un officier de marine et vous, devez être seuls dans le secret, et même l'officier que vous enverrez à Otrante et Brindisi ne doit rien savoir; vous lui remettrez une lettre cachetée qu'il ne devra ouvrir que lorsqu'il apprendra quelque chose d'extraordinaire à Otrante.

Je n'ai pas besoin de vous recommander de tenir les batteries de Tarente et de Baia en bon état, pour protéger mes escadres.

Vous sentez que je vous écrirai tous les jours.

NAPOLÉON.

P. S. Lorsque vous saurez que Ganteaume est arrivé devant Corfou, expédiez un courrier au vice-roi et au général Lemarois, pour accélérer le départ de tout ce qu'il y aurait à Venise et à Ancône, destiné pour ce point.

D'après l'expédition originale comm. par les héritiers du roi Joseph.

13538. — A LOUIS NAPOLÉON, ROI DE HOLLANDE.

Paris, 7 février 1808.

J'ai fait appeler aujourd'hui votre ambassadeur pour lui faire connaître le désir que j'avais que vous eussiez une escadre de huit vaisseaux et frégates au Texel, armés et prêts à prendre la mer, et deux ou trois vaisseaux à l'embouchure de la Meuse. Je désire aussi que vous puissiez faire passer par l'intérieur à Flessingue une frégate et une bonne corvette, pour servir d'éclaireurs à mon escadre de Flessingue, que je veux faire armer.

Mes escadres sont sorties; partout on fait des expéditions et des mouvements. Il ne faut pas que la Russie, le Danemark et les autres puissances aient à se plaindre que vous ne fassiez rien pour la cause commune. Vous devez concourir à tirer l'Europe de la position fâcheuse où elle se trouve. J'ai des projets sur votre escadre; mais sa présence seule au Texel obligera les Anglais à tenir une escadre qui les affaiblira d'autant. Il faut voir sur quoi je puis compter là-dessus.

D'après la minute. Archives de l'Empire.

13539. — OBSERVATIONS
FAITES DANS LE CONSEIL D'ADMINISTRATION DU MINISTÈRE DES FINANCES.

Palais des Tuileries, 7 février 1808.

Le ministre des finances présente les états de recette et de dépense de l'administration des droits réunis et de celle des forêts, pendant l'an XIII, l'an XIV, 1806 et 1807.

Sa Majesté, après avoir examiné ces états et avoir demandé aux conseillers d'état, directeurs généraux, divers éclaircissements qui ont été donnés, s'arrête plus particulièrement à deux états de l'administration forestière sur lesquels elle fait les observations suivantes :

On voit, par l'état n° 23, que les coupes des quarts de réserve des communes ont rendu plus de 17 millions; et cependant il n'a été versé à la caisse d'amortissement que 11 millions. On voit en même temps, par l'état n° 24, que ces 17 millions de produit ont occasionné une dépense de 6 millions; ce qui paraît réduire en effet le produit net à la somme de 11 millions, qui a été versée. Cependant le directeur général dit qu'il n'y a aucune imputation de dépenses sur les produits des ventes des quarts de réserve. Un rapport du ministre des finances est très-nécessaire sur cet objet. Il expliquera et constatera les faits, et il pourra mettre dans le cas de proposer des moyens de réduire les dépenses, ou de les imputer de telle manière qu'il y ait une augmentation de 3 ou 4 millions dans le produit net.

D'après la copie. Archives du ministère des finances.

13540. — A JOSEPH NAPOLÉON, ROI DE NAPLES.

Paris, 8 février 1808, midi.

Mon Frère, je vous ai écrit hier. Il est midi, je n'ai pas reçu le courrier que j'attends aujourd'hui de Toulon pour savoir ce qu'a fait mon escadre dans la journée du 4.

Je vous recommande de faire passer beaucoup d'argent à Corfou. La Porte doit avoir donné des ordres pour que Butrinto me soit remis. Lorsque ce poste important sera en mon pouvoir, j'ai donné ordre qu'on y réunît 2,000 Albanais. Vous devez regarder Corfou comme plus important que la Sicile. La Sicile est une question déterminée et connue, au lieu que Corfou est une question tout à fait inconnue. Dans les dernières négociations, l'Angleterre ne faisait pas de difficulté de me céder la Sicile. Profitez de cette occasion pour faire passer à Corfou plutôt 1,000 hommes de plus que de moins, une compagnie d'artillerie de plus qu'une de moins. Souvenez-vous de ce mot : Dans la situation actuelle de l'Europe, le plus grand malheur qui puisse m'arriver est la perte de Corfou. Je compte sur votre bon esprit pour m'assurer cette importante conquête à jamais. Faites-vous rendre compte de tout. Envoyez-y des officiers d'état-major, de l'artillerie, du génie plutôt de plus que de moins. Recommandez au gouverneur d'augmenter la levée des Albanais et de la porter, au lieu de 3,000, à 6,000. Je voudrais avoir 2 ou 3,000 Albanais sur chacun des points de Parga, Sainte-Maure et Butrinto, sous les ordres d'un général français.

Deux heures.

Il est deux heures après midi, je reçois votre lettre du 28 janvier. Comment arrive-t-il que vos lettres restent onze jours à venir de Naples? elles devraient arriver en huit jours. Il me semble que le service de mes estafettes se désorganise; j'en ai témoigné mon mécontentement au sieur Lavallette. Voyez de votre côté d'où cela peut provenir.

9 février, six heures du soir.

Il n'est pas arrivé de courrier aujourd'hui, ni hier, de Toulon : je ne sais donc rien de nouveau. Je ne puis que m'en référer à la lettre que je vous ai écrite le 7.

Des lettres de Rome disent que l'on a miné la maison de Saliceti, que ses enfants ont été tués et lui légèrement blessé. Quelle horreur! J'attends avec impatience les détails.

J'ai chassé aujourd'hui à Mortefontaine depuis une heure à quatre heures; j'ai tué vingt lièvres. La maison m'a paru encore plus laide et moins habitable qu'il y a quatre ans.

NAPOLÉON.

D'après l'expédition originale comm. par les héritiers du roi Joseph.

13541. — AU VICE-AMIRAL DECRÈS,
MINISTRE DE LA MARINE.

Paris, 9 février 1808.

Monsieur Decrès, faites mettre en construction sur la côte de la Méditerranée, depuis Marseille jusqu'à la Spezia, huit gabares de 800 tonneaux et douze de 450 tonneaux. Mon but est de donner du travail aux différents ports de cette côte, et d'avoir là vingt bâtiments pouvant porter une expédition sur un point quelconque de la Méditerranée.

Vous ne devez pas oublier Sestri, Chiavari, la Ciotat, Villefranche, San-Remo, Port-Maurice, Saint-Tropez, Marseille.

NAPOLÉON.

D'après l'original comm. par Mme la duchesse Decrès.

13542. — A EUGÈNE NAPOLÉON,
VICE-ROI D'ITALIE.

Paris, 9 février 1808.

Mon Fils, je reçois votre lettre du 2 février. Je ne vois pas d'inconvénient à ce que vous laissiez partir la division russe quand elle voudra. Quant à la demande de fonds extraordinaires, vous n'avez qu'un mot à répondre : vous n'y êtes point autorisé, il faut mon ordre. Ce sacrifice ajouté à tant d'autres que j'ai faits pour eux est inutile. Mettez en règle les comptes d'argent, des denrées et fournitures que vous leur avez fait donner, pour servir ce que de droit.

NAPOLÉON.

D'après la copie comm. par S. A. I. Mme la duchesse de Leuchtenberg.

13543. — AU GÉNÉRAL MARMONT,
COMMANDANT L'ARMÉE DE DALMATIE.

Paris, 9 février 1808.

Je reçois votre état de situation du 15 janvier. Comment arrive-t-il que vous ne me parlez jamais des Monténégrins? Il ne faut pas avoir le caractère roide. Il faut envoyer des agents et vous concilier les meneurs de ce pays.

D'après la minute. Archives de l'Empire.

13544. — A EUGÈNE NAPOLÉON,
VICE-ROI D'ITALIE.

Paris, 10 février 1808.

Mon Fils, je reçois votre lettre du 4 février. Je vois que vous avez expédié quatre-vingts milliers de poudre et un million de cartouches à Corfou; mais vous ne dites pas quand et sur quel bâtiment. Les comptes que vous me rendez sont insuffisants; je reçois bien les états de situation de mon armée française, mais je n'entends pas parler de mon armée italienne, et je ne sais pas dans quelle situation elle est. Je ne connais pas davantage l'état de ma marine italienne. Envoyez-moi deux fois par mois un état de situation. Tous les jours vous devez me faire connaître le mouvement des ports, de sorte que je connaisse ce qui se passe dans l'Adriatique et ce qui arrive à mes vaisseaux, au lieu que je n'en sais rien. Arrangez-vous de manière qu'en m'envoyant l'état de situation de mon armée française vous m'envoyiez celui de mon armée italienne, où je voie les présents sous les armes, le lieu où sont tous les détachements, et au compte de qui chaque détachement est nourri. Joignez-y un troisième état qui m'indique la situation de ma marine, et qui soit divisé en vaisseaux en armement, vaisseaux armés, vaisseaux à la mer et vaisseaux en construction. Il n'est pas difficile que le sieur Caffarelli, ministre de la guerre et de la marine, adopte une forme d'états conformes à ce plan pour la marine italienne. Il est temps de penser à lever la conscription pour compléter les régiments italiens.

NAPOLÉON.

D'après la copie comm. par S. A. I. Mᵐᵉ la duchesse de Leuchtenberg.

13545. — A M. DE CHAMPAGNY,
MINISTRE DES RELATIONS EXTÉRIEURES.

Paris, 11 février 1808.

Monsieur de Champagny, il faut écrire au ministre d'Amérique, en réponse à ses lettres du 4 et du 8, que la France a pris des engagements avec l'Amérique, a fait avec elle un traité basé sur le principe que le pavillon couvre la marchandise, et que ce principe sacré, si elle ne l'avait pas proclamé solennellement, Sa Majesté le proclamerait encore; que Sa Majesté a traité avec l'Amérique indépendante et non avec l'Amérique asservie; que, si elle se soumet au décret du roi d'Angleterre du 11 novembre, elle renonce par là à la protection de son pavillon; mais que, si les Américains, comme Sa Majesté ne peut le mettre en doute sans blesser leur honneur, regardent cet acte comme un acte d'hostilité, elle est prête à faire droit à tout. Dans toutes les guerres possibles où d'autres puissances maritimes que la France se trouveraient engagées, Sa Majesté reste ferme dans son principe de l'indépendance du pavillon et ne s'arroge le droit de visite sur aucun bâtiment; mais Sa Majesté a déjà le droit, et ce droit est le principe fondamental de son droit public, d'exiger que chaque nation maintienne l'indépendance de son pavillon, tous les souverains étant solidaires de leur indépendance et de leur souveraineté.

NAPOLÉON.

D'après l'original. Archives des affaires étrangères.

13546. — AU VICE-AMIRAL DECRÈS,
MINISTRE DE LA MARINE.

Paris, 11 février 1808.

Monsieur Decrès, la demande que vous faites de 1,000 conscrits pour Flessingue ne peut pas être accordée de cette manière. Mon intention est que vous me présentiez un projet de décret pour former sur-le-champ huit équipages à Flessingue, six à Brest, trois à Lorient, trois à Rochefort et dix à Boulogne; ce qui fera trente équipages. Ces trente équipages, en les supposant de 500 marins chacun, feraient 15,000 marins; et en supposant que dans ces 15,000 marins il entrât 3,000 canonniers, cela ne ferait plus que 12,000 marins. Ce que vous avez à Brest, à Boulogne, sur les côtes de l'Océan, hormis les escadres en mouvement, doit être évalué à 10,000 hommes; il faudrait donc 4 ou 5,000 conscrits pour les compléter. Voici les questions à décider : 1° Les canonniers de la marine feront-ils partie des équipages, ou continueront-ils à former des régiments à part? 2° Les régiments d'infanterie continueront-ils à fournir des garnisons, ou ces garnisons feront-elles partie des équipages? 3° Combien de classes et de grades de matelots composeront les équipages? 4° Enfin quel est l'âge le plus favorable pour les conscrits, pour passer de l'armée de terre à la marine? Il est donc important que vous me remettiez un projet général.

Mon intention est d'entretenir cent équipages, sans comprendre les garnisons, formant un effectif de 50,000 hommes; indépendamment de ce, d'avoir toujours sur chaque vaisseau 100 à 150 marins, provenant des classes, qui ne seraient pas compris dans les équipages. Ce nombre serait plus ou moins considérable, selon que le présent sous les armes se rapprocherait plus ou moins de l'effectif. Ainsi je composerais l'équipage d'un vaisseau de 74 de la manière suivante : le fond de l'équipage, 500 hommes; je mets pour les malades 50 hommes, il n'y aurait donc présents sur le vaisseau que 450 hommes; supplément d'équipage fourni par les classes, 150 hommes; garnison, 100 hommes; total de l'équipage du vaisseau, 700 hommes. Les hommes qui sortiraient des hôpitaux ou reviendraient de chez eux pendant que le vaisseau serait à la mer, retourneraient dans leur arrondissement, et il y aurait dans chaque grand port un dépôt de marins, administré de manière que ce qu'on leur accorderait en nourriture et en paye se résolût par un décompte de l'équipage. En supposant donc que les besoins de ma marine exigeassent cent vaisseaux de guerre, y compris les frégates, il me faudrait donc entretenir un effectif de 50,000 hommes, montant des cent équipages, 15,000 hommes, montant du supplément d'équipages, 10,000 hommes pour garnison des vaisseaux; total des troupes employées pour la marine, 75,000 hommes. Il faudrait ajouter à cela ce qui est nécessaire pour la protection des côtes, pour l'armement des avisos, tartanes, petits bâtiments, et pour l'armement des bricks; j'évalue cela à 10,000 hommes: la marine emploierait donc 85,000 hommes.

NAPOLÉON.

D'après l'original comm. par Mme la duchesse Decrès.

13547. — A M. DEFERMON,
MINISTRE D'ÉTAT.

Paris, 11 février 1808.

En instituant des ministres d'état, j'ai voulu reconnaître les services des principaux membres de mon Conseil, le rapprocher davantage de moi et l'honorer dans la personne de ces membres. Il est donc convenable qu'ils portent le même costume que les membres de mon Conseil, et qu'ils n'obtiennent aucune prérogative qui les mette trop dans une catégorie particulière. La simplicité de notre administration veut aussi que nous ne confondions pas les ministres ayant un département et les ministres d'état: leur rang n'est pas le même, et, s'il s'introduisait là-dessus le moindre doute, cela tendrait à mettre du désordre dans l'administration.

Quant à la présence des ministres d'état dans les conseils d'administration, je n'appelle à ces conseils que les personnes qui y sont utiles; et, le jour où un ministre d'état ne m'y serait plus utile, parce qu'il ne serait plus propre au travail, je ne puis pas l'y appeler. Je ne considère donc l'institution de mes ministres d'état que comme une grande récompense que je veux accorder à la tête de mon Conseil, et non comme les plaçant sur la même ligne que mes ministres. Mes ministres d'état sont à vie, et mes ministres ne sont rien le lendemain du jour où je leur ôterais le portefeuille. Mes ministres sont directement responsables, et en première ligne, d'une des parties de l'administration. Mes ministres d'état peuvent et doivent être, pour le travail, sous les ordres des ministres, comme le sont les conseillers d'état chargés d'une branche d'administration.

D'après la minute. Archives de l'Empire.

13548. — A M. BÉRENGER,
DIRECTEUR DE LA CAISSE D'AMORTISSEMENT.

Paris, 11 février 1808.

Le général..... devait verser 500,000 francs? Comment n'a-t-il versé que 46,000 francs? Parlez de cette affaire avec le sieur Lacuée.

Écrivez au roi de Westphalie que ses bons sont échus.

Quant aux fonds de la quatrième coalition, faites-moi connaître pourquoi le sieur Bourrienne ne vous a pas versé les 16 millions de Hambourg et les 4 millions provenant des villes de Lubeck et de Brême.

D'après la minute. Archives de l'Empire.

13549. — A EUGÈNE NAPOLÉON,
VICE-ROI D'ITALIE.

Paris, 11 février 1808.

Mon Fils, je reçois votre lettre du 30 janvier. Vous avez très-mal fait de recevoir des Français dans mes troupes italiennes, sans mon autorisation spéciale. Je ne puis rien changer au principe de la conscription. En général, je ne veux point que des Piémontais entrent dans mes troupes d'Italie; cela est contraire à ma politique et à ma volonté.

NAPOLÉON.

P. S. Je placerai dans mes régiments français les Piémontais que vous avez depuis peu de mois comme sous-lieutenants dans mes troupes italiennes.

D'après la copie comm. par S. A. I. Mme la duchesse de Leuchtenberg.

13550. — A EUGÈNE NAPOLÉON,
VICE-ROI D'ITALIE.

Paris, 11 février 1808.

Mon Fils, la ville de Livourne s'était abonnée à deux millions pour les marchandises anglaises; je ne sais pas où en est cette affaire et si l'argent a été versé. Vous ne me faites pas connaître où en sont les travaux de Venise et d'Ancône. Tous ces objets si importants ne doivent pas être perdus de vue. Dans un état rien ne va seul; tous les mois je fais la revue des ordres que j'ai donnés, et je me fais rendre compte de leur exécution. Ce n'est que comme cela que les affaires marchent; autrement, les ministres dorment et laissent volontiers tomber tout dans l'oubli. Je ne sais pas non plus ce qui se fait en Toscane; depuis mon départ, je n'ai entendu parler de rien. Il serait temps cependant que je reçusse un premier rapport. Je sais que vous n'avez aucune autorité sur l'administration de la Toscane, mais vous pouvez écrire sur cela au sieur Dauchy, de ma part. Le militaire vous regarde; faites-vous donc rendre compte de tout ce qui est relatif à l'artillerie, au génie et à l'armement de cette province.

NAPOLÉON.

D'après la copie comm. par S. A. I. Mme la duchesse de Leuchtenberg.

13551. — A JOSEPH NAPOLÉON, ROI DE NAPLES.

Paris, 11 février 1808.

L'administration du royaume de Naples va bien mal; les troupes ne sont pas soldées, et la solde s'arrière tous les jours. Rœderer fait de beaux projets, ruine le pays et ne verse pas d'argent dans votre trésor. C'est l'opinion de tous les Français qui viennent de Naples. Rœderer est probe, a de bonnes intentions, mais il n'a pas d'expérience. Le grand art est de ne faire chaque année que ce qu'on doit faire, et Rœderer fait en un an ce qui doit être fait en dix. Le sujet de cette seule observation doit vous ruiner et mécontenter vos peuples.

NAPOLÉON.

D'après l'expédition originale comm. par les héritiers du roi Joseph.

13552. — DÉCISION.

Paris, 11 février 1808.

| Le général Clarke, ministre de la guerre, rend compte à l'Empereur que M..... réclame | Jamais je n'ai fait donner de canons à ..... Ce tripoteur d'affaires |

deux canons autrichiens qu'il dit lui avoir été donnés en 1798 par l'Empereur, alors commandant l'armée d'Italie. Ces canons ont été arrêtés aux douanes.

est bien osé de prétendre ce que n'ose espérer un maréchal de France. Il faut considérer sa demande comme une impertinence.

NAPOLÉON.

D'après la copie. Archives de l'Empire.

13553. — A M. GAUDIN,
MINISTRE DES FINANCES.

Paris, 12 février 1808.

Sa Majesté n'a point signé le projet de décret qui lui a été présenté par M. le directeur général des douanes, et qui avait pour objet de modifier le décret rendu à Alexandrie, le 25 décembre dernier, sur la douane de Gênes. Sa Majesté a pensé qu'une lettre ministérielle suffisait pour donner à cet article l'interprétation convenable. Elle a voulu faciliter la circulation des objets de consommation journalière et dispenser ces objets des formalités gênantes et des tarifs trop élevés, eu égard à la modicité de leur prix, auxquels ils étaient assujettis. Elle a entendu que l'exemption accordée aux expéditions qui payent un droit inférieur à 20 francs ne s'appliquerait qu'à des articles de peu d'importance et ne pourrait pas s'étendre à des expéditions en grand. Cette extension pourrait s'appliquer à toutes les marchandises sujettes aux douanes, et non-seulement aux huiles et aux soies, mais encore aux sucres et aux cafés, et ce n'était assurément pas l'intention de Sa Majesté. On a supposé que, pour toutes les cargaisons où il n'y aurait pas matière, il n'y aurait pas lieu à un droit de plus de 20 francs, et c'est dans ce sens que Sa Majesté pense que son décret peut être interprété.

Par ordre de l'Empereur, MARET, ministre secrétaire d'état.

D'après la copie. Archives de l'Empire.

13554. — AU VICE-AMIRAL DECRÈS,
MINISTRE DE LA MARINE.

Paris, 12 février 1808.

Le 3 février est parti de Naples le conseiller d'état de Simone, capitaine de vaisseau très-pratique de tous les ports du royaume et de la situation actuelle du cabotage et de la marine napolitaine. Envoyez des ordres à la poste pour savoir où il se rend, et envoyez-le chercher dès qu'il arrivera. Je suppose qu'il sera ici demain ou après.

Le roi de Naples me mande qu'il pense que l'expédition pour la Sicile pourrait très-bien partir de Reggio.

D'après la minute. Archives de l'Empire.

13555. — A EUGÈNE NAPOLÉON,
VICE-ROI D'ITALIE.

Paris, 12 février 1808.

Mon Fils, je reçois la nouvelle que mes troupes sont entrées le 2 février à Rome, et que le consul et les agents de la reine Caroline ont été sur-le-champ arrêtés. Écrivez au général Miollis de s'emparer de la police, de bien traiter les troupes du Pape, d'en prendre le commandement et l'inspection, d'avoir soin qu'elles ne manquent de rien, de chasser les Napolitains rebelles, même les cardinaux, et de les envoyer en droite ligne à Naples, à leur souverain.

NAPOLÉON.

D'après la copie comm. par S. A. I. Mme la duchesse de Leuchtenberg.

13556. — A EUGÈNE NAPOLÉON,
VICE-ROI D'ITALIE.

Paris, 12 février 1808.

Mon Fils, je reçois l'état de mon armée italienne au 16 janvier. Je désire un état pareil pour ma marine; adressez-moi cet état tous les quinze jours; j'attends donc ceux du 1er février.

On peut désarmer les places de Mantoue, Peschiera et Legnago. Pour ce qui regarde le génie, il ne faut pas désarmer Osoppo ni Palmanova. Ma décision est donc conforme à votre demande.

NAPOLÉON.

D'après la copie comm. par S. A. I. Mme la duchesse de Leuchtenberg.

13557. — AU GÉNÉRAL MENOU,

GOUVERNEUR GÉNÉRAL DES DÉPARTEMENTS AU DELÀ DES ALPES.

Paris, 13 février 1808.

Monsieur le Général, j'ai donné la plus grande attention aux deux lettres que vous m'avez fait l'honneur de m'adresser, les 9 et 11 de ce mois, sur la répression du brigandage dans le ci-devant Piémont. Les moyens que vous m'indiquiez excédant les limites de mon autorité et ne pouvant être mis en usage que par le pouvoir suprême, j'ai dû, quelque empressement que j'aie à seconder vos constants efforts pour faire disparaître ce fléau, j'ai dû, dis-je, mettre vos deux lettres sous les yeux de S. M. l'Empereur et Roi, et solliciter ses ordres.

Sa Majesté m'a témoigné qu'elle n'approuvait point l'idée de rendre les communes responsables, en masse, du passage ou du séjour des brigands qui peuvent subsister encore, et de leur imposer des contributions pour l'indemnité et l'approvisionnement des détachements de troupes envoyés sur les lieux. Sa Majesté a pensé que l'application de cette mesure serait arbitraire, illégale, même injuste; qu'elle pourrait faire confondre l'innocent avec le coupable, le propriétaire domicilié et le propriétaire absent, la veuve, les mineurs, les vieillards avec les individus qui doivent aider l'autorité par leur surveillance, et la force publique par leur secours. Sa Majesté a aussi exprimé son éloignement pour les mesures proposées; elle en croit les effets contraires au bon esprit et au devoir de l'armée. Elle doit servir sans l'espoir d'un salaire extraordinaire, qui porterait sur les nobles fonctions du soldat une empreinte de vénalité. On pourrait craindre de faire naître quelque espèce d'intérêt à la durée d'un service lucratif; les germes d'une telle dégradation, que l'on doit croire, d'ailleurs, presque impossible, doivent être soigneusement éloignés.

Les troupes ont dans ces corvées les vivres de campagne; il est possible que quelques dépenses légères soient occasionnées par l'exécution de vos ordres. Vous voudrez bien référer à ce sujet à S. Exc. le ministre de la guerre.

Sa Majesté a daigné enfin, Monsieur le Général, me charger de vous faire connaître ses intentions à cet égard. Vous devez être assuré, d'ailleurs, du désir que j'ai de concourir avec vous à l'adoption des mesures nécessaires pour achever de dissiper le mal que vous avez déjà très-affaibli, lorsque ces mesures seront en mon pouvoir.

Par ordre de l'Empereur. Cretet, ministre de l'intérieur.

D'après la minute. Archives de l'Empire.

13558. — DÉCISION.

Paris, 14 février 1808.

Le général Clarke, ministre de la guerre, demande à l'Empereur si son intention est que les troupes et le matériel du parc de réserve d'artillerie des côtes de l'Océan rejoignent, immédiatement après leur arrivée à Bayonne, le corps d'observation des côtes de l'Océan, en Espagne.

La mémoire ne me retrace pas l'ordre que j'ai donné relativement à cela. Le corps d'observation des côtes de l'Océan doit avoir trente-six pièces de canon attelées avec les approvisionnements et les cartouches d'infanterie nécessaires. Ce parc est-il nécessaire pour arriver à ce résultat? Dans ce cas, il n'y a point de doute qu'il faille lui donner l'ordre de rejoindre le corps d'observation des côtes de l'Océan. Si, au contraire, il a ses bouches à feu et ce qu'il lui faut indépendamment de ce parc, il faut m'envoyer un état de la composition de son artillerie et un état de ce parc à Bayonne, afin que je voie à quoi il pourrait me servir dans une autre occasion.

NAPOLÉON.

D'après l'original. Archives de l'Empire.

13559. — OBSERVATIONS
FAITES DANS LE CONSEIL D'ADMINISTRATION DE L'INTÉRIEUR.

Palais des Tuileries, 14 février 1808.

On devait, dans ce conseil, arrêter les mesures à prendre pour que le blocus fût le moins possible préjudiciable au commerce national. A la suite de la discussion, l'Empereur, ne trouvant pas la question suffisamment étudiée, prescrivit les dispositions rapportées dans l'extrait ci-après du procès-verbal de la séance.

Sa Majesté établit les questions suivantes, dont elle ordonne le renvoi aux ministres de l'intérieur et des finances, pour présenter, dans le courant de la semaine prochaine, un projet de règlement qui forme, sur la matière en discussion, une législation complète.

1re SÉRIE DE QUESTIONS.

1° Le cabotage d'un port de France à l'autre, par des bâtiments français, sera-t-il permis? La question paraît devoir être décidée affirmativement.

2° Le même cabotage, par des bâtiments alliés, sera-t-il permis?

3° Le sera-t-il, par des bâtiments neutres?

Ces deux questions paraissent devoir être décidées négativement.

2e SÉRIE DE QUESTIONS.

1° Les bâtiments français du petit cabotage pourront-ils exporter toute sorte de marchandises, et, par exemple, des blés? Cette question paraît pouvoir être décidée affirmativement.

2° Les bâtiments alliés feront-ils le même cabotage, pourront-ils exporter toute sorte de marchandises?

3° Les bâtiments neutres faisant le même cabotage pourront-ils exporter toute sorte de marchandises?

Ces deux questions paraissent devoir être décidées négativement.

3e SÉRIE DE QUESTIONS.

Le cabotage d'un port de France à une côte étrangère sera-t-il permis,

1° à des bâtiments français, 2° à des bâtiments alliés? ces deux questions paraissent devoir être décidées affirmativement; 3° à des bâtiments neutres? cette question est de nature à être discutée, par exemple, pour ce qui concerne les Américains.

4ᵉ SÉRIE DE QUESTIONS.

Le cabotage de France à un port étranger sera-t-il permis pour toute marchandise, 1° à des bâtiments français, 2° à des bâtiments alliés, 3° à des bâtiments neutres? Ces questions paraissent devoir être décidées comme celles de la troisième série.

5ᵉ SÉRIE DE QUESTIONS.

Le cabotage d'un port étranger à un port français sera-t-il permis. 1° aux bâtiments français, 2° aux bâtiments alliés, 3° aux bâtiments neutres?

Il faut distinguer les marchandises. Toute marchandise anglaise étant prohibée, il ne peut y avoir de question à cet égard. Toute denrée coloniale est prohibée si elle est d'origine anglaise; or l'Espagne n'a pas de denrées coloniales; le Portugal en a encore, mais en petite quantité. Quant aux bâtiments espagnols, napolitains, italiens, hollandais, chargés de denrées de leurs pays, il n'y a pas de difficulté; mais, pour ce qui concerne les denrées coloniales, c'est un point de discussion important et l'un des principaux objets du travail des ministres.

6ᵉ SÉRIE DE QUESTIONS.
DU GRAND COMMERCE.

1° Permettra-t-on à des bâtiments français de faire la grande navigation pour importer et exporter toute espèce de marchandises? Cette question paraît devoir être décidée affirmativement, avec cette exception cependant que les bâtiments n'importeront pas de denrées ou de marchandises d'origine anglaise. On ne s'occupe ici ni de la relâche en Angleterre, ni de la visite par les bâtiments anglais, parce qu'on suppose ces deux cas impossibles.

2° Donnera-t-on la même permission aux bâtiments alliés?

3° La donnera-t-on aux bâtiments neutres?

Ces deux questions paraissent devoir être résolues comme la première; bien entendu que ces bâtiments ne viendront pas d'Angleterre et n'auront pas été visités par les Anglais.

7ᵉ SÉRIE DE QUESTIONS.

1° Quels sont les pavillons alliés?

Les pavillons alliés sont : les pavillons danois, russe, espagnol, italien, napolitain et ottoman.

2° Quels sont les pavillons neutres?

Les pavillons neutres sont : les pavillons autrichien et américain.

8ᵉ SÉRIE DE QUESTIONS.

Les décisions qui seront rendues sur les articles ci-dessus seront-elles communes aux bâtiments qui arriveront sur leur lest, quand même ils auraient touché en Angleterre ou auraient été visités par les Anglais?

9ᵉ SÉRIE DE QUESTIONS.

Quelle est la législation établie ou à établir relativement au commerce de Hambourg?

Les ministres de l'intérieur et des finances, après avoir examiné ces diverses questions, rédigeront un projet de règlement général.

Un article de ce règlement établira la suppression des pavillons de Kniphausen, de Papenburg, Oldenburg et Mecklenburg.

Les ministres proposeront les moyens d'exécution nécessaires pour que les bâtiments quelconques à qui l'on permettrait l'entrée dans les ports de France, chargés ou non de marchandises qu'on viendrait à reconnaître pour anglaises, ayant ou n'ayant pas touché en Angleterre, ayant ou n'ayant pas été visités, ne soient admis que conditionnellement. Il conviendrait, pour cet objet, de statuer qu'aucun bâtiment ne serait admis de droit, et que son admission serait soumise à un conseil qui se tiendrait à Paris, et qui déciderait en conséquence de toutes les données et renseignements qui se trouveraient à sa connaissance.

<small>D'après la copie. Archives de l'agriculture, du commerce et des travaux publics.</small>

13560. — OBSERVATIONS
FAITES DANS LE CONSEIL D'ADMINISTRATION DES FINANCES.

<small>Palais des Tuileries, 14 février 1808.</small>

La dette du Piémont étant de 2,406,000 francs, il y a eu pour 825,000 francs d'extinctions, en conséquence du décret du 25 prairial. La dette du Piémont n'est donc plus que de 1,581,000 francs.

Au 1ᵉʳ janvier 1808, le Domaine avait vendu pour 7,632,000 francs de domaines en Piémont, ou avait acquis pour 7,632,000 francs de *monti*, provenant de la vente d'une somme quelconque de domaines. Sur cette somme, 1,330,000 francs avaient été payés en actions de Lucedio, qui forment une dette à part; 41,000 francs avaient été payés sur l'emprunt de Verceil, qui est aussi une dette à part, et 5,798,000 francs en *monti*, somme qui, calculée à vingt capitaux, produit un intérêt de 289,900 francs de *monti*, lesquels doivent être pris au trésor et brûlés publiquement, puisqu'ils sont éteints.

Il reste 462,000 francs à recouvrer par l'enregistrement, et, comme on ne sait pas en quelle monnaie ils seront payés, c'est-à-dire quelle partie sera en actions de Lucedio, on ne peut savoir combien cela éteindra de *monti*; on peut cependant calculer sur une vingtaine de mille francs. Ainsi, dès aujourd'hui, la dette de Piémont se trouve avoir éprouvé une nouvelle réduction de 289,000 francs.

La caisse d'amortissement a acquis en argent 63,000 francs de rente; elle a vendu pour 5,230,000 francs de domaines qui lui appartenaient, et sur lesquels 1,460,000 francs ont été payés en rescriptions de la dette non consolidée; 1,878,000 francs étaient déjà rentrés à la caisse d'amortissement, faisant 93,900 francs de *monti*, et 3,890,000 francs lui sont dus. On ne peut savoir ce que cela produira, parce qu'on ne sait pas si les payements se font en *monti* ou en rescriptions.

Ainsi donc la dette du Piémont était, au 1er janvier 1808, de 1,291,000 francs, sur lesquels 156,000 francs étaient déjà entre les mains de la caisse d'amortissement. Il n'était donc plus dû en Piémont que 1,135,000 francs. Les ventes déjà faites et non encore payées produiront au Domaine 23,000 francs d'extinction, et à la caisse d'amortissement 180,000 francs; alors la dette se trouverait être de 1,270,000 fr. sur lesquels 250,000 appartiendraient à la caisse d'amortissement. Il resterait 1,020,000 francs payables au Piémont.

Il faut que le ministre fasse un rapport détaillé et présente un projet de décret pour fermer le compte de la caisse d'amortissement, et pour ordonner. 1° que les 63,000 francs de la caisse d'amortissement achetés en *monti* seront versés au trésor pour être brûlés; 2° qu'il en sera de même de 93,000 francs rentrés sur les ventes au 1er janvier 1808; 3° qu'en remplacement de ces 156,000 francs, la caisse d'amortissement recevra des inscriptions sur le grand-livre. Le ministre calculera de clerc à maître l'opération de 63,000 francs, en faisant placer à la caisse d'amortissement son argent à 5 pour 100; et, pour les 93,000 francs provenant des domaines, le ministre calculera pour quelle somme ces domaines avaient été cédés, et combien ils ont été vendus, et le placement pour la caisse d'amortissement sera fait au cours actuel. Selon les calculs du pays, la caisse d'amortissement doit avoir gagné 30 pour 100.

Le ministre, par le même projet de décret, établira que les 1,471,000 francs provenant des rescriptions de liquidations provisoires seront également consolidés sur l'état, en comptant avec la caisse d'amortissement de clerc à maître.

M. Defermon, assurant que des rescriptions provenant de la dette des corporations supprimées montent à 1,521,000 francs, et 1,473,000 fr. étant rentrés à la caisse d'amortissement, il n'y aurait donc presque plus rien en circulation. Il serait convenable alors d'admettre ces rescriptions en payement de chaque domaine, au tiers ou au quart de la vente, ou bien de les consolider tout de suite sur le grand-livre de France. Pour bien asseoir une idée, il faudrait savoir à quoi montera cette valeur.

Le ministre, en remettant ce travail, présentera aussi un mémoire sur l'autre dette du Piémont à liquider, et proposera le parti qu'il faut prendre.

Il fera également connaître son opinion et présentera un projet de décret sur les moyens d'éteindre non-seulement la dette du Piémont, mais encore celle de Gênes. On vient de dire que la dette du Piémont s'élève à 1 million; elle sera même au-dessous de 900,000 francs, attendu que les mesures à adopter ne pourront être prises avant mars. La dette de Gênes étant de 6 à 700,000 francs, la dette totale peut donc être évaluée à environ 15 ou 16 cent mille francs. On pourrait inscrire le tiers sur le grand-livre, qui se trouverait augmenté de 500,000 francs, et liquider les deux autres tiers au moyen de 20 millions de rescriptions pour lesquelles la caisse d'amortissement affecterait 20 millions de domaines, ou céder 30 millions de domaines à la société des *monti*. L'une et l'autre de ces mesures obligeraient les Génois, ainsi que les personnes du Piémont qui ne veulent pas de biens ecclésiastiques, à acheter des domaines qui seraient vendus en suivant les estimations déjà faites. Quant à la caisse d'amortissement, à qui appartiennent ces domaines, on la payerait en une inscription égale à celle qu'elle a cédée pour les acheter.

Dans son rapport, le ministre fera bien connaître si les affaires de Lucedio et de l'emprunt de Verceil sont finies, ou, si elles ne le sont pas, ce qui reste. Il donnera aussi une explication sur les motifs qui l'ont déterminé à prescrire de n'adjuger qu'à trente capitaux.

D'après la copie. Archives du ministère des finances.

13561. — A JOSEPH NAPOLÉON, ROI DE NAPLES.

Paris, 15 février 1808.

Mon Frère, mon escadre est partie de Toulon le 10, à dix heures du matin, sous les ordres de l'amiral Ganteaume, forte de deux vaisseaux à trois ponts, huit vaisseaux de 80 et de 74, de plusieurs frégates et bricks, et de trois grosses flûtes chargées d'artillerie et de munitions de guerre pour Corfou. Le 10, à six heures du soir, elle était hors de vue, avait vent arrière, et il est probable que le même coup de vent l'aura menée au delà du cap Bon.

Je vous ai écrit le 7 février; c'est aujourd'hui le 15; ainsi vous aurez probablement reçu ma lettre dans le moment où je vous parle. Je vous disais que Ganteaume irait sans doute à Corfou; c'est effectivement ce qu'il a fait. Je vous recommande les dispositions contenues dans cette lettre du 7, pour que ce qui est à Brindisi, Otrante, destiné pour Corfou, arrive dans cette place. Envoyez-y aussi tout l'argent que vous pourrez; n'épargnez rien, et qu'il y ait 6,000 hommes, Français, Napolitains, Italiens, en garnison dans la seule île de Corfou. Je vous ai écrit, par cette même lettre, sur l'expédition de Sicile. De Reggio à Corfou il n'y a qu'un pas; et, si les Anglais n'ont pas plus de 4 ou 5,000 hommes, comme on l'assure, l'expédition de Reggio pour s'emparer sur-le-champ du Phare peut être facilement entreprise, et, par suite, vous deviendrez maître de la Sicile. Le ministre de la marine a dû vous écrire depuis et vous envoyer même un officier. J'attends avec impatience de vos nouvelles, et je compte sur votre activité dans cette circonstance importante. Je compte que l'expédition de Reggio réussira, mais enfin préparez toujours vos moyens à Naples; j'attends d'autres escadres.

NAPOLÉON.

D'après l'expédition originale comm. par les héritiers du roi Joseph.

13562. — A M. DE CHAMPAGNY,
MINISTRE DES RELATIONS EXTÉRIEURES.

Paris, 16 février 1808.

Monsieur de Champagny, écrivez au sieur Beauharnais que, il y a bien du temps, j'ai envoyé huit chevaux au roi d'Espagne et six au prince de la Paix. Je ne sais comment mon grand écuyer a dirigé l'envoi de ces chevaux; mais, s'ils ne sont pas arrivés à Madrid, mon intention est qu'à leur arrivée le sieur Beauharnais les retienne dans ses écuries, vu qu'il n'est point convenable, dans la situation actuelle, que je fasse un présent de chevaux au roi d'Espagne. Quand je parle comme cela, je suppose que ces chevaux ne seront point arrivés et n'auront pas été présentés au Roi.

NAPOLÉON.

D'après l'original. Archives des affaires étrangères.

13563. — AU GÉNÉRAL CLARKE,
MINISTRE DE LA GUERRE.

Paris, 16 février 1808.

Je vous envoie un rapport au vice-roi sur la comptabilité de l'armée de Dalmatie. Écrivez à Marmont et à l'ordonnateur que je suis mécontent de cette conduite; que je ne veux aucun dérangement dans la comptabilité; que je porte un œil attentif sur l'armée de Dalmatie, qui me coûte plus qu'une armée double en force; que j'entends qu'on ne fasse aucune violation de caisse, et que tout marche en règle.

D'après la minute. Archives de l'Empire.

13564. — AU PRINCE DE NEUCHÂTEL,
MAJOR GÉNÉRAL DE LA GRANDE ARMÉE.

Paris, 16 février 1808.

Mon Cousin, vous témoignerez mon mécontentement au maréchal Davout de ce qu'il a permis le passage d'un régiment prussien sur le territoire du duché de Varsovie. Les états du roi de Saxe, faisant partie de la Confédération du Rhin, sont inviolables. Aucune troupe étrangère ne doit y passer. Écrivez au maréchal Davout qu'il s'abstienne d'accorder le passage désormais; qu'il donne des coups de fusil à qui que ce soit qui voudra violer ce territoire.

NAPOLÉON.

D'après l'original. Dépôt de la guerre.

13565. — A M. DARU,
INTENDANT GÉNÉRAL DE LA GRANDE ARMÉE.

Paris, 16 février 1808.

Monsieur Daru, j'ai reçu votre projet de traité : j'en approuve la forme, mais, pour remplir le but, il faut bien spécifier deux choses : 1° que les revenus des domaines, avec tout ce qui serait dû par les fermiers, me restent également acquis, de sorte que ces domaines, depuis que l'armée est entrée dans le pays, soient censés n'avoir jamais passé dans les mains du Roi, et qu'il soit dit que je renonce à tel article de la Constitution par lequel je me réserve la moitié de ces domaines; en portant les domaines à cinq millions, je consentirai à payer les contributions, pourvu qu'elles soient les mêmes et ne soient pas plus fortes que celles des autres terres; 2° que, quant aux contributions, celles qui étaient arriérées au moment de l'entrée de l'armée dans le pays m'appartiennent également. Moyennant ces changements, la convention me paraît assez bonne. Il faut que ce qui me reste dû des contributions soit payé dans l'espace d'un an, à tant par mois.

NAPOLÉON.

D'après la copie comm. par M. le comte Daru.

13566. — NOTE POUR M. CRETET,
MINISTRE DE L'INTÉRIEUR.

Paris, 17 février 1808.

Il faut établir en système que tout bac qui rend plus de 12,000 francs est susceptible d'être remplacé par un pont de bateaux, au moyen du sacrifice, que ferait l'état, du produit du bac. Un bac qui rend 12,000 francs en perçoit au moins 18,000, et doit même pouvoir en rapporter 24,000 par l'augmentation qui résultera de la commodité du passage. Or un bateau, pour un pont de bateaux, coûte 1,500 francs; un pont sur la Seine, pour les plus grandes eaux, ne demande pas plus de trente bateaux, c'est-à-dire une dépense de 45,000 francs. En y ajoutant 15,000 francs pour le tablier, on a une dépense totale de 60,000 francs, et pour cette dépense un revenu de 24,000.

D'après la minute. Archives de l'Empire.

13567. — AU GÉNÉRAL CLARKE,
MINISTRE DE LA GUERRE.

Paris, 17 février 1808.

Il y a à Rennes un grand nombre de soldats qui attendent leur retraite. Je suppose qu'il en est de même dans d'autres départements. Il est bien nécessaire de se défaire de ces individus. Ne recevant pas leur retraite et n'ayant plus de solde, ils demandent l'aumône. Prenez des mesures pour qu'ils reçoivent promptement leur retraite, et, en attendant, faites-leur fournir les vivres et la paye par les préfets. Vous sentez qu'il n'y a rien de plus malheureux que de voir d'anciens soldats mendier. Cela décourage et nuit beaucoup à l'esprit militaire.

D'après la minute. Archives de l'Empire.

13568. — AU VICE-AMIRAL DECRÈS,
MINISTRE DE LA MARINE.

Paris, 17 février 1808.

Je viens de signer un décret pour une levée de matelots dans les villes hanséatiques. Il est nécessaire que vous vous entendiez avec le major général pour lui adresser tous les ordres d'exécution.

D'après la minute. Archives de l'Empire.

13569. — DÉCRET.

Palais des Tuileries, 17 février 1808.

Napoléon, Empereur des Français, Roi d'Italie et Protecteur de la Confédération du Rhin,

Avons décrété et décrétons ce qui suit :

ARTICLE 1er. La ville et le territoire de Hambourg fourniront 2,000 matelots; la ville et le territoire de Brême en fourniront 500; la ville et le territoire de Lubeck en fourniront 500.

ART. 2. Ces 3,000 matelots seront dirigés sur Flessingue et sur Boulogne pour l'armement de nos flottes.

ART. 3. Nos ministres de la marine, de la guerre, et des relations extérieures, sont chargés de l'exécution du présent décret.

NAPOLÉON.

D'après la copie. Dépôt de la guerre.

13570. — A M. FOUCHÉ,
MINISTRE DE LA POLICE GÉNÉRALE.

Paris, 17 février 1808.

D'où viennent ces détails de journaux d'aujourd'hui sur la réception de M. de Caulaincourt?

Le Publiciste pourrait bien se dispenser de faire l'éloge de M. de Lambert. Faites faire des articles qui peignent cet officier comme un traître, qui s'est battu contre sa patrie, et qui a eu la douleur d'assister au triomphe des Français.

D'après la minute. Archives de l'Empire.

13571. — A M. BOULAY (DE LA MEURTHE),
CONSEILLER D'ÉTAT, CHARGÉ DU CONTENTIEUX DES DOMAINES.

Paris, 17 février 1808.

Faites-moi un rapport sur un arrêté du préfet du Finistère qui dépossède un sieur Roulet, distillateur, d'une propriété nationale dont il jouit depuis douze ans. Cet arrêté est motivé sur ce que le sieur Parcevaux, premier propriétaire, n'a jamais émigré. Mon intention est que vous examiniez cette affaire importante, que vous portiez au Conseil l'arrêté du préfet, et que, s'il en est ainsi, il soit cassé ostensiblement.

D'après la minute. Archives de l'Empire.

13572. — A EUGÈNE NAPOLÉON,
VICE-ROI D'ITALIE.

Paris, 17 février 1808.

Mon Fils, je vous ai mandé que j'avais rappelé Alquier. J'apprends que le général Miollis a éprouvé des difficultés à Rome pour la solde et pour l'entretien; ce sont de vains prétextes; il doit prendre toutes les mesures pour que mes troupes ne manquent de rien, et qu'on les loge; et, s'il arrive que le Gouvernement romain soit dans l'impossibilité de fournir à leur entretien, le général Miollis prendra le gouvernement et l'administration de la ville et de toutes les provinces ecclésiastiques, autres que celles d'Ancône, de Camerino, d'Urbin, de Macerata, qui sont sous les ordres du général Lemarois. Vous ordonnerez, en conséquence, que les troupes qui sont à Cività-Vecchia soient sous les ordres du général Miollis, ainsi que toutes celles qui se trouvent entre les Apennins et la Méditerranée, et ce général correspondra avec vous pour ces nouvelles provinces; ce qui n'empêchera pas le général Lemarois de lui faire passer en droite ligne toutes les sommes qu'il aura disponibles et qui seront utiles à son service. Vous pouvez écrire au général Miollis de renvoyer à Naples, où elles sont nécessaires, les troupes qui sont venues de Terracine; il ne gardera que ce qu'il croira utile de garder. Il me semble qu'un régiment de chasseurs napolitains à cheval, entre Naples et Rome, suffit pour maintenir la communication.

Le général Miollis doit envoyer de l'artillerie et de l'infanterie, qui, dans les circonstances actuelles, sont très-nécessaires à Naples.

Faites passer ces différents ordres.

NAPOLÉON.

P. S. Annoncez à Rome, à Miollis, qu'il est possible que je m'y rende bientôt, mais sous le secret.

D'après la copie comm. par S. A. I. Mme la duchesse de Leuchtenberg.

13573. — A LOUIS NAPOLÉON, ROI DE HOLLANDE.

Paris, 17 février 1808.

Il est nécessaire que vous traitiez bien le prince d'Oldenburg; et, si c'est vous qui avez fait occuper ses états, retirez-en vos troupes; si c'est la Grande Armée, je fais donner le même ordre au prince de Ponte-Corvo. Écrivez à ce prince que je vous ai recommandé de le bien traiter, sachant que la Russie prend à lui un vif intérêt.

Une armée russe est entrée en Finlande pour attaquer le roi de Suède, qui décidément fait cause commune avec l'Angleterre. Faites passer autant de chaloupes canonnières que vous pourrez en Danemark pour aider à l'expédition danoise et française qui va se rendre en Scanie. Il est convenable également que vous fassiez mettre en rade au Texel huit vaisseaux de guerre et deux frégates. Mon escadre de Flessingue va entrer en rade; envoyez-y une corvette bonne marcheuse et une frégate pour servir dans cette escadre. Les alliés se plaignent que la Hollande ne les seconde pas, et que, tandis que leurs forces sont occupées dans le nord, vous ne faites rien pour la cause commune.

Mes escadres de Toulon, Rochefort, Lorient et Brest sont parties; jusqu'à cette heure elles ont obtenu des succès assez importants.

Je vous recommande ces observations importantes. L'Irlande n'a jamais été aussi exaspérée; j'y ai de fortes intelligences; il faut vous mettre en mesure de les seconder. L'Angleterre, inquiète en Irlande, menacée aux Indes par une armée française et russe, sera amenée enfin à des principes de raison.

<small>D'après la minute. Archives de l'Empire.</small>

13574. — DÉCRET.

<small>Palais des Tuileries, 18 février 1808.</small>

Napoléon, Empereur des Français, etc. Sur le rapport de notre ministre de la guerre,

Nous avons décrété et décrétons ce qui suit :

TITRE Ier.

COMPOSITION DE L'INFANTERIE DE LIGNE ET LÉGÈRE.

Article 1er. Nos régiments d'infanterie de ligne et d'infanterie légère seront, à l'avenir, composés d'un état-major et de cinq bataillons. Les quatre premiers porteront la dénomination de *bataillons de guerre*, et le cinquième celle de *bataillon de dépôt*.

Art. 2. Chaque bataillon de guerre, commandé par un chef de bataillon, ayant sous ses ordres un adjudant-major et deux adjudants sous-officiers, sera composé de six compagnies, dont une de grenadiers, une de voltigeurs et quatre de fusiliers. Elles seront toutes d'égale force.

Art. 3. Chaque bataillon de dépôt sera composé de quatre compagnies. Le major sera toujours attaché à ce bataillon. Un capitaine, désigné par le ministre, sur la présentation de trois candidats faite par le colonel, commandera le bataillon de dépôt, sous les ordres du major. Il commandera en même temps l'une des quatre compagnies. Il y aura près du dépôt un adjudant-major et deux adjudants sous-officiers.

Art. 4. La force de l'état-major et celle de chaque compagnie de grenadiers ou carabiniers, de voltigeurs ou de fusiliers, est déterminée ainsi qu'il suit :

État-major. — 1 Colonel, 1 major, 4 chefs de bataillon, 5 adjudants-majors, 1 quartier-maître trésorier, 1 officier payeur, 1 porte-aigle, 1 chirurgien-major, 4 aides-chirurgiens, 5 sous-aides, 10 adjudants sous-officiers, 2 deuxième et troisième porte-aigle, 1 tambour-major, 1 caporal tambour, 8 musiciens dont un chef, 4 maîtres ouvriers: total, 50.

Compagnie. — 1 Capitaine, 1 lieutenant, 1 sous-lieutenant, 1 sergent-major, 4 sergents, 1 caporal-fourrier, 8 caporaux, 121 grenadiers, voltigeurs, fusiliers, 2 tambours; total, 140.

Ainsi la force de chaque régiment sera de 3,970 hommes, dont 108 officiers et 3,862 sous-officiers et soldats.

Art. 5. Il y aura, par bataillon de guerre, quatre sapeurs qui seront choisis dans la compagnie de grenadiers, dont ils continueront à faire partie, ainsi que le caporal qui commandera tous les sapeurs du régiment.

Art. 6. En bataille, la compagnie des grenadiers tiendra la droite du bataillon, celle des voltigeurs la gauche.

Art. 7. Quand les six compagnies seront présentes au bataillon, on défilera et l'on agira toujours par division. Quand les grenadiers et voltigeurs seront absents du bataillon, on manœuvrera et défilera toujours par peloton.

Deux compagnies formeront une division; chaque compagnie formera un peloton; chaque demi-compagnie, une section.

TITRE II.

NOUVELLE FORMATION DES RÉGIMENTS.

Art. 8. Les compagnies qui, dans les régiments actuels à quatre bataillons, excéderont le nouveau complet, seront réparties dans les régiments à trois et à deux bataillons conformément au tableau n° 1.

Dans les régiments à trois bataillons, la nouvelle formation s'opérera ainsi qu'il suit :

La compagnie de grenadiers, celle de voltigeurs et les quatre premières compagnies de fusiliers du 1er bataillon actuel formeront le 1er bataillon.

La compagnie de grenadiers, celle de voltigeurs et les quatre premières compagnies de fusiliers du 2e bataillon actuel formeront le 2e bataillon.

Les trois dernières compagnies du 1er bataillon actuel et les trois dernières du 2e formeront le 3e.

La compagnie de grenadiers, celle de voltigeurs et les quatre premières de fusiliers du 3e bataillon actuel formeront le 4e.

Enfin les trois dernières compagnies du 3e bataillon et la compagnie supplémentaire détachée de l'un des régiments à quatre bataillons formeront le bataillon de dépôt.

Art. 9. La compagnie de grenadiers qui devra être formée dans les régiments actuellement à trois bataillons sera prise sur la totalité du corps, parmi les hommes les plus propres par leur taille au service de grenadier, lorsque cela se pourra, et nul ne pourra, lors de la première formation, y être admis s'il n'a quatre ans de service ou s'il n'a fait deux des quatre campagnes d'Ulm, d'Austerlitz, d'Iena ou de Friedland.

Art. 10. On ne dirigera sur les régiments qui en auront besoin que les cadres des compagnies supprimées dans ceux qui sont actuellement à quatre bataillons; les soldats de ces compagnies seront incorporés dans les compagnies conservées, quelle que soit la force de chacune d'elles.

Art. 11. Les officiers et sous-officiers des compagnies dont les cadres ne feront pas partie des nouveaux régiments resteront à la suite de leur corps, y feront le service et recevront le traitement de leur grade, jusqu'à ce qu'ils aient été pourvus des premiers emplois vacants, qui leur appartiendront de droit.

Art. 12. Il y aura dans chaque régiment huit capitaines de 1re classe, douze de 2e, douze de 3e; quatorze lieutenants de 1re classe, quatorze de 2e.

Les capitaines de 1re classe seront les quatre plus anciens. Ils commanderont chacun la 1re compagnie de fusiliers de chaque bataillon.

Le capitaine de grenadiers sera au choix du colonel, et inscrit toujours comme capitaine de 1re classe, quel que soit son temps d'ancienneté.

Lorsqu'un des quatre capitaines sera attaché au dépôt, il sera remplacé à sa compagnie par le premier capitaine de 2e classe.

Art. 13. Il pourra être admis deux enfants de troupe par compagnie; ils jouiront, comme par le passé, de la demi-solde, du logement, du vêtement et du chauffage.

TITRE III.

DISPOSITIONS GÉNÉRALES.

Art. 14. Les bataillons de dépôt seront établis dans les garnisons indiquées par le tableau n° 2. Ils ne pourront quitter ces garnisons qu'en vertu d'un ordre formel de notre part.

Art. 15. Le capitaine d'habillement et le quartier-maître feront toujours partie du bataillon de dépôt. L'officier payeur suivra les bataillons de guerre.

Le capitaine commandant ce bataillon, sous les ordres du major, et le capitaine d'habillement auront chacun le commandement particulier d'une des compagnies.

Les lieutenants chargés des différents détails sont attachés aux compagnies du dépôt.

Art. 16. Les officiers attachés aux dépôts ne pourront en être retirés pour rejoindre les bataillons de guerre qu'en vertu d'un ordre du ministre.

Art. 17. Chaque régiment aura une aigle, qui sera portée par un porte-aigle ayant le grade de lieutenant ou de sous-lieutenant et comptant au moins dix ans de service, ou ayant fait les quatre campagnes d'Ulm, d'Austerlitz, d'Iéna et de Friedland. Il jouira de la solde de lieutenant de 1re classe.

Deux braves, pris parmi les anciens soldats non lettrés, qui, par cette raison, n'auront pu obtenir d'avancement, ayant au moins dix ans de service, avec titre, l'un de second porte-aigle, et l'autre de troisième porte-aigle, seront toujours placés à côté de l'aigle. Ils auront rang de sergent et la paye de sergent-major. Ils porteront quatre chevrons sur les deux bras.

L'aigle restera toujours là où il y aura le plus de bataillons réunis. Les porte-aigles font partie de l'état-major du régiment. Ils sont nommés tous les trois par nous et ne peuvent être destitués que par nous.

Art. 18. Chaque bataillon de guerre aura une enseigne portée par un sous-officier choisi par le chef dans une des compagnies de ce bataillon. Le bataillon de dépôt n'aura aucune enseigne.

Art. 19. Les régiments de ligne ont seuls des aigles pour drapeaux : les autres corps ont des enseignes.

Nous nous réservons de donner nous-même les nouvelles aigles et les enseignes aux nouveaux régiments.

Art. 20. Nos ministres de la guerre, de l'administration de la guerre, et du trésor public, sont chargés, chacun en ce qui le concerne, de l'exécution du présent décret.

NAPOLÉON.

D'après la copie. Dépôt de la guerre.

13575. — A M. GAUDIN,
MINISTRE DES FINANCES.

Paris, 18 février 1808.

Vous trouverez ci-joint l'état des finances de la Toscane, d'où il résulte qu'elle a de revenu 2 millions d'écus; chaque écu est de 6 livres; indépendamment de cela, il y a un revenu de 547,000 écus pour le payement de la dette publique; ce qui fait plus de 15 millions. Les dépenses ne sont évaluées qu'à 1 million d'écus ou 6 millions de livres, dépenses qui sont susceptibles d'une grande réduction, puisque les pensions militaires y sont portées à 140,000 écus, et qu'elles peuvent toutes être réduites. Ainsi donc il resterait 9 millions. Mais la dette publique urgente ne consiste qu'en 2 millions d'écus à 3 pour cent; on pourrait donc profiter par an de plus de 8 millions, puisqu'il y a beaucoup de dettes courantes qui ne sont pas consolidées. Voici donc les dispositions que j'ai arrêtées et que vous voudrez bien prescrire au conseiller d'état Dauchy.

Première disposition : il ne sera payé d'intérêts de la dette publique que pour les 2.300.000 écus qui appartiennent aux particuliers. L'autre partie de la dette sera ajournée jusqu'à ce qu'on sache ce qui doit être définitivement payé. Le capital de la dette publique, montant à 1,700,000 écus, les 250,000 écus appartenant à l'état et les 700,000 écus appartenant à la Couronne peuvent être réduits sans inconvénient. Le reste appartient à des corporations religieuses, à des villes; on peut en retarder le payement. Les 2.300,000 écus seuls qui appartiennent aux particuliers ne sont susceptibles d'aucun retard dans les payements. Des dettes courantes, qui se montent à 1,300,000 écus, il ne doit en rien être payé sans mon ordre. La dette envers l'Autriche ne doit pas non plus être payée; il faut attendre de nouveaux ordres, mais jusque-là ne rien payer sur ces 1,300,000 écus. Toutes les dépenses continueront à être payées jusqu'au 1er juillet, hormis que le sieur Dauchy ne payera qu'aux militaires en activité de service leurs appointements, de sorte que, sur les 140,000 écus portés pour cette dépense, il faut faire au moins une économie de 40,000 écus. Par ce moyen, non-seulement il pourra fournir les 500,000 francs par mois, mais avoir encore un reste à la fin du mois pour servir à la dépense publique. Lisez avec attention cet état et donnez des ordres conformément aux miens. Faites connaître au sieur Dauchy que je suis impatient qu'il me mette en mesure de donner des ordres pour organiser le pays.

D'après la minute. Archives de l'Empire.

13576. — A M. MOLLIEN,

MINISTRE DU TRÉSOR PUBLIC.

Paris, 18 février 1808.

Monsieur Mollien, mon intention est qu'il y ait, rendus à Bayonne pour le 5 mars, 2 millions en or, dans un fourgon attelé de 8 chevaux et sous la garde d'un caissier du trésor. Cette caisse fera partie du trésor public, et le caissier aura l'ordre de ne payer que sur vos ordres ou les miens. Cette opération doit se faire le plus secrètement possible.

Envoyez-moi aujourd'hui l'état de situation de la caisse du corps d'observation des côtes de l'Océan, celui du corps d'observation de la Gironde et celui de la division des Pyrénées occidentales. Je désirerais que la solde de ces corps se trouvât assurée au 1er mars, dans leur caisse, pour les mois de mars, avril et mai.

NAPOLÉON.

D'après l'original comm. par Mme la comtesse Mollien.

13577. — AU GÉNÉRAL CLARKE,
MINISTRE DE LA GUERRE.

Paris, 18 février 1808.

Je reçois votre lettre d'aujourd'hui avec les états relatifs à l'artillerie du corps d'observation des côtes de l'Océan. Vous donnerez les ordres suivants.

Une compagnie d'artillerie à cheval, des trois du corps du maréchal Moncey, passera sous les ordres du général Dupont, et le général Dupont enverra en place une compagnie composée du même nombre de canonniers à pied. Je n'ai pas besoin de vous faire sentir la raison de ce mouvement.

Les quatre pièces de 12 qui sont à Bayonne, du parc de la Rochelle, et deux de 4 partiront avec deux compagnies d'artillerie à pied (des trois qui sont à Bayonne, qui sont la 20e du 1er régiment et les 7e et 22e du 5e), également pour l'armée des côtes de l'Océan; moyennant l'arrivée de ces quatre pièces, le maréchal Moncey aura quarante-deux pièces de canon.

Vous ferez donc partir de Bayonne quatre pièces de 12 et deux de 4, total six pièces, et cinq affûts de 12, un affût d'obusier (quinze affûts d'obusier n'étant pas suffisants pour douze obusiers), un affût de 4, dix-huit caissons de 12, quatre caissons de 8, six de 4, vingt-huit caissons d'infanterie; total soixante-neuf voitures.

Il restera à Bayonne quatre pièces de 8, quatre de 4 et quatre obusiers, deux caissons d'infanterie. Il est nécessaire de compléter ces caissons.

En faisant partir deux compagnies d'artillerie à pied, il restera à

Bayonne une compagnie, qui sera augmentée d'une compagnie qui partira de l'île d'Aix. Ces douze pièces de canon, avec un approvisionnement et demi et les caissons d'infanterie désignés, resteront à Bayonne pour servir la division d'Orléans. Vous recevrez mes ordres au 1er mars, sur le mouvement définitif de cette artillerie. Je suppose qu'au 1er mars elle sera réunie à Bayonne. Vous ferez partir la compagnie de l'île d'Aix pour Bayonne. Nommez un chef de bataillon pour commander ces deux divisions d'artillerie, qui seront composées chacune de deux pièces de 4, deux de 8 et de deux obusiers.

Tous les approvisionnements que vous destinerez à la division d'Orléans, et dont j'avais approuvé le mouvement, vous les réunirez également à Bayonne, mais sans pièces. 400 chevaux peuvent atteler cent voitures. Je désire donc avoir à Bayonne cent voitures d'approvisionnement, dont quarante pour caissons d'infanterie et soixante de munitions à canon. Vous calculerez ces munitions à canon de manière que le maréchal Moncey ait, avec ce qu'il a, un double approvisionnement de 12, c'est-à-dire six nouveaux caissons; un double approvisionnement de 8, c'est-à-dire huit caissons; un triple approvisionnement de 4, c'est-à-dire treize caissons; un double approvisionnement d'obusiers, c'est-à-dire dix-huit caissons; ce qui fait quarante-cinq caissons; les quinze autres nécessaires pour des forges, des outils de parc, quelques artifices nécessaires pour mettre le feu à une porte qu'on veut emporter de vive force, etc. Ce parc de cent voitures restera à ma disposition à Bayonne. Vous me ferez connaître le jour où il sera réuni, pour en disposer alors.

Ainsi je dois avoir à Bayonne : 1° le parc de cent voitures attelées par le 6e bataillon *bis* et la compagnie du train partis dernièrement de Besançon; 2° les douze pièces qui s'y trouvent actuellement restant du parc de la Rochelle et de Toulouse, c'est-à-dire quatre-vingts voitures, dont cinquante et une sont existantes actuellement. Il faudra donc vingt-neuf ou trente voitures pour compléter ce parc.

Faites-moi connaître ce qu'il serait nécessaire de préparer au général Dupont pour lui compléter son double approvisionnement.

D'après la minute. Archives de l'Empire.

13578. — AU MARÉCHAL BESSIÈRES,
COMMANDANT LA CAVALERIE DE LA GARDE.

Paris, 18 février 1808, deux heures après midi.

Mon Cousin, faites partir pour Poitiers les quatre bataillons de fusiliers de ma Garde qui sont à Fontainebleau, Cherbourg, Compiègne et Rouen. Qu'ils se dirigent chacun de leur côté, afin d'arriver à Poitiers le plus tôt possible. Ayez soin qu'ils soient munis de quatre paires de souliers, dont ils consommeront une paire dans leur route jusqu'à Poitiers, afin qu'ils puissent partir de Poitiers avec une paire de souliers aux pieds et deux dans le sac. Vous donnerez des ordres pour qu'ils soient habillés à neuf, qu'ils aient leurs capotes et qu'ils n'aient besoin de rien.

Faites partir trente boulangers, un ordonnateur, tous les caissons qui vous restent, tous les caissons d'ambulance qui vous restent, des chirurgiens en proportion et un autre commissaire des guerres.

Le colonel-major Boyer se rendra en toute diligence à Poitiers et y sera rendu avant les troupes. Il ne sera fait aucun établissement pour les troupes ne devant pas rester à Poitiers. On se procurera seulement là quelques chevaux ou mulets pour remplacer les chevaux d'artillerie qui, en passant, seraient fatigués. Vous aurez soin que tout cela parte demain de Paris avant cinq heures du matin, afin que l'on ne s'aperçoive d'aucun mouvement dans Paris.

Faites partir de la Fère huit pièces de canon avec les caissons et approvisionnements nécessaires.

Vous ferez partir des détachements de chasseurs à cheval, de grenadiers à cheval et de dragons, de manière que le corps qui est à Bordeaux offre 200 hommes présents par escadron et en état de faire campagne. Vous ferez partir les Polonais qui restent, en ayant soin de ne faire partir cependant que des hommes en bon état et munis de tout. Vous ferez partir cent gendarmes d'élite.

Vous verrez le ministre de la guerre pour profiter du courrier qu'il expédiera dans trois heures, pour envoyer l'ordre au général Lepic de partir de Bordeaux avec toute ma Garde, infanterie, cavalerie et artillerie, pour être arrivé à Bayonne au plus tôt le 1ᵉʳ mars, et au plus tard le 3. Je donne ces trois jours de plus pour qu'on ne fasse aucune marche forcée.

Par le même courrier vous ferez passer une lettre du grand maréchal Duroc à Canisy, par laquelle il lui donnera l'ordre de partir avec tous mes chevaux, voitures, fourgons, pour suivre le mouvement de ma Garde sur Bayonne.

NAPOLÉON.

D'après l'original comm. par Mᵐᵉ la duchesse d'Istrie.

13579. — AU GÉNÉRAL BERTRAND,
AIDE DE CAMP DE L'EMPEREUR.

Paris, 18 février 1808.

Rendez-vous à Cherbourg; visitez les travaux de la digue, du fort Napoléon, le port et les constructions, et les magasins de toute espèce. Voyez dans quelle situation se trouve la digue, les moyens qu'il faut prendre pour établir deux batteries aux deux bouts qui défendent la passe. Il est impossible de laisser cette passe sans défense, vu que l'ennemi peut s'en emparer et brûler l'escadre que j'ai dans l'intérieur du port. Vous resterez sept jours à Cherbourg et me ferez un rapport sur tout cela. Jusqu'à quel degré puis-je compter sur la sûreté de la rade? Quand le port Napoléon pourra-t-il donner entrée à des vaisseaux? Peut-on y construire dès aujourd'hui des vaisseaux de guerre? Comment vont les constructions des frégates?

Vous irez de là aux îles Marcouf, pourvu, toutefois, qu'il n'y ait pas de dangers. Vous verrez les travaux, la garnison et les fortifications; on m'y dépense des sommes considérables pour la tour. Étudiez des moyens d'économiser le plus possible; une seule tour qui aurait 50 pieds de diamètre et 30 pieds de hauteur serait suffisante. Dans l'autre île, une tour ayant 18 pieds d'élévation et seulement trois toises de diamètre ne serait-elle pas suffisante pour défendre cette petite île, et combien coûterait-elle?

Vous irez de là au Havre. Vous verrez pourquoi les deux frégates que j'y ai ne sont pas parties; pourquoi les ingénieurs de l'intérieur ne maintiennent pas les chasses. Vous me ferez un mémoire sur les travaux des ponts et chaussées, sur ceux qui sont les plus pressants à faire, sur les magasins, sur les bois, sur l'arsenal, etc. Avant de partir du Havre, vous m'enverrez un long mémoire tant sur les îles Marcouf que sur le Havre.

Vous vous rendrez à Saint-Valery; vous y verrez l'état des travaux du canal de la Somme, les raisons qui ont fait manquer ce travail, et le cas où il se trouve.

De là vous irez à Boulogne, Wimereux, Ambleteuse. Vous me ferez un rapport sur les trois ports, sur les camps, sur la flottille, sur les troupes, hôpitaux et raisons de l'insalubrité. Y aurait-il du danger à réunir là des troupes? Aurais-je plus ou moins de malades que jadis, et, comme les maladies sont la première des considérations, quels seraient les préservatifs à prendre? Vous visiterez bien les fortifications qui ont été établies, les ouvrages de campagne. Vous m'adresserez votre mémoire et vous vous rendrez à Dunkerque et à Flessingue.

Vous m'écrirez de Dunkerque sur les frégates et les travaux du port. Qui empêche de mettre une frégate à la mer? Arrivé à Ostende, vous verrez la direction donnée aux travaux pour mettre cette place à l'abri d'un coup de main.

Flessingue sera l'objet d'un mûr examen. Vous visiterez d'abord les fortifications. Vous me soumettrez vos idées sur les moyens de défendre la place et si je puis compter sur l'inondation de l'île en cas de malheur. Vous reconnaîtrez l'emplacement où l'on pourrait établir trois forts pour éloigner l'ennemi d'un millier de toises. Vous me ferez connaître ce que coûteraient ces ouvrages et le parti qu'on pourrait tirer de l'eau pour leur défense. Ces observations faites, vous tournerez votre attention sur la marine; vous visiterez tous mes vaisseaux et les travaux du port. Vous prendrez des renseignements sur le nombre de jours que mettraient les vaisseaux à entrer et à sortir, vu l'obligation de les désarmer. Vous reconnaîtrez la situation des différents mouillages. Vous reconnaîtrez l'emplacement du fort de Cadzand, celui d'une batterie de vingt mortiers, pour défendre le mouillage de mon escadre et la passe de Flessingue; enfin quel parti l'on pourrait tirer de l'eau pour ce projet de travaux.

Vous irez à Anvers: vous y verrez les fortifications, le chantier, l'arsenal de la marine et du port civil.

Vous reviendrez en toute diligence me rejoindre, après avoir rédigé votre rapport sur Flessingue et Anvers.

Pourrait-on construire six autres vaisseaux de guerre, et où faudrait-il les placer?

D'après la minute. Archives de l'Empire.

13580. — A M. BERTHOLLET,
MEMBRE DE L'INSTITUT.

Paris, 18 février 1808.

Est-il vrai qu'un nommé Achard ait fait, à Berlin, de bon sucre avec de l'érable, et qu'on puisse faire également avec des navets du sucre qui est fort bon? Faites, je vous prie, des recherches là-dessus.

D'après la minute. Archives de l'Empire.

13581. — A EUGÈNE NAPOLÉON,
VICE-ROI D'ITALIE.

Paris, 18 février 1808.

Mon Fils, vous ne me dites pas si la frégate a été lancée à Venise; je ne reçois point de compte de cet arsenal. Les travaux pour agrandir la passe de Venise sont-ils commencés? Les différents travaux que j'ai ordonnés sont-ils en activité? Je dis la même chose pour Ancône. Il est bien important que ce port puisse contenir des vaisseaux de guerre.

NAPOLÉON.

D'après la copie comm. par S. A. I. Mme la duchesse de Leuchtenberg.

13582. — A EUGÈNE NAPOLÉON,
VICE-ROI D'ITALIE.

Paris, 18 février 1808.

Mon Fils, j'ai vu le budget des ministres. Celui de l'intérieur me propose une augmentation de trois millions sans raison; il porte 500,000 francs pour la Santé : je n'admets point cette dépense; déclarez que les maires, commandants et agents des douanes font l'office de conservateurs de la Santé. Il veut dépenser un million au canal de Pavie, au lieu de 400,000 francs que j'ai fixés dans mon budget; il veut dépenser pour les sbires plus que les sommes que j'ai arrêtées. J'ai dicté ces observations à Aldini. Témoignez au ministre de l'intérieur mon mécontentement de cette émancipation. Depuis quand mes ordres ne sont-ils pas exécutés? Il est plaisant que, lorsque je veux une chose, il en veuille une autre. Il veut dépenser mon argent pour le canal qui va du Reno au Pô; il faut qu'il soit bien ignorant s'il ne sait pas que ces dépenses se font aux frais des particuliers et ne sont point à la charge du trésor, et qu'il y a en caisse plus d'un million provenant des particuliers.

NAPOLÉON.

D'après la copie comm. par S. A. I. Mme la duchesse de Leuchtenberg.

13583. — A MAXIMILIEN JOSEPH, ROI DE BAVIÈRE.

Paris, 18 février 1808.

J'ai reçu la lettre de Votre Majesté. J'ai appris avec plaisir que la reine avait très-bien supporté les fatigues de la route et que sa santé n'avait pas été altérée. Je suis fâché que la grande quantité d'affaires que j'ai eues dans ce voyage m'aient empêché de faire ma cour à cette princesse aussi souvent que je l'aurais voulu; mais, absent depuis longtemps de ce royaume, mes journées étaient toutes occupées. Je n'ai pas oublié toutefois que j'ai promis de faire présent d'une robe à la reine. J'espère qu'elle la recevra comme une preuve de mon désir de lui être agréable.

J'ai appris également avec plaisir que la princesse Charlotte était contente du prince de Wurtemberg; elle n'aura jamais autant de bonheur que je lui en souhaite; car, indépendamment de l'intérêt que je prends à tout ce qui lui appartient, j'en prends un particulier à cette princesse.

Le prince de Neuchâtel a fait demander en mariage la princesse Élisabeth, nièce de Votre Majesté. Il me semble qu'ils sont d'accord. Je veux cependant être le premier à l'annoncer à Votre Majesté, connaissant son amitié pour le prince de Neuchâtel, qui me tient de si près par la vieille amitié que je lui porte.

<small>D'après la minute. Archives de l'Empire.</small>

13584. — AU VICE-AMIRAL DECRÈS,
MINISTRE DE LA MARINE.

Paris, 19 février 1808.

Les Anglais se servent de parlementaires pour envoyer toutes sortes de gens suspects sur le continent. Il ne faut recevoir aucun parlementaire à Morlaix, ni dans aucun de mes ports. Ainsi vous donnerez ordre qu'on ne laisse débarquer du parlementaire qui amènera M. d'Alopeus que ce ministre et les personnes de sa suite, en constatant qu'ils sont Russes, et qu'il n'y a aucun Anglais ni Allemand parmi eux; et vous enjoindrez qu'on ne laisse pas entrer le parlementaire dans le port.

<small>D'après la minute. Archives de l'Empire.</small>

13585. — A M. MOLLIEN,
MINISTRE DU TRÉSOR PUBLIC.

Paris, 20 février 1808.

Monsieur Mollien, il est nécessaire de coordonner le service de la trésorerie en Espagne. Mon intention est, en conséquence, que vous nommiez un payeur général chargé de centraliser les services du corps de la Gironde, du corps d'observation des côtes de l'Océan, de la division des Pyrénées occidentales et de celle des Pyrénées orientales. Ce payeur général partira sans délai et sera rendu pour le 28 février à Bayonne. Il prendra le titre de *Payeur général des corps d'armée en Espagne*. Vous pourrez mettre dans sa caisse les deux millions que je vous ai dit de mettre à ma disposition à Bayonne. Vous sentez qu'il faut un homme d'une grande probité et d'une grande intelligence. Comme la division des Pyrénées orientales se trouve éloignée de Bayonne par sa marche sur Barcelone, il faudrait, pour ce corps d'armée, mettre un payeur particulier sous les ordres du payeur général, et, pour assurer d'avance le service pour mars et pour avril, faire fournir les fonds nécessaires par le payeur de la 10º division militaire, qui comptera de ce premier envoi avec le payeur général. Tout cela simplifiera le service de la trésorerie, et tout sera en règle.

NAPOLÉON.

D'après l'original comm. par Mme la comtesse Mollien.

13586. — AU GÉNÉRAL CLARKE,
MINISTRE DE LA GUERRE.

Paris, 20 février 1808.

Monsieur le Général Clarke, la conduite du général Darmagnac est d'un homme qui n'a aucune expérience. Envoyez un de vos officiers à Pampelune, et chargez-le de faire diriger l'artillerie du général Darmagnac sur cette place. Il me tarde de savoir que cette petite division a ses douze pièces de canon. Ce général aurait dû être plus coulant et montrer moins de défiance.

Envoyez un autre officier à Barcelone pour porter l'ordre au général Duhesme de tenir ses troupes réunies et en règle, afin de pouvoir, dans tous les cas, répondre de la place et des troupes qui s'y trouvent. Je suppose qu'il est maître des forts et de la citadelle. Je ne vois pas dans ses lettres dans quelle situation sont la place de Figuières et les autres forts qui sont entre Barcelone et la France; quelles garnisons il y a, et qui en est le maître. L'officier que vous enverrez prendra des renseignements sur tous ces objets, sur les munitions de guerre, troupes et moyens de défense dans la Catalogne. L'officier que vous enverrez à Pampelune prendra les mêmes renseignements dans la Biscaye: celui-ci ira jusqu'à Aranda. Par ces mêmes officiers, vous enverrez au maréchal Moncey une ordonnance de 50,000 francs, dont il rendra compte, pour dépenses de courriers, dépenses secrètes et autres de même nature. Vous enverrez également une ordonnance de 2,000 francs au général Darmagnac pour le rembourser de ses frais, et vous lui donnerez l'ordre de rester à Pampelune à la division des Pyrénées occidentales, dont le général Merle prend le commandement. Vous donnerez l'ordre au général Merle, qui est à

Vittoria, de se rendre à Pampelune pour prendre le commandement de la division des Pyrénées occidentales, occuper la citadelle et tout concilier; mais qu'avant tout il réunisse son artillerie. Vous mettrez à la disposition de ce général une ordonnance de 6,000 francs. Vous mettrez également à la disposition du général Dupont 50,000 francs pour frais de courriers, dépenses secrètes, etc. Ces généraux vous rendront compte de l'emploi de ces sommes, afin que vous puissiez affecter aux services de l'artillerie et du génie ce qu'ils auraient dépensé pour ces services, et pour que ce qu'ils verseront pour le service général, soit dans les caisses du génie, soit dans la caisse de l'artillerie, leur soit sur-le-champ remplacé.

Avant d'expédier vos officiers, vous aurez soin de les munir des ordres du trésor public pour les payeurs. Vous ferez donner également 15,000 francs au général Duhesme avec la même destination.

NAPOLÉON.

D'après la copie. Dépôt de la guerre.

13587. — AU GÉNÉRAL CLARKE,
MINISTRE DE LA GUERRE.

Paris, 20 février 1808.

Monsieur le Général Clarke, je désire que vous fassiez des recherches et que vous me présentiez un rapport sur les régiments suisses et irlandais que les Espagnols ont à leur service, et sur les moyens, en cas d'événement, de se concilier les uns et les autres. Les régiments irlandais sont-ils composés de vrais Irlandais?

NAPOLÉON.

D'après la copie. Dépôt de la guerre.

13588. — AU GRAND-DUC DE BERG,
LIEUTENANT DE L'EMPEREUR EN ESPAGNE.

Paris, 20 février 1808.

Mon ministre de la guerre a dû vous faire connaître que je vous ai nommé mon lieutenant auprès de mon armée en Espagne. Le 2ᵉ corps de la Gironde que commande le général Dupont, le corps d'observation des côtes de l'Océan que commande le maréchal Moncey, la division des Pyrénées occidentales que commandait le général Mouton et que je viens de donner au général Merle, la division des Pyrénées orientales que commande le général Duhesme, le détachement de ma Garde à pied et à cheval que commande le général Lepic, les troupes formant les 16e, 17e et 18e régiments provisoires, les cinq bataillons des légions de la réserve qui vont se compléter à Bordeaux, forment les armées près lesquelles je vous ai nommé mon lieutenant, et auxquelles vous devez, en cette qualité, donner tous les ordres nécessaires pendant mon absence. Le corps de la Gironde a son quartier général à Valladolid; celui des côtes de l'Océan a son quartier général à Burgos; la division des Pyrénées occidentales est à Pampelune; celle des Pyrénées orientales est à Barcelone; la division de ma Garde a ordre d'être rendue du 1er au 3 mars à Bayonne; enfin le général Savary est parti aujourd'hui pour Orléans, et il est probable que, demain ou après-demain, les 16e, 17e et 18e régiments provisoires se mettront en route pour Bordeaux. Avant qu'ils soient arrivés, je vous ferai connaître la destination de ces troupes.

Des régiments provisoires de cavalerie se réunissent à Poitiers. Le ministre de la guerre vous fera connaître la formation de plusieurs régiments de marche qui vont renforcer les régiments de cavalerie que j'ai en Espagne. Plusieurs régiments d'infanterie, de marche, indépendamment des régiments provisoires réunis à Orléans, se forment également pour aller renforcer les douze premiers régiments provisoires qui sont au corps du maréchal Moncey. Le général la Riboisière commande en chef l'artillerie et va se rendre à Bayonne. J'ai donné ordre au ministre du trésor public d'y envoyer un payeur général. Un commandant en chef du génie va être nommé, ainsi qu'un ordonnateur en chef faisant fonction d'intendant.

Vous ferez prendre l'avance à un de vos aides de camp, qui se rendra à Valladolid, et à un autre, qui se rendra à Burgos, pour prendre l'état de situation du corps du maréchal Moncey et celui du corps du général Dupont. Vous en enverrez un troisième à Pampelune, pour avoir la situation de la division des Pyrénées occidentales. Vous écrirez, par ces aides de camp, aux généraux, pour leur faire connaître votre arrivée à Bayonne et leur donner les instructions nécessaires en cas d'événements imprévus.

Le général Dupont doit avoir 300,000 rations de biscuit, c'est-à-dire des vivres pour son corps d'armée pendant quinze jours. 300,000 rations de biscuit ont dû être transportées de Bayonne à Vittoria; ce qui donne aussi des vivres pour quinze jours au corps du maréchal Moncey. Donnez ordre que ces vivres soient transportés sur Burgos, et que, de plus, il en soit confectionné dans cette dernière ville, afin que les quinze jours de vivres au corps du maréchal Moncey soient bien assurés.

Le général la Riboisière, commandant l'artillerie, qui connaît tous les ordres que j'ai donnés, dirigera les mouvements des différents parcs conformément à mes intentions.

Vous verrez par la correspondance ci-incluse, dont vous prendrez connaissance et que vous renverrez ensuite au ministre de la guerre, que le général Darmagnac, qui avait le commandement de la division des Pyrénées occidentales, n'est pas entré dans la citadelle de Pampelune et s'est contenté d'occuper la ville. C'est une grande imprudence à lui d'être entré dans la ville avec 2,500 hommes sans son artillerie. Sa division doit être forte actuellement de 3,000 hommes; douze pièces d'artillerie y sont attachées; il faut, sans délai, les lui faire parvenir, en faisant faire à cette artillerie un détour par le grand chemin, puisqu'on ne peut l'envoyer directement à cause des neiges. Du moment que vous serez certain que les douze pièces de canon sont à Pampelune, et que le général Merle, auquel je viens de donner le commandement de cette division, y est arrivé, vous écrirez au commandant général de la Navarre qu'il vous est nécessaire d'occuper la citadelle de Pampelune, afin de mettre mes derrières en sûreté; que je suis en paix avec le roi d'Espagne, mais qu'il faut, puisque des intérêts communs obligent mes troupes à entrer en Espagne, que les derrières soient gardés, etc. Du reste, vous chargerez ceux que vous enverrez là d'assurer les habitants de la province que, quelques événements qui puissent arriver, je serai le premier à défendre l'intégrité de leurs priviléges.

Après la citadelle de Pampelune, la plus importante est celle de Saint-Sébastien. Vous enverrez voir la situation dans laquelle elle se trouve, et, si elle en mérite la peine, vous la ferez occuper, ainsi que toute autre forteresse qui se trouverait entre Valladolid et Pampelune et la France, afin que nos derrières de l'armée soient parfaitement tranquilles.

L'aide de camp que vous enverrez au général Moncey ira jusqu'à Aranda sur le Duero, et vous manderez au général Dupont de vous envoyer l'itinéraire de Valladolid à Madrid, et au maréchal Moncey de vous envoyer celui d'Aranda à Valladolid, et de Burgos à Aranda et à Madrid, en faisant connaître la position, les montagnes et le nombre de jours qu'il y aurait à vivre.

Vos communications avec les commandants espagnols doivent être amicales, et vous ne devez donner pour explication de l'occupation des forteresses que le besoin de mettre en sûreté les derrières de l'armée. S'il arrivait que le commandant général de la Navarre se refusât à rendre la forteresse de Pampelune, vous emploieriez les troupes du maréchal Moncey pour l'y forcer.

Du reste, il est inutile que vous ayez aucune communication avec la cour d'Espagne jusqu'à ce que je vous en aie donné l'ordre.

Le principal, avant tout, c'est d'occuper la citadelle de Pampelune.

D'après la minute. Archives de l'Empire.

13589. — AU GRAND-DUC DE BERG,
LIEUTENANT DE L'EMPEREUR EN ESPAGNE.

Paris, 20 février 1808.

Je vous ai envoyé ce matin vos instructions; voici ce que j'ai à y ajouter.

Deux bataillons de chasseurs de ma Garde, commandés par le général Friederichs et formant 1,200 hommes; six pièces d'artillerie; un régiment polonais; un escadron des chasseurs de ma Garde, fort de 200 hommes; un escadron de grenadiers à cheval de ma Garde, de même force; un escadron de dragons et 160 gendarmes d'élite, formant en tout près d'un millier d'hommes de ma Garde, doivent arriver à Bayonne au 1ᵉʳ mars. Vous ferez rester en arrière un détachement par arme, composé des hommes les plus fatigués; vous leur accorderez séjour à Bayonne et, le lendemain ou le surlendemain, vous les ferez partir pour Vittoria, où je désire qu'ils arrivent, si cela est possible, du 8 au 10 mars. Vous laisserez sur la frontière d'Espagne un officier de gendarmerie d'élite avec 20 hommes, afin de surveiller tous les mouvements et de contenir la désertion. Cet officier adressera chaque jour au général Savary, qui sera près de moi, un rapport sur ce qui passe, allant et venant. Je désire par ce moyen être bien instruit de tous les détachements, bataillons et transports de vivres qui passeraient.

J'ai donné des ordres pour qu'il fût levé 500 mulets de bât dans les pays basques, et qu'ils fussent embrigadés de manière que les conducteurs soient français.

Ce qui m'importe par-dessus tout, c'est que la citadelle de Pampelune soit occupée par mes troupes, afin que la division Merle devienne disponible. Du moment qu'on en sera maître, on y mettra pour garnison 6 ou 700 hommes, en prenant les trois petits bataillons qui sont dans la division des Pyrénées occidentales; on y placera aussi un commandant, un commissaire des guerres, un officier du génie, un officier d'artillerie avec une demi-compagnie d'artillerie, pour procéder sans ostentation à l'armement de la citadelle, la mettre hors de danger d'être surprise et en état d'imposer au pays.

J'ai à Bordeaux cinq bataillons, qui sont les 4ᵉˢ des cinq légions de la réserve. Ces cinq bataillons ne forment guère qu'une force de 1,400 hommes; mais 1,600 hommes que j'ai appelés des compagnies départementales doivent être rendus à Bordeaux, ce qui porte ces bataillons à 3,000, situation suffisante, puisque ces bataillons ne sont qu'à quatre compagnies. J'ai donné ordre que ces régiments formassent une seconde brigade sous les ordres d'un général de brigade, et que cette brigade fît partie de la division des Pyrénées occidentales que commande le général Merle. A votre passage à Bordeaux, vous aurez soin de parler au général Drouet, qui y commande la division militaire, pour qu'il ait à passer la revue de ces bataillons et à activer le plus possible leur organisation.

car mon intention est que ces cinq bataillons soient rendus le plus tôt possible à Pampelune ou à Fontarabie.

Aussitôt que la citadelle de Pampelune sera occupée par mes troupes, vous donnerez l'ordre à la 3ᵉ division du corps du maréchal Moncey de se rendre à Vittoria et à Burgos, afin que Vittoria soit désencombrée pour recevoir ma Garde. En la faisant partir, vous ordonnerez d'ailleurs qu'elle laisse des piquets depuis la frontière jusqu'à Vittoria, pour pouvoir vous escorter; car il est possible que vous portiez bientôt votre quartier général à Vittoria.

Si, au contraire, vous tardiez à être mis en possession de la citadelle de Pampelune, il faudrait faire faire un mouvement à cette 3ᵉ division du corps du maréchal Moncey, pour la rapprocher de la place et exiger sérieusement que la citadelle soit remise.

D'après la minute. Archives de l'Empire.

13590. — A JÉRÔME NAPOLÉON, ROI DE WESTPHALIE.

Paris, 21 février 1808.

Mon Frère, les Polonais continueront à être à mon service. Dirigez-les sans délai sur Mayence, et n'en gardez pas un homme; mon intention n'est pas que vous écrémiez ce qu'il y a de bon et que vous m'envoyiez le reste. Faites partir d'abord les lanciers, qui me sont le plus utiles. Ils trouveront à Mayence des ordres pour se diriger ailleurs. Vous voyez que je lève ma conscription, et que les circonstances me permettent de ne pas mettre de troupes chez vous. J'espère que vous profiterez de ces heureuses circonstances pour lever une armée. L'horizon n'est pas encore clair, et, si la guerre devait recommencer à l'automne prochain, il faut que vous soyez organisé, et que vous puissiez entrer en campagne avec deux belles divisions d'infanterie et de cavalerie, et que vous me rendiez un contingent au moins triple de celui que fournissait Hesse-Cassel. Vous savez que votre population est quintuple.

NAPOLÉON.

D'après la minute. Archives de l'Empire.

13591. — NOTES POUR LE MINISTRE DES FINANCES,
SUR LA CAISSE D'AMORTISSEMENT.

Paris, 22 février 1808.

PREMIÈRE DICTÉE.

La caisse d'amortissement n'a pu amortir que les mois de l'an XII; elle aura 70 millions libres de toute charge, et dont le capital et les intérêts doivent aller au profit de l'amortissement. Mais ces 70 millions vont lui être payés : 30 millions, à raison de 1,500,000 francs de rente. Il faudrait savoir combien les 40 millions qu'a touchés la caisse d'amortissement lui ont produit de rente. C'est un défaut des écritures établies par la caisse d'amortissement de ne pas considérer à part ses différentes fonctions. Il faut essayer, si cela est possible, d'établir ce compte, et de chercher en quelle nature de biens lui ont été donnés les 40 millions de la trésorerie et ce qu'ils ont produit de rente; et, s'il y a difficulté pour le passé, il faut au moins le faire pour l'avenir. La caisse d'amortissement paraît avoir besoin de trois comptes distincts : 1° comme caisse d'amortissement; 2° comme caisse de garantie des obligations, des cautionnements et de leurs intérêts; les obligations protestées entrent dans ce calcul; 3° comme caisse de dépôt, qui se divise en autant de parties qu'il y a de parties prenantes.

1° Il faut ici fixer les points de la législation. Nous n'avons pas le droit de disposer d'un profit fait par la caisse d'amortissement proprement dite, pour un autre service. Nous serions en contravention avec les lois de l'amortissement; nous ne tenons pas nos promesses. Ainsi, lorsque le ministre des finances établit que la caisse d'amortissement a 22 millions de profit et qu'il propose d'en prendre une partie, il viole les lois de l'amortissement, non pas en tout, mais en partie.

2° Comme caisse de garantie des obligations, le compte doit être établi pour le passé, et, si cela est impossible, au moins pour l'avenir. Il se compose de pertes et de gains; la perte est dans les obligations protestées, sinon pour le fonds, au moins pour l'intérêt; son gain se compose d'un placement plus fort qu'elle donne à ses fonds au-dessus des intérêts des cautionnements. C'est sous ce point de vue que le ministre des finances dit avec raison que, une partie des 22 millions, elle les gagne comme caisse de garantie, et qu'il est autorisé à en faire compensation avec ses pertes au même titre, avant de faire intervenir le trésor. Il faut essayer d'établir ce compte pour le passé.

3° Comme caisse de dépôt, la caisse d'amortissement ne peut faire que des profits. Les conditions de la caisse de dépôt et de réserve sont tout à son avantage; également des consignations et caisses des retraites.

Il est nécessaire d'établir quel a été son profit sous ces points de vue. Nous arrêtons son profit au 1er janvier 1808. Le ministre des finances est autorisé à le faire venir au secours de la caisse de garantie. Il faut, dans le travail que le ministre des finances proposera pour conclure à l'annulation d'une partie des obligations protestées[1]................... de manière qu'on voie bien que la caisse d'amortissement, comme amortissement, est inviolable.

Pour l'avenir, le ministre doit proposer, soit par un décret, soit par un règlement, des règles invariables, où le jeu de la caisse d'amortissement soit réglé. Pour le passé, s'il est impossible de faire ce compte régulièrement et absolument, il faut le faire équitablement; c'est un procès d'arbitrage. Ayant ainsi posé les bases et donné une nouvelle consistance au principe de l'amortissement, il reste à savoir tout ce que la caisse d'amortissement pourra amortir chaque année et dans l'espace de quinze années, à compter du 1er janvier 1808, en employant à l'amortissement, 1° les 40 millions qui lui sont acquis; 2° les fonds qui lui seront attribués par arbitrage pour les profits qu'elle a faits; 3° les 1,500,000 francs de rente que nous voulons lui donner pour payement des 30 millions restants. Avec 4 millions de rente, en supposant que tel soit le résultat, combien[1]......................................

Mon but serait, dans quinze ans, d'arriver à l'extinction de 10 millions de rente, de manière que les 60 millions inscrits sur le grand-livre pour la caisse d'amortissement seraient réduits à 50 millions dans quinze ans.

S'il est nécessaire, pour arriver à cette extinction, on pourrait faire

[1] Cette lacune est dans le texte.

de nouvelles concessions à la caisse d'amortissement, telles que les rentes viagères, qu'on pourrait payer à 17 millions.

On fera connaître également quelle sera l'extinction présumée des rentes viagères, tant pour la France, etc. et des pensions, etc. de manière que les cinq pour cent supposés à 60 millions, les rentes viagères à 18 millions, y compris[1]....... les pensions ecclésiastiques supposées à 26 millions, forment une dette réelle de 104 millions, ou charge annuelle pour l'état, au-dessus des charges de l'administration, car le clergé est doté. Je ne comprends pas les pensions militaires et civiles qui sont une charge constante de l'état. Quelle sera l'extinction de 104 millions dans quinze ans, en 1823; cela passera-t-il 60 millions? Je ne crois pas qu'elle aille à 70 millions: nous supprimons donc, dans ces quinze ans, de 30 à 35 millions.

On fera une récapitulation qui fasse connaître à combien les pensions civiles peuvent être réduites dans quinze ans; les autres pensions seront calculées d'après ce qui s'est fait en six ans, en n'y comprenant pas les liquidations qui tiennent à une matière qui s'épuise. Quels sont les individus qui ont obtenu des pensions civiles? Les différentes régies n'y ont pas droit; elles ont un fonds. Les militaires ont un traitement; il n'y a donc que les ministres, les conseillers d'état, les préfets, quelques maires, les juges, les gens de lettres, les artistes des théâtres et quelques actes de la munificence impériale.

Les pensions militaires doivent être aussi susceptibles d'une réduction en quinze ans; la faire connaître. Le calcul des nouvelles pensions est plus difficile à faire.

On fera connaître l'augmentation des pensions militaires depuis huit ans. Faire connaître celles données à d'anciens militaires et celles qui tiennent au service courant de l'état. Peut-on espérer sur cette partie une réduction de 10 millions en quinze ans? Le ministre demandera à M. Lacuée la distinction entre pensions de l'armée active et pensions de l'ancien régime.

Faire un mémoire de ce qui tient aux pensions civiles et ecclésiastiques.

[1] Cette lacune est dans le texte.

Tous les ans, dans le compte de l'amortissement, on déclarera que telle partie de la caisse d'amortissement, fonctionnant comme garantie ou comme caisse de dépôt, sera, soit au profit du trésor, soit au profit de la caisse même; et ainsi, chaque année, la caisse sera régénérée.

Pour bien faire ce travail, il faut un rapport accompagné d'un gros volume où tous les décrets pris depuis l'an VIII seront rappelés.

DEUXIÈME DICTÉE.

La caisse d'amortissement a été instituée pour remplir plusieurs devoirs et principalement trois fonctions distinctes : 1° l'amortissement de la dette publique; 2° la garantie des obligations des receveurs généraux qu'elle doit rembourser en cas de protêt; la garde et l'emploi successif du capital des cautionnements, à la charge d'en acquitter les intérêts; 3° le placement et la manutention de divers fonds qui y sont déposés, pour lesquels elle doit par ses opérations se créer des intérêts, dont elle rend compte en tout ou partie aux propriétaires.

C'est la loi de floréal an X qui a constitué, à proprement parler, l'amortissement, en y affectant un fonds de 70 millions, payable à raison de 10 millions par année à compter de l'an XII. Sur ces 70 millions, il en a été versé 40 à la caisse d'amortissement, et c'est ce qui était dû pour les quatre années expirées jusqu'au mois de septembre dernier. Si, par le résultat des ventes de biens nationaux, payables en *monti*, faites par la caisse d'amortissement, cette caisse parvient à réaliser un profit équivalant à 1,500,000 livres de rente; si, par exemple, pour 1,700,000 livres de rente qu'elle aurait données en payement des domaines qui lui auraient été cédés, elle s'était acquis par la revente une quantité de *monti* qui donnât lieu à une inscription de 3 millions de rente sur le grand-livre, cette opération, créant pour elle un bénéfice de 1,500,000 livres en rentes, équivaudrait, au denier vingt, à la création ou concession d'un capital de 30 millions; et, si tel était le résultat de l'opération, les 70 millions attribués à la caisse d'amortissement par la loi de l'an XII pourraient être considérés comme déjà soldés. Mais il faudrait examiner comment se trouvent représentés dans l'actif de cette caisse, et comment peuvent contribuer, sous leur forme actuelle, aux effets de l'amortissement, les 40 premiers millions versés pour les quatre années échues. C'est un défaut des écritures de la caisse d'amortissement de n'avoir pas assez distingué ces différentes fonctions. Il faut essayer, si cela est possible, d'établir cette distinction, de connaître en quelle nature de valeurs les 40 millions ont été donnés à la caisse d'amortissement, l'emploi qui en a été fait, la quantité de rentes qui ont été achetées, ce qui enfin est résulté pour la marche de l'amortissement du fonds spécialement affecté à cette destination. Quelques autres recouvrements ont dû être aussi dirigés vers le même emploi, tels que des extinctions de rentes viagères, etc. L'analyse de leur emploi appartient au même compte; il doit être possible de l'établir pour le passé; dans tous les cas, il est indispensable de le former et de le maintenir pour l'avenir.

La caisse d'amortissement doit donc avoir trois grandes divisions dans son compte général, comme elle a trois fonctions distinctes. Le premier compte doit analyser, classer et définir toutes les opérations faites sur les fonds publics, en amortissements progressifs, par l'emploi du capital dotal en achats de cinq pour cent et par l'emploi successif des intérêts de ces cinq pour cent dont la caisse s'est rendue propriétaire par ses achats. La seconde partie du compte, elle doit la rendre comme caisse de garantie pour le remboursement des obligations protestées, pour la conservation et l'emploi du capital des cautionnements, pour le payement des intérêts de ces cautionnements. Le résultat de ce compte doit mettre en rapport les capitaux avancés par la caisse d'amortissement en remboursement d'obligations protestées, les intérêts qui lui sont dus sur ces avances, et la différence entre les intérêts qu'elle paye sur les cautionnements et les intérêts qu'elle obtient par l'emploi de leurs capitaux. La troisième partie du compte doit présenter la caisse d'amortissement comme caisse de dépôt pour les divers dépôts que le Gouvernement y fait verser, soit sur quelques produits spéciaux, soit suivant la loi des consignations, soit sur le produit des quarts de réserve des communes, soit sur les fonds de retraites des ministères et administrations publiques.

Dans l'état actuel des finances, qui permet d'adopter des règles fixes, il devient surtout indispensable de fixer le système et la législation de l'amortissement. Le fonds qui y est affecté, avec les accroissements successifs qu'il obtient par l'intérêt de la dette publique rachetée, ne peut être détourné sans contravention à l'engagement public qui résulte d'un système raisonné d'amortissement. Si donc, dans les 20 millions de profit que présente la caisse d'amortissement depuis sa création, une portion représente l'accumulation résultant de l'emploi du fonds primitif en achats de cinq pour cent, lequel a produit des revenus employés en nouveaux achats de dette publique, cette partie des bénéfices ne pourrait, sans violation de la loi, être détournée de sa destination spéciale; elle doit continuer de faire partie intégrante du fonds de l'amortissement, et le ministre des finances ne peut pas proposer d'en faire un autre emploi.

Le second compte de la caisse d'amortissement, considérée comme caisse de garantie pour les obligations et pour les cautionnements, doit aussi être établi distinctement pour le passé, s'il est possible, et il faut qu'au moins, à partir de cette année, il le soit invariablement pour l'avenir. Ce compte pourrait se composer de pertes et de gains. La perte résulterait du défaut de remboursement des avances pour obligations protestées et du non-payement des intérêts de cette avance; le gain se composerait de la différence entre l'intérêt légal payé sur les cautionnements et l'intérêt obtenu sur l'emploi du capital des cautionnements. Une partie des 20 millions de profit obtenus par la caisse d'amortissement résulte de cette différence. C'est sur elle que le ministre des finances peut proposer une compensation pour couvrir d'autant la caisse d'amortissement de ses avances et pertes d'intérêts sur les obligations protestées, avant de faire intervenir le trésor public.

La caisse d'amortissement, comme caisse de dépôt, ne peut avoir que des profits, car partout où l'intérêt qu'elle paye n'est pas égal à celui qu'elle reçoit, l'intérêt qu'elle paye est inférieur. Il faut faire la balance de ses intérêts actifs et passifs jusqu'au 1er janvier 1808. La différence en profits sur ce troisième compte peut être employée par le ministre des finances à secourir la caisse de garantie, à la couvrir d'autant de son avance en capital et en intérêts sur les obligations protestées, et à opérer une annulation proportionnelle de répétitions sur le trésor pour raison de ces obligations Il doit résulter du jeu de ces trois combinaisons que le fonds d'amortissement, circonscrit dans le premier compte, doit progressivement marcher vers son but, sans être jamais altéré ni violé; tandis que les bénéfices constatés par le résultat des deux autres comptes deviennent, sous l'administration du directeur général, une partie du revenu public, qui devient libre et disponible pour les besoins publics, auxquels le ministre peut les appeler à contribuer.

Il devient indispensable d'établir en système et de fixer, par un décret et par un règlement, cette forme de procéder que devra suivre, à l'avenir, la caisse d'amortissement divisée, ainsi qu'il vient d'être dit, en caisse d'amortissement proprement dite, en caisse de garantie et en caisse de dépôt. Il serait extrêmement désirable que cette distinction pût remonter jusqu'à son origine, et il faut le tenter. Il est au moins indispensable qu'elle soit invariablement observée pour l'avenir, c'est-à-dire à compter du 1er janvier dernier. S'il était impossible, ce qu'on a peine à croire, que les écritures passées se pliassent à cette décomposition, il faudrait y suppléer du moins par des approximations et par une espèce d'arbitrage qui missent le ministre des finances en état de régler l'emploi du bénéfice résultant des trois comptes dans l'ordre et selon la destination indiqués ci-dessus.

Il faut examiner ensuite la question de savoir combien la caisse d'amortissement pourrait amortir et s'approprier de rente en cinq pour cent, chaque année, pendant quinze ans à compter du 1er janvier 1808, en y employant, 1° le produit des 40 millions qu'elle a reçus sur les fonds de la loi de l'an x; 2° la portion qui pourra rester disponible pour elle sur les profits qui seront arbitrés comme devant appartenir au second et au troisième compte; 3° les 1,500,000 livres de rente qui pourront lui être abandonnées en payement des 30 millions restant pour compléter les 70. Si, par exemple, les biens nationaux qu'elle a acquis en échange des rentes qu'elle avait rachetées, ou si les domaines nationaux qui lui ont été donnés en payement d'une partie de ces 40 millions, produisaient 3.500.000 livres de rente, 2 millions représenteraient l'intérêt.

à cinq pour cent, des 40 millions; 1,500,000 francs représenteraient le capital des 30 millions restant pour solder les 70 millions promis par la loi de l'an x; et, s'il y était ajouté, sur le disponible des autres profits, 500,000 francs par année, le fonds annuel d'amortissement se trouverait élevé de 4 millions. Or, combien ces 4 millions rachèteraient-ils de cinq pour cent en quinze années, en supposant la variation du cours depuis 85 jusqu'au pair, c'est-à-dire jusqu'à 100?

Le but de l'Empereur serait d'arriver, en quinze années, à l'extinction de 10 millions de rente, de manière que, si les nouvelles inscriptions sur le grand-livre devaient définitivement élever jusqu'à 60 millions le total de la dette constituée, cette dette se trouvât en 1823 réduite à 50 millions par l'effet de l'opération ci-dessus. Si la composition des 4 millions, telle qu'elle vient d'être établie, pouvait être contestée et pouvait être réduite, il serait possible de couvrir l'insuffisance par de nouvelles concessions à faire à la caisse d'amortissement; et il serait possible, par exemple, en fixant à 17 millions par le budget la somme à payer pour les rentes viagères, de faire profiter la caisse d'amortissement de tout ce dont les rentes viagères exigibles resteraient inférieures à cette somme.

En conséquence du nouvel ordre établi ci-dessus, le compte annuel que publie la caisse d'amortissement devra présenter d'une manière distincte et séparée le résultat de ce qu'elle aura fait pour l'amortissement proprement dit et de la progression de l'amortissement, le résultat de ses opérations comme caisse de garantie, et le résultat de ses opérations comme caisse de dépôt.

Pour assurer la marche de ce travail, il sera nécessaire qu'il soit précédé par un rapport qui rappellera et résumera tous les décrets à l'exécution desquels l'amortissement a été appelé à concourir depuis l'an x. On examinera si cette législation ne devra pas être fondue dans un règlement général.

L'Empereur désire savoir, en supposant que la dette constituée soit à 60 millions, les rentes viagères à 18 millions, les pensions ecclésiastiques à 26 millions, ce qui compose 104 millions de charge annuelle, au delà de celles du service actif du Gouvernement, quelle sera la réduction opérée dans cette dépense annuelle de 104 millions après une révolution de quinze années. On comprendra dans le calcul les progrès de l'amortissement pour 10 millions, en dégradation de la rente perpétuelle, ce qui la réduirait de 50 à 60; la dégradation des deux autres parties ne peut-elle pas être évaluée de 20 à 25 millions dans cet espace de quinze années?

Sa Majesté désire aussi savoir à quelle somme les pensions civiles pourront être réduites dans quinze ans; les accroissements probables devront être pris en considération; on en cherchera le calcul dans les résultats des six années qui viennent d'expirer, mais sans y comprendre les pensions résultant de la liquidation générale, qui tiennent à une matière qui s'épuise.

Il faut faire le relevé des individus qui ont obtenu des pensions civiles autrement que par liquidation résultant d'anciens droits ou d'anciennes pensions depuis l'an VIII. Les différentes administrations publiques n'ont pas dû fournir matière à cette dépense, puisqu'elles ont toutes un fonds de retenues qui se convertit en retraites. Il ne doit y avoir lieu à pensions civiles que pour les ministres, les conseillers d'état, les préfets, leurs veuves, les juges, quelques maires, gens de lettres, artistes, etc.

Les pensions militaires doivent être susceptibles de réduction en quinze ans. Il convient de faire connaître le montant des nouvelles pensions militaires accordées depuis huit ans. Il faut distinguer celles qui ont été données à d'anciens militaires pour des services antérieurs à l'an VIII, de celles qui tiennent au service courant. Est-il possible d'espérer sur les pensions, d'après la marche naturelle des extinctions, une réduction de 10 millions en quinze années? Il sera bon de demander, à cet égard, des observations au ministre d'état M. Lacuée: il doit pouvoir fournir la distinction entre les pensions de l'armée active et les pensions pour services relatifs à l'ancien régime. Il convient de faire des états et des mémoires séparés sur les pensions civiles, sur les pensions ecclésiastiques et sur les pensions militaires.

D'après la minute. Archives des finances.

13592. — AU PRINCE DE NEUCHÂTEL,
MAJOR GÉNÉRAL DE LA GRANDE ARMÉE.

Paris, 22 février 1808.

Mon Cousin, écrivez au prince de Ponte-Corvo qu'il est nécessaire qu'il se rende de sa personne auprès du prince royal, et qu'il s'assure des moyens de passer en Seeland; qu'il peut employer à cette expédition les Français qui sont à Hambourg, les Espagnols et une division hollandaise; mais que tant de troupes ne pourront point passer; qu'on fera des démonstrations du côté de l'île de Rügen; mais qu'il n'est pas possible de pénétrer de ce côté en Suède, vu que nous n'avons pas de vaisseaux, et que le trajet de la mer est trop long. Vous lui ferez connaître également que, si c'est lui qui a fait occuper le pays d'Oldenburg, il le fasse entièrement évacuer, vu que la Russie s'intéresse beaucoup au prince qui y gouverne. Écrivez au maréchal Soult que, quoique je sente la difficulté de pénétrer en Suède par l'île de Rügen, je désire cependant menacer l'ennemi de ce côté; qu'il doit donc réunir là des bâtiments et des moyens d'embarquement, intercepter la communication et annoncer l'intention de passer par là en Suède. Il ne saurait faire trop de bruit, puisqu'il est difficile de tenter quelque chose. Vous enverrez, par des officiers, ces ordres aux maréchaux Soult et prince de Ponte-Corvo.

NAPOLÉON.

D'après l'original. Dépôt de la guerre.

13593. AU GÉNÉRAL CLARKE,
MINISTRE DE LA GUERRE.

Paris, 22 février 1808.

Monsieur le Général Clarke, vous devez avoir reçu mon décret pour la nouvelle organisation de l'armée. Je me suis hâté de vous l'envoyer, ainsi que les différents tableaux, afin que vous puissiez donner tous les ordres préparatoires. Mon intention est cependant qu'aucun dépôt ne se mette en marche pour sa nouvelle destination, et qu'aucun embrigadement ne soit fait qu'en conséquence d'une instruction que vous donnerez aux généraux chargés de ce travail, et qui, avant d'être expédiée, sera mise sous mes yeux. Voici quelles sont mes vues; je vous les fais connaître afin que cela vous serve pour la rédaction de cette instruction.

3ᵉ Corps de la Grande Armée. Vous chargerez le maréchal Davout de faire l'opération pour son corps d'armée. Il y a dans ce corps d'armée des régiments qui ont deux bataillons et d'autres qui en ont trois. Le 17ᵉ de ligne a-t-il son 3ᵉ bataillon en Pologne, ou bien ce 3ᵉ bataillon est-il toujours en deçà de l'Elbe? Cela est nécessaire à savoir pour arriver à la formation. Si ce 3ᵉ bataillon est en deçà de l'Elbe, vous lui donnerez l'ordre de retourner à Boulogne, où est le 4ᵉ bataillon, afin d'y procéder à sa formation. Le 12ᵉ de ligne a deux bataillons au 3ᵉ corps; il n'y a pas de difficulté pour le former à trois bataillons. Il en est de même des 25ᵉ, 48ᵉ, 65ᵉ, 85ᵉ, 108ᵉ et 111ᵉ. Tous ces régiments, ayant un effectif de plus de 2,000 hommes, auront l'effectif de leurs cadres rempli à raison de 140 hommes par compagnie. Mais les 30ᵉ, 33ᵉ, 61ᵉ, ayant moins de 2,000 hommes à l'effectif, n'auront pas assez pour former leurs trois bataillons. Mon intention est donc que vous ordonniez que l'on forme les deux premiers bataillons conformément aux tableaux; qu'on y mette tous les hommes disponibles des régiments, et que l'on se borne à former les cadres du 3ᵉ bataillon qu'on enverra en France pour se compléter. Le 15ᵉ d'infanterie légère gardera ses trois bataillons; mais le 13ᵉ n'en gardera que deux, et le cadre du 3ᵉ bataillon sera renvoyé en France. Si le 7ᵉ léger, qui est porté comme ayant un effectif de 2,700 hommes, n'a que deux bataillons au corps d'armée, c'est-à-dire dix-huit compagnies, il sera formé à trois bataillons, et tout restera à l'armée; mais, si ces 2,700 hommes comprennent l'effectif de trois bataillons, c'est-à-dire de vingt-sept compagnies, alors on formera les 1ᵉʳ, 2ᵉ, 3ᵉ, 4ᵉ bataillons et le bataillon de dépôt, en prenant tous les hommes disponibles pour compléter les trois premiers bataillons, dont le complet doit être de 2,520 hommes, et l'on renverra les cadres du 4ᵉ et des trois compagnies de dépôt, ou le cadre actuel du 3ᵉ bataillon, à son dépôt, pour s'y reformer. Le 17ᵉ de ligne n'est porté que pour un effectif de 2,200 hommes. Si cet effectif ne comprend que deux bataillons de dix-huit compagnies, on formera ces dix-huit compagnies en trois bataillons, conformément au décret; mais, s'il y a trois bataillons, c'est-à-dire vingt-sept compagnies, on formera également les quatre bataillons et les trois compagnies de dépôt, en prenant les hommes disponibles pour les trois premiers bataillons ou dix-huit compagnies, et l'on enverra seulement au dépôt le cadre des neuf dernières compagnies. Le 31ᵉ de ligne est porté à un effectif de 3,400 hommes. Je suppose qu'il y existe les cadres des trois bataillons ou de vingt-sept compagnies; en ce cas, on formera les vingt-sept compagnies en quatre bataillons et trois compagnies de dépôt; on mettra tous les hommes disponibles des trois compagnies de dépôt dans les quatre bataillons, et l'on enverra les cadres de ces compagnies au dépôt. S'il arrivait qu'il n'y eût que deux bataillons ou dix-huit compagnies, ce que je suis porté à croire, vous donneriez l'ordre au dépôt de faire partir le cadre qui doit former le 4ᵉ bataillon, c'est-à-dire les six premières compagnies qui doivent former le bataillon actuel, lesquelles se rendraient en Pologne. On attendrait leur arrivée pour former ces 3,400 hommes en quatre bataillons, car il est absurde et contraire au bien du service d'avoir des compagnies de plus de 140 hommes. Avant de rédiger les instructions du maréchal Davout, vous vous assurerez de tous ces faits.

4ᵉ Corps de la Grande Armée. — Vous chargerez le maréchal Soult d'organiser le 4ᵉ corps et la division Molitor. Les 2ᵉ, 22ᵉ et 28ᵉ de ligne, 36ᵉ, 46ᵉ, 67ᵉ et 75ᵉ ne garderont à l'armée que deux bataillons ou douze compagnies, en prenant tous les hommes disponibles, et renverront le cadre du 3ᵉ bataillon au dépôt. Les 4ᵉ, 16ᵉ et 18ᵉ de ligne, 37ᵉ, 57ᵉ, 72ᵉ et 105ᵉ, ayant un effectif de plus de 2,000 hommes, garderont leurs trois bataillons. Quant au 3ᵉ de ligne, s'il a à l'armée dix-huit compagnies seulement, il gardera tout son monde; mais, s'il a vingt-sept compagnies, il ne gardera que trois bataillons ou dix-huit compagnies, et renverra les cadres des neuf autres. Les 10ᵉ, 24ᵉ et 26ᵉ d'infanterie légère garderont leurs trois bataillons. Les tirailleurs corses et les tirailleurs du Pô n'éprouveront aucun changement.

1ᵉʳ Corps de la Grande Armée. — Quant au 1ᵉʳ corps, les 8ᵉ et 32ᵉ de ligne, les 45ᵉ, 54ᵉ, 63ᵉ, 94ᵉ, 95ᵉ et 96ᵉ, les 9ᵉ et 27ᵉ légers garderont tout leur monde; mais, si le 24ᵉ a actuellement vingt-sept compagnies à l'armée, il gardera quatre bataillons pleins, et renverra les cadres des trois dernières compagnies du 3ᵉ bataillon actuel au dépôt. Si, au contraire, il n'avait que dix-huit compagnies, il garderait tout son monde. Le 16ᵉ d'infanterie légère, n'ayant que 2,500 hommes à l'effectif, ne gardera que trois bataillons ou dix-huit compagnies, et renverra les cadres des autres compagnies.

5ᵉ *Corps de la Grande Armée.* — Pour le 5ᵉ corps, le 34ᵉ, qui a ses trois bataillons à la Grande Armée, c'est-à-dire vingt-sept compagnies, en gardera vingt-quatre. Les 40ᵉ, 64ᵉ, 88ᵉ, 100ᵉ et 103ᵉ garderont leurs trois bataillons ou dix-huit compagnies. Il en sera de même des 17ᵉ, 21ᵉ et 28ᵉ d'infanterie légère.

6ᵉ *Corps de la Grande Armée.* — Tous les régiments du 6ᵉ corps garderont également trois bataillons ou dix-huit compagnies, à l'exception des 19ᵉ, 50ᵉ, 58ᵉ et 93ᵉ, qui, n'ayant qu'un effectif de 2,000 hommes et au-dessous, ne garderont que deux bataillons ou douze compagnies; et du 54ᵉ, qui gardera quatre bataillons ou vingt-quatre compagnies, et renverra au dépôt, qu'il doit avoir définitivement, les cadres des trois dernières compagnies du 3ᵉ bataillon actuel, qui sont destinées à former son dépôt.

Cette instruction doit vous faire comprendre de quelle manière doivent être dirigés vos ordres. Je vous enverrai le travail pour les autres armées.

Les compagnies de grenadiers et de voltigeurs du corps du général Oudinot appartiennent à des 3ᵉˢ et 4ᵉˢ bataillons; si elles appartiennent à des 3ᵉˢ bataillons, elles doivent, dans la nouvelle organisation, faire partie du 4ᵉ bataillon; on les portera donc audit bataillon comme détachées à la division Oudinot. Si, au contraire, elles font partie des 4ᵉˢ bataillons actuels, elles doivent être portées à la suite du régiment comme détachées, puisque j'ai autorisé, par l'organisation générale, les régiments actuels de quatre bataillons à conserver les grenadiers et voltigeurs du 4ᵉ bataillon: bien entendu que, si la division Oudinot était dissoute, et que ces compagnies eussent rejoint, elles seraient aussitôt incorporées dans le régiment.

Une instruction pareille sera faite pour les armées d'Italie, et de Dalmatie, et d'Espagne, afin de statuer sur les cas particuliers et d'éviter les embarras.

NAPOLÉON.

D'après la copie. Dépôt de la guerre.

13594. — AU GÉNÉRAL CLARKE,
MINISTRE DE LA GUERRE.

Paris, 22 février 1808.

Je vous ai envoyé, ce matin, des observations destinées à servir à la rédaction de l'instruction pour la formation de la Grande Armée. Je vous envoie maintenant pour les armées de Dalmatie, d'Italie, et de Naples.

Mais il est nécessaire de commencer par une observation générale qui s'applique à toute la France, et plus particulièrement à l'Italie. On s'exposerait à des frais considérables et inutiles, si tous les magasins qui sont à Venise devaient être transportés dans les divisions des Alpes pour être confectionnés, et revenir ensuite pour pourvoir à l'habillement des bataillons de guerre. Mon intention est donc qu'avec le 4e bataillon, qui est en Italie, il y ait une partie des ouvriers pour confectionner tout ce qui reste; que les cadres du dépôt, le quartier-maître et l'autre partie des ouvriers se rendent seuls au lieu du dépôt avec les fonds de caisse et les papiers d'administration, mais sans bagages. A cet effet, je suis décidé à n'accorder aucuns frais de transport pour les nouveaux dépôts, et il n'en faut réclamer aucun, puisque tout ce qui se trouve au dépôt actuel doit être employé et confectionné sur place. L'habillement de 1808, ainsi que les conscrits et les hommes impotents qui attendent leur retraite, se rendront au lieu du nouveau dépôt, et, quand le matériel sera épuisé, le reste des ouvriers s'y rendra également. Les objets confectionnés demeureront dans les lieux où ils se trouvent jusqu'à ce que le corps passe, pour les corps du Rhin qui sont à l'armée, ou que les effets aient été envoyés à l'armée. Cet objet est important, puisqu'il s'agit d'économiser plusieurs millions de dépense et d'empêcher que les objets ne se détériorent dans des transports inutiles. Il faut donc que le matériel ne marche jamais sans que vous ayez pris mes ordres, et, dans ce cas, vous me ferez connaître ce que coûtera chaque déplacement proposé. C'est en négligeant de telles précautions qu'on fait des frais qui sont énormes et sans utilité.

Armée de Dalmatie. — Le 8ᵉ d'infanterie légère a un effectif de 2,000 hommes; il en est de même du 18ᵉ. Le 5ᵉ de ligne a plus de 2,000 hommes. Le 11ᵉ de ligne a un effectif de plus de 2,700 hommes. Le 79ᵉ a plus de 2,400 hommes; le 23ᵉ de ligne, plus de 2.200; le 60ᵉ de ligne, 2,100. Tous ces régiments n'ont que deux bataillons ou dix-huit compagnies à l'armée de Dalmatie. Ils y seront donc formés à deux bataillons de six compagnies chacun, conformément au décret. Cet effectif est plus considérable que ne le portent vos états, parce que, le 10 février, j'ai fait partir 2,000 hommes des dépôts des régiments pour cette armée. Le 81ᵉ n'a qu'un seul bataillon en Dalmatie, lequel se trouve fort de 1.600 hommes; il est donc indispensable que vous ordonniez aux cadres des trois dernières compagnies du 2ᵉ bataillon, qui se trouvent au dépôt en Italie, de partir le plus tôt possible avec un nouveau renfort de 200 hommes, pour former, avec les trois dernières compagnies du bataillon qui est en Dalmatie, un 3ᵉ bataillon: alors ce régiment aura son 1ᵉʳ et son 3ᵉ bataillon en Dalmatie. Le général Marmont pourra être chargé de faire cette organisation, et le général Charpentier de former les bataillons qui sont en Italie. Les 8ᵉ et 18ᵉ d'infanterie légère, qui sont à Venise, et les 5ᵉ, 11ᵉ et 23ᵉ de ligne, 60ᵉ et 79ᵉ ne demandent aucune observation. Le décret a pourvu à la manière dont les bataillons doivent être formés. Il est seulement nécessaire que tous les cadres qui doivent se rendre à un autre corps, pour les régiments à quatre bataillons, y aillent en règle. Le général Charpentier réunira tous les cadres de manière qu'ils aillent ensemble jusqu'à Chambéry, et ne se séparent que lorsque cela sera nécessaire pour qu'ils se dirigent vers leur destination particulière. Le 81ᵉ, qui a neuf compagnies en Dalmatie, enverra, comme nous l'avons dit ci-dessus, les trois dernières compagnies du 2ᵉ bataillon actuel, pour s'unir avec les trois dernières du 1er et former le 2e bataillon. Son 2e bataillon se formera avec les grenadiers et voltigeurs et les quatre premières compagnies du 2e, et son 3e bataillon avec les grenadiers et voltigeurs et les quatre premières compagnies du 3e bataillon, comme à l'ordinaire. Mon intention est que tous ces 3es bataillons restent dans le pays de Venise et soient tous réunis. Les compagnies formant le dépôt doivent seules aller en arrière pour recevoir les conscrits. Aussitôt qu'ils seront réunis, habillés, et que l'on se trouvera dans la saison favorable, je me réserve de donner des ordres pour qu'on les expédie sur les 3es bataillons. A moins de nécessité, mon intention n'est pas que, de tout l'été, aucun conscrit quitte le dépôt, qui va se trouver tout près de France, pour aller aux bataillons de guerre. En n'envoyant des hommes en Italie qu'au mois de mars on les aura acclimatés pendant l'été, et l'on en épargnera un grand nombre.

Armée d'Italie. — L'armée d'Italie n'est susceptible d'aucune observation. Le 35e a un effectif de 3,776 hommes. Les quatre bataillons qui seront formés emploieront un effectif de 3,360 hommes, et les cadres des six compagnies qui seront envoyées en d'autres corps, 120 hommes. Les compagnies de grenadiers et voltigeurs du 4e bataillon sont détachées dans la division Miollis. Comme j'ai autorisé les régiments à quatre bataillons à conserver leurs grenadiers et voltigeurs jusqu'à ce que la circonstance vienne de les incorporer, ces compagnies seront autorisées à rester où elles sont, et elles doivent être comprises dans le procès-verbal de formation. Le 53e a 2,900 hommes. Il ne pourra donc pas compléter ses quatre bataillons de guerre à 140 hommes par compagnie. Il sera nécessaire qu'il les égalise le plus possible. On complétera ensuite ces quatre bataillons de guerre lorsque les conscrits auront été formés aux dépôts, et les cadres des dépôts joindront le nouveau lieu qui leur est assigné avec 100 soldats seulement. Les autres corps de l'armée d'Italie se trouvent dans des cas semblables et ne demandent aucune observation particulière.

Armée de Naples. — L'armée de Naples est dans le même cas que celle de Dalmatie. Tous ses régiments sont composés de deux bataillons ou dix-huit compagnies à l'armée, lesquelles seront formées à trois bataillons. Les 4es bataillons continueront aussi à rester dans les lieux où ils sont aujourd'hui : leurs dépôts et les compagnies de dépôt, conformément aux observations ci-dessus, se rendront seules à leurs nouvelles destinations. Quand ce départ sera effectué, je verrai, sur le compte qui me sera rendu, s'il est convenable de faire partir aussi ces 4es bataillons pour joindre leurs dépôts. Les régiments de l'armée de Naples sont faibles : presque aucun ne serait dans le cas de conserver plus de deux bataillons ou douze compagnies, car presque aucun n'a un effectif de plus de 1,700 hommes. Mais l'armée de Naples étant une armée agissante, et ayant d'ailleurs les 4es bataillons à compléter, il sera convenable de prescrire de former les dix-huit compagnies qui y sont en 3es bataillons, en répartissant le plus également possible l'effectif de ce que chaque régiment a dans le royaume de Naples ; de sorte que mon intention est, dans la nouvelle formation, de tenir trois bataillons à Naples, un à moitié chemin en Romagne, et le dépôt en France, pour faire passer les conscrits de l'un à l'autre endroit, de manière à concilier leur acclimatement avec les besoins du service. D'ailleurs, ces quatre bataillons me serviront en Italie. Les compagnies de grenadiers et de voltigeurs sont déjà presque toutes en activité dans l'état romain, et les quatre autres compagnies, quelque faibles qu'elles soient, seront toujours une ressource pour contenir le pays.

En faisant le travail de la Grande Armée, je n'ai pas pu faire connaître la destination que je voulais donner aux 4es bataillons, parce que je ne sais pas bien où ils se trouvent. Les uns ont envoyé leurs grenadiers et voltigeurs à Oudinot, et ces compagnies ne peuvent pas bouger ; les autres compagnies sont aux régiments provisoires ; quelques-unes aux régiments de marche. Pour qu'aucune de mes intentions ne soit contrariée, il faut ne mettre en mouvement que les simples cadres, une partie des ouvriers, les fonds de caisse et les papiers de l'administration, sur les dépôts, pour recevoir les conscrits, et que le reste du 4e bataillon demeure où il se trouve, jusqu'à ce que vous m'ayez fait un rapport et que je voie s'il n'y a pas d'inconvénient à ordonner à ces

4ᵉˢ bataillons de rejoindre le dépôt, ou s'il faut leur donner toute autre destination.

Vous aurez soin de faire, par armée, le travail que vous me présenterez avant de rien ordonner, et de mettre sur une colonne le numéro de chaque compagnie et de chaque bataillon dans leur classement actuel, le lieu où ils sont aujourd'hui et le rang qu'ils doivent prendre dans le nouveau classement.

Si vous avez des matériaux pour bien former les états, je déciderai sur-le-champ tous les mouvements à faire.

Il est bien essentiel de recommander qu'il ne soit fait aucun changement dans le classement des officiers et sous-officiers, qui doivent tous rester dans leurs cadres.

D'après la minute. Archives de l'Empire.

13595. — AU GRAND-DUC DE BERG,
LIEUTENANT DE L'EMPEREUR EN ESPAGNE.

Paris, 22 février 1808.

Le maréchal Moncey a passé un marché pour faire faire à Bayonne vingt mille paires de souliers. Faites-moi connaître s'ils sont faits. Le ministre Dejean y a expédié 12,400 paires de souliers le 20 janvier, qui doivent arriver les premiers jours de mars. Vous me ferez connaître quand ils arriveront, et s'ils sont de bonne qualité. Mon intention est qu'il en soit donné une paire à chaque homme, à son passage. Si les vingt mille paires commandées par le maréchal Moncey existent en magasin, faites-les transporter à Burgos. Il est fort important d'avoir beaucoup de souliers.

D'après la minute. Archives de l'Empire.

13596. — A M. VILLEMANZY,
ADMINISTRATEUR GÉNÉRAL DE LA GRANDE ARMÉE.

Paris, 22 février 1808.

J'ai lu avec intérêt l'état de situation de la Grande Armée au 1ᵉʳ janvier. J'y ai remarqué quelques fautes de calcul : par exemple, au corps du prince de Ponte-Corvo 7,600 hommes sont portés comme présents et 10,500 d'effectif, ce qui fait une différence de 2,900 hommes; et, cependant, il n'y a de porté que 900 hommes aux hôpitaux, 3 prisonniers de guerre et 7 détachés de l'armée. Je verrai avec plaisir celui du 1er février. Veillez à ce que les calculs soient faits exactement.

Je trouve encore l'effectif aux hôpitaux beaucoup trop considérable, quoique je voie déjà une amélioration réelle.

Je désire aussi avoir l'état de situation des caissons des équipages militaires.

Il faut bien spécifier le nombre de bataillons qui se trouvent à chaque corps; par exemple, je ne sais pas bien si le 17e de ligne en a deux ou trois en Pologne; le 21e *idem*. Au corps d'Oudinot, il faut désigner les compagnies de grenadiers et de voltigeurs, indiquer de quels bataillons, et ne pas confondre les 3es avec les 4es. Je ne sais pas pourquoi il y a encore 1,900 hommes d'infanterie de ligne dans les arrondissements.

D'après la minute. Archives de l'Empire.

13597. — AU GÉNÉRAL SONGIS,
COMMANDANT L'ARTILLERIE DE LA GRANDE ARMÉE.

Paris, 22 février 1808.

Il résulte de l'état de la Grande Armée au 1er janvier que j'ai 12,000 chevaux et trois cents pièces de canon, ce qui fait 40 chevaux par pièce; 20,000 hommes d'artillerie, ce qui fait plus de 60 hommes par pièce. Faites-moi connaître le résultat de vos observations là-dessus, et s'il ne serait pas possible d'arriver à plus d'économie, c'est-à-dire à plus de pièces avec la même quantité de chevaux.

D'après la minute. Archives de l'Empire.

13598. — A EUGÈNE NAPOLÉON,
VICE-ROI D'ITALIE.

Paris, 22 février 1808.

Mon Fils, je reçois votre lettre du 16. Je vois avec plaisir que, le 10, il est parti 2,000 hommes pour la Dalmatie, y compris mes troupes italiennes; ce qui portera l'effectif de cette armée à 22,000 hommes. Il eût été bon que vous n'eussiez pas envoyé de détachement du 81e, qui n'a en Dalmatie qu'un bataillon fort de 1,400 hommes. Vous pouvez faire partir 700 hommes réformés par le général Pille, et les diriger sur Chambéry, comme je vous ai autorisé à y en diriger 1,800 autres au dernier voyage de Milan. Informez-vous si ces hommes sont enfin partis de Chambéry, ou si le ministre de la guerre les laisse là. Vous pouvez en écrire par l'estafette au général qui y commande, et m'en instruire.

NAPOLÉON.

D'après la copie comm. par S. A. I. Mme la duchesse de Leuchtenberg.

13599. — A M. DE CHAMPAGNY,
MINISTRE DES RELATIONS EXTÉRIEURES.

Paris, 24 février 1808.

Je vous envoie les pièces relatives aux réclamations des députés de Pologne. Selon les notes du sieur Daru, du 14 décembre 1807, mes créances sur la Pologne se composaient, 1° des sels, 3,148,732 francs; 2° du prêt que j'ai fait au gouvernement provisoire, 1,000,000 francs; 3° des matériaux du timbre (papiers timbrés), 4,352,176 francs; total, 8,500,908 francs.

Sur cette somme, j'ai disposé de trois ou quatre millions pour payer différentes dettes que j'avais en Pologne. Il faut que vous discutiez ces divers objets avec les députés polonais, et qu'ils vous fassent connaître leurs observations sur chacune de ces dettes, et à combien ils veulent les fixer définitivement. Après cela, il faut que vous me fassiez connaître les ordres donnés pour l'acquittement des quatre millions pour les créances que j'avais en Pologne. Il est nécessaire que vous me fassiez un rapport là-dessus et qu'on me propose des arrangements; je ne me refuse pas à une déduction et à faire quelque chose d'agréable aux Polonais et au roi de Saxe. La seconde réclamation porte sur les six millions de créances que j'ai sur la Prusse. Les députés allèguent mon décret de Finckenstein qui autorisait l'émission de vingt-quatre millions de papier monnaie. Mais cela a eu pour but de faire marcher le pays dans l'année, ne prévoyant pas que le traité de Tilsit viendrait finir si promptement les affaires. Toutefois, je désire connaître la quantité de papier monnaie qui a été émise, et si les dix-huit millions de domaines y ont été employés; ce ne pourrait être que dans le cas où ces dix-huit millions auraient été insuffisants que je pourrais consentir à céder les six millions qu'ils demandent. La troisième réclamation a pour objet les dettes que j'ai en Pologne. Mon intention est de les payer. Mes agents m'assurent que je ne dois plus rien; demandez un mémoire là-dessus. Vous diviserez les dettes en dettes avant la prise de possession du roi de Saxe, en dettes contractées depuis la prise de possession jusqu'au 1er janvier 1808, et enfin en dettes présumées dans le courant de 1808. Si mes troupes continuent à rester dans le duché de Varsovie, je ne me refuse point à prendre des mesures telles que mes troupes ne coûtent rien à la Pologne. Je leur donnerai la solde et les vivres de mes magasins et de mon trésor. Que les députés me fassent donc connaître ce que coûtent mes troupes. Le quatrième objet à traiter avec eux est leur budget. Deux millions de florins pour l'armée me paraissent bien considérables, de même que six millions pour les frais d'entretien du gouvernement. Ayez des conférences sur ces quatre objets avec les députés polonais et le ministre de Saxe, et présentez-moi un rapport clair sur tout cela. Je vous envoie le procès-verbal de l'estimation de l'artillerie, qui se monte à deux millions. Il est facile de voir que ce n'est pas celle qui a été prise aux Russes, puisque celle-là était en mauvais état et n'avait pas de munitions. Cela n'a donc rien de commun. Au reste, je ratifierai ce que vous ferez pour le temps à accorder aux Polonais pour le payement.

NAPOLÉON.

D'après la copie. Archives des affaires étrangères.

13600. — A M. FOUCHÉ,
MINISTRE DE LA POLICE GÉNÉRALE.

Paris, 24 février 1808.

Je reçois la lettre à laquelle était joint votre bulletin. Les comptes que vous me rendez de la situation intérieure me paraissent suffisants:

mais ce qui ne me le paraît pas, c'est la surveillance que vous exercez aux frontières; ce qui vient d'arriver en est une preuve. Cette dame que vous ne vouliez pas laisser venir à Paris y est cependant arrivée. Vos agents n'ont donc pas l'instruction qui leur convient.

D'après la minute. Archives de l'Empire.

13601. — A M. DARU,
INTENDANT GÉNÉRAL DE LA GRANDE ARMÉE.

Paris, 24 février 1808.

Monsieur Daru, je vous envoie copie de la lettre que j'écris au sieur de Champagny et de la note des Polonais. Je désire que vous me fassiez un mémoire sur ces quatre questions, et que vous me fassiez connaître en détail ce que coûte aux Polonais le corps du maréchal Davout, et ce qu'il pourra leur coûter pendant 1808, s'il continue à rester en Pologne; si je dois encore quelque chose en Pologne; à combien se montent les créances que j'ai en Pologne sur la Prusse; ce que j'ai à en espérer; ce qu'il y a de recouvré. Si le roi de Saxe voulait acheter ces créances, pour combien pourrais-je les lui donner?

NAPOLÉON.

D'après la copie comm. par M. le comte Daru.

13602. — DÉCRET.

Palais des Tuileries, 24 février 1808.

Napoléon, Empereur des Français, Roi d'Italie et Protecteur de la Confédération du Rhin,

Nous avons décrété et décrétons ce qui suit :

TITRE Ier.
ORGANISATION.

ARTICLE Ier. Le gouvernement général des départements au delà des Alpes est organisé de la manière suivante :

1° Un gouverneur général;

2° Un conseiller d'état ou maître des requêtes, intendant du trésor public;
3° Un chef d'état-major;
4° Un directeur de police.

TITRE II.
DU GOUVERNEUR GÉNÉRAL.

Art. 2. Le gouverneur général a le commandement militaire supérieur des troupes et de la gendarmerie.

Art. 3. Il transmet les ordres de nos ministres aux généraux commandant nos divisions, départements ou places, aux commissaires ordonnateurs, commissaires des guerres, inspecteurs aux revues et autres agents de l'administration militaire, aux directeurs de l'artillerie et du génie, sans cependant que cette transmission dispense lesdits agents des comptes qu'ils sont dans l'usage de rendre et de leurs rapports avec nos ministres.

Art. 4. Il exerce la haute surveillance sur la police, tant par rapport à la tranquillité publique que par rapport à la sûreté du dehors. Les mandats d'arrêt et d'amener, qui seraient décernés par le directeur de la police, ne seront exécutés qu'en conséquence d'un ordre émané du gouverneur général.

Art. 5. Il exerce la haute surveillance sur l'exécution des lois relatives à la conscription militaire et sur les camps des vétérans.

Art. 6. Il exerce également une surveillance générale sur toutes les autorités militaires, civiles et administratives, mais sans pouvoir modifier ou suspendre aucun ordre donné par les ministres.

Art. 7. Lesdites autorités sont tenues de l'informer directement de tous les événements qui intéressent la haute police et la tranquillité publique dans l'étendue de son gouvernement.

Art. 8. Il reçoit et transmet, soit à nous directement, soit à nos ministres, les plaintes, réclamations et pétitions des autorités ou des citoyens des départements compris dans son gouvernement.

Art. 9. Les projets pour travaux extraordinaires des ponts et chaussées lui sont présentés par le conseiller d'état ou maître des requêtes, intendant.

Art. 10. Les directeurs du génie et de l'artillerie, les ordonnateurs des divisions, les receveurs et payeurs lui remettront tous les renseignements qu'il leur demandera, soit sur la nature et la situation des travaux, soit sur la comptabilité des divers services.

Art. 11. Le conseiller d'état ou maître des requêtes, intendant, lui remettra toutes les semaines les états de situation des recettes et dépenses et de la caisse, ainsi que ceux des fermes ou régies, rédigés avec les détails convenables.

Art. 12. Il y aura auprès du gouverneur général un secrétaire des commandements, qui suivra la correspondance, présentera les divers fonctionnaires au serment qu'ils auront à prêter entre les mains du gouverneur, et tiendra la plume dans les conseils d'administration qui seront ordonnés par nous.

Art. 13. Tous les ordres de nos ministres, soit pour les affaires de police, soit pour les affaires militaires, seront adressés au gouverneur et transmis sur-le-champ à qui de droit par le secrétaire des commandements.

TITRE III.

DE L'INTENDANT.

Art. 14. Le conseiller d'état ou maître des requêtes, intendant, exerce toutes les fonctions qui lui sont attribuées par notre décret du 31 juillet 1806, qui sera exécuté dans tous et chacun des articles qu'il contient.

Art. 15. Il correspond directement avec nos ministres des finances et du trésor public.

Art. 16. Il arrête les projets des travaux extraordinaires des ponts et chaussées, qu'il transmet à notre ministre de l'intérieur, après les avoir présentés au gouverneur.

TITRE IV.

DU CHEF DE L'ÉTAT-MAJOR.

Art. 17. Le chef d'état-major exerce, sous les ordres du gouverneur, toutes les fonctions de son emploi; il transmet ses ordres aux généraux commandant nos divisions, départements ou places, directeurs du génie et de l'artillerie, commissaires ordonnateurs, inspecteurs aux revues, etc.

Art. 18. Il fera rentrer dans ses bureaux, 1° les cartes, plans ou modèles de fortifications, en exceptant ceux qui appartiennent aux archives du génie et de l'artillerie; 2° les dossiers relatifs aux commandants d'armes, contenant leurs nom, âge, qualités, lieu de naissance et conduite; lesquels cartes, plans ou dossiers se trouvent dans les bureaux du premier secrétaire du gouvernement, dont la place est et demeure supprimée.

TITRE V.
DU DIRECTEUR DE LA POLICE.

Art. 19. Le directeur de la police veille, sous les ordres du gouverneur, à l'exécution exacte des lois et décrets relatifs à la haute police, tant par rapport à la tranquillité publique que par rapport à la sûreté au dehors.

Art. 20. Il fait arrêter, 1° ceux qui contreviennent à ces lois et décrets; 2° les prévenus d'assassinat et autres délits criminels; 3° ceux qui se trouvent dans les cas prévus par l'article 46 de l'acte des constitutions du 22 frimaire an VIII.

Art. 21. Il ne pourra donner cours aux mandats d'arrêt et d'amener qu'il aura décernés, ni faire exécuter aucun acte judiciaire ni mesure de police, qu'après avoir pris les ordres du gouverneur.

Art. 22. Lorsqu'il aura décerné des mandats d'amener dans les cas prévus par l'article 46 de l'acte des constitutions ci-dessus cité, il en rendra compte dans les vingt-quatre heures à notre grand juge, à notre ministre de l'intérieur et à notre ministre de la police.

Art. 23. Les préfets, les procureurs généraux et impériaux et leurs substituts dans les cours et tribunaux, les chefs de la gendarmerie, les maires et les commissaires de police correspondront avec lui pour tout ce qui est relatif à ses attributions.

Art. 24. Il recueillera les états de la gendarmerie et les dossiers relatifs aux individus qui sont au service étranger et à tous les événements relatifs à ses attributions.

Art. 25. Il a la surveillance des archives.

Art. 26. Il correspond directement avec notre grand juge et nos ministres de l'intérieur et de la police, après avoir travaillé avec le gouverneur et pris ses ordres.

Art. 27. En cas d'absence du gouverneur, il n'exécutera aucune des dispositions qui sont dans ses attributions sans avoir conféré avec celui qui remplacera le gouverneur dans le commandement.

Art. 28. Notre grand juge ministre de la justice et nos ministres de la guerre, de l'intérieur, des finances, du trésor public, et de la police, sont chargés, chacun en ce qui le concerne, de l'exécution du présent décret.

NAPOLÉON.

D'après l'original. Dépôt de la guerre.

13603. A M. DE TOURNON,
OFFICIER D'ORDONNANCE DE L'EMPEREUR.

Paris, 25 février 1808.

Vous vous rendrez à Madrid; vous descendrez, à votre passage à Bordeaux, chez le général commandant, et vous prendrez des renseignements sur la situation des 4es bataillons des cinq légions de la réserve, ainsi que sur les 1,600 hommes que j'ai appelés, il y a deux mois, pour compléter ces cinq bataillons. Vous me remettrez donc un état qui me fera connaître la situation de chaque bataillon, en mettant le nombre des compagnies de chaque bataillon, le nombre primitif d'hommes qu'ils ont amenés de la réserve et le nombre d'hommes qui y ont été incorporés.

De là vous irez à Bayonne; vous remettrez la lettre ci-jointe au grand-duc de Berg; vous me ferez connaître ce qui arriverait à votre connaissance, le lieu et la situation de ma Garde. Vous m'écrirez de Bordeaux et de Bayonne par l'estafette qui part tous les jours de ces deux villes pour Paris. Si ma Garde était partie de Bayonne, vous m'écrirez de Vittoria, en prenant vos renseignements en route auprès du général Lepic qui la commande.

à Burgos, vous m'écrirez les troupes que vous aurez rencontrées et ce qui viendrait à votre connaissance. L'estafette part également de Burgos tous les jours.

De là vous vous rendrez à Madrid par le plus court chemin, et vous remettrez ma lettre au Roi. Vous attendrez la réponse de la Cour de manière à rester cinq ou six jours à Madrid et à être le 15 mars à Burgos. Vous aurez soin de m'écrire par le courrier qu'enverrait le sieur Beauharnais, en donnant des renseignements vagues et rien qui puisse faire soupçonner que vous ayez des renseignements sur mes projets.

En passant à Poitiers, vous verrez les détachements de cavalerie qui y sont, ainsi que les escadrons de marche qu'on y a formés.

D'après la minute. Archives de l'Empire.

13604. — A CHARLES IV, ROI D'ESPAGNE.

Paris, 25 février 1808.

Monsieur mon Frère, Votre Majesté, par sa lettre du 18 novembre dernier, me fait la demande d'une princesse française pour le prince des Asturies. J'ai répondu, le 10 janvier, à Votre Majesté que j'y consentais. Votre Majesté, dans sa lettre du 5 février, ne me parle plus de ce mariage. Tout cela laisse dans l'obscur bien des objets importants pour l'intérêt de mes peuples. J'attends de son amitié d'être éclairci de tous mes doutes.

D'après la minute. Archives de l'Empire.

13605. — A M. DE CHAMPAGNY,
MINISTRE DES RELATIONS EXTÉRIEURES.

Paris, 26 février 1808.

Écrivez à mon ministre à Carlsruhe que je ne sais ce que veut dire la Margrave en se plaignant que je m'oppose à ce que le prince de Brunswick reste dans les états de Bade; que cela m'est fort indifférent, et qu'il m'importe peu que le prince et la princesse restent où ils veulent. Mon ministre doit s'expliquer dans ce sens.

Il faut me proposer la nomination d'un autre ministre à Stuttgart, puisque le sieur Durand ne peut pas partir. C'est une ridicule prétention que celle de vouloir être mon ministre et de rester à Paris.

NAPOLÉON.

D'après l'original comm. par M. le baron Chaillou des Barres.

13606. — A M. CRETET,
MINISTRE DE L'INTÉRIEUR.

Paris, 26 février 1808.

Monsieur Cretet, faites-moi un rapport sur le sieur Carné, sous-préfet dans le département du Finistère, qui est prévenu de se permettre des mesures tendant à inquiéter les acquéreurs de biens nationaux.

NAPOLÉON.

D'après la copie. Archives de l'agriculture, du commerce et des travaux publics.

13607. — A M. GAUDIN,
MINISTRE DES FINANCES.

Paris, 26 février 1808.

J'ai lu avec intérêt votre rapport sans date sur les finances du Portugal. Les dépenses y sont fort exagérées; elles comportent 12 millions pour la marine : certainement elle ne doit pas coûter plus de 4 millions : 4 millions pour les fortifications : on peut économiser là-dessus 3 millions : les fortifications du continent n'ont pas besoin d'être réparées, et peut-être serait-il important de les démolir.

Je ne vois pas d'inconvénient à confisquer les marchandises prises sur les Anglais et à rendre les marchandises existant aux douanes et véritablement appartenant à des Portugais, en vérifiant qu'elles ne viennent pas d'Angleterre et qu'elles n'appartiennent pas à des Portugais partis avec la Cour. On pourrait mettre sur ces marchandises une contribution de douane double, à titre de contribution de guerre.

Il serait peut-être convenable de préparer le remboursement du papier monnaie en échange de domaines de la Couronne. Écrivez dans ce sens au sieur Herman. Quant à la contribution, nul doute qu'elle doit porter sur tout le pays.

<small>D'après la minute. Archives de l'Empire.</small>

13608. — AU GÉNÉRAL CLARKE,
MINISTRE DE LA GUERRE.

Paris, 26 février 1808.

Monsieur le Général Clarke, je vous renvoie les dépêches du général Junot, celles que j'ai reçues il y a quelques jours, et celles que me remet votre aide de camp. Répondez-lui, en expédiant votre lettre par l'estafette jusqu'à Burgos, d'où le maréchal Moncey la fera porter jusqu'à Lisbonne par un officier, que le moins de correspondances qu'il aura avec les Anglais sera le mieux; que j'ai trouvé que dans ses proclamations il promet trop, et qu'il ne prend pas des mesures assez sévères pour assurer la tranquillité. Comment arrive-t-il qu'au troisième mois depuis l'occupation du Portugal il y ait dans le royaume un seul soldat portugais, que les Portugais soient encore maîtres des places fortes? Car on m'assure que les places importantes d'Elvas et d'Almeida sont dans leurs mains, chose qui est inconcevable. Pourquoi, conformément à mes ordres, mes troupes ne sont-elles pas campées, et sont-elles, au milieu de Lisbonne, exposées à être massacrées au premier événement? Pourquoi la population n'est-elle pas désarmée et les principaux du pays envoyés en France? Que je ne prévois que des malheurs de cette mauvaise conduite, et que je ne puis pas être satisfait de ce que je vois en Portugal. Était-il nécessaire d'imprimer que je mettais une contribution de cent millions avant d'être certain d'être maître du pays? Que je ne vois rien de plus imprudent que ce qui se fait; que les Anglais en sont instruits, que leurs intelligences sont nombreuses. Réitérez mes ordres pour que, sans délai, toutes les troupes portugaises soient dirigées sur la France par colonnes de 500 hommes et par différentes routes. Comment arrive-t-il que ma cavalerie même ne soit pas montée? Réitérez mes ordres pour le désarmement de la population et pour faire baraquer mes troupes, que je ne puis voir avec plaisir au milieu d'une ville populeuse et sans pain, qui probablement sentira ses privations au moment même où les Anglais pourront tenter quelque chose. Cette faiblesse de conduite et cette indifférence sur l'exécution de mes ordres est inconcevable dans des objets si importants, et je ne prévois que des malheurs. Il est de la plus haute importance, dans les circonstances actuelles, que les places d'Elvas et d'Almeida soient gardées par des Français et bien commandées. Comment l'artillerie n'a-t-elle pas encore envoyé l'état de situation de ce qui a été pris, de l'artillerie qui a été trouvée à Lisbonne et dans les forts? Le génie n'écrit pas davantage. J'ignore entièrement quelle est la force des divisions espagnoles, dont l'une est commandée par le général Solano, et dont l'autre est dans la province de Porto. Comment ne suis-je pas informé de choses si importantes? Recommandez au général Junot de surveiller ces deux divisions et de suivre leurs mouvements, si jamais elles quittaient le Portugal. Vous comprenez mon intention. Posez les différentes questions au général Junot pour savoir pourquoi mes intentions ne sont pas remplies. Je lui ai écrit bien des lettres qui, toutes, roulent sur les mêmes questions.

D'après la copie. Dépôt de la guerre.

13609. — AU GÉNÉRAL CLARKE,
MINISTRE DE LA GUERRE.

Paris, 26 février 1808.

Monsieur le Général Clarke, témoignez mon mécontentement au général Reynier de ce que dans la capitulation de Reggio il n'est point question du roi de Naples. Cette capitulation, d'ailleurs, est faite contre toutes les formes, et cet oubli du roi de Naples est à la fois une insulte pour ce prince et du plus mauvais effet pour le pays. Faites-lui connaître que j'ai été également très-mécontent de voir qu'il ait accordé une capitulation si favorable pour une si misérable bicoque; que je désapprouve formellement toutes les communications qu'il se permet avec les généraux anglais en Sicile; qu'on ne doit parlementer qu'à coups de canon, et que je lui défends toute communication avec l'ennemi, sous quelque prétexte que ce soit, et que j'ai vu avec surprise qu'il ait renvoyé en Sicile des Siciliens et même des Napolitains.

NAPOLÉON.

D'après la copie. Dépôt de la guerre.

13610. — A JOSEPH NAPOLÉON, ROI DE NAPLES.

Paris, 26 février 1808.

Mon Frère, je reçois votre lettre du 17 février. Je ne sais pourquoi vous souffrez que le général Reynier ait tous ces parlementages avec les Anglais. Rien n'est plus contraire à mes intentions. Pourquoi prend-il sur lui de renvoyer des prisonniers? Tout cela est absurde.

Il me semble entrevoir, dans quelques-unes de vos dernières lettres, que votre confiance pour Saliceti diminue tout à fait. Je ne peux rien concevoir de plus désastreux pour vous que de vous aliéner un homme aussi important. Rœderer est de la race des hommes qui perdent toujours ceux auxquels ils sont attachés; serait-ce défaut de tact? serait-ce malheur? peu importe. Saliceti est de ceux qui réussissent toujours. Saliceti est fort aimé des Français à Naples, et il n'est pas un de vos amis qui ne déteste Rœderer. Ce dernier est à Naples ce qu'il était à Paris, sans crédit dans aucun parti, homme d'aucun conseil et d'aucun tact; dont j'estime, d'ailleurs, plusieurs bonnes qualités, mais dont, comme homme politique, je ne fais aucun cas.

NAPOLÉON.

D'après l'expédition originale comm. par les héritiers du roi Joseph.

13611. — A LOUIS NAPOLÉON, ROI DE HOLLANDE.

Paris, 26 février 1808.

Je reçois votre lettre du 22 février. Je suis surpris d'y lire cette phrase que « le public verra que ce ne sont pas des phrases » et que « les effets suivent les promesses. » Depuis quand avez-vous vu que mes promesses n'étaient pas suivies d'effet? Ce que je vous ai promis, je le ferai; l'acte public que vous me demandez, je vous le donnerai. Quand vos ministres auront fait rédiger l'acte d'emprunt, je le signerai et le scellerai du grand sceau de l'état; et, par là, je m'engagerai, si les colonies hollandaises ne vous sont pas rendues à la paix, à garantir l'emprunt jusqu'à la concurrence de 30 millions de francs. Puis-je faire davantage? N'est-ce pas là vous donner une preuve formelle de l'amitié que je vous porte?

Ne désorganisez pas vos troupes. Vous êtes trop inconstant. Laissez les choses telles qu'elles sont. Je n'aurai pas de difficulté à vous envoyer au printemps une division pour défendre vos côtes et surtout l'île de Walcheren. Je pense donc que vous ne perdez pas un moment pour mettre vos vaisseaux en armement. Je vois avec plaisir que deux frégates et deux bricks vont se rendre à Flessingue.

A mesure que vous régnez, vous devez apprendre l'avantage de marcher doucement et de prendre de mûres délibérations; c'est ce qu'on a dit dans tous les temps, et ce qui est bien vrai.

J'attache une grande importance à la bonne situation de votre armée et au développement de vos forces maritimes. Ce sera un grand plaisir pour les Hollandais, car la nation a encore beaucoup d'énergie et d'amour-propre.

Je vois qu'à la Grande Armée vous avez 14 à 15,000 hommes. Pour l'amour de Dieu, n'y changez rien! Les économies que vous voulez faire sont chimériques, et tous les changements sont coûteux.

Faites-moi connaître ce que vous pourrez mettre au mois de mai dans l'île de Walcheren pour assurer la défense de cette île.

D'après la minute. Archives de l'Empire.

13612. — ALLOCUTION DE L'EMPEREUR
A UNE DÉPUTATION DE L'INSTITUT.

Palais des Tuileries, 27 février 1808.

Messieurs les députés de la seconde classe de l'Institut, si la langue française est devenue une langue universelle, c'est aux hommes de génie qui ont siégé ou qui siègent parmi vous que nous en sommes redevables. J'attache du prix aux succès de vos travaux; ils tendent à éclairer mes peuples et sont nécessaires à la gloire de ma couronne.

J'ai entendu avec satisfaction le compte que vous venez de me rendre. Vous pouvez compter sur ma protection.

Extrait du *Moniteur* du 28 février 1808.

13613. — OBSERVATIONS
FAITES DANS LE CONSEIL D'ADMINISTRATION DES FINANCES.

Palais des Tuileries, 28 février 1808.

Il est donné lecture du rapport que M. le conseiller d'état Bérenger, directeur général de la caisse d'amortissement, a fait sur cet établissement considéré comme caisse d'amortissement proprement dite, comme caisse de garantie et comme caisse de dépôt.

Sa Majesté demande, pour le prochain conseil, un travail qui présente plus spécialement la caisse d'amortissement sous les rapports administratifs, des états à l'appui dirigés vers le même but, et un projet de budget pour l'année 1808. Sa Majesté renvoie à M. Bérenger les états qui lui avaient été remis par le ministre des finances. Elle désire qu'ils lui soient présentés de nouveau dimanche prochain, avec les modifications qu'elle indique.

L'état n° 1 doit être divisé en plusieurs parties, sans autre addition qu'une addition en colonne verticale.

Les divisions de cet état doivent présenter :

1° Tout ce qui est argent, obligations, valeur nominale;

2° Tout ce qui est actions, cinq pour cent, etc.

3° Tout ce qui est affaires contentieuses avec le trésor, en distinguant bien ce qui est intérêt de ce qui est fonds d'obligations; ne pas se servir de cette locution, *délégations à recouvrer*; mais de celle-ci, *délégations existantes*;

4° Tous les domaines nationaux ou délégations en domaines, ayant soin de distinguer les délégations dont on a des procès-verbaux de celles dont les procès-verbaux sont encore dus par le ministre des finances. On fera aussi une distinction particulière des domaines du Piémont. On distinguera, en général, pour tous les domaines, ceux qui avaient été vendus au 1er janvier 1808, et ceux qui restaient à vendre. On établira bien, dans le titre de ceux qui sont à vendre, que la caisse d'amortissement les a.

D'après la copie. Archives de l'Empire.

13614. — AU PRINCE DE NEUCHÂTEL,
MAJOR GÉNÉRAL DE LA GRANDE ARMÉE.

Paris, 1ᵉʳ mars 1808.

Mon Cousin, donnez l'ordre au prince de Ponte-Corvo d'augmenter la division Boudet du 19ᵉ régiment de ligne et des 14ᵉ et 23ᵉ régiments de chasseurs; ce qui fera 1,200 chevaux; et, avec le parc et l'artillerie, cette division sera forte de près de 10,000 Français. Il prendra avec lui les deux divisions espagnoles, qui, étant fortes de 13,000 hommes, porteront son corps d'armée à 23,000 hommes. Il laissera le général Dupas pour commander les villes hanséatiques avec le régiment belge, ses deux régiments d'infanterie et son artillerie. Je vais prendre des mesures pour compléter cette division à quatre régiments, et la mettre en état d'aller au secours du prince de Ponte-Corvo, s'il est nécessaire. Vous donnerez ordre au prince de Ponte-Corvo de renvoyer une division hollandaise en Hollande, en la dirigeant sur Utrecht, et de garder l'autre division, c'est-à-dire les quatre meilleurs régiments, le régiment de cuirassiers et l'artillerie: ce qui fera un corps de 8,000 hommes, qui, avec les quatre régiments du général Dupas, restera dans les villes hanséatiques et sera en seconde ligne. Le prince de Ponte-Corvo se dirigera vis-à-vis les îles danoises, et fera ouvrir la marche par une avant-garde composée d'un régiment de cavalerie française, d'un régiment d'infanterie légère et de huit pièces de canon. Après, marchera une division espagnole, qui sera suivie de la division Boudet, qui marchera entre les deux divisions espagnoles; l'autre division espagnole fermera la marche. Vous ferez connaître au prince de Ponte-Corvo que je l'autorise à faire passer des troupes dans les îles danoises, c'est-à-dire, un régiment de cavalerie et deux régiments d'infanterie espagnols. Aucun de mes régiments français ne doit y passer qu'il n'ait reçu de nouveaux ordres, et j'attendrai pour les lui donner que j'aie des nouvelles des facilités qu'offrira le passage et des dispositions des Danois. Mais, dans tous les cas, aucune troupe française ne doit passer la mer qu'après une division espagnole.

Mon intention n'est pas que les troupes du prince de Ponte-Corvo soient disséminées dans les îles; elles doivent toutes se réunir aux environs de Copenhague. Ces 23,000 hommes, joints à 13,000 que peut fournir le Danemark, formeront une armée de 36,000 hommes. Avant que les troupes du prince de Ponte-Corvo soient passées, la division Dupas et les Hollandais arriveront; probablement ne seront-elles pas nécessaires, mais elles occuperont le Holstein et maintiendront les communications.

Il est nécessaire que le prince de Ponte-Corvo me fasse connaître : 1° combien il y a de marches de Hambourg à l'île de Seeland, et quel jour il y arrivera; 2° combien d'hommes peuvent passer pour se rendre à Copenhague, et quel jour toutes les troupes pourront être passées. On saura, au retour de son courrier, le résultat des opérations des Russes, qui ont dû entrer, le 10 février, en Finlande. Le prince de Ponte-Corvo n'a du reste aucune diversion à craindre de la part des Anglais. Ils se contenteront d'envoyer quelques régiments hanovriens, qui ne demandent pas mieux que de déserter. Vous enverrez porter vos ordres par un officier du génie, qui, avant de revenir, visitera le Holstein, la Fionie et le bout du continent, et demandera la permission de voir les fortifications que les Danois y ont élevées, afin de reconnaître les difficultés qu'il y aurait à vaincre pour s'emparer du pays en cas d'événement. Le prince de Ponte-Corvo fera faire aussi toutes ces reconnaissances et vous les enverra.

NAPOLÉON.

D'après l'original. Dépôt de la guerre.

13615. — AU GÉNÉRAL CLARKE,
MINISTRE DE LA GUERRE.

Paris, 2 mars 1808.

Monsieur le Général Clarke, le dernier état de situation présentant la situation de tous les corps au 15 février comprend les régiments de cavalerie. Je remarque que plusieurs régiments de marche y sont appelés provisoires, que plusieurs sont mal numérotés. La confusion va se mettre dans cette partie importante de l'administration. Les premiers régiments provisoires de dragons sont ceux qui sont en Portugal; s'ils n'ont pas été

formés en régiments provisoires, ce qui est possible, il faut me présenter
un décret pour les former. Vous appelez provisoires les détachements de
cuirassiers venant d'Italie qui arrivent le 8 mars à Poitiers; cela est évidemment un escadron de marche. Je suis fâché qu'il vienne à Poitiers,
puisqu'il est destiné pour Barcelone. Vous le laisserez reposer à Poitiers, vous le dénommerez ce qu'il est, escadron de marche, et j'en dispo-
serai quand il sera nécessaire. Il ne faut jamais joindre, dans les états
de situation, un escadron de marche à un régiment provisoire, jusqu'à
ce que l'incorporation ait eu lieu et que l'escadron ou bataillon de marche
soit dissous. Vous portez les escadrons de marche de Poitiers comme provisoires : il peut se passer bien des événements avant que cela soit; il
faut les porter à part et tels qu'ils sont organisés pour la marche. Faites
mettre dans cet état le nombre d'officiers et soldats de chaque régiment.
Je remarque, dans le même livret, que les détachements que les régiments de cavalerie ont fournis aux régiments provisoires ne sont pas portés dans l'effectif; cela est très-mal, et propre à donner de fausses idées
de la situation de mes régiments. Je vous prie de me faire remettre un
état de situation de ma cavalerie. La 1re colonne contiendra le nom des
régiments; la 2e, le nombre d'escadrons, et leur effectif, que le régiment
a à la Grande Armée ou à l'armée de Naples au 1er février; la 3e, le
nombre d'hommes que le régiment a aux régiments provisoires; la 4e, le
nombre d'hommes que le régiment a aux escadrons de marche; la 5e, le
nombre d'hommes que le régiment a au dépôt; la 6e, l'effectif du régiment; la 7e, ce que le régiment doit recevoir de l'appel des compagnies
de réserve; la 8e, ce que le régiment doit recevoir de la conscription de
1809; la 9e, l'effectif du régiment après avoir reçu ses conscrits; la 10e,
le nombre d'hommes que le régiment doit encore fournir aux régiments,
qui sont en Espagne, composant le corps d'observation de l'Océan, selon
l'ordre qui en a été donné; la 11e, ce que le régiment doit fournir, selon les ordres qui ont été donnés pour la division de Poitiers, non compris les détachements formant les escadrons de marche qui sont partis.
Une colonne désignera, si on peut le savoir, le nombre d'hommes à ré-
former qui sont encore au dépôt. On mettra, au bas de chaque régiment,

en encre jaune, les chevaux; chaque cheval placé dans sa case, comme les hommes. Le résultat de tout cela sera l'effectif en hommes et en chevaux, qui me fera connaître la situation actuelle et celle présumée d'ici à deux ou trois mois.

NAPOLÉON.

D'après la copie. Dépôt de la guerre.

13616. — NOTE POUR M. MARET,
MINISTRE SECRÉTAIRE D'ÉTAT.

Paris, 2 mars 1808.

Faire une note sur l'organisation des archives, et faire connaître de quel département elles dépendent, afin de régler définitivement ce service; car il y a lacune dans la législation lorsqu'il faut que l'Empereur intervienne pour la déterminer.

D'après la copie. Archives de l'Empire.

13617. — AU GRAND-DUC DE BERG,
LIEUTENANT DE L'EMPEREUR EN ESPAGNE.

Paris, 2 mars 1808.

Je reçois votre lettre du 27 février. Ayez votre quartier général le 10 à Vittoria, et faites en sorte que pour ce jour-là ma Garde y soit arrivée.

Donnez ordre que du 12 au 15 mars le maréchal Moncey et le général Dupont soient prêts à partir, et qu'ils réunissent leurs corps, l'un à Valladolid, et l'autre de Burgos à Aranda, en échelons, avec 4 jours de pain et 8 ou 10 jours de biscuit. Il ne faut pas que le maréchal Moncey fasse faire aucun mouvement rétrograde aux troupes qu'il aurait au delà d'Aranda; on m'assure qu'il en a à 3 ou 4 lieues au delà. Il doit réunir, pour le 15, sa cavalerie et sa 1re division avec dix-huit pièces de canon, entre Aranda et Burgos.

Donnez l'ordre que les cinq bataillons qui sont à Bordeaux et qui doivent faire partie de la division des Pyrénées occidentales se rendent à Bayonne. Comme ils ont encore des conscrits à recevoir, ils laisseront à cet effet leur 5e compagnie à Bordeaux.

Vous prendrez des mesures pour qu'aussitôt que possible cette brigade prenne possession de Saint-Sébastien.

Le 10 mars, la division Verdier doit commencer à se réunir à Bordeaux; mais elle doit avoir besoin de se reposer, et je lui ferai donner des ordres ultérieurs. J'approuve fort que ma Garde bivouaque en entrant en Espagne pour éviter la gale.

Il est nécessaire que les corps des généraux Moncey et Dupont se procurent des marmites pour pouvoir bivouaquer par division et par brigade.

Le général Dupont doit avoir au moins 60 caissons capables de porter une centaine de rations de biscuit, ce qui assurera les vivres pour cinq jours pour son corps d'armée; il se procurera des charrettes du pays et des mulets à bât.

D'après la minute. Archives de l'Empire.

13618. — AU GÉNÉRAL JULLIEN,
PRÉFET DU MORBIHAN.

Paris, 3 mars 1808.

Je reçois votre lettre du 25 février. Je suis fâché de voir que vous avez des peines. Je vous ai dans le temps fait témoigner ma satisfaction des services que vous m'avez rendus. J'aime à oublier la circonstance de l'enlèvement de l'évêque de Vannes, et l'intérêt que vous avez montré alors pour un homme dont je faisais tant de cas ne m'a pas échappé. Ne doutez pas que, lorsque les circonstances seront arrivées, je ne vous donne des preuves particulières de l'estime que je vous porte.

D'après la minute. Archives de l'Empire.

13619. — AU COLONEL LACOSTE,
AIDE DE CAMP DE L'EMPEREUR, EN MISSION.

Paris, 3 mars 1808.

Monsieur le Colonel Lacoste, vous trouverez ci-joints les projets que présente le premier inspecteur sur l'île d'Aix, avec les plans. Je trouve, 1° que quatre millions sont une dépense bien considérable; 2° que, pour exécuter ces travaux, il faut effacer ce qui existe aujourd'hui, et laisser ainsi l'île sans défense pendant six ans, de sorte que pendant six ans j'en aurais empiré la défense. Je demande d'abord une description qui me fasse bien connaître ce qui existe aujourd'hui, et si une simple flèche entre l'anse de la Croix et l'anse des Anglais, battant ces deux anses et défendant l'isthme, serait suffisante (on pourrait, dans une campagne et avec une dépense de cent mille écus, faire cette redoute, et on profiterait alors du fort actuel), ou bien si l'on ne pourrait pas construire une redoute entre le Beau-Séjour et le Moulin-du-Roi. L'ennemi serait obligé de s'emparer de cette redoute, s'il négligeait le fort. Avec une escarpe et une bonne contrescarpe, on peut la rendre susceptible de huit jours de défense, opération qui nous maintiendrait maîtres d'une partie de l'île, rendrait l'arrivée des secours plus facile, et ferait une espèce de camp retranché de l'emplacement entre le fort actuel et le Beau-Séjour. Faites-moi un rapport sur ce sujet.

NAPOLÉON.

D'après l'original comm. par M. le colonel de la Combe.

13620. — AU GÉNÉRAL JUNOT,

COMMANDANT L'ARMÉE DE PORTUGAL.

Paris, 4 mars 1808.

Je reçois vos dépêches du 14 février, que me porte mon officier d'ordonnance Tascher. Tout ce que j'apprends du Portugal est que le pays n'est pas entièrement désarmé, observation qui n'a point échappé à l'Angleterre, qui suppose qu'il n'a pas été prudent de le tenter. Je ne puis m'expliquer et je ne trouve pas de raisons qui soient cause que vous ne m'ayez pas envoyé les troupes portugaises, et que le 15 février, c'est-à-dire deux mois et demi après votre entrée en Portugal, ces troupes y soient encore. Il y a là-dedans de la folie. Au milieu de cela, vous publiez avec emphase mon décret qui impose une contribution de cent millions: il fallait attendre que vous fussiez maître du pays. Croyez-vous l'être aujourd'hui? En relisant les lettres que je vous ai écrites depuis votre entrée en Portugal, vous verrez que vous n'avez rien fait de ce que je désirais. Vous me répondez de belles paroles, mais vous ne faites pas ce que je désire. Il est fâcheux pour moi de voir ainsi contrarier mes projets. Vous êtes entré le 1er décembre en Portugal; le 15 décembre les troupes portugaises devaient, formées ou non, être dirigées à grandes marches sur la France, et être arrivées à Bayonne, du 15 janvier au 1er février, où je les aurais fait organiser. Immédiatement après que ces troupes auraient été parties, j'aurais procédé au désarmement. Voilà ce qui s'appelle se rendre maître d'un pays. Enfin vous avez poussé l'inadvertance jusqu'à laisser des mois entiers des places fortes entre les mains des Portugais. Je ne sais pas à quelle école vous avez été élevé. En Italie, où je n'ai qu'à me louer des habitants, où je suis leur souverain légitime, où leurs troupes sont à ma solde, je ne laisse pas même aujourd'hui leurs places fortes à des commandants italiens, mon armée étant là. Vous ne projetez qu'organisation; cela est ridicule dans les circonstances où vous vous trouvez. La première chose à faire est de diriger, sans perdre un moment, les troupes portugaises sur la France. Malheureusement il est déjà bien tard aujourd'hui. Je n'aurais pas dû m'attendre à une conduite aussi extraordinaire.

Je ne comprends rien à la mauvaise disposition de vos camps; il faut tenir vos troupes réunies, occuper les places fortes d'Elvas et d'Almeida. Je ne sais pas ce que vous entendez par « armée portugaise; » lorsque les Anglais débarqueront, elle irait les joindre; ce seraient des misérables s'ils ne le faisaient pas. Je ne vous croyais pas si dépourvu de politique et de prévoyance; vous l'êtes à un point dont je n'ai pas vu d'exemple. Je vous réitère mon ordre de retirer mes troupes de Lisbonne; je ne veux pas qu'elles restent au milieu de la population d'une ville immense, exposées à manquer de pain. Il faut les baraquer dans des situations saines et de manière à les avoir dans la main.

<small>D'après la minute. Archives de l'Empire.</small>

13621. — ALLOCUTION A UNE DÉPUTATION DE L'INSTITUT.

<small>Paris, 5 mars 1808.</small>

Messieurs les président et députés de la quatrième classe de l'Institut, Athènes et Rome sont encore célèbres par leurs succès dans les arts; l'Italie, dont les peuples me sont chers à tant de titres, s'est distinguée la première parmi les nations modernes. J'ai à cœur de voir les artistes français effacer la gloire d'Athènes et de l'Italie. C'est à vous de réaliser de si belles espérances. Vous pouvez compter sur ma protection.

Extrait du *Moniteur* du 7 mars 1808.

13622. — A JOSEPH NAPOLÉON, ROI DE NAPLES.

Paris, 5 mars 1808.

Mon Frère, j'ai donné l'ordre à mon ministre du trésor public de vous envoyer 500,000 francs, de Florence, et 500,000 francs, de Milan. Cet argent vous sera envoyé en poste et arrivera, j'espère, peu de jours après ma lettre.

J'ai éprouvé un grand plaisir de la prise de Scilla. J'approuve que vous établissiez une batterie au Pezzo; mais la principale batterie doit être à Scilla; la hauteur ne fait rien; cela a l'avantage de battre fort au large. Il faut mettre là des mortiers.

L'amiral Ganteaume doit, à l'heure qu'il est, être arrivé à Corfou; il a à bord des mortiers, des boulets, 80 affûts, 100 milliers de poudre et 5,000 quintaux de farine, chargés sur des flûtes; il a dû les jeter dans Corfou. J'augure très-bien de l'expédition, et si, comme on dit, il n'y a que 6,000 Anglais en Sicile, il n'y en aura pas 4,000 sous les armes; ils s'enfermeront probablement à Syracuse.

Une escadre espagnole de six vaisseaux est partie de Carthagène le 12 février pour Toulon, où je l'attends. L'escadre de Lorient n'a pu appareiller, et la saison devient si belle que je doute qu'elle puisse passer.

Je n'ai pas besoin de vous faire comprendre l'importance de la batterie de Scilla; le fort la défend. N'écoutez aucune observation, nommez un bon colonel pour commander à Scilla, donnez-lui 600 hommes de troupes françaises, des vivres, un officier du génie, un chef de bataillon et deux capitaines en second, un adjudant de place et un commissaire des guerres, et qu'il ne dépende de personne; laissez-lui de l'argent. Cet officier peut se défendre vingt jours, et il n'y a aucune chance que dans quinze jours vous ne puissiez venir à son secours.

Aussitôt que vos troupes seront embarquées pour la Sicile, les troupes que j'ai à Rome se mettront en grande partie en marche sur Naples; ce sont toutes les compagnies de grenadiers et de voltigeurs et les plus belles troupes du monde.

Il est possible qu'avant huit jours je parte pour l'Espagne. Le grand-duc de Berg est parti depuis quinze jours pour s'y rendre. J'ai 80,000 hommes à trente lieues de Madrid. Junot, avec 30,000 hommes, est maître de Lisbonne et du Portugal; et, cependant, je n'ai pas fait rentrer un seul homme de la Grande Armée. J'ai en Pologne et sur l'Oder près de 300,000 hommes. La conscription de cette année se lève, et, avant trois mois, j'aurai 80,000 hommes pour renforcer mes cadres. Jugez de l'argent que cela me coûte!

Votre régiment napolitain fait partie d'une division de 10,000 hommes que commande le général Duhesme; il est depuis quinze jours à Barcelone, où il est très-bien. Vous sentez qu'il aura besoin de recrues. Organisez donc un bataillon provisoire d'un millier d'hommes, et mettez-le en marche pour Turin; il servira à maintenir votre régiment au complet.

NAPOLÉON.

D'après l'expédition originale comm. par les héritiers du roi Joseph.

13623. — A JÉRÔME NAPOLÉON, ROI DE WESTPHALIE.

Paris, 5 mars 1808.

Mon Frère, je reçois votre lettre du 14 février. Le comte de Winzingerode a été longtemps ministre du roi de Wurtemberg. Je pense qu'il ne peut être fait aucune objection raisonnable à ce que vous l'employiez. Je crois que les raisons qui font qu'il a quitté le service de Stuttgart n'attaquent ni la probité ni l'honneur. Vous êtes, au reste, plus à même d'avoir des renseignements secrets là-dessus. D'ailleurs, c'est un homme qui est très au fait de la marche des affaires de la Confédération, qui a montré beaucoup de zèle pour le service du roi de Wurtemberg, et dont je pense, sauf renseignements plus précis, que vous pourrez tirer bon parti.

NAPOLÉON.

D'après la copie comm. par S. A. I. le prince Jérôme.

13624. — AU GÉNÉRAL JUNOT,
COMMANDANT L'ARMÉE DE PORTUGAL.

Paris, 6 mars 1808.

Je reçois votre lettre du 20, que m'apporte Bataille, qui me donne des renseignements satisfaisants sur le Portugal. Il me tardait fort d'apprendre le départ des troupes portugaises; je m'en servirai en Italie et ailleurs. J'apprends avec plaisir que vous avez deux vaisseaux de ligne armés et quelques frégates. Par votre réponse à cette lettre, apprenez-moi combien vous avez de maîtres, contre-maîtres et canonniers français. Je vois avec peine que vous y mettiez des Hanovriens; c'est un contre-sens. Sur chaque vaisseau de ligne il faut mettre au moins 150 Français.

Le grand-duc de Berg a porté son quartier général à Burgos.

Je ne suis pas encore instruit que vous soyez maître d'Elvas. Aussitôt que vous l'aurez, réunissez autour de cette place les trois quarts de votre cavalerie, c'est-à-dire au moins 1,500 hommes, six pièces d'artillerie légère, et une division d'infanterie de 6,000 hommes avec douze pièces d'artillerie. Que cette division soit à Elvas prête à se porter partout où cela sera nécessaire, selon la circonstance, afin de maintenir la communication avec mes troupes, si elles se rendent à Madrid.

Ayez une bonne division à Almeida, et, si la division de Galice faisait un mouvement sur Valladolid, soyez disposé à vous y opposer et à envoyer contre elle. Il est bien important que les Portugais ne passent pas par Madrid, et se dirigent par colonnes de beaucoup moins de 1,000 hommes sur Valladolid.

Il est possible que moi-même je me rende bientôt en Espagne. Il faut que vous ayez à Almeida et à Elvas des hommes sûrs et intelligents, qui vous instruiront de ce qui se passe, et que vous ne laissiez pas les Espagnols faire des mouvements qui auraient l'air d'être offensifs contre les troupes que j'ai en Espagne.

<small>D'après la minute. Archives de l'Empire.</small>

13625. — OBSERVATIONS
FAITES DANS LE CONSEIL D'ADMINISTRATION DES FINANCES.

<small>Palais des Tuileries, 6 mars 1808.</small>

M. Bérenger, directeur général de la caisse d'amortissement, présente le travail demandé par Sa Majesté dans le conseil du 28 février dernier. Dans son premier rapport il avait exposé la situation comptable de la caisse d'amortissement; dans celui-ci il fait connaître les besoins, les ressources et l'emploi des fonds de cette caisse.

Sa Majesté, après avoir examiné le nouveau rapport de M. Bérenger et examiné les états à l'appui, fait connaître, par des observations générales, la manière dont elle désire que tout ce travail lui soit présenté. Elle fait ensuite les observations et les demandes particulières ci-après :

1° Demandes auxquelles il serait à désirer que le directeur général de l'enregistrement pût satisfaire :

Quelle est la quantité de domaines cédés à la caisse d'amortissement depuis l'an VIII?

Quelle est la quantité qui a été vendue chaque année, année par année?

Combien les receveurs des domaines ont-ils versé en conséquence des ventes, année par année?

Quelle a été la différence entre la mise à prix et le prix des ventes?

Quelle est la quantité des procès-verbaux qui restent à verser?

Combien reste-t-il de domaines à vendre?

2° Observations et demandes auxquelles M. le directeur général de la caisse d'amortissement est invité à satisfaire :

Il convient de mettre à part et hors des états ce qui regarde la Grande Armée.

Il convient d'ôter également de la caisse l'article des fonds de retraites en cinq pour cent, l'article des consignations, celui des coupes extraordinaires de bois communaux, celui de la Légion d'honneur, celui des produits des centimes additionnels destinés à des travaux publics. Ces déplacements rendront la situation de la caisse plus simple.

Il faut placer les inscriptions pour le ministre de l'intérieur à la suite de l'article des retraites, et dire que les 109,758 francs de rente appartenant à des fonds de retraites, hospices, etc. sont portés en recettes et en dépense.

Il faut mettre les affaires de rescriptions avec les affaires contentieuses qui existent entre la caisse et le trésor.

Enfin il faut bien établir, par un mémoire, ce que la caisse peut donner en gains.

Il faut aussi donner le compte de ce qu'ont rendu les domaines comme domaines, année par année.

Le travail résultant, soit des observations, soit des demandes de Sa Majesté, sera présenté à un conseil qui se tiendra dimanche prochain.

D'après la copie. Archives du ministère des finances.

13626. — AU GRAND-DUC DE BERG,
LIEUTENANT DE L'EMPEREUR EN ESPAGNE.

Paris, 6 mars 1808.

Je reçois votre lettre du 2 mars. Vous avez dû recevoir, le 5, la lettre que je vous ai écrite le même jour, par laquelle je vous ordonnais de porter votre quartier général à Vittoria et d'y être rendu le 10. Vous pouvez porter votre quartier général à Burgos et y être le 12. Dirigez ma Garde sur Burgos; mais réunissez des escortes de cavalerie et de gendarmerie depuis Bayonne jusqu'à Burgos, de manière que j'aie à chaque poste pour mon escorte au moins trente hommes. Je suppose que le 14 mars ma Garde sera à Burgos; que le maréchal Moncey aura réuni son corps d'armée entre Aranda et Burgos, et que de sa personne il sera à Aranda avec sa cavalerie, sa première division et dix-huit pièces de canon; que sa seconde division sera à une marche de la première, et sa troisième division à Burgos; que le général Dupont sera le même jour à Valladolid avec sa première division, sa cavalerie et dix-huit pièces de canon, ses deux autres divisions à une demi-marche de l'avant-garde; et que ces deux corps d'armée auront du pain et du biscuit pour une douzaine de jours. Je suppose que ma Garde aura aussi à Burgos du pain et du biscuit pour dix ou douze jours. Mes chevaux devront être également à Burgos. Un page et une brigade suivront le quartier général du maréchal Moncey; un autre page et une brigade seront auprès du général Dupont. Le reste de mes chevaux restera à Burgos. Canisy organisera chaque brigade de manière qu'il y ait deux chevaux pour moi, des portemanteaux, etc.

S'il n'y a rien de nouveau et que le prince de la Paix vous ait écrit, vous pouvez lui répondre une lettre insignifiante, dans laquelle vous lui direz que mes ordres vous ont conduit en Espagne pour passer la revue de mes troupes, dont vous ignorez la destination, et que vous serez fort aise si les circonstances vous mettent à même de le voir.

Vous aurez soin de laisser, pour commander tous les pays compris entre Valladolid et les Pyrénées, un des généraux de brigade qui sont venus à la suite de l'armée.

Faites envoyer de Vittoria et de Bayonne 100,000 rations de biscuit dans la citadelle de Pampelune. Que le général Merle l'approvisionne sans trop effrayer les habitants, et qu'il fasse aussi enfermer la poudre qui est hors de la ville. Il faut dans cette citadelle une demi-compagnie d'artillerie. Donnez en conséquence l'ordre à la moitié d'une des deux qui se trouvent à Bayonne de s'y rendre. Mettez-y un chef de bataillon d'artillerie que le général la Riboisière désignera, un officier du génie, un bon commandant, deux adjudants de place et un commissaire des guerres. Que tout cela soit fait promptement, afin que, lorsque je jugerai à propos de faire venir la division du général Merle à l'armée, je sois maître du poste important de la citadelle de Pampelune en y mettant un millier de conscrits. L'hôpital doit être dans la ville, de manière que la garnison puisse vivre isolée, si cela est nécessaire. Faites-moi connaître qui vous aurez nommé.

7 mars 1808.

P. S. Activez tous les mouvements des corps des généraux Moncey et

Dupont, de manière que le maréchal Moncey puisse s'emparer, le plus tôt possible, des montagnes qui séparent Burgos de Madrid.

Je suppose que vous serez le 12 à Burgos. Envoyez vos chevaux dans la direction d'Aranda, et suivez le mouvement du maréchal Moncey, qui sera en mesure d'entrer le premier à Madrid. Qu'il réunisse sa cavalerie et sa première division à trois ou quatre lieues en avant d'Aranda, sa seconde division à Aranda, et sa troisième division entre Aranda et Burgos; qu'il soit prêt à partir le 14, abondamment pourvu de vivres, et que sa cavalerie soit en tête.

D'après la minute. Archives de l'Empire.

13627. — AU GÉNÉRAL JUNOT,
COMMANDANT L'ARMÉE DE PORTUGAL.

Paris, 7 mars 1808.

Je reçois votre lettre du 23 février. J'apprends que le général Solano est parti avec sa division pour se rendre à Badajoz, où, à ce qu'il paraît, il sera rendu le 10 mars. Pour peu que vous ayez de sens, vous avez dû faire suivre cette division par la moitié de votre cavalerie, par une division de 5 à 6,000 hommes et par dix-huit pièces de canon. Si vous ne l'avez pas fait, faites-le sur-le-champ. Que cette division, commandée par un de vos meilleurs généraux, se réunisse à Elvas, pousse des partis jusqu'à Burgos[1] et ait l'œil sur ce qui se passe. Ou le général Solano se rend à Cadix, ou il va à Madrid : s'il se rend à Cadix, cette division peut se reposer à Elvas, et, sous prétexte d'envoyer des officiers à Cadix, elle en enverra sur les pas du général Solano, pour le reconnaître et agir selon les circonstances; s'il se rend à Madrid, il faut supposer que la cour d'Espagne se méfie de moi; alors ce que vous devez faire, c'est de contenir le général espagnol et de l'empêcher de faire diversion. C'est aujourd'hui le 7; vous recevrez cette lettre le 17; si vous n'avez pas déjà réuni votre division à Elvas, vos troupes n'y seront que le 23. La destination du général Solano sera décidée, et, à peine arrivée à Elvas, votre

[1] Ainsi à la minute; mais le sens demande Badajoz.

division apprendra les événements qui seront arrivés, et elle agira en conséquence.

Je serai probablement le 20 mars à Burgos. Tâchez que j'y trouve un de vos aides de camp qui m'apporte de vos nouvelles. Votre armée doit être divisée en trois corps : un pour contenir Lisbonne, un pour pouvoir d'Elvas se transporter où il sera nécessaire, et l'autre partie pour contenir la division de Galice. Vous ne devez d'ailleurs avoir aucune inquiétude ; j'ai des troupes pour faire face à tout. Vous n'avez rien à craindre des Anglais, la saison est encore trop mauvaise. Les Portugais peuvent vous servir. Ne parlez haut contre les Espagnols que quand les événements auront éclaté. Jusque-là il faut se contenter de simples insinuations.

D'après la minute. Archives de l'Empire.

13628. — AU GRAND-DUC DE BERG,
LIEUTENANT DE L'EMPEREUR EN ESPAGNE.

Paris, 8 mars 1808.

Je reçois tous les états de situation qui étaient joints à vos lettres du 4 et du 5. Je suis indigné d'apprendre que la solde est arriérée de deux mois au corps du général Dupont, et qu'elle l'est également au corps du maréchal Moncey, puisqu'il n'a en caisse que des valeurs qu'on ne peut réaliser. J'envoie chercher Mollien pour lui témoigner mon mécontentement. Je donne ordre que le payeur du trésor, qui est à Bordeaux avec une caisse de 3 millions, en parte le plus tôt possible pour le quartier général. Il marchera désormais avec ma Garde. Donnez l'ordre à tous les généraux, officiers d'état-major qui se trouvent à Bayonne, de se rendre à Burgos. Exceptez-en Monthion et un officier d'état-major que Berthier doit avoir envoyé à Bayonne pour correspondre avec lui. Envoyez les deux premiers généraux qui arriveront à Burgos, l'un au maréchal Moncey, et l'autre au général Dupont, qui les mettront dans les divisions où il en manque.

Du moment que vous serez arrivé à Burgos, vous écrirez aux États de Burgos, d'Alava, de Guipuzcoa, de Biscaye et de la Vieille-Castille, une lettre que vous enverrez aux intendants de ces provinces. Cette lettre sera ainsi conçue :

« Parti de Paris depuis quinze jours pour venir prendre le commandement des troupes de S. M. l'Empereur, je n'ai pas tardé à apprendre, à mon entrée en Espagne, que vos provinces avaient fait des avances considérables pour les troupes françaises, et que ces dépenses étaient supportées par les provinces mêmes. Sa Majesté m'a chargé de vous faire connaître que son intention était que ces provinces fussent remboursées exactement des frais qu'elles ont faits pour ses troupes. Je vous invite donc à en adresser sans délai les états à l'intendant de l'armée. Depuis que je suis au milieu de vous, j'ai recueilli les bons sentiments qui vous animent : j'en ai fait part à Sa Majesté, qui a tant d'estime et d'amitié pour les Espagnols et qui a tant à cœur de contribuer au bien de ce pays. »

Vous ferez traduire cette lettre en espagnol, et vous la ferez imprimer dans des gazettes, s'il y en a; sinon, vous la ferez mettre dans des petits bulletins à la main que vous ferez circuler sans affectation.

Je viens de voir Mollien. Il fait partir sur-le-champ une estafette qui porte au payeur l'ordre de se rendre avec un million à Bayonne, de manière qu'au 15 mars le général Dupont et le maréchal Moncey aient reçu les sommes dont leurs corps ont besoin. De votre côté, donnez des ordres positifs pour que les officiers soient payés de tout ce qui leur revient jusqu'au 1er mars. Il faut plutôt retarder la marche d'un jour, si cela est nécessaire. Mon intention est que le soldat ait toujours le gousset garni pendant sa marche, parce qu'alors il ne pillera pas, et achètera les objets dont il aura besoin. Recommandez que les quartiers-maîtres soient exacts dans leurs distributions, et rendez un ordre du jour sévère là-dessus, ainsi que sur le maintien de la discipline.

Vous ferez également mettre ce qui suit à l'ordre de l'armée :

« S. M. l'Empereur, instruit que les officiers et soldats de son armée en Espagne perdent considérablement sur le change des monnaies, a ordonné que la différence fût supportée par le trésor. Il sera fait, en conséquence, une revue particulière, à partir de l'entrée en Espagne, sur laquelle on accordera la différence de l'une à l'autre monnaie. Sa

Majesté a appris avec plaisir la bonne discipline qu'a observée l'armée; elle lui en témoigne sa satisfaction, et l'invite à continuer de même et à avoir les plus grands égards pour le peuple espagnol, estimable à tant de titres. Le soldat doit traiter les Espagnols comme il traiterait les Français eux-mêmes. L'amitié des deux nations date de longue main; elle doit être consolidée dans la circonstance actuelle, Sa Majesté n'ayant en vue que des choses utiles et avantageuses à la nation espagnole, pour laquelle elle a toujours eu la plus haute estime. »

Vous aurez soin que, dès le lendemain de l'envoi de votre lettre aux États, cet ordre soit traduit en espagnol et répandu partout dans les deux langues.

D'après la minute. Archives de l'Empire.

13629. — A M. DE CHAMPAGNY,
MINISTRE DES RELATIONS EXTÉRIEURES.

Paris, 9 mars 1808.

Monsieur de Champagny, je désire que vous expédiiez aujourd'hui quelqu'un en Espagne; vous pourriez envoyer le sieur Vandeul. C'est aujourd'hui le 9, il faut qu'il soit le 15 à Madrid. Il sera porteur d'une lettre de vous au sieur Beauharnais, par laquelle vous chargerez cet ambassadeur de faire connaître au généralissime, dans la journée du 15 ou dans celle du 16, que deux divisions françaises devant se rendre à Cadix séjourneront quelque temps à Madrid, et de demander que toutes les dispositions soient faites pour leur réception; qu'une de ces divisions sera détachée du corps qui est à Valladolid, et l'autre de celui qui est à Aranda; que ces deux divisions réunies formeront 50,000 hommes.

Vous instruirez le sieur Beauharnais que le grand-duc de Berg est venu pour prendre le commandement de ce corps, et qu'il doit arriver le 14 à Burgos avec le corps de réserve, composé de deux autres divisions formant à peu près 50,000 hommes; que le général espagnol Solano a quitté, le 3 mars, le Tage avec sa division, qu'il doit arriver le 10 à Badajoz, et que, de là, il a dû se diriger sur Cadix ou sur Madrid. S'il s'est dirigé sur Madrid, le sieur Beauharnais demandera quel est l'objet de ce rassemblement, et si c'est dans le but de s'opposer aux troupes françaises. Si le général Solano s'est dirigé sur Cadix, le sieur Beauharnais se plaindra seulement que ce général ait ainsi quitté le Portugal, et, par là, compromis l'existence de l'armée française dans ce pays. Le sieur Beauharnais ne manquera pas d'envoyer au grand-duc de Berg un agent sûr par Aranda et Burgos, pour l'instruire de ce qui se passe du côté de Madrid. Vous chargerez le sieur Vandeul de partir de Madrid le plus tôt possible, sans attendre la réponse de la cour d'Espagne, de manière à être à Aranda le 18, et le 19 à Burgos. Quand il sera à mi-chemin d'Aranda à Madrid, il expédiera quelqu'un au grand-duc de Berg pour l'instruire de ce qu'il apprendrait qui en valût la peine, et des mouvements de la division Solano, si de Badajoz elle se dirigeait sur Madrid ou sur Cadix. Vous ajouterez en chiffre, au sieur Beauharnais, qu'une armée française de 50,000 hommes entrera à Madrid le 22 ou le 23. Vous lui recommanderez de rassurer les partisans du prince de la Paix, du prince des Asturies, de répandre que mon projet est de me rendre à Cadix pour assiéger Gibraltar et me rendre en Afrique, et de voir en passant à régler les affaires d'Espagne, de manière qu'il n'y ait point de doute sur la succession de ce royaume. Si le prince de la Paix ou le prince des Asturies laisse entrevoir le désir de venir à Burgos, cela me sera très-agréable; n'importe qui viendra, il faut le recevoir. Le sieur Beauharnais doit prendre toutes les mesures pour que les vivres soient assurés à Madrid pour cette grande quantité de troupes.

Napoléon.

D'après l'original. Archives des affaires étrangères.

13630. — A M. MOLLIEN,
MINISTRE DU TRÉSOR PUBLIC.

Paris, 9 mars 1808.

Monsieur Mollien, je vous envoie un compte de M. Daru. Il est bon que vous ayez connaissance du tiers de ce compte. Établissez bien votre situation avec la Grande Armée au 1er janvier 1808, afin que nous puissions partir de là. Vous savez que vous avez 15 millions à céder à la Grande Armée; comme il y a 12 millions de créances de 1806 que la Grande Armée doit payer, je ne sais donc comment vous persistez à penser que le payeur ne vous doit que 15 millions, puisqu'il ressort de cet état qu'il vous doit bien davantage. Je désire que vous me fassiez un relevé de la situation de la Grande Armée au 1er janvier 1808, en recettes et en dépenses, afin que je voie si elle est conforme aux aperçus que j'ai faits. Expliquez-moi comment la solde est portée à 70 millions, qui, avec les 24 millions de 1806, font 94 millions. Il me semble que nous n'avions calculé que 71 millions.

Vous trouverez ci-joint le dernier état du payeur de la Grande Armée. Expliquez-moi ce que le payeur veut dire par cette note : conformément à la lettre du ministre, le payeur a crédité son compte *dépôt* de la somme de 6 millions, dont il a fourni son récépissé pour la solde de janvier et février 1808.

Donnez ordre que les comptes avec la Bavière me soient soumis et qu'il ne soit rien payé sans ordre.

Au conseil d'administration d'aujourd'hui, j'ai vu des choses sur la Garde qui ne me paraissent pas claires.

NAPOLÉON.

D'après l'original comm. par Mme la comtesse Mollien.

13631. — A M. DARU,
INTENDANT GÉNÉRAL DE LA GRANDE ARMÉE.

Paris, 9 mars 1808.

Monsieur Daru, après avoir lu attentivement le volume de comptes que vous m'avez rendu, intitulé *Administration*, j'en ai fait le relevé suivant; faites-moi connaître si je puis y compter. Je néglige toujours les troisièmes chiffres pour ne pas perdre de temps.

1re note. Le directeur des contributions de la Grande Armée avait reçu, au 1er janvier 1808, 200 millions. Il en avait donné 104 au payeur, en avait envoyé 42 à la caisse d'amortissement, en avait 50 en caisse, et en avait consommé 2 en faux frais ou restitutions.

2ᵉ note. Le payeur de l'armée avait dépensé 119 millions; il en fallait encore 12 pour achever le payement de la solde de 1806; il fallait 12 autres millions pour solder 1807; je calcule 5 millions pour ce qui est à payer en argent comptant pour les services faits depuis le 1ᵉʳ octobre 1806. Je ne comprends là rien de ce qui peut se régulariser, soit en décomptes sur la Pologne, soit en décomptes sur les contributions. Total de la dépense au 1ᵉʳ janvier 1808, 148 millions. Pour l'intelligence de cela, il faut que vous sachiez que j'ai pris, il y a deux jours, un décret portant que la solde de 1806 serait payée par la Grande Armée, et je lui ai fait céder différentes terres et des rebuts de budget qui ne peuvent pas entrer au trésor; et que la solde de 1807 serait également payée par la Grande Armée; qu'à cet effet le trésor public tiendrait compte à la Grande Armée, 1° de 15 millions lui appartenant, que le payeur avait consommés au 1ᵉʳ janvier 1808; 2° de 14 millions que le trésor devrait à la Grande Armée, faisant partie d'une somme plus considérable que la Grande Armée lui prête; 3° de 18 millions de solde passés en compte à la Grande Armée, dont il serait fait recette pour ordre au trésor public. J'observe, à cet égard, que nous avions évalué la solde de 1807 à 47 millions, celle de 1806 à 12 millions payables par la Grande Armée et à 12 millions à payer, c'est-à-dire 24 millions; total 71 millions. Je suis donc fort étonné de voir dans vos comptes que la solde payée se monte à 70 millions, ce qui, joint à 24 millions qui restent à payer, ferait 94 millions. Donnez-moi des explications là-dessus. Cela vient-il de ce que vous portez comme solde des objets qui ne le sont pas? 94 millions pour dix-huit mois feraient 5 à 6 millions par mois.

3ᵉ note. — Résumé. Les ressources du receveur des contributions en argent comptant étaient, au 1ᵉʳ janvier, de 200 millions, auxquels il faut ajouter les 15 millions cédés par le trésor, c'est-à-dire 215 millions. Ce qui est mis pour solder la dépense se montera à 148 millions pour le payeur général, 2 millions pour faux frais et restitutions; il restera donc 65 millions, dont 42 ont déjà été envoyés à la caisse; il resterait donc à la caisse 23 millions. Faites-moi connaître si ces calculs sont exacts. Si cela est, faites payer aux officiers et administrateurs les quatre mois de

1806 qui sont dus. Je crois avoir également donné l'ordre que tout ce qui serait dû aux officiers jusqu'au 1ᵉʳ janvier 1808 fût payé. Vous avez dû le faire payer au 3ᵉ corps; vous pouvez le faire également payer à la garnison de Danzig et aux autres corps qui en ont besoin. Ayez soin que la solde de janvier, février et mars 1808 soit payée tous les mois aux officiers et aux soldats. Je pense que les retardements dans le payement de la solde courante donnent toujours lieu à des dilapidations.

Je vois que, dans l'ayant en caisse de 51 millions qu'a le receveur, il a 1,200,000 francs à Wesel, 10 millions à Mayence, 1 million en Hanovre, et 700,000 francs à Munster. Je désire fort qu'il mette sans délai ces sommes à la disposition de la caisse d'amortissement. Je désire également que tout ce que doivent Hambourg, Brême et Lubeck, soit envoyé le plus tôt possible à la caisse d'amortissement.

Autre observation. Selon vous, la recette des contributions devrait être de 267 millions; le sieur la Bouillerie n'en porte que 200 : différence, 67 millions. Vous en portez 41 pour fournitures, la différence n'est plus que de 26. Sur ces 26 millions, je suppose qu'au moins 20 sont rentrés ou doivent rentrer. Je vois 10 millions de différence aux villes hanséatiques. J'ai fort à cœur que la comptabilité soit arrêtée au 1ᵉʳ janvier 1808, afin de pouvoir partir de là. Faites-moi connaître ce que rendent les états prussiens par mois, et remettez-moi en même temps votre état de contribution comparé avec celui du receveur, avec les observations qui les mettent d'accord. Faites-moi aussi le budget, au 1ᵉʳ janvier 1808, de ce que vous croyez qui rentrera au 1ᵉʳ juillet 1808 sur les contributions de toute espèce, et surtout sur les contributions ordinaires. Comparez-le avec ce que coûte la Grande Armée. J'ai à cœur de payer tout ce que je dois en Pologne. Si je dois encore beaucoup lorsque mes créances sur le gouvernement polonais seront épuisées, j'affecterai à cela les créances que j'ai sur la Prusse.

NAPOLÉON.

D'après la copie comm. par M. le comte Daru.

13632. — AU GRAND-DUC DE BERG,

LIEUTENANT DE L'EMPEREUR EN ESPAGNE.

Paris, 9 mars 1808.

Je reçois votre lettre du 6 mars. Je vois avec plaisir que l'affaire de Saint-Sébastien a bien fini. La moindre hostilité sur ce point m'eût été très-désagréable. C'est aujourd'hui le 9. Je suppose que vous êtes à l'heure qu'il est à Vittoria, d'où je recevrai de vos nouvelles. Vous serez probablement le 14 à Burgos. Le principal est que le maréchal Moncey fasse filer ses 300,000 rations de biscuit sur Aranda (le général Dupont a déjà les siennes à Valladolid), et que les deux corps d'armée aient leur pain et leur biscuit avec eux pour une quinzaine de jours, afin d'éviter tout désordre et d'être sûr que l'armée marche en bon ordre. Le major général vous expédie des ordres de mouvement par un officier d'état-major qui vous arrivera avant l'estafette, puisqu'il part aujourd'hui à six heures du soir. J'espère que ma Garde sera toute réunie le 14 ou le 15 à Burgos, et que vous aurez assuré une escorte de Bayonne à Burgos. Je donne ordre au général Merle de laisser 1,000 hommes dans la citadelle de Pampelune et de se rendre à Vittoria, où il devra être le 15 ou le 16. Sa seconde brigade, composée de cinq bataillons de la réserve que je suppose devoir arriver le 12 ou le 14 à Bayonne, continuera également sa route sur Vittoria, ce qui portera la division du général Merle à 4,500 hommes d'infanterie et douze pièces de canon. Le régiment de marche, qui arrive aujourd'hui 9 à Bordeaux, et qui probablement sera le 16 ou le 17 à Bayonne, dirigera également sa marche sur Vittoria pour augmenter encore la division Merle. Enfin la division Verdier, qui arrive aujourd'hui et demain à Bordeaux, arrivera le 17 et le 18 à Bayonne et formera la seconde division de réserve. Quatre régiments de marche de cavalerie, qui arriveront le 20 et le 21 à Bayonne, continueront leur route sur Vittoria, pour se ranger sous les ordres du général Merle. La seconde partie de ma Garde, composée des fusiliers et de plusieurs détachements de cavalerie, formant 3,000 hommes et 500 chevaux, arrivera à Bordeaux le 20, et continuera sa marche, ce qui formera sur mes derrières une réserve assez considérable, maintiendra ma communication avec Madrid, et fera face aux troupes espagnoles de Galice. Il faut que le général Merle fasse son mouvement de Pampelune de manière à ce qu'on s'en aperçoive le moins possible. Il laissera le général Darmagnac avec un millier d'hommes dans la citadelle.

Vous verrez par les ordres que vous recevrez du major général que, le 16, la deuxième division du maréchal Moncey devra être sur Aranda, et que sa troisième division partira le 15 de Burgos pour marcher sur Aranda, de manière que, le 17, le général Grouchy avec les deux brigades de cavalerie, ayant chacune trois pièces d'artillerie légère, la première et la deuxième division du maréchal Moncey, se mettent en marche sur la montagne de Somo-Sierra, pour arriver le 18 au soir au pied de cette montagne, la passer le 19, et y séjourner le 20, si vous ne recevez pas de nouveaux ordres. Cette journée du 20 sera employée à faire passer la troisième division du maréchal Moncey, de sorte que le 21 tout son corps se trouve réuni à une marche au delà de la montagne; que le général Dupont marchera de manière à se trouver le 19 à l'intersection des chemins de Ségovie et Saint-Ildefonse avec celui de Madrid; qu'il ne mènera avec lui que sa cavalerie, son artillerie et deux divisions, et qu'il laissera sa troisième division à Valladolid pour observer le corps espagnol qui est en Galice. Il est nécessaire que vous ayez des renseignements positifs sur le lieu où se trouve ce corps, et que le général qui commandera de ce côté ait soin de vous informer de tout ce qui viendrait à sa connaissance. Le maréchal Moncey doit marcher avec sa seconde division; vous, avec la troisième. Les divisions doivent camper par brigade, en conservant entre chaque brigade une distance d'une lieue, et une distance de six ou sept lieues entre la dernière brigade de l'armée et l'avant-garde. S'il arrivait que les Espagnols fussent en situation de se défendre à Madrid, le général Dupont doit se diriger sur Saint-Ildefonse, se réunir à vous et marcher sur Madrid pour donner ensemble, si cela est nécessaire.

Enfin l'armée doit être abondamment pourvue de tout, marcher dans le meilleur ordre. Retardez même votre mouvement d'un jour, pour peu que cela soit nécessaire, afin qu'il n'y ait pas de traîneurs. Du reste, il faut marcher avec confiance et en attitude de paix, en prenant cependant les précautions convenables. Envoyez de mon côté, sur Burgos et Bayonne, les hommes considérables que pourrait envoyer l'Espagne, le prince de la Paix, le prince des Asturies, s'ils venaient. Que tous vos propos soient pacifiques; dites que vous marchez sur Cadix et sur Gibraltar. Je vous ai écrit hier que mon intention est qu'avant de partir la solde soit payée jusqu'au 1er mars aux officiers et aux soldats, et que le payeur de Bayonne a reçu des ordres en conséquence. Cela est très-important pour que le soldat ne pille pas et puisse acheter ce dont il a besoin. Il faut que les caisses soient abondamment pourvues, afin que, arrivé à Madrid, on paye la solde courante avec exactitude, et qu'on rembourse les pertes provenant du change des monnaies.

Le général espagnol Solano est parti de la rive gauche du Tage pour Badajoz, où il arrive le 10, afin de se diriger sur Cadix ou sur Madrid. L'important est de savoir laquelle de ces deux routes il suivra en partant de Badajoz.

Je serai probablement rendu à Burgos le 22. Je vous ai déjà recommandé de faire suivre par une brigade de mes chevaux la division du maréchal Moncey, et d'en envoyer une autre à la division du général Dupont. Mes chevaux doivent suivre votre quartier général, hormis une réserve, qui restera à Burgos. Menez, avec les chevaux qui suivront votre quartier général, une compagnie de 60 gendarmes d'élite, les mameluks, 60 chasseurs, 60 grenadiers, 60 dragons et 120 Polonais avec trois pièces d'artillerie légère. Ces 3 ou 400 hommes vous formeront une réserve. Le reste de ma cavalerie sera répandu depuis Burgos jusqu'à Aranda, et depuis Burgos jusqu'à Bayonne, pour mon escorte. Faites en sorte qu'indépendamment de l'infanterie il y ait à Vittoria assez de cavalerie pour mon escorte et pour ma garde.

Donnez toutes les assurances possibles au prince de la Paix, au Roi, à tout le monde. Le plus important de tout est que le plus grand ordre soit observé pendant la marche.

Je vous réitère encore qu'aucun des mouvements prescrits ci-dessus n'est pressé; qu'il faut retarder un jour ou deux, si cela est nécessaire; que les corps doivent être munis de quinze jours de vivres et de biscuit, être bien habillés, bien armés, avoir leurs cinquante cartouches par homme; enfin être en mesure, après avoir passé la montagne, de faire de grandes marches, s'ils en reçoivent l'ordre. Je vous ai dit qu'il fallait passer la montagne le 19. Il n'y a pas d'inconvénient à ne la passer que le 20 ou le 21; mais que le corps du général Dupont marche toujours en conséquence.

D'après la minute. Archives de l'Empire.

13633. — A M. DE CHAMPAGNY,
MINISTRE DES RELATIONS EXTÉRIEURES.

Paris, 10 mars 1808.

Je vous envoie l'état des créances qu'avait Hesse-Cassel sur les différents princes de la Confédération du Rhin. La Bavière y est portée pour une dette de deux millions. Il faut en écrire au sieur Otto pour qu'il instruise les commissaires que cette somme doit entrer en compensation avec ce que je dois à la Bavière. Les douze millions que doit le duc de Mecklenburg-Schwerin doivent entrer également en compensation de ce qu'il a dépensé dans ses états pour les troupes françaises. Tout le reste, il faut le réclamer. Il faut faire une négociation avec le prince de Waldeck, qui doit 4,600,000 francs, et avec les autres petits princes; il ne faut en parler ni au Danemark, ni à l'Autriche, ni au prince de Gotha. Je vois que la Hollande doit 2,600,000 francs; il faut entamer une négociation à ce sujet avec le roi de Hollande. Enfin il ne faut rien laisser en suspens. Ce n'est pas que je veuille retirer les trente-cinq millions, mais j'entends que toutes ces créances soient éteintes. Le grand-duc de Bade doit plus de trois millions; il faut entrer en négociation avec cette cour. Je ne ferais pas de difficulté de lui laisser les deux tiers, et de lui faire faire, pour l'autre tiers, quatre ou cinq billets portant intérêt de 5 pour cent, et chaque billet payable par an ou même à une plus longue époque. La même chose pour le prince de Waldeck et pour les autres princes qui ne sont entrés que dernièrement dans la Confédération du Rhin. Je ferai volontiers présent au prince de Waldeck de la moitié de sa dette, pourvu qu'il me rembourse de l'autre moitié.

NAPOLÉON.

D'après l'original. Archives des affaires étrangères.

13634. — NOTE POUR M. CRETET,
MINISTRE DE L'INTÉRIEUR.

Paris, 10 mars 1808.

L'Empereur a des doutes sur le projet définitif des Tuileries. Il est choqué de cette hypothèse qui isolerait les Tuileries du Louvre. Il voudrait, de son balcon, voir le Louvre réuni, mais il laisse M. Fontaine maître d'arranger son projet comme il l'entend, en faisant les travaux qu'il a projetés.

Il ne faut donc rien exécuter qui puisse préjudicier au projet de Sa Majesté.

Il n'y a aucune espèce de doute que la galerie puisse être continuée : Sa Majesté a mis sur le budget 600,000 francs. L'Empereur approuve que l'on dépense, sans gêner l'économie, deux autres millions cette année, de manière à la voir terminée le plus tôt possible. Sa Majesté croit que la dépense jusqu'aux Quinze-Vingts sera de quatre millions. Sa Majesté accordera les crédits dès que M. Fontaine aura fait les projets : et, s'il n'y a pas d'inconvénient, mettre de suite la main à l'ouvrage, en commençant par l'autre bout.

Il faut étudier les distributions de la nouvelle galerie, surtout dans la partie de l'intérieur, pour que M. Maret et le trésorier soient bien logés.

Au 1ᵉʳ janvier, M. Maret délogera et se logera chez M. l'archichancelier, mais sans dépenses. M. Duroc s'entendra avec M. l'archichancelier pour qu'il ne soit rien enlevé qui puisse détériorer le bâtiment. En donnant les meubles, je n'ai pas entendu donner les tentures et les glaces. M. Maret n'aura à porter que ses meubles.

D'ici au 1ᵉʳ juin, M. l'archichancelier sera dans sa nouvelle maison : on démolira alors M. Maret : et, l'année prochaine, vers juin ou juillet, s'il est nécessaire d'abattre la maison de M. l'archichancelier pour les nouveaux projets, M. Maret prendra son logement dans la galerie.

M. Fontaine fera faire, le plus tôt possible, en plâtre, son projet du Louvre et des Tuileries; cela sera exposé au prochain salon et on recueillera les critiques que fera le public.

S'il était possible d'avoir la cour, où je monte en voiture, libre par une grille transversale, on pourrait l'exécuter de suite.

Si M. Fontaine persiste dans son projet de faire partager la cour en trois, on interdirait au public le passage par le grand vestibule, et on lui donnerait une entrée au jardin par le pavillon des Enfants de France; cela aurait l'avantage d'interdire le passage dans les cours de l'empereur à ceux qui arrivent tard.

M. Fontaine fera aussi en relief un beau projet d'opéra à placer n'importe où; il sera exposé à la critique. Il faut une salle, sans colonnes, favorable à la vue et à l'oreille; grande loge au milieu pour l'Empereur, petite loge avec un appartement, à peu près comme celle de Milan.

D'après la copie. Bibliothèque impériale.

13635. — AU GÉNÉRAL CLARKE,

MINISTRE DE LA GUERRE.

Paris, 10 mars 1808.

Envoyez un courrier extraordinaire au général Duhesme pour lui donner l'ordre de rester dans Barcelone. L'ordre que lui a donné le grand-duc de Berg de prendre Figuières est une folie : il doit tenir ses troupes concentrées dans Barcelone. 18,000 hommes seront, à la fin de mars, sur les frontières; s'il était nécessaire, ces troupes occuperont Figuières. Je suppose que son payeur est arrivé avec la solde; je suppose également que ses officiers d'artillerie et du génie et ses dix-huit pièces de canon sont arrivés. Dites-lui que je donne l'ordre, sur les frontières et à Marseille, d'envoyer du blé en Catalogne; qu'il peut le faire connaître aux habitants et magistrats; que l'exportation de ce qui sera demandé en France pour la nourriture de la Catalogne sera permise; lorsque son payeur sera arrivé, il doit restituer les 100,000 francs que lui a prêtés le capitaine général; les lois de l'honneur l'exigent impérieusement, et il ne faut jamais capituler avec l'honneur. On va expédier des bâtiments chargés de biscuit pour la citadelle; qu'en attendant il se procure des farines et des vivres pour une quinzaine de jours; qu'il doit parler ferme et faire punir les soldats qui se comporteraient mal; qu'il doit faire courir le bruit que je ne dois pas tarder à venir à Barcelone; que, quant aux inspecteurs aux revues, ils sont moins utiles en campagne; qu'il peut en faire faire les fonctions par son chef d'état-major, ou les faire lui-même. Apportez-moi demain, au lever, le décret pour que les masses soient payées aux régiments provisoires. Cela est important, on le demande de partout.

D'après la minute. Archives de l'Empire.

13636. — AU GÉNÉRAL CLARKE,
MINISTRE DE LA GUERRE.

Paris, 10 mars 1808.

Monsieur le Général Clarke, il sera formé à Rennes un camp de réserve, composé de trois brigades d'infanterie et de trois régiments provisoires de cavalerie, avec dix-huit pièces de canon. La 1re brigade sera composée du 2e d'infanterie légère et du 15e de ligne, et se réunira à Pontivy. La 2e brigade sera composée du 4e régiment d'infanterie légère, d'un bataillon suisse et d'un bataillon des légions de réserve qui est à Rennes, et se réunira à Rennes. La 3e brigade sera composée du 12e léger et du 14e de ligne, et se réunira à Avranches et Vire.

Il sera formé un 7e et un 8e régiment provisoire de dragons, qui se réuniront à Rennes et qui seront composés chacun de neuf compagnies de 80 hommes montés, officiers et sous-officiers compris, savoir : le 7e régiment, d'une compagnie de 80 hommes de chacun des régiments de dragons suivants : du 1er, du 3e, du 4e, du 5e, du 15e, du 9e, du 10e, du 2e, du 6e; le 8e régiment, d'une compagnie de 80 hommes de chacun des neuf régiments de dragons suivants : du 8e, du 11e, du 12e, du 18e, du 19e, du 20e, du 12e, du 25e, du 26e. Ce qui portera le complet de chaque régiment à 720 hommes, et des deux régiments à 1,400 chevaux.

Vous donnerez l'ordre que ces détachements partent au 1ᵉʳ avril. Les régiments qui ne pourront pas fournir 80 hommes en fourniront 40, et feront partir les 40 autres avant le 1ᵉʳ mai. Le 7ᵉ régiment se réunira à Pontivy et le 8ᵉ à Rennes.

Il sera formé un 3ᵉ régiment provisoire de hussards, qui se réunira à Saint-Omer. Il sera composé de huit compagnies des huit régiments de hussards suivants, savoir : une compagnie de 80 hommes du 1ᵉʳ régiment de hussards; une compagnie de 80 hommes du 2ᵉ; une compagnie de 80 hommes du 3ᵉ; une compagnie de 120 hommes du 4ᵉ; une compagnie de 80 hommes du 7ᵉ; une compagnie de 80 hommes du 8ᵉ; une compagnie de 80 hommes du 9ᵉ; une compagnie de 80 hommes du 10ᵉ. Ce qui portera le complet de ce régiment à 680 hommes. Ce régiment sera sous les ordres du général Saint-Cyr, qui commande le camp de Boulogne.

Les régiments qui pourront fournir sur-le-champ leur contingent le fourniront; les autres en fourniront d'abord la moitié, et l'autre moitié dans le courant d'avril.

Il sera également réuni à Saint-Omer, aussitôt que possible, les 3ᵉ et 4ᵉ escadrons du 10ᵉ et du 22ᵉ de chasseurs. Un escadron fort de 200 hommes au moins devra être prêt au 1ᵉʳ mai, et le 4ᵉ escadron dans le courant de mai.

Napoléon.

P. S. Le 2ᵉ régiment d'infanterie légère partira le 15 mars; le 4ᵉ partira le 20; le 12ᵉ partira le 25, et le 14ᵉ de ligne partira le 25. Il ne partira que deux bataillons de chacun de ces régiments.

Proposez-moi trois généraux de brigade pour les commander.

<small>D'après la copie. Dépôt de la guerre.</small>

13637. — A EUGÈNE NAPOLÉON,

VICE-ROI D'ITALIE.

Paris, 10 mars 1808.

Mon Fils, je reçois votre lettre du 4 mars, et la dépêche du général

Miollis des 27 et 29 février. J'approuve en tout la conduite du général; qu'il traite bien le soldat romain, chasse les mauvais officiers, en prenne d'autres, et les prenne à ma solde. Le cardinal Caraffa doit être responsable de la pierre qui a été jetée de sa maison, s'il ne trouve le délinquant. Renvoyez de Rome les cardinaux napolitains et les cardinaux qui sont mes sujets. Que Litta revienne à Milan; que les Génois rentrent à Gênes; les Italiens, dans le royaume d'Italie; les Piémontais, en Piémont: les Napolitains, à Naples. Cette mesure doit être exécutée de gré ou de force. Puisque ce sont les cardinaux qui ont perdu les états temporels du Pape par leurs mauvais conseils, qu'ils rentrent chacun chez eux.

Cavaletti m'a fort bien servi. Il est parti pour l'Espagne avec mes chevaux. Mes troupes sont à trente lieues de Madrid. Il se prépare là des événements importants.

J'attends avec impatience des nouvelles de mon escadre devant Corfou. Je suis étonné que le 21 il n'y ait encore rien; elle est partie le 10 de Toulon; il faut attribuer cela à quelque contrariété de mer.

La reine de Naples part après-demain pour Naples; elle sera à Turin du 15 au 20; elle se dirige par Rimini et Ancône; elle ne passera pas par Milan. Donnez ordre que, sur le territoire de mon royaume d'Italie, il lui soit rendu les plus grands honneurs. S'il arrivait qu'il y eût quelque chose de nouveau et que les routes ne fussent pas sûres dans l'état romain, vous l'arrêterez à Rimini ou à Ancône. Vous lui ferez fournir partout des escortes.

Vous sentez pourquoi, dans ce moment-ci, je ne vous fais pas venir à Paris, car il est possible que j'en parte dans cinq ou six jours. Envoyez quelqu'un savoir la situation du régiment toscan qui est à Parme; écrivez au maréchal Pérignon que je désire la connaître. Je désirerais fort qu'on pût diriger sur Turin autant de compagnies que l'on pourra, chacune de 120 hommes au moins.

NAPOLÉON.

D'après la copie comm. par S. A. I. Mme la duchesse de Leuchtenberg.

13638. — A M. CRETET,
MINISTRE DE L'INTÉRIEUR.

Paris, 11 mars 1808.

Donnez des ordres pour autoriser l'exportation de grains des ports de Marseille, de Cette et de la frontière pour la Catalogne, en prenant toutes les mesures de précaution pour s'assurer que ces blés sont effectivement débarqués à Barcelone.

P. S. Avant de prendre aucune mesure, rendez-moi compte de ceci.

_{D'après la minute. Archives de l'Empire.}

13639. — A M. DE MONTALIVET,
DIRECTEUR GÉNÉRAL DES PONTS ET CHAUSSÉES.

Paris, 11 mars 1808.

Monsieur Montalivet, je n'ai pas compris dans le budget les demandes que vous m'avez faites pour l'écluse de Pecquigny, l'écluse de Metz, l'entrepôt de Mayence. Ces dépenses doivent être prises sur les 25 pour cent de retenue que j'ai ordonnés par mon décret du mois d'août dernier sur le produit des droits de navigation. Ces 25 pour cent doivent produire environ 900,000 francs, si les bassins rendent autant que l'année passée. Faites-moi connaître la destination que vous donnez à ces fonds; il faudrait en employer 400,000 francs aux travaux de la Marne pour perfectionner sa navigation depuis Paris jusqu'à Saint-Dizier. Il serait bien urgent de finir l'écluse de Pont-de-l'Arche. Il paraît qu'il faut encore pour cela 280,000 francs. Ne pourrait-on pas y employer 150,000 francs sur les fonds des droits de navigation?

NAPOLÉON.

_{D'après l'original comm. par M. le baron Ernouf.}

13640. — A M. DE MONTALIVET,
DIRECTEUR GÉNÉRAL DES PONTS ET CHAUSSÉES.

Paris, 11 mars 1808.

Monsieur Montalivet, j'ai lu avec attention le rapport que vous avez remis dans le dernier conseil d'administration. J'ai été fort satisfait de la clarté des comptes de la comptabilité. Vous me proposez d'établir une route qui irait de Tournus à Chambéry, ce qui aurait l'avantage d'abréger de trois journées d'étapes, c'est-à-dire de vingt-quatre lieues, la route de Paris au mont Cenis. Cet objet me paraît important sous tous les points de vue. J'attendrai, avant de donner des ordres, que vous me fassiez là-dessus un rapport bien précis. Vous verrez, par le budget que j'ai arrêté, que mon intention est de faire cette année, si cela est possible, la route de Chambéry au mont Cenis, la route du passage du mont Cenis et les habitations dont j'y ai ordonné l'établissement, et la route de Metz à Mayence. Voilà le moment des travaux arrivé, il n'y a plus un moment à perdre pour les pousser avec la plus grande activité.

Vous verrez que j'ai mis un fonds considérable pour la route de Bordeaux à Bayonne. Il est nécessaire d'activer de ce côté nos communications. Je croyais que vous aviez déjà entrepris la route de Venloo à Wesel.

Je désire également que cette année, si cela est possible, les ponts de Tours, de Roanne, de la Durance et de Kehl soient terminés.

J'attends des projets pour les ponts de Bordeaux, de la Scrivia, du Pô à Turin, et autres que j'ai ordonnés dans mon dernier voyage en Italie.

Le pont du Furens doit être entrepris et avancé cette année.

J'ai décidé que cette année il serait dépensé un million pris sur les revenus des bois, pour faire des canaux et des chemins qui améliorent l'exploitation des forêts. Je ne vois encore aucun mémoire, aucune recherche ni projet sur la distribution de ce million.

Je désirerais savoir si l'on ne pourrait pas faire un pont vis-à-vis les Invalides, comme le pont des Arts, et si l'on ne pourrait pas trouver une compagnie qui s'en chargeât.

Napoléon.

D'après l'original comm. par M. le baron Ernouf.

13641. — A EUGÈNE NAPOLÉON,
VICE-ROI D'ITALIE.

Paris, 11 mars 1808.

Mon Fils, je reçois votre lettre du 6 mars avec les lettres de Rome du 1er. Je vous ai déjà fait connaître qu'il fallait que les cardinaux napolitains, ceux qui sont mes sujets comme Empereur ou Roi d'Italie, toscans, parmesans, génois, piémontais, doivent recevoir l'ordre de quitter sur-le-champ Rome et de retourner dans leur patrie.

On dit que le Pape veut établir de nouveaux impôts ; voici la conduite que doit tenir le général Miollis : il doit déclarer qu'il ne souffrira aucune augmentation d'impôts ; il doit même demander la suppression de la contribution extraordinaire qui a été imposée il y a quelques années. Il doit en outre déclarer que, si l'on persiste à vouloir établir de nouveaux impôts, il faut réunir les États des différentes provinces pour rendre compte dans cette assemblée de l'état des contributions existantes et de l'emploi des finances, qui ne servent qu'à organiser la révolte dans le pays et à solder les cardinaux napolitains qui se révoltent contre les souverains légitimes ; et que les peuples de Rome ne payeraient rien que du moment que le Pape sortirait de l'état de rébellion temporelle où il se met contre l'Empereur.

NAPOLÉON.

D'après la copie comm. par S. A. I. Mme la duchesse de Leuchtenberg.

13642. — A JÉRÔME NAPOLÉON, ROI DE WESTPHALIE.

Paris, 11 mars 1808.

Mon Frère, je reçois votre lettre du 6. Il n'est pas possible que vous envoyiez M. de Merveldt comme ambassadeur nulle part. Lorsque vous l'aurez employé quelques années et que sa conduite vous offrira une garantie, vous pourrez alors lui confier une mission à l'étranger. Quant à votre grand maréchal, je ne sais pas qui il est, je n'ai pas sous la main de documents qui me le fassent connaître. Si vous envoyez quelqu'un en Russie, il faut que ce soit surtout un homme considérable par sa naissance et son éducation. Le roi de Naples a envoyé en Russie le duc de Mondragone, d'une des premières maisons de l'Europe, immensément riche, très-attaché au Roi et le plus grand ennemi de la reine Caroline, qui l'a condamné à mort. Le roi de Hollande a envoyé aussi en Russie un M. Six, homme considérable et distingué sous beaucoup de rapports. Si vous n'avez pas un pareil choix à faire, il faut vous abstenir d'avoir un ambassadeur en Russie.

NAPOLÉON.

D'après la copie comm. par S. A. I. le prince Jérôme.

13643. — A M. CRETET,
MINISTRE DE L'INTÉRIEUR.

Paris, 12 mars 1808.

Monsieur Cretet, je viens d'arrêter le budget de 1808; je ne l'ai fixé qu'à 16 millions pour le service ordinaire; cela provient des réductions que j'ai faites d'une somme de 500,000 francs sur les bâtiments civils, d'un million sur les lycées. Mon intention est que les dépenses des lycées soient payées en partie par les communes, et qu'à compter du mois d'avril les Invalides, le Val-de-Grâce, la Charité, etc. soient à la charge des hôpitaux ou de ces établissements eux-mêmes, qui feront ces dépenses avec plus d'économie. D'ailleurs, j'ai besoin de savoir ce que chacun de ces établissements me coûte, et je ne puis le voir que par ce qui est porté à son budget.

J'ai vu avec peine que l'école de Compiègne coûte plus de 540 francs par homme; il faut que chaque élève ne coûte pas plus de vingt sous par jour; ces élèves sont fils de soldats ou d'artisans peu aisés; il est contre mon intention qu'on leur donne des habitudes de vie qui ne leur seraient que nuisibles.

Pour l'extraordinaire, je vous ai accordé 31 millions. Mon intention est que les dépenses soient faites avec la plus grande activité, surtout pour la route de Paris à Mayence, et de Chambéry au mont Cenis. La route du mont Cenis est d'une si grande importance, qu'on ne doit rien négliger pour la rendre commode et sûre, non-seulement en réalité, mais pour l'imagination. Vous m'avez proposé d'annuler des crédits de l'an XIII; je m'y suis refusé; je n'ai annulé pour le service ordinaire que ce qui était inutile; mais j'ai maintenu tout le service extraordinaire, et je désire qu'avant de faire des économies sur différents genres de travaux pour 1808 vous mainteniez les crédits de 1806 et de 1807, jusqu'à ce qu'ils soient épuisés. Le crédit pour un canal, un chemin déterminé, doit toujours être épuisé, le travail serait-il fait un an après.

J'ai prélevé 25 pour cent sur les coupes de bois appartenant aux communes, et j'en ai affecté le produit à l'Arc-de-Triomphe et à d'autres travaux; j'espère qu'il ne s'éloignera pas de la somme que j'ai affectée pour ces travaux. Comme cela est déposé à la caisse d'amortissement, faites-le verser en masse dans la caisse des travaux, afin de les pousser avec la plus grande activité.

Proposez-moi d'abattre la partie de l'Hôtel-Dieu qui doit être abattue. Il n'a été rien fait au quai Napoléon en 1807; il faut qu'il soit achevé en 1808.

J'ai également ordonné par un décret la construction d'un quai qui irait du Corps législatif au pont d'Iena : donnez les ordres pour que les travaux soient entrepris et vivement poussés cette année. Si l'année se trouvait propice et que les eaux ne fussent point un obstacle, je ne refuserais pas d'accorder 500,000 francs pour activer ces travaux.

Faites-moi connaître ce qu'il y a à dire contre l'idée de faire le pont d'Iena en fer comme celui des Arts; pourrait-il être fait par une compagnie? Cette prolongation de promenade des Champs-Élysées ne pourrait être qu'agréable.

Je crois n'avoir rien oublié dans le budget pour les travaux entrepris. Mon intention est que tout se trouve au budget, afin que l'on ne soit pas obligé de faire mille recherches pour trouver quelque chose.

Vous verrez que j'y ai relaté le décret qui met à votre disposition un million pour la construction de la Bourse. Je pense que vous pourrez en jeter les fondements à la mi-carême, et que cela peut être l'objet d'une fête que pourraient donner les agents de change et autres gens d'affaires qui fréquentent la Bourse. Présentez-moi définitivement le projet de cet établissement; je désire qu'il soit simple et beau.

NAPOLÉON.

D'après la copie. Archives de l'agriculture, du commerce et des travaux publics.

13644. — A M. DE CHAMPAGNY,
MINISTRE DES RELATIONS EXTÉRIEURES.

Paris, 12 mars 1808.

Monsieur de Champagny, répondez à mon ambassadeur à Naples que tout Français qui a prêté serment au roi de Naples depuis qu'il est roi de Naples n'est plus Français; mais que ceux qui sont au service de ce prince sans lui avoir prêté serment continueront à être considérés comme Français, et qu'ils recevront une permission signée de moi. Cette décision, vous la donnerez à mon ambassadeur en Hollande et au ministre de la justice du royaume de Westphalie.

Il faut communiquer à l'ambassadeur turc toutes les lettres de Bosnie pour lui faire voir de quelle manière on se comporte envers nous.

NAPOLÉON.

D'après l'original. Archives des affaires étrangères.

13645. — A M. DEJEAN,
MINISTRE DIRECTEUR DE L'ADMINISTRATION DE LA GUERRE.

Paris, 12 mars 1808.

Monsieur Dejean, j'ai rendu un décret sur les masses des régiments provisoires de Portugal et d'Espagne. Mais je pense qu'il serait nécessaire de faire un règlement général qui fît connaître comment on doit se conduire en campagne pour les masses. Je pense qu'il faudrait régler que la moitié ou le tiers de la masse générale sera payé aux détachements comme à-compte, dont le commandant serait tenu de rendre compte au conseil d'administration du régiment, et qui serait employé pour la réparation à faire à l'habillement, pour les masses de ferrage, de harnachement, d'armement et autres objets dont le détachement aurait besoin. Il est absurde que nos règlements ne prescrivent rien là-dessus. Ainsi, par exemple, les régiments qui sont aux armées de Naples, de Dalmatie, ont leurs dépôts dans le royaume d'Italie, et bientôt ils les auront en Provence. Il faudrait déterminer ce qui doit leur être payé pour l'habillement et pour pourvoir au renouvellement et remplacement dudit habillement. En général, cela s'applique à toutes les circonstances. Le linge et chaussure est une masse par compagnie, mais le linge et la chaussure ne suffisent pas. Je désire là-dessus un mémoire. Combien faudrait-il passer au soldat pour son habillement, etc.? voilà ce que je veux savoir. Je n'ai pas assez d'habitude des détails des corps pour avoir une idée faite là-dessus.

NAPOLÉON.

D'après l'original. Dépôt de la guerre.

13646. — NOTE SUR UN RAPPORT DU PRINCE JOACHIM
POUR DIVERS CHANGEMENTS A OPÉRER DANS L'ARME DE LA CAVALERIE.

Paris, 12 mars 1808.

Renvoyé au ministre de la guerre, pour proposer les changements convenables; c'est-à-dire, 1° régulariser l'uniforme des chasseurs; 2° placer le manteau des cuirassiers sur le devant de la selle et diminuer de beaucoup ce porte-manteau; l'expérience a prouvé que, quand il est trop grand, le soldat le remplit de choses inutiles; 3° faire des changements à l'arme des dragons, diminuer également le porte-manteau, leur donner une espèce de manteau à manches et le placer sur le devant de la selle; enfin ne donner à toutes les armes de cavalerie qu'un seul habit comme à l'infanterie; ce qui produira une grande économie et allégera beaucoup cette arme.

Le ministre me proposera dans la semaine les changements qui paraissent évidents, et il enverra le reste à la discussion d'une commission.

NAPOLÉON.

D'après la copie. Dépôt de la guerre.

13647. — NOTE SUR UN RAPPORT
CONCERNANT LES FOURGONS DE LA GRANDE ARMÉE.

Paris, 12 mars 1808.

Renvoyé au ministre de la guerre, pour me proposer des mesures pour que la Garde ait un effectif de cent vingt fourgons; ils seront placés à la Fère. On aura soin que ces fourgons soient aussi légers que possible et faits avec le plus de soin. Je désire que la Garde ait ce nombre de fourgons, parce qu'elle forme une espèce de réserve de l'armée, et que ces fourgons peuvent porter plus de cent mille rations de biscuit.

NAPOLÉON.

D'après la copie. Archives de l'Empire.

13648. — A EUGÈNE NAPOLÉON,
VICE-ROI D'ITALIE.

Paris, 13 mars 1808.

Mon Fils, il faut laisser à Rome les ouvriers napolitains et les moines, pourvu qu'ils se comportent bien. Ce sont les cardinaux et les principaux seigneurs qui doivent retourner à Naples. Il faut bien traiter l'ancien roi de Sardaigne, qui a véritablement renoncé aux affaires, et lui donner des assurances qui lui ôtent toute inquiétude.

NAPOLÉON.

D'après la copie comm. par S. A. I. Mme la duchesse de Leuchtenberg.

13649. — A ÉLISA, PRINCESSE DE LUCQUES ET DE PIOMBINO.

Paris, 13 mars 1808.

Ma Sœur, mon intention est, aussitôt que j'aurai l'état des domaines de Toscane, de vous donner un beau bien dans ce pays, rendant 2 à 300,000 francs de revenu net; ce qui fera un beau supplément à votre liste civile. Il est convenable de tenir cela secret. Comme vous êtes à portée de connaître le pays, voyez vous-même le bien qui pourrait vous convenir. Il n'est pas question de souveraineté, mais d'un bien particulier. Il faudrait le choisir tel qu'il ne gêne pas trop la souveraineté du pays. Je viens d'ordonner qu'il vous fût donné pour votre fille des biens d'une valeur de 150,000 francs de revenu dans les états de Parme et de Plaisance, lesquels seraient, en cas de mort, réversibles à vous. Je viens également d'ordonner l'achat de la maison que vous avez à Paris pour 800,000 francs, qui seront placés sur le grand-livre en cinq pour cent au cours actuel de 85 francs; ce qui vous fera 48,000 francs de rente;

j'ajouterai volontiers ce qui sera nécessaire pour porter ce revenu à 50,000 francs. Le grand-livre est le placement le plus sûr. Vous correspondrez pour cela avec le général Duroc, que j'en ai chargé. Lorsque j'aurai une connaissance exacte de ce qui compose les états de Toscane, je m'occuperai de vous donner l'agrandissement convenable. Mon intention est que, sur les 150,000 francs de rente que je donne à la princesse votre fille, on en retire tous les ans 30,000 pour son entretien, et que les 100,000 francs restants soient placés sur le grand-livre de France; on y ajoutera les intérêts de chaque année, de sorte que, lorsqu'elle sera en situation de se marier, elle ait, outre ses 130,000 livres de rente, une centaine de mille francs de rente sur le grand-livre. Je déduis des 150,000 francs de rente 20,000 francs pour les impositions.

Il est convenable que le prince Félix ne touche point son traitement de sénateur. Il doit écrire au trésorier du Sénat qu'il s'honore trop de son titre de sénateur pour y renoncer, mais qu'il n'en touchera pas le traitement, désirant qu'il bonifie la caisse du Sénat.

NAPOLÉON.

D'après l'original comm. par S. A. Mme la princesse Baciocchi.

13650. — A M. DE CHAMPAGNY,
MINISTRE DES RELATIONS EXTÉRIEURES.

Paris, 14 mars 1808.

Monsieur de Champagny, il faut désapprouver mon chargé d'affaires à Rome de tout le mouvement qu'il se donne pour nouer une négociation. Écrivez-lui de rester tranquille, de répondre à toutes les propositions qu'on lui fera qu'il vous en écrit, et de ne pas faire un pas. Il connaît bien peu les prêtres s'il ne sait pas que toutes ces confidences, ces conversations mystérieuses sont dans leur caractère, et ne sont que des ruses. Recommandez-lui de se borner à seconder le général Miollis pour empêcher qu'on ne mette de nouvelles impositions qui chargeraient le peuple sans raison.

NAPOLÉON.

D'après l'original. Archives des affaires étrangères.

13651. — AU PRINCE DE NEUCHÂTEL,
MAJOR GÉNÉRAL DE LA GRANDE ARMÉE.

Paris, 14 mars 1808.

Mon Cousin, présentez-moi un projet de lettre au prince de Ponte-Corvo, par laquelle vous lui ferez connaître que j'ai reçu la nouvelle que les Russes sont entrés en Finlande, et que les premiers coups de fusil ont été tirés contre les Suédois; que mon intention est qu'il active sa marche autant que possible; que, s'il arrivait, comme on croit avoir lieu de l'espérer, que les Belts vinssent à geler, il ne doit pas hésiter à les passer avec la division espagnole, sa division française et deux danoises, formant ensemble 30,000 hommes, et que, aussitôt que je saurai qu'il a passé, la division hollandaise et une division française se mettront en marche pour le soutenir.

NAPOLÉON.

D'après l'original. Dépôt de la guerre.

13652. — AU GRAND-DUC DE BERG,
LIEUTENANT DE L'EMPEREUR EN ESPAGNE.

Paris, 14 mars 1808.

Le major général vous écrit pour vous faire connaître mes intentions par duplicata, par l'estafette et par un officier. Les lettres que j'ai reçues de Madrid, du 5 mars, ne parlent de rien de nouveau. J'ai ordonné que le 17 on demande le passage par Madrid d'un corps de 50,000 hommes destinés à se rendre à Cadix. Vous vous conduirez selon la réponse qui sera faite; mais tâchez d'être le plus rassurant possible.

Si les troupes de Madrid ne sont pas de plus de 15,000 hommes, vous n'entrerez dans cette ville qu'avec le corps du maréchal Moncey, et vous placerez le corps du général Dupont, la 3º division à Valladolid, la 2º à deux ou trois marches de Valladolid, et la 1ʳᵉ à une ou deux marches de Madrid. Si les Espagnols avaient plus de 20,000 hommes à Madrid, vous vous feriez joindre par la 1ʳᵉ division et les cuirassiers du général Dupont; vous placeriez la 2º division à Villacastin ou à Ségovie, et vous donneriez l'ordre à ce général de former des magasins et de construire des fours pour son approvisionnement. J'ai ordonné au général Merle de se rendre à Burgos; la 2ᵉ brigade, composée des cinq 4ᵉˢ bataillons des légions de réserve, qui est arrivée à Bordeaux, continuera sa route sur Vittoria. Ma Garde restera à Burgos, et les 3,000 hommes des fusiliers de ma Garde qui arrivent à Bayonne le 20 mars continueront, s'il est nécessaire, leur route sur Burgos. Moyennant ces forces réunies, je puis compter qu'au 1ᵉʳ avril le général Merle aura à Burgos 16,000 hommes, que les communications de Madrid avec la France seront assurées, et la division espagnole de Galice suffisamment contenue. Et, si vous en receviez l'ordre, vous pourriez attirer à vous le corps du général Dupont. Mais, du 20 au 30 mars, il y a dix jours, et il ne faut pas rester à découvert, exposer les communications à être interceptées, les malades à être menacés dans les hôpitaux; ce qui mettrait toute la population en mouvement.

D'un autre côté, 5 à 6,000 hommes d'infanterie française arrivent le 30 à Perpignan. Ils doivent donc être dans la première semaine d'avril à Barcelone; ce qui portera le corps du général Duhesme à 13 ou 14,000 hommes; ce qui, joint aux forts de Barcelone qu'il occupe, le mettra sur un pied respectable, et lui permettra de disposer d'une division pour seconder vos opérations. Le général Junot doit également vous appuyer par une division dans le bas de l'Espagne. Quelles que soient les intentions de la cour de Madrid, vous devez comprendre que ce qui est surtout utile, c'est d'arriver à Madrid sans hostilités, d'y faire camper les corps par division pour les faire paraître plus nombreux, pour faire reposer mes troupes et les réapprovisionner de vivres. Pendant ce temps, mes différends s'arrangeront avec la cour d'Espagne. J'espère que la guerre n'aura pas lieu, ce que j'ai fort à cœur. Si je prends tant de précautions, c'est que mon habitude est de ne rien donner au hasard. Si la guerre avait lieu, votre position serait plus belle, puisque vous auriez sur vos derrières une force plus que suffisante pour la protéger, et sur votre flanc gauche la division Duhesme, forte de 14,000 hommes. Vous auriez aussi alors des nouvelles de la division du général Junot. L'ensemble de ces dispositions serait on ne peut plus favorable.

J'ai donné pour instruction primordiale à Tournon d'être rendu le 15 à Burgos. Faites-le guetter sur la route: il vous instruira de la situation des choses. Mon ambassadeur à Madrid a reçu également l'ordre de vous transmettre tous les renseignements qui pourront vous être utiles. Je veux rester ami avec l'Espagne et remplir mon but politique sans hostilités: mais j'ai dû me mettre en mesure pour que, s'il le fallait, je pusse surmonter la résistance par la force.

Je vous ai envoyé l'ordre de faire payer aux troupes tout l'arriéré avant leur entrée à Madrid, afin qu'arrivées dans cette ville elles fassent de la dépense et ne fassent pas de violences.

Je suis obligé de retarder mon départ de quelques jours: mais, lorsqu'il le faudra, j'arriverai bien promptement. Mandez-moi de vos nouvelles le plus tôt que vous pourrez.

Quant aux affaires, vous me transmettrez toutes les propositions directes ou indirectes qui seraient faites, et vous répondrez que je serai à Burgos lorsque mes troupes arriveront à Madrid.

Comme il faut toujours marcher en bons militaires, il est fort important de veiller le corps espagnol de Galice. J'ai ordonné au général Junot de tenir une division prête pour se concerter avec la 3ᵉ division du général Dupont et avec le général Merle.

NAPOLÉON.

D'après la minute. Archives de l'Empire.

13653. — DÉCISION.

Paris, 14 mars 1808.

Le général Clarke, ministre de la guerre, propose de régulariser les dépenses du matériel de l'armée de Portugal, conformément au système usité à la Grande Armée, d'après lequel le major général présente chaque mois à la sanction de l'Empereur l'état de distribution de fonds pour chaque service.

L'établir en Portugal: demander le budget par chapitre pour janvier, février, mars, avril, mai et juin.

NAPOLÉON.

D'après l'original. Archives des finances.

13654. — A M. DE CHAMPAGNY,
MINISTRE DES RELATIONS EXTÉRIEURES.

Paris, 15 mars 1808.

Monsieur de Champagny, la commission[1] qui est auprès du ministère n'a pas le sens commun. Je désire qu'elle soit dissoute. Je ne veux de responsable que le ministre. C'est la centième bêtise qu'elle me fait. Le sieur....... est une trop vieille tête pour se mêler de mes affaires. Qu'il reste pensionnaire des relations extérieures et ne se mêle de rien. Les hommes qui ont servi la politique de Versailles ne peuvent diriger la mienne. Je désire qu'il sache que je n'ai pas été content de tout ce qu'il a fait. C'est une absurdité de mettre en doute si le roi de Naples doit être appelé grand-électeur et prince français; il n'y a pas le moindre doute à cela. Les usages de la Prusse ne sont pas une règle pour moi. Certes, à la cour de Vienne on n'y manquait pas. Est-ce défaut de zèle ou d'esprit? Je n'en sais rien, mais j'ai toujours trouvé la commission dans une ligne étroite et peu zélée. Renvoyez une nouvelle lettre au Roi, et faites sentir que je désapprouve cette erreur.

Vous répondrez que mon intention n'est pas que le roi de Saxe offre un nouvel Ordre au ministre Maret, qui n'a pas rendu plus de services qu'un autre, et qui a été suffisamment récompensé.

NAPOLÉON.

D'après l'original. Archives des affaires étrangères.

13655. — A M. DE CHAMPAGNY,
MINISTRE DES RELATIONS EXTÉRIEURES.

Paris, 16 mars 1808.

Monsieur de Champagny, je reçois une lettre du maréchal Davout avec celle du prince Poniatowski qui y était jointe, dont le résultat est que l'armée polonaise est trop forte pour les finances du pays, qui ont besoin de se remettre. Cependant, comme une armée un peu forte est nécessaire en Pologne, tant pour former des officiers que des soldats, voici ce que je

[1] Commission du protocole.

propose au roi de Saxe. Je prendrai à mon service et ferai passer sur le Rhin un corps de 8,000 hommes organisé de manière que chaque compagnie ait un effectif de 140 hommes. Écrivez-en au sieur Bourgoing, et, si cela convenait au Roi, la convention s'en ferait ici avec les députés polonais. Ces 8,000 hommes se rendraient d'abord à Magdeburg, où je ferais compléter leur armement, et, de là, ils se dirigeraient sur le Rhin. Je me chargerai de leur paye, de leurs masses, du moment où ils auront passé l'Oder. Quand les affaires seront tranquillisées, je les rendrai au roi de Saxe, avec leur habillement et leur armement dans le même état où je les ai pris. Il faudra qu'on m'envoie des régiments entiers avec les conseils d'administration. Ces régiments laisseraient un dépôt à Kalisz ou à Posen, pour recevoir les recrues et les envoyer au corps pour le tenir au complet. Cette division, jointe à la légion polonaise qui se rend en France et à mes chevau-légers, formera un corps de 13 à 14,000 hommes qui se formeront à mon service et que le roi de Saxe retrouvera quand il voudra. Il est des moments où l'envoi de troupes françaises en Pologne pourrait effrayer l'Europe, au lieu que l'envoi de 12 à 15,000 Polonais ne peut être d'aucun effet politique. Le maréchal Davout pourrait passer la revue de ces troupes avant leur départ. L'armée polonaise sera diminuée d'autant, et le roi et le gouvernement polonais pourront plus facilement fournir à ses besoins.

NAPOLÉON.

D'après l'original. Archives des affaires étrangères.

13656. — AU GRAND-DUC DE BERG,
LIEUTENANT DE L'EMPEREUR EN ESPAGNE.

Paris, 16 mars 1808.

Je reçois votre lettre du 12 mars, à six heures du matin. Vous aurez reçu les lettres du major général. Ainsi je suppose que ma lettre ne vous trouvera pas loin de votre destination. Ne dérangez d'aucune manière la division Duhesme : laissez-la où elle est. Elle garde Barcelone et contient cette province; elle remplit suffisamment son but. Lorsque les 6,000 hommes de renfort qui vont rejoindre cette division, et qui seront à Barcelone vers le 5 ou le 6 avril, seront arrivés, ce sera autre chose : alors il aura un corps capable de se porter partout.

Vous avez dû rencontrer Tournon le 15. Il vous aura fait connaître la dernière situation des choses à Madrid.

Au moment où vous recevrez cette lettre, la tête du général Verdier touchera aux confins d'Espagne, et le général Merle devra se trouver à Burgos. Continuez à tenir de bons propos. Rassurez le Roi, le prince de la Paix, le prince des Asturies, la Reine. Le principal est d'arriver à Madrid, d'y reposer vos troupes et d'y refaire vos vivres. Dites que je vais arriver afin de concilier et d'arranger les affaires.

P. S. Surtout ne commettez aucune hostilité, à moins d'y être obligé. J'espère que tout peut s'arranger, et il serait dangereux de trop effaroucher ces gens-là.

D'après la minute. Archives de l'Empire.

13657. — A JOSEPH NAPOLÉON, ROI DE NAPLES.

Paris, 16 mars 1808.

J'ai ordonné que les cardinaux et prélats napolitains qui étaient à Rome vous fussent envoyés pour vous prêter serment. J'apprends que vous donnez ordre au général Miollis de les envoyer à Alexandrie. Je ne conçois rien à cette conduite. Que diable craignez-vous de deux ou trois vieux prêtres, tandis que l'exemple éclatant du serment qu'ils vous rendent doit être du meilleur effet pour l'Europe? Un de mes principaux différends avec le Pape est parce qu'il vous appelle le *Prince Joseph*, et qu'il vous fait refuser le serment par les cardinaux vos sujets. Si vous en êtes à craindre, à Naples, deux ou trois malheureux vieillards, vous y êtes tristement assis.

D'après la minute. Archives de l'Empire.

13658. — A LOUIS NAPOLÉON, ROI DE HOLLANDE.

Paris, 16 mars 1808.

Si vous pensez que les vingt-trois bâtiments vous soient plus utiles en Hollande, vous pouvez les garder. Envoyez-en seulement deux ou trois en Danemark, pour avoir le prétexte d'avoir à Copenhague un très-bon officier de marine, qui vous instruira de tout ce qui se passe et assistera de ses conseils et de ses moyens le passage de mes troupes. Activez l'armement de vos escadres le plus qu'il vous sera possible: cela est très-important.

J'ai ordonné qu'une de vos divisions rentrât en Hollande. Je ne vous dissimule pas que j'ai fort peu de troupes disponibles. J'ai 120,000 hommes en Espagne; j'en ai autant dans le Nord et dans l'Italie; j'en ai 300,000 à la Grande Armée; de sorte que je n'ai que le camp de Rennes pour défendre la Bretagne et la Normandie, et le camp de Boulogne, qui est assez faible. C'est donc sur vous que je compte pour défendre l'île de Walcheren et mon escadre de Flessingue, ainsi que le Texel. Faites-moi connaître les dispositions que vous pourriez faire, moyennant la division qui vous rentre et les troupes que vous avez déjà, pour garder l'embouchure de l'Escaut et le Texel. Ma conscription se lève, et, avant juin, j'aurai une soixantaine de mille hommes de plus. Je pourrai alors, selon les circonstances, former quelques régiments provisoires pour défendre l'embouchure de l'Escaut. Je pense que vous devez avoir à Middelburg un camp de 2 à 3,000 hommes et un de 3,000 hommes à Flessingue, afin que ces 5,000 hommes puissent, en cas d'événement, se réunir à mes troupes et repousser un débarquement. Je pense que vous devez avoir à Utrecht et au Texel 7,000 hommes pour défendre l'embouchure de la Meuse. Vous aurez donc besoin d'une douzaine de mille hommes. La division qui vous rentre est de 6,000 hommes; vous en avez déjà 6,000 au moins. Songez que je ne parle que de présent sous les armes et non d'effectif, car l'effectif ne se bat pas: je parle donc de ceux qui se trouveront sur le champ de bataille en cas d'événement.

D'après la minute. Archives de l'Empire.

13659. — NOTE POUR M. FROCHOT,
PRÉFET DE LA SEINE.

Paris, 17 mars 1808.

Sa Majesté désire avoir, dans le conseil de samedi prochain, des réponses sur les questions suivantes :

Pourquoi n'établit-on pas à Paris un entrepôt à la halle aux vins? Cette halle peut contenir 20,000 barriques. Dans l'état actuel des choses, où elle n'est qu'un magasin et point un entrepôt, elle est bien loin de contenir cette quantité.

Dans quelle proportion est la quantité de 20,000 barriques, qui peuvent être placées dans cet entrepôt, avec les besoins réels du commerce de la ville de Paris?

Quelle est la quantité de vins actuellement entreposée hors de Paris, depuis la Râpée jusques et y compris Bercy? et quel est le maximum des quantités de vins que le commerce de Paris a entreposées en même temps, à une époque quelconque, dans les magasins ou abris particuliers hors de Paris?

Le ministre de l'intérieur propose l'établissement d'un entrepôt de vins à l'Arsenal : l'administration de l'octroi a-t-elle, dans l'intérêt des finances de la ville de Paris, quelques objections à faire à cet établissement?

D'après la copie. Archives de l'Empire.

13660. — NOTE SUR UN RAPPORT
POUR LE RECRUTEMENT ET L'AUGMENTATION DE LA GENDARMERIE.

Paris, 17 mars 1808.

Renvoyé au ministre de la guerre. La gendarmerie est assez nombreuse, il ne s'agit que de la bien répartir. Dans le temps où dix-huit départements de la France étaient presque en insurrection, que les lois de l'état faisaient tant d'ennemis au Gouvernement et lui aliénaient une grande partie de l'opinion, cette gendarmerie a suffi. Aujourd'hui que tout est à l'inverse, qu'il n'y a plus de nobles, de prêtres à surveiller, que les dix-huit départements de l'Ouest vont aussi bien que les autres, la gendarmerie serait susceptible plutôt de diminution que d'augmentation. Je désire que le ministre me remette tous les mois un livret de la situation de la gendarmerie, par division et par compagnie, qui me fera connaître les hommes à pied, à cheval, les présents, les malades, les hommes détachés soit aux armées, soit ailleurs.

NAPOLÉON.

D'après la copie. Dépôt de la guerre.

13661. — AU GÉNÉRAL CLARKE,
MINISTRE DE LA GUERRE.

Paris, 19 mars 1808.

Monsieur le Général Clarke, les étapes sont très-mal organisées de Chambéry au mont Cenis; il est nécessaire que vous me proposiez une nouvelle répartition. Les journées sont trop fortes; il faut diviser l'espace en journées égales, en donnant un séjour à Saint-Jean-de-Maurienne, qui est le seul endroit de ces montagnes où l'on puisse séjourner. Lorsque vous aurez réglé ces étapes pour cette année, il faudra vous informer auprès du ministre de l'intérieur des lieux où passera la nouvelle route; et, dans les endroits où séjourneront les troupes, me proposer la construction d'une petite caserne pour loger un bataillon; mais il faut que ces casernes soient bâties selon l'usage du pays et coûtent 40 ou 50,000 francs au lieu de 100,000 écus que coûteraient les grandes constructions de nos ingénieurs. Il m'a été soumis différents projets pour la caserne de Lans-le-Bourg; il serait urgent qu'on me soumît enfin un projet définitif. Je veux des maisons à l'usage des montagnes, et non comme on les fait à Paris. Donnez des ordres pour que le commandant du mont Cenis ait un logement au couvent, en attendant que la caserne qui doit être établie au couvent soit faite, et pour que les brigades de gendarmerie y soient logées. Vous recommanderez à l'officier qui commande au mont Cenis de veiller à ce qu'il soit donné à chaque soldat allant en Italie ou en revenant une bouteille de vin. Je désirerais même qu'on pût leur donner une bonne soupe, une demi-ration de pain et une ration de viande. Ce serait une dépense peu considérable et qui serait d'une grande conséquence pour la santé du soldat. Je désire qu'en hiver il y ait une étape au mont Cenis, surtout pour les conscrits et les détachements moindres de 300 hommes. La journée de Lans-le-Bourg à Suze est l'origine de beaucoup de maladies. Mon intention est donc que vous donniez des ordres au commandant du mont Cenis pour que les détachements qui ne seront pas plus de 200 hommes soient logés au couvent, chauffés, nourris et bien traités. Lorsqu'ils seront de plus de 300 hommes, 300 seront établis au couvent, 200 à la Poste et à la Ramasse, et 200 à la Grande-Croix, ce qui fera un bataillon. Ceci est pour cette année et jusqu'au 1er juin, époque à laquelle les commandants des détachements seront maîtres de faire la route en un seul jour, en faisant halte au couvent et en s'y rafraîchissant. Mais l'année prochaine, lorsque la caserne sera faite, et les maisons que j'ai ordonnées, construites, un régiment entier logera au couvent, et à l'avenir le passage du mont Cenis, à moins d'événements pressés, se fera en deux jours.

NAPOLÉON.

D'après la copie. Dépôt de la guerre.

13662. — A M. DEJEAN,
MINISTRE DIRECTEUR DE L'ADMINISTRATION DE LA GUERRE.

Paris, 19 mars 1808.

Monsieur Dejean, je reçois votre rapport sur l'expédition des souliers que vous avez envoyés à Bordeaux et à Perpignan. Aucun de ces souliers ne me sera utile. Il est de fait que les souliers qui arriveront le 8 avril à Perpignan ne me serviront à rien; c'est de l'argent jeté; j'avais espéré de les avoir au 30 mars. A-t-on vu envoyer des souliers de Paris à Perpignan? Ils se perdront en route. Avignon, Toulouse, Perpignan, Nîmes sont-ils les déserts de l'Arabie, et les hommes dans ces villes ne portent-ils pas des souliers? Si, comme je m'y attendais, vous en eussiez commandé dans ces villes, on vous en eût fait 6,000 paires en un mois. Toutes ces mesures sont mal prises. Quant aux hommes de la réserve, il ne fallait pas beaucoup de soins pour ordonner que les draps et la doublure fussent fournis à Bordeaux; Bordeaux n'est pas un village. Que m'importe que cette doublure arrive quand les hommes sont à cent lieues de là? Si le ministre de l'administration de la guerre me rendait compte, comme le ministre de la guerre, de l'exécution de mes ordres, je serais à même de lui faire connaître comment j'entends qu'ils soient exécutés. Si, par exemple, il m'eût répondu, «Je fais partir, tel jour, telle quantité de souliers pour Bordeaux ou Perpignan,» je lui aurais dit, «Cela ne me convient pas.» Il reste à savoir à présent en combien de jours ces souliers arriveront à Bayonne.

NAPOLÉON.

D'après l'original. Dépôt de la guerre.

13663. — AU PRINCE DE NEUCHÂTEL,
MAJOR GÉNÉRAL DE LA GRANDE ARMÉE.

Paris, 19 mars 1808.

Mon Cousin, vous donnerez l'ordre au maréchal Bessières de partir demain pour Burgos, où il sera rendu le 26. Il prendra le commandement, 1° de toute ma Garde impériale à pied et à cheval qui se trouve à Burgos; 2° de la 1re et de la 2e division des Pyrénées occidentales que commandent les généraux Verdier, Duhesme et Merle. Vous lui remettrez l'état des mouvements de ces deux divisions, et vous lui ferez connaître que son but est, 1° de maintenir la tranquillité sur les derrières de l'armée du grand-duc de Berg qui marche sur Madrid, et dans les pays compris entre le Duero et les Pyrénées; 2° de surveiller le corps espagnol qui peut se trouver en Galice. Vous lui ferez connaître que le grand-duc de Berg, avec les corps du maréchal Moncey et du général Dupont, sera arrivé à Madrid; que le grand-duc de Berg a cependant eu l'ordre de laisser à Valladolid la 3e division du corps du général Dupont que commandait le général Malher; que cette division serait sous ses ordres pour s'opposer aux mouvements que ferait la division espagnole qui est en Galice; que, le 25 mars, le général Verdier avec sa division et douze pièces de canon se trouvera à Vittoria, et le général Merle à Burgos avec sa division et ses douze pièces de canon; que la Garde impériale est déjà toute réunie à Burgos, et que la 2e brigade est depuis le.... mars à Bayonne; que différents régiments de marche de cavalerie au nombre de 12 à 1,500 hommes, et différents bataillons de marche d'infanterie formant le même nombre d'hommes, vont renforcer la division du général Merle. Vous autoriserez le maréchal Bessières à s'arrêter à Bayonne pour passer la revue de la 2ᵉ colonne de ma Garde, composée de deux régiments de fusiliers et de plusieurs détachements à pied et à cheval. S'il la trouve suffisamment reposée, vous l'autoriserez à la faire entrer en Espagne, en la dirigeant sur Burgos et en laissant quelques piquets de cavalerie en échelons de Bayonne à Burgos pour mon passage. Il réunira tout le reste de la cavalerie de la 1ʳᵉ colonne de ma Garde, pour, avec la cavalerie des régiments de marche, avoir un corps de 2,000 chevaux pour maintenir la tranquillité dans le pays et s'opposer au corps espagnol de la Galice, s'il faisait quelque mouvement. Vous lui ferez connaître que tout est encore pacifique avec l'Espagne, et que ce ne sont que des mesures de précaution. Vous lui ferez connaître également que la route de l'armée est par Aranda; qu'il doit veiller à réunir à Burgos 3 ou 400,000 rations de biscuit, dont il fera filer une partie sur Aranda, où il doit toujours y avoir une centaine de milliers de rations.

Napoléon.

D'après l'original. Dépôt de la guerre.

13664. AU GRAND-DUC DE BERG,
LIEUTENANT DE L'EMPEREUR EN ESPAGNE.

Paris, 19 mars 1808.

Je reçois votre lettre du 13 à huit heures du soir. Je suppose que vous recevrez cette lettre à Madrid, où j'ai fort à cœur d'apprendre que mes troupes sont entrées paisiblement et de l'aveu du Roi; que tout se passe paisiblement. J'attends d'un moment à l'autre l'arrivée de Tournon et d'Izquierdo, pour savoir le parti à prendre pour arranger les affaires. Annoncez mon arrivée à Madrid. Tenez une sévère discipline parmi les troupes. Ayez soin que la solde soit payée, afin qu'ils puissent répandre de l'argent.

Je suppose que le général Merle est actuellement arrivé à Burgos, et que par là vos derrières sont bien couverts.

D'après la minute. Archives de l'Empire.

13665. — OBSERVATIONS
FAITES DANS LE CONSEIL D'ADMINISTRATION DE L'INTÉRIEUR.

Palais des Tuileries, 19 mars 1808.

L'Empereur fait examiner la question de l'établissement d'un entrepôt de vins à Paris. Après avoir entendu diverses observations sur les emplacements proposés, sur l'étendue qu'il est nécessaire de leur donner et sur les besoins du commerce, l'Empereur prescrit les dispositions suivantes :

Le ministre de l'intérieur réunira chez lui le préfet de la Seine, le directeur général des droits réunis et six des principaux marchands de Paris. Après les avoir entendus, il rédigera le projet de décret pour l'établissement d'un entrepôt de vins à l'embouchure du canal de l'Ourcq. Le projet doit concilier l'usage de l'entrepôt avec celui des magasins de réserve. Il doit offrir non-seulement au commerce des halles couvertes, mais encore une grande quantité de caves qu'on puisse louer aux particuliers. Il doit déterminer toutes les conditions de l'entrepôt, qui doit entrer en activité au 1er janvier 1809.

Sa Majesté charge le ministre de l'intérieur de faire tracer, dès ce moment, l'alignement du quai entre le pont d'Austerlitz et la barrière de la Râpée jusqu'aux boulevards neufs. Ce quai sera une sorte de boulevard avec six rangées d'arbres.

Elle désire que le projet de décret et les plans sur l'entrepôt soient présentés samedi prochain au conseil d'administration; que, dans le même conseil, le ministre lui présente les plans des promenades à faire au faubourg Saint-Antoine à l'instar des Champs-Élysées; qu'il lui soit rendu compte des dispositions à prendre pour terminer la place du Châtelet, et donner à cette place les dimensions nécessaires afin d'en faire un marché pour tout ce qui se vend sur le quai de la Ferraille.

<small>D'après la copie. Archives de l'agriculture, du commerce et des travaux publics.</small>

13666. — A EUGÈNE NAPOLÉON,
VICE-ROI D'ITALIE.

Paris, 20 mars 1808.

Mon Fils, je vous envoie une lettre du roi de Naples relative aux cardinaux napolitains. Je donne ordre que le cardinal Ruffo, qui a autrefois commandé les Calabrais, soit envoyé à Paris, et que le cardinal Ruffo, de Scilla, archevêque de Naples, soit envoyé à Bologne, ainsi que deux autres dont le roi de Naples croit la présence dangereuse à Naples. Je désire que toutes les troupes du Pape se rendent à Ancône, et que le général Lemarois les réunisse là et les traite bien.

Vous devez rassurer le général Miollis et lui faire connaître qu'il n'y a aucune transaction possible avec la cour de Rome, et, puisque le Pape ne garde aucune mesure et que les ordres du général Miollis sont méprisés, le général Miollis doit s'emparer du gouvernement temporel. Désormais les bataillons doivent traverser le Vatican. La parade doit se faire sur la grande place, sans s'embarrasser si le Pape y demeure. Les troupes françaises doivent monter la garde aux portes du palais du Pape, comme les troupes italiennes; et les troupes du Pape doivent toutes être réunies à Ancône. S'il arrivait que le Pape fît dans le carême quelques cérémonies religieuses, il ne faut lui faire aucune pompe. Au lieu du titre que porte aujourd'hui le général Miollis, il prendra celui de général commandant les troupes dans les états de Rome. Il est nécessaire que l'ordre du jour où il est dit que les prêtres ne doivent pas plus commander à des soldats que les femmes soit mis dans les journaux d'Italie. Il est convenable aussi que le général Miollis fasse faire un journal qui donne des nouvelles du monde, pour donner une direction à l'esprit public. Il ne doit avoir aucun égard aux représentations du chargé d'affaires d'Espagne, dont il doit se moquer. Je vous ai déjà mandé de réunir tous les renseignements sur les quatre Légations pour les organiser en préfectures, sous-préfectures, justices de paix, et arrêter vos choix sur les préfets, de manière que, en quarante-huit heures, après que je vous aurai écrit, ce travail soit fait, et les individus nommés.

À vous dire vrai, pour finir les affaires de Rome, je voudrais laisser passer le carême. Je vous ai déjà fait connaître que mon intention était que les cardinaux italiens, toscans, génois, français, fussent envoyés chacun chez eux. Je vous ai déjà fait connaître également que le général Miollis ne devait souffrir l'établissement d'aucun nouvel impôt.

NAPOLÉON.

D'après la copie comm. par S. A. I. Mme la duchesse de Leuchtenberg.

13667. — AU GÉNÉRAL MARMONT,
COMMANDANT L'ARMÉE DE DALMATIE, À ZARA.

Paris, 20 mars 1808.

J'ai vu avec peine ce qui est arrivé à l'île de Lussin-Grande le 14 février. Je conviens que cette île est trop éloignée pour y mettre des Français; mais pourquoi n'y mettez-vous pas 80 ou 100 Dalmates, qui empêcheraient les vaisseaux et frégates d'y débarquer et d'insulter les habitants? Il faut que les Français et les Italiens proprement dits soient toujours réunis; mais les Dalmates peuvent être disséminés dans les îles. Envoyez-y des fusils pour armer des gardes nationales qui seconderont les Dalmates, et deux pièces de canon de fer de 6, ce qui sera un armement suffisant pour mettre ces îles à l'abri d'une insulte.

D'après la minute. Archives de l'Empire.

13668. — DÉCISION.

Paris, 20 mars 1808.

M. Gaudin, ministre des finances, soumet à l'Empereur l'état, que vient de lui adresser M. Dauchy, des biens, rentes et créances composant les menses des trois archevêchés et des dix-sept évêchés de la Toscane. Les revenus sont évalués à 3 pour cent et s'élèvent à 443,744 francs; les capitaux, montant à 19,859,668 francs, sont grevés de 5,066,000 francs de dettes. M. Dauchy présente, à la suite de son travail statistique, quelques considérations sur les ré-

Renvoyé à M. Gaudin. Des explications sont nécessaires pour comprendre ce que le sieur Dauchy veut dire. Mon intention n'est pas de faire aucun changement dans l'organisation du clergé régulier, ni parmi les évêques et curés: il faut les laisser comme ils sont. Nous aurons assez à faire de toucher aux

formes dont l'organisation ecclésiastique lui paraît susceptible dans le duché de Toscane.

moines. Le ministre me fera connaître, à son prochain travail, quelles sont les lois en activité à Parme sur les moines; ce sont celles que je voudrais établir en Toscane.

NAPOLÉON.

D'après l'original. Archives de l'Empire.

13669. — A M. CRETET,
MINISTRE DE L'INTÉRIEUR.

Paris, 21 mars 1808.

Monsieur Cretet, j'ai signé le décret relatif à la vente des canaux.

J'attache une grande importance à ce que les canaux Napoléon, de Bourgogne et du Nord, soient poussés avec la plus grande activité. Ces canaux ont leurs ressources, que j'estime à 5 ou 600,000 francs chaque par année. J'ai affecté 2 millions aux dépenses de chacun d'eux par année. Pour employer ces sommes, il faut que les travaux soient vivement pressés.

J'ai destiné un fonds de 10 millions pour les travaux de Paris, dont 2 millions doivent être dépensés cette année, et un autre fonds de 7 millions pour la communication du canal de l'Ourcq avec la Meuse, pour l'amélioration de la navigation de la Seine et de la Marne, et pour faire tous les travaux qui accroissent les moyens de communication avec Paris. Sur cette dernière somme, j'emploie, cette année, 1 million; ce qui fera 9 millions qui devront être dépensés cette année sur le produit de la vente des canaux.

Je désire connaître l'emploi des fonds destinés à des travaux à Paris; je voudrais dépenser cet argent de manière à ce que j'en retire l'intérêt.

Vous concevez bien quel est mon principe, qui est de vendre au fur et à mesure les canaux et autres objets que j'aurais pour améliorer, construire et acquérir de nouveaux revenus. C'est ainsi que, du moment que les marais du Cotentin et de Rochefort seront desséchés, je désire en vendre le produit, pour être, ladite somme, employée à d'autres desséchements. Je ne sais pas à quoi se monte ce que payeraient les particuliers pour des marais desséchés ou pour des polders, etc. Si cela pouvait faire une somme convenable, je serais d'avis de l'employer à d'autres dessèchements. Vous comprenez, je pense, ce que je demande.

Parmi les travaux à faire à Paris, je désirerais faire construire un pont devant l'hôtel des Invalides, puisqu'il ne nuirait point à la navigation. Un pont qui, comme celui des Arts, coûterait 6 à 700,000 francs, rendrait bien son argent; et, lorsqu'il sera terminé, j'en vendrais les actions pour faire d'autres constructions. En général, à mesure que je ferai quelque chose produisant revenu, je le vendrai pour employer les capitaux à d'autres objets.

NAPOLÉON.

D'après la copie. Archives de l'agriculture, du commerce et des travaux publics.

13670. — A M. CRETET,
MINISTRE DE L'INTÉRIEUR.

Saint-Cloud, 22 mars 1808.

Monsieur Cretet, faites connaître au maire de la ville de Boulogne-sur-Mer que mon intention est qu'une tuerie soit établie hors de la ville. Cette ville est fort riche de l'argent qu'y a dépensé l'armée. Cette tuerie doit être établie sans délai, soit aux frais de la ville, soit aux frais des bouchers: donnez des ordres précis en conséquence.

Ordonnez aussi que des mesures soient prises pour transporter hors de la ville les immondices, et pour qu'aucun des moyens de propreté, si nécessaires à la santé du soldat, ne soit négligé; cela doit être fait également aux frais de la ville.

Il est nécessaire que vous fassiez faire un projet pour l'assèchement du territoire de Calais et pour l'écoulement des eaux, qui serve de règle aux travaux des particuliers.

Il faudrait aussi terminer la route de Maldeghem à Breskens; ces trois ou quatre lieues de route sont nécessaires pour la communication de Flessingue.

NAPOLÉON.

D'après la copie. Archives de l'agriculture, du commerce et des travaux publics.

13671. — NOTE POUR M. REGNIER,
GRAND JUGE, MINISTRE DE LA JUSTICE.

Saint-Cloud, 23 mars 1808.

Sa Majesté charge le grand juge de poursuivre devant qui de droit le teinturier de Lyon qui a donné un mauvais teint aux tentures fournies pour Saint-Cloud, et de le faire condamner à des indemnités dont Sa Majesté ne veut pas, mais qui seront données soit aux hospices, soit en encouragements à la fabrique de Lyon.

D'après la minute. Archives de l'Empire.

13672. — AU PRINCE DE NEUCHÂTEL,
MAJOR GÉNÉRAL DE LA GRANDE ARMÉE.

Saint-Cloud, 23 mars, 3 heures après midi.

Mon Cousin, envoyez avant de vous coucher un courrier extraordinaire au prince de Ponte-Corvo. Faites-lui connaître que vous venez de recevoir les lettres du 14 mars; que je considère les troupes qui sont sur le territoire de Holstein comme si elles étaient à Hambourg, puisqu'elles peuvent s'y porter en peu de marches; que, par la présente, vous l'autorisez à faire passer à Copenhague les deux divisions espagnoles et la division française; ce qui, je pense, fera une force de 22 à 24,000 hommes; que ces troupes seront prêtes à partir de Copenhague les huit premiers jours d'avril; que les troupes hollandaises et celles françaises du général Dupas restent où elles se trouvent jusqu'à ce que je sache positivement le lieu où elles sont arrêtées; que des frontières de Russie à Abo il y a un mois de route; qu'ainsi les Russes ne peuvent y être arrivés que du 20 au 25 mars; qu'il est nécessaire, avant que le maréchal Bernadotte entre en Scanie, de connaître, 1° si les Russes sont arrivés à Abo; 2° le nombre de troupes que les Danois veulent employer dans l'expédition de Scanie. L'expédition de Suède doit être tentée, mais seulement avec toute sûreté de réussir. Mon intention n'est pas que le prince de Ponte-Corvo passe en Scanie avant d'être certain d'avoir sous ses ordres 36,000 hommes, indépendamment des secours que peut lui offrir la Norwége. Les divisions espagnoles et la division française formeront, je pense, un présent sous les armes de 22,000 hommes. Il faut donc que les Danois fournissent 14,000 hommes pour arriver à 36,000. Les choses étant ainsi, je laisse carte blanche au prince de Ponte-Corvo, ayant soin, en arrivant en Suède, de ménager mes troupes sans faire une guerre d'invasion. Les Danois peuvent ôter toutes les troupes qui sont dans le Holstein, et le prince de Ponte-Corvo est maître de disposer d'une division hollandaise pour garder le Holstein et maintenir ses communications. Le sieur Didelot a écrit que les Danois ont des moyens suffisants pour faire passer 30,000 hommes en Scanie. Si cela est ainsi, je désire que le prince passe d'abord avec 12,000 Danois, 12,000 Espagnols et 8,000 Français. Les autres deux mille Danois, les mille ou deux mille Espagnols et les autres mille Français passeront avec le second convoi. Il faut aussi que le prince royal ait des troupes pour garder le Seeland. Je n'aurai point de difficulté qu'un régiment de la division Dupas, celui qui se trouve le plus près de la Fionie, avec deux régiments hollandais, passe à Copenhague aussitôt que le prince de Ponte-Corvo sera en Suède, pour aider les Danois à garder Copenhague. J'enverrai alors deux autres régiments hollandais et le 58ᵉ, qui est à Hambourg, pour garder le Holstein et la Fionie. En résumé, j'approuve que le prince n'ait fait aucun mouvement rétrograde. J'approuve même qu'il laisse où elles sont les troupes hollandaises. Je l'autorise dès à présent à passer à Copenhague. Je ne l'autorise à passer en Scanie, pour faire la guerre, qu'avec deux divisions danoises formant 14,000 hommes; ce qui complétera son armée à 36,000 hommes. Dans ce cas, je l'autorise à disposer d'une division hollandaise et d'un régiment de la division Dupas pour garder la Fionie et Copenhague. Mais je lui défends expressément de passer en Suède si les Danois n'ont 14,000 hommes à joindre à ses troupes. Je n'ai point un assez grand intérêt à l'expédition de Suède pour la hasarder à moins de 36,000 hommes. Je ne veux pas non plus que, quand mes troupes seront en Suède et séparées du continent par la mer, les Danois soient tranquilles à Copenhague; cela n'aurait pas de sûreté pour moi. Une fois débarqué en Scanie, le prince de Ponte-Corvo doit faire une guerre réglée; fortifier un point comme tête de pont, en cas d'événement; s'emparer, s'il est possible, des points qui interceptent le Sund, pour empêcher la communication des Anglais avec les Suédois; enfin publier des proclamations dans le pays, et produire le plus de mécontentement contre le roi de Suède. Je ne l'autorise à marcher sur Stockholm qu'autant qu'il serait assuré d'y avoir un parti puissant pour le seconder. Dans ses proclamations, il ne doit jamais appeler le roi actuel roi de Suède, je ne le reconnais point comme tel, mais l'appeler le *chef de la nation suédoise*, se servir du mot générique de Gouvernement; et, quand il est obligé de lui parler à lui-même, l'appeler toujours le *chef de la nation suédoise;* dire que nous ne le reconnaissons plus comme roi depuis que la constitution de 1778 a été culbutée. Vous ferez connaître au prince de Ponte-Corvo que je m'en repose sur lui pour maintenir la dignité qui est due à son caractère et à la Majesté Impériale; qu'il ne doit signer aucun armistice, convention ni acte quelconque, qu'il n'y soit appelé *prince de Ponte-Corvo* et non *maréchal Bernadotte, commandant en chef l'armée impériale française,* et non *commandant les troupes françaises;* que le roi de Suède s'est mal comporté avec le maréchal Brune. Vous lui ajouterez que, du moment qu'il aura donné tous les ordres, il se rendra à Copenhague pour y voir le prince royal et lui faire connaître mes intentions.

NAPOLÉON.

D'après l'original. Dépôt de la guerre.

13673. — A EUGÈNE NAPOLÉON,
VICE-ROI D'ITALIE.

Saint-Cloud, 23 mars 1808.

Mon Fils, je vous ai fait connaître qu'après le carême passé mon intention était de réunir les quatre Légations au royaume d'Italie. Il faut donc qu'il y ait à Ancône assez de troupes pour être maître de ces provinces. Il serait nécessaire d'y avoir un régiment entier de cavalerie italien et 2,000 hommes d'infanterie italiens, indépendamment des Français qui se trouvent à Ancône, avec trois ou quatre pièces de canon attelées. Vous savez qu'en cas d'insurrection il faut qu'elle soit étouffée promptement. Je vous ai mandé de préparer une division du territoire, la nomination des commandants de province, des préfets, sous-préfets, etc. etc. Il est nécessaire que cela soit fait d'avance, afin que, une fois le principe déclaré, cette organisation marche avec une grande rapidité. Je désire que vous m'envoyiez vous-même ces projets de décrets, afin que je les signe. Écrivez au général Lemarois de faire courir le bruit dans ces provinces qu'elles vont être réunies au royaume d'Italie. Cela refrénera d'autant et contiendra les folies du Pape.

NAPOLÉON.

D'après la copie comm. par S. A. I. Mme la duchesse de Leuchtenberg.

13674. — NOTE DICTÉE PAR L'EMPEREUR,
DANS LA SÉANCE DU CONSEIL DE LA GUERRE.

Saint-Cloud, 23 mars 1808.

Le ministre de l'administration de la guerre fait des difficultés qui sont très-faciles à lever. Il serait sans doute plus simple de faire des marches et contre-marches; il en coûterait à la vérité 4 ou 500,000 francs pour frais de transport; mais cette méthode serait plus commode pour les bureaux. Les quatre compagnies qui composent les dépôts vont se rendre aux lieux désignés pour ne plus les quitter, quel que soit le mouvement des corps. Cependant ces dépôts ne seront rendus aux lieux fixés que dans un mois ou six semaines; il pourrait y arriver plus tôt des conscrits, et il y aurait de l'inconvénient à ce qu'un petit nombre y arrivât sans y trouver personne. C'est par cette considération qu'on a donné l'ordre à un officier et à deux ou trois sous-officiers de se rendre aux lieux des dépôts. Ils seront suivis, à la distance d'un mois, par les quatre compagnies.

Quant aux magasins, ils consistent en armes et en draps. Le ministre de la guerre a ordonné que les armes et les draps ne quittassent point l'emplacement de l'ancien dépôt, où se forme le 4e bataillon, et qu'une partie des ouvriers restât dans le même lieu pour achever de confectionner les habillements, tandis que l'autre partie suivrait aux nouveaux dépôts les quatre compagnies.

On a dit au ministre de l'administration de la guerre de diriger les nouveaux effets d'habillement sur le nouveau dépôt. Il peut exécuter cette disposition au moyen d'une circulaire, par laquelle il prescrira aux fournisseurs de diriger sur le nouveau dépôt tout ce qui n'est pas parti. Ainsi, pour tout ce qui est à fournir, il n'y aura pas de mouvement rétrograde; ce qui se trouvera avoir dépassé les nouveaux dépôts ira à l'ancien emplacement, où est le 4ᵉ bataillon, et y sera confectionné. Alors le major, après avoir retenu les conscrits aux nouveaux dépôts le temps nécessaire pour les immatriculer et leur donner une nouvelle formation, les enverra au 4ᵉ bataillon dans la proportion des habits qu'il saura qui s'y trouvent. Cette marche offrira l'avantage de n'avoir pas un si grand nombre de conscrits aux dépôts. Lorsqu'il n'y aura plus ni habits ni armes aux 4ᵉˢ bataillons, les majors qui en seront informés habilleront et armeront les conscrits aux dépôts avant de les faire partir. Un exemple expliquera mieux comment les choses vont se passer. Le 8ᵉ régiment d'infanterie légère est à Venise; son 4ᵉ bataillon est dans le même lieu, et doit y rester; son dépôt est à Marseille; les conscrits qui leur seront donnés sont choisis dans le Languedoc; ils iront à Marseille, qui se trouve sur leur route. S'il y a à ce dépôt des effets d'habillement envoyés par le ministre, ils y seront habillés, sinon, ils seront dirigés sur le 4ᵉ bataillon à Venise, où on les habillera.

Tout ceci n'est qu'une mesure transitoire pour passer de l'ancienne organisation à la nouvelle.

D'après la minute. Dépôt de la guerre.

13675. — AU GRAND-DUC DE BERG,
LIEUTENANT DE L'EMPEREUR EN ESPAGNE.

Saint-Cloud, 23 mars 1808.

Je suppose que vous êtes arrivé aujourd'hui ou que vous arriverez demain à Madrid. Vous tiendrez là une bonne discipline. Si la cour est à Aranjuez, vous l'y laisserez tranquille et vous lui montrerez de bons sentiments d'amitié; si elle s'est retirée à Séville, vous l'y laisserez également tranquille. Vous enverrez des aides de camp au prince de la Paix pour lui dire qu'il a mal fait d'éviter les troupes françaises; qu'il ne doit faire aucun mouvement hostile; que le roi d'Espagne n'a rien à craindre de nos troupes. Je suppose que je ne vais pas tarder à recevoir des nouvelles de tout ce qui se sera passé à Madrid le 17 et le 18.

Le maréchal Bessières doit arriver le 26 à Burgos pour prendre le commandement des deux divisions des Pyrénées occidentales et de ma Garde.

Je suppose que vous vous faites faire votre biscuit à Madrid, pour avoir toujours quinze à vingt jours de biscuit devant vous. Vous devez veiller à ce que les magasins d'Aranda et de Buitrago soient parfaitement approvisionnés, et qu'il y ait sur chacun de ces points 200,000 rations de biscuit ou farine, avec trois fours pour faire du pain.

Les circonstances générales m'ont forcé à retarder mon départ. La Russie a déclaré la guerre à la Suède. Les troupes russes sont entrées en Finlande, et mon armée, commandée par le prince de Ponte-Corvo, est à Copenhague et va se réunir à l'armée russe sous les murs de Stockholm.

D'après la minute. Archives de l'Empire.

13676. — AU VICE-AMIRAL DECRÈS,
MINISTRE DE LA MARINE.

Saint-Cloud, 24 mars 1808.

Je désire que vous donniez ordre à la frégate qui est à Toulon d'appareiller de cette rade avec *le Requin* et un autre brick pour se diriger sur Alger. Arrivé devant Alger, le commandant demandera que le sieur Dubois Thainville lui soit remis. Il établira ensuite une croisière de ce côté et prendra tous les bâtiments algériens qu'il pourra. Il aura soin d'effectuer son retour sur Toulon avec précaution. Cette expédition n'aura lieu qu'autant que l'amiral Ganteaume le jugera convenable. Je désire qu'il y ait deux frégates. Si l'amiral Ganteaume ne voit aucun inconvénient à l'expédition, elle aura lieu; s'il la juge hors de saison, le préfet maritime la contremandera. Je désire que la frégate qui devait être armée en flûte soit armée en guerre, afin d'avoir devant Alger deux frégates au lieu d'une. Si cela devait causer du retard, *la Danaé* et *le Requin*, avec un gros brick, seront suffisants. Ces trois bâtiments sont plus forts que toute la marine algérienne.

D'après la minute. Archives de l'Empire.

13677. — A M. FOUCHÉ,
MINISTRE DE LA POLICE GÉNÉRALE.

Saint-Cloud, 24 mars 1808.

La négligence que vous portez dans la surveillance des journaux, cette partie si importante de vos fonctions, me force à supprimer *le Publiciste*. Cela fera des malheureux, et vous en serez la cause. Ayant nommé un rédacteur, c'est à vous à le diriger. Vous enverrez copie de mon décret aux autres journaux, et vous leur ferez connaître que j'ai supprimé ce journal parce qu'il montrait des sentiments anglais, qu'il peignait les soldats français comme des monstres, et faisait sa cour aux Suisses, en montrant la nation la plus douce et la plus humaine comme une nation de tigres. Vous donnerez de nouvelles instructions au *Journal de l'Empire* et à la *Gazette de France*, et vous leur ferez connaître que, s'ils ne veulent pas être supprimés, il faut qu'ils évitent de rien mettre dans leurs feuilles qui soit contraire à la gloire des armées françaises et qui tende à calomnier la France et à faire leur cour aux étrangers. Recommandez-leur aussi d'être plus circonspects sur les bulletins qu'ils reçoivent et qui leur viennent presque tous d'agents anglais.

P. S. Cependant je préfère destituer seulement le rédacteur; présentez-m'en un autre.

D'après la minute. Archives de l'Empire.

13678. — AU GÉNÉRAL DUROC,
GRAND MARÉCHAL DU PALAIS.

Saint-Cloud, 24 mars 1808.

Monsieur le Général Duroc, j'ai pris un décret pour transférer à Saint-Cyr l'École militaire de Fontainebleau. Le manége de l'École militaire sera acheté par moi pour 100.000 francs. Faites-en prendre possession au 1er avril prochain, et voyez ce qu'il convient d'en faire. A cette occasion, présentez-moi une note sur les travaux de Fontainebleau. On aura tout juillet, août et la moitié de septembre pour arranger le bâtiment que l'École militaire laisse vacant, abattre le pavillon de la grille, et faire des réparations qui donnent plus de local qu'au dernier voyage.

NAPOLÉON.

D'après l'original. Bibliothèque impériale.

13679. — AU COLONEL LACOSTE,
AIDE DE CAMP DE L'EMPEREUR, EN MISSION.

Saint-Cloud, 24 mars 1808.

Monsieur le Colonel Lacoste, je reçois vos différentes lettres. S'il vous est possible, allez visiter la tour de Cordouan, et, comme ingénieur, faites votre profit de cette construction, qui est citée comme très-hardie. Voyez aussi le port de Blaye en détail, et faites-m'en un rapport. Après, vous vous rendrez à Bayonne, d'où vous m'instruirez, tous les jours, de tous les mouvements qui ont lieu dans cette place.

NAPOLÉON.

D'après l'original comm. par M. le colonel de la Combe.

13680. — AU PRINCE DE NEUCHÂTEL,
MAJOR GÉNÉRAL DE LA GRANDE ARMÉE.

Saint-Cloud, 24 mars 1808.

Mon Cousin, donnez l'ordre aux maréchaux Victor, Soult, Davout et Mortier de se préparer, au premier ordre qu'ils recevront, à faire camper leurs corps par divisions, et de vous faire connaître le lieu où sera tracé le camp de chaque division, en vous en envoyant le croquis, afin qu'à la réception de leurs projets j'en ordonne la mise à exécution. On ne doit point camper sans mon ordre: mais il est probable que je l'enverrai avant le mois de mai: en attendant, on doit tout préparer. Les trois divisions du 1er corps camperont en Prusse, les trois du 3e corps en Silésie, les quatre du 4e corps entre la Vistule et l'Oder. Une division du

3e corps campera du côté de Kustrin, et les deux autres en arrière de Varsovie. Vous direz dans votre lettre un mot qui fasse comprendre à ces maréchaux l'avantage qu'il y a de tenir pendant quatre mois les troupes campées; la discipline, l'instruction, la santé du soldat, tout y gagne. En vous envoyant leurs projets de campement, ils vous feront connaître le jour où ils penseront que les troupes pourront commencer à camper.

NAPOLÉON.

D'après la copie. Dépôt de la guerre.

13681. — AU PRINCE DE NEUCHÂTEL,
MAJOR GÉNÉRAL DE LA GRANDE ARMÉE.

Saint-Cloud, 24 mars 1808.

Mon intention est de distribuer 800,000 francs de gratification à la Garde, cavalerie, infanterie, artillerie. Les officiers ayant déjà eu leur gratification, ces 800,000 francs seront pour les sous-officiers et soldats. Je désire en conséquence que vous fassiez prévenir le général qui commande la Garde, pour que l'état vous soit présenté. Ceux qui se sont trouvés à trois des cinq batailles recevront trois jours de gratification; deux jours à ceux qui n'ont été qu'à deux. Je n'entends pas être à la bataille ceux qui étaient à vingt lieues derrière, mais qui y étaient réellement. La distribution ainsi faite, vous me ferez connaître combien de parts à trois jours et combien à deux jours je puis accorder avec la somme précitée.

D'après la minute. Archives de l'Empire.

13682. — AU GRAND-DUC DE BERG,
LIEUTENANT DE L'EMPEREUR EN ESPAGNE.

Saint-Cloud, 25 mars 1808.

Je reçois votre lettre du 18 mars. J'apprends avec peine que le temps est mauvais. Il fait ici le plus beau temps du monde. Je suppose que vous êtes arrivé à Madrid depuis avant-hier. Je vous ai déjà fait connaître que votre première affaire était de reposer et approvisionner vos troupes, de vivre dans la meilleure intelligence avec le Roi et la cour, si elle restait à Aranjuez; de déclarer que l'expédition de Suède et les affaires du Nord me retiennent encore quelques jours, mais que je ne veux pas tarder à venir. Faites dans le fait arranger une maison. Dites publiquement que vos ordres sont de rafraîchir à Madrid et d'attendre l'Empereur, et que vous êtes certain de ne pas sortir de Madrid que Sa Majesté ne soit arrivée.

Ne prenez aucune part aux différentes factions qui partagent le pays. Traitez bien tout le monde et ne préjugez rien du parti que je dois prendre. Ayez soin de tenir toujours bien approvisionnés les magasins de Buitrago et d'Aranda.

D'après la minute. Archives de l'Empire.

13683. — A M. CRETET,
MINISTRE DE L'INTÉRIEUR.

Saint-Cloud, 26 mars 1808.

Monsieur Cretet, je vous renvoie votre projet sur les lycées; il n'est pas rédigé dans la forme qui me convient. Je désire que vous me le renvoyiez en le rédigeant sur les principes contenus dans la note ci-jointe. L'état dont il est question doit être fait en conséquence de la situation du budget des communes et proportionnellement à leur richesse, en répartissant ce fardeau de manière qu'il ne soit pas trop lourd pour les communes. Je pense que celles qui ont plus de 20,000 francs doivent y contribuer, les moindres pour demi-bourses ou deux tiers de bourse. Les budgets des communes qui ont plus de 20,000 francs se montent, je crois, à 60 millions de francs. En leur demandant 2 millions, ce ne sera pas un vingt-cinquième; je pense qu'il n'est pas même nécessaire de leur demander plus de 1,500,000 francs. Pour cette année, la caisse d'amortissement fournira les fonds nécessaires aux communes qui n'auraient plus de fonds pour cet objet. Il ne faut point les prendre sur les fonds de la mendicité, parce que cela complique l'administration, et qu'il ne faut pas faire et défaire. Si la somme à payer par les communes se montait à 1,500,000 francs, comme elles ne payeraient que le dernier semestre; ce ne serait que 750,000 francs. Vous pourrez ajouter à votre projet de décret que tout individu qui voudra fonder une bourse ou une demi-bourse dans un lycée sera maître de le faire, et pourra s'en réserver la nomination.

NAPOLÉON.

D'après la copie. Archives de l'agriculture, du commerce et des travaux publics.

13684. — AU GÉNÉRAL CLARKE,
MINISTRE DE LA GUERRE.

Saint-Cloud, 26 mars 1808.

J'approuve les deux ouvrages qui, dans le projet du comité, défendent les accès du retranchement du village de l'île d'Aix. Des 200,000 francs accordés pour cette année, on emploiera 100,000 francs à faire ces deux ouvrages, auxquels on donnera plus de capacité, et on les rapprochera un peu du retranchement, s'il se peut. Ils auront escarpe, contrescarpe, glacis et chemin couvert. On emploiera 50,000 francs pour fermer la droite du retranchement et pour réparer l'enceinte des fronts d'attaque, et 50,000 francs pour commencer le fossé, dans le roc, de la batterie à la mer; j'accorderai 200,000 francs l'année prochaine. Je désire qu'avec ces 400,000 francs on dispose les travaux de telle sorte qu'un millier d'hommes et quarante pièces de canon puissent protéger la rade et s'y défendre contre une attaque par terre.

D'après la minute. Archives de l'Empire.

13685. — AU GÉNÉRAL CLARKE,
MINISTRE DE LA GUERRE.

Saint-Cloud, 26 mars 1808.

J'adopte le plan d'achever le système qui a été commencé[1], et de faire sur la hauteur du Renard un fort pareil à ceux qui ont été exécutés, avec réduit en maçonnerie et en terre.

On fera un ouvrage pareil sur le plateau du moulin à l'huile.

[1] Pour Boulogne.

On fera un réduit en maçonnerie, et on achèvera l'enceinte des ouvrages en terre à la position de la Varoquerie.

On fera le réduit en maçonnerie indiqué au projet dans l'intérieur de l'ouvrage A sur la hauteur d'Outreau. Il paraît nécessaire et pourra servir dans tout le système.

Quand ces six forts seront terminés, on verra ce qu'il faut en faire et le parti définitif qu'il faudra prendre.

J'accorde 500,000 francs pour les travaux de cette année à Boulogne. Il faut les employer à élever de préférence les quatre réduits en maçonnerie, et prendre des mesures telles que cela soit fini pour le mois de septembre. Ce surplus de fonds sera employé à remuer des terres. Si, au mois de septembre, les choses établies ainsi, les événements devenaient pressants, on achèverait alors les ouvrages en terre qui auraient été tracés, et, comme ce sont des ouvrages qui se font à force de bras, on les aurait bientôt mis en état.

D'après la minute. Archives de l'Empire.

13686. — AU GÉNÉRAL CLARKE,
MINISTRE DE LA GUERRE.

Saint-Cloud, 26 mars 1808.

La défense de Flessingue est fondée sur l'inondation. En cas que l'ennemi se présente, on doit couper les digues et mettre l'île sous l'eau. Cependant l'ennemi peut toujours cheminer sur les digues. D'ailleurs, il faut défendre l'entrée du port pour conserver la communication avec le continent. Il faut donc qu'on occupe un point sur chaque digue à environ mille toises de l'entrée du chenal, de manière que de chaque côté l'ennemi ne puisse s'établir qu'à environ douze cents toises. Dès lors le canon est sans effet, et dès ce moment Flessingue ne peut plus être bloqué. Je désire donc qu'on construise sur chaque digue, à une distance de mille toises, loin de l'entrée du chenal, deux forts qui défendent la digue, battent la mer et empêchent les approches de ce côté.

Les 200,000 francs que j'ai accordés cette année sont destinés à pousser ces deux forts de front; on emploiera 100,000 francs à chaque.

Ces forts doivent être environnés d'eau de tous côtés, et la défense en sera facile. On construira dans ces forts des bâtiments militaires. Si l'on était pressé, on construirait des baraques en bois. Mais je désire qu'à la fin de la campagne les batteries qui défendront la rade soient en état de servir et les ouvrages fermés. On me présentera un projet pour l'année prochaine, tant pour achever ces deux forts que pour en placer un troisième à mille toises de l'entrée du port, sur la route de Middelburg.

D'après la minute. Archives de l'Empire.

13687. — AU GÉNÉRAL DEJEAN,
MINISTRE DIRECTEUR DE L'ADMINISTRATION DE LA GUERRE.

Saint-Cloud, 26 mars 1808.

Monsieur Dejean, je vous envoie tous les rapports qu'on me remet sur la situation des équipages militaires de la Grande Armée. J'ai là huit bataillons qui, à 140 voitures par bataillon, font 1,120 voitures. Si ces 1,120 voitures étaient bien attelées, bien organisées, et que ce fût surtout de bonnes voitures, elles seraient d'une ressource immense pour l'armée. Mais une grande partie de ces voitures manque, une autre partie n'est pas couverte, beaucoup de chevaux sont hors de service, beaucoup d'hommes n'ont point d'armes, etc. Le sieur Thevenin dit, dans son rapport, qu'une grande quantité de caissons est en construction à Berlin, à Varsovie, à Magdeburg; il y a longtemps que j'entends dire cela. J'ai dépensé beaucoup d'argent, et je n'ai rien. Des chevaux, des harnais, des voitures, des armes, on peut se procurer de tout cela en Allemagne. La seule chose qui pouvait réellement manquer, ce sont des hommes; il paraît qu'il y en a aujourd'hui suffisamment. Quant à l'armement, je désire que les officiers, le major inspecteur lui-même, soient armés d'une carabine ou mousqueton, d'une paire de pistolets dans les fontes et d'un sabre; que les maréchaux des logis et les brigadiers aient le même armement, de sorte que les officiers et sous-officiers puissent, en cas d'événement, se réunir, éloigner quelques cosaques ou hussards, et surtout faire face à quelques voleurs. Les soldats auront une carabine, un baudrier et un sabre. Il y aura un soldat pour deux chevaux: chaque soldat aura sa carabine; et dans le temps d'exercice on les exercera à charger, à tirer, à tenir leurs armes propres et à faire les évolutions les plus nécessaires. Par ce moyen, les soldats des équipages, en renfermant leurs convois dans une maison ou dans un enclos, pourraient faire le coup de fusil. Je vous prie de correspondre avec le sieur Daru pour que ces équipages soient mis promptement dans le meilleur état. L'avenir est incertain, et, quand on a une armée, il faut la tenir en bonne situation. Si, après la bataille d'Austerlitz, on eût réorganisé les équipages, cela eût été d'un bien incalculable pour la guerre qui a suivi.

Faites-moi connaître les caissons que les corps sont tenus de se procurer, ceux qui ont reçu de l'argent pour cet objet, et ce qu'ils ont aujourd'hui.

Pourquoi le 7e et le 8e bataillon des équipages, qui ont été formés en France, ont-ils de si horribles chevaux? Ce sont tous des chevaux de réforme; qui est-ce qui les a fournis? Est-ce la compagnie Breidt, ou sont-ce des marchés que vous avez passés?

NAPOLÉON.

D'après la copie. Dépôt de la guerre.

13688. — A M. FOUCHÉ,
MINISTRE DE LA POLICE GÉNÉRALE.

Saint-Cloud, 26 mars 1808.

J'apprends qu'un nommé Merle de Beaufonds, receveur à Semur, département de la Côte-d'Or, porte la croix de Hollande. Comme je ne l'y ai point autorisé, la faire ôter et savoir pourquoi il la porte.

D'après la minute. Archives de l'Empire.

13689. — A EUGÈNE NAPOLÉON,
VICE-ROI D'ITALIE.

Saint-Cloud, 26 mars 1808.

Mon Fils, je reçois votre lettre du 16 mars. Le Pape ne doit pas avoir de garde: puisqu'il en abuse, il faut la lui ôter.

Le major qui a distribué les nouvelles cocardes doit être arrêté, et, s'il périt un homme par suite des troubles que l'on cherche à susciter, il en répondra sur sa tête.

NAPOLÉON.

D'après la copie comm. par S. A. I. Mme la duchesse de Leuchtenberg.

13690. — AU MARÉCHAL BESSIÈRES,
COMMANDANT LA GARDE IMPÉRIALE EN ESPAGNE ET LES DIVISIONS D'OBSERVATION
DES PYRÉNÉES OCCIDENTALES.

Saint-Cloud, 26 mars 1808, 10 heures du matin.

Mon Cousin, vous aurez appris l'insurrection de Madrid dont le résultat paraît être, 1° que le Roi ne partira pas; 2° que mes troupes seront bien reçues à Madrid. Dans cette situation des choses, il faut profiter des détachements de cavalerie qui entrent à tout moment en Espagne pour servir à mes escortes de Bayonne à Aranda. Il est nécessaire que j'aie à chaque poste 50 hommes de cavalerie et quelques hommes de gendarmerie. Le général Verdier, qui doit être arrivé à Vittoria, fera arrêter quelques détachements d'infanterie sur les positions où cela serait nécessaire, telles que des montagnes où l'on va lentement. D'ailleurs, étant sur les lieux, vous devez voir mieux que moi ce qu'il est nécessaire de faire.

Faites partir mes pages, mes chevaux de selle, hormis une brigade, mes cuisiniers et tout ce que j'ai à Burgos, pour Madrid, comme je vous l'ai mandé par ma lettre d'hier. Faites aussi partir ma Garde, infanterie, cavalerie et artillerie, de manière que toutes ces troupes arrivent à Madrid le plus tôt possible, car je ne vais pas tarder à m'y rendre de ma personne. Vous sentez combien il est important que j'aie à Madrid toute l'artillerie de ma Garde, et l'infanterie et la cavalerie. Le grand-duc de Berg a déjà emmené avec lui 3 ou 400 hommes de ma Garde; le reste doit suivre le plus vite possible. Partagez-la en plusieurs colonnes. Les meilleurs marcheurs doivent faire dix ou douze lieues par jour; on peut de Burgos aller en neuf jours à Madrid. La seconde partie de ma Garde, composée des fusiliers et d'à peu près 500 hommes à cheval, attendra à Burgos, où je pense qu'elle n'arrivera guère que le 2 ou le

3 avril; elle sera fatiguée et aura besoin de repos. Prenez des mesures pour qu'il y ait des moyens de transport, pour les bagages et ma suite, de Burgos à Madrid. Si le chemin de Burgos à Madrid était très-mauvais, je ne suis pas très-effrayé d'aller à franc étrier.

NAPOLÉON.

P. S. Le 1er escadron de marche, composé de 410 hommes, qui arrive le 3 avril à Bayonne; le 2e escadron de marche, fort de 240 hommes, qui arrive le 25 mars à Bayonne, et le 3e escadron de marche, fort de 160 hommes, qui arrive le 10 avril à Bayonne; ces trois corps, dis-je, formant plus de 800 hommes de cavalerie, pourront fournir une escorte entre Bayonne et Vittoria, et en même temps se reposeront.

Les 3 ou 400 hommes de cavalerie de ma Garde, partis de Bayonne le 24 mars, pourront fournir une escorte de Vittoria à Burgos; et le régiment provisoire, fort de 400 hommes, que commande le général Lagrange, pourra fournir celle de Vittoria à Aranda.

D'après l'original comm. par Mme la duchesse d'Istrie.

13691. — OBSERVATIONS
FAITES DANS LE CONSEIL D'ADMINISTRATION DE L'INTÉRIEUR.

Palais de Saint-Cloud, 26 mars 1808.

Sont présents les ministres de l'intérieur et de la police générale, les conseillers d'état Frochot, préfet de la Seine, et Dubois, préfet de police.

Sa Majesté prescrit les dispositions suivantes.

Aussitôt que les ponts et chaussées auront prononcé sur le mérite des projets qui ont été rédigés pour le canal de navigation de la Villette à la Gare, pour l'aqueduc qui doit mener les eaux au marché des Innocents, pour celui qui doit les conduire à Monceaux, et reconnu que c'est le premier pas qu'il convient de faire pour parvenir à la distribution des eaux dans la capitale, le ministre de l'intérieur présentera ce travail à l'approbation de Sa Majesté.

Le ministre nommera ensuite des commissaires pour faire l'expertise des terrains nécessaires au canal de navigation de la Villette à la Gare, en y comprenant un espace suffisant pour avoir de larges quais et construire de droite et de gauche de belles maisons, qui pourront être vendues par la commune de Paris. Les terrains et bâtiments seront achetés pour une valeur actuelle, et sans avoir égard à la valeur accidentelle que leur donnerait le canal. Les huit chutes d'eau, qui peuvent mettre en mouvement seize usines, seront définitivement affectées à seize moulins, dont l'établissement sera coordonné avec celui des grands magasins qu'on va construire à l'Arsenal.

Les trois ouvrages dont il vient d'être question sont évalués :

1° Le canal de navigation de la Villette à la Gare, non compris l'acquisition des terrains et bâtiments, à deux millions ;

2° L'aqueduc de la Villette au marché des Innocents, un million ou 1,100,000 francs ;

3° L'aqueduc de la Villette à Monceaux, 1,500,000 francs.

Pour faire ces travaux à la fois, il faudrait cinq ans.

On commencera cette année par l'aqueduc qui doit conduire au marché des Innocents, et dont les travaux seront conduits de manière à ce qu'au mois d'octobre l'eau de la Beuvronne soit rendue à ce marché ; mais, pour y parvenir, il faut établir la réserve de la Villette et y conduire la Beuvronne. Ces derniers travaux coûteront 1,100,000 francs ; cette somme sera prise sur les fonds ordinaires du canal de l'Ourcq. La somme d'un million, nécessaire pour l'aqueduc de la Villette aux Innocents, sera prêtée par le ministre de l'intérieur à la commune sur le million de la navigation destiné aux embellissements de Paris. Ce prêt sera fait moyennant un intérêt de 5 pour 100, et aux conditions qui seront réglées par un projet de décret que le ministre doit présenter.

Le 14 octobre prochain, jour anniversaire des batailles d'Ulm et d'Iena, on célébrera par une fête municipale l'arrivée des eaux du canal de l'Ourcq à Paris.

Les terrains sur lesquels doit passer le canal de navigation de la Villette à la Gare sont estimés, par aperçu, à un million. Les estimations précises seront faites d'ici au mois de septembre ; on avisera alors aux moyens de subvenir à cette dépense par un emprunt. Les travaux seront conduits de manière que les démolitions soient terminées au mois de février prochain, et que l'on puisse alors régler, dans des conseils d'administration, les opérations qui seront entreprises à l'ouverture de la campagne.

Les deux projets de communication avec l'Aisne par Soissons seront soumis sans délai au comité des ponts et chaussées. Aussitôt que ce comité aura donné son avis, le projet jugé le meilleur sera présenté à l'approbation de Sa Majesté, et les mesures seront prises pour que les travaux commencent sur-le-champ. On pourra cette année y employer 200,000 francs, qui seront pris sur les deux millions destinés à la navigation des environs de Paris.

Le ministre de l'intérieur donnera des ordres pour que le projet de canal de l'Aisne à la Meuse soit incessamment dressé.

Le ministre de l'intérieur rend compte de divers projets de travaux au sujet desquels Sa Majesté prescrit les dispositions suivantes.

Il sera fait un projet pour placer l'entrepôt des vins à la halle aux vins et dans les terrains environnants. Le ministre présentera mercredi prochain un projet de décret pour ordonner cet établissement, régler les conditions de l'entrepôt et déterminer les précautions à prendre pour assurer les droits de l'octroi municipal.

Le ministre présentera les plans et devis de l'établissement du quai de la Râpée, avec une chaussée et un port pavés, sans plantation d'arbres.

Il fera préparer le projet d'une promenade aux abords du pont d'Austerlitz.

Le nouveau projet de l'arc de triomphe de l'Étoile, avec une seule porte de 42 pieds, ayant des ouvertures latérales d'une même dimension, et dont la dépense est estimée à 4,500,000 francs y compris les 700,000 francs déjà dépensés, est approuvé, à l'exception des ornements proposés.

Le projet d'une chaussée en face du pont d'Iéna est ajourné jusqu'au moment où ce pont sera terminé.

Le projet par aperçu du palais des Arts sur l'emplacement des chantiers du quai Bonaparte sera présenté de nouveau lorsqu'il aura été plus mûrement examiné et qu'on y aura joint des explications, détails et devis estimatifs.

Il sera présenté incessamment des projets pour l'achèvement des hôpitaux de la Charité, de Saint-Louis et de Saint-Antoine, afin que l'on puisse démolir sans délai la portion de l'Hôtel-Dieu dont l'emplacement est pris pour la prolongation du quai.

Le ministre présentera mercredi prochain le travail des dépôts de mendicité dans l'état où il se trouve.

D'après la copie. Archives de l'agriculture, du commerce et des travaux publics.

13692. — A M. DE CHAMPAGNY,
MINISTRE DES RELATIONS EXTÉRIEURES.

Saint-Cloud, 27 mars 1808.

Monsieur de Champagny, faites faire un travail particulier sur les archives de Venise, de Sardaigne et de Gênes. Ces archives doivent être transportées à Paris. On en extrairait tout ce qui serait susceptible d'être publié, tendant à justifier la conduite du gouvernement français depuis Charles VIII. Vous ferez des pièces relatives aux événements qui se sont passés dans ma première campagne d'Italie l'objet d'un recueil particulier.

NAPOLÉON.

D'après l'original. Archives des affaires étrangères.

13693. — A M. DARU,
INTENDANT GÉNÉRAL DE LA GRANDE ARMÉE.

Saint-Cloud, 27 mars 1808.

Monsieur Daru, le major général m'a remis un rapport du sieur Thevenin, en date du 27 février, qui ne me fait pas connaître la situation réelle de mes équipages. Il y a des voitures qui manquent, d'autres qui ne sont pas couvertes, d'autres en mauvais état. Vous verrez par un décret que j'ai pris quel armement je donne aux bataillons. Vous leur ferez sur-le-champ fournir des carabines de mes magasins, et vous consulterez le général Bourcier sur la manière la plus commode de porter les carabines. Peut-être serait-il plus avantageux qu'elles pussent se porter comme celles des chasseurs, car je ne vois pas pourquoi les conducteurs d'un convoi, pouvant détacher leurs porteurs, ne se réuniraient pas à l'escorte pour défendre leurs voitures. Il sera nécessaire de les exercer aux manœuvres essentielles de l'infanterie, comme à charger leurs armes, à tirer, et surtout à marcher à pied, afin qu'ils puissent garder leurs convois. Il en résultera un grand avantage pour la sûreté des convois, et de l'honneur pour le corps, qui se trouvera assimilé au train de l'artillerie et à l'armée. Les officiers, même le major inspecteur, peuvent porter la carabine pour donner l'exemple. Je suppose que vous leur avez donné un uniforme général, avec une distinction sur le bouton.

Je désire que les bataillons ne soient point déplacés sans mon ordre. Le 7ᵉ était autrefois à Varsovie; aujourd'hui, c'est le 2ᵉ. Mettez de côté les harnais et les voitures qui ne valent rien, et occupez-vous de la réorganisation de ces équipages sans faire trop d'éclat. Je vous rends responsable si vous n'avez pas au mois de mai huit fois 140 voitures, c'est-à-dire 1,120, très-bonnes, avec les chevaux harnachés et pouvant faire leur service. Les corps d'armée sont composés de trois et de deux divisions. Il faut attacher aux corps à trois divisions un bataillon. Une compagnie sera affectée à chaque division, et la 4ᵉ compagnie sera à la disposition de l'ordonnateur et de l'état-major. Chaque compagnie d'équipages est, je crois, de trente caissons, indépendamment de la prolonge et de la forge; ainsi chaque compagnie pourrait porter trois jours de pain complets, qui, en campagne, peuvent servir quatre et cinq jours. Ajoutez à cela les caissons des corps de la division, qui pourraient en porter pour un jour. Cet état serait satisfaisant. Les corps d'armée à deux divisions, tels que le 5ᵉ et le 6ᵉ corps, auraient trois compagnies, dont une attachée à chaque division et une à l'état-major; la 4ᵉ compagnie restera au bataillon. Voici donc comme je conçois la destination des huit bataillons : 1ᵉʳ corps, un bataillon, puisqu'il a trois divisions; 3ᵉ corps, un bataillon; 4ᵉ corps, un bataillon; 5ᵉ corps, trois compagnies; 6ᵉ corps, trois compagnies; corps du prince de Ponte-Corvo, trois compagnies. Cela serait donc le fonds de six bataillons. Il resterait pour le quartier général deux bataillons entiers et trois compagnies des bataillons qui ne fourniraient que trois compagnies, ou plus de quatre cents caissons. Proposez-moi donc une répartition conforme à ces bases : un bataillon aux corps à trois divisions; trois compagnies aux corps à deux divisions, et une compagnie au quartier général. Vous pouvez laisser les 4e et 5e bataillons en Silésie; il y aurait six compagnies aux corps d'armée et deux au quartier général. Mon intention est que ces caissons soient employés uniquement à porter du pain. Pour porter l'avoine, la paille, le foin, les selles, les hommes écloppés, la cavalerie a plus de moyens que l'infanterie; ainsi il est inutile d'y penser. Aucun bagage des officiers ni des généraux ne doit être souffert sur ces voitures. Les officiers des équipages en sont responsables, et le major général doit être prévenu s'il y a des ordres à donner à ce sujet, pour qu'il puisse les donner.

Pour les ambulances, j'avais prescrit que les corps devaient se les procurer, et j'avais mis à leur disposition des fonds pour cette dépense. Je n'ai point présent à l'esprit ce que j'ai ordonné là-dessus; mais il me semble que chaque bataillon doit avoir son caisson. Les régiments ont-ils le nombre de caissons qu'ils doivent avoir? S'ils ne les ont pas, quel en est le motif? C'est à vous d'écrire aux commandants et d'exiger que cela soit. S'ils ont touché l'argent, ils doivent avoir leurs caissons; s'ils ne l'ont pas touché, il faut le leur faire toucher. Je suppose que l'armée, si tout est organisé comme il doit l'être, doit avoir 200 caissons de corps; il est possible que les caissons des corps destinés aux ambulances et aux emmagasinements ne suffisent pas, et qu'il en faille quatre ou six pour porter les effets de la division. En ce cas, il faut le faire connaître pour avoir le nombre de caissons qui est nécessaire pour porter le pain.

J'attends un rapport de vous sur cela, pour faire exécuter les règlements. Il faut aussi que les ordonnateurs et employés aient leurs caissons; c'est leur affaire.

NAPOLÉON.

D'après la copie. Dépôt de la guerre.

13694. — A EUGÈNE NAPOLÉON,
VICE-ROI D'ITALIE.

Saint-Cloud, 27 mars 1808.

Mon Fils, faites donner 3,000 francs au sieur Pontevès, et faites-moi un rapport sur lui. Son ouvrage, que j'ai parcouru, contient de bonnes choses.

NAPOLÉON.

D'après la copie comm. par S. A. I. Mme la duchesse de Leuchtenberg.

13695. — AU GRAND-DUC DE BERG,
LIEUTENANT DE L'EMPEREUR EN ESPAGNE.

Saint-Cloud, 27 mars 1808.

Je reçois votre lettre du 20, par laquelle je vois que vous serez le 23 à Madrid. Je ne dois donc pas tarder à recevoir de là de vos nouvelles. Je ne puis que vous répéter ce que je vous ai déjà mandé, de réunir les corps de Moncey et de Dupont à Madrid. La 3e division de Dupont peut venir à Ségovie. Vous pourrez placer du monde à l'Escurial, mais vous devez faire voir toutes vos forces à Madrid, surtout vos beaux régiments de cuirassiers.

Le maréchal Bessières, qui est à Burgos, doit avoir un corps suffisant de troupes pour pourvoir à tout, puisque les divisions Merle et Verdier doivent s'y trouver à peu près réunies.

Vous devez empêcher qu'il ne soit fait aucun mal ni au Roi, ni à la Reine, ni au prince de la Paix. Si on lui faisait son procès, j'imagine qu'on me consultera. Vous devez dire à M. Beauharnais que je désire qu'il intervienne et que cette affaire soit assoupie. Jusqu'à ce que le nouveau roi soit reconnu par moi, vous devez faire comme si l'ancien roi régnait toujours; vous devez attendre pour cela mes ordres. Comme je vous l'ai déjà mandé, maintenez à Madrid la police et le bon ordre, empêchez tout armement extraordinaire. Employez à tout cela M. Beauharnais jusqu'à mon arrivée, que vous devez déclarer imminente.

J'approuve fort l'idée de faire camper la meilleure partie de mes troupes. Approvisionnez-vous de biscuit, de vivres, de fourrages pour le plus de temps possible.

J'ai fait partir pour Madrid le sieur Laforest, sans aucun titre. Vous aurez soin de le bien accueillir. C'est un homme de mérite et qui est propre à tout.

Je ne vais pas tarder à partir. J'espère à mon arrivée trouver les corps bien reposés, approvisionnés et en bon état. Le général Duhesme aura à la même époque son corps renforcé de 5 à 6,000 hommes, et Bessières aura également ses deux divisions complètes.

J'ai donné ordre que toute la partie de ma Garde arrivée avec vous à Burgos soit envoyée à Madrid. Elle doit être en route. Organisez vos transports, votre artillerie. Ayez des vivres pour huit jours. Ayez soin de la santé de vos troupes, et reposez-les. Vous dites toujours que vous n'avez pas d'instructions : je ne cesse de vous en donner toutes les fois que je vous dis de tenir vos troupes reposées, de refaire vos vivres, de ne préjuger en rien la question. Il me semble que vous n'avez pas besoin de savoir autre chose.

D'après la minute. Archives de l'Empire.

13696. — AU GRAND-DUC DE BERG [1],
LIEUTENANT DE L'EMPEREUR EN ESPAGNE.

..... 29 mars 1808.

Monsieur le Grand-Duc de Berg, je crains que vous ne me trompiez

[1] Cette lettre, dont on n'a pu retrouver ni la minute, ni l'original, ni une copie authentique, a été publiée pour la première fois dans le *Mémorial de Sainte-Hélène* (t. IV, p. 246 et suiv. édit. de 1823). Depuis elle a été encore donnée par M. de Montholon dans ses *Récits de la Captivité*, etc. (t. II, p. 451 et suiv. édit. de 1847). Comme M. de Las Cases, M. de Montholon affirme en avoir reçu communication de l'Empereur Napoléon lui-même. L'authenticité de ce document a été admise par M. de Bausset (*Mémoires sur l'intérieur du Palais*, etc. t. Ier, p. 151 et suiv. édit. de 1827); par M. le duc de Rovigo (*Mémoires*, etc. t. III, p. 258 et suiv. édit. de 1828); par M. Thibaudeau (*le Consulat et l'Empire*, t. III, p. 336 et suiv. édit. de 1835), et, finalement, par M. Thiers, à la suite d'un examen critique dont il est rendu compte dans l'*Histoire du Consulat et de l'Empire* (t. VIII, p. 543-547, et à la fin du volume, note spéciale, p. 671-679). D'après M. Thiers, cette lettre du 29 mars n'a pas été envoyée.

sur la situation de l'Espagne, et que vous ne vous trompiez vous-même. L'affaire du 20 mars a singulièrement compliqué les événements. Je reste dans une grande perplexité.

Ne croyez pas que vous attaquiez une nation désarmée, et que vous n'ayez que des troupes à montrer pour soumettre l'Espagne. La révolution du 20 mars prouve qu'il y a de l'énergie chez les Espagnols. Vous avez affaire à un peuple neuf; il a tout le courage, et il aura tout l'enthousiasme que l'on rencontre chez des hommes que n'ont point usés les passions politiques.

L'aristocratie et le clergé sont les maîtres de l'Espagne. S'ils craignent pour leurs priviléges et pour leur existence, ils feront contre nous des levées en masse qui pourront éterniser la guerre. J'ai des partisans; si je me présente en conquérant, je n'en aurai plus.

Le prince de la Paix est détesté, parce qu'on l'accuse d'avoir livré l'Espagne à la France; voilà le grief qui a servi l'usurpation de Ferdinand; le parti populaire est le plus faible.

Le prince des Asturies n'a aucune des qualités qui sont nécessaires au chef d'une nation; cela n'empêchera pas que, pour nous l'opposer, on n'en fasse un héros. Je ne veux pas que l'on use de violence envers les personnages de cette famille; il n'est jamais utile de se rendre odieux et d'enflammer les haines. L'Espagne a plus de 100,000 hommes sous les armes, c'est plus qu'il n'en faut pour soutenir avec avantage une guerre intérieure; divisés sur plusieurs points, ils peuvent servir de noyau au soulèvement total de la monarchie.

Je vous présente l'ensemble des obstacles qui sont inévitables; il en est d'autres que vous sentirez : l'Angleterre ne laissera pas échapper cette occasion de multiplier nos embarras; elle expédie journellement des avisos aux forces qu'elle tient sur les côtes du Portugal et dans la Méditerranée; elle fait des enrôlements de Siciliens et de Portugais.

La famille royale n'ayant point quitté l'Espagne pour aller s'établir aux Indes, il n'y a qu'une révolution qui puisse changer l'état de ce pays : c'est peut-être celui de l'Europe qui y est le moins préparé. Les gens qui voient les vices monstrueux de ce gouvernement et l'anarchie qui a pris la place de l'autorité légale font le plus petit nombre; le plus grand nombre profite de ces vices et de cette anarchie.

Dans l'intérêt de mon empire, je puis faire beaucoup de bien à l'Espagne. Quels sont les meilleurs moyens à prendre?

Irai-je à Madrid? Exercerai-je l'acte d'un grand protectorat en prononçant entre le père et le fils? Il me semble difficile de faire régner Charles IV : son gouvernement et son favori sont tellement dépopularisés qu'ils ne se soutiendraient pas trois mois.

Ferdinand est l'ennemi de la France, c'est pour cela qu'on l'a fait roi. Le placer sur le trône sera servir les factions qui, depuis vingt-cinq ans, veulent l'anéantissement de la France. Une alliance de famille serait un faible lien : la reine Élisabeth[1] et d'autres princesses françaises ont péri misérablement lorsqu'on a pu les immoler impunément à d'atroces vengeances. Je pense qu'il ne faut rien précipiter, qu'il convient de prendre conseil des événements qui vont suivre. Il faudra fortifier les corps d'armée qui se tiendront sur les frontières du Portugal et attendre.

Je n'approuve pas le parti qu'a pris Votre Altesse Impériale de s'emparer aussi précipitamment de Madrid. Il fallait tenir l'armée à dix lieues de la capitale. Vous n'aviez pas l'assurance que le peuple et la magistrature allaient reconnaître Ferdinand sans contestation. Le prince de la Paix doit avoir dans les emplois publics des partisans; il y a, d'ailleurs, un attachement d'habitude au vieux Roi, qui pouvait produire des résultats. Votre entrée à Madrid, en inquiétant les Espagnols, a puissamment servi Ferdinand. J'ai donné ordre à Savary d'aller auprès du nouveau Roi[2] voir ce qui s'y passe : il se concertera avec Votre Altesse Impériale. J'aviserai ultérieurement au parti qui sera à prendre; en attendant, voici ce que je juge convenable de vous prescrire :

Vous ne m'engagerez à une entrevue, en Espagne, avec Ferdinand, que si vous jugez la situation des choses telle, que je doive le reconnaître comme roi d'Espagne. Vous userez de bons procédés envers le Roi, la

---

[1] Ainsi dans tous les textes imprimés de cette lettre.

[2] Ainsi au *Mémorial*; les autres textes imprimés portent : *Vieux Roi*. En effet, Savary avait été envoyé auprès de Charles IV et non auprès de Ferdinand VII.

Reine et le prince Godoy. Vous exigerez pour eux et vous leur rendrez les mêmes honneurs qu'autrefois. Vous ferez en sorte que les Espagnols ne puissent pas soupçonner le parti que je prendrai : cela ne vous sera pas difficile, je n'en sais rien moi-même.

Vous ferez entendre à la noblesse et au clergé que, si la France doit intervenir dans les affaires d'Espagne, leurs priviléges et leurs immunités seront respectés. Vous leur direz que l'Empereur désire le perfectionnement des institutions politiques de l'Espagne, pour la mettre en rapport avec l'état de civilisation de l'Europe, pour la soustraire au régime des favoris. Vous direz aux magistrats et aux bourgeois des villes, aux gens éclairés, que l'Espagne a besoin de recréer la machine de son gouvernement; qu'il lui faut des lois qui garantissent les citoyens de l'arbitraire et des usurpations de la féodalité, des institutions qui raniment l'industrie, l'agriculture et les arts; vous leur peindrez l'état de tranquillité et d'aisance dont jouit la France, malgré les guerres où elle est toujours engagée, la splendeur de la religion, qui doit son rétablissement au Concordat que j'ai signé avec le Pape; vous leur démontrerez les avantages qu'ils peuvent tirer d'une régénération politique : l'ordre et la paix dans l'intérieur, la considération et la puissance dans l'extérieur; tel doit être l'esprit de vos discours et de vos écrits. Ne brusquez aucune démarche: je puis attendre à Bayonne; je puis passer les Pyrénées, et, me fortifiant vers le Portugal, aller conduire la guerre de ce côté.

Je songerai à vos intérêts particuliers, n'y songez pas vous-même. Le Portugal restera à ma disposition. Qu'aucun projet personnel ne vous occupe et ne dirige votre conduite: cela me nuirait et vous nuirait encore plus qu'à moi.

Vous allez trop vite dans vos instructions du 14: la marche que vous prescrivez au général Dupont est trop rapide, à cause de l'événement du 19 mars. Il y a des changements à faire; vous donnerez de nouvelles dispositions. Vous recevrez des instructions de mon ministre des affaires étrangères.

J'ordonne que la discipline soit maintenue de la manière la plus sévère: point de grâce pour les plus petites fautes. L'on aura pour l'habitant les plus grands égards; l'on respectera principalement les églises et les couvents.

L'armée évitera toute rencontre, soit avec les corps de l'armée espagnole, soit avec des détachements; il ne faut pas que, d'aucun côté, il soit brûlé une amorce.

Laissez Solano dépasser Badajoz; faites-le observer; donnez vous-même l'indication des marches de mon armée, pour la tenir toujours à une distance de plusieurs lieues des corps espagnols. Si la guerre s'allumait, tout serait perdu.

C'est à la politique et aux négociations qu'il appartient de décider des destinées de l'Espagne. Je vous recommande d'éviter des explications avec Solano, comme avec les autres généraux et les gouverneurs espagnols.

Vous m'enverrez deux estafettes par jour; en cas d'événements majeurs, vous m'expédierez des officiers d'ordonnance; vous me renverrez sur-le-champ le chambellan de Tournon, qui vous porte cette dépêche; vous lui remettrez un rapport détaillé.

NAPOLÉON.

13697. — A M. GAUDIN,
MINISTRE DES FINANCES.

Saint-Cloud, 29 mars 1808.

Je suis instruit que les Anglais se servent de la méthode suivante pour faire entrer leurs marchandises en Hollande et en France : ils chargent des bâtiments américains de marchandises anglaises, et ils les escortent jusque près des côtes de Hollande; et, là, ces bâtiments entrent, déclarant qu'ils viennent en droite ligne d'Amérique, et qu'ils n'ont rencontré aucun Anglais en mer. Par ce moyen, les corsaires ne peuvent pas les prendre et les autorités locales les reçoivent. Il est nécessaire que vous en écriviez à mes consuls en Hollande pour savoir si c'est vrai, et que vous chargiez le directeur général des douanes de veiller sur ces frauduleuses opérations.

D'après la minute. Archives de l'Empire.

13698. — AU VICE-AMIRAL DECRÈS,
MINISTRE DE LA MARINE.

Saint-Cloud, 29 mars 1808.

Je reçois des lettres de Corfou du 15 mars. L'amiral Ganteaume et Cosmao s'étaient réunis le 12 à Corfou. Ils avaient laissé dans Corfou la flûte, et débarqué la poudre qu'ils avaient à leur bord. *La Tactique* se trouvait avec l'amiral Ganteaume; l'amiral était parti de Corfou le 15, et paraissait avoir le projet de se rendre le plus immédiatement possible à Toulon.

Faites passer cette lettre, que j'ai trouvée dans le paquet.

Comme l'amiral était entré à Corfou le 12, et qu'il n'en est sorti que le 15, je suppose que tout ce qu'il aura emmené avec lui aura débarqué.

Je ne puis que vous réitérer mes ordres pour faire achever promptement un ou deux vaisseaux à Lorient, un à Rochefort et autant à Toulon, *le Tonnerre* à Brest, de sorte que j'aie là 5 vaisseaux et 4 frégates.

Je suppose que vous aurez donné des ordres pour *l'Océan*.

Je compte donc que j'aurai à Rochefort 4 vaisseaux, à Lorient 4: savoir : les 2 qui y sont, *le Polonais* et *l'Eylau* ou *le Marengo*, et 6 frégates; que j'aurai 2 frégates à Saint-Malo, 2 à Bordeaux, 2 à Nantes, 1 à Cherbourg; que *l'Austerlitz* et *le Donawerth* seront mis à l'eau à Toulon; de sorte que je me trouverai à la fin de septembre avec 8 vaisseaux français et 2 frégates hollandaises à Flessingue; 8 vaisseaux hollandais et 2 frégates au Texel; 5 vaisseaux et 4 frégates à Brest; 4 vaisseaux à Lorient et 4 à Rochefort; 8 vaisseaux français à Cadix et 15 espagnols; et à Toulon 12 vaisseaux, dont 3 à trois ponts: ce qui ferait 41 vaisseaux français, 10 vaisseaux russes, 8 hollandais et 15 espagnols, en tout 74 vaisseaux; ce qui, avec une armée de Bayonne à Cadix, une à Lisbonne, une à Boulogne, une à Brest et une au Texel, peut donner, dans le courant de l'hiver, lieu à des chances sérieuses contre l'Angleterre.

Vos 12 vaisseaux de Toulon peuvent être augmentés du *Superbe*, à Gênes, et de 2 vaisseaux russes qui sont à l'île d'Elbe. Si nous achetions ces 2 vaisseaux, alors j'aurais 15 vaisseaux de guerre à Toulon; et, si je venais à faire sortir cet hiver cette escadre, elle donnerait lieu à des événements importants. Alors les 41 vaisseaux français seraient portés à 43, et, y ajoutant les 2 de Lisbonne, 45.

Je désire que vous fassiez une relation pour *le Moniteur* de la croisière des deux frégates de la Martinique.

D'après la minute. Archives de l'Empire.

13699. — AU PRINCE DE NEUCHÂTEL,
MAJOR GÉNÉRAL DE LA GRANDE ARMÉE.

Saint-Cloud, 29 mars 1808.

Mon Cousin, il est nécessaire que vous envoyiez sur-le-champ, par un courrier extraordinaire, *le Moniteur* d'aujourd'hui au prince de Ponte-Corvo. Il tiendra ces nouvelles secrètes aussi longtemps qu'il le pourra. Il en causera avec le commandant des troupes espagnoles, et prendra toutes les mesures nécessaires pour que les derniers événements ne produisent aucun mauvais effet sur les soldats. Sans doute, la haine que ces troupes, comme tous les Espagnols, portaient au prince de la Paix, leur rendra cette nouvelle agréable; mais, comme on m'assure qu'il y a un parti formé en faveur du roi Charles IV, qui a été forcé de donner sa démission, et qu'il est possible que le prince des Asturies ne soit pas longtemps à la donner aussi, il est nécessaire de dérober le plus longtemps possible à ces troupes la connaissance de ces événements.

NAPOLÉON.

D'après l'original. Dépôt de la guerre.

13700. — A EUGÈNE NAPOLÉON,
VICE-ROI D'ITALIE.

Saint-Cloud, 29 mars 1808.

Mon Fils, dans la situation actuelle de l'Europe, il faut toujours se tenir en mesure et ne point perdre de vue que, d'un moment à l'autre, on peut avoir besoin de courir aux armes. Cette circonstance m'a porté à appeler la conscription de cette année, qui se lève en ce moment.

et qui sera rendue sous les drapeaux au mois de mai. Vos cadres en recevront une augmentation considérable, qui les complétera. Voici l'augmentation que je donnerai à mon armée d'Italie, si jamais elle est dans le cas d'agir.

Le corps du Frioul composerait deux divisions de 12 bataillons chacune. Les 8 bataillons de Vérone et quatre autres bataillons, qui lui seraient fournis par le Piémont, formeraient la troisième division.

Les 8 bataillons de Toscane, qui seraient portés à 12 par 4 bataillons que lui fournirait également le Piémont, composeraient la quatrième division. La cinquième division serait formée de huit 4es bataillons de l'armée de Dalmatie et de quatre 4es bataillons de Naples. La sixième division serait formée de huit autres 4es bataillons de l'armée de Naples et de quatre bataillons que je retirerais de la même armée de Naples. Vous auriez donc six divisions formant 72 bataillons qui, à 840 hommes chacun, formeraient un effectif de 60.000 hommes. Les 4 régiments de dragons et les 3 régiments de chasseurs et de hussards qui sont en Italie seraient augmentés de 3 régiments de chasseurs tirés de l'armée de Naples, et présenteraient une force de 9.000 hommes à cheval. Chaque division d'infanterie aurait 12 pièces de canon attelées, ce qui ferait 72 pièces de canon. Chaque régiment de cavalerie aurait 2 pièces, ce qui ferait 92, et 6 pièces au parc, ce qui ferait une artillerie de 98 pièces de canon. Les sapeurs, le train, les canonniers, composeraient environ 4.000 hommes et porteraient votre armée à 72 ou 74.000 Français.

L'armée de Dalmatie, qui a un effectif de 26.000 hommes, compléterait votre effectif à 100.000 hommes de troupes françaises. Les troupes italiennes composeraient deux divisions de 18.000 hommes d'infanterie et 2.500 chevaux, de 1.500 hommes d'artillerie: ce qui fera 22 à 24.000 hommes et complétera votre armée à plus de 120.000 hommes effectifs. L'armée italienne aura 36 pièces de canon attelées. Ainsi, sans affaiblir ma Grande Armée ni mes armées d'Espagne, vous pourrez entrer en campagne avec 120.000 hommes effectifs, c'est-à-dire 100.000 hommes présents, ce qui fera la plus belle armée qu'on ait vue en Italie.

J'ai déjà ordonné que les deux divisions du Frioul campassent, cet été, l'une à Udine et l'autre à Osoppo; que celle de Vérone campât à Montechiaro; que les huit bataillons de l'armée de Dalmatie se réunissent à Trévise et à Padoue. Il faudrait réunir les douze 4ᵉˢ bataillons de l'armée de Naples à Rome et à Ancône. Proposez-moi les mouvements à faire pour cet objet et les dispositions à prendre pour la réunion de l'armée que je viens de vous indiquer, si cela était nécessaire. Vous ne devez envoyer aux nouveaux dépôts que les cadres des dépôts, et n'envoyer avec eux ni armes, ni draps, ni fonds de magasins; sauf aux majors d'envoyer les conscrits joindre les 4ᵉˢ bataillons, où ils trouveront des armes et des habits. J'ai donné ordre cependant que les dépôts qui n'auraient pas reçu leurs draps les reçussent aux nouveaux emplacements de dépôt; pour ceux qui n'auraient qu'une partie au dépôt actuel et qui auraient à en recevoir une autre partie, il faut faire diviser les ouvriers.

NAPOLÉON.

D'après la copie comm. par S. A. I. Mᵐᵉ la duchesse de Leuchtenberg.

13701. — A JOSEPH NAPOLÉON, ROI DE NAPLES.

Saint-Cloud, 29 mars 1808.

Je reçois votre lettre du 20 mars avec les dépêches de Corfou du 15. Il me semble que Corfou doit se trouver enfin dans une situation raisonnable. Il devrait y avoir au moins 200 milliers de poudre et une vingtaine de mille quintaux de blé et de farine. Il y avait un grand besoin d'argent.

Faites-moi connaître si l'amiral a emmené avec lui *la Ville-de-Paris* et quelques bricks italiens, et enfin quelle croisière il a laissée dans l'Adriatique.

Vous avez vu dans *le Moniteur* d'aujourd'hui les nouvelles d'Espagne. Je n'ai pas encore la nouvelle de l'entrée de mes troupes à Madrid; elles doivent y être du 23, le grand-duc de Berg à leur tête.

Placez mes troupes pendant l'été dans des pays sains, afin qu'elles éprouvent le moins de pertes possible. Faites fortifier le fort de Scilla, car il n'est pas impossible que l'ennemi fasse des efforts pour reprendre ce point. Placez en échelons la division qui défend le pays. Il faut que celui qui commande en Calabre ait son plan fait d'avance pour réunir son monde et se porter promptement au secours de Scilla. Il faut que cette place ait des vivres au moins pour deux mois, un bon commandant, de bonnes batteries qui battent le détroit, et de bonnes fortifications du côté de terre. Il est peut-être fâcheux qu'au moment où vous pouviez tirer quelques services de l'expérience du général Reynier, et de la connaissance qu'il a du terrain, vous lui ayez permis de revenir.

Il faut avouer que l'amiral Ganteaume a été horriblement contrarié par les temps, puisqu'ils lui ont fait perdre une vingtaine de jours pendant lesquels on aurait pu faire tant de choses. Mais cela nous sert toujours de preuves de ce que nous pouvons faire. J'ai dix vaisseaux à Flessingue; j'en ai à Brest; j'ai une nouvelle escadre à Rochefort et à Lorient. Il faudrait me faire connaître d'une manière plus précise comment est fortifié le Phare.

NAPOLÉON.

D'après l'expédition originale comm. par les héritiers du roi Joseph.

13702. — AU GRAND-DUC DE BERG,
LIEUTENANT DE L'EMPEREUR EN ESPAGNE.

Saint-Cloud, 30 mars 1808.

Je reçois vos lettres avec celle du roi d'Espagne. Arrachez des mains de ces gens-là le prince de la Paix. Mon intention est qu'il ne lui soit fait aucun mal, et, puisqu'il est à deux lieues de Madrid et presque en votre pouvoir, j'aurais beaucoup de chagrin d'apprendre qu'il lui arrivât du mal.

Le Roi dit qu'il se rendra dans votre camp. J'attends de savoir qu'il y est en sûreté pour vous faire connaître mes intentions.

Vous avez bien fait de ne pas reconnaître le prince des Asturies.

Vous devez faire placer le roi Charles IV à l'Escurial, le traiter avec le plus grand respect, déclarer qu'il commande toujours en Espagne jusqu'à ce que j'aie reconnu la révolution.

Je suppose que le prince de la Paix viendra par Bayonne. Je donne des ordres à Bessières en conséquence. Du reste, je vais me rendre à Bayonne.

Dans ces circonstances imprévues, j'approuve fort la conduite que vous avez tenue. Je suppose que vous n'aurez pas laissé périr le prince de la Paix, et que vous n'aurez pas laissé aller le roi Charles à Badajoz. S'il est entre vos mains, il faut dissimuler avec Beauharnais, dire que vous ne pouvez pas reconnaître le prince des Asturies que je ne l'aie reconnu; qu'il faut laisser venir le roi Charles à l'Escurial; que la première chose que je demanderai en arrivant sera de le voir. Prenez toutes les mesures pour ne point compromettre sa vie. Je vous le répète, ce serait un malheur si vous l'aviez laissé aller à Badajoz. J'espère que la position où vous vous trouvez vous aura donné de bons conseils.

D'après la minute. Archives de l'Empire.

13703. — AU MARÉCHAL BESSIÈRES,
COMMANDANT LA GARDE IMPÉRIALE EN ESPAGNE, ETC.

Saint-Cloud, 30 mars 1808.

Mon Cousin, je vous recommande, si vous êtes à portée de protéger le roi Charles, la reine et le prince de la Paix, de ne pas manquer de le faire. Il est possible que le prince de la Paix se rende en France; protégez sa marche. Je n'ai à m'en plaindre d'aucune manière; il n'est envoyé en France que pour le sauver. Vous devez le rassurer par tous les moyens. Accueillez avec les plus grands égards le roi Charles IV et la reine, si le grand-duc de Berg les dirigeait de votre côté. Témoignez-leur les plus grandes démonstrations de respect et d'honneur, comme si la révolution n'avait pas eu lieu. Aussi bien je n'ai pas reconnu le prince des Asturies, et le roi Charles IV est toujours roi. Sans entrer dans la question politique, dans les occasions où vous serez obligé de parler du prince des Asturies, ne l'appelez point Ferdinand VII, éludez la difficulté en appelant ceux qui gouvernent à Madrid « le Gouvernement. » Je vais partir pour Bayonne.

NAPOLÉON.

D'après l'original comm. par Mme la duchesse d'Istrie.

13704. — DÉCISION.

Saint-Cloud, 30 mars 1808.

Le vice-amiral Decrès, ministre de la marine, demande si des Français peuvent employer, d'une manière simulée, les pavillons de Hambourg, de Brême et celui des États-Unis.

Sa Majesté n'autorise plus de simulation de pavillon.

D'après l'original. Archives de la marine.

13705. — A M. DE CHAMPAGNY,
MINISTRE DES RELATIONS EXTÉRIEURES.

Saint-Cloud, 31 mars 1808.

Faites faire une note au landamman de la Suisse pour témoigner mon mécontentement de ce que le recrutement des régiments suisses ne marche plus. Voici l'état des hommes qui manquent depuis longtemps : vous verrez qu'il est de plus de 3,000 hommes. Parlez-en également au ministre de Suisse ici, et recommandez à mon ministre de presser le landamman et les cantons pour que le recrutement soit poussé avec activité.

Faites une note au ministre d'Amérique sur ce qu'un grand nombre de bâtiments américains chargés de denrées coloniales se supposent venant d'Amérique, mais viennent bien réellement de Londres. Tout bâtiment chargé de denrées coloniales doit être confisqué : car l'embargo que les Américains ont mis dans leurs ports donne l'assurance que ces bâtiments ne viennent pas d'Amérique.

NAPOLÉON.

D'après l'original. Archives des affaires étrangères.

13706. — AU MARÉCHAL DAVOUT,
CHARGÉ DU 1ᵉʳ COMMANDEMENT DE LA GRANDE ARMÉE, À VARSOVIE.

Saint-Cloud, 31 mars 1808.

Mon Cousin, on se plaint en Russie d'une proclamation qui excite à la désertion les Russes. L'empereur a montré cette proclamation à

Caulaincourt. Écrivez-en à celui-ci. C'est probablement une proclamation de quelque Polonais.

La légion polacco-italienne prend le nom de *légion de la Vistule*. Elle sera à Paris dans quelques jours; je l'ai prise à mon service. Elle sera complétée à 140 hommes par compagnie.

Je vous enverrai, dans le courant de mai, l'ordre de camper: ayez soin de vous y préparer. Je suppose que vous avez des effets de campement. Je suis au mieux avec la Russie, je suis très-bien avec l'Autriche; je ne vois point de probabilités pour la guerre; mais, quand on a une armée, il faut qu'elle soit toujours en mesure.

Le grand-duc de Berg est entré à Madrid le 24 avec les corps du maréchal Moncey et du général Dupont, c'est-à-dire avec plus de 50.000 hommes. Le maréchal Bessières commande un corps à Burgos, et le général Duhesme est à Barcelone. J'occupe toutes les places fortes d'Espagne. Vous aurez vu dans *le Moniteur* les événements qui se sont passés à Madrid, du 18 au 20; mais le roi Charles a été forcé; il a imploré ma protection. Je vais me rapprocher des Pyrénées.

La conscription marche avec rapidité. J'ai levé 80,000 hommes; il n'y a pas de doute que, dans le courant de l'été, toutes les compagnies seront renforcées de manière à avoir 140 hommes devant l'ennemi.

Maintenez le plus possible l'harmonie avec les Russes, et contenez vos Polonais, qui sont des têtes ardentes.

Il ne faut pas que l'on fasse comme on a fait en Bavière, que l'idée de rentrer s'oppose au parfait équipement des troupes.

NAPOLÉON.

D'après l'original comm. par Mme la maréchale princesse d'Eckmühl.

13707. — A M. DARU,
INTENDANT GÉNÉRAL DE LA GRANDE ARMÉE.

Saint-Cloud, 31 mars 1808.

Monsieur Daru, je ne conçois pas que la convention passée le 1er mars avec le roi de Westphalie ne soit pas encore parvenue aux relations extérieures.

Il est inutile d'acheter des chevaux; la levée n'est pas assez pressée pour cela; en la faisant doucement et insensiblement, on arrivera à mon but.

Je vous ai fait connaître que mon intention était que les onze cents voitures qui sont à la Grande Armée fussent mises en état, neuves ou mises à neuf, attelées de quatre chevaux, avec un charretier pour deux chevaux, et de bons harnais. Je crois vous avoir dit également que j'entendais que les corps eussent leurs caissons d'ambulance, comme je l'ai ordonné avant la dernière campagne, et que les généraux, les ordonnateurs, pas même le major inspecteur, ne disposassent d'aucun de ces caissons. La quantité de chevaux que vous avez donnée à l'artillerie sur les 8,000 que vous avez requis me paraît suffisante, pourvu que l'artillerie la reçoive exactement.

Faites-moi passer la situation de mes magasins au 1er mai. Vous n'avez pas sans doute trop désapprovisionné Varsovie et Danzig.

Il ne faudrait pas conclure de ces préparatifs que j'aie la moindre inquiétude sur la durée de la paix; mais l'expérience du passé doit servir de règle; puisqu'on a une armée, il ne faut pas, pour économiser deux ou trois millions, la laisser se désorganiser.

Faites en sorte que tous les corps aient leurs capotes, leurs souliers et leur habillement en bon état. Avant la fin de l'été, ils seront considérablement renforcés; il n'y aura aucune compagnie qui ne soit à 140 hommes. Faites en sorte que les soldats aient leurs marmites et leurs effets de campement, parce que du 1er au 30 mai je vais faire camper toute l'armée par divisions. Cette manière de passer l'été est la plus favorable pour la santé, l'instruction et la discipline des troupes. Entendez-vous avec les généraux Bourcier et Songis pour que l'artillerie et la cavalerie ne manquent de rien.

NAPOLÉON.

P. S. Faites passer cette lettre [1] au général Caulaincourt par un courrier extraordinaire.

<small>D'après la copie comm. par M. le comte Daru.</small>

<small>[1] Cette lettre n'a pas été retrouvée.</small>

13708. NOTES POUR LE VICE-AMIRAL DECRÈS,
MINISTRE DE LA MARINE.

....., mars 1808[1].

La flottille de Boulogne est trop considérable. Il est constant qu'elle ne pourrait sortir de la rade toute ensemble. Ce projet de centraliser ne serait bon que s'il y avait une belle et bonne rade. Dans cette situation de choses, il faut prendre une place plus vaste.

1° L'expédition du Texel doit être réorganisée comme elle l'était du temps du général Marmont, et capable de porter 15,000 hommes et sur de gros transports.

2° Une seconde expédition doit être réunie à Flessingue. Elle doit être escortée par les 8 vaisseaux de guerre que j'y ai; elle doit pouvoir porter 20,000 hommes. Arrivé le mois de novembre, où le climat est bon, on formerait un camp à Flessingue; et, à tous moments, cette escadre, composée de 10 vaisseaux (on pourrait, d'ici en novembre, en réunir 2 autres) et d'une quarantaine de transports, serait prête à mettre à la voile. Je pense qu'il faut d'abord réunir à Flessingue toute la flottille batave. Les chaloupes canonnières seraient utiles au jeu de nos vaisseaux. On pourrait y réunir aussi les transports, qui, jusqu'à cette heure, étaient réunis à Calais, de sorte que les 20 ou 25,000 hommes puissent être facilement transportés de Flessingue en Hollande.

3° Le camp de Boulogne sera organisé de manière que 80,000 hommes puissent débarquer sur la côte.

L'escadre de Flessingue sera d'ailleurs renforcée toute l'année.

Les difficultés à ce système sont : trouver des matelots pour l'armement des 10 vaisseaux et des 30 ou 40 transports. Il faut pour cela faire des levées à Hambourg, Brême, Lubeck et en Danemark.

On peut avoir très-bien 10 vaisseaux à Flessingue, au mois de novembre, qui porteront 6,000 hommes. Il faut se procurer 20 grosses flûtes portant chacune 1,000 hommes: ce qui fera plus de 26,000 hommes. Il faut ensuite toute la flottille batave, chaloupes canonnières, tant pour

[1] Sans autre date à la minute.

faciliter le débarquement que pour donner le change aux Anglais sur la véritable destination, car il est évident pour les Anglais que les chaloupes canonnières ne pourront être destinées que pour la côte d'Angleterre. Les chaloupes canonnières seraient d'ailleurs utiles pour tout le mouvement de la côte et la protection de l'escadre.

Il faudrait donc que les Anglais eussent tout l'été une flottille contre cette flottille et une escadre contre l'escadre, genre de guerre qui les occupera beaucoup.

En même temps, j'aurai à Corfou, à Tarente et Naples, des préparatifs pour une expédition de Sicile ou d'Égypte.

J'aurai à Cadix une expédition préparée.

Je puis, au mois de novembre, en supposant que tout réussisse, avoir 16 vaisseaux français et 8 espagnols dans le port de Toulon. Je les ferai partir comme pour la Sicile, et je les enverrai devant Cadix, où ils se réuniront à 8 vaisseaux français et à 8 espagnols que j'aurai là : ce qui me fera 26 vaisseaux français, ou au moins 24, et 12 espagnols : total, 36 vaisseaux. Ou je les conduirai devant Lisbonne, où ils se rallieront à 2 vaisseaux français et 10 vaisseaux russes; ou, s'il n'y a rien à gagner à cette opération, je les ferai enmancher, soit pour venir devant Boulogne, soit pour entrer à Cherbourg, soit pour venir à Flessingue.

Il sera si évident qu'on en veut à la Sicile et à l'Égypte, les opérations qui se feront à Constantinople l'indiqueront tellement, que les Anglais ne pourront pas s'y tromper.

D'après la minute. Archives de l'Empire.

13709. — A M. DE CHAMPAGNY,
MINISTRE DES RELATIONS EXTÉRIEURES.

Saint-Cloud, 1ᵉʳ avril 1808.

Vous remettrez, le 3 avril, la note ci-jointe au cardinal Caprara. Vous ferez connaître au ministre des cultes que je ne reconnais plus le cardinal Caprara comme légat. Vous ferez en sorte qu'avant trois jours tous les employés de la légation romaine qui ne sont pas mes sujets quittent la France; s'ils sont sujets de mon royaume d'Italie, ils se rendront à Milan. Quant au cardinal Caprara, j'écris à son sujet au sieur Aldini.

NAPOLÉON.

D'après l'original. Archives des affaires étrangères.

ANNEXE A LA PIÈCE 13709.

NOTE[1].

Le soussigné a mis sous les yeux de S. M. l'Empereur et Roi la note

[1] La minute de cette note est corrigée de la main de l'Empereur. On croit devoir reproduire ici la note, un peu modifiée, qui a été envoyée au légat.

«Paris, 3 avril 1808.

«Le soussigné, ministre des relations extérieures de S. M. l'Empereur des Français, Roi d'Italie, a mis sous les yeux de Sa Majesté la note de Son Éminence M. le cardinal Caprara.

«L'Empereur ne saurait reconnaître le principe que les prélats ne sont pas sujets du souverain sous la domination duquel ils sont nés.

«Quant à la seconde question, la proposition dont l'Empereur ne se départira point est que toute l'Italie, Rome, Naples, Milan, fassent une ligue offensive et défensive afin d'éloigner de la presqu'île le désordre et la guerre.

«Si le Saint-Père adhère à cette proposition, tout est terminé. S'il s'y refuse, il annonce par cette détermination qu'il ne veut aucun arrangement, aucune paix avec l'Empereur, et qu'il lui déclare la guerre. Le premier résultat de la guerre est la conquête, et le premier résultat de la conquête est le changement de gouvernement; car, si l'Empereur est forcé d'être en guerre avec Rome, ne l'est-il pas aussi d'en faire la conquête, d'en changer le gouvernement, d'en établir un autre qui fasse cause commune avec les royaumes d'Italie et de Naples contre les ennemis communs? Quelle autre garantie aurait-il de la tranquillité et de la sûreté de l'Italie, quand ces deux royaumes seraient séparés par un état où leurs ennemis continueraient de compter sur un accueil assuré?

«Ces changements devenus nécessaires, si le Saint-Père persiste dans ses refus, ne lui feront rien perdre de ses droits spirituels. Il continuera d'être évêque de Rome et chef de l'Église comme l'ont été ses prédécesseurs pendant les huit premiers siècles et sous Charlemagne. Cependant ce sera pour Sa Majesté un sujet de douleur de voir l'imprudence, l'obstination, l'aveuglement détruire l'ouvrage du génie, de la politique et des lumières.

«Au moment même où le soussigné recevait de Sa Majesté l'ordre de faire cette réponse à M. le cardinal Caprara, il recevait la note que Son Éminence lui a fait l'honneur de lui adresser le 30 mars. Cette note a deux objets : le premier d'annoncer la cessation des pouvoirs du légat du Saint-Siége, de la notifier contre l'usage et les formes ordinaires, et à la veille de la semaine sainte, temps où la cour de Rome, si elle était encore animée d'un véritable esprit évangélique, croirait devoir multiplier les secours spirituels et prêcher par son exemple l'union entre les fidèles. Quoi qu'il en soit, le Saint-Père ayant retiré ses pouvoirs à Son Éminence M. le Cardinal, l'Empereur ne le reconnaîtra plus comme légat. L'Église gallicane rentre dans toute l'intégrité de sa doctrine; ses lumières, sa piété continueront de conserver en France la religion catholique.

du cardinal Caprara, en date du 2 mars. Il a été chargé d'y faire la réponse suivante :

Sa Majesté ne saurait reconnaître le principe que les prêtres ne sont pas sujets du souverain sous la domination duquel ils sont nés.

Quant à la seconde question, le *sine qua non* de l'Empereur est que toute l'Italie, Rome, Naples et Milan, fassent une ligue offensive et défensive afin d'éloigner le désordre et la guerre de la presqu'île. Si le Saint-Père adhère à cette proposition, tout est terminé. S'il s'y refuse, il déclare par là la guerre à l'Empereur. Le premier résultat de la guerre est la conquête, et le premier résultat de la conquête, le changement de gouvernement. La conséquence de tout ceci sera que l'Empereur sera en guerre avec Rome, qu'il en fera facilement la conquête, qu'il en changera le gouvernement et en établira un autre qui fera cause commune avec les royaumes d'Italie et de Naples contre les ennemis communs. Ceci ne fera rien perdre aux droits spirituels du Pape : il sera évêque de Rome comme l'ont été ses prédécesseurs dans les huit premiers siècles et sous Charlemagne. Cependant ce sera un sujet de douleur, que l'Empereur partagera le premier, de voir la sotte vanité, l'obstination et l'ignorance détruire l'ouvrage du génie, de la politique et des lumières.

Au moment même où le soussigné recevait l'ordre de faire cette ré-

que l'Empereur mettra toujours sa gloire à faire respecter et à défendre.

«Le second objet de la note de Son Éminence M. le cardinal Caprara est de demander ses passe-ports comme ambassadeur. Le soussigné, ministre des relations extérieures, a l'honneur de les lui adresser. Sa Majesté voit avec regret cette demande formelle de passe-ports, dont l'usage de nos temps modernes a fait une véritable déclaration de guerre. Rome est donc en guerre avec la France, et, dans cet état de choses, Sa Majesté a dû donner les ordres que la tranquillité de l'Italie rendait nécessaires. Le parti qu'a pris la cour de Rome de choisir pour cette rupture un temps où elle pouvait croire ses armes plus puissantes, peut faire prévoir de sa part d'autres extrémités : mais les lumières du siècle en arrêteraient l'effet : le temporel, le spirituel ne sont plus confondus, et la dignité royale, consacrée par Dieu même, est au-dessus de toute atteinte.

«Le soussigné désire que les observations qu'il a reçu ordre de transmettre à Son Éminence M. le cardinal Caprara puissent déterminer le Saint-Siége à accéder aux propositions de Sa Majesté.»

CHAMPAGNY.

D'après la copie. Archives des affaires étrangères.

ponse à Votre Éminence, sa note du 30 mars lui était remise. Cette note a deux objets :

Le premier, la cessation des pouvoirs de Votre Éminence, qu'elle notifie contre l'usage et les formes ordinaires et à la veille de la semaine sainte, trois circonstances qui expliquent assez l'esprit charitable et tout à fait évangélique du Saint-Père. N'importe, Sa Majesté ne reconnaît plus Votre Éminence comme légat. L'Église gallicane rentre, dès ce moment, dans toute l'intégrité de sa doctrine. Plus instruite, plus véritablement religieuse que l'Église de Rome, elle n'a pas besoin d'elle.

Le second objet de la note de Votre Éminence est la demande de ses passe-ports comme ambassadeur. Elle les trouvera ci-joints. Cette demande formelle de passe-ports suppose la résolution de sa cour de soutenir la guerre contre la France. Nous sommes donc en guerre, et Sa Majesté vient de donner des ordres en conséquence. Sa Sainteté sera contente; elle aura le bonheur de déclarer la guerre pendant la semaine sainte; les foudres du Vatican seront plus formidables. Sa Majesté les redoute moins que celles du château Saint-Ange. Celui qui maudit les rois est maudit par Dieu.

D'après la minute. Archives de l'Empire.

13710. — A M. ALDINI,
MINISTRE SECRÉTAIRE D'ÉTAT DU ROYAUME D'ITALIE, À PARIS.

Saint-Cloud, 1er avril 1808.

Le cardinal Caprara n'est plus légat, la cour de Rome ayant rapporté ses pouvoirs; il a également été rappelé et a demandé ses passe-ports, qui lui ont été donnés par les relations extérieures. Mais, comme Caprara est mon sujet, mon intention est qu'il soit maître de rester dans une partie quelconque de mon royaume de France ou d'Italie, sans qu'il en puisse passer les limites.

D'après la minute. Archives de l'Empire.

13711. — AU GRAND-DUC DE BERG,

LIEUTENANT DE L'EMPEREUR EN ESPAGNE, À MADRID.

Saint-Cloud, 1er avril 1808.

Je reçois votre lettre du 25 mars. Je serai le 4 avril à Bordeaux, probablement le 6 à Bayonne. Je vous ai écrit hier. Je vois avec plaisir, par votre lettre du 25, que la tranquillité régnait à Madrid, que le prince de la Paix n'aura point de mal. Il conviendrait que vous pussiez l'envoyer à Bayonne. Quand vous feriez semblant de l'envoyer comme prisonnier, c'est égal; le principal est qu'il sorte d'Espagne.

Je vois avec plaisir que vous ayez fait occuper Aranjuez; mais il faut l'occuper en force. Le maréchal Bessières est actuellement suffisamment fort pour la Galice. Appelez à vous tout le corps du général Dupont. Le général Dupont peut porter son quartier général et son parc à Tolède. Il se trouvera là en position d'avant-garde, sur le chemin de Cadix et de Badajoz; il peut avoir là avec lui une de ses divisions. Placez la 2e à Aranjuez et la 3e à l'Escurial.

Ma Garde doit être en marche depuis longtemps sur Madrid. Je suppose qu'elle sera arrivée avant le 10 avril. Mes chevaux, les détachements de ma Maison, de ma Bouche, doivent être également partis pour Madrid. Il faut placer tout cela où je dois loger. Je ne sais pas si le Prado, qui est une maison de campagne du roi d'Espagne, est assez grand pour moi; s'il n'est pas assez grand, peut-être serait-il convenable que j'allasse à l'Escurial.

Ainsi donc gardez les trois divisions de Moncey à Madrid. Je désire qu'elles soient campées, et qu'elles complètent tous les jours leur instruction. Placez le quartier général du général Dupont à Tolède; gardez les cuirassiers avec vous à Madrid, et donnez au général Dupont un régiment de dragons et un de hussards: cela, avec sa 1re division et douze ou dix-huit pièces d'artillerie, fera plus de 8,000 hommes. Il sera ainsi à même d'éclairer la route de Cadix et de Badajoz. La 2e division du général Dupont sera à Aranjuez ou à Madrid même, avec les trois divisions du maréchal Moncey; la 3e, à l'Escurial; ma Garde à pied et à cheval, au lieu où je dois loger; au Prado, si cela est possible; à l'Escurial, si le Prado n'est pas logeable; enfin dans une maison de campagne près Madrid. Il faut cependant que ce soit une maison royale ou une maison de prince. Enfin je m'en rapporte pour mon logement à ce que vous ferez. Il suffit que ma Garde se trouve où je dois loger, et que, si je vais à Madrid, je puisse sortir sans traverser toute la ville.

D'après la minute. Archives de l'Empire.

13712. — A JOSEPH NAPOLÉON, ROI DE NAPLES.

Saint-Cloud, 1er avril 1808.

Mon Frère, je ne conçois rien à votre lettre du 23. Je suppose que la lettre de Champagny est antérieure à la querelle relative aux lettres de créance de M. d'Aubusson; j'en témoigne mon mécontentement à Champagny. Tout cela est l'ouvrage d'un comité de protocole composé de trois vieilles ganaches d'une immense réputation, qui ne font que des bêtises. Je viens de les chasser. L'Angleterre elle-même avait si bien senti que vous étiez roi de Naples et de Sicile, qu'elle avait renoncé à ce que cette île ne fît pas partie de vos états. Faites attention au protocole qu'on vous envoie, car il est possible qu'il y ait d'autres inconvenances.

D'après l'expédition originale comm. par les héritiers du roi Joseph.

13713. — ORDRE DU SERVICE
PENDANT L'ABSENCE DE S. M. L'EMPEREUR ET ROI.

Palais de Saint-Cloud, 1er avril 1808.

Étant dans l'intention de visiter plusieurs départements de notre Empire et de nous rendre à Bordeaux et à Bayonne, nous avons réglé l'ordre du service pour le temps de notre absence de la manière suivante.

Nos ministres se réuniront le mercredi de chaque semaine, dans une salle de notre palais des Tuileries, sous la présidence de notre cousin l'archichancelier de l'Empire. Ils porteront à ce conseil le travail de leurs départements respectifs, qui nous sera transmis et qui sera porté à cet effet à notre ministre secrétaire d'état par un auditeur, qui se rendra chez les princes et les ministres pour prendre leurs ordres et partir dans les vingt-quatre heures.

Tous nos ministres correspondront avec nous pour les affaires de leur département.

Les dépêches télégraphiques, transmises à Paris ou à transmettre, seront portées à l'archichancelier, avant qu'il puisse leur être donné cours.

NAPOLÉON.

D'après l'original. Archives des finances.

13714. — A M. DE CHAMPAGNY,
MINISTRE DES RELATIONS EXTÉRIEURES.

Saint-Cloud, 2 avril 1808.

Aussitôt que vous aurez remis la note au cardinal-légat, vous en enverrez copie à mon chargé d'affaires à Rome, qui pourra avoir une conférence avec le Pape ou avec son ministre. Si le Pape adhère aux conditions portées dans ma note, mon chargé d'affaires restera à Rome et le fera connaître au vice-roi par un exprès. S'il n'y adhère pas, il laissera finir le carême, et, avant le 20 avril, il remettra une note où il dira que, le légat ayant demandé ses passe-ports à Paris et les ayant reçus, il ne reste plus au soussigné qu'à demander les siens. Et, en effet, avant la journée du 20 avril, il aura quitté Rome et se rendra à Ancône. Vous direz bien à mon chargé d'affaires qu'il doit suivre strictement mes instructions, et que, quelque chose qui arrive, il doit prendre ses passe-ports si le Pape ne consent pas à entrer dans une ligue offensive et défensive avec les royaumes d'Italie et de Naples pour la défense de la presqu'île italienne. Tout autre biais ou *mezzo termine* ne serait pas adopté.

NAPOLÉON.

D'après l'original. Archives des affaires étrangères.

13715. — A M. CRETET,
MINISTRE DE L'INTÉRIEUR.

Saint-Cloud, 2 avril 1808.

Monsieur. Sa Majesté a été informée des bruits qui ont été répandus sur l'*Histoire de l'anarchie de Pologne*, par Rulhière. Pendant la campagne de Pologne, le ministre des relations extérieures avait mis sous ses yeux deux volumes manuscrits d'un ouvrage sur le même sujet, ayant le même titre et portant la date de 1764. Cet ouvrage était attribué au Père Maubert, ex-capucin. En le comparant avec le premier volume de l'*Histoire* de Rulhière, il était impossible de ne pas reconnaître que c'était le même ouvrage et qu'il appartenait au même auteur. La discussion qui s'est élevée récemment dans les journaux a rappelé cette circonstance au souvenir de l'Empereur, qui m'a chargé d'adresser à Votre Excellence le manuscrit attribué au Père Maubert. Sa Majesté désire que vous le fassiez remettre à la troisième classe de l'Institut, qui sera invitée à faire connaître son opinion et à juger entre le Père Maubert et Rulhière.

Par ordre de l'Empereur, MARET, secrétaire d'état.

D'après la copie. Archives de l'Empire.

13716. — A EUGÈNE NAPOLÉON,
VICE-ROI D'ITALIE, À MILAN.

Saint-Cloud, 2 avril 1808.

Mon Fils, Aldini vous a envoyé un décret relatif aux quatre Légations. Au lieu de le mettre à exécution le 20 avril, je désire qu'il ne le soit que le 30, et que jusque-là vous le teniez très-secret. Si, d'ici à ce temps, le Pape adhère à mon ultimatum, qui est d'entrer dans une ligue offensive et défensive avec les royaumes d'Italie et de Naples pour la défense de l'Italie, mon chargé d'affaires vous en préviendrait. Ces dix jours de plus vous mettront à même de prendre mieux vos mesures, de mieux régler tout, de manière que tout cela se fasse comme un coup de théâtre.

NAPOLÉON.

P. S. Je pars à l'instant pour Bayonne.

D'après la copie comm. par S. A. I. Mme la duchesse de Leuchtenberg.

13717. — AU GRAND-DUC DE BERG,
LIEUTENANT DE L'EMPEREUR EN ESPAGNE, À MADRID.

Orléans, 2 avril 1808.

Je suis arrivé ce soir à Orléans. Je serai le 4 ou le 5 à Bordeaux, où j'aurai reçu de nouvelles lettres de vous et d'où je vous répondrai en détail.

D'après la minute. Archives de l'Empire.

13718. — A LOUIS NAPOLÉON, ROI DE HOLLANDE.

Château de Marrac, 3 avril 1808 [1].

Monsieur mon Frère, l'auditeur D....t m'a remis il y a une heure votre dépêche du 22 mars. Je fais partir un courrier qui vous portera cette lettre en Hollande.

L'usage que vous venez de faire du droit de faire grâce ne peut qu'être d'un très-mauvais effet. Le droit de grâce est un des plus beaux et des plus nobles attributs de la souveraineté. Pour ne pas le discréditer, il ne faut l'exercer que dans le cas où la clémence royale ne peut déconsidérer l'œuvre de la justice, que dans le cas où la clémence royale doit laisser après les actes qui émanent d'elle l'idée de sentiments généreux. Il s'agit ici d'un rassemblement de bandits qui vont attaquer et égorger un parti de douaniers pour ensuite faire la contrebande. Ces gens sont condamnés à mort; Votre Majesté leur fait grâce! Elle fait grâce à des meurtriers, à des assassins, à des individus auxquels la société ne peut accorder aucune pitié! Si ces individus avaient été pris faisant la contrebande, si même, en se défendant, ils avaient tué des employés, alors vous auriez pu peut-être considérer la position de leurs familles, leur position particulière, et donner à votre gouvernement une couleur de paternité, en modifiant par une commutation de peine la rigueur des lois. C'est dans les condamnations pour contravention aux lois de fiscalité, c'est plus particulièrement encore dans celles qui ont lieu pour des délits politiques, que la clémence est bien placée. En ces matières, il est de principe que, si c'est le souverain qui est attaqué, il y a de la grandeur

[1] Cette lettre, dont on n'a pas retrouvé le texte authentique, est reproduite ici d'après le *Mémorial de Sainte-Hélène*, tome VI, p. 262-271 de l'édition de 1823. — Il faut lire probablement un autre nom que *château de Marrac*; Napoléon n'est arrivé à Marrac, près Bayonne, que le 17 avril.

dans le pardon. Au premier bruit d'un délit de ce genre, l'intérêt public se range du côté du coupable et point de celui d'où doit partir la punition. Si le prince fait la remise de la peine, les peuples le placent au-dessus de l'offense, et la clameur s'élève contre ceux qui l'ont offensé. S'il suit le système opposé, on le répute haineux et tyran. S'il fait grâce à des crimes horribles, on le répute faible ou mal intentionné.

Ne croyez pas que le droit de faire grâce puisse être exercé impunément, et que la société applaudisse toujours à l'usage qu'en peut faire le monarque : elle le blâme lorsqu'il l'applique à des scélérats, à des meurtriers, parce que ce droit devient nuisible à la famille sociale. Vous avez trop souvent et en trop de circonstances usé du droit de grâce. La bonté de votre cœur ne doit point être écoutée lorsqu'elle peut nuire à vos peuples. Dans l'affaire des Juifs, j'aurais fait comme vous; dans celle des contrebandiers de Middelburg, je me serais bien gardé de faire grâce.

Mille raisons devaient vous porter à laisser la justice faire une exécution exemplaire, qui aurait eu l'excellent effet de prévenir beaucoup de crimes par la terreur qu'elle aurait inspirée. Des gens du Roi sont égorgés au milieu de la nuit; les assassins sont condamnés; Votre Majesté commue la peine de mort en quelques années de prison : quel découragement n'en résultera-t-il point parmi les gens qui font rentrer vos impôts! L'effet politique est très-mauvais; je m'explique.

La Hollande était le canal par lequel, depuis plusieurs années, l'Angleterre introduisait sur le continent ses marchandises. Les marchands hollandais ont gagné à ce trafic des sommes immenses; voilà pourquoi les Hollandais aiment la contrebande et les Anglais, et voilà les raisons pour lesquelles ils n'aiment point la France, qui défend la contrebande et qui combat les Anglais. La grâce que vous avez accordée à ces contrebandiers assassins est une espèce d'hommage que vous rendez au goût des Hollandais pour la contrebande. Vous paraissez faire cause commune avec eux, et contre qui?... contre moi.

Les Hollandais vous aiment; vous avez de la simplicité dans les manières, de la douceur dans le caractère; vous les gouvernez selon eux;

si vous vous montriez fermement résolu à réprimer la contrebande, si vous les éclairiez sur leur position, vous useriez sagement de votre influence : ils croiraient que le système prohibitif est bon, puisque le Roi en est le propagateur. Je ne vois pas quel parti pourrait tirer Votre Majesté d'un genre de popularité qu'elle acquerrait à mes dépens. Assurément la Hollande n'est point au temps de Ryswick, et la France aux dernières années de Louis XIV. Si la Hollande ne peut suivre un système politique indépendant de celui de la France, il faut qu'elle remplisse les conditions de l'alliance.

Ce n'est point au jour la journée que doivent travailler les princes; mon Frère, c'est sur l'avenir qu'il faut jeter les yeux. Quel est aujourd'hui l'état de l'Europe? L'Angleterre, d'un côté: elle possède par elle-même une domination à laquelle jusqu'à présent le monde entier a dû se soumettre; de l'autre, l'Empire français et les puissances continentales qui, avec toutes les forces de leur union, ne peuvent s'accommoder du genre de suprématie qu'exerce l'Angleterre. Ces puissances avaient aussi des colonies, un commerce maritime; elles possèdent, en étendue de côtes, bien plus que l'Angleterre. Elles se sont désunies; l'Angleterre a combattu séparément leur marine; elle a triomphé sur toutes les mers; toutes les marines ont été détruites. La Russie, la Suède, la France, l'Espagne, qui ont tant de moyens d'avoir des vaisseaux et des matelots, n'osent hasarder une escadre hors de leurs rades. Ce n'est donc plus d'une confédération des puissances maritimes, confédération, d'ailleurs, qu'il serait impossible de faire subsister à cause des distances et des croisements d'intérêts, que l'Europe peut attendre sa libération maritime et un système de paix qui ne pourra s'établir que par la volonté de l'Angleterre.

Cette paix, je la veux par tous les moyens conciliables avec la dignité et la puissance de la France; je la veux au prix de tous les sacrifices que peut permettre l'honneur national. Chaque jour, je sens qu'elle devient plus nécessaire; les princes du continent la désirent autant que moi; je n'ai contre l'Angleterre ni prévention passionnée, ni haine invincible. Les Anglais ont suivi contre moi un système de répulsion; j'ai adopté le système continental beaucoup moins, comme le supposent mes adversaires, par jalousie d'ambition, que pour amener le cabinet anglais à en finir avec nous. Que l'Angleterre soit riche et prospère, peu m'importe, pourvu que la France et ses alliés le soient comme elle.

Le système continental n'a donc d'autre but que d'avancer l'époque où le droit public sera définitivement assis pour l'Empire français et pour l'Europe. Les souverains du Nord maintiennent sévèrement le régime prohibitif; leur commerce y a singulièrement gagné : les fabriques de la Prusse peuvent rivaliser avec les nôtres. Vous savez que la France et le littoral qui fait aujourd'hui partie de l'Empire, depuis le golfe de Lion jusqu'aux extrémités de l'Adriatique, sont absolument fermés aux produits de l'industrie étrangère. Je vais prendre un parti dans les affaires d'Espagne, qui aura pour résultat d'enlever le Portugal aux Anglais et de mettre au pouvoir de la politique française les côtes que l'Espagne a sur les deux mers. Le littoral entier de l'Europe sera fermé aux Anglais, à l'exception de celui de la Turquie; mais, comme les Turcs ne trafiquent point en Europe, je ne m'en inquiète pas.

Voyez-vous, par cet aperçu, quelles seraient les funestes conséquences des facilités que la Hollande donnerait aux Anglais pour introduire leurs marchandises sur le continent? Elle leur procurerait l'occasion de lever sur nous-mêmes les subsides qu'ils offriraient ensuite à certaines puissances pour nous combattre. Votre Majesté est plus intéressée que moi à se garantir de l'astuce de la politique anglaise. Encore quelques années de patience, et l'Angleterre voudra la paix autant que nous la voulons nous-mêmes.

Considérez la position de vos états; vous remarquerez que ce système vous est plus utile qu'à moi. La Hollande est une puissance maritime commerçante; elle a des ports magnifiques, des flottes, des matelots, des chefs habiles, et des colonies qui ne coûtent rien à la métropole; ses habitants ont le génie du commerce comme les Anglais. N'a-t-elle pas tout cela à défendre aujourd'hui? La paix ne peut-elle pas la remettre en possession de son ancien état? Sa situation peut être pénible pendant quelques années : n'est-elle pas préférable à faire du monarque hollandais un gouverneur pour l'Angleterre, de la Hollande et de ses colonies un fief de la Grande-Bretagne? L'encouragement que vous donneriez au commerce anglais vous conduirait à cela. Vous avez sous les yeux l'exemple de la Sicile et du Portugal. Laissez marcher le temps. Si vous avez besoin de vendre vos genièvres, les Anglais ont besoin de les acheter. Désignez les points où les smogleurs anglais viendront les prendre; mais qu'ils les payent avec de l'argent, et jamais avec des marchandises. Jamais, entendez-vous? Il faudra bien enfin que la paix se fasse; vous signerez en son lieu un traité de commerce avec l'Angleterre; j'en signerai peut-être un aussi; mais les intérêts réciproques seront garantis. Si nous devons laisser exercer à l'Angleterre une sorte de suprématie sur les mers, qu'elle aura achetée au prix de ses trésors et de son sang, une prépondérance qui tient à sa position géographique et à ses occupations territoriales dans les trois parties du monde, au moins nos pavillons pourront se montrer sur l'Océan sans craindre l'insulte; notre commerce maritime cessera d'être ruineux. C'est à empêcher l'Angleterre de se mêler des affaires du continent qu'il faut travailler aujourd'hui.

Votre affaire de grâce m'a entraîné dans ces détails; je m'y suis livré parce que j'ai craint que vos ministres hollandais n'aient fait entrer de fausses idées dans l'esprit de Votre Majesté.

Je désire que vous réfléchissiez sur cette lettre, et que vous fassiez des sujets qu'elle traite l'objet des délibérations de vos conseils; enfin que vos ministres impriment à l'administration le mouvement qui lui convient.

Sous aucun prétexte la France ne souffrira que la Hollande se sépare de la cause continentale.

Quant à ces contrebandiers, puisque la faute a été commise, il n'y a plus à revenir sur le passé; je vous conseille seulement de ne pas les laisser dans les prisons de Middelburg; c'est trop près du lieu où le crime a été commis; renvoyez-les dans le fond de la Hollande.

Napoléon.

13719. — AU GÉNÉRAL CLARKE,
MINISTRE DE LA GUERRE.

Barbezieux, 4 avril 1808.

Monsieur le Général Clarke, j'ai passé, en route, la revue du bataillon du 13e léger et du 72e, faisant partie du 14e provisoire. J'ai observé qu'il n'y avait que trois ou quatre officiers pour chacun de ces bataillons, tandis qu'il devrait y en avoir quatorze. J'en ai demandé la raison, et l'on m'a dit qu'il y avait de vieux officiers qui restaient au dépôt et ne marchaient pas; faites-en passer la revue de rigueur et donnez-leur leur retraite. Mon armée ne doit pas être l'armée prussienne. Il n'y avait pas de chefs de bataillon; il est vrai qu'ils étaient commandés par deux excellents capitaines que j'ai nommés sur-le-champ chefs de bataillon. Berthier vous enverra la nomination de ces deux chefs de bataillon, pour que vous les fassiez compter au corps.

J'aurai besoin de beaucoup d'officiers en Espagne. D'après ce que j'ai vu et ce que l'on m'a dit, le plus court est de commencer par en faire. Vous ferez partir, en conséquence, vingt-quatre heures après la réception de cette lettre, par la diligence pour Bayonne, et de manière à être arrivés à Bayonne du 13 au 15 : 1° 25 vélites de ma Garde, pris dans les chasseurs à pied, et 25 vélites grenadiers; ces 50 vélites devront être pris parmi les plus instruits, les plus âgés et les plus forts, et qui se soient trouvés ou à la campagne d'Austerlitz ou à celle de Pologne; 2° 15 sergents, caporaux ou soldats, tirés des grenadiers, et 15 tirés des chasseurs de ma Garde, pris parmi les vieux soldats, lettrés, vigoureux, et dans le cas d'être faits officiers. Vous donnerez à ces 80 individus leurs frais de poste jusqu'à Bayonne, leur gratification d'entrée en campagne; vous les ferez partir et vous en enverrez l'état au major général. Arrivés à Bayonne, je les placerai dans différents régiments. Vous aurez soin de les munir, avant de partir, de leurs hausse-col, épée et épaulettes. Vous en nommerez également 5 dans les vélites des chasseurs à cheval, 5 dans les grenadiers à cheval et 5 dans les dragons; vous en nommerez 10 parmi les grenadiers et 10 parmi les chasseurs, en prenant ces 35 hommes parmi les anciens soldats capables, pour leur intelligence, d'être officiers. Ce sera 35 officiers que me fournira ma Garde à cheval. Vous ferez prendre aux grenadiers l'uniforme de cuirassiers, et aux chasseurs l'uniforme de chasseurs et de hussards, aux dragons l'uniforme de dragons. Ces 35 officiers se rendront également à Bayonne. Ce sera un secours de 115 officiers pour l'armée. Je vous recommande de faire donner la retraite à tous ceux qui n'auront point marché.

J'ai remarqué dans les bataillons que j'ai vus, et l'on m'assure que cela est commun à tous, que le dépôt avait gardé la masse de linge et de chaussure; de sorte que, me faisant présenter les livrets de chaque homme, j'ai vu qu'il manquait 12 francs, 6 francs, 8 francs. Les commandants disaient que cet argent était à la caisse à Anvers. Ordonnez que les états des sommes appartenant à la masse de linge et de chaussure des dépôts qui ont des détachements aux corps qui sont en Espagne soient envoyés à ces détachements. A cet effet, l'inspecteur portera au compte des dépôts, sur les premières sommes qu'il livrera, tout ce qu'ils auraient à ce titre. Le payeur, en Espagne, payera à chaque compagnie ce qui lui revient de ladite masse. Ces états seront comparés, dans vos bureaux, pour s'assurer qu'ils sont les mêmes et que le trésor n'y perd rien. Donnez les ordres les plus immédiats sur cet objet.

J'ai remarqué également que les détachements étaient mal habillés. Le 13e a 300 hommes qui n'ont que des capotes et point d'habits. Ce serait une folie que de leur en faire donner. Il faudrait que le ministre Dejean écrivît aux corps pour savoir pourquoi l'on n'a pas habillé les conscrits, puisqu'on a touché la première mise.

Ayez soin que de la Garde, tant à pied qu'à cheval, on n'envoie que des hommes qui soient utiles et qui lui fassent honneur. Faites-moi connaître également si l'on ne pourrait pas envoyer de Saint-Cyr une douzaine de jeunes gens, pour en faire des sergents-majors et des fourriers, et de l'École polytechnique 15 ou 20. Mais il faudrait s'assurer avant s'ils savent commander; s'ils ne le savent pas, qu'ils l'apprennent avant d'être employés; autrement ils ne seraient d'aucune utilité aux corps. Envoyez également 50 tambours et 20 trompettes. Il y a aux Invalides une école de tambours, et à Versailles une école de trompettes; si ces écoles ne pouvaient envoyer ce nombre, qu'elles envoient ce qu'elles pourront. Vous pouvez charger ces enfants, avec leurs caisses et leurs trompettes, sur trois ou quatre vélocifères pour Bayonne. Envoyez au major général l'état nominatif de tout cela et le jour où cela doit arriver à Bayonne.

S'il y avait, parmi les officiers en réforme, 30 capitaines, 8 ou 10 chefs de bataillon, quelques colonels de quelque valeur, vous pourriez les tirer de la réforme et les diriger sur Bayonne, où je trouverai moyen de les employer.

D'après la minute. Archives de l'Empire.

13720. — AU PRINCE CAMBACÉRÈS,
ARCHICHANCELIER DE L'EMPIRE.

Bordeaux, 5 avril 1808.

Mon Cousin, je suis arrivé à Bordeaux au moment où l'on m'attendait le moins; j'étais couché que peu de monde le savait encore. Je vais recevoir dans une heure les autorités et passer la revue de quelques troupes; je visiterai ensuite le port. Il n'y a du reste rien de nouveau. J'ai eu le plus beau temps dans ma route. Je joins ici une note, bonne à insérer dans le *Journal de l'Empire*, et une autre pour *le Moniteur*.

NAPOLÉON.

D'après la copie comm. par M. le duc de Cambacérès.

13721. — AU GRAND-DUC DE BERG,
LIEUTENANT DE L'EMPEREUR EN ESPAGNE, À MADRID.

Bordeaux, 5 avril 1808.

J'arrive à Bordeaux. J'ai reçu toutes vos lettres, celles du 30 comprises. J'attends dans la journée celles du 31 mars et du 1ᵉʳ avril. Dès que j'aurai reçu celle du 1ᵉʳ avril, je partirai pour Bayonne, où j'attendrai celles du 2 et du 3.

La division Chabran, toute composée de Français, a dû entrer le 1ᵉʳ avril en Espagne par Perpignan, et devra être rendue le 8 à Barcelone, ce qui rendra le général Duhesme très-fort.

En changeant de chevaux à Tours, j'ai rencontré le duc de Fernan Nuñez, qui a remis à Duroc une lettre du prince des Asturies. Je n'ai pas pu le voir, puisque j'ai toujours marché.

Je sais que deux autres grands d'Espagne sont arrivés à Bayonne. Le prince Masserano avait à Paris des pouvoirs du nouveau roi : j'ai éludé. Je suis encore en mesure d'éluder; dans des affaires de cette importance, il faut voir clair.

J'ai ici trois régiments provisoires qui se mettent en marche pour Bayonne, pour joindre la division Verdier, qui alors sera tout à fait respectable.

Je vous ai mandé d'envoyer la division Dupont à Tolède, en la plaçant sur le chemin de Madrid à Badajoz. Je vous ai dit de faire venir à l'Escurial l'ancien roi, et de vous en rendre toutefois parfaitement le maître: de faire venir le prince de la Paix à Bayonne. Une voiture de poste et des escortes doivent l'y amener promptement. Je désire fort voir ce prince à Bayonne avant de prendre un parti sur rien. Je suppose que ces différents ordres ont été exécutés. Quant au nouveau roi, vous me mandez qu'il devait venir à Bayonne. Je pense que cela ne pourrait être qu'utile. Je n'ai point d'autres ordres à vous donner. Si mes troupes manquent de paille pour camper, il faut les faire cantonner dans des couvents et casernes, à raison d'un bataillon par couvent. Le principal est qu'elles soient bien.

Vous pourriez appeler même le régiment de Paris, qui est accoutumé à faire le service des grandes villes, et qui pourrait servir pour faire la police de Madrid.

Savary doit être arrivé depuis longtemps.

D'après la minute. Archives de l'Empire.

13722. — AU MARÉCHAL BESSIÈRES,
COMMANDANT LA GARDE IMPÉRIALE EN ESPAGNE, ETC. À BURGOS.

Bordeaux, 5 avril 1808.

Mon Cousin, je suis arrivé à Bordeaux. Si les deux régiments de fusiliers, formant la seconde colonne de ma Garde, sont fatigués, vous pouvez les garder quelques jours à Burgos. Vous devez occuper en force Aranda. Vous pouvez y envoyer les escadrons et les bataillons provisoires; ils se trouveraient là sur le chemin de rejoindre à Madrid leurs corps. Donnez à un bon général le commandement de ce détachement: joignez-y trois pièces de canon. Les 13e, 14e et 15e régiments provisoires, qui doivent compléter à 9,000 hommes la division Verdier, sont à la hauteur de Bordeaux et se mettent en marche demain pour rejoindre successivement.

Hédouville doit être à Burgos; il serait nécessaire qu'il se rendît à ma rencontre à Vittoria. Vous vous assurerez d'abord qu'il sait l'espagnol assez bien pour traduire, avec fidélité et élégance, mes différents discours. Il est nécessaire que vous réunissiez à Vittoria toute la division Verdier, afin que, dans une heure de temps, je puisse voir ce qui lui manque, les promotions qu'il y aurait à faire dans les différents corps, etc.

NAPOLÉON.

D'après l'original comm. par Mme la duchesse d'Istrie.

13723. — A EUGÈNE NAPOLÉON,
VICE-ROI D'ITALIE, À MILAN.

Bordeaux, 6 avril 1808.

Mon Fils, j'ai reçu votre lettre du 29 mars, par laquelle vous m'annoncez que la journée d'hôpital a été réduite à 1 franc dans les hôpitaux civils, et à 1 franc 30 centimes dans les hôpitaux militaires; cela commence à devenir raisonnable; l'année prochaine, il faut la réduire encore de 5 centimes.

La joie du Pape de l'arrivée de son courrier à Paris est ridicule, comme tout ce qui se fait à Rome. Ils font bien voir que cette cour de Rome est composée de méchantes gens; heureusement qu'ils n'ont aucun pouvoir. Le courrier portait un ordre au cardinal-légat de demander ses passe-ports, chose que je lui ai accordée sur-le-champ, car je n'ai pas besoin de lui. Il est impossible de perdre plus bêtement ces états temporels que le génie et la politique de tant de Papes avaient formés. Quel triste effet produit le placement d'un sot sur le trône!

Je vous renvoie vos décrets. Par le décret que j'ai pris, vous aurez vu que je vous ai chargé des premières nominations. Nommez des hommes qui connaissent l'administration, qui aient du caractère, et accoutumés à lutter contre les prêtres.

Je vous envoie une lettre du colonel du 24ᵉ de dragons; voyez ce que c'est, et rendez justice à tout le monde. Je ne sais pas s'il existe des plaintes contre ce colonel; il me semble que j'en avais toujours eu bonne opinion.

J'ai signé le décret de nomination du colonel des chasseurs.

NAPOLÉON.

D'après la copie comm. par S. A. I. Mᵐᵉ la duchesse de Leuchtenberg.

13724. — AU GRAND-DUC DE BERG,
LIEUTENANT DE L'EMPEREUR EN ESPAGNE, À MADRID.

Bordeaux, 6 avril 1808.

L'épée de François Iᵉʳ ne valait pas la peine qu'on en fît de l'éclat dans cette circonstance. François Iᵉʳ était roi de France, mais il était Bourbon. Il n'a pas été pris d'ailleurs par les Espagnols, mais par les Italiens.

Je suppose qu'après ma dernière lettre vous aurez été voir le roi Charles et la reine.

Faites exécuter tous mes ordres. Approvisionnez mes troupes de vivres et de cartouches.

Vous dites que je suis le maître de tout, et vous ne l'êtes pas du roi Charles; car qu'est-ce qu'une brigade dans une ville comme Aranjuez? Vous ne me parlez pas de la situation et de la force des troupes espagnoles à Madrid et à Aranjuez, et vous me laissez dans l'obscur sur tout. J'espère que Monthion me donnera quelques explications.

Je pense que vous pouvez envoyer le sieur Beauharnais à ma rencontre, à Bayonne; je vous en laisse cependant le maître. Je crois qu'indépendamment des renseignements que je pourrai en tirer, son éloignement de Madrid ne peut être qu'utile. Il laissera son secrétaire comme chargé d'affaires pendant son absence.

Je suppose que vous avez dit à tout le monde que je suis arrivé à Bordeaux. Faites-le mettre dans les journaux, ainsi que l'article du *Moniteur* qui en fait mention.

J'espère qu'après avoir reçu cette lettre vous recevrez des nouvelles de Barcelone, qui vous annonceront l'arrivée de mes troupes.

D'après la minute. Archives de l'Empire.

13725. — AU GRAND-DUC DE BERG,
LIEUTENANT DE L'EMPEREUR EN ESPAGNE, À MADRID.

Bordeaux, 6 avril 1808.

Je reçois votre lettre du 31 mars. Le général Belliard envoie au prince de Neuchâtel un état qui est plein d'erreurs. Il porte 3,300 chevaux au corps de la Gironde, comme il ne porte à la division des Pyrénées occidentales que 2,000 hommes; il n'y porte pas le général Verdier. Je ne songe pas à convertir les régiments provisoires en régiments définitifs. Chaque régiment provisoire est composé de quatre bataillons à quatre compagnies; ces quatre compagnies sont toutes d'un même régiment. Je crois qu'il n'y a que quatre bataillons qui aient leurs compagnies formées de deux régiments différents, ce qui est une exception. Par la nouvelle organisation que j'ai donnée à l'armée, les bataillons sont composés de six compagnies, et presque toutes les quatre compagnies qui sont aux régiments provisoires feront partie des 4es bataillons. Aussitôt que les dépôts pourront le faire, ils expédieront les deux compagnies de grenadiers et de voltigeurs, et alors les régiments provisoires seront composés de quatre bataillons, chaque bataillon fort de six compagnies et ayant un effectif de 840 hommes. Dans tous les temps, dans l'organisation militaire, un bataillon a été détaché; ainsi, si toutes les fois que cela arrive, on devait culbuter l'organisation, où en serions-nous? D'ailleurs les dépôts fourniront aux régiments, au lieu qu'ils n'auraient pas de dépôts d'où je pusse diriger sur les armées d'Espagne et sur la Grande Armée.

Chaque bataillon doit être commandé par un chef de bataillon. Je sais qu'il en manque beaucoup; mais, quand je serai à l'armée, les bons capitaines, je les ferai chefs de bataillon. Je sais qu'il manque beaucoup d'officiers. J'en ai fait venir cent, tirés des vélites de ma Garde, qui ne tarderont pas à se rendre à Madrid, et seront placés dans les régiments. Vous pouvez demander au général Lepic vingt vélites ou vieux soldats, capables d'être faits sous-lieutenants, pris dans les bataillons de ma Garde qui ont dû arriver le 6 à Madrid. Vous en enverrez l'état au major général, ainsi que des corps où ils seront attachés, en les donnant aux corps qui en ont le plus besoin. Je suppose que chaque régiment provisoire a un guidon en forme de drapeau. S'ils n'en ont pas, faites-en faire. Un simple guidon, comme les grenadiers en avaient, est suffisant. Ayez bien soin de recommander que, dans la manœuvre, chaque compagnie forme une division, et chaque demi-compagnie un peloton. Il faut le mettre à l'ordre, le dire et le redire, afin que les officiers le comprennent bien : dire que, dans l'organisation des bataillons à quatre compagnies, une compagnie forme toujours une division.

Vous devez avoir des souliers. Dites à l'intendant général d'en écrire au major général, et de lui faire connaître la quantité que le maréchal Moncey a fait faire, celle que le ministre Dejean a envoyée, et celle distribuée. J'ai donné, je crois, une gratification de souliers. Les corps doivent en sus s'en fournir sur la masse de linge et de chaussure. Ils peuvent s'en faire faire à Madrid, car, enfin, on porte des souliers en Espagne.

J'ai donné une gratification à la masse de linge et de chaussure. Il faut mettre tout cela en règle. Les corps, à ce qu'il paraît, n'ont point emporté de leur régiment la masse de linge et de chaussure; ils ont porté leurs livrets; mais on a laissé la caisse au régiment. Je viens d'ordonner qu'à Paris on fasse la retenue de cette masse aux conseils d'administration des régiments, et qu'en même temps on réintègre les mêmes sommes dans les compagnies des régiments provisoires. Vous pouvez faire exécuter cette disposition sans délai, et ordonner qu'un relevé soit fait des livrets, par compagnie, qui constate ce que chaque individu a dans la masse de linge et de chaussure. L'intendant général arrêtera l'état définitif, qui sera envoyé à la guerre. Le payeur enverra ce même état au trésor public. Cela mettra quelque aisance dans la masse de linge et de chaussure.

Il est nécessaire que l'administration des régiments reste séparée par bataillon, puisque c'est le moyen le plus simple de la rattacher à l'administration générale du corps. Les majors peuvent avoir la surveillance sur les quatre bataillons des régiments.

Je suppose que les troupes s'exercent deux ou trois fois par jour; qu'on fait faire l'exercice à feu et tirer à la cible. Si l'on tire à la cible, il ne faut pas le faire en public, mais de bonne heure et sans qu'il y ait d'Espagnols.

Tous les caissons d'infanterie qui étaient destinés au corps du maréchal Moncey doivent être partis. Le général Dupont doit en avoir beaucoup, de manière que vous devez être muni de cartouches d'infanterie. Comme vous le dites, le parti que vous prenez d'en faire faire est le meilleur. Les soldats doivent, indépendamment de ce qu'ils ont dans le sac, avoir leur cinquante cartouches; je suppose que le général la Riboisière s'occupe sérieusement de cet objet. Il faut avoir un dépôt de cartouches à Burgos, à Aranda, à Vittoria, à Pampelune, à Saint-Sébastien : Pampelune doit vous en fournir. Faites-vous remettre par le général la Riboisière un mémoire qui fasse connaître votre situation dans cette partie. J'avais ordonné la réunion de cent voitures à Bayonne; cela devrait être prêt à présent. Il y a dans le nombre beaucoup de caissons d'infanterie.

D'après la minute. Archives de l'Empire.

13726. — AU PRINCE DE NEUCHÂTEL,
MAJOR GÉNÉRAL DE LA GRANDE ARMÉE.

Bordeaux, 7 avril 1808.

Mon Cousin, j'approuve l'organisation de l'artillerie que le général Songis présente dans son rapport du 5 mars, avec les changements suivants. Dix obusiers sont de trop pour le 1er corps; huit suffisent. On portera alors au parc six pièces de 6, au lieu de quatre. Six pièces ne suffisent pas au 3e corps. Quoique ce corps ne soit composé que de trois divisions, il y a cependant un plus grand nombre de régiments que dans les autres divisions. Je pense donc qu'il faut porter au parc quatre pièces de plus, ce qui ferait dix pièces au lieu de six; des pièces peuvent être détachées avec les régiments qui seraient extraits des divisions. Cela porterait le nombre de pièces du 3e corps à cinquante-deux. La réserve du 4e corps n'est pas suffisante à six pièces, il faut également l'augmenter de quatre; ce qui porterait le nombre des pièces de ce corps à soixante-quatre. La réserve du 5e corps est trop forte à six pièces, quatre suffisent; ce qui fera monter le nombre des pièces de ce corps à trente-quatre. Même observation pour le 6e corps. Le total des pièces nécessaires serait donc de trois cent quatre, au lieu de trois cents. Il faut avoir, indépendamment de cela, au parc général, seize pièces; ce qui ferait trois cent vingt pièces de canon. Je pense que le général Songis doit se procurer ces trois cent vingt pièces sans délai, et qu'il en a les moyens avec la quantité du personnel du train qu'il a; qu'il doit supprimer tout ce qui serait luxe de parc inutile, et recruter avec activité les chevaux. Il y a une partie de l'approvisionnement qu'on se procurerait plus tard, qui, nécessairement, serait traîné de Küstrin, de Stettin, de Varsovie, par réquisitions ou par des moyens de transport qu'on trouvera alors. Cet équipage serait composé de trente-six pièces de 12, de deux cent dix de 3, de 4, de 6 et de 8, et de soixante et douze obusiers. Ce qui fait, pour un approvisionnement complet, 630 caissons, 320 pièces, 150 forges, caissons de parc, prolonges, affûts de rechange, c'est-à-dire 1,100 attelages, 600 caissons d'infanterie, en tout 1,700 attelages; et, pour un approvisionnement et demi, 945 caissons, 320 pièces, 150 forges, caissons de parc, etc. c'est-à-dire 1,415 voitures et 600 caissons d'infanterie, en tout 2,015 attelages, qui, à 5 chevaux l'un portant l'autre, en comprenant les voitures qui doivent être attelées de 6 chevaux, ne forment que 10,000 chevaux. Or vous en avez 13,000 : il reste donc 3,000 chevaux pour le parc et pour les autres besoins. Ces 3,000 chevaux peuvent atteler 600 caissons (c'est-à-dire porter, comme parc général, un demi-approvisionnement de toute l'artillerie), 100 caissons de parc, forges, prolonges, etc. et 200 caissons d'infanterie. Vous devez observer au général Songis que l'artillerie, telle qu'il l'organise, coûte trop de chevaux d'attelage, et qu'il faut que les effets soient proportionnés aux moyens.

NAPOLÉON.

D'après la copie. Dépôt de la guerre.

13727. — AU VICE-AMIRAL DECRÈS,
MINISTRE DE LA MARINE, À PARIS.

Bordeaux, 8 avril 1808.

Les 3,000 matelots des villes hanséatiques se lèvent. Il faut correspondre avec le sieur Bourrienne ou avec l'officier que vous en avez chargé, pour les dépenses. D'un autre côté, l'ordonnateur de ce port me mande qu'il en a envoyé plus de 500 à Flessingue, et qu'il en attend plus de 1,500 venant d'Espagne, qu'il dirige également sur Flessingue.

Le commandant de la marine ici m'assure que la frégate *la Comète*, qui est au Passage, est susceptible d'être réparée; qu'il ne s'est pas vérifié qu'elle faisait eau, et que les premiers rapports sont controuvés. Donnez les ordres nécessaires pour réarmer cette frégate et pour la faire monter avec les matelots qui viennent d'Espagne et avec les Français qui se trouvent là. Elle sera utile pour éloigner les croisières ennemies de ces parages ou pour être envoyée en mission.

Il paraît qu'on pourrait construire des vaisseaux à Bordeaux, mais que cela ne serait d'aucune utilité, puisque les bois se transportent facilement à Rochefort; mais qu'il serait utile d'avoir, dans une anse entre Bordeaux et Rochefort, deux ou trois péniches et autant de chaloupes canonnières, parce que les Anglais interceptent cette communication avec des péniches. Donnez des ordres efficaces pour la station de ce petit armement entre Rochefort et la Gironde. On emploie ici à des frégates du bois qui pourrait être utile à des vaisseaux de ligne. Il paraît que l'on marque, dans le bassin de la Gironde et de la Dordogne, pour 100 milliers de pieds cubes de bois, mais que les fournisseurs n'en marquent que 50,000 et que les 50 autres milliers rentrent aux adjudicataires. D'un autre côté, l'on ne marque point dans des forêts où l'on pourrait marquer de très-beaux bois.

Il faudrait mettre deux frégates en construction à Bordeaux. Il y a vingt ans qu'on y construit quatre vaisseaux de 60. Faut-il admettre dans les escadres des vaisseaux de 50? C'est une question sur laquelle je sais que les officiers de marine se sont prononcés. Cependant l'exemple des Anglais prouve qu'ils y sont nécessaires. Ils ont l'avantage d'être plus forts qu'une frégate dans un combat de ligne, et ils ont l'avantage encore de pouvoir s'approcher des côtes et d'entrer dans beaucoup de ports où un vaisseau de 74 ne peut entrer. A Aboukir et dans d'autres circonstances, des vaisseaux de 50 ont rendu aux Anglais plus de services que n'auraient pu en rendre des vaisseaux de 74. Comme il paraît que nous ne manquerons pas de vaisseaux à Flessingue, activez les constructions d'Anvers, afin d'avoir en mer trois ou quatre vaisseaux à la fin de l'année. Comme il paraît que nous allons aussi avoir des matelots à Rochefort, le vaisseau le *Calcutta* étant en bon état, si ce vaisseau marche, on pourrait l'armer. Il serait pris sans déshonneur par un vaisseau de 74, et il ne le sera jamais par une frégate; dès lors, il nous rendrait à peu près le même service: car 74 contre 74, avec les équipages qu'ont aujourd'hui nos vaisseaux, il y a bien des probabilités qu'ils seront pris. Le principal est de s'assurer si le *Calcutta* marche: on m'assure qu'il est susceptible de bien marcher.

Il faudrait beaucoup que les frégates *la Pallas*, *l'Elbe* et *la Renommée* fussent armées et à l'eau, lorsque je passerai dans cette ville, d'ici à six semaines.

Je désirerais qu'on mît à l'eau, à la même époque, *l'Amphitrite* à Cherbourg et *la Bellone* à Saint-Malo.

<small>D'après la minute. Archives de l'Empire.</small>

13728. — AU GRAND-DUC DE BERG,
LIEUTENANT DE L'EMPEREUR EN ESPAGNE, A MADRID.

Bordeaux, 8 avril 1808, 5 heures après midi.

Je reçois votre lettre du 2 au soir. Je n'approuve pas votre ordre du jour. Qu'est-ce que les Suédois et les Russes ont de commun avec mon armée? Pourquoi annoncer que je vais en Espagne? Je ne vous y avais pas autorisé. Je n'ai jamais dit que j'irais à Madrid. Vous pouviez le dire et non l'écrire. Le moins que vous écrirez sera le mieux. Il serait fâcheux que tout cela et votre discours pour la réception de l'épée de François Ier fussent imprimés.

Vous aurez reçu dans la journée du 3 ma lettre du 27 mars, qui vous aura fait connaître mes intentions. Savary aura dû vous en dire le fond. J'attends cette nuit votre réponse.

Le général Reille va se rendre immédiatement près de vous. Vous ne devez pas être inquiet sur vos subsistances; tous les couvents sont remplis de vivres.

Je suis fâché que mes généraux se soient enfournés dans les plus belles maisons de Madrid. Ils devaient se cantonner aux portes de la ville ou dans les faubourgs. S'il arrive quelque malheur, ce sera leur faute. La scène arrivée à mes soldats est très-fâcheuse, et, si je vais à Madrid, je ne pourrai que donner des marques de mon improbation à l'officier qui commandait la caserne. Il y a dans tout cela de la faiblesse. J'attends avec impatience de vos nouvelles.

D'après la minute. Archives de l'Empire.

13729. — A M. DARU,
INTENDANT GÉNÉRAL DE LA GRANDE ARMÉE, À BERLIN.

Bordeaux, 9 avril 1808.

Monsieur Daru, je ne conçois rien à votre dépêche du 9 mars. Il me semble que le sieur Jollivet avait assez bien arrangé les choses; il fallait le laisser signer; d'autant plus que, ayant calculé sur ce que vous m'aviez dit que le traité était signé, j'avais disposé de 6,500,000 francs. Tout cela traîne en longueur sans raison. Il était bon d'arrêter le principe, mais vous aviez le temps de discuter les détails. Mes troupes resteront le temps nécessaire et ne rentreront que lorsque les 30 millions seront payés; ainsi j'avais bien le temps de me faire payer de 6 millions. La direction que vous avez donnée à cette affaire est très-préjudiciable à mes intérêts. Le sieur Jollivet l'avait mieux terminée.

NAPOLÉON.

D'après la copie comm. par M. le comte Daru.

13730. — AU GRAND-DUC DE BERG,
LIEUTENANT DE L'EMPEREUR EN ESPAGNE, À MADRID.

Bordeaux, 9 avril 1808, 8 heures du matin.

Je reçois votre lettre du 3, à minuit, par laquelle je vois que vous avez reçu ma lettre du 27 mars. Celle du 30 et Savary, qui doit vous être arrivé, vous auront fait connaître encore mieux mes intentions. Le général Reille part à l'instant pour se rendre près de vous.

Je vois en général que vous attachez trop d'importance à l'opinion de la ville de Madrid. Je n'ai pas réuni de si grandes armées en Espagne pour suivre les fantaisies de la populace de Madrid. Le principal est que vous soyez bien le maître du roi Charles, qu'il n'ait pas autour de lui des gens importuns, et qu'une bonne division le rassure contre les événements populaires; ensuite qu'il n'y ait aucune intelligence des nouveaux faiseurs avec l'Angleterre, ni aucune tendance à s'en aller; que l'armée ne se constitue pas habitante de Madrid; que les hôpitaux et les magasins soient resserrés dans les faubourgs; qu'on maintienne une bonne discipline, et qu'on ne tienne aucun mauvais propos. On dit que les officiers chassent dans les chasses de l'Escurial : cela serait très-mal fait. Il est à désirer que le prince des Asturies soit à Madrid ou vienne à ma rencontre. Dans ce dernier cas, je l'attendrai à Bayonne. Il serait fâcheux qu'il prît un troisième parti. Savary connaît tous mes projets et a dû vous faire part de mes intentions. Quand on connaît le but où l'on doit marcher, avec un peu de réflexion, les moyens viennent facilement.

Je vous ai fait connaître que je faisais arriver un grand nombre d'officiers en Espagne, et je vous ai autorisé à en nommer. Demandez à l'intendant général de vous faire connaître où sont tous les souliers qu'a envoyés le ministre Dejean et ceux que le maréchal Moncey a fait fabriquer. Les états du général Belliard sont toujours inexacts. Il porte à la division des Pyrénées occidentales le 1er régiment provisoire : c'est un régiment de marche; le 1er régiment provisoire est au corps du maréchal Moncey. Il n'y porte d'ailleurs ni les cinq bataillons des légions de réserve, ni la division Verdier.

<small>D'après la minute. Archives de l'Empire.</small>

13731. — A M. MOLLIEN,
MINISTRE DU TRÉSOR PUBLIC, À PARIS.

Bordeaux, 10 avril 1808.

Monsieur Mollien, je vous envoie copie d'une lettre que j'écris au sieur Daru. Je pense qu'il est nécessaire que vous envoyiez un homme du trésor, très-fort, que vous recommanderez à l'intendant général et au receveur général, pour rédiger sur tout cela un travail clair et bien fait. L'objet de sa mission sera de porter une grande surveillance sur le payeur. Les abus de la solde doivent être énormes; il y a au moins 20 millions de trop, ou par la faute du payeur, ou par le grand nombre d'abus qui se sont glissés. Le rapport que vous enverra l'agent du trésor, qui doit être considérable dans cette partie, aura pour but de bien faire connaître tout ce qui était entré, au 1er janvier 1808, dans la caisse des contributions, ou reçu par les administrateurs du pays, ce qui, selon les comptes de l'intendant général, doit se monter à 199 millions avoués par le receveur, et à 22 millions qu'il a dû recevoir depuis, et de constater l'emploi de ces sommes, ce qui doit conduire au résultat de 88 millions disponibles, acquis à la caisse d'amortissement. Cette opération faite, l'agent du trésor assistera, avec l'intendant général, à la formation du budget de 1808, en recettes et en dépenses. Combien le receveur général croit-il recevoir, indépendamment des 222 millions qu'il est censé avoir reçus? Combien est-il dû encore sur la contribution extraordinaire? Combien est-il dû au 1er avril? Combien croit-on pouvoir en percevoir dans l'année? Quels sont les revenus ordinaires présumés de tous les états pour l'année 1808? Combien avaient-ils rendu au 1er avril? L'agent du trésor vous répondra sur ces questions. On verra par là les rentrées qu'on peut espérer dans l'année. Les dépenses, en les portant exagérées, ne peuvent dépasser 70 millions.

NAPOLÉON.

<small>D'après l'original comm. par Mme la comtesse Mollien.</small>

13732. — AU GÉNÉRAL CLARKE,
MINISTRE DE LA GUERRE, À PARIS.

Bordeaux, 10 avril 1808.

Je ne conçois pas comment vous n'avez pas pu m'envoyer les vélites que je demandais. Vous m'envoyez des officiers d'ordonnance, c'est bien différent; ils porteront dans les corps un faux esprit.

D'après la minute. Dépôt de la guerre.

13733. — AU GRAND-DUC DE BERG,
LIEUTENANT DE L'EMPEREUR EN ESPAGNE, À MADRID.

Bordeaux, 10 avril 1808, à midi.

Je reçois votre lettre du 6, à quatre heures après midi. J'y vois que le prince des Asturies s'est rendu à Aranjuez pour de là se rendre à Burgos. Il est fâcheux que vous ne soyez pas plus fort à Aranjuez; si vous aviez là 6,000 hommes d'infanterie, tout serait bien. Mais tout ce que je pourrais dire là-dessus actuellement est inutile.

Savary doit être arrivé le 7, et vous aura fait connaître mes intentions. Reille est parti d'ici hier matin avec des instructions dans le sens de celles de Savary. Je fais partir aujourd'hui Monthion avec des instructions dans le même sens pour Bessières, pour Verdier et pour vous. Mais avant tout il est nécessaire de connaître le parti que prendra le prince des Asturies. S'il se rend à Burgos et à Bayonne, il aura tenu sa parole. S'il reste à Aranjuez, ou s'il allait à Séville et qu'il eût enlevé le roi Charles, alors cela signifierait qu'il est en pleine disposition hostile. Lorsque le but que je me propose et que vous aura fait connaître Savary sera rempli, vous pourrez déclarer verbalement, et dans toutes les conversations, que mon intention est non-seulement de conserver l'intégrité des provinces et l'indépendance du pays, mais aussi les priviléges de toutes les classes, et que j'en prendrai l'engagement; que j'ai le désir de voir l'Espagne heureuse et dans un système tel que je ne puisse jamais la voir redoutable pour la France.

Le sieur Beauharnais me mande qu'il serait possible que le duc de l'Infantado fût à la tête d'un mouvement à Madrid. Si cela est, vous le réprimerez à coups de canon, et vous en ferez une sévère justice. Vous devez vous souvenir des circonstances où, sous mes ordres, vous avez fait la guerre dans de grandes villes. On ne s'engage point dans les rues; on occupe les maisons des têtes de rues et on établit de bonnes batteries.

Vous devez, dans tous les cas, trouver dans la bonté et l'utilité de mes projets sur l'Espagne des arguments propres à concilier tous les partis. Ceux qui veulent un gouvernement libéral et la régénération de l'Espagne les trouveront dans mon système; ceux qui craignent le retour de la Reine et du prince de la Paix peuvent être rassurés, puisque ces deux individus seront sans influence et sans crédit. Les grands qui voudront de la considération, et des honneurs, qu'ils n'avaient pas dans l'administration passée, la retrouveront. Les bons Espagnols qui veulent la tranquillité et une bonne administration trouveront ces avantages dans un système qui maintiendra l'intégrité et l'indépendance de la monarchie espagnole.

<small>D'après la minute. Archives de l'Empire.</small>

13734. — AU GÉNÉRAL CLARKE,
MINISTRE DE LA GUERRE, À PARIS.

Bordeaux, 11 avril 1808.

Monsieur le Général Clarke, je crois vous avoir donné l'ordre d'envoyer le bataillon de Neuchâtel au Havre. Je désire qu'à mesure que la légion de la Vistule arrivera vous en fassiez passer la revue par un inspecteur, et que vous fassiez mettre sa comptabilité en bon état. Mon intention est que vous placiez son dépôt à Sedan. Vous composerez ce dépôt du fond d'une compagnie de chaque régiment, ce qui fera trois compagnies, et d'une du régiment à cheval, ce qui fera quatre compagnies. Vous mettrez à ce dépôt un quartier-maître, un conseil d'administration et un major. Les recrues venant de Pologne s'arrêteront là pour être habillées. Vous sentez que cette légion a besoin d'une autre organisation, et que trois régiments d'infanterie de 1,800 hommes chacun et un régiment de cavalerie de 1,200 hommes ne peuvent rester sous un seul chef. Il faut donc avoir, d'abord, un régiment de lanciers organisé, comme nos régiments de chasseurs, à 4 escadrons de 250 hommes chacun, plus une compagnie de dépôt de 125 hommes, ce qui ferait un effectif de 11 à 1,200 hommes; secondement, des trois régiments d'infanterie, je prendrai le parti d'en faire un seul, ayant son administration à part et composé de 6 bataillons de 6 compagnies chacun et d'un bataillon de dépôt de 4 compagnies, ce qui ferait 40 compagnies, chacune à l'effectif de 140 hommes. En attendant, vous pouvez placer la cavalerie, immédiatement après en avoir passé la revue, à Paris, le long de l'Eure ou de la Seine, en choisissant les pays où le fourrage est le plus abondant et à meilleur marché, et de manière qu'elle soit à portée de marcher au secours d'un débarquement qui aurait lieu à Cherbourg et au Havre. Jetez-la cependant un peu à gauche, afin que si, après avoir reçu votre rapport, je me décidais à la faire venir en Espagne, il n'y eût aucune fausse marche de faite. Vous cantonnerez l'infanterie dans l'arrondissement de deux ou trois marches de Paris, toujours du côté de la mer, en plaçant chaque régiment dans une localité, pour qu'il puisse s'occuper de son instruction et être à même de marcher où il serait nécessaire. Pendant ce temps, vous méditerez l'organisation de la légion d'après les nouvelles bases que je viens d'indiquer, et, sur la connaissance que vous aurez prise de la situation en hommes et en officiers, vous me présenterez un rapport et un projet de décret.

NAPOLÉON.

D'après la copie. Dépôt de la guerre.

13735. — NOTE POUR M. CRETET,
MINISTRE DE L'INTÉRIEUR, À PARIS.

Bordeaux, 12 avril 1808.

Sa Majesté n'approuve pas les principes énoncés dans la note du ministre[1]. Ils étaient vrais il y a vingt ans, ils le seront dans soixante, mais

---

[1] Le ministre de l'intérieur se proposait de faire la réponse suivante à l'abbé Halma demandant à publier, aux frais de l'État, une continuation de l'*Histoire de France*, de Velly, Villaret et Garnier :

« ... Le ministre a consulté à cet égard les

ils ne le sont pas aujourd'hui. Velly est le seul auteur un peu détaillé qui ait écrit sur l'histoire de France. L'*Abrégé chronologique* du président Hénault est un bon livre classique. Il est très-utile de les continuer l'un et l'autre. Velly finit à Henri IV, et les autres historiens ne vont pas au delà de Louis XIV. Il est de la plus grande importance de s'assurer de l'esprit dans lequel écriront les continuateurs. La jeunesse ne peut bien juger les faits que d'après la manière dont ils lui sont présentés. La tromper en lui retraçant des souvenirs, c'est lui préparer des erreurs pour l'avenir. Sa Majesté a chargé le ministre de la police de veiller à la continuation de Millot; elle désire que les deux ministres se concertent pour faire continuer Velly et le président Hénault. Il faut que ce travail soit confié non-seulement à des auteurs d'un vrai talent, mais encore à des hommes attachés, qui présentent les faits sous leur véritable point de vue, et qui préparent une instruction saine, en prenant ces historiens au moment où ils s'arrêtent, et en conduisant l'histoire jusqu'en l'an VIII.

Sa Majesté est bien loin de compter la dépense pour quelque chose. Il est même dans son intention que le ministre fasse comprendre qu'il n'est aucun travail qui puisse mériter davantage la protection de l'Empereur.

Il faut faire sentir à chaque ligne les effets de l'influence de la cour de Rome, des billets de confession, de la révocation de l'édit de Nantes, du ridicule mariage de Louis XIV avec madame de Maintenon, etc. Il faut que la faiblesse qui a précipité les Valois du trône, et celle des Bourbons, qui ont laissé échapper de leurs mains les rênes du gouvernement, excitent les mêmes sentiments. On doit être juste envers Henri IV, Louis XIII, Louis XIV, Louis XV, mais sans être adulateur. On doit peindre les massacres de septembre et les horreurs de la Révolution du même pinceau que l'Inquisition et les massacres des Seize. Il faut avoir soin d'éviter toute réaction en parlant de la Révolution. Aucun homme ne pouvait s'y oppo-

«hommes les plus éclairés; ils ont pensé que «cette demande ne pouvait être accueillie. Il ne «saurait y avoir aucun motif pour faire intervenir «le Gouvernement dans cette continuation et en «faire une dépense publique... Cette opération «ne sort point de la classe des entreprises que le «Gouvernement peut laisser à l'industrie particu-«lière, et ses secours doivent être réservés à l'exé-«cution des grands travaux et des collections qui «sont au-dessus des forces des simples particu-«liers...» (Note pour Sa Majesté, en date du 6 avril 1808.)

ser. Le blâme n'appartient ni à ceux qui ont péri, ni à ceux qui ont survécu. Il n'était pas de force individuelle capable de changer les éléments et de prévenir les événements qui naissaient de la nature des choses et des circonstances.

Il faut faire remarquer le désordre perpétuel des finances, le chaos des assemblées provinciales, les prétentions des parlements, le défaut de règle et de ressort dans l'administration, cette France bigarrée, sans unité de lois et d'administration, étant plutôt une réunion de vingt royaumes qu'un seul état; de sorte qu'on respire en arrivant à l'époque où l'on a joui des bienfaits dus à l'unité des lois, d'administration et de territoire. Il faut que la faiblesse constante du gouvernement sous Louis XIV même, sous Louis XV et sous Louis XVI, inspire le besoin de soutenir l'ouvrage nouvellement accompli et la prépondérance acquise. Il faut que le rétablissement du culte et des autels inspire la crainte de l'influence d'un prêtre étranger ou d'un confesseur ambitieux qui pourraient parvenir à détruire le repos de la France.

Il n'y a pas de travail plus important. Chaque passion, chaque parti peut produire de longs écrits pour égarer l'opinion; mais un ouvrage tel que Velly, tel que l'*Abrégé chronologique* du président Hénault, ne doit avoir qu'un seul continuateur. Lorsque cet ouvrage bien fait et écrit dans une bonne direction aura paru, personne n'aura la volonté et la patience d'en faire un autre, surtout quand, loin d'être encouragé par la police, on sera découragé par elle. L'opinion exprimée par le ministre dans sa note, et qui, si elle était suivie, abandonnerait un tel travail à l'industrie particulière et aux spéculations de quelques libraires, n'est pas bonne et ne pourrait produire que des résultats fâcheux.

Quant à l'individu qui se présente, la seule question à examiner consiste à savoir s'il a le talent nécessaire, s'il a un bon esprit, et si l'on peut compter sur les sentiments qui guideraient ses recherches et conduiraient sa plume.

<small>D'après la minute. Archives de l'Empire.</small>

13736. — AU VICE-AMIRAL DECRÈS,

MINISTRE DE LA MARINE, À PARIS.

Bordeaux, 12 avril 1808.

L'empereur de Russie a mis toutes ses escadres à ma disposition. Il est, en conséquence, nécessaire que vous envoyiez un ordre au préfet maritime de Toulon, pour les deux vaisseaux russes qui sont à l'île d'Elbe, de se rendre à Toulon, soit en profitant du passage de l'amiral Ganteaume, s'ils le peuvent, soit en profitant de la première occasion favorable. Vous ne mettrez point de date à votre lettre au commandant de l'escadre russe, et vous laisserez au préfet maritime la faculté de la mettre. Votre ordre sera ainsi conçu :

« Monsieur le Commandant, en conséquence des ordres de S. M. l'Em-
« pereur Alexandre, qui met ses escadres à la disposition de S. M. l'Em-
« pereur Napoléon, mon auguste maître, Sa Majesté me charge de vous
« faire connaître que son intention est que vous vous rendiez avec les
« deux vaisseaux que vous commandez dans le port de Toulon, pour im-
« médiatement vous mettre en état de suivre le mouvement général de
« ses escadres. »

Vous enverrez le même ordre au commissaire général de la marine à Venise, et vous lui prescrirez d'envoyer un ingénieur à Trieste pour prendre connaissance de la situation des vaisseaux russes qui sont dans ce port, afin que je leur fasse passer les ordres nécessaires. Vous ajouterez qu'il est nécessaire qu'une partie de ces vaisseaux soit toujours en appareillage, afin d'obliger les Anglais ou à abandonner ces mers, ou à y tenir une division; ce qui les affaiblira d'autant sur d'autres points. Vous chargerez l'ingénieur de vous rendre compte de la situation des vaisseaux russes et de ce que je puis en espérer.

D'après la minute. Archives de l'Empire.

13737. — AU VICE-AMIRAL DECRÈS,

MINISTRE DE LA MARINE, À PARIS.

Bordeaux, 12 avril 1808.

Monsieur Decrès, j'ai 10 vaisseaux à Toulon. Je vous réitère de prendre les mesures nécessaires pour que le vaisseau qui est à Gênes soit mis à l'eau dans le plus court délai, ainsi que les deux qui sont à Toulon ; ce qui portera le nombre de mes vaisseaux dans ce port à 13, qui, avec les 2 vaisseaux russes de l'île d'Elbe et les 6 vaisseaux espagnols de Mahon, formeront une escadre de 21 vaisseaux de ligne, avec une douzaine de frégates, corvettes ou gros bricks. J'ai à Toulon 2 flûtes de 800 tonneaux, 2 flûtes de 450 et 1 de 350. *Le Frontin* doit être tenu en bon état ; il peut servir comme flûte. Ces 6 flûtes doivent facilement porter 3,500 hommes, et l'escadre dont je viens de parler doit facilement porter 16,000 hommes ; ce qui ferait près de 20,000 hommes. Je désire que vous fassiez construire à la Ciotat, à Marseille, etc. 8 flûtes de 800 tonneaux ou de 450, selon que vous le jugerez plus utile. Celles de 800 tonneaux ont l'avantage d'employer moins de bâtiments ; celles de 450 ont l'avantage de n'exiger que des bois d'un petit échantillon et d'être plus faciles à manœuvrer. Vous me ferez connaître également le nombre de bâtiments suédois, prussiens, portugais, qui sont à Toulon ou à Marseille, appartenant à la marine, et les ressources qu'ils pourraient offrir. S'il y avait quelques flûtes danoises, vous me rendrez compte s'il est convenable de les acheter. Mon intention est d'avoir toujours à Toulon un nombre de flûtes suffisant pour porter 6,000 hommes d'infanterie, 1,000 chevaux et 1,000 hommes avec les chevaux. Je désirerais que, s'il n'y a pas d'inconvénient, il y eût sur chaque flûte des chevaux, et que le nombre des flûtes pour porter ces 7,000 hommes et 1,000 chevaux ne dépassât pas 20. Je compte *le Frontin* comme flûte, de sorte que 28 à 30,000 hommes et 1,000 chevaux seraient portés sur 50 bâtiments au moins, sur 60 au plus, ce qui ne serait pas un immense convoi. Le transport serait pour une expédition dans la Méditerranée, et demanderait trois mois de vivres et deux mois d'eau pour les chevaux. Faites-moi un mémoire très-sérieux là-dessus. Mon intention est de tenter une grande opération au mois d'octobre, pour laquelle j'ai besoin de 30,000 hommes et de 1,000 chevaux. Activez toutes les constructions de Toulon. Proposez-moi la construction des flûtes que je vous demande. Si je puis les avoir en septembre, bien ; sans quoi elles serviront pour l'année prochaine. Proposez-moi un projet d'expédition en septembre avec les moyens actuels, si nous ne pouvons pas compter sur les nouvelles flûtes. Je vois dans ce pays une grande quantité de bâtiments danois qu'on aurait à bon marché, et qui paraissent être de beaux bâtiments.

NAPOLÉON.

D'après l'original commu. par Mme la duchesse Decrès.

13738. — AU VICE-AMIRAL DECRÈS,
MINISTRE DE LA MARINE, À PARIS.

Bordeaux, 12 avril 1808.

Monsieur Decrès, j'ai dans ce moment 8 vaisseaux et 2 frégates à Flessingue. Je désire que les travaux d'Anvers soient poussés avec la plus grande activité. Je compte les aller voir dans le courant de l'été. Je désirerais mettre à l'eau avant le mois de novembre 2 ou 3 vaisseaux, et, au mois de mars prochain, les autres. Je pourrais donc espérer d'avoir dans la campagne prochaine 18 vaisseaux de guerre, dans le temps que les Hollandais en auraient 10. Ces 18 vaisseaux, s'ils étaient toute l'année prochaine sans sortir, pourraient-ils tous entrer à Flessingue? Il me semble avoir entendu dire que ce port ne pouvait en contenir que 14; mais il doit y avoir moyen d'en placer 3 ou 4 dans un lieu à l'abri des glaces. Il serait en général à désirer que 25 vaisseaux pussent être réunis à Flessingue, puisque les chantiers d'Anvers sont les seuls où nous puissions vraiment construire, et que la guerre actuelle peut être longue. En y mettant toute l'activité convenable, nous pouvons en 1810 avoir 27 à 28 vaisseaux dans la rade de Flessingue, accroissement progressif effrayant pour l'Angleterre. Je crois avoir ouï dire qu'il était facile d'augmenter les bassins. J'attends le rapport que vous me ferez là-dessus.

Je ne puis espérer d'avoir à Brest que 6 vaisseaux capables de faire campagne, lesquels ne porteraient que 3,000 hommes. Je pourrais y avoir 6 frégates ou grosses corvettes portant 1,200 hommes. Je désirerais savoir si l'on ne pourrait pas disposer de 7 ou 8 de nos anciens vaisseaux, qu'on armerait en flûte, qui pourraient porter 7 à 8,000 hommes, et qui seraient capables d'aller en Irlande ou en Amérique. Enfin il y a les flûtes qui sont à Brest.

Puis-je avoir l'année prochaine à Lorient 3 vaisseaux de guerre, à Rochefort 5? J'espère en avoir 8 à Cadix, parce que je réunirai à mon escadre 3 vaisseaux espagnols, 4 à Lisbonne, combinés avec la flotte russe, 15 à Toulon et 3 à Ancône; ce qui me ferait 64 vaisseaux de guerre français. J'aurai de plus 25 vaisseaux espagnols, 12 russes et 10 hollandais, total 111 vaisseaux de guerre; situation qui ne laisserait pas de donner lieu à toute espèce de combinaisons, surtout appuyés à la flottille. L'Irlande, les possessions d'Amérique, Surinam, le Brésil, Alger, Tunis, l'Égypte, la Sicile, sont des points vulnérables. Mais le port où il faut construire avec le plus d'activité, c'est Anvers.

Pourquoi n'y a-t-il pas un autre vaisseau à Gênes? Si le local vous paraît défavorable, faites-le mettre à Sestri ou à la Spezia.

NAPOLÉON.

D'après l'original comm. par Mme la duchesse Decrès.

13739. — NOTES POUR M. LE COLONEL LACOSTE,
AIDE DE CAMP DE L'EMPEREUR, EN MISSION.

Bordeaux, 12 avril 1808.

Qu'est-ce qu'on me construit de frégates à Bayonne? Quelle est la plus grosse frégate qu'on ait construite? Combien y a-t-il de pieds cubes de bois en magasin ou sur les chantiers? Combien peut-on s'en procurer par an? Combien y a-t-il d'eau dans la rade? A quelle distance de la côte peut mouiller un vaisseau de 74? Est-il là sur un bon fond, à l'abri du mauvais temps? Combien la marée monte-t-elle en vive eau à l'équinoxe sur la barre? Si, au lieu où l'on construit une frégate, on construisait un vaisseau de 74, combien faudrait-il l'alléger pour le faire passer sur la barre aux plus vives eaux du printemps? Qu'est-ce qui empêche de faire cet allégement par le moyen d'un chameau? Prendre les mêmes renseignements sur le port du Passage.

D'après la minute. Archives de l'Empire.

13740. — AU GRAND-DUC DE BERG,
LIEUTENANT DE L'EMPEREUR EN ESPAGNE, À MADRID.

Bordeaux, 12 avril 1808, à midi.

Je reçois votre lettre du 7 à minuit. Je pars à l'instant pour Bayonne, où je recevrai vos lettres des 9, 10, 11 et du 12. J'ai vu avec plaisir que Savary était arrivé. Mes instructions étaient absolument conformes à ce que vous vouliez entreprendre. J'attends d'apprendre que le roi Charles soit entièrement en sûreté et arrivé à l'Escurial. J'espère que Reille est arrivé à cette heure, puisqu'il est parti le 9 au matin d'ici. Ainsi vous serez parfaitement éclairé sur le parti que vous avez à prendre. Vous avez vingt fois plus de troupes qu'il ne vous faut pour mettre à la raison quiconque ne marcherait pas droit.

Je viens de passer la revue des 10e et 22e de chasseurs et d'autres corps qui font partie de la division Lasalle. J'ai passé la revue de plusieurs régiments provisoires, qui sont très-beaux. Quand je jugerai le moment arrivé, j'arriverai à Madrid comme une bombe. Mais remplissez le but que je me propose et que vous aura fait connaître le général Reille.

D'après la minute. Archives de l'Empire.

13741. — DÉCISION.

Bordeaux, 12 avril 1808.

M. Mollien, ministre du trésor public, expose que M. de Champagny, ministre des relations extérieures, prétend appliquer à des dépenses antérieures à l'an VIII une somme allouée seulement pour des dépenses de l'an IX à l'an XIII. M. Mollien ne croit pas pouvoir consentir à cette mesure sans l'autorisation spéciale de l'Empereur.	Le ministre du trésor a raison : il faut ne rien payer que sur les exercices courants. NAPOLÉON.

D'après l'original. Archives des finances.

13742. — AU PRINCE DE NEUCHÂTEL,
MAJOR GÉNÉRAL DE LA GRANDE ARMÉE.

Bordeaux, 13 avril 1808.

Mon Cousin, répondez au prince de Ponte-Corvo que vous avez mis sa lettre sous mes yeux; que je ne suis pas étonné de tout ce qui est arrivé, et que c'est parce que je l'avais prévu que j'avais ordonné que la première colonne qu'on ferait passer en Seeland serait une colonne espagnole; qu'il faut donner à la Seeland tous les secours qui sont en notre pouvoir, y faire passer deux régiments espagnols et tous les officiers d'artillerie, du génie et d'état-major dont pourrait avoir besoin le roi de Danemark; qu'il doit se servir des Espagnols pour la défense des îles; que lui, prince de Ponte-Corvo, doit prendre le commandement général du Holstein, et veiller, avec les deux divisions espagnoles, une division hollandaise et la division française, non-seulement à la garde du Holstein, mais aussi à la défense des villes hanséatiques et de Cuxhaven; qu'une division hollandaise est nécessaire pour défendre l'île de Walcheren, Flessingen et le Texel, où nous avons des escadres considérables. En résumé, le prince de Ponte-Corvo doit faire passer deux régiments espagnols en Seeland, avec tous les officiers d'état-major, d'artillerie et du génie que peut désirer le roi de Danemark; tenir réunies la division française et une division hollandaise, l'une dans le Holstein, et l'autre dans les villes hanséatiques; dès que le mois de juin sera arrivé, faire camper toutes les troupes françaises par division dans des lieux très-sains, afin d'entretenir la discipline et les tenir toujours en haleine; disperser la cavalerie pour la défense des côtes; disperser les Espagnols dans les îles pour la défense de la Fionie et des autres points; tenir la seconde division hollandaise réunie et prête à retourner en Hollande, où les Anglais pourraient bien tenter quelque chose s'ils s'aperçoivent qu'elle est dégarnie. Je ne crois pas que, du reste, les Anglais entreprennent rien contre les Danois, chez lesquels ils n'ont rien à faire. Le roi de Danemark a 18 ou 20,000 hommes de troupes en Seeland. Il faut, d'ailleurs, lui renvoyer tous les Danois qui seraient sur le continent.

Vous ferez connaître au prince de Ponte-Corvo que les troupes espagnoles méritent quelque surveillance; qu'il est nécessaire de les isoler, de manière que, dans aucun cas, elles ne puissent rien faire; que le prince des Asturies est monté sur le trône, que le roi Charles a protesté et s'est rendu à l'Escurial; que, dans cette situation des choses, 50,000 Français sont à Madrid, 30,000 en Catalogne, 30,000 à Burgos et 30,000 en Portugal; que l'Empereur part pour se rendre à Bayonne, et que vous lui écrirez lorsqu'il y aura quelque chose de plus décidé. En attendant, il peut en causer avec le général de la Romana, et lui dire que je désire l'avantage de l'Espagne et relever ce pays de manière qu'il soit utile à la cause commune contre l'Angleterre. Il m'expédiera un officier qui viendra me joindre partout où je me trouverai, tant pour me porter des nouvelles de ce qui se passe dans le Nord que pour rapporter des nouvelles de ce qui se sera passé ici. Il doit se concerter avec le roi de Hollande pour que, dans tout événement extraordinaire, il puisse lui porter des secours. A cet effet, il faut que son quartier général soit central au milieu du Holstein, à portée de Copenhague, d'Amsterdam et de Hambourg.

NAPOLÉON.

D'après la copie. Dépôt de la guerre.

13743. — AU GRAND-DUC DE BERG,
LIEUTENANT DE L'EMPEREUR EN ESPAGNE, À MADRID.

Mont-de-Marsan, 13 avril 1808, 10 heures du soir.

Je reçois vos lettres du 8 et du 9. Vos lettres ne sont pas assez claires. Vous me dites que le roi Charles est à l'Escurial, et vous ne me dites pas comment il y est arrivé, comment il y est gardé, et quelle sensation cela a fait sur les meneurs de Madrid. En général, il faut toujours faire une exposition claire et franche des choses.

Il ne faut pas chercher ni espérer d'obtenir un grand succès d'opinion, mais se tenir dans une excellente position militaire. Reille, qui doit être arrivé depuis longtemps, vous aura dit tout ce que je pense là-dessus. Monthion a dû vous arriver depuis. Je serai demain à Bayonne.

D'après la minute. Archives de l'Empire.

13744. — AU MARÉCHAL BESSIÈRES,
COMMANDANT LA GARDE IMPÉRIALE, ETC. A BURGOS.

Mont-de-Marsan, 13 avril 1808, dix heures du soir.

Mon Cousin, j'arriverai demain à Bayonne. Vous aurez dû voir Reille et l'adjudant-commandant Monthion à leur passage : ils vous auront fait connaître la nécessité de vous tenir en règle, vos troupes bien reposées et en situation d'exécuter, en tout état de choses, ce qu'ils vous auront fait connaître être mon intention.

Le général Savary a dû passer, venant de Madrid, puisqu'il en est parti le 10, et le prince des Asturies avec plusieurs grands d'Espagne a dû dépasser Burgos. Vous devez en instruire le grand-duc de Berg, et vous devez savoir à quoi vous en tenir sur tout, puisque je suis toujours dans la même intention qui vous a été manifestée par le général Reille.

NAPOLÉON.

P. S. Écrivez au général Verdier et au général commandant à Pampelune de se tenir en mesure, comme doivent se trouver tous militaires. Prenez vos mesures pour avoir le moins d'hommes isolés et de convois.

D'après l'original comm. par Mme la duchesse d'Istrie.

LA COMMISSION n'a pu avoir la preuve de l'authenticité des pièces suivantes que lorsque le seizième volume était entièrement composé. Ces trois lettres ont paru trop importantes pour que la publication en fût différée et séparée de l'ensemble des documents dont elles font partie.

A ALEXANDRE Ier, EMPEREUR DE RUSSIE,
À SAINT-PÉTERSBOURG.

Paris, 2 février 1808.

Monsieur mon Frère, le général Savary vient d'arriver. J'ai passé des heures entières avec lui pour m'entretenir de Votre Majesté. Tout ce qu'il m'a dit m'a été au cœur, et je ne veux pas perdre un moment pour la remercier de toutes les bontés qu'elle a eues pour lui, et qu'elle a pour mon ambassadeur.

Votre Majesté aura vu les derniers discours du parlement d'Angleterre, et la décision où l'on y est de pousser la guerre à outrance. Dans cet état de choses, j'écris directement à Caulaincourt. Si Votre Majesté daigne l'entretenir, il lui fera connaître mon opinion. Ce n'est plus que par de grandes et vastes mesures que nous pouvons arriver à la paix et consolider notre système. Que Votre Majesté augmente et fortifie son armée. Tous les secours et assistance que je pourrai lui donner, elle les recevra franchement de moi; aucun sentiment de jalousie ne m'anime contre la Russie, mais le désir de sa gloire, de sa prospérité, de son extension. Votre Majesté veut-elle permettre un avis à une personne qui fait profession de lui être tendrement et vraiment dévouée? Votre Majesté a besoin d'éloigner les Suédois de sa capitale; qu'elle étende de ce côté ses frontières aussi loin qu'elle le voudra; je suis prêt à l'y aider de tous mes moyens.

Une armée de 50,000 hommes, russe, française, peut-être même un peu autrichienne, qui se dirigerait par Constantinople sur l'Asie, ne serait pas arrivée sur l'Euphrate, qu'elle ferait trembler l'Angleterre et la mettrait aux genoux du continent. Je suis en mesure en Dalmatie; Votre Majesté l'est sur le Danube. Un mois après que nous en serions convenus, l'armée pourrait être sur le Bosphore. Le coup en retentirait aux Indes, et l'Angleterre serait soumise. Je ne me refuse à aucune des stipulations préalables nécessaires pour arriver à un si grand but. Mais l'intérêt réciproque de nos deux états doit être combiné et balancé. Cela ne peut se faire que dans une entrevue avec Votre Majesté, ou bien après de sincères conférences entre Romanzof et Caulaincourt, et l'envoi ici d'un homme qui fût bien dans le système. M. de Tolstoï est un brave homme, mais il est rempli de préjugés et de méfiances contre la France, et est bien loin de la hauteur des événements de Tilsit et de la nouvelle position où l'étroite amitié qui règne entre Votre Majesté et moi ont placé l'univers. Tout peut être signé et décidé avant le 15 mars. Au 1er mai nos troupes peuvent être en Asie, et à la même époque les troupes de Votre Majesté à Stockholm. Alors les Anglais, menacés dans les Indes, chassés du Levant, seront écrasés sous le poids des événements dont l'atmosphère sera chargée. Votre Majesté et moi aurions préféré la douceur de la paix et de passer notre vie au milieu de nos vastes empires, occupés de les vivifier et de les rendre heureux par les arts et les bienfaits de l'administration; les ennemis du monde ne le veulent pas. Il faut être plus grands, malgré nous. Il est de la sagesse et de la politique de faire ce que le destin ordonne et d'aller où la marche irrésistible des événements nous conduit. Alors cette nuée de pygmées, qui ne veulent pas voir que les événements actuels sont tels qu'il faut en chercher la comparaison dans l'histoire et non dans les gazettes du dernier siècle, fléchiront et suivront le mouvement que Votre Majesté et moi aurons ordonné; et les peuples russes seront contents de la gloire, des richesses et de la fortune qui seront le résultat de ces grands événements.

Dans ce peu de lignes, j'exprime à Votre Majesté mon âme tout entière. L'ouvrage de Tilsit réglera les destins du monde. Peut-être, de la part de Votre Majesté et de la mienne, un peu de pusillanimité nous portait à préférer un bien certain et présent à un état meilleur et plus parfait; mais, puisqu'enfin l'Angleterre ne veut pas, reconnaissons l'époque arrivée des grands changements et des grands événements.

NAPOLÉON.

D'après la copie comm. par S. M. l'empereur de Russie.

A ALEXANDRE Ier, EMPEREUR DE RUSSIE,
À SAINT-PÉTERSBOURG.

Paris 17 février 1808.

Monsieur mon Frère, je reçois la lettre de Votre Majesté du 16 janvier, que me remet M. le comte de Tolstoï.

Mon escadre de Toulon a mis à la voile le 10 février, se dirigeant sur Corfou pour y surprendre six vaisseaux anglais qui croisent devant ce port, et pour porter des renforts sur ce point important. J'espérais, à la faveur de cette expédition, dégager les quatre vaisseaux que Votre Majesté avait dans ce port : mais j'apprends qu'ils sont à Trieste; je crains qu'ils ne soient pas là en sûreté; j'ai conseillé à M. de Tolstoï d'expédier un courrier pour les faire venir dans un de mes ports de la Dalmatie ou de l'Albanie. Les deux vaisseaux qui sont entrés à Porto-Ferrajo y sont toujours; ils attendent les ordres du ministre de votre Majesté. S'ils avaient été à Toulon, ils auraient pu partir avec mon escadre, ce qui aurait été d'un bon effet et les aurait exercés à la tactique navale.

Le prince de Ponte-Corvo a dû avoir une entrevue avec le prince royal de Danemark. Son corps d'armée se met en marche par le Seeland; car ce n'est que par là qu'il pourra pénétrer en Suède. Je donne ordre également qu'une expédition se prépare à Rügen et à Stralsund; cela inquiétera les Anglais. Je ne pense pas pouvoir partir de ce point, n'ayant pas de vaisseaux pour protéger mon passage; mais, au reste, mes troupes y sont entièrement aux ordres de Votre Majesté.

Votre Majesté aura vu la communication faite par le gouvernement anglais à M. de Starhemberg[1], qui n'a point exécuté les ordres qu'il avait reçus de sa cour, et s'est permis de faire des ouvertures. J'attends le retour de M. d'Alopeus d'Angleterre pour savoir ce que fait Votre Majesté; on dit qu'on y murmure la paix; jusqu'à cette heure, rien ne le prouve évidemment.

---

[1] Chargé par la cour de Vienne d'une mission à Londres.

Dans tous les cas, je ne ferai que ce que désirera Votre Majesté. Je me réjouis fort de savoir qu'elle a conquis la Finlande, et qu'elle a ajouté cette province à ses vastes états.

NAPOLÉON.

D'après la copie comm. par S. M. l'empereur de Russie.

A LOUIS NAPOLÉON, ROI DE HOLLANDE,
À LA HAYE.

Saint-Cloud, 27 mars 1808, sept heures du soir.

Mon Frère, le roi d'Espagne vient d'abdiquer; le prince de la Paix a été mis en prison; un commencement d'insurrection a éclaté à Madrid. Dans cette circonstance, mes troupes étaient éloignées de quarante lieues de Madrid. Le grand-duc de Berg a dû y entrer, le 23, avec 40,000 hommes. Jusqu'à cette heure, le peuple m'appelle à grands cris. Certain que je n'aurai de paix solide avec l'Angleterre qu'en donnant un grand mouvement au continent, j'ai résolu de mettre un prince français sur le trône d'Espagne. Le climat de la Hollande ne vous convient pas. D'ailleurs la Hollande ne saurait sortir de ses ruines. Dans ce tourbillon du monde, que la paix ait lieu ou non, il n'y a pas de moyen pour qu'elle se soutienne. Dans cette situation des choses, je pense à vous pour le trône d'Espagne. Vous serez souverain d'une nation généreuse, de onze millions d'hommes, et de colonies importantes. Avec de l'économie et de l'activité, l'Espagne peut avoir 60,000 hommes sous les armes et cinquante vaisseaux dans ses ports. Répondez-moi catégoriquement quelle est votre opinion sur ce projet. Vous sentez que ceci n'est encore qu'un projet, et que, quoique j'aie 100,000 hommes en Espagne, il est possible, par les circonstances qui peuvent survenir, ou que je marche directement et que tout soit fait dans quinze jours, ou que je marche plus lentement et que cela soit le secret de plusieurs mois d'opérations. Répondez-moi catégoriquement. Si je vous nomme roi d'Espagne, l'agréez-vous? Puis-je compter sur vous? Comme il serait possible que votre courrier ne me trouvât plus à Paris, et qu'alors il faudrait qu'il traversât l'Espagne au milieu de chances qu'on ne peut prévoir, répondez-moi seulement ces deux mots, « J'ai reçu votre lettre de tel jour, je réponds *oui*, » et alors je compterai que vous ferez ce que je voudrai, ou bien *non*, ce qui voudra dire que vous n'agréez pas ma proposition. Vous pourrez ensuite écrire une lettre où vous développerez vos idées en détail sur ce que vous voulez, et vous l'adresserez, sous l'enveloppe de votre femme, à Paris; si j'y suis, elle me la remettra, sinon elle vous la renverra. Ne mettez personne dans votre confidence, et ne parlez à qui que ce soit de l'objet de cette lettre; car il faut qu'une chose soit faite pour qu'on avoue y avoir pensé.

NAPOLÉON.

D'après l'original comm. par S. M. l'Empereur Napoléon III.

FIN DU SEIZIÈME VOLUME.

TABLE ANALYTIQUE

DU TOME XVI.

A

Administration. (7 septembre 1807.) Napoléon exige de ses agents la vérité «sans secret et sans réticence,» 16. — (12 octobre.) Le ministre des finances fera connaître le nombre de lettres restées sans réponse : «Depuis quand les ministres et leurs bureaux ne doivent-ils pas répondre, dans le mois, à toutes les affaires contentieuses?» 71. — L'Empereur demande au ministre de la guerre de lui soumettre, tous les jours, un extrait de la correspondance des généraux, 95. — (21 octobre.) «En administration politique, les problèmes ne sont jamais simples,» 128. — (14 novembre.) Ne pas demander encore trois ou quatre mois à l'Empereur pour obtenir des renseignements. On a de jeunes auditeurs, des préfets intelligents, des ingénieurs des ponts et chaussées instruits ; faire courir tout cela et ne pas s'endormir dans le travail ordinaire des bureaux, 194. — (11 février 1808.) «Dans un état rien ne va seul; tous les mois, je fais la revue des ordres que j'ai donnés, et je me fais rendre compte de leur exécution. Ce n'est que comme cela que les affaires marchent; autrement, les ministres dorment et laissent volontiers tomber tout dans l'oubli,» 381. — (15 mars.) En faisant dissoudre la commission du protocole au ministère des relations extérieures. Napoléon écrit : «Je ne veux de responsable que le ministre,» 494.

Adriatique. L'occupation de Corfou et de Cattaro ne laisse plus d'asile aux ennemis de la France dans la mer Adriatique. 49.

Agnès Sorel. Inconvenance de lui élever un monument. 74.

Aigles impériales. (30 décembre 1807.) Projet d'organisation de l'armée : le bataillon gardera la petite aigle, et il y aura une aigle légionnaire, portée par un officier; à cette aigle sera attaché l'honneur de la légion, 241. — Décret du 18 février 1808 : chaque régiment aura une aigle portée par un lieutenant ou sous-lieutenant comptant au moins dix ans de service, ou ayant fait les quatre campagnes d'Ulm, d'Austerlitz, d'Iéna et de Friedland. Deux braves, pris parmi les anciens soldats non lettrés, qui, par cette raison, n'auront pu obtenir d'avancement, ayant au moins dix ans de service, seront toujours placés à côté de l'aigle, 401. Ils auront rang de sergent. L'aigle restera toujours là où il y aura le plus de bataillons réunis. Les porte-aigles font partie de l'état-major du régiment. Ils sont nommés tous les trois par l'Empereur. «Les régiments de ligne ont seuls des aigles pour drapeaux; les autres corps ont des enseignes. L'Empereur se réserve de donner lui-même les nouvelles aigles et les enseignes aux nouveaux régiments,» 401-402.

Aix (Île d'). (3 mars 1808.) L'Empereur demande au colonel Lacoste des renseignements pour des projets de fortification à l'île d'Aix, qu'il se propose de substituer aux plans du ministère de la guerre, 456-457. — (26 mars 1808.) Approbation de deux ouvrages proposés pour défendre la rade et les approches de l'île d'Aix; sommes allouées pour ces travaux. 518.

Ajaccio. (13 octobre 1807.) Examen d'un mémoire de la ville au sujet de plusieurs établissements publics, 98. Travaux pour les quais du port, pour la conduite des eaux nécessaires à la ville. 99. — (16 octobre 1807.) Dispositions à prendre relativement à l'église Saint-François et aux bâtiments du séminaire. 105. — (1ᵉʳ novembre.) Travaux à exécuter avec la plus grande activité. Intention de concentrer à Ajaccio tous les établissements de la Corse, 155.

ALBANIE. (6 septembre 1807.) Demande au roi Joseph d'un rapport sur les points du littoral de l'Albanie, qu'ont évacués les Russes et que possédaient les Vénitiens; y établir des fortifications de campagne, 15. — Albanais employés à la défense des Sept Iles, 83, 84; augmenter la levée de ces auxiliaires, 374. V. BUTRINTO.

ALDINI, ministre secrétaire d'état du royaume d'Italie, en résidence à Paris, 58, 410, 546, 548.

ALEXANDRE Iᵉʳ, empereur de Russie. (16 septembre 1807.) Échange de présents. L'Empereur lui fait connaître que les troupes françaises ont occupé Stralsund et l'île de Rügen. Bruits inventés et propagés par les Anglais, 42. Les escadres russes sont en sûreté dans les ports de France et d'Espagne, 43. — (28 septembre.) Nouvelles concernant l'escadre russe de Corfou. L'Empereur le remercie de lui avoir communiqué la *note* anglaise. Il serait facile, par une commune entente, de chasser les Anglais du continent, 64. — (14 octobre.) Guilleminot, en Valachie, a outre-passé ses instructions en stipulant l'article relatif à la remise des places fortes, qui a peut-être mécontenté Alexandre, 103-104. — (1ᵉʳ novembre.) Présents et gracieusetés que l'Empereur lui fait. Questions sur lesquelles la Russie doit se décider. Napoléon voudrait obtenir d'Alexandre quelques gages d'alliance sincère, 156-157. — (7 novembre.) L'Empereur exprime au czar le plaisir que lui a causé l'arrivée de l'ambassadeur Tolstoï et lui rappelle sa promesse de venir à Paris. Nouvelles de la flotte de l'amiral Siniavine. Avis d'une rupture entre l'Autriche et l'Angleterre. 171-172. Réception faite à l'ambassadeur du czar. 172. Conversation avec Tolstoï. L'Empereur disposé à tout ce qui peut contribuer à resserrer les liens avec la Russie. Il fait l'expédition de Portugal, tandis que la Russie se prépare à agir en Suède. Il oppose aux sollicitations pour l'évacuation de la Prusse la lenteur des Prussiens à payer les contributions et la nécessité de prendre en Prusse quelque compensation, le czar ayant, sans doute, l'intention de garder la Moldavie et la Valachie. Quant à ce qui concerne les affaires de Constantinople, l'Empereur désire qu'il soit envoyé à Tolstoï des instructions positives, «qu'on lui écrive et qu'on lui fasse connaître tout ce que l'on veut,» 173-174. L'Empereur espère que la Russie ne restera pas en arrière de l'Autriche et renverra de Saint-Pétersbourg lord Gower, 174. — (7 décembre.) Caulaincourt désigné pour résider près du czar, 220-221. Sollicitude de l'Empereur pour les troupes russes venant de Corfou et pour l'escadre de l'amiral Siniavine; désir que le czar donne autorité au comte de Tolstoï sur cette escadre. L'Empereur reçoit la *déclaration* du czar à la cour de Londres. La Suède à détacher de l'alliance anglaise, 221. Rappel au czar de sa promesse de venir à Paris. «Nous viendrons à bout de l'Angleterre, nous pacifierons le monde, et la paix de Tilsit sera, je l'espère, une nouvelle époque dans les fastes du monde,» 222. Savary, rappelé à Paris, doit s'informer de la réception qui sera faite en Russie aux ambassadeurs des royaumes de Hollande, de Naples et de Westphalie, 222. Napoléon pense qu'il se formera à Saint-Pétersbourg un parti dévoué au czar, qui soutiendra la politique de Tilsit, 222. Légers différends avec les commandants des troupes russes, qui attendent à Padoue de nouveaux ordres, 222. Les prisonniers russes partis de Mayence, armés des meilleurs fusils, 223. Assurances que Savary doit donner au czar en démentant des nouvelles venues de Turquie, 223. — (12 janvier.) Le czar a permis à l'Empereur d'acheter en Russie des bois, etc. pour la marine, 288. Amnistie accordée en Dalmatie et en Albanie par considération pour le czar. 288. — L'Oldenburg sera ménagé pour l'intérêt qu'Alexandre lui porte. 397. 428. — (2 février.) L'accueil fait par Alexandre à Savary et à Caulaincourt engage Napoléon à parler à cœur ouvert et à faire des propositions où se développe toute la pensée de Tilsit. La grandeur de la Russie et celle de la France peuvent s'accorder, à des conditions qui seront établies soit dans de nouvelles conférences entre les deux souverains, soit par des négociations entre des ministres spécialement autorisés. La Russie est peut-être tentée de chercher des compensations en Europe, et, en effet, elle a intérêt à éloigner les Suédois de sa capitale. Mais ce qui importe avant tout aux deux souverains amis, c'est de contraindre l'Angleterre à la paix. Or ce grand résultat ne saurait être obtenu que par une attaque dirigée contre l'Angleterre dans les Indes. Expédition combinée à faire en Asie, au 1" mai 1808, avec «une armée de 50,000 hommes, russe, française, peut-être même un peu autrichienne.» La paix, pour Alexandre comme pour Napoléon, ne sera que le moyen d'immenses et d'heureux changements dans le monde entier. 586-587. — (17 février.) Napoléon donne avis à Alexandre de l'expédition de Corfou, partie de Toulon le 10. Des vaisseaux russes, qui devaient se joindre à l'escadre française, n'ont pu le faire, faute d'ordres supérieurs. Autre avis des instructions envoyées au prince de Ponte-Corvo pour seconder l'expédition russe contre la Suède, et félicitations de la décision prise par le czar au sujet de la Finlande. 587-588. — (12 avril.) Alexandre a mis toutes ses escadres à la disposition de Napoléon. 578. V. Russie. Savary. Suède. Tilsit, etc.

Alexandrie. La place qui importe le plus à l'Empereur, c'est Alexandrie. Cinq millions y seront consacrés sur le budget de 1808. C'est dans Alexandrie que l'Empereur voudrait concentrer tout l'art de la défense, afin que, s'il venait à perdre l'Italie, une garnison de 15 à 20,000 hommes pût y tenir un an. 61-62.

Question sur la salubrité d'Alexandrie à l'occasion de soldats malades. 110. V. Places fortes.

Alger. (1" septembre 1807.) Ordre de mettre en grand détail au *Moniteur* les événements survenus depuis trois mois à Alger et à Tunis. 1. — (4 février 1808.) Plaintes à faire à l'ambassadeur turc au sujet de la Régence d'Alger. Envoi d'un avis portant ordre au consul Dubois-Thainville de menacer le dey du débarquement d'une armée française. 360. — (6 février.) Decrès chargé de donner au commandant de l'escadre de Lorient l'ordre de se porter devant Alger, de réclamer les captifs, et, en cas de refus, de ravager les côtes. 363. — (24 mars.) Ordre à Decrès d'envoyer devant Alger deux frégates et un ou deux bricks pour se faire remettre le consul de France et capturer des bâtiments algériens; l'amiral Ganteaume à consulter sur cette expédition. 513-514.

Ali-Tebelen, pacha de Janina. (1" septembre 1807.) Le consul français à Venise écrira souvent au pacha pour qu'il approvisionne la garnison de Corfou. 1, 3. — Le bien traiter. 83; le ménager, mais ne pas être dupe de sa finesse. Il serait absurde de lui céder Parga. 96. — (12 novembre.) Il n'envoie pas de vivres aux Sept Îles. Le roi Joseph doit correspondre avec lui et lui reprocher son changement de procédés envers la France. 210. — (12 janvier 1808.) L'Empereur fait demander à la Porte d'obliger Ali à fournir des vivres à Corfou et à protéger le passage des courriers et des convois destinés à cette île. 288. — (25 janvier.) Concours attendu de ce pacha pour la défense de Corfou. 321-322. V. Corfou.

Allemagne. Influence que le roi Jérôme pourra exercer en Allemagne, dont les peuples désirent l'égalité et veulent des idées libérales. 196-197. V. Jérôme Napoléon.

Almanach de Gotha. (20 octobre 1807.) Ordre à Champagny de se plaindre de la direction donnée à l'*Almanach de Gotha*; l'esprit de l'ancien régime semble régler les insertions de ce recueil en ce qui concerne les changements survenus en France et dans d'autres parties de l'Europe, 124.

ALOPEUS (D'), ambassadeur de Russie en Suède. Napoléon l'attend à Paris, 411. 588.

ALQUIER, ministre de France près le Saint-Siége, 63. 368, 369, 396.

AMBASSADEURS. Il n'est pas d'usage que les ministres étrangers traitent directement les affaires avec l'Empereur, 25-26. 64. — (22 septembre 1807.) Demander à M. de Ségur de faire un règlement sur la présentation des ambassadeurs; consulter pour ce règlement ce qui se faisait à Versailles et ce qui se fait à Vienne et à Saint-Pétersbourg, 50.

AMÉRIQUE (États-Unis d'). (2 septembre 1807.) L'Empereur consent à mettre en liberté des Américains pris sur des navires anglais, mais seulement pour faire une chose agréable au président de l'Union, 6. — (9 septembre.) Les Anglais gardent encore quelque mesure envers leur pavillon, 23. — (6 octobre.) Exequatur retiré au consul américain à Gênes, 78. — (16 novembre.) Représentations que doit faire Champagny au ministre des États-Unis, qui paraissent abandonner leur droit de neutres en souffrant que leurs bâtiments soient visités par les vaisseaux anglais, 195. — (12 janvier 1808.) L'Empereur ne doute pas que les États-Unis ne déclarent la guerre à l'Angleterre; quelque grand qu'il puisse être pour l'Amérique, le mal de cette rupture, pour tout homme sensé, sera préférable à la reconnaissance des principes monstrueux et anarchiques que le gouvernement anglais veut établir sur les mers, 288-289. — (2 février.) Napoléon est disposé à demander à l'Espagne de céder les Florides à l'Union, si les Américains consentent à faire cause commune avec la France contre les Anglais, 355. — (11 février.) Champagny chargé de rappeler aux États-Unis qu'ils doivent observer le traité fait par eux avec la France, maintenir leur droit de neutres et ne pas se soumettre aux décrets de l'Angleterre, 377. V. NEUTRES.

AMORTISSEMENT (Caisse d'). (12 novembre 1807.) Ordre à Junot pour que tous les objets précieux pris en Portugal soient envoyés à la caisse d'amortissement, 187. — (14 novembre.) Cette caisse est autorisée à prêter huit millions à la ville de Paris, 191. — (28 décembre.) Avantages trop grands qui lui ont été faits dans les opérations pour l'extinction de la dette du Piémont, 263. — (12 janvier 1808.) Ce qu'elle a reçu des contributions de la Grande Armée, ce qu'elle doit recevoir, les fonds à verser de la quatrième coalition allant être portés à 100 millions; renseignements demandés, 289. — (17 janvier.) Observations sur un état présentant le compte des fonds de la Grande Armée, 301. — (14 février.) Autres observations faites en conseil des finances sur les opérations de cette caisse pour l'extinction et la transformation de l'ancienne dette du Piémont et de Gênes; comptes à arrêter, 389-391. — (22 février.) Note de l'Empereur : distinctions à faire dans les opérations de la caisse; fonds à augmenter pour arriver à une plus rapide extinction de la dette; législation à modifier; observations diverses, 419-422. Autre texte plus complet de la même note, 422-427. — Conseil des finances, tenu le 28 février, pour l'examen de rapports du directeur de la caisse d'amortissement; observations de l'Empereur; demande d'états et de nouveaux renseignements, 451. — Dans le conseil des finances, tenu le 6 mars, l'Empereur demande encore des renseignements sur différentes opérations de la caisse d'amortissement, les domaines cédés à cette caisse ou par elle vendus, ses comptes avec la Grande Armée à distinguer, ainsi que d'autres comptes, des fonctions de l'amortissement proprement dit; indication de nouvelles classifications à faire, 462-463.

ANCIEN RÉGIME — (17 décembre 1807.) Le conseil général de Toulouse émet un vœu où l'on croit trouver un regret des anciens États du Languedoc, 231.

ANCÔNE (23 octobre 1807). Demande à Decrès d'un mémoire sur le port d'Ancône. Travaux nécessaires pour le curage du port, afin qu'il puisse recevoir des vaisseaux de grand tonnage, 135. — (6 novembre.) Intention exprimée à Decrès de mettre en construction un vaisseau et une frégate à Ancône, où abondent les bois et surtout les courbes. 166. — (23 novembre.) L'argent nécessaire pour l'entretien des troupes et les travaux du port sera fourni par le trésor pontifical, 210.

ANVERS. (7 février 1808.) Ordre à Decrès de redoubler d'activité pour la construction des vaisseaux qui sont sur le chantier à Anvers. 365. — (12 avril.) Le port où il faut construire avec le plus d'activité, c'est Anvers. 581.

ARAUJO (D'), ministre de la guerre et des affaires étrangères en Portugal. Mot sur ce personnage. 123.

ARCHIVES. (2 mars 1808.) Demande d'une note pour l'organisation des archives. 455. — (27 mars.) Les archives de Venise, de Piémont et de Gênes doivent être transportées à Paris. On en extraira tout ce qui pourrait être publié tendant à justifier la conduite des Français en Italie depuis Charles VIII; recueil particulier à faire des pièces relatives aux premières campagnes du général Bonaparte en Italie. 526.

AREZZO (L'évêque d'). L'inimitié qu'il a montrée contre la France ne permet pas de le nommer à l'archevêché de Florence. 65.

ARMÉE. (1ᵉʳ octobre 1807.) L'Empereur n'a de grandes et fortes armées que parce qu'il porte la plus grande attention aux détails. 73. — — (21 octobre.) Observations sur une récapitulation de l'armée au 1ᵉʳ octobre 1807. 125-126. La France a plus de 800,000 hommes sur pied répartis entre onze armées. 129. — (4 décembre.) Ordre au prince Eugène de diriger sur Chambéry les soldats désignés pour la retraite ou pour la réforme. 214. — (20 décembre.) Projet d'une nouvelle organisation : 60 légions à substituer aux 116 régiments de ligne : avantages de ce système pour la fixité des dépôts, la comptabilité, l'éco-

nomie, 237-238; composition d'une légion, 237-239; son effectif, 240; autres avantages de ce projet, 240-241. — (12 janvier 1808.) Observations adressées à Lacuée sur des états de situation; prisonniers de guerre, hommes aux hôpitaux, détachements; renseignements à prendre pour déterminer exactement la force de l'armée. 291-292. — (13 janvier.) Ordre à Clarke pour la formation à Poitiers d'une division de cavalerie. 296. Ordre à Dejean d'envoyer des souliers à Bayonne et d'en faire confectionner à Bordeaux et à Bayonne. 296. — (15 janvier.) Envoi à Dejean de deux états, l'un présentant la situation des magasins de subsistances, l'autre la situation des magasins d'habillement, 299; observations sur des états des armées d'Italie et de Dalmatie; dépense trop forte des hôpitaux. 299-300. — (2 février.) Ordre à Clarke pour la formation de deux compagnies de canonniers des colonies. 357-358. — (13 février.) L'armée «doit servir sans l'espoir d'un salaire extraordinaire, qui porterait sur les nobles fonctions du soldat une empreinte de vénalité.» 384. — (17 février.) Recommandation à Clarke de ne pas faire attendre aux vieux soldats le règlement de leur retraite : «Rien de plus malheureux que de voir d'anciens soldats mendier; cela décourage et nuit beaucoup à l'esprit militaire.» 394-395. — Décret du 18 février 1808 pour la nouvelle composition des régiments d'infanterie de ligne et d'infanterie légère : chacun de ces régiments sera, à l'avenir, composé d'un état-major et de cinq bataillons, dont quatre de *guerre* et le cinquième de *dépôt*; chaque bataillon de guerre à six compagnies; le bataillon de dépôt à quatre compagnies; chaque compagnie à 140 hommes; l'état-major à 50 hommes. Les six compagnies des bataillons de guerre comprendront une compagnie de grenadiers, une de voltigeurs, quatre de fusiliers. 398-399. Dispositions diverses sur les sapeurs des bataillons de guerre; sur le défilé des bataillons; sur les dénominations de *division*, *peloton* et *section*; sur les répartitions d'hommes à faire entre les régiments pour la nouvelle organisation, 399. Conditions exigées pour entrer dans les compagnies de grenadiers : « Nul ne pourra, lors de la première formation, y être admis s'il n'a quatre ans de service ou s'il n'a fait deux des quatre campagnes d'Ulm, d'Austerlitz, d'Iéna ou de Friedland, » 400. Officiers à la suite; capitaines et lieutenants, leur nombre, leurs classes. 400-401. Les bataillons de dépôt établis à demeure fixe; officiers qui les commandent. Règlement relatif aux aigles et aux enseignes. 401-402. V. AIGLES. — (22 février.) Instructions au ministre de la guerre pour appliquer le décret précédent au 3ᵉ corps de la Grande Armée, 428-430; au 4ᵉ. 430; au 1ᵉʳ, 430-431; au 5ᵉ, 431; au 6ᵉ, 431; à l'armée de Dalmatie, 433-434; à l'armée d'Italie, 434; à l'armée de Naples. 434-435. Prescriptions diverses, 431-432, 435-436. — (2 mars.) Observations sur l'état de situation de l'armée au 15 février; questions relatives à la cavalerie; demande de nouveaux renseignements, 453-455. — (10 mars.) L'Empereur demande à Clarke un projet de décret pour payer les masses aux régiments provisoires d'Espagne et de Portugal, 479. — (12 mars.) L'Empereur demande au général Dejean, pour ce décret qu'il vient de signer, un règlement général dont il indique les bases; rapport à faire à ce sujet. 487-488. — (19 mars.) Demande à Clarke d'un rapport pour une nouvelle division des étapes de Chambéry au mont Cenis; lieux de séjour à rapprocher; maisons d'abri à construire; approvisionnements à maintenir pour donner à chaque soldat de passage une bouteille de vin, «une bonne soupe, » une demi-ration de pain et une ration de viande. Usage à faire du couvent. 499-500. — (23 mars.) Observations en conseil de la guerre sur les mesures transitoires à prendre pour la nouvelle organisation des dépôts conformément au décret du 18 février, 511-512. — (4 avril.) Napoléon, se rendant à Barbezieux, inspecte en route des bataillons; observations à Clarke sur la nécessité d'augmenter et de rajeunir le corps des officiers, sur l'état de l'habillement et celui des masses, 558-560. — (6 avril.) Observations sur un état de situation des troupes en Espagne. Autres observations sur les besoins des corps en officiers et sous-officiers, sur le linge, les chaussures, les caissons, etc. 564-566. — V. CAVALERIE, GARDE IMPÉRIALE, GRANDE ARMÉE.

ARMÉE DE DALMATIE. V. DALMATIE (Armée de).

ARMÉES EN ESPAGNE. V. CORPS D'OBSERVATION DES CÔTES DE L'OCÉAN. CORPS D'OBSERVATION DE LA GIRONDE (le 2ᵉ), DIVISION D'OBSERVATION DES PYRÉNÉES OCCIDENTALES, DIVISION D'OBSERVATION DES PYRÉNÉES ORIENTALES, DIVISION DE RÉSERVE.

ARMÉE D'ITALIE. V. EUGÈNE NAPOLÉON et ITALIE (Royaume d').

ARMÉE DE NAPLES. V. JOSEPH NAPOLÉON et NAPLES (Royaume de).

ARMÉE DE PORTUGAL. V. CORPS D'OBSERVATION DE LA GIRONDE (le 1ᵉʳ). et PORTUGAL (Expédition de).

ARTILLERIE. (9 janvier 1808.) Énumération de l'artillerie qui se trouve dans le midi de la France; ordre à Clarke de n'en point tirer de la Fère, 277-278.

ASCOLI. ville et territoire de l'État pontifical à comprendre (6 décembre 1807) dans les limites du royaume de Naples, 216.

ASSOCIATIONS RELIGIEUSES. V. CONGRÉGATIONS.

ASTURIES (Ferdinand, prince des). V. BEAUHARNAIS, CHARLES IV. ESPAGNE (Affaires d'), etc.

AUDITEURS AU CONSEIL D'ÉTAT, 24, 113, 251.

AUGUSTE DE PRUSSE (Le prince). Article à mettre dans les petits journaux sur ce prince, sur ses liaisons avec Mᵐᵉ de Staël et les propos qu'il tient à Berlin, 218-219.

AUTRICHE. (14 septembre 1807.) Ses prétentions à ressaisir son ancienne influence en Allemagne. Faute par elle de prendre possession de Mergentheim, l'Empereur s'en est emparé jusqu'à ce que l'Autriche ait désigné un prince de sa maison pour posséder cette principauté, et que ce prince ait consenti à faire partie de la Confédération du Rhin, 29-30. — (16 septembre.) L'Empereur espère que l'Autriche n'est pas loin de prendre parti contre l'Angleterre, 44. — « Les bruits de guerre avec l'Autriche sont absurdes, » écrit Napoléon à Davout, le 13 octobre 1807; « Vous devez bien accueillir les officiers autrichiens, » 101. — (7 novembre.) L'Autriche a pris le parti de déclarer la guerre à l'Angleterre, « si les choses à Copenhague ne sont pas remises dans l'état où elles étaient. » 172. Elle rompt avec l'Angleterre, 174. — (24 novembre.) Elle reconnaît les rois de Naples, de Hollande et de Westphalie, 211. — (25 novembre.) Délimitation des frontières de l'Italie sur l'Isonzo, 212. Ordres à Champagny pour tranquilliser la cour de Vienne et l'informer du prochain départ des troupes russes qui sont à Padoue, 212-213. — (6 décembre.) L'Empereur se réjouit de ce que la dernière convention a mis fin aux différends entre l'Autriche et la France, 219.

B

Bacs. Tout bac qui rend plus de 12,000 francs par an doit être remplacé par un pont de bateaux, 394. V. Travaux publics.

Baciocchi (Félix), prince de Lucques et de Piombino, 490.

Bade (Christiane, margrave de). (15 octobre 1807.) L'Empereur regrette de n'avoir pu accorder ce qu'elle demandait pour le duc de Brunswick, 105.

Bade (Grand-duc de). (23 octobre 1807.) Ce prince cède Kehl à la France, 134. — (10 mars 1808.) Concessions à lui faire pour ce qu'il doit à Hesse-Cassel, 476.

Bataille, aide de camp du vice-roi d'Italie. (7 septembre 1807.) Il perd ses dépêches : mot de l'Empereur à ce sujet, 19-20.

Bâtiments civils. (4 février 1808.) Observations faites en conseil de l'intérieur sur la comptabilité des bâtiments civils, 361.

Baudin, capitaine de vaisseau, nommé au commandement d'une expédition pour la Martinique; ses instructions, 36, 37.

Bavière (Maximilien-Joseph, roi de). (18 février 1808.) Lettre affectueuse qui lui est écrite : compliments pour la reine de Bavière; intérêt que l'Empereur porte à la princesse Charlotte de Wurtemberg; sa satisfaction du prochain mariage de Berthier avec la princesse Élisabeth, nièce du roi de Bavière, 410-411.

Bayane (De Latier de), cardinal français. (27 septembre 1807.) Ordre au prince Eugène de le retenir à Milan, s'il n'a point, pour traiter à Paris, tous les pouvoirs nécessaires, 63. — (8 octobre.) Le vice-roi le fait revenir de Turin à Milan, 88.

Beauharnais (Comte de), sénateur, ambassadeur près le roi d'Espagne. (7 octobre 1807.) L'Empereur n'approuve pas ses relations avec les partisans du prince des Asturies, 87. — (12 janvier 1808.) Notice historique de la conspiration du prince des Asturies à rédiger d'après la correspondance de Beauharnais, 288. — (30 mars.) Suspecté pour ses relations trop intimes avec le parti du prince des Asturies, il est tenu à l'écart des événements d'Espagne, 540. — (6 avril.) Le grand-duc de Berg peut envoyer Beauharnais à Bayonne : l'Empereur tirera de lui d'utiles renseignements; à Madrid sa présence ne peut qu'être embarrassante, 563.

Beaux-arts. (13 octobre 1807.) Les médailles commémoratives de M. Denon sont approuvées; les gravures relatives aux événements de Tilsit sont-elles faites? 100. — (12 janvier 1808.) Denon autorisé à acheter la statue de Pompée au pied de laquelle Jules César a été, dit-on, assassiné, 293. — (5 mars.) Allocution de l'Empereur à une députation de la quatrième classe de l'Institut, 458-459.

Bénévent (Prince de), vice-grand électeur, 63. — (25 octobre 1807.) Chargé de remplir, par intérim, les fonctions d'archichancelier d'état;

règlement à faire à ce sujet, 137. — (6 décembre.) Le prince de Bénévent s'entendra avec le roi de Naples sur des questions relatives à sa principauté, 216.

BERG (Grand-duc de). V. JOACHIM et ESPAGNE (Affaires d').

BERNADOTTE, maréchal, 52-53. V. PONTE-CORVO (Prince de).

BERTHIER (Le prince Alexandre), 52-53. — V. NEUCHÂTEL (Prince de).

BERTHIER (César), général de division, gouverneur des Sept Îles, (1ᵉʳ septembre 1807.) Envoyé à Corfou, 3. — (6 septembre.) Ses instructions, 13. En le choisissant, l'Empereur a compté sur sa probité et sur le soin qu'il apportera à faire aimer son administration, 14. — (14 septembre.) A mis trop de lenteur à se rendre à son poste, 33. — (6 octobre.) Est blâmé d'avoir déclaré Corfou partie de l'Empire, et est invité à plus de circonspection, 82. Insuffisance de sa correspondance, surtout en ce qu'elle a de relatif aux troupes russes et aux croisières anglaises, 91-92, et 145. — (12 octobre.) Nécessité de vivre en bonne intelligence avec les pachas et les Grecs : depuis la paix, le passé doit être oublié; recommandation de toujours répondre aux demandes d'Ali-Pacha qu'il en référera à l'Empereur, et de ne se permettre aucune négociation diplomatique, 96. Napoléon le fait réprimander par son frère, le prince de Neuchâtel, 97. — Rappelé à Paris le 28 janvier 1808, il est chargé de visiter, en revenant, Cattaro et la Dalmatie, 335, 357. — V. CORFOU, DONZELOT.

BERTRAND, général de division du génie, aide de camp de l'Empereur, 54, 245. — (18 février 1808.) Chargé d'inspecter les travaux de défense à Cherbourg, aux îles de Saint-Marcouf, au Havre, à Saint-Valery, Boulogne, Wimereux, Ambleteuse, Dunkerque, Flessingue, Ostende, Anvers. Questions relatives à cette mission, 407, 409.

BESSIÈRES (Le maréchal), commandant la cavalerie de la Garde impériale, 52, 53. — (30 octobre 1807.) Ordres pour la réception triomphale qui doit être faite à la Garde, à son entrée dans Paris, 147-148. — Envoyé à Burgos (20 mars 1808) pour y prendre le commandement des détachements de la Garde impériale qui s'y trouvent, et des 1ʳᵉ et 2ᵉ divisions des Pyrénées occidentales, 501.

BIENS NATIONAUX. (17 février 1808.) Demande à Boulay (de la Meurthe) de faire une enquête au sujet d'un arrêté préfectoral sur une question de biens nationaux dans le Finistère. Arrêté à casser au besoin, 396. — (26 février.) Sous-préfet suspect de malveillance envers les acquéreurs de biens nationaux, 446.

BIGOT DE PRÉAMENEU, président de la section de législation au Conseil d'état, ministre des cultes, 120, 264.

BILLARD, capitaine de vaisseau, chargé d'une expédition pour l'île de France, reçoit le commandement de la Caroline; ses instructions, 37.

BLÉ. (11 mars 1808.) Ordre à Cretet d'autoriser le commerce à faire partir des ports de Marseille, de Cette et de la frontière, les blés et farine destinés à Barcelone, pour la Catalogne, 482.

BLOCUS CONTINENTAL. (26 septembre 1807.) Ordre de vendre au profit de l'armée les marchandises anglaises saisies à Ancône, 60. — (29 septembre.) Marchandises anglaises, venant de Milan, à confisquer à Livourne et dans tout le royaume d'Italie : « Guerre sans relâche aux marchandises anglaises, c'est le moyen d'arriver à la paix, » 66. Menace d'envoyer des colonnes mobiles en Hollande pour y confisquer les marchandises anglaises, 67. — (3 octobre.) Intention d'appliquer aux canaux de Hollande en France, et aux communications de Hollande en Allemagne et en Suisse par le Rhin, les dispositions relatives au blocus de l'Angleterre; demande d'un rapport au ministre des finances, 74. — (6 octobre.) Reproche au général Dejean d'avoir délivré à un Anglais un passe-port pour se rendre en Angleterre par Amsterdam : « De quel droit ouvrez-vous la porte d'Amsterdam aux Anglais? » 80. —

(9 octobre.) Reproche aux consuls français en Hollande de donner des certificats d'origine hollandaise à des marchandises venant d'Angleterre et destinées pour la France et l'Italie. 89. Recommandation au roi de Hollande de surveiller la contrebande anglaise aux bords du Weser et de l'Ems, particulièrement à Emden. 92. — (12 octobre.) Fouché donnera une note de trente ou quarante individus, principaux agents de la contrebande dans le département de l'Escaut, 97. — (13 octobre.) Ordre que tous les bâtiments neutres, ayant touché en Angleterre, soient saisis, leurs cargaisons confisquées et mises en entrepôt, jusqu'à preuve de non-provenance anglaise, 99-100. — (11 novembre.) Observations sur un rapport du ministre des finances relatif aux mesures à prendre contre la contrebande qui se fait par les canaux de la Hollande, de la Belgique et du Rhin; demande d'un nouveau travail. 183. — (12 novembre.) En Portugal, les marchandises anglaises doivent être saisies, les individus anglais arrêtés et envoyés en France. 186. — (13 novembre.) Mécontentement de l'Empereur au sujet de marchandises prohibées que le directeur des douanes laissait entrer sous le prétexte qu'elles appartenaient à l'Impératrice. 187. Le transit, en Italie, de marchandises anglaises venant de Suisse, sans autres certificats que ceux des autorités du pays, blâmé par l'Empereur. 190. Liste de contrebandiers hollandais envoyée au roi Louis, 191. — Décret de Milan du 17 décembre 1807 : tout bâtiment neutre qui se sera soumis aux exigences de l'Angleterre, le droit de visite ou autres, sera déclaré dénationalisé et, comme s'il était devenu propriété anglaise, de bonne et valable prise; « ces mesures ne sont qu'une juste réciprocité pour le système barbare adopté par le gouvernement anglais, qui assimile sa législation à celle d'Alger; elles cesseront d'avoir leur effet pour toutes les nations qui sauront obliger le gouvernement anglais à respecter leur pavillon. » 227-229. Ordre à Champagny d'envoyer ce décret en Hollande, en Espagne, en Danemark, 229-230. Ordre à Cretet d'écrire une circulaire aux chambres de commerce pour expliquer ce décret, 231. — (20 décembre.) Le décret de Milan envoyé à Junot pour être mis à exécution dans le Portugal. 243. Ordres pour le séquestre des marchandises et des propriétés anglaises dans le Portugal. 244 et 255. — (28 décembre.) Ordre au prince Eugène d'envoyer le décret de Milan dans tous les ports de l'Italie, 266. L'entrée en Italie des cotons et toiles peintes permise par la frontière de France; certificat d'origine exigé. 266. Ordre secret de mettre l'embargo sur les vaisseaux sardes, dans les ports de Livourne et de Civita-Vecchia, et de défendre toute communication avec la Sardaigne, 266. Envoi du décret de Milan au roi de Naples. 267. — (12 janvier 1808.) Ordre à Decrès de mettre embargo sur les vaisseaux sardes et d'autoriser la course contre eux, 291. — (13 janvier.) Mesures ordonnées en Hollande contre le commerce suédois, 294. — (18 janvier.) Ordre pour le séquestre à Civita-Vecchia de bâtiments siciliens portant pavillon romain, et pour interdire toute communication entre la Sicile et Rome, 301-302. — (2 février.) La Rochefoucauld, ambassadeur en Hollande, doit insister sur l'exécution des mesures pour la prohibition du commerce avec l'Angleterre. 355. — Conseil de l'intérieur, tenu le 14 février 1808, pour arrêter les mesures propres à rendre le blocus le moins préjudiciable possible au commerce national. 386. — (29 mars.) Les Anglais se servent des bâtiments américains pour faire la contrebande. 534. — (3 avril.) Lettre au roi Louis sur le blocus en Hollande 553-557. V. CABOTAGE, CONTREBANDE, NEUTRES, PAVILLONS, etc.

BLÜCHER, lieutenant général prussien. Enfermé par le maréchal Soult dans Kolberg, 34. Sera assiégé par le maréchal Victor s'il ne cesse ses bravades; l'Empereur est las des fanfaronnades prussiennes. 55.

BOCCHÈSES. (1" septembre 1807.) Il leur est accordé un pardon général pour les événements antérieurs à la prise de possession des bouches de Cattaro par les Français, 2, 3.

Boulay (de la Meurthe), conseiller d'état, chargé du contentieux des domaines, 396.

Boulogne (Flottille et camp de). (13 septembre 1807.) Ordre au ministre de la marine d'aller visiter la flottille et le camp de Boulogne, et d'y annoncer que, dans quinze jours, il y aura 100,000 hommes au camp et que la flottille doit être prête à prendre la mer le 15 octobre, 29. — (12 janvier 1808.) Le camp de Boulogne fournit des troupes pour composer une division de réserve dont la réunion est ordonnée à Orléans; il reçoit des renforts, 290. — (26 mars.) Travaux à faire pour la fortification du camp de Boulogne : achever les travaux commencés; l'Empereur se réserve d'indiquer le système définitif de défense, 518-519. — (mars.) Projet de mettre au camp de Boulogne une armée de débarquement de 80,000 hommes, 544.

Bourse de Paris. (12 mars 1808.) Ordre d'en jeter les fondements dans le mois. Plan demandé de cet édifice, que l'Empereur désire « simple et beau, » 486.

Bourses dans les lycées. V. Instruction publique.
Bourses dans les séminaires. V. Clergé.

Bragance (Maison de). Recommandation à Junot, le 20 décembre 1807, de faire entendre que cette Maison a cessé de régner; armes de Bragance à faire disparaître de tous les édifices, 444. — (Décret du 23 décembre.) Séquestre des biens appartenant à la reine, au prince régent, aux princes apanagés, 249. — V. Jean (Infant), Portugal (Expédition de).

Braunau. Ordre de remettre, le 10 décembre 1807, la place de Braunau à la Bavière, 212.

Broussier, général de division. (1ᵉʳ septembre 1807.) Conseil au vice-roi de le garder en Italie : «c'est un homme qui, en cas de guerre, rendrait des services,» 2.

Brune, maréchal. (6 septembre 1807.) L'Empereur le félicite de la prise de Dänenholm. Pourra-t-il prendre l'île de Rügen? 11.

Brunswick (Le duc de). (18 janvier 1808.) Le roi Jérôme fera bien de laisser sans réponse la lettre de ce duc demandant à séjourner en Westphalie, 303. — (26 février.) L'Empereur ne s'oppose pas à ce que le duc et la duchesse de Brunswick demeurent dans le duché de Bade; réponse à faire, dans ce sens, à la margrave de Bade écrivant en leur faveur, 445.

Bucharest. (6 octobre 1807.) Réoccupé par les Russes malgré l'armistice; inquiétudes des Turcs; Napoléon s'entendra à ce sujet avec Alexandre, 87.

Budget. (6 octobre 1807.) Observations sur le budget de 1808. Dispositions concernant cent vingt millions qui n'échoient pas dans l'année, 79.

Butrinto, 326. Cédé par le sultan à la France : ordre, le 25 janvier 1808, d'en prendre possession, 342.

C

Cabotage. Questions posées par l'Empereur en conseil de l'intérieur, le 14 février 1808, pour une nouvelle législation du cabotage; faveurs à étendre aux neutres, aux alliés; quels sont les pavillons alliés, les neutres; pavillons à ne plus admettre, 386-389.

Cales flottantes. Ordre de faire l'expérience des cales flottantes de Ducrest, 48.

Camp de Boulogne. V. Boulogne.

Camp de Montechiaro. Ordre au prince Eugène pour la réunion de troupes au camp de Montechiaro, 307.

Camp de réserve. (10 mars 1808.) Ordres à Clarke pour la formation d'un camp de réserve à Rennes. Composition de ce camp : trois brigades d'infanterie, trois régiments provisoires de cavalerie, dix-huit pièces de canon, 479-480. — (16 mars.) Il n'y a que le camp de

Rennes et le camp de Boulogne pour défendre la Bretagne et la Normandie. 497.

CANAUX. (9 septembre 1807.) Canal de Saint-Quentin 25. — (14 novembre.) L'Empereur fait part à Cretet de ses intentions pour la construction des canaux de Saint-Quentin, de Dijon à Paris, du Rhin à la Saône et à l'Escaut, d'Orléans et du Languedoc, qu'il veut pousser avec la plus grande activité. Les ressources ordinaires ne suffisant pas, il se propose d'achever les canaux en construction pour les vendre, et de consacrer l'argent de cette vente à faire d'autres canaux. Sans ces moyens extraordinaires, il faudra de longues années pour ces travaux : «Que se passera-t-il pendant ce temps? Des guerres et des hommes ineptes arriveront, et les canaux resteront sans être achevés.» 192-193. Projet d'employer à la construction des canaux les fonds destinés à récompenser les généraux et les officiers de la Grande Armée : ils recevraient des actions sur les canaux au lieu de rentes sur l'État, 193-194. Compagnie à former pour le canal de Charlemont. 194. — (20 décembre.) Les prisonniers de guerre employés aux travaux du canal de Saint-Quentin refusent de travailler; décision à ce sujet, 244. — (27 décembre.) Décret pour le canal du Pô à la Méditerranée et pour des travaux qui doivent améliorer la navigation d'Alexandrie au Pô. 257. — (21 mars 1808.) Ordre à Cretet de presser l'achèvement des canaux Napoléon, de Bourgogne et du Nord, 506. V. TRAVAUX PUBLICS.

CAPRARA, cardinal, légat du Pape en France. (1ᵉʳ avril 1808.) Ordre à Champagny de remettre à Caprara une Note en déclaration de rupture des relations diplomatiques entre l'Empire et le Saint-Siége. Caprara cesse d'être reconnu comme légat et il doit quitter Paris; double texte de cette Note. 545-548. Toutefois, en sa qualité de sujet du royaume d'Italie, Caprara devra demeurer, sans pouvoir en sortir, dans le lieu de France ou d'Italie qu'il lui plaira de prendre pour résidence. 548. V. ROME (Cour de).

CARDINAUX. Les cardinaux napolitains rebelles au roi Joseph et réfugiés à Rome doivent être envoyés, à Naples, à leur souverain. 311, 368, 383. — (11 mars 1808.) Ordre au général Miollis de renvoyer les cardinaux dans leur pays de naissance : «Puisque ce sont les cardinaux qui ont perdu les états temporels du Pape par leurs mauvais conseils, qu'ils rentrent chacun chez eux.» 481. — Cet ordre est réitéré le même jour. 484. — Rappelé de nouveau le 13 mars. 489. — (16 mars.) Cardinaux et prélats napolitains envoyés à Naples pour y prêter serment à Joseph Napoléon, 496. — (20 mars.) Ordre au vice-roi d'envoyer à Paris le cardinal Ruffo qui a autrefois commandé les Calabrais, et à Bologne le cardinal Ruffo, de Scilla, archevêque de Naples, avec deux autres cardinaux. 504. Rappel de l'ordre de renvoyer chez eux les cardinaux étrangers à Rome par leur naissance. 505. V. ROME (Cour de).

CARIGNAN (Maison de), 262.

CAROLINE DE BOURBON, ex-reine de Naples. (22 janvier 1808.) Ordre d'arrêter les agents de la reine Caroline, réfugiés à Rome. 311-312. — (12 février.) Exécution de cet ordre au moment de l'entrée du général Miollis à Rome. 383.

CASSEL, près Mayence. V. KASTEL.

CATHERINE, reine de Westphalie, 220. Sentiments d'affectueuse estime que lui témoigne l'Empereur, 268.

CATTARO. (Septembre 1807.) Ordre de l'approvisionner; les troupes françaises en ont pris possession. 3, 10. — (6 novembre.) Question à Decrès sur la protection que des vaisseaux peuvent trouver dans la rade de Cattaro. 166.

CAULAINCOURT, général, grand écuyer de l'Empereur. (1ᵉʳ novembre 1807.) Son envoi en Russie comme ambassadeur est annoncé à Savary; traitement qu'il recevra, 157. — (23 novembre.) Il doit se comporter envers Merveldt, ambassadeur d'Autriche, avec hauteur et indifférence, 208. — Mentions diverses de cet ambassadeur. 172, 174, 207, 222, 288, 395.

CAVALERIE. (10 septembre 1807.) La cavalerie française n'est pas assez instruite; demande d'un rapport sur les moyens de former de bons écuyers; il faut porter une grande attention à l'école de manége de Fontainebleau, 26. — (12 mars 1808.) Note sur des propositions du prince Joachim pour des changements à opérer dans l'équipement de la cavalerie, 488.

CENIS (Le mont). (27 septembre 1807.) Caserne à établir à Lans-le-Bourg, 62. — (23 novembre.) Demande à Montalivet d'un rapport et d'un projet de décret pour établir au mont Cenis, 1° une commune composée de trois hameaux, 2° trois escouades de cantonniers, 3° trois postes aux chevaux, 4° une église pour la commune, une caserne pour six cents hommes et une petite caserne pour la gendarmerie, 208-209. — (27 décembre.) Décret créant la commune du Mont-Cenis divisée en trois hameaux; dispositions particulières; faveurs faites aux habitants qui y séjourneront pendant l'hiver, 259; mesures et travaux prescrits pour assurer l'entretien et la sûreté de la route; postes aux chevaux, cantonniers, lieux de refuge, hospice, établissements pour les troupes, 259-260. — (12 mars 1808.) «La route du mont Cenis est d'une si grande importance, qu'on ne doit rien négliger pour la rendre commode et sûre, non-seulement en réalité, mais pour l'imagination.» 485. — (19 mars.) Nouvelle répartition à faire des étapes du mont Cenis, 499. V. TRAVAUX PUBLICS.

CÉPHALONIE, 170. V. CORFOU et SEPT ILES.

CHAMPAGNY (J. B. Nompère de), ministre des relations extérieures. «Je n'ai pas d'homme plus honnête et plus attaché que Champagny.» 103. — Sa note au cardinal Caprara, 546-547.

CHARENTON (Hospice de), 284.

CHARITÉ (Établissements de). (30 septembre 1807.) Un chapitre général, présidé par Madame-Mère, est chargé d'examiner les moyens d'étendre ces institutions; composition de ce chapitre, 67-68. — (4 février 1808.) Intention de faire reviser et arrêter définitivement les règlements des différentes maisons, de les réunir et de favoriser leur extension, 359.

CHARLES IV, roi d'Espagne. (8 septembre 1807.) L'Empereur le remercie de ses félicitations sur la paix de Tilsit; il compte sur sa coopération pour agir contre le Portugal, 21-22. — (12 octobre.) Nécessité de l'expédition contre le Portugal; il importe d'arracher ce pays aux Anglais dans l'intérêt de la paix européenne; la suzeraineté du Portugal appartiendra à l'Espagne, 97-98. — (23-27 octobre.) Le roi d'Espagne participe aux conventions de Fontainebleau pour l'occupation et le démembrement du Portugal, 131-132, 140-143. — (13 novembre.) L'Empereur n'a eu aucune relation avec le prince des Asturies; objection qu'il fait à l'énormité des griefs dont on charge ce prince; vœu pour le rétablissement de la concorde dans la famille d'Espagne; espoir que l'expédition contre le Portugal ne sera pas manquée, comme elle l'a été quelques années auparavant, faute de décision et d'énergie de la part de la cour de Madrid, 189. — (10 janvier 1808.) Réponse tardive et dilatoire faite à la demande d'une princesse française pour le prince des Asturies, 281. Napoléon refuse de rendre publiques les conventions arrêtées avec l'Espagne pour le partage du Portugal, 281. — (16 février.) Avis à Beauharnais de l'envoi de huit chevaux à Madrid pour le roi d'Espagne, présent inopportun qu'il convient de retenir, 392. — (25 février.) L'Empereur fait remarquer à Charles IV qu'il ne donne point suite à sa demande d'une princesse de la famille impériale pour le prince des Asturies, 445. — (27 mars.) L'abdication du roi d'Espagne n'est pas reconnue; Murat doit avoir soin de la sûreté du roi et de la reine d'Espagne, 529. — (30 mars.) Recommandations pour que Charles IV, à l'Escurial, soit à l'abri des tentatives d'enlèvement, 539. — (6, 9, 13 avril.) Mêmes recommandations, 563, 571, 584. V. ESPAGNE (Affaires d').

CHARLOTTE BONAPARTE, fille de Lucien. V. LUCIEN BONAPARTE.

CHAUNAY-DUCLOS, capitaine de vaisseau, commande une division navale envoyée à Corfou; ses instructions, 49-50.

CLARKE, général, ministre de la guerre. V. les mots concernant l'armée.

CHRISTIANE, margrave de Bade. V. BADE.

CLERGÉ. (3 septembre 1807.) Demande à Cambacérès d'un rapport sur les paroisses et les succursales; réduire celles-ci successivement à 30,000. Pour finir les querelles entre les communes et les succursaux, ces derniers recevront un traitement de l'état. Établir aux frais du gouvernement un séminaire dans chaque métropole, 7. — (9 septembre.) Napoléon veut nommer aux bourses et demi-bourses dans les séminaires métropolitains, comme il nomme aux bourses des lycées, 24. — (10 septembre.) Organiser les séminaires métropolitains de Lyon, Malines et Paris. Les séminaires diocésains doivent être encouragés, 26. L'Empereur consacrera annuellement 600,000 francs et nommera au moins à 2,000 places; il interviendra par là dans la discipline des séminaires, 27. — (16 septembre.) Décision de l'Empereur sur la réduction des succursales à la charge des communes, 46-47. — (29 septembre.) Napoléon entend que l'archevêché de Florence soit donné à un homme connu par ses bons sentiments pour la France, 65. — (9 octobre.) Il voudrait que des bourses et demi-bourses dans les séminaires diocésains fussent établies à la charge des communes et à la nomination des conseils municipaux, 90. Dixième à prélever pour le clergé sur les revenus des immeubles communaux, 91. — (14 octobre.) Reproche à l'évêque d'Ajaccio d'établir son séminaire dans un village et non dans le chef-lieu diocésain; il doit résider au moins dix mois dans son diocèse, 102. — (18 janvier 1808.) Décision sur les aumôniers-évêques, 302. V. COMMUNES. ÉGLISE GALLICANE.

CODE NAPOLÉON. (31 octobre 1807.) Recommandation à Champagny de faire adopter le Code Napoléon par les villes hanséatiques et par Danzig; autres instances, dans le même but, à faire discrètement auprès du roi de Bavière, du prince Primat, des grands-ducs de Hesse-Darmstadt et de Bade, 149-150. — (31 octobre.) Invitation au roi de Hollande de l'introduire dans ses états à dater du 1ᵉʳ janvier, 155; sans y rien changer, même en matière de succession, «car, si l'on retouche au Code Napoléon, ce ne sera plus le Code Napoléon.» 190. «Cela resserre les liens des nations d'avoir les mêmes lois civiles.» 191. — (15 novembre.) Est établi en Westphalie par la constitution, 204; sa mise en vigueur ne doit point être différée; autrement, des difficultés naîtraient à propos des successions; ferme volonté que le roi Jérôme doit opposer aux objections, 206.

COLONIES. (5 septembre 1807.) Projets d'envoi de frégates à la Martinique, à Santo-Domingo, à l'île de France, 10. — (15 septembre.) Ordres secrets pour les expéditions de la Martinique, de l'île de France et pour la flotte de Cadix, 35. — (30 janvier 1808.) Renforts envoyés à la Guadeloupe, au Sénégal, à la Guyane. Intention d'envoyer aussi des renforts à l'île de France et à la Martinique, 343-344. — (2 février.) Compagnies de gardes-côtes à former de canonniers jeunes et de bonne volonté, qui désireraient passer aux colonies, 357. — (6 février.) Envoi de renforts à la Martinique et à la Guadeloupe. Navires envoyés en croisière au Sénégal et à la Guyane, 362. V. MARINE.

COMMERCE. (26 septembre 1807.) Ordre à Cretet, 1° de présenter l'historique de ce qui a été fait depuis trois ans pour le commerce de France; 2° de s'adjoindre Aldini et Collin pour rechercher comment on peut favoriser le commerce de France en Italie, sans nuire à la prospérité de ce dernier pays, 58. — (11 janvier 1808.) Les divers conseils d'administration devront indiquer, 1° les encouragements donnés au commerce et l'état des prêts faits par la caisse d'amortissement; 2° les mesures à prendre afin

76.

d'obtenir de l'Espagne, de l'Italie, de la Hollande, les tarifs de douane les plus avantageux; 3° les concessions à faire à la Russie pour y remplacer le commerce des Anglais. Demande de mémoires sur la balance du commerce, depuis et y compris l'an XIII, 284-285. — (13 janvier.) Note sur les moyens de développer le commerce de la France avec la Russie; indications pour faciliter l'établissement du change entre les deux pays; concurrence à faire aux maisons de commerce anglaises à Saint-Pétersbourg, 294-296. — (14 février.) Questions posées par l'Empereur en conseil d'administration, et mémoires demandés, sur les moyens à employer pour que le blocus soit le moins préjudiciable possible au commerce national, 386.

COMMUNES. (9 octobre 1807.) Le ministre de l'intérieur doit surveiller leurs finances et se montrer très-sévère pour les dépenses inutiles; il fera connaître l'état de leurs revenus; on pourrait mettre à leurs frais l'établissement d'un certain nombre de bourses dans les séminaires, l'entretien des prisons, en outre de ce qu'elles doivent fournir pour les lycées, les écoles secondaires et les dépôts de mendicité : « Il est d'autant plus nécessaire de trouver des objets de dépenses utiles pour les communes que, si l'on ne dispose de leurs moyens, elles ne manqueront pas de les employer à des choses inutiles. » 90. Relevé à faire du revenu des immeubles communaux en vue du dixième à prélever pour le clergé, 91. — (26 octobre.) Députations de conseils municipaux agréées par l'Empereur, si ces députations ne coûtent rien aux villes, 139. — (2 février 1808.) Projet de mettre à la charge des communes la moitié des bourses et demi-bourses des lycées, 356. — (13 février.) L'Empereur refuse d'appliquer dans les départements au delà des Alpes la loi de l'an IV sur la responsabilité civile des communes. 384. — (12 mars.) Vingt-cinq pour cent sur les coupes de bois appartenant aux communes sont affectés à l'Arc-de-Triomphe et à d'autres travaux. 486.

V. CLERGÉ, INSTRUCTION PUBLIQUE, MENDICITÉ et TRAVAUX PUBLICS.

COMPAGNIE VANLERBERGHE, DESPREZ ET OUVRARD, chargée du service des vivres de la guerre et de la marine, de la conservation de l'approvisionnement de l'intérieur. Observations sur cette compagnie, qui suspendit ses payements : « Sa conduite rappelle l'excessive crédulité et l'esprit qui régnaient au temps des actions du Mississipi. » 113-115.

COMPAGNIES CONCESSIONNAIRES DE L'ÉTAT. (31 janvier 1808.) Intérêt de l'état à conserver le capital de ces compagnies en empêchant les placements à fonds perdus. Projet de fixer un maximum de dividende au delà duquel les revenus seront mis en réserve pour recréer le capital primitif des actions, 352-354.

CONFÉDÉRATION DU RHIN. (14 septembre 1807.) Aucun prince entre l'Inn et le Rhin ne peut y être étranger. Napoléon, comme protecteur de la Confédération du Rhin, ne peut souffrir que l'Autriche se mêle des affaires de la Confédération. 30. — (16 février 1808.) Reproche au maréchal Davout d'avoir laissé passer un régiment prussien sur le territoire du duché de Varsovie : « Les états du roi de Saxe, faisant partie de la Confédération du Rhin, sont inviolables. » 393. — Réduction en faveur de divers princes confédérés, consentie par l'Empereur sur les créances de Hesse-Cassel. 446. 477.

CONGRÉGATIONS RELIGIEUSES. (19 octobre 1807.) Création d'un conseil chargé d'examiner la législation qui les régit : quels sont les statuts de ces établissements; quel est le but véritable de leur institution; en les autorisant, l'Empereur n'a cru approuver que des associations de charité. Autres questions sur les autorités qui les dirigent, les affiliations qu'elles peuvent avoir entre elles; sur les sommes produites par les droits de dispenses pour le carême et autres droits analogues; sur les donations faites aux établissements ecclésiastiques; sur les Pères de la Foi, que l'Empereur a déjà fait exclure d'Amiens, de Lyon, qu'il présume être des Jésuites, et qui font

TABLE ANALYTIQUE. 605

concurrence à l'état pour l'enseignement; sur les Sulpiciens et leurs doctrines. Les réponses à ces diverses questions doivent être faites dans un rapport accompagné de pièces à l'appui et de projets de règlements, 120-122.

Conseils d'administration. (11 janvier 1808.) Décret pour les conseils d'administration : il y aura trois conseils par semaine, un pour la guerre, un pour l'intérieur, un troisième pour les finances. Sont appelés à y assister, outre les ministres compétents, les conseillers d'état et autres fonctionnaires demandés par les ministres ou désignés par l'Empereur. Les ministres amèneront les chefs de division et de bureau qu'ils jugeront utiles, 282-287. Les rapports, mémoires et états, joints au procès-verbal de chaque conseil, doivent former un volume, qui restera dans le cabinet de l'Empereur pour être toujours sous sa main, 288. — (11 février.) Les ministres d'état n'assistent à ces conseils que lorsqu'ils y sont appelés par l'Empereur, 379.

Conseil d'état. (5 novembre 1807.) Le Conseil d'état doit n'ajourner aucun projet et donner son avis sur toutes les affaires qui lui sont soumises. 163. — (28 décembre.) La bulle du Pape relative au diocèse de Plaisance lui est déférée. 264-265.

Conseil de fortifications. (27 septembre 1807.) Ordre à Clarke de tenir chaque semaine un conseil de fortifications, 60.

Constantinople. Andréossy blâmé d'avoir parlé au prince Kourakine des affaires de Turquie et du sort futur de Constantinople, 230.

Contrebande. (29 mars 1808.) L'Empereur signale à Gaudin une manœuvre des Anglais pour introduire des marchandises en Hollande sous le pavillon neutre des Américains, 534. V. Blocus.

Convention de Fontainebleau pour le partage du Portugal. (Projet.) (23 octobre 1807.) Le Portugal sera divisé en trois parties : la partie septentrionale pour être donnée au roi d'Étrurie, 131; la partie méridionale, au prince de la Paix; la troisième partie, intermédiaire, comprenant Lisbonne, sera gardée en réserve pour faciliter des arrangements au moment de la paix générale. Le royaume d'Étrurie sera cédé à l'Empereur et Roi. Il sera fait une délimitation entre la France et l'Espagne, de manière que la ville de Fontarabie et le port du Passage appartiennent à la France. Les possessions coloniales du Portugal seront à partager entre les contractants. Le roi d'Espagne aura la suzeraineté des états provenant du démembrement du Portugal, et il prendra le titre d'Empereur des Amériques et Roi d'Espagne, 132.

Convention secrète de Fontainebleau. (27 octobre 1807.) Le roi d'Espagne et l'empereur des Français conviennent que le Portugal sera divisé en trois parts : celle du nord, au roi d'Étrurie; celle du sud, au prince de la Paix; la troisième, au milieu, à réserver jusqu'à la paix générale. Les deux premières principautés seront sous la suzeraineté et le protectorat du roi d'Espagne. Cession du royaume d'Étrurie à la France. Titre nouveau que prendra le roi d'Espagne. Partage à faire des possessions coloniales du Portugal, 140-142.

Convention de Fontainebleau pour l'occupation du Portugal. (27 octobre 1807.) La France fournira, pour cette occupation, 28.000 hommes, dont 3,000 de cavalerie; l'Espagne, 27.000 hommes, dont 3,000 de cavalerie, et 30 pièces de canon. Les troupes françaises seront à la charge de l'Espagne tant qu'elles se trouveront en Espagne, la solde exceptée, qui sera toujours payée par la France. Gouvernement provisoire des trois provinces du Portugal. Commandement supérieur des deux armées combinées. Un corps français de 40.000 hommes se réunira à Bayonne pour renforcer l'armée d'occupation de Portugal, 142-143.

Corfou. (1er septembre 1807.) Mention d'approvisionnements pour Corfou, 1. 3. — (5 septembre.) Protection qu'on y peut trouver, 10. — (6 septembre.) Demande à Joseph si des convois dirigés sur Corfou y sont arrivés, 13. Les Sept Îles ne font pas partie du royaume de Naples, mais elles sont sous le commandement civil et militaire du roi Joseph. Recommandation à César Berthier de faire aimer la France à Corfou et de mettre le pays en état de défense, 13-14. — (7 septembre.) Les communications de Corfou à la côte, jusqu'à Naples, à protéger activement, 20. — (1ᵉʳ octobre.) Il faut, de Naples, envoyer trois fois par semaine un officier à Corfou, 73. — (6 octobre.) Navires à construire, croisières à établir, services d'artillerie et du génie à organiser à Corfou, 80-81. Reproche à César Berthier d'avoir proclamé que désormais Corfou appartenait à la France, 82. Inquiétude de l'Empereur de ne pas apprendre que des munitions et des troupes sont arrivées à Corfou. Intention de concentrer les troupes françaises à Corfou, à Sainte-Maure et à Parga, 83; de fortifier Parga et Sainte-Maure; navires à construire; sommes à tenir à la disposition des divers commandants, 83. Disposition des troupes dans les Sept Iles et commandements sous lesquels elles seront placées, 83-85. Autres recommandations pour l'organisation du gouvernement militaire dans les Sept Iles, 85-86. L'Empereur demande pourquoi on n'occupe pas Butrinto et autres points du littoral de l'Albanie appartenant aux Sept Iles, 86. — (9 octobre.) Ordre au vice-roi et au roi Joseph d'envoyer à Corfou des munitions de bouche et de guerre, des conscrits, des navires, de l'argent, 91-92. — (12 octobre.) Demande à Clarke de projets de décrets pour organiser le gouvernement des Sept Iles «qui sera tout entier dans les mains de la guerre.» 95-96. Serait-il utile d'avoir deux à trois cents hommes de cavalerie à Corfou? 96. — (18 octobre.) Le général Lauriston fera étudier les communications de Cattaro à Corfou en suivant le littoral, 117. — (6 novembre.) Ordre à Decrès de mettre en construction à Corfou un vaisseau et une frégate, 166. — (6 novembre.) Deux frégates se rendent à Corfou; intention d'en envoyer deux autres, 166-167. — (7 novembre.) Instruction au roi Joseph pour des envois de troupes et de vivres à Corfou;

ordre à César Berthier de se maintenir maître de l'île et de ne pas se laisser renfermer dans la forteresse; avis divers; rappel d'ordres pour la défense des Sept Iles, 170-171. — (10 novembre.) Ordre à Clarke d'envoyer à Corfou un auditeur ou un inspecteur aux revues pour prendre des renseignements sur les finances du pays; recommandation à faire au gouverneur d'exécuter le décret sur les Sept Iles, 175-176. — (23 novembre.) Demande de nouvelles de Corfou au roi Joseph; impatience d'apprendre que des troupes sont arrivées et qu'on est en mesure de défendre la place et l'île, 210. — (11 décembre.) Ordre à Marmont de chercher à communiquer avec Corfou en envoyant des Tartares le long des côtes, 224. — (27 décembre.) Corfou est étroitement bloqué: ordre à Eugène de tenter d'y faire passer des munitions, 262. — (12 janvier 1808.) Napoléon fait questionner la Porte sur le concours qu'elle est disposée à prêter à la défense de Corfou, 288. — (18 janvier.) Le roi Joseph a le commandement des troupes qui sont à Corfou; les magasins laissés par les troupes russes doivent être utilisés, 303. — (25 janvier.) L'escadre, à Toulon, commandée par Gauteaume, est destinée à ravitailler Corfou, 324. — (26 janvier.) Ordre au vice-roi de prescrire à Marmont de se concerter avec Ali-Pacha pour assurer l'approvisionnement de Corfou et les communications avec Cattaro, 326. Avis à Marmont que l'on a demandé à la Porte le passage des convois et des troupes à travers l'Albanie jusqu'à Butrinto, 326. Renforts et munitions de toute espèce à tirer de la Dalmatie pour Corfou, 326-327. Agents que Marmont doit envoyer à Scutari, à Berat et au vladika de Montenegro, 327. Demande de renseignements sur différents points de la côte de l'Albanie et sur la protection qu'une escadre pourrait trouver dans les ports de Raguse et de Cattaro, 327-328. Le roi Joseph doit réitérer à César Berthier l'ordre de concentrer les troupes françaises à Corfou et à Sainte-Maure; lorsque 6,000 hommes seront réunis à Corfou, un débarquement des Anglais ne sera plus à craindre, 329. Avis au roi Joseph des négociations avec la Porte pour obtenir le passage jusqu'à Butrinto, 329. Demande de renseignements sur les forces anglaises devant Corfou, 329-330. — (28 janvier.) L'Empereur se plaint au prince Eugène de l'inexécution des mesures prescrites pour approvisionner Corfou, et lui ordonne de faire partir de Venise et d'Ancône des chaloupes canonnières chargées de munitions, d'outils et de vivres. 334-335. Ordre au roi Joseph de nommer Donzelot gouverneur des Sept Iles en remplacement de César Berthier. 336-337. — (29 janvier.) Ordres et avis au gouverneur des Sept Iles sur l'expédition destinée à ravitailler Corfou, sur la défense des Sept Iles, le passage en Albanie, la cession de Butrinto par la Porte; ordre de prendre possession de Butrinto et de fortifier le cap. Prévision d'une attaque des Anglais au printemps. 342-343. — (30 janvier.) Ordre au roi Joseph de réunir à Brindisi et à Otrante des troupes, des munitions et des vivres, qui passeront à Corfou à la faveur de l'escadre de Ganteaume; force que doit avoir la garnison de Corfou; en cas de débarquement des Anglais, 20,000 hommes viendraient en huit jours de la Dalmatie à Butrinto. 349. — (2 février.) Clarke chargé de réitérer les ordres pour la réunion des troupes françaises à Corfou et à Sainte-Maure; avis divers à rappeler. 357. Régiment italien et canonniers envoyés à Corfou; route qu'ils doivent suivre; ordre à Eugène de pourvoir aux besoins des troupes italiennes à Corfou, 358. — (7 février.) Avis au roi Joseph du prochain départ de l'escadre de Toulon pour Corfou. 367. Même avis au prince Eugène en lui recommandant le secret. 369. Importance de Corfou : conséquences de sa perte pour le royaume de Naples, l'Adriatique et la Turquie d'Europe. 369-370. Ordres pour l'envoi de troupes, de munitions, de vivres, à la faveur de l'escadre française; instantes recommandations. 370-372. — (8 février.) Mêmes recommandations renouvelées : la conservation de Corfou plus importante que la conquête de la Sicile : «Dans la situation actuelle de l'Europe, le plus grand malheur qui puisse m'arriver est la perte de Corfou.» 374. — (10 février.) Demande de détails sur un envoi de quatre-vingts milliers de poudre et d'un million de cartouches fait à Corfou par le prince Eugène. 376. — (17 février.) Nouvelle donnée à Alexandre de l'expédition pour Corfou partie de Toulon le 10 février. Vaisseaux russes qui devaient y prendre part et n'ont point pu le faire, faute d'ordres supérieurs. 388. Recommandation au roi de Naples de seconder l'expédition de Ganteaume par des envois d'hommes, d'argent, de munitions. Le succès obtenu à Corfou facilitera et assurera l'expédition pour délivrer la Sicile. 391-392. — (10 mars.) Napoléon impatient de n'avoir pas encore de nouvelles de l'expédition de Corfou. 481. — (29 mars.) L'Empereur reçoit des nouvelles de l'expédition : Ganteaume et Cosmao se sont réunis à Corfou le 12 mars; Ganteaume en est parti trois jours après, 535. V. Berthier (César).

Corps d'observation des côtes de l'Océan. (5 novembre 1807.) Instructions à Clarke relativement à la formation de ce corps, 163-164. — (11 novembre.) Ordre à Clarke de presser la marche des bataillons qui doivent le composer. 177-178. Nouvel ordre : transporter en poste ces bataillons à Bordeaux; c'est là que la formation se fera, 179-180. — (12 novembre.) Ce dernier ordre est contremandé, 184. — (6 décembre.) Une brigade de chasseurs et une de grosse cavalerie en sont distraites et doivent se rendre à Bayonne pour faire partie du 2ᵉ corps de la Gironde. 216. Le corps d'observation des côtes de l'Océan doit se rapprocher de Bayonne et être en mesure, du 20 au 30 décembre, de soutenir le général Dupont. 217. Troupes étrangères qui lui sont réunies. 217. Le maréchal Moncey commandant en chef. 217-218. — (23 décembre.) Ordre à Moncey de prendre ses mesures pour entrer en Espagne sans délai et d'avoir sa première division à Vitoria le 5 janvier, 252. Observations sur des états de situation, 253. — (7 janvier 1808.) Le quartier général du maréchal Moncey doit être à Vitoria le 10 janvier; il est inutile cependant qu'il fasse faire des marches forcées à ses troupes, 275. — (14 février.) Décision relative aux troupes et au matériel du parc de réserve d'artillerie du corps de l'Océan, 385. V. Espagne (Affaires d').

Corps d'observation de la Gironde (Le 1ᵉʳ). Ce corps, d'environ 20,000 hommes, est à Bayonne, sous les ordres de Junot, 93. — (12 octobre 1807.) Ordre à Clarke de le faire partir dans les vingt-quatre heures pour l'Espagne et le Portugal, 94. — (23 décembre.) Décret conférant au 1ᵉʳ corps d'observation de la Gironde le nom d'*Armée de Portugal*, 249. V. Portugal (Expédition de).

Corps d'observation de la Gironde (Le 2ᵉ). (16 octobre 1807.) Sa formation, 107; sa composition, 108. — (3 novembre.) Instructions au général Clarke pour la formation de ce corps, composé de trois divisions et commandé par le général Dupont, 161-162. — (11 novembre.) Ordres à Clarke pour accélérer la marche des divers régiments et leur réunion à Bayonne, 177. — (13 novembre.) Ordres à donner par Clarke au général Dupont pour que la 1ʳᵉ division parte de Bayonne, se rende à Vitoria, lie et maintienne communication avec Junot; renseignements demandés; mouvements de la Galice à surveiller, 187-188. — (6 décembre.) Brigades de cavalerie distraites du corps d'observation des côtes de l'Océan et placées sous les ordres de Dupont. Le corps d'observation de la Gironde doit être, du 20 au 25 décembre, entre Vitoria et Burgos. Force qu'il doit avoir, 216. Instructions au général Dupont : surveiller les Espagnols, dire qu'il est destiné à secourir Junot, 217. Dupont doit réunir à Salamanque les détachements en marche pour rejoindre Junot et les garder pour renforcer son corps, 217. — (23 décembre.) Ordre à Dupont d'avoir, le 10 janvier, son quartier général à Valladolid, de surveiller le pont du Douro et d'achever l'organisation de son corps, 252. V. Espagne (Affaires d').

Corps législatif. (4 octobre 1807.) Observations au sujet de l'élection de quelques députés, 77.

Corsaires. (7 septembre 1807.) Un corsaire français, l'*Étoile-de-Napoléon*, a rendu des services lors de la prise de possession de Corfou, 19. — (6 octobre.) Ordre au vice-roi et au roi de Naples de faire armer quelques corsaires à Venise, à Naples, à Ancône, 81, 86. — (4 décembre.) Recommandation au vice-roi d'armer des corsaires dans l'Adriatique, de chercher à Venise des marins capables de les commander, de proposer des souscriptions pour leur armement; c'est donner le goût des entreprises hardies, former des matelots et encourager l'esprit militaire, 214. — (17 décembre.) Dans l'arbitraire que les Anglais ont établi, la course est le seul moyen d'approvisionnement, 231. — (28 décembre.) Ordre au roi de Naples de faire courir sur les bâtiments qui communiqueraient avec la Sicile, Malte, Gibraltar, 267.

Corse (Île de). (13 octobre 1807.) Demande d'un rapport sur les travaux à y exécuter pour les grandes communications. Ponts, eaux et quais de la ville d'Ajaccio, 99. Le roi Joseph peut envoyer en Corse les 4,000 galériens dont il veut purger ses états : « Là, au moins, les habitants ayant l'habitude d'être armés, on peut facilement les contenir, » 118. — (1ᵉʳ novembre.) Nouvel envoi de galériens napolitains en Corse. Travaux à leur assigner. Culture du coton à favoriser. Intention de faire de la Corse un seul département, 155-156.

Coton. Ordre de rechercher les moyens d'établir et d'encourager la culture du coton en Corse et dans les départements méridionaux de l'Empire, 156.

Cretet, ministre de l'intérieur. V. tous les mots concernant l'administration, l'instruction, les travaux publics.

D

DALMATIE. (27 décembre.) Armements et remontes à faire en Dalmatie. 262. — (12 janvier 1808.) Amnistie accordée aux Dalmates, 288. — (20 mars.) Les Dalmates, plus que les Français et les Italiens, sont propres à la défense des îles de l'Adriatique, 505.

DALMATIE (Armée de). (2 novembre 1807.) Elle va recevoir un renfort de 8,000 hommes, 160. — (27 décembre.) Troupes italiennes envoyées en Dalmatie, 262. — (15 janvier 1808.) Dépenses trop considérables des hôpitaux, 299-300. — (20 janvier.) Observations sur un état de situation de cette armée; ordre au vice-roi de la tenir au complet; sa force; est composée de troupes françaises et italiennes, 305-307. — (16 février.) Observations sur la comptabilité irrégulière de cette armée, 393. — (22 février.) Portée à l'effectif de 22,000 hommes, 437-438. Incident de l'île de Lussin-Grande, le 14 février, 505.— En février 1808, l'armée de Dalmatie est en mesure de se diriger sur Constantinople pour coopérer avec la Russie, et peut-être avec l'Autriche, à une expédition contre les Anglais dans l'Inde. 586.

DANEMARK. (1er septembre 1807.) L'Empereur consent à rendre au roi de Danemark des Danois pris sur des navires anglais, 1. — (14 septembre.) Conjectures sur la défense que les Danois opposent aux Anglais menaçant Copenhague en août et septembre, 32. — (14 et 15 septembre.) Questions et instances pour que le roi de Hollande envoie sans délai des divisions de chaloupes canonnières au secours du Danemark, 33, 39. — (30 octobre et 1er novembre.) L'Empereur, en signant un traité d'alliance avec le Danemark, stipule que, si la Russie déclare la guerre à la Suède, le Danemark fera cause commune avec la Russie, 148, 157. — (1er mars 1808.) Recommandation au prince de Ponte-Corvo de faire visiter les fortifications du Danemark dans le Holstein, la Fionie et sur les points les plus avancés du continent danois, 453. — V. PONTE-CORVO (Prince de), SUÈDE.

DANEMARK (Frédéric, prince royal de). (30 septembre 1807.) L'Empereur lui écrit au sujet du bombardement de Copenhague; les Danois ont manqué de vigilance et de promptitude; l'Empereur promet son assistance au Danemark, 70.

DANZIG, 21, 181.

DARU, intendant général de la Grande Armée. (14 et 26 septembre 1807.) Il fera connaître aux plénipotentiaires prussiens que si, au 1er octobre, tout ce qui est relatif aux contributions n'est pas réglé, l'Empereur s'emparera des revenus courants, 30-31, 60. — (27 octobre 1807.) Ordre au sujet de la contribution de guerre à payer par la Prusse, 144. Autres ordres pour le même objet; passage et routes à stipuler de la Prusse, 145. Instructions relatives aux domaines réservés en Westphalie, aux contributions ordinaires et extraordinaires, etc. 270-271, 345, 347. V. GRANDE ARMÉE, JÉRÔME NAPOLÉON, PRUSSE, WESTPHALIE.

DAUCHY, conseiller d'état, intendant général du trésor dans les départements au delà des Alpes, chargé d'établir les listes civiles de Parme et de Gênes, 264. — (28 décembre 1807.) Administrateur général de la Toscane; ses instructions, 265. — (18 février 1808.) L'Empereur lui fait écrire : «Je suis impatient qu'il me mette en mesure de donner des ordres pour organiser ce pays.» 403. V. TOSCANE.

DAVOUT, maréchal, chargé du premier commandement de la Grande Armée. — (13 octobre 1807.) Il doit tenir le langage le plus pacifique relativement à l'Autriche, veiller à ce que les magasins ne soient pas gaspillés; une gratification est accordée à ses officiers, 101. — (23 octobre.) Recommandation de publier, de toutes les manières, dans les journaux de Varsovie, que la meilleure intelligence existe entre l'Autriche et la France; mêmes assertions pour les relations de la France avec la Russie, toutefois avec des ménagements pour l'esprit polonais, 136. — (31 mars 1808.) L'Empereur lui donne des nouvelles de ses affaires en Espagne, de ses relations avec la Russie, l'Autriche; conseils relativement aux Polonais, aux Russes; campements à établir; la levée s'annonce bien : «Je ne vois point de probabilités pour la guerre; mais, quand on a une armée, il faut qu'elle soit toujours en mesure,» 541-542. V. Grande Armée et Pologne.

Decrès, vice-amiral, ministre de la marine. Envoyé en inspection à Boulogne, Calais, Flessingue, Anvers, 29. V. Colonies et Marine.

Dejean, général, ministre directeur de l'administration de la guerre. V. Armée, etc.

Départements. (1er septembre 1807.) Projet de mettre à la charge des départements les 8 à 10 millions nécessaires pour la création de dépôts de mendicité, 2. — (3 novembre.) Demande à Cretet d'un rapport sur l'ingénieur en chef du département du Nord et d'un relevé de toutes les lettres des conseils généraux, 161. — (17 décembre.) Incendies dans le département de la Seine-Inférieure; ordre à ce sujet, 229. — Mauvais esprit manifesté dans le conseil général de la Haute-Garonne, 231. — (21 janvier 1808.) Dette arriérée des départements; moyens pour l'éteindre proposés par l'Empereur en conseil de l'intérieur; intention que les départements commencent sans dettes l'année 1809, p. 308-309.

Départements au delà des Alpes. (10 novembre 1807.) Rassemblements faits au nom de l'ancien roi de Sardaigne; plaintes à ce sujet de la faiblesse de Menou, 176. — (27 décembre.) Décret pour l'exécution de travaux de ponts et chaussées : canal pour joindre le Pô à la Méditerranée, navigation du Pô, routes, 257; ponts, 257-258; sommes affectées à ces travaux, 258; création de la commune du Mont-Cenis; dispositions pour assurer l'entretien et la sûreté de la route, 259-260. Satisfaction qu'éprouve l'Empereur de l'esprit des villes du Piémont, 260. — (28 décembre.) Conseil extraordinaire de préfecture établi dans ces départements, 262. Demande de renseignements sur les opérations pour l'extinction de la dette du Piémont, 262-263; avantages trop considérables faits dans ce but à la caisse d'amortissement, 263; moyen proposé pour éteindre une partie de cette dette, 263. Formation d'une liste civile à Parme et à Gênes, 264. — (17 janvier 1808.) Hiérarchie administrative : les préfets subordonnés au général Menou, 300-301. — (13 février.) Répression du brigandage; l'Empereur n'approuve pas que les communes soient rendues responsables du passage et du séjour des brigands sur leur territoire, 384-385. — Observations et prescriptions diverses de l'Empereur, en conseil des finances, le 14 février 1808, pour l'extinction et la transformation de l'ancienne dette du Piémont et de l'ancienne dette de Gênes, 389-391. — Décret du 24 février 1808, pour établir un gouvernement spécial aux départements au delà des Alpes, 440; attributions du gouverneur général, 441-442; de l'intendant du trésor, 442; du chef d'état-major, 442-443; du directeur de la police, 444.

Diplomatie. «N'y aurait-il eu qu'un bonjour» dans la lettre du ministre des relations extérieures, «sous quelque prétexte que ce soit, elle ne devait pas être montrée par l'ambassadeur, pas même lue devant un étranger,» 78. — L'Empereur ne veut pas que ses ambassadeurs se mêlent aux intrigues, 87. — Causes de la destitution d'un ministre à faire connaître au corps diplomatique, 362. — Les hommes qui ont servi la politique de Versailles ne peuvent diriger celle de l'Empereur; les usages de la Prusse ne sont pas une règle pour lui, 494. — Suppression du comité de protocole, 550.

Division d'observation des Pyrénées occidentales. (6 décembre 1807.) Sa composition; réunie à Saint-Jean-Pied-de-Port; commandée par le général Mouton, aide de camp de l'Empereur, 217. — (23 décembre.) Doit être formée à 1,000 hommes par bataillon; si, au 1er janvier

1808, cette division est forte de 4.000 hommes. Clarke doit donner ordre au général Mouton d'entrer à Pampelune le 8 janvier, 252. — (20 février.) Ordre au général Merle de se rendre à Pampelune pour prendre le commandement de la division des Pyrénées orientales, 412-413. V. Espagne (Affaires d').

Division d'observation des Pyrénées orientales. (23 décembre 1807.) Composée de la division italienne du général Lechi, de troupes suisses, etc. 250. 252. — Doit se réunir au 1ᵉʳ janvier 1808 à Perpignan, 253; en partir le 9 février, marcher sur Barcelone, 332, et se renforcer, au 1ᵉʳ avril, de la division Chabran. 560.

Division de réserve. (12 janvier 1808.) Ordre pour la formation à Orléans de cette division composée de troupes tirées du camp de Boulogne et commandée par le général Verdier. 289-290. V. Espagne (Affaires d').

Donzelot, général de brigade. (6 septembre 1807.) Envoyé à Corfou pour commander en second sous César Berthier. 15. — (25 septembre.) Destiné à succéder à celui-ci en cas de mort, 57. — Chargé du commandement de l'île Sainte-Maure, 84. 92, 145. — (28 janvier 1808.) Nommé gouverneur général des Sept-Îles, 335-336. Voyez Corfou et Sept Îles.

Dotations. (23 septembre 1807.) Onze millions seront répartis entre divers maréchaux, généraux, etc. moitié en argent, moitié en rentes sur l'état. L'argent doit être employé à l'achat d'hôtels à Paris, lesquels seront inaliénables et feront partie des fiefs que l'Empereur veut établir en faveur des donataires. 52. Répartition des onze millions. 53-54.

Douanes. Interprétation du décret du 25 décembre 1807 sur la douane de Gênes : l'exemption de droits est accordée seulement pour des objets de consommation journalière, 382.

Dornal de Guy, capitaine de vaisseau, commandant *la Manche*; ses instructions pour une expédition à l'île de France, 37.

Duhesme, général, commandant la division de grenadiers de l'armée d'Italie. (25 septembre 1807.) Envoyé, avec sa division, de Civita-Vecchia à Ancône; il doit occuper les provinces d'Urbin, Macerata, Fermo et Spoletto, 55. — (19 octobre.) Autorisé à rentrer en France et remplacé par le général Lemarois. 122. — Envoyé, le 28 janvier 1808, à Barcelone. 332; ordres à son sujet. 412. 478. 492. 501. V. Espagne (Affaires d').

Dupont, général de division, 53. Nommé au commandement du 2ᵉ corps de la Gironde, 161. 175. — Doit accélérer son départ pour Bayonne. 177. — Ordre au général Dupont de porter son quartier général à Vitoria et d'avoir, au 25 décembre 1807, tout son corps d'armée réuni entre Vitoria et Burgos, 216. V. Corps d'observation de la Gironde (2ᵉ corps) et Espagne (Affaires d').

Dupont-Chaumont, ministre plénipotentiaire à la Haye. (7 septembre 1807.) Imputations malveillantes de ce ministre auxquelles répond l'Empereur : rien ne prouve que le roi de Hollande se soit entouré des partisans de l'Angleterre; ce qui avait été annoncé au sujet du rétablissement des titres féodaux n'a pas été trouvé exact; les Anglais gouvernent la Hollande, dit-on; il faut là-dessus des faits, et non des allégations sans preuve qui sentent l'esprit de parti. 15-16. — (2 février 1808.) Remplacé par la Rochefoucault, 355.

Duroc, général de division, grand maréchal du palais. (25 septembre 1807.) Il a des conférences avec Izquierdo au sujet des affaires d'Espagne, de Portugal et d'Étrurie, 55. — (4 octobre.) Il reçoit des instructions pour des travaux au palais de Fontainebleau, 75-77. — (27 octobre.) Ministre plénipotentiaire pour préparer la convention de Fontainebleau, 140. Mentions diverses, 54, 514, 561.

E

Eaux et forêts. Observations faites en conseil des finances, le 7 février 1808, sur les états de recettes et de dépenses de l'administration forestière, notamment sur les coupes des quarts de réserve des communes, 373.

Écoles. — *De cavalerie.* (10 septembre 1807.) Insuffisance de l'école de Versailles pour la cavalerie, qui n'est pas assez instruite. Attention à porter à l'école de manége à Fontainebleau. Autres écoles à établir pour la cavalerie, 26. — *École de Metz.* (16 septembre.) Instruction pratique que les élèves doivent recevoir, 45-46. — *Écoles des arts et métiers.* Proposition de supprimer ces écoles faite en conseil, le 28 janvier 1808, par le ministre de l'intérieur; l'Empereur n'admet pas cet avis; pour les soutenir, il faut leur faire des commandes d'affûts de place et de siége, de caissons, etc. 337. École des arts et métiers dite *de Compiègne :* (12 mars.) «Il faut que chaque élève ne coûte pas plus de vingt sous par jour; ces élèves sont fils de soldats ou d'artisans peu aisés; il est contre mon intention qu'on leur donne des habitudes de vie qui ne leur seraient que nuisibles,» 485. — *École militaire de Fontainebleau.* (4 octobre 1807.) Les jeunes gens ont trop de dissipation si près de la cour; il faut séparer l'école du palais, 76. Transférée à Saint-Cyr en mars 1808, 514. — *École de tambours,* aux Invalides; *école de trompettes,* à Versailles, 560.

Écouen (Maison d'éducation d'). (1ᵉʳ octobre 1807.) Débuts de l'institution : il faut commencer par y faire entrer cent élèves en 1808, ce sera suffisant, 71; la pension à 400 francs; «Allez de l'avant, écrit Napoléon à Lacépède chargé de l'organisation, pourvu que vous mettiez le mot *provisoire*...» Dames institutrices à nommer par l'Empereur, 72. — (22 octobre.) Recommandations diverses à Lacépède pour l'établissement de cette maison : «La plus stricte égalité doit régner entre les élèves.» — «Ce que je vous recommande principalement, c'est la religion.» — «Quant à la littérature, il faut y aller très-doucement..... Les premières considérations sont les mœurs...» 129-130.

Église gallicane. (19 octobre 1807.) Demande d'un rapport sur les moyens de s'assurer que, dans les séminaires, on enseigne les quatre propositions de Bossuet, 122. — (28 décembre.) Le diocèse de Parme fait partie de l'Église gallicane, 264-265. — L'Empereur ne saurait reconnaître le principe que les prêtres ne sont pas sujets du souverain sous la domination duquel ils sont nés, 547. — Rupture avec Rome : «l'Église gallicane rentre, dès ce moment (1ᵉʳ avril 1808), dans toute l'intégrité de sa doctrine. Plus instruite, plus véritablement religieuse que l'Église de Rome, elle n'a pas besoin d'elle,» 548.

Elbe (Ile d'). (17 octobre 1807.) Depuis dix ans la mine de cette île est improductive; l'Empereur demande un rapport à ce sujet, 112-113.

Élisa, princesse de Lucques et de Piombino. (11 novembre 1807.) Type de monnaie proposé par elle et désapprouvé, 184. — (13 mars 1808.) Promesses et dispositions pour constituer la fortune privée de cette princesse et de sa famille, 489-490.

Équipages militaires (Train des). L'Empereur donne des carabines aux officiers et soldats du train des équipages. V. Grande Armée, 26 et 27 mars.

Escadres. V. Marine, *opérations maritimes.*

Émeutes. Comment elles doivent être réprimées dans les grandes villes, 574.

Espagne (Affaires d'). L'Espagne s'entend avec la France pour le partage du Portugal. V. Conventions de Fontainebleau, 23 et 27 octobre 1807. — Ordres à Clarke pour qu'au 20 novembre les places frontières d'Espagne soient armées, des approvisionnements de vivres préparés et des troupes concentrées dans le midi de la France, tout cela le plus secrètement possible, 176-178. — (13 novembre). L'Empereur charge Tournon, son chambellan, d'aller observer en Espagne la disposition des esprits, l'état des fortifications de Pampelune et de Fontarabie, et de prendre des renseignements sur l'armée espagnole, 188. — (24 novembre.) Ordre à Champagny d'avertir Beauharnais qu'une division se rend de Bayonne à Vitoria pour être en mesure de renforcer Junot. 211. Corps destinés à entrer en Espagne. V. Corps d'observation de la Gironde, Corps d'observation des côtes de l'Océan, Divisions des Pyrénées occidentales, orientales, de la Réserve. — (6 décembre.) Ordre au général Dupont d'avoir, le 20 décembre, son quartier général à Vitoria; il aura 25.000 hommes. 216; il veillera sur les opérations des Espagnols, tout en disant qu'il est destiné à soutenir le général Junot contre les Anglais qui méditent un débarquement à Lisbonne. Au 10 décembre, il ne restera rien en France du 1er et du 2e corps d'observation de la Gironde, 217. — (23 décembre.) Ordre au général Dupont d'avoir, le 10 janvier, son quartier général à Valladolid, 252. — (10 janvier 1808.) L'Empereur tarde de répondre à la demande d'une princesse française pour le prince des Asturies, parce que, écrit-il à Charles IV, ce prince s'est déshonoré par sa *déclaration*, 281. — (10 janvier.) Refus de laisser publier les deux conventions faites avec l'Espagne pour le partage du Portugal. 281. — (12 janvier.) Ordre à Champagny de faire faire une notice de la conspiration du prince des Asturies d'après les bulletins et la correspondance de Beauharnais. 287-288. — (27 janvier.) L'Empereur informe Decrès qu'il a demandé deux vaisseaux au roi d'Espagne, « de manière à n'être pas refusé, » et qu'il l'a sollicité de prendre des mesures pour augmenter de quatre vaisseaux l'escadre de Cadix. 330. — (28 janvier.) Ordre à Champagny pour que, le 9 février, Beauharnais demande des ordres à la cour d'Espagne afin qu'une division française devant aller à Cadix soit reçue à Barcelone; avis à donner à la même cour que d'autres troupes, également destinées pour Cadix, vont entrer en Espagne, 331-332. — (28 janvier.) Clarke chargé de donner les ordres suivants : à Duhesme, d'entrer en Espagne le 9 février, en se dirigeant droit sur Barcelone, de prendre des renseignements et d'étudier la disposition des esprits, 332; à Moncey, d'avoir son quartier général à Burgos le 10 février, et de s'étendre jusqu'à Aranda. 332-333; à Darmagnac, de prendre le commandement de la division des Pyrénées occidentales, sous les ordres du général Mouton, d'entrer à Pampelune le 9 février, d'occuper la ville, la citadelle et les fortifications, 333. — (18 février.) Ordre à Mollien d'envoyer secrètement à Bayonne, pour le 5 mars, deux millions en or, sous la garde d'un caissier, qui ne recevra d'ordres que du ministre du trésor ou de l'Empereur. Recommandation d'assurer, pour les mois de mars, avril et mai, la solde des corps d'observation des côtes de l'Océan, de la Gironde et de la division des Pyrénées occidentales, 403-404. Ordres à Clarke pour l'artillerie (pièces, munitions, attelages, etc.) qui doit être envoyée aux corps d'armée en Espagne ou réunie à Bayonne, 404-405. — Ordre à Bessières de faire partir pour Poitiers, Bordeaux et Bayonne, divers détachements de la Garde. Les détachements qui partiront de Paris doivent le faire le 19 février avant cinq heures du matin, afin que la population ne se doute d'aucun mouvement. Ordres pour l'artillerie, les munitions, les objets d'habillement, 406-407. Il sera nommé un *payeur général des corps d'armée en Espagne*, lequel centralisera les services des deux corps d'observation des côtes de l'Océan et de la Gironde, et ceux des deux divisions des Pyrénées orientales et occidentales. Cet agent du trésor devra se trouver à Bayonne le 28 février. Payeur particulier à détacher pour la division des Pyrénées orientales en marche sur Barcelone; avances à faire à ce corps, 411-412. — (20 février.) Ordre à Clarke d'envoyer des officiers en Espagne pour transmettre des recommandations sur l'artillerie devant Pampelune, la tenue des troupes devant Barcelone, et prendre des renseignements sur Barcelone. Figuières, et autres forts entre Barcelone et la France, sur les moyens de défense de la Catalogne et de la Biscaye. Sommes pour dépenses secrètes à divers généraux. Le général Merle appelé à remplacer Mouton au commandement de la division des Pyrénées occidentales, 412-413. Régiments suisses et irlandais au service d'Espagne; questions à leur sujet, 413. — (20 février.) Le grand-duc de Berg nommé lieutenant de l'Empereur auprès de l'armée française en Espagne; instructions qu'il reçoit sur les corps dont cette armée se compose, les troupes en marche pour la renforcer, les généraux commandants, les approvisionnements, etc. Autres instructions : imprudence commise en occupant Pampelune avec des forces insuffisantes, ordre de prendre la citadelle au plus tôt; langage pacifique et amical à tenir au commandant de la Biscaye; après Pampelune, Saint-Sébastien est la place la plus importante à occuper, ainsi que toute autre forteresse entre Valladolid, Pampelune et la France, sur les derrières de l'armée française; renseignements à recueillir, notamment sur les routes de Valladolid à Madrid, d'Aranda à Valladolid, de Burgos à Aranda et à Madrid. Murat n'aura pas de communication avec la cour d'Espagne avant d'en avoir reçu l'ordre, 413-416. — (20 février.) Suite des mêmes instructions. L'Empereur insiste sur l'importance d'occuper Pampelune en force, 174; nouveaux détails sur les renforts en marche, 416-418. — (2 mars.) Ordres pour la marche des troupes en Espagne aux premiers jours de mars. Recommandation d'occuper Saint-Sébastien, 455-456. — (6 mars.) Ordre à Murat de porter son quartier général à Burgos, d'échelonner des postes pour escortes de Bayonne à Burgos; divers mouvements indiqués pour la Garde, le corps de Moncey, celui de Dupont. Préparatifs pour le voyage de l'Empereur en Espagne. Réponse évasive à faire à Godoy sur le but de l'armée française en Espagne. Ordre pour approvisionner Pampelune. Napoléon revient sur les mouvements indiqués pour les deux corps de Moncey et Dupont : Moncey doit s'emparer des montagnes qui séparent Burgos de Madrid et former l'avant-garde de l'armée française entrant à Madrid, 463-465. — (8 mars.) L'Empereur annonce à Murat qu'il donne des ordres pour que la solde soit mise au courant dans les corps de Dupont et de Moncey : « Mon intention est que le soldat ait toujours le gousset garni pendant sa marche, parce qu'alors il ne pillera pas... », 466-467. Murat, en arrivant à Burgos, doit écrire aux États de Burgos, d'Alava, de Guipuzcoa, de Biscaye et de la Vieille-Castille, une lettre pour les assurer que les dépenses de l'armée française seront toutes payées; texte de cette lettre. Proclamation à mettre à l'ordre de l'armée, pour faire connaître aux officiers et soldats français qu'ils seront indemnisés de ce qu'ils perdront en échangeant les monnaies espagnoles et françaises, et pour assurer les Espagnols qu'ils seront traités avec égards par l'armée française; texte de cet ordre du jour : « Le soldat doit traiter les Espagnols comme il traiterait les Français eux-mêmes. L'amitié des deux nations date de loin... Sa Majesté n'a en vue que des choses utiles et avantageuses à la nation espagnole, pour laquelle elle a toujours eu la plus haute estime. », 467-468. — (9 mars.) Ordre à Champagny d'envoyer en Espagne un messager avec des instructions pour qu'il n'y ait point d'obstacles à l'entrée de l'armée française à Madrid : il ne s'agit que d'un séjour pour deux corps d'armée devant se rendre à Cadix, 468; plainte à faire au sujet du général Solano, qui a quitté le Portugal dans un but inconnu, et, par là, compromis la sûreté de l'armée française en Portugal, 468-469; assurances pacifiques à donner à Godoy, au prince des Asturies; l'Empereur veut aller à Cadix pour assiéger Gibraltar, de là se rendre en Afrique et « voir en passant à régler les affaires d'Espagne. » — « Si le prince de la Paix ou le prince des Asturies laisse entrevoir le désir de venir à Burgos, cela me sera très-agréable; n'importe qui viendra, il faut le recevoir. » Vivres à faire préparer à Madrid pour l'armée française, qui doit s'y trouver le 22 ou le 23 mars, 466.

— Satisfaction de l'Empereur en apprenant que Saint-Sébastien a été occupé sans difficulté. Rappel d'instructions pour la marche en bon ordre des corps de Moncey et Dupont sur Madrid. Dispositions pour assurer les derrières de l'armée française et ses communications avec la France. Point de traîneurs. Attitude de paix, égards constants pour le pays; «donnez toutes les assurances possibles au prince de la Paix, au Roi, à tout le monde.» Dire que l'armée française marche sur Cadix et sur Gibraltar. Il faut envoyer à l'Empereur, à Burgos ou à Bayonne, tous les personnages importants qui voudront traiter. Solano à surveiller dans son mouvement vers Cadix ou vers Madrid. Dispositions à faire pour la prochaine arrivée de Napoléon en Espagne. Nouvelle insistance sur les recommandations qui précèdent pour que l'armée française arrive en bon ordre et forte devant la Somo-Sierra, du 19 au 21 mars, 473-476. — (10 mars.) Le ministre de la guerre enverra au général Duhesme l'ordre de rester à Barcelone. Désapprobation de l'ordre de Murat de prendre Figuières. Rappel d'ordres pour la solde, l'artillerie, le génie. Blés partant de France pour la Catalogne, nouvelle à faire connaître aux principaux du pays, 478. V. Blé. Argent à restituer au capitaine général de la Catalogne. Sévère discipline à maintenir. Annonce à faire de la prochaine arrivée de l'Empereur à Barcelone. Duhesme peut se passer momentanément d'inspecteurs aux revues. «qui sont moins utiles en campagne,» et les remplacer par son chef d'état-major, 479. — (14 mars.) Instructions à Murat pour l'entrée pacifique qu'il doit faire à Madrid. Avis de mouvements commandés; renforts près d'arriver en Espagne. Appui que Murat peut avoir en Portugal par Junot. L'Empereur insiste sur sa recommandation d'entrer pacifiquement à Madrid. Il veut arriver à ses fins sans guerre. mais il est prêt à réduire toute résistance. Nouvelle instance pour que Murat se montre actif et prudent. 491-493. — (16 mars.) Ordre de laisser Duhesme devant Barcelone jusqu'à ce qu'il ait reçu un renfort, annoncé de 6.000 hommes. Recommandation réitérée de tenir un langage pacifique et rassurant. 495-496. — (19 mars.) Plainte au général Dejean au sujet de fournitures de souliers et de draps. 500-501. — Ordre au major général de faire partir le général Bessières pour Burgos. Troupes dont il aura le commandement. But de ses opérations, qui est d'assurer les derrières des corps Moncey et Dupont se rendant à Madrid et de surveiller le corps espagnol en Galice; avis, à ce double effet, de divers mouvements et de l'état des choses en Espagne. Recommandation d'avoir une attitude vigilante et ferme. mais non provocante : «Tout est encore pacifique avec l'Espagne, et ce ne sont que des mesures de précaution,» 501-502. L'Empereur écrit à Murat qu'il espère que l'entrée à Madrid s'est faite paisiblement. Confiance de tout arranger sans hostilités. Discipline à maintenir. Annonce à faire de l'arrivée prochaine de l'Empereur à Madrid. 502. — (23 mars.) L'Empereur n'a pas encore de nouvelles de l'entrée de Murat à Madrid; il pense toutefois que cette entrée s'est faite pacifiquement. Diverses prescriptions précédentes rappelées, notamment pour calmer les alarmes et toutefois se trouver prêt à faire face aux hostilités. Départ de l'Empereur retardé. 512-513. — (25 mars.) Murat doit être à Madrid depuis le 23. Nouvelle recommandation d'attitude pacifique et de prudence. Murat doit annoncer la prochaine arrivée de l'Empereur à Madrid, être l'ami de tout le monde et veiller à ses approvisionnements de Buitrago et d'Aranda. 516-517. — (26 mars.) L'Empereur écrit à Bessières ce qu'il conjecture de l'insurrection du 18 mars à Madrid : «Le Roi n'en partira pas, et Murat y sera bien reçu.» L'Empereur se dispose à effectuer son projet de se rendre à Madrid. Ordres en conséquence pour les bagages de la Maison de l'Empereur et les escortes qui doivent l'accompagner: «Si le chemin de Burgos à Madrid était très-mauvais, je ne suis pas très-effrayé d'aller à franc étrier, » 522-523. — (27 mars.) Espoir que Murat sera entré, le 23, à Madrid. Rappel d'ordres pour les corps de Moncey et Dupont; avis. Recommandation de protéger contre toute atteinte le Roi, la Reine, le prince de la Paix; de suspendre le procès qui menace ce dernier; de ne pas reconnaître Ferdinand pour roi; d'annoncer la prochaine arrivée de l'Empereur à Madrid, 529-530. — L'Empereur propose au roi Louis la couronne d'Espagne; nouvelles de Madrid; motifs qui décident l'Empereur à mettre un prince français en Espagne; nécessité, pour la sûreté du continent, de rattacher l'Espagne à la France, 588. — (29 mars.) Ménagements de l'Empereur à instruire le corps espagnol de la Romana des événements du 18 mars à Madrid. V. PONTE-CORVO (Prince de) et ROMANA (général de la). — Craintes de l'Empereur de s'être mal engagé dans les affaires d'Espagne, 530-534. Note sur l'authenticité de cette dernière lettre du 29 mars, 530. — (30 mars.) Approbation de la conduite de Murat à Madrid ; il a bien fait de ne point reconnaître le prince des Asturies pour roi et de traiter Charles IV avec égards. L'Empereur espère que Murat n'aura pas laissé partir Charles IV pour Badajoz; il doit le placer à l'Escurial et l'y garder avec le plus grand respect. Vive recommandation en faveur de Godoy, qu'il faut arracher des mains de ses ennemis, mettre en sûreté et envoyer à Bayonne, où l'Empereur va se trouver, 539-540. — Recommandation au maréchal Bessières de protéger Godoy, s'il vient à passer par Burgos pour se rendre à Bayonne; d'accueillir avec les plus grands égards le roi Charles IV et la Reine, si le grand-duc de Berg les dirigeait du côté de Burgos, et de ne point reconnaître le prince des Asturies pour roi. L'Empereur va partir pour Bayonne, 540. — (31 mars.) Avis de l'entrée du grand-duc de Berg à Madrid, le 24, avec les corps de Moncey et Dupont, plus de cinquante mille hommes, 542. — (1ᵉʳ avril.) L'Empereur va partir de Paris. Il sera, le 4, à Bordeaux; le 6, à Bayonne. Préparatifs à faire pour son séjour à Madrid. Approbation de ce que le grand-duc de Berg a fait occuper Aranjuez, où le roi Charles IV s'est réfugié; recommandation d'augmenter toutefois la garnison française de cette résidence. Ordres pour la disposition des troupes autour de Madrid, sur le chemin de Cadix et de Badajoz. Le maréchal Bessières est suffisamment fort pour observer la Galice. L'Empereur insiste de nouveau pour que le grand-duc de Berg sauve Godoy, et l'envoie à Bayonne, même en apparence, comme prisonnier, 549-550. — (5 avril.) L'Empereur, en arrivant à Bordeaux, écrit au grand-duc de Berg qu'il a rencontré en route, depuis Paris, des agents du prince des Asturies, mais qu'il a évité de se prononcer sur le nouveau roi d'Espagne. Recommandation réitérée d'exercer une grande surveillance autour de Charles IV; de faire venir le prince de la Paix à Bayonne, dans une voiture de poste, avec des escortes; de faire aussi arriver à Bayonne le nouveau roi. Ordres au sujet des troupes, 560-561. — Ordre à Bessières d'occuper Aranda. Recommandation au sujet de deux régiments de la Garde. Annonce de renforts pour la division Verdier. Ordre de réunir cette division à Vitoria, où l'Empereur se propose de la passer en revue, 561-562. — (6 avril.) Inquiétude de l'Empereur au sujet du roi Charles IV, qui n'est gardé que par une brigade à Aranjuez. Impatience de recevoir des nouvelles. Monthion attendu à Bayonne; le grand-duc de Berg peut aussi y envoyer Beauharnais, 563-564. — (8 avril.) Le grand-duc de Berg, blâmé pour son ordre du jour, a eu tort d'annoncer le voyage de l'Empereur à Madrid. Il est imprudent de laisser loger les généraux dans les maisons, au lieu de les faire rester avec les troupes cantonnées hors de la ville. Attente de nouvelles plus satisfaisantes, 569-570. — (9 avril.) Irritation de l'Empereur en apprenant les dispositions hostiles du peuple de Madrid. Il recommande à Murat une attitude de plus en plus ferme. Le grand-duc de Berg doit bien garder Charles IV, surveiller toute intrigue anglaise, prévenir toute tentative de fuite du Roi. Il faut que Ferdinand reste à Madrid ou vienne à la rencontre de l'Empereur à Bayonne. Tout autre parti serait «fâcheux.» Renseignements que Murat doit recevoir de Savary et de Reille. Observations au sujet de l'armée, 571-572. — (10 avril.) L'Empereur inquiet des dispositions du prince Ferdinand. Viendra-t-il à Bayonne? Restera-t-il à Aranjuez? Se rendra-t-il à Séville? N'enlèvera-t-il pas le roi Charles IV? Envoi d'instructions à Murat par Savary, Reille, Monthion, partis successivement. Lorsque le but que l'Empereur se propose, et que Savary doit faire connaître à Murat, sera atteint, Murat pourra déclarer hautement que l'Empereur veut, pour l'Espagne, intégrité et indépendance, à la seule condition de ne pouvoir jamais être ennemie de la France. Conseils au sujet d'une émeute populaire qui peut éclater à Madrid, comme le bruit en court. Langage que le grand-duc de Berg doit tenir à tous les partis, 573-574. — (12 avril.) L'Empereur annonce son départ pour Bayonne. Sa satisfaction d'apprendre que Murat avait deviné ses intentions. Instructions portées par Reille à la suite de celles de Savary, déjà arrivé. En attendant, il importe toujours de bien garder Charles IV et de se tenir prêt à réprimer toute agression. L'Empereur, au moment opportun, «arrivera à Madrid comme une bombe.» 582. — (13 avril.) Les lettres du grand-duc de Berg manquent de clarté: Charles IV est à l'Escurial, mais comment y est-il arrivé et gardé? Que pensent les meneurs de Madrid de cette apparente réinstallation du roi déchu? Il est chimérique de vouloir obtenir un grand succès d'opinion; mais on peut se tenir dans une excellente position militaire. Nouvelle recommandation à Murat de se référer aux instructions que lui apportent Reille et Monthion. L'Empereur lui annonce qu'il sera, le 14, à Bayonne. 584. — Recommandation à Bessières de se tenir en mesure d'agir à tout événement. 585.

États-Unis d'Amérique. V. Amérique (États-Unis d').

Étrangers. (7 septembre 1807.) Tout étranger qui veut se fixer en France doit y être non-seulement autorisé, mais encore engagé. 21.

— *Régiments étrangers*: intention de resserrer leurs cadres et de les faire passer au service de Naples et de Hollande; les Suisses à placer dans une catégorie à part. 48.

Étrurie. (16 septembre 1807.) Napoléon explique à la reine régente les motifs qui rendent nécessaire l'occupation de Livourne par une garnison française, 47. — (25 septembre.) Il est bien difficile de laisser ce pays au pouvoir de la Maison d'Espagne; il faut transiger avec elle pour en obtenir la cession. 56. La solde des troupes françaises en Étrurie doit être à la charge du pays, 57. — Le royaume d'Étrurie est cédé à la France. V. Conventions de Fontainebleau, 23 et 27 octobre 1807. — (2 novembre.) Avis à Eugène Napoléon pour en préparer la prise de possession; la division Miollis, qui l'occupe, à maintenir en force; saisie des marchandises anglaises. 160. — (5 décembre.) La reine d'Étrurie, invitée à quitter un pays où elle a cessé d'être souveraine, recevra, dans toutes les villes d'Italie et de France qu'il lui plaira de traverser pour se rendre en Espagne, l'accueil et les honneurs qui lui sont dus. 215. — Le 17 décembre, la reine d'Étrurie est à Milan auprès de l'Empereur, 235.

Eugène Napoléon, vice-roi d'Italie. (1ᵉʳ septembre 1807.) Le vice-roi fera connaître la situation des 1ᵉʳ et 2ᵉ régiments napolitains. Il doit garder le général Broussier en Italie, 2; saisir toutes les occasions d'approvisionner Corfou, 3. — (4 septembre.) Question sur l'adjudant-commandant Ramel. 9. — (5 septembre.) Le prince Eugène réunira à Trévise et à Padoue les garnisons russes de Cattaro et de Corfou, et prendra soin qu'elles soient bien traitées, 12-13. — (7 septembre.) Bricks et corvettes à expédier à Corfou pour protéger les communications avec Naples et la terre ferme de Turquie, 20. — (14 septembre.) Ce que le vice-roi doit faire pour les troupes russes débarquées à Venise; avis à donner à la flotte russe, 31-32. — (15 septembre.) Ordre pour l'achèvement de la carte d'Italie, 38. — (25 septembre.) Le vice-roi doit envoyer, de Civita-Vecchia à Ancône, la division Duhesme destinée à occuper les provinces d'Urbin, Fermo. Macerata et Spoletto, 56. Il fera connaître le but de ce mouvement lorsque ces troupes seront arrivées à Bologne, 57. — (27 septembre.) Ordre de retenir à Milan le cardinal de Bayane, 63. V. BAYANE. — (30 septembre.) Eugène Napoléon a été au delà des intentions de l'Empereur à l'égard des troupes russes, 69-70. — (1er octobre.) L'impératrice envoie des bijoux à la vice-reine, 72. — (2 octobre.) L'Empereur avait dit à Eugène Napoléon de bien accueillir les officiers généraux russes, mais non de les inviter à venir à Milan, 74. — (3 octobre.) L'Empereur lui envoie le général Lemarois, chargé d'occuper la Marche d'Ancône; instructions à lui donner, 75. — (8 octobre.) Le vice-roi a eu tort de faire revenir de Turin à Milan le cardinal de Bayane; cela va faire de l'éclat, et ce n'était pas le but de l'Empereur, 88. — (9 octobre.) Envois à faire à Corfou, 91. — (18 octobre.) Ordre de faire étudier le littoral de l'Albanie pour constater le point le plus favorable à des communications de la terre ferme avec Corfou, 117. — (19 octobre.) Ordres pour le 2e corps de la Grande Armée dans le Frioul; pour Lemarois remplaçant Duhesme à Ancône; pour des détachements de la division Miollis à faire passer à Naples, 122-123. — (21 octobre.) Instruction à transmettre à Lemarois, 127. — (22 octobre.) Envoi d'un décret pour l'occupation d'Ancône par le général Lemarois, 131. — (23 octobre.) Demande à faire à Marmont des états de situation de l'armée de Dalmatie, 136-137. — (2 novembre.) Avis et ordres au sujet des armées d'Italie, de Dalmatie et de Naples.

Avis pour préparer la prise de possession du royaume d'Étrurie. Ordre de réunir à Novare une division italienne, que l'Empereur appellera en France, 159-160. — (6 novembre.) Demandes et ordres relatifs à la marine et à l'armée italienne, 168. — (11 novembre.) Mesures à prendre en secret pour la réunion de la Toscane au royaume d'Italie, 183. — (13 novembre.) Ordre de défendre l'entrée des marchandises anglaises en Italie par l'Étrurie et la Suisse, 190. — (23 novembre.) Explication du décret relatif à Ancône, 210. — (24 novembre.) Ordre pour l'envoi d'une division italienne en France, 211-212. — (4 décembre.) Ordres pour des réformes dans l'armée et pour l'établissement de croisières dans l'Adriatique, 214. — (27 décembre.) Ordres pour l'approvisionnement de Palmanova et des envois de munitions à Corfou, 260-262. — (28 décembre.) Le vice-roi ne doit s'occuper en Toscane que des affaires militaires, 265. — Ordres pour l'exécution du décret de Milan relatif au blocus et aux neutres, 266. — Augmentation de la liste civile d'Italie par des fonds à prendre dans les états vénitiens, et dotation à établir pour quatre commanderies, 261-262. — (3 janvier 1808.) A l'occasion de la nouvelle année, présent fait au vice-roi d'un sabre que l'Empereur a porté pendant les campagnes d'Italie, 269. — (10 janvier.) Troupes à réunir sous le commandement de Miollis pour occuper Rome; instructions à donner à ce général, 278-280. — (13 et 18 janvier.) Ordres pour les troupes de la garnison de Venise, 297; le camp de Montechiaro, 297-298; l'interdiction des communications entre la Sicile et Rome, 301-302. — (20 janvier.) Ordres concernant l'armée de Dalmatie, 305-307; le camp de Montechiaro, 307. — (23 janvier.) Nouvelles instructions à donner au général Miollis, qui doit se concerter avec Alquier pour les mesures à prendre à Rome, 314-315. — (26 janvier.) Recommandation à faire au général Marmont pour les communications de Cattaro à Corfou, 326.

— (28 janvier.) Envois à faire de Venise à Corfou. 334. — (2 février.) Troupes désignées pour aller à Corfou; conscription à lever en Italie. 358. — (7 février.) Explication des instructions précédemment données pour l'occupation de Rome; Miollis indépendant d'Alquier quant aux affaires militaires; ordres à lui réitérer. Le vice-roi mis dans la confidence de l'expédition destinée à ravitailler Corfou. 368-369. — (9 février.) Dispositions à prendre à l'égard des troupes russes, 375-376. — (11 février). L'Empereur se plaint de n'être pas renseigné sur différentes parties de l'administration du royaume. 380-381. — (12 février.) Ordres à transmettre à Miollis. 383. Demande d'états de la marine italienne; désarmement de Peschiera et de Legnago approuvé. 383. — (17 février.) L'Empereur mande au vice-roi qu'il a rappelé Alquier de Rome; nouveaux ordres à transmettre au général Miollis. 396-397. — (18 février.) Questions sur les travaux maritimes à Venise, à Ancône. 409. Plaintes sur le budget du royaume d'Italie, 409-410. — (10 mars.) L'Empereur approuve la conduite du général Miollis à Rome; recommandations à lui transmettre. Nouvelles attendues de Corfou. La reine Julie part pour Naples; honneurs à lui rendre. L'Empereur à la veille de quitter Paris. Questions au sujet du régiment toscan. 480-481. — (11 mars.) Instructions et ordres pour Miollis à Rome. 483-484. — (13 mars.) Recommandation en faveur de l'ancien roi de Sardaigne, réfugié à Rome. 489. — (20 mars.) L'Empereur informe le vice-roi des mesures prises contre des cardinaux napolitains, le charge de transmettre des ordres pour Miollis à Rome, et lui demande de préparer des études pour la transformation administrative des Légations. L'Empereur ajoute : «A vous dire vrai, pour finir les affaires de Rome, je voudrais laisser passer le carême.» 504-505. — (23 mars.) Mesures militaires à prendre et préparatifs à faire pour transformer, le carême passé, les quatre légations en départements à réunir au royaume d'Italie. Bruit de cette prochaine réunion à faire courir dans le public, 510-511. — (26 mars.) Ordre de supprimer la garde du Pape et de sévir contre un officier coupable d'avoir causé une émotion populaire. 521-522. — (29 mars.) L'Empereur entretient le vice-roi des accroissements que l'armée française d'Italie va recevoir; recommandations diverses. 536-538. — (2 avril.) Ordre de surseoir jusqu'au 30 avril, dix jours après le carême passé, à l'exécution du décret, déjà envoyé, pour transformer les quatre légations en départements français : «Ces dix jours de plus vous mettront à même de prendre mieux vos mesures, de manière que tout cela se fasse comme un coup de théâtre.» 552. — (6 avril.) L'Empereur le félicite d'une diminution de prix de la journée d'hôpital en Italie. Envoi au vice-roi des décrets relatifs aux nominations à faire dans les quatre légations. 562-563. V. Corfou, Italie (Royaume de). Rome (Cour de), Russes (troupes et escadre).

Exposition des produits de l'industrie. (2 septembre 1807.) Décision de l'Empereur : il faut lui présenter, non le jury d'examen, mais les exposants qui ont remporté des prix. 6.

F

Fabrique de Lyon. (2 septembre 1807.) Ordre à Cretet de faire une enquête au sujet de tentures de soie fournies pour le palais de Saint-Cloud. 6. — (23 mars 1808.) Ordre de poursuivre en justice le teinturier qui avait donné un mauvais teint à ces étoffes; emploi à faire de l'indemnité à laquelle pourra être condamné cet industriel, 508.

Farnèse (Le palais) à Rome, rendu au roi de Naples Joseph Napoléon, 215.

Ferdinand, ex-roi des Deux-Siciles. Son consul et ses agents arrêtés à Rome, 279, 383.

FERDINAND-JOSEPH, grand-duc de Würzburg. V. WÜRZBURG.

FESCH. cardinal-archevêque de Lyon. sénateur. grand aumônier. 98, 105.

FÊTES DU 2 DÉCEMBRE. A l'occasion de cet anniversaire du couronnement et d'Austerlitz, chaque commune ayant plus de 10,000 francs de revenu doit doter une fille sage, qui sera mariée à un homme ayant fait la guerre. Cette fête doit surtout être célébrée comme l'anniversaire du couronnement, 106.

FETH ALI, schah de Perse. V. PERSE.

FINANCES. Le budget de la France pour 1808 énonce une recette de 720 millions, dont 120 n'échoient pas dans l'année; en négocier 40 à la Banque, 40 aux receveurs, 40 à la Grande Armée, 79. — Le premier principe de l'administration est que toute dépense doit être faite par l'ordre de l'Empereur, 126. — Le royaume d'Italie rend 122 millions par an, et le royaume de Naples 52 seulement, au lieu de 100 qu'il devrait rendre, 127. Tout est possible en France dans ce moment (novembre 1807), où l'on a plutôt besoin de chercher des placements d'argent que de trouver de l'argent, 194. La Toscane relevant du département des finances pour toutes les branches de l'administration civile, 276. L'Empereur demande à Treilhard «une rédaction sur les actions de la Banque et sur les cinq pour cent à affecter aux fiefs,» 300. — Explications et renseignements demandés au ministre des finances sur les fonds de non-valeurs et sur la réimposition, 309-310. — L'Empereur prescrit de retarder le payement de la dette publique en Toscane pour ce qui appartient à la Couronne, aux corporations religieuses, aux villes et à l'Autriche; les rentes des particuliers seules ne sont point susceptibles d'ajournement, 403. — Conseil d'administration, tenu le 14 février 1808, pour l'extinction et la transformation de l'ancienne dette du Piémont et de Gênes. 389-391. V. CAISSE D'AMORTISSEMENT.

FINLANDE. (14 octobre 1807.) Napoléon écrit au général Savary, à Saint-Pétersbourg, qu'il apprend avec plaisir les préparatifs de l'empereur Alexandre contre la Finlande, 104. — (17 février 1808.) L'armée russe est entrée en Finlande «pour attaquer le roi de Suède qui, décidément, fait cause commune avec l'Angleterre,» 397. Félicitations adressées à l'empereur Alexandre de ce qu'il a joint, par un oukase, la Finlande à la Russie, 588. — (1ᵉʳ mars.) Demande de nouvelles de l'expédition russe en Finlande, 453.

FLESSINGUE. (17 décembre 1807.) Ordre à Crétet de préparer un décret pour réunir cette ville au département français le plus voisin, 231. — (26 janvier 1808.) Réunie à la France, 326. — (7 février.) Ordre à Decrès de mettre en rade les vaisseaux qui sont dans le port; ils s'exerceraient et obligeraient les Anglais à tenir des forces devant Flessingue. Intention de laisser l'escadre en rade pendant l'hiver, malgré les glaces. 366-367. — (16 mars.) Conseil donné au roi Louis de former à Flessingue un camp de 3,000 hommes, 497. — (26 mars.) Indications, sur les digues de Flessingue, de deux points sur lesquels il importe d'élever deux forts; détails de construction; projet d'un autre fort sur la route de Middelburg. 519-520. — (12 avril.) Intention exprimée à Decrès de réunir dans la rade de Flessingue dix-huit à vingt-cinq vaisseaux en 1809, vingt-sept à vingt-huit en 1810; rapport demandé sur cet objet, 580.

FONTAINEBLEAU. (4 octobre 1807.) L'Empereur annonce à Duroc son intention d'habiter ce palais, «en laissant chaque chose à sa destination ancienne,» 75. Ordres divers pour les jardins, les écuries, les cuisines, etc. Défense de couper les arbres des allées; «on en a coupé pour le manége, et cela est un mal,» 76-77. — (24 mars 1808.) Dispositions ordonnées pour approprier à l'usage de la cour les bâtiments laissés vacants par l'école militaire transférée à Saint-Cyr, 514-515.

FORÊTS. (Mars 1808.) L'Empereur rappelle qu'il a décidé qu'un million serait dépensé dans l'année pour améliorer, par des canaux et des chemins, l'exploitation des forêts, 483.

FOUCHÉ, ministre de la police générale. (5 novembre 1807.) Ordre exprès de cesser toute démarche tendant à préparer l'opinion publique à l'idée du divorce; témoignage de mécontentement, 165. — (30 novembre.) Blâmé pour de nouvelles démarches faites dans le même but, 213. — (6 décembre.) Maret chargé de lui faire des représentations à ce sujet, 218. — (24 février 1808.) Surveillance à exercer aux frontières. 440. Police des journaux. V. JOURNAUX.

FRANCE (Ile de). V. COLONIES et MARINE, *opérations*.

FRANÇOIS Ier. Murat blâmé pour avoir mis de l'importance à reprendre à Madrid l'épée de François Ier. 563, 570 : «François Ier était roi de France, mais il était Bourbon. Il n'a pas été pris d'ailleurs par les Espagnols, mais par les Italiens.» 563.

FRANÇOIS II, empereur d'Autriche. (6 décembre 1807.) La dernière convention ayant terminé tous différends entre l'Autriche et la France, Napoléon espère n'avoir plus avec ce prince que des rapports d'amitié, 219.

FRÉDÉRIC, roi de Wurtemberg. V. WURTEMBERG.

G

GANTEAUME, vice-amiral. — (15 septembre 1807.) Chargé par intérim du portefeuille de la marine. 35. — (25 janvier 1808.) Ordre de se rendre à Toulon et de prendre le commandement supérieur de la côte et de l'arsenal. 322. V. CORFOU et SICILE (Expéditions de). — Le 10 février 1808, il part de Toulon et se dirige vers Corfou. 391-392. — (24 mars.) L'expédition d'Alger laissée à sa décision, 513. — Arrivé à Corfou le 12 mars, il en repart le 15, 535. — «L'amiral Ganteaume a été horriblement contrarié par les temps, puisqu'ils lui ont fait perdre une vingtaine de jours, pendant lesquels on aurait pu faire tant de choses,» 539.

GARDES DU CORPS. «Je ne crois pas que vous en deviez avoir, écrit Napoléon au roi Jérôme; ce n'est pas l'étiquette de notre famille,» 273.

GARDE IMPÉRIALE. (1er octobre 1807.) Ordre de se rendre à Paris. 71. — (30 octobre.) Réception triomphale qui doit lui être faite à son entrée dans Paris, 147-148. Soldat de la Garde à désigner pour recevoir la croix qu'Alexandre a mise à la disposition de l'Empereur : choix à faire parmi les soldats des campagnes d'Italie et d'Égypte, 148. — (31 octobre.) Instructions à Cretet pour la réception qui doit être faite à la Garde à son arrivée dans Paris. 150-151. — (2 novembre.) Instructions et ordres pour l'entrée de la Garde à Paris le 24 novembre; prescriptions diverses au sujet des discours, banquets et bals. «Il ne sera fait à la Garde aucune distribution d'habillements; elle entrera avec ses habits de guerre,» 158-159. — (12 novembre.) Ordre à Bessières de contremander le départ des fusiliers de la Garde et de les faire rentrer à Paris, 184. — (19 janvier 1808.) Gratifications accordées à divers officiers supérieurs de la Garde, 304-305. — (30 janvier.) Plaintes d'un vélite sur le régime et la nourriture de la Garde, 348. — (12 mars.) Demande à Clarke d'un rapport pour donner à la Garde un effectif de cent vingt fourgons, aussi légers que possible. 488-489. — Détachements envoyés en Espagne sous le commandement de Bessières. V. ESPAGNE (Affaires d'). — (19 mars.) Gratification de 800,000 francs donnée aux sous-officiers et soldats, 516. — (4 avril.) Ordre de choisir dans la Garde 115 vélites «pris parmi les vieux soldats, lettrés, vigoureux,» pour en faire des officiers. 558-559.

GENDARMERIE. (17 mars 1808.) L'Empereur refuse d'augmenter la gendarmerie, vu l'amélioration de l'état moral et politique de la France; mais il veut qu'à l'avenir le ministre lui fournisse un livret mensuel sur la situation de cette arme, qu'il s'agit seulement de bien répartir et bien employer. 498-499.

GLOGAU (Place de). (6 octobre 1807.) L'Empereur avait ordonné la démolition de ses fortifications ; qu'attend-on pour les faire sauter ? 82.

GODOY, prince de la Paix. Voyez ESPAGNE (Affaires d').

GRANDE ARMÉE. (19 octobre 1807.) Ordres pour compléter divers régiments du 2ᵉ corps stationné dans le Frioul, 122. — (21 octobre 1807.) Les états de situation indiquent un effectif de 432,000 hommes ; l'Empereur y signale des inexactitudes, 125. — (23 octobre.) Ordre à Davout de placer les divisions sous son commandement de manière à ne pas épuiser le pays : lieux indiqués près de Kalisz, Plock, Rawa, Thorn, Bromberg et Posen, 136. — (25 octobre). Observations et demandes de renseignements sur l'état de la remonte et de la cavalerie à la Grande Armée, 137-138. — (11 novembre.) Instructions au prince de Neuchâtel relativement à la division en six commandements du territoire occupé par la Grande Armée ; dispositions diverses pour le campement des troupes et pour les alliés, 180-183. — (12 janvier 1808.) — Décision sur la solde des 3ᵉ et 8ᵉ corps, 293. — (17 janvier.) Fonds provenant des contributions de guerre appartenant à la Grande Armée et déposés à la caisse d'amortissement, 301. — (25 janvier.) Les régiments de dragons de la Grande Armée autorisés à conserver huit sapeurs par régiment, 325. — (30 janvier.) Compliments au maréchal Soult sur la bonne situation du 4ᵉ corps ; recommandations, 345. — (4 février.) Demande d'un rapport sur les comptes de la Grande Armée avec le trésor, 360. — Application aux corps de la Grande Armée du décret du 18 février 1808, V. ARMÉE. — (22 février.) Observations diverses sur un état de situation au mois de janvier 1808 ; artillerie, 436-437. — (9 mars.) Questions à Mollien sur la situation financière de la Grande Armée, 469. Observations à Daru sur la solde de la Grande Armée, les contributions perçues et à percevoir en Allemagne pour son compte, ses dépôts à la caisse d'amortissement, 470-472. — (24 mars.) Ordre à Victor, Soult, Davout et Mortier de camper par divisions ; lieux désignés pour ces campements ; croquis que ces généraux doivent préalablement envoyer à l'Empereur. Avantages du campement pour le régime de l'armée, 515-516. — (26 mars.) Observations à Dejean sur les états de situation des équipages militaires de la Grande Armée. Plaintes sur les lenteurs mises à cette organisation. L'Empereur donne des carabines aux troupes du train des équipages, officiers compris. Plaintes et réflexions sur divers détails de cette administration militaire, 520-521. — (27 mars.) Observations et ordres à Daru sur les équipages militaires. Répartition des bataillons. Rappel d'ordres et questions sur les caissons d'ambulance, 526-528. — (31 mars.) L'Empereur rappelle à Daru des ordres donnés sur les équipages militaires et les caissons d'ambulance. Ne pas se presser d'acheter des chevaux. Demande de renseignements sur l'état des magasins. L'armée à tenir en état comme si elle allait entrer en campagne. Avantages du campement par divisions, 543. — (7 avril.) Approbation, avec modification, d'un projet présenté par le général Songis pour l'organisation de l'artillerie à la Grande Armée, 566-568. — (9 avril.) Reproche à Daru d'avoir soulevé des questions qui ont retardé la signature du traité pour les contributions de guerre à payer par la Prusse, 570. — (10 avril.) Ordre à Mollien d'avoir auprès de l'intendant général Daru un agent du trésor, très-habile, pour mettre en ordre l'état financier de la Grande Armée, découvrir les abus commis, notamment dans les comptes de la solde, relever toutes les contributions perçues ou à percevoir, et dresser, d'accord avec l'intendant général Daru, le budget de la Grande Armée, 572. V. AMORTISSEMENT (Caisse d'), PRUSSE et WESTPHALIE.

GUSTAVE IV, roi de Suède. Il a abandonné Stralsund (16 septembre 1807), est retourné en

Suède malade, 43. — (23 mars 1808.) Dans ses proclamations, Bernadotte ne doit plus le reconnaître comme roi de Suède : « Nous ne le reconnaissons plus depuis que la constitution de 1778 a été culbutée. » 510.

H

Hanovre. (4 septembre 1807.) L'Empereur est mécontent de la conduite des États de Hanovre; les casser et envoyer à Hameln les principaux membres, 9. — (6 septembre.) Si les contributions ne sont pas payées, le Hanovre sera traité en pays conquis, 11. — (14 janvier 1808.) Instructions pour la démolition des places de Hameln et de Nienburg, 298-299.

Hanséatiques (Villes). (Septembre 1807.) La contribution de 16 millions que doit fournir Hambourg sera payée à raison de 2 ou 3 millions par mois, 23, 48. — (6 octobre.) Le délai accordé par Bourrienne à Lubeck pour le payement de sa contribution de guerre est désapprouvé, 79. — (17 février 1808.) Décret pour lever 3,000 matelots dans les villes et territoires de Hambourg, Brême et Lubeck. 395. — (Mars.) Projet de faire de nouvelles levées de matelots à Hambourg, Brême, Lubeck, 544. — (8 avril.) Ordre au sujet des 3,000 matelots qui se lèvent dans les villes hanséatiques, 568.

Hesse-Cassel (Créances de). — (30 janvier 1808.) L'Empereur renonce en faveur du roi Jérôme aux créances qu'il pourrait faire valoir en Westphalie du chef de Hesse-Cassel. 347. — (10 mars.) Envoi au ministre des relations extérieures d'un état des créances de Hesse-Cassel sur divers princes de la Confédération du Rhin; compensations à établir, diminutions à accorder, payements à demander. 476-477.

Histoire (Ouvrages d'). (12 avril 1808.) Il n'est pas encore temps de laisser entièrement l'histoire moderne à la libre spéculation des écrivains. Enseignements que l'on doit en tirer pour la justification et le raffermissement de la société nouvelle. L'Empereur désire que l'on continue l'*Histoire* de Velly et l'*Abrégé* du président Hénault ; mais il veut que cette continuation, confiée à un écrivain choisi, se fasse sous la surveillance du ministre de l'intérieur; recommandation au sujet de l'*Histoire* de l'abbé Millot, 575-577.

Hollande (Royaume de). (29 septembre.) Plaintes et menaces au sujet des Hollandais en ce qui concerne le blocus, 67. — (14 octobre.) La Hollande ne peut avoir moins de 40,000 hommes à l'effectif, ce qui fait 25,000 hommes sous les armes, 102. — (12 janvier 1808.) Décision au sujet de la solde des troupes de la Grande Armée qui sont en Hollande, 293. — (13 janvier.) Mesures prescrites contre le commerce suédois. Napoléon insiste pour que la Hollande déclare la guerre à la Suède, 294. — (2 février.) Domaines dans le Brabant acceptés en échange de domaines réservés dans l'Ost-Frise, 355. — (7 février.) Désir de l'Empereur qu'une escadre hollandaise de huit vaisseaux se tienne au Texel et qu'il y ait quelques vaisseaux à l'embouchure de la Meuse, 372. — Nécessité pour la Hollande de participer activement à la défense commune, 373. — (26 février.) Soins à donner à l'armée et au développement des forces maritimes de la Hollande : « Ce sera un grand plaisir pour les Hollandais, car la nation a encore beaucoup d'énergie et d'amour-propre. » 450. — (13 avril.) Une division hollandaise est nécessaire pour défendre l'île de Walcheren, Flessingue et le Texel, 583. V. Blocus, Code Napoléon, Flessingue et Louis Napoléon.

Hôpitaux. — (15 septembre 1807.) Épidémie dans les provinces de Prusse; l'Empereur désire connaître l'état des hôpitaux; le major général y portera une grande attention, 39. — (12 janvier 1808.) L'Empereur voit avec plaisir, sur des états de situation, qu'il n'y a plus que 31,000 hommes dans les hôpitaux, 291. — (6 avril.) Satisfaction de l'Empereur en apprenant que la journée d'hôpital dans le royaume d'Italie a été réduite à 1 franc dans les hôpitaux civils et à 1 franc 30 centimes dans les hôpitaux militaires, 562.

I

INDUSTRIE. (11 janvier 1808.) Demande de rapports : matières premières à trouver en France et sur le continent; direction à donner dans ce sens à l'industrie; états statistiques du commerce et des manufactures; chambres de manufactures à établir, 285.

INSTITUT. (27 février 1808.) Allocution de l'Empereur à une députation de la seconde classe de l'Institut, 450. — (5 mars.) Autre allocution à une députation de la quatrième classe de l'Institut, 458-459.

INSTRUCTION PUBLIQUE. — (2 octobre 1807.) Question sur les administrateurs du lycée de Tours, 74. — (9 octobre.) Lycées et écoles secondaires établis aux frais des communes, 90. — (7 novembre.) Ordre à Fouché de veiller à ce que les prêtres *du nom de Jésus* n'influent en rien sur l'instruction publique et soient chassés des colléges. 168-169. — (28 janvier 1808.) Observations faites en conseil de l'intérieur; rapport de Fourcroy. 337; demande de nouveaux détails sur la situation des lycées, 338; projet de l'Empereur pour arriver graduellement à ce que les lycées ne soient plus à la charge de l'État, 338-339. — Travail présenté par Fourcroy : demande d'un projet sur l'organisation complète de l'Université; manière dont ce projet doit être fait, 339. — (2 février.) Demande à Cretet d'un projet de décret mettant à la charge des communes la moitié des bourses et demi-bourses des lycées; économie attendue de cette mesure pour 1808, 356-357. — (26 mars.) Observations de l'Empereur sur le projet présenté par Cretet, 517. Idée d'autoriser les particuliers à fonder des bourses dont la nomination leur serait réservée, 518. Opinion sur l'enseignement de l'histoire de France, 575-577. V. CLERGÉ, COMMUNES, HISTOIRE.

IRLANDE. Régiment irlandais. 178. 217. — (17 février 1808.) L'Irlande n'a jamais été aussi exaspérée; l'Empereur y a de fortes intelligences. 398. — (20 février.) Les régiments irlandais au service d'Espagne sont-ils composés de vrais Irlandais? L'Empereur voudrait se les concilier, 413.

ITALIE (Royaume d'). (15 septembre 1807.) Ordre de lever la carte topographique de l'Italie; la partie de l'Isonzo au Tagliamento est très-pressante : ce sera là le théâtre de la guerre, 38. — (25 septembre.) Instruction à Duroc pour stipuler de l'Espagne la suppression du royaume d'Étrurie; il faut «ôter de la péninsule cette difformité,» 56. — (11 novembre.) Intention de l'Empereur de réunir la Toscane au royaume d'Italie, 183. — (25 novembre.) Déterminer avec les commissaires autrichiens les limites de l'Isonzo. 212. — Allocution de Milan, 20 décembre 1807 : malheurs de l'Italie produits par les anciennes dissensions : «Citoyens d'Italie, j'ai beaucoup fait pour vous, je ferai plus encore. Considérez les Français comme des frères aînés,» 237. — (13 janvier 1808.) Nécessité d'établir une division militaire dont le quartier général serait à Udine, 298. — (30 janvier.) L'Empereur ne veut que deux divisions militaires en Italie au lieu de sept qu'Eugène proposait de créer, 348. — (13 février.) Observations sur le budget de l'intérieur du royaume d'Italie, 410. — (23 mars.) Intention de l'Empereur de réunir les quatre Légations au royaume d'Italie, 510. — *Places fortes.* (29 septembre 1807.) Ordre au vice-roi pour l'éclairage des places fortes d'Italie, 66. — (21 décembre.) Instructions sur les travaux du génie à exécuter, pendant l'année 1808, dans les places du royaume d'Italie : Palmanova, 244-245; Osoppo, 245; Venise et Malghera, 246-247; Legnago, château de Vérone, Mantoue, 247; Peschiera, 247-248; Rocca d'Anfò, 248. — (27 décembre.) Ordre pour l'approvisionnement de Palmanova en munitions de guerre, 261.— (12 février 1808.) Ordre pour le désarmement de Mantoue, Peschiera, Legnago, 383. — *Armée royale italienne*. (2 novembre 1807.) Ordres relatifs à l'armée d'Italie; réunion à Novare d'une division italienne que l'Empereur appellera en France, 159-160. — (24 novembre.) Division italienne réunie à Avignon sous le commandement du général Lechi, 211-212. — (23 décembre.) La division du général Lechi fait partie de la division des Pyrénées orientales, 252. — (28 janvier 1808.) Envoi au prince Eugène d'un décret qui règle la force de l'armée italienne pour 1808; explications à ce sujet, 260-261. — A la charge de qui est la division italienne servant en France, 336. — Indications pour composer la garnison de Venise, 297-298, 348.— (10 février.) Demande au prince Eugène d'états de situation de l'armée italienne, 376. Ordre de lever la conscription, 377. — (11 février.) Le prince Eugène non approuvé d'avoir placé des Français dans les troupes italiennes; il ne doit pas non plus y mettre de Piémontais, 380.

ITALIE (Armée d'). (11 décembre 1807.) Corps du Frioul inspecté par l'Empereur, 224. — (28 décembre.) Détachements de cavalerie à envoyer en Dalmatie, où ils seront montés, 262. Dépenses occasionnées à Venise par le mouvement et le transport des troupes; éviter ces dépenses en employant les bricks, canots et petits bâtiments de l'arsenal, 297. Intention de réunir le camp de Montechiaro et de faire quelques changements à l'organisation de l'armée, 298. Dépenses trop considérables faites pour les hôpitaux, 299-300.— (20 janvier 1808.) Ordre à Eugène de réunir le camp de Montechiaro le 1er avril; régiments désignés pour y être exercés, 307. — (19 mars.) Augmentation que cette armée va recevoir de la conscription de 1808. Effectif de cette armée porté à 72 ou 74,000 Français, celui de l'armée de Dalmatie à 26,000, celui de l'armée italienne proprement dite à 22,000 hommes; total, 120,000 hommes, avec 134 pièces de canon attelées; «la plus belle armée qu'ait vue l'Italie.» Recommandations diverses, 536-538.

IZQUIERDO (DON EUGENIO DE RIBERA Y LEZAUN), conseiller d'état honoraire du roi d'Espagne, envoyé en France. (25 septembre 1807.) Le grand maréchal du palais Duroc doit négocier avec cet envoyé le payement de l'emprunt contracté par l'Espagne, 55, et conférer avec lui relativement au royaume d'Étrurie, 56.— L'un des négociateurs et des signataires des conventions de Fontainebleau, 140. — (19 mars 1808.) Son arrivée à Paris attendue par l'Empereur, 502. V. CONVENTIONS DE FONTAINEBLEAU.

J

JEAN (Infant), régent de Portugal, félicite l'Empereur de la paix du continent : «C'est un acheminement à la paix maritime,» lui répond l'Empereur, le 8 septembre 1807, en le sommant de se décider entre le continent et l'Angleterre, 22. — (28 novembre.) Le prince régent s'embarque pour le Brésil avec toute la cour, 235. V. BRAGANCE (Maison de) et PORTUGAL (Expédition de).

JÉRÔME NAPOLÉON, roi de Westphalie. (15 novembre 1807.) Constitution donnée à la Westphalie : elle contient les conditions auxquelles l'Empereur renonce à ses droits de conquête. Grande influence qu'elle assurera au Roi en Allemagne, dont «les peuples désirent l'égalité et veulent des idées libérales.» 196-197. — Jérôme-Napoléon doit se rendre à Stuttgart, de là à Cassel; convoquer les députés des villes, les ministres de toutes les religions, les députés des États, et, devant cette assemblée, recevoir la Constitution et faire prêter le serment de la maintenir. Les membres de la Régence formeront le conseil privé du Roi. Instructions et conseils : Ne nommer que la moitié des conseillers d'état; relever la bourgeoisie, sans affectation; choisir de préférence, pour les places de la cour et de l'administration, des personnes non nobles; protéger les Français et conserver les troupes françaises le temps nécessaire; ne pas différer l'établissement du Code Napoléon; résister aux objections que l'on pourrait faire au sujet des successions. L'Empereur assistera constamment le Roi de son expérience et de ses conseils, 205-207. — (24 novembre.) Ordre à Champagny de notifier aux différentes cours l'avénement du prince Jérôme au trône de Westphalie, déjà reconnu par l'Autriche, 211. — (7 décembre.) Nécessité d'envoyer un ministre en Russie; difficulté du choix, 220. — (17 décembre.) Réponse à des lettres relatives aux contributions et aux domaines réservés en Westphalie, 235-236. L'Empereur n'approuve pas l'opinion de Jérôme sur Jollivet, 236. Recommandations et conseils, 236-237. — (28 décembre.) Observations sur une proclamation du Roi que l'Empereur ne trouve pas assez mesurée, 267-268. — (4 janvier 1808.) L'Empereur se plaint au Roi des distinctions que l'on fait au sujet du partage des domaines, 271. Il n'approuve pas l'intention du Roi de payer sur son trésor personnel les dépenses que le séjour des troupes françaises occasionne en Westphalie, 271-272. Observation sur le traitement trop considérable des ministres, 272. Chiffre des troupes que l'Empereur compte laisser en Westphalie, 272. L'Empereur est fâché que Müller quitte le ministère, 272. — (5 janvier.) Conseils pour la formation d'une garde westphalienne : 1,200 hommes seulement, dont 300 vieux soldats français; ce qu'elle devrait coûter; ses commandants, quatre capitaines généraux, dont deux français, «des officiers de mérite, qui aient gagné des batailles,» 273-274. «Jeune, prenez, pour vous servir, de la jeunesse, qui s'attachera à vous.» Les soldats français, parlant allemand, «donneront l'esprit militaire à votre jeunesse et en feront l'amalgame avec la France,» 274. L'organisation de cette garde devra se faire lentement, compagnie par compagnie, et selon le mode hessois, qui est le plus économique, 274-275. — (8 janvier.) Observation sur un discours du Roi aux États: le projet de révolutionner l'Allemagne y est trop manifeste, 276. Il ne faut pas exiger le serment de Siméon et de Beugnot en les employant comme ministres, 277. Inutilité, pour le moment, d'un ministre des relations extérieures, 277. — (18 janvier.) Conseil de laisser sans réponse une pétition du duc de Brunswick, 303. — (30 janvier.) L'Empereur pense que sa décision relative aux affaires de la banque de Magdeburg sera agréable au Roi, 346. Affaire des domaines : l'Empereur veut que cette affaire se termine promptement; il réduit ses prétentions à quatre millions, mais il désire que le Roi lui épargne des conflits, 346-347. Affaire des contributions : le Roi doit s'engager pour ce qui reste à payer, mais il aurait tort de le faire pour les provinces de Magdeburg, Halle et Gœttingen, 346-347. L'Empereur renonce sur les créances de Hesse-Cassel, pour que le Roi ait plus de moyens d'augmenter son armée, 347. — (30 janvier.) Conseils au sujet de la composition du ministère et de la cour de Westphalie. Efforts à diriger vers la formation d'une armée. Agrandissement du royaume de Westphalie possible dans l'avenir, 349-350. — Le Roi est désapprouvé pour n'avoir pas accepté les propositions de Daru au sujet des créances de la France en Westphalie. Exposé des points en discussion; intentions formelles de l'Empereur, 351-352. — (10 février.) Bérenger chargé de rappeler au Roi que ses bons sont échus, 380. — (21 février.) L'Empereur lui demande de diriger sur Mayence tous les Polonais au service de la France, et l'engage à donner ses soins à la formation de l'armée de Westphalie; force que doit atteindre cette armée. 418. — (5 mars.) Emploi auquel on peut appeler M. de Winzingerode. 460. — (11 mars.) Conseil pour le choix d'un ambassadeur en Russie, 484-485.

JOACHIM, prince et grand amiral de France, grand-duc de Berg et de Clèves. (20 février 1808.) Il est nommé *lieutenant de l'Empereur auprès de l'armée française en Espagne*, 413. V. ESPAGNE (Affaires d').

JOLLIVET, conseiller d'état, un des membres de la régence de Westphalie. Est nommé commissaire pour le partage des domaines réservés en Westphalie. 270. V. WESTPHALIE.

JOSEPH NAPOLÉON, roi de Naples. (1ᵉʳ septembre 1807.) L'Empereur n'approuve pas que les fonctions de préfet de police, à Naples, soient confiées à Nardon. Le Roi doit écrire à Ali-Pacha au sujet de Corfou. 3. — (6 septembre.) Les Sept Iles ne font pas partie du royaume de Naples; mais elles sont, pour le civil et le militaire, sous les ordres du Roi. Ordres au sujet des Russes et de Corfou, 13-14. — (6 septembre.) Affaires de Corfou. Points à occuper en Albanie. 14-15. — (7 septembre.) Nécessité de s'emparer de Reggio et de Scilla. 20-21. — (14 septembre.) Nouvelles du Danemark et de Copenhague; avis à donner à l'escadre russe qui se rend à Cadix, à l'escadre de l'Adriatique. 32. Recommandations au sujet des vaisseaux russes dont il faut recevoir les officiers avec distinction. 33. — (25 septembre.) L'Empereur ne comprend pas qu'il faille autant de troupes que le Roi en demande pour garder le royaume de Naples. Avec l'argent qu'on lui envoie et les ressources du pays, comment ne peut-il pas solder 25,000 hommes? - Les finances sont mal administrées ; c'est l'opinion générale. - 57. Observations relatives à l'emplacement des troupes. Renforts envoyés. 58. — (1ᵉʳ octobre.) Observations au sujet des régiments napolitains. L'Empereur n'a de fortes armées que parce qu'il surveille tous les détails de leur organisation. Si le Roi manque de troupes, c'est que ses finances sont mal administrées. 73. — (6 octobre.) Envois à faire à Corfou, 85. Pourquoi ne pas envoyer de corsaires pour parcourir l'Adriatique? Pourquoi n'occupe-t-on pas Butrinto et les points du continent qui dépendent des Sept Iles? 86. — (9 octobre.) Corfou doit être approvisionné pour un an, la solde des troupes, payée, 92. — (16 octobre.) Le régiment d'Isembourg arrive à Naples; autre renfort de 4,000 hommes annoncé; il faut chasser les Anglais de Reggio et de Scilla. 111. — (18 octobre.) Recommandation réitérée de prendre Scilla. 118. — Critique de l'armée et de l'administration militaire de Naples. 119-120. — (21 octobre.) Observations sur le budget de Naples : 52 millions de recettes par an; ce royaume devrait produire 100 millions; demande d'une statistique, 127. Dépenses excessives de l'armée napolitaine. 127-129. Énumération des armées que la France entretient en ce moment : plus de 800,000 hommes. 129. — (27 octobre.) Affaires de Corfou; question sur l'amiral russe Siniavine. 145. Nouvelles de l'expédition de Portugal. Galériens napolitains à envoyer en Corse. Régiments napolitains en France. Suisses au service de Naples. 146. — (6 novembre.) Il importe d'achever les vaisseaux en construction, 168. — (23 novembre.) L'Empereur se rend à Venise; il invite Joseph à s'y trouver. 210. — (24 novembre.) Le roi de Naples est reconnu par l'Autriche, 211. — (17 décembre.) Confidences sur l'entrevue avec Lucien; lettre à lui écrire. 234. Avis de l'entrée de Junot à Lisbonne; nouvelles. 235. — (28 décembre.) Mesures à prendre pour l'exécution du décret de Milan. 267. — (10 janvier 1808.) Joseph doit coopérer à l'occupation de Rome en envoyant à Terracine une colonne pour appuyer la marche de Miollis. 279-281. — (18 janvier.) Avis que son ambassadeur sera bien accueilli par le czar. 302. Les troupes qui sont à Corfou doivent rester sous le commandement du Roi, 303. — (24 janvier.) Longue lettre sur l'expédition que Napoléon projette en Sicile. 315-321. — (26 jan-

79.

vier.) Approbation donnée au projet de l'Ordre des Deux-Siciles, 328. Moyens d'embarquement à préparer pour l'expédition de Sicile; avis et ordres à donner à César Berthier. 328-330. — (28 janvier.) Mission pour Corfou à confier à un aide de camp; Donzelot nommé gouverneur général des Sept Iles en remplacement de César Berthier; instructions à renouveler au gouverneur, 335-336. — (30 janvier.) Préparatifs à faire à Brindisi et à Otrante pour des envois à Corfou, 349. — (7 février.) Avis et instructions détaillées pour des secours de toute espèce à envoyer à Corfou et pour l'expédition de Sicile, 369-372. — (8 février.) Nouvelles recommandations pour Corfou, dont la conservation est plus importante que la conquête de la Sicile, 374; nouvelles; demande de détails sur l'événement arrivé à Saliceti, 375. — (11 février.) Plaintes de la manière dont Rœderer dirige les finances du royaume. 381. — (15 février.) L'Empereur lui annonce le départ de l'escadre de Ganteaume de Toulon pour Corfou; il l'engage à seconder cette expédition, nécessaire au succès de l'entreprise pour délivrer la Sicile, 391-392. — (26 février.) Reproches à faire au général Reynier; jugement sur Saliceti et sur Rœderer, 449. — (5 mars.) L'Empereur lui envoie un million, le félicite de la prise de Scilla, lui indique des fortifications à faire sur ce point. Espoir dans le succès de Ganteaume à Corfou. Arrivée prochaine à Toulon d'une escadre espagnole destinée à opérer avec Ganteaume contre les Anglais en Sicile. 459. Conseils au sujet de cette dernière expédition. Napoléon fait part à Joseph de son projet de se rendre à Madrid. Il lui énumère ses armements, qui le mettent dans l'impossibilité de venir au secours du trésor de Naples. Il y a en Espagne, sous les ordres de Duhesme, à Barcelone, un régiment napolitain qui a besoin de recrues, 460. — (16 mars.) Blâme de ce que Joseph a fait diriger sur Alexandrie, au lieu de les recevoir à Naples, des cardinaux et prélats qui lui étaient envoyés de Rome pour qu'ils lui prêtassent serment, 496. — (29 mars.) Nouvelles de l'expédition de Corfou, des affaires d'Espagne. Recommandations pour le campement des troupes dans le royaume de Naples, l'établissement de la place de Scilla; questions sur la fortification du Phare, 538-539. — (1er avril.) L'Empereur rassure Joseph au sujet de quelques inconvenances de rédaction du ministère des relations extérieures à Paris, 550.

Julie, reine de Naples. (10 mars 1808.) L'Empereur annonce au vice-roi qu'elle doit quitter Paris le 12 mars, être à Turin du 15 au 20, et se diriger sur Naples par Rimini et Ancône. Honneurs à lui rendre sur son passage. On devra l'arrêter à Rimini ou Ancône s'il y a des troubles dans l'État pontifical. Lui fournir partout des escortes, 481.

Jullien, général, préfet du Morbihan; lettre qu'il reçoit de l'Empereur, 456.

Junot, général de division, gouverneur de Paris, commandant le 1er corps d'observation de la Gironde, depuis l'armée de Portugal. Observations sur les traitements et indemnités qu'il reçoit, 68. — (12 octobre 1807.) Ordre de partir de Bayonne pour entrer en Espagne et se diriger sur le Portugal, 94. V. Portugal (Expédition de).

Joséphine, impératrice. Guirlande donnée par elle à la vice-reine d'Italie, 72. Bruits de divorce répandus par Fouché et démentis par Napoléon, 218. V. Fouché.

Journaux. (8 septembre 1807.) Un article du *Journal de Paris* a blessé la cour de Wurtemberg; l'Empereur veut en connaître l'auteur. 21. — (16 octobre.) Si *le Publiciste* parle encore du comte de Lille, le rédacteur de ce journal sera destitué, 111. — (4 et 5 novembre.) Ordre à Fouché de réitérer aux journaux la défense de parler des mouvements des troupes, 162, et de veiller à ce qu'ils ne reproduisent aucune nouvelle relative à Moreau, 165. — (6 décembre.) Ordre à Maret de faire mettre dans les petits journaux une note annonçant les mariages de la princesse Charlotte de Wurtemberg et du prince royal de Bavière. 218. et un article sur le prince Auguste de Prusse, 218-219. Plaintes sur la direction des journaux. Nouvelles uncertaines ou indiscrètes sur la réception de Caulaincourt en Russie — (17 février 1808.) *Le Publiciste* se permet de faire l'éloge d'un émigré qui a porté les armes contre sa patrie, 395-396. V. LAMBERT. — (24 mars.) L'Empereur se plaint du peu de surveillance de Fouché sur les journaux. Ordre de menacer de suppression *le Journal de l'Empire* et *la Gazette de France*, et de destitution le rédacteur du *Publiciste*, 514.

K

KASTEL (ou Cassel), près Mayence. «La prise de Kastel influerait réellement sur celle de Mayence.» 62.
KEHL. Importance médiocre de cette place relativement à Strasbourg. 62. Kehl et les environs cédés par le grand-duc de Bade à la France. 134.
KÜSTRIN. Ordre de réarmer cette place. 51. Ordre d'en démolir les fortifications. 82.

L

LACOSTE, colonel, aide de camp de l'Empereur. (7 février 1808.) Envoyé en mission sur les côtes de l'Océan; ses instructions, 364-365. — (3 mars.) Consulté sur des projets de fortification de l'ile d'Aix. 456-457. — (24 mars.) Reçoit la mission de visiter la tour de Cordouan, le port de Blaye, et de se rendre à Bayonne pour y observer les mouvements des troupes passant par cette place, 515. — (12 avril.) Mission qui lui est donnée dans les ports de Bayonne et du Passage. V. MARINE.
LAFOREST, ex-ambassadeur à Berlin. (1er novembre 1807.) Napoléon avait songé à lui pour le poste d'ambassadeur en Russie, 157. — Envoyé à Madrid, en mars 1808, sans aucun titre; recommandé au grand-duc de Berg : «c'est un homme de mérite et qui est propre à tout,» 530.
LAMBERT (Le comte Marie-Charles DE), émigré au service de Russie; a porté les armes contre sa patrie; un journal de Paris a osé lui adresser des éloges; ordre de faire des articles qui le peignent comme un traître «qui a eu la douleur d'assister au triomphe des Français,» 396.
LECLERC, général. Mémoire sur le Portugal, extrait de sa correspondance et envoyé par Napoléon à Junot. 154.

LÉGION D'HONNEUR. (11 octobre 1807.) Ordre à Lacépède d'expédier la décoration accordée par l'Empereur à un soldat de la garde russe. 126. — (31 octobre.) Commandant de la garde nationale décoré pour sa conduite courageuse contre des brigands. V. DURANDEAU. Lacépède devra lui écrire que l'Empereur «ne met pas de différence entre ceux qui défendent la patrie contre les ennemis extérieurs de l'État et ceux qui montrent du courage contre les ennemis de la société et de la tranquillité intérieure.» 151. — (3 février 1808.) Décision relative à un légionnaire renvoyé de son régiment pour cause d'insubordination. 358-359.
LEMAROIS, général de division, aide de camp de l'Empereur. (3 octobre 1807.) Envoyé au vice-roi pour prendre le commandement des Marches. 75. Succède au général Duhesme; son quartier général à Ancône, 122; mentions diverses. 131. 210. 278. 396. 397. 504. V. ROME (Cour de).
LESSEPS, consul général de France à Saint-Pétersbourg; «mérite entière confiance.» 295.
LILLE (Comte de). Sa correspondance interceptée. 88; les journaux français ne doivent pas en parler. 111. ni *l'Almanach de Gotha* en faire mention. 124.

LITTA, cardinal. (7 septembre 1807.) L'Empereur n'a pas voulu l'admettre comme envoyé du Saint-Siége 19. — (10 mars 1808.) Lors de la dispersion des cardinaux, il est rappelé à Milan comme sujet italien, 481.

LOUIS NAPOLÉON, roi de Hollande. (4 septembre 1807.) Mesures insuffisantes prises en Hollande contre le commerce anglais, 9. — (7 septembre.) Louis Napoléon paraît fort aimé de tous les partis. L'Empereur, en nommant son frère roi de Hollande, a entendu «qu'il fût Hollandais.» 16. — (14 septembre.) Accueil à faire aux vaisseaux russes s'ils se présentent dans les ports hollandais. Recommandation d'envoyer des divisions de chaloupes canonnières au secours du Danemark. 33; c'est le moment d'agir contre l'Angleterre, devenue l'objet de l'indignation universelle. 34. — (29 septembre.) La Hollande n'est pas fermée au commerce anglais; Rotterdam est plein de marchandises anglaises, aucune n'a été saisie. «On n'est pas roi quand on ne sait pas se faire obéir.» 67. — (9 octobre.) Le commerce anglais trouve des débouchés à Emden; il faut y envoyer un agent chargé d'opérer une saisie, 92. — (14 octobre.) Blâme d'économies faites au détriment de la force militaire de la Hollande. 102-103. — (25 octobre.) Recommandation réitérée de ne pas licencier des troupes. 138. Nouvelles instances pour que le roi de Hollande maintienne l'intégrité de son armée, 138-139. — (31 octobre.) Invitation d'introduire le Code Napoléon en Hollande à dater du 1er janvier, 155. — (13 novembre.) Réponse à des objections contre l'application du Code Napoléon à la Hollande; nécessité de ne faire aucun changement au Code et d'adopter le système monétaire français, 190-191. — (24 novembre.) Le roi de Hollande est reconnu par l'Autriche. 211. — (13 janvier 1808.) L'Empereur lui fait témoigner son mécontentement de ce qu'il n'a pas déclaré la guerre à la Suède. 294. — (26 janvier.) L'Empereur reçoit avec plaisir l'assurance que les mesures contre l'Angleterre seront exécutées en Hollande, et il complimente le Roi sur le bon état de ses finances. 330. — (17 février.) Recommandation d'avoir des égards pour le prince d'Oldenburg; avis de l'entrée de l'armée russe en Finlande; chaloupes canonnières à envoyer en Danemark pour l'expédition dano-française contre la Scanie. Instances pour que le roi de Hollande active ses constructions navales; reproches et perspectives de succès pour ranimer sa confiance. 397-398. — (26 février.) Promesse renouvelée de garantir l'emprunt que la Hollande va contracter. Conseil d'agir avec circonspection et maturité, et de travailler à développer les ressources militaires et maritimes de la Hollande: «ce sera un grand plaisir pour les Hollandais, car la nation a encore beaucoup d'énergie et d'amour-propre.» 449-450. — (16 mars.) Il serait à désirer qu'il y eût à Copenhague un bon officier de marine hollandais pour y observer les affaires et y donner des conseils. Malgré ses armements excessifs, la France ne peut pas se passer du concours de la Hollande. Invitation pressante d'activer l'armement des escadres de Hollande et de se tenir en état de défendre l'île de Walcheren, Flessingue et le Texel. 496-497. — (27 mars.) L'Empereur offre à Louis la couronne d'Espagne. Secret que le Roi doit garder en répondant à cette proposition, 588-589. — (3 avril.) Lettre sur la condition que le blocus fait à la Hollande, 553-557. Note sur l'authenticité de cette lettre. 553.

LUCEDIO (Actions de), 389, 391.

LUCIEN BONAPARTE. (17 décembre 1807.) Son entrevue à Mantoue avec l'Empereur; «il a paru combattu par différents sentiments;» il doit envoyer sa fille à Paris près de Madame-Mère. L'Empereur lui fait écrire par le roi Joseph: «Dites à Lucien que sa douleur et la partie des sentiments qu'il m'a témoignés m'ont touché; que je regrette davantage qu'il ne veuille pas être raisonnable et aider à son repos et au mien.» 234-235.

LYCÉES. V. INSTRUCTION PUBLIQUE.

M

MADAME-MÈRE. Présidente d'un chapitre pour les établissements de charité. 67. L'Empereur lui témoigne sa satisfaction du zèle qu'elle montre et des soins qu'elle se donne pour les pauvres; rien ne peut ajouter d'ailleurs aux sentiments de vénération et à l'amour filial que lui porte l'Empereur. 359.

MAGDEBURG. (23 octobre 1807.) Instructions à Clarke pour les fortifications de Magdebourg et de ses approches. 133-134, 182. 347.

MALVERSATIONS. (7 septembre 1807.) Ordre de faire arrêter les régisseurs de l'octroi de Marseille et d'examiner leur gestion; ils fourniront 600.000 francs de caution, qui, en cas de malversations prouvées, couvriront la ville de ses pertes, 18. — (9 septembre.) Publier au Moniteur les motifs de la destitution d'un payeur militaire, coupable seulement de négligence. 25. — (11 septembre.) Faire un rapport sur des dilapidations commises au 75ᵉ de ligne. 27; note sur cette affaire. 28. — (24 septembre.) Poursuites ordonnées contre un chef de légion de la garde nationale pour trafic de remplacements. 55. — (29 octobre.) Circulaire à faire aux préfets pour les prévenir contre le danger des modérations et remises d'impôts, 146-147. — (2 février 1808.) Accusation portée contre les huissiers de la cour criminelle du département de la Seine. 354. Exemples divers. 356. 380. 381. 382.

MARET, ministre secrétaire d'état. 218, 477. 494.

MARIE-LOUISE DE BOURBON, reine-régente d'Étrurie. (16 septembre 1807.) Le port de Livourne doit être fermé aux Anglais; l'Empereur réduira autant que possible la garnison française qu'il a dû établir dans cette ville; il espère qu'elle y sera bien accueillie, puisqu'elle défend aussi bien les intérêts de la Toscane que ceux de la France, 47-48. — (5 décembre.) Invitation à quitter l'Étrurie et à se rendre en Espagne. Mission du général Reille près de cette princesse. Avis de la prise du Portugal. 215. — (17 décembre.) Sa présence à Milan auprès de l'Empereur. 235. V. CONVENTIONS DE FONTAINEBLEAU et ÉTRURIE.

MARINE. — *Constructions et armements*. (6 octobre 1807.) Navires à mettre en construction à Toulon et à Gênes, 80; à Corfou. 81. 83. — (23 octobre.) Vaisseaux à mettre sur le chantier à Anvers et à Lorient. A quelle époque seront mises à l'eau les frégates en construction à Nantes, au Havre, à Saint-Malo, à Paimbœuf? Presser les constructions de Rochefort, de Toulon, de Gênes. 135. — (6 novembre.) Curage du port d'Ancône, cales à y construire. Mettre à Corfou une frégate sur le chantier. 166. Activer l'armement des frégates de Toulon, et la construction de celles de Saint-Malo et autres ports, 167. — (6 novembre.) État des constructions tant françaises qu'italiennes, demandé au prince Eugène. 168. — (12 janvier 1808.) Achat de matériaux en Russie autorisé par le czar. 288. — (13 janvier.) Manière dont cet achat pourrait être fait. 294-296. — (30 janvier.) Ordres à Decrès pour des constructions à Cherbourg, Saint-Malo, Rochefort, Bordeaux, Flessingue, Lorient, Nantes, Gênes. 343-345. — (6 février.) Ordre de faire achever les navires en construction à Saint-Malo. Brest, Nantes; frégates à construire à Flessingue, Bordeaux, Marseille, Toulon, Gênes. 363. — (7 février.) Mission du colonel Lacoste, chargé d'inspecter les constructions navales sur les côtes de l'Océan. 364-365. — Mesures à prendre pour faire venir par la Hollande les bois du Rhin et de l'Allemagne sans avoir recours aux marchands hollandais. 365. Travaux de construction à presser à Anvers, 365. — Ordre au vice-amiral Martin d'activer les constructions à Rochefort et à Bordeaux. 368. — (9 février.) Ordre de mettre en construction 20 gabares dans les ports de la Méditerranée depuis Marseille jusqu'à la Spezia, 375. — (11 février.) Demande à Decrès d'un projet de décret pour former 8 équipages à Flessingue, 6 à Brest, 3 à Lorient, 3 à Rochefort, 6 à Boulogne; questions sur les soldats de marine, 377-378. Intention de former 100 équipages; composition de l'équipage et de la garnison d'un vaisseau de 74; effectif des troupes de la marine, 85,000 hommes, 378-379. — (29 mars.) Ordre à Decrès d'activer des constructions navales à Lorient, à Rochefort, à Toulon, à Brest, etc. Énumération des vaisseaux que l'Empereur compte avoir, 535-536. — (8 avril.) Questions et ordres à Decrès sur la levée de matelots dans les villes hanséatiques; sur la possibilité de tenir des péniches en station dans une anse entre Rochefort et Bordeaux; sur les bois pour constructions navales à Bordeaux, dans le bassin de la Gironde et de la Dordogne; sur l'avantage d'avoir des vaisseaux de 50. réflexions à ce sujet; sur des navires à réarmer, ou réparer, ou mettre à l'eau; sur d'autres navires à construire, 568-569. — (12 avril.) Énumération des navires français et espagnols disponibles dans la Méditerranée. Flûtes à y construire. Avantages comparés des flûtes de 800 tonneaux et des flûtes de 450 tonneaux. Bâtiments suédois, prussiens, portugais dont on pourrait tirer parti. Intention de toujours avoir à Toulon des flûtes pour transporter 7,000 hommes et 1,000 chevaux. Demande d'un mémoire à ce sujet, 578-579. — (12 avril.) Vaisseaux et frégates que l'Empereur peut avoir à Flessingue : en activant les constructions, 27 à 28 vaisseaux en 1810. Vaisseaux que l'on peut avoir à Brest pour un projet d'expédition de 7,000 à 8,000 hommes en Irlande ou en Amérique. Total des vaisseaux que l'Empereur compte avoir avec les marines alliées : 111 vaisseaux, 580-581. — (12 avril.) Mission donnée au colonel Lacoste pour examiner, dans les ports de Bayonne et du Passage, diverses questions relatives à des constructions navales, à des mouillages et à des comparaisons de marées, 581.

MARINE. — *Opérations*. (5 septembre 1807.) L'Empereur veut réunir à Toulon 25 vaisseaux de guerre en prévision d'une expédition prochaine. Le ministre préparera des expéditions pour la Martinique, Santo-Domingo, et l'île de France; avantages qu'offrirait à la marine française la possession des ports de Cagliari, de Corfou et de l'Adriatique, 10-11. — (7 septembre.) Utilité d'une escadre dans cette mer, 19. — Ordre au prince Eugène pour l'envoi à Corfou de 4 ou 5 bricks ou corvettes destinés à protéger les communications avec Naples et la Turquie, 20. — (15 septembre.) Frégates expédiées sur la Martinique et sur l'île de France, 36-37. — (6 octobre.) L'amiral Decrès enverra de Toulon à Corfou 4 bricks pour croiser dans l'Adriatique, 81. — (6 novembre.) Questions à Decrès sur les frégates qu'on pourrait envoyer dans l'Adriatique pour maintenir cette mer libre, 166. Projet d'établir une croisière sur les côtes du Brésil, où l'on pourrait prendre un nombre immense de vaisseaux portugais, 167. — (12 décembre.) Ordres à Decrès pour la réunion, dans le port de Toulon, des escadres de Cadix, de Rochefort, de Lorient, de Brest; instructions à donner aux commandants de ces escadres, 224-226. V. CORFOU et SICILE (Expéditions de). — (12 janvier 1808.) *Le Patriote*, son retour en France, 290. — (27 janvier.) Escadre de Cadix : 5 vaisseaux demandés à l'Espagne pour porter cette escadre à 12 vaisseaux, 330. *Escadre de Carthagène* : il lui est réitéré l'ordre de se rendre à Toulon, 330-331. — (30 janvier.) Ordres pour des expéditions à la Guadeloupe, au Sénégal, à Cayenne, 343-344. Projet d'expéditions pour l'île de France et la Martinique, 344-345. — (6 février.) Ordres à Decrès pour l'expédition de bricks à la Martinique, au Sénégal, à Cayenne, à la Guadeloupe, 362. Vaisseaux à tenir prêts à partir, 362. Ordre au commandant de l'escadre de Lorient de se rendre devant Alger; ses instructions, 363. V. ALGER. — (7 février.) Ordre à Decrès de mettre en rade les vaisseaux qui sont dans le port de Flessingue; frégates à demander à la Hollande pour les réunir à cette escadre. 366. V. FLESSINGUE. — (29 mars.) Relation à insérer au *Moniteur* de la croisière des deux frégates envoyées à la Martinique, *l'Italienne* et *la Sirène*, 536. (V. *Monit.* du 5 avril 1808.) — (Mars.) Note pour des expéditions maritimes, projetées, à réunir au Texel, à Flessingue, à Boulogne, à Corfou, à Tarente, à Naples, à Cadix, à Toulon, 544-545. — (12 avril.) L'Empereur a le projet de tenter une grande expédition, au mois d'octobre, dans la Méditerranée. Si l'on ne peut compter pour le mois de septembre sur les transports dont il demande la construction, le ministre proposera pour cette même époque un projet d'expédition avec les moyens actuels, 579-580. — (12 avril.) L'empereur Alexandre ayant mis toutes ses escadres à la disposition de Napoléon, le ministre Decrès est chargé, en conséquence, d'adresser des ordres de mouvement aux commandants de navires russes à l'île d'Elbe et à Trieste. Une partie de ces navires doit toujours être en appareillage, afin d'inquiéter les Anglais. 578.

MARMONT, général de division, colonel général des chasseurs à cheval, commandant l'armée de Dalmatie. 11. (7 septembre 1807.) Conflit entre ce général et Lauriston. 19. Mentions diverses. 53. 137. — (11 décembre.) Recommandations au sujet de l'armée de Dalmatie. Doit continuer à envoyer des renseignements sur les provinces de la Turquie d'Europe. Ordre de se mettre en correspondance avec le commandant de Corfou. 293-294. — Instructions pour faire passer des troupes à Corfou en suivant le littoral de l'Albanie et en traversant le territoire des pachas tributaires de la Porte; agents à envoyer; renseignements à prendre. 326-328, 342. 358. — (9 février 1808.) Recommandation de ne pas avoir «le caractère roide» et d'entretenir des intelligences dans le Montenegro. 376. — (16 février.) Observations sur la comptabilité irrégulière de l'armée de Dalmatie, 393. — (22 février.) Chargé de la réorganisation de cette armée, 433. V. CORFOU. DALMATIE (Armée de). MONTENEGRO.

MARLY (La machine de). 191.

MARTINIQUE (Ile de la). (6 septembre 1807.) Il faut y envoyer 500 hommes, de la poudre et tout ce qui peut être nécessaire à la colonie. 12. — (15 septembre.) Quatre frégates, sous les ordres de Baudin, y transportent un renfort pour la garnison. 36-37. — (26 septembre.) Troupes désignées pour cette expédition. 59. — (30 janvier et 6 février 1808.) Ordre d'y envoyer des navires chargés de troupes, 345. 362. — (29 mars.) Relation de l'expédition de Baudin à insérer au *Moniteur*, 536.

MAUBERT (Le Père), auteur présumé de l'*Histoire de l'anarchie de Pologne*. V. RULHIÈRE.

MEMEL. L'Empereur se plaint des communications qui ont lieu entre cette ville et le gouvernement anglais. 29. 60.

MENDICITÉ. (1er septembre 1807.) La mendicité est un objet de première importance. Il faut qu'on arrête tout mendiant, non pour le retenir en prison, ce serait barbare et absurde, «mais pour lui apprendre à gagner sa vie par son travail.» Il faut plusieurs ateliers de charité par département; mais la dépense doit être répartie entre tous les départements. » — (9 octobre.) L'Empereur a ordonné la formation et l'établissement de cent dépôts; il faut proposer des mesures pour se procurer les fonds nécessaires. 89. Les villes doivent concourir pour une portion de leur revenu. 90. — (15 novembre.) Plainte de la lenteur que l'on met à organiser les dépôts de mendicité. Ordre qu'au 15 décembre le travail soit terminé et le règlement mûri, afin de pouvoir, «par un décret général, porter le dernier coup à la mendicité.» 194. — (2 février 1808.) Demande d'un travail relatif aux dépôts de mendicité. 356-357. — (26 mars.) Invitation à Cretet de présenter au prochain conseil le travail sur les dépôts de mendicité. 526.

MENOU, général de division, gouverneur des départements au delà des Alpes, 176, 384, 400.

MERGENTHEIM (Principauté de), 30.

MERVELDT (Le général, comte de), ambassadeur d'Autriche à Saint-Pétersbourg. Jugement défavorable de Napoléon sur ce personnage. Recommandation au général Caulaincourt à son sujet, 208.

MERVELDT (L'abbé, comte DE). Proposé pour être envoyé à Saint-Pétersbourg comme ministre du roi de Westphalie; l'Empereur n'approuve pas ce choix, 485.

MEQUET, capitaine de vaisseau. (15 septembre 1807.) Commande une division navale envoyée à la Martinique; ses instructions, 37.

MINISTRES D'ÉTAT. (11 février 1808.) En quoi ils diffèrent des ministres à portefeuille. Le titre de ministre d'état est surtout une récompense honorifique accordée aux principaux membres du Conseil d'état. 379.

MIOLLIS, général de division, 123, 160. Est chargé de diverses opérations pour l'occupation de Rome et de l'État pontifical. V. EUGÈNE NAPOLÉON et ROME (Cour de).

MOLLIEN, ministre du trésor public. Contentement que l'Empereur lui témoigne de ses services, 18.

MONCEY, maréchal, commandant le corps d'observation des côtes de l'Océan. V. CORPS D'OBSERVATION DES CÔTES DE L'OCÉAN et ESPAGNE (Affaires d').

MONITEUR (Le). Publications à y faire : *déclaration de la Russie contre l'Angleterre*; décrets du roi d'Angleterre, du 11 novembre 1807, contre les neutres; extraits de journaux anglais; décret de Milan sur le blocus, 227; notes sur le mauvais état des vaisseaux anglais, sur le retour du *Patriote*, sur la bonne situation de l'île de France, 290-291; sur la conspiration de Burr, 294; sur une expédition de deux frégates à la Martinique, 536. Autres insertions, 1, 25, 560, 564.

MONTALIVET, conseiller d'état, directeur général des ponts et chaussées, 17. L'Empereur a été fort satisfait de la clarté de ses états de comptabilité, 482-483. V. TRAVAUX PUBLICS.

MONTENEGRO. Il faut entrer en relations amicales avec les Monténégrins, 3; désigner un vice-consul pour résider parmi eux, 11; ne négliger aucun moyen de s'attirer leur affection, 12. L'Empereur recommande à Marmont de tenir un agent auprès du vladika, de le rendre favorable, et de s'attacher les meneurs du pays, 327, 376.

MONTHION, adjudant commandant, officier d'ordonnance de l'Empereur, 466, 573, 584, 585; chargé d'une mission auprès du grand-duc de Berg. V. ESPAGNE (Affaires d').

MONTI de Piémont et de Gênes, 389-391.

MOREAU. (5 novembre 1807.) «Les Anglais commencent à vouloir faire jouer un rôle à Moreau, pour nous brouiller avec les États-Unis d'Amérique; il faut avoir soin que nos journaux ne répètent rien de cela,» 165.

MOUTON, général, aide de camp de l'Empereur, 54. (6 décembre 1807.) Commande la division d'observation des Pyrénées occidentales, 217. — (7 janvier 1808.) Est envoyé à Vitoria et à Valladolid pour des renseignements à prendre sur les troupes françaises, les places fortes et le mouvement de l'opinion, 275-276. — (20 février.) Remplacé par Merle dans le commandement de la division des Pyrénées occidentales, 412-413.

MÜLLER (Jean de), historien suisse, ministre secrétaire d'état du roi de Westphalie, directeur général de l'instruction publique. (4 janvier 1808.) Napoléon le voit avec regret quitter le ministère, 272.

MURAT. — V. JOACHIM.

MUSTAFA IV. (23 octobre 1807.) Indications pour une réponse à faire à ce souverain; assurances d'amitié à lui donner, 133. — (2 février 1808.) Mustafa a donné des ordres pour faciliter les communications entre la Dalmatie et Corfou et pour que Butrinto fût remis à la France. 357. V. CORFOU, PORTE OTTOMANE.

N

NAPLES (Royaume de). V. JOSEPH NAPOLÉON.
NAPOLÉON Ier, empereur des Français, roi d'Italie, protecteur de la Confédération du Rhin. — Du 1er au 7 septembre 1807, à Saint-Cloud, 1-15. — Affaires diverses militaires, maritimes, administratives, ecclésiastiques, extérieures. Napoléon s'occupe de greniers à blé pour Paris, de la fabrique de Lyon, sur laquelle il demande une enquête, parce qu'elle ne travaille plus «de manière à conserver sa réputation,» 6. Il demande un projet de loi pour l'extinction de la mendicité : «Tout mendiant sera arrêté, dit-il; mais il ne faut l'arrêter que pour lui apprendre à gagner sa vie par son travail,» 2. — Du 7 au 16 septembre 1807, à Rambouillet, 15-46. — Napoléon répond à des dénonciations contre son frère Louis : «L'Empereur, en nommant son frère roi de Hollande, a entendu qu'il fût Hollandais,» 16. Il ajoute : «J'ai droit d'attendre de mes agents et de leur demander la vérité sans secret et sans réticence,» 16. Il veut que désormais «tout se passe suivant les lois de la plus extrême probité; le temps des abus est passé,» 16. Prise de possession de Corfou et des Sept Îles. Napoléon revient à l'idée d'une descente en Angleterre. Bonnes relations avec la Russie. — Du 16 au 27 septembre, à Saint-Cloud, 47-50. — La Toscane occupée. Expédition à Corfou. — Du 22 septembre au 16 novembre, à Fontainebleau, 50-207. — Idées pour l'institution d'une noblesse. Établisssement de la maison d'Écouen. A propos d'un présent fait à la vice-reine d'Italie, Napoléon demande de faire estimer secrètement des bijoux, «pour que je voie, dit-il, de combien ces messieurs à Paris ont l'habitude de me voler,» 72. Joseph, dans son nouveau royaume de Naples, a besoin de troupes, d'argent, et il a près de lui des hommes suspects d'idéologie; Napoléon, qui s'en impatiente, lui écrit : «Des troupes, je vous en enverrais; mais vous ne payez rien :

vos finances sont déplorablement administrées : elles sont tout en métaphysique; l'argent est pourtant une chose très-physique.» 73. Napoléon rappelle au général Clarke l'habitude qu'il a de recevoir, tous les jours, un résumé de la correspondance des généraux avec le ministre de la guerre, 95. La Garde doit entrer à Paris le 24 novembre 1807; il lui sera fait une réception triomphale; Napoléon s'en occupe dès le mois d'octobre; en donnant des ordres à ce sujet au ministre de l'intérieur, il écrit : «Il faut que, dans les emblèmes et devises qui seront faits à cette occasion, il soit question de ma Garde et non de moi, et qu'ils fassent voir que, dans ma Garde, on honore toute la Grande Armée,» 150. Napoléon désapprouve le projet d'élever un monument à Agnès Sorel, et de célébrer par une fête la mémoire du comte Thibaut de Champagne. Affaires de Rome : ordres pour l'occupation des provinces adriatiques de l'État pontifical. Fête à célébrer le 2 décembre, en commémoration du couronnement. Rupture avec le Portugal; armée en marche pour l'occuper; conventions avec l'Espagne pour le partage de ce pays. Fouché blâmé de ses menées pour préparer l'opinion publique à l'idée du divorce de Napoléon et de Joséphine. Formation et mise en mouvement des corps destinés à opérer en Espagne. On propose de mettre sur des monnaies, en Italie, *Napoleone protegge l'Italia* : Napoléon trouve «indécente» cette substitution de son nom à celui de Dieu, 184. En donnant des ordres au ministre de l'intérieur Cretet, pour divers travaux publics, Napoléon écrit qu'il faut se hâter et ne pas remettre d'année en année ce qui est à faire : «Que ne se passera-t-il pas pendant ce temps? Des guerres et des hommes ineptes arriveront,» 193. Revenant sur cette urgence de grands travaux publics, il écrit encore : «J'ai fait consister la gloire de mon règne à changer la

80.

face du territoire de mon empire. L'exécution de ces grands travaux est aussi nécessaire à l'intérêt de mes peuples qu'à ma propre satisfaction. J'attache également une grande importance et une grande idée de gloire à détruire la mendicité. Les fonds ne manquent pas; mais il me semble que tout cela marche lentement, et cependant les années se passent. Il ne faut point passer sur cette terre sans y laisser des traces qui recommandent notre mémoire à la postérité, » 194. « Les soirées d'hiver sont longues; remplissez vos portefeuilles, afin que nous puissions, dans les soirées de ces trois mois, discuter les moyens d'arriver à de grands résultats, » 195. Napoléon donne une constitution à la Westphalie : ce sont des principes de droit à faire prévaloir en Allemagne : « Quel peuple voudra retourner sous le gouvernement arbitraire prussien, quand il aura goûté les bienfaits d'une administration sage et libérale? Les peuples d'Allemagne, ceux de France, d'Italie, d'Espagne désirent l'égalité et veulent des idées libérales. Voilà bien des années que je mène les affaires de l'Europe, et j'ai eu lieu de me convaincre que le bourdonnement des privilégiés était contraire à l'opinion générale. Soyez roi constitutionnel. Quand la raison et les lumières de votre siècle ne suffiraient pas, dans votre position la bonne politique vous l'ordonnerait. Vous vous trouverez avoir une force d'opinion et un ascendant naturel sur vos voisins, qui sont rois absolus, » 197. Napoléon quitte Fontainebleau pour se rendre en Italie; il règle, avant de partir, l'ordre de service qui sera observé pendant son absence. — Du 23 au 25 novembre 1807, à Milan. 207-213. — Affaires diverses. — Du 30 novembre au 7 décembre, à Venise, 213-222. — Venise, « ce pays est un phénomène du pouvoir du commerce, » 213. Nouveau blâme de Fouché pour ses menées au sujet du divorce. Affaires diverses. — Du 11 au 12 décembre, à Udine, 223-226. — Expéditions maritimes. — Du 16 au 23 décembre, à Milan, 226-256. — Affaire du blocus : décret de Milan contre les neutres qui se soumettent aux prétentions de l'Angleterre : « Ces mesures ne sont qu'une juste réciprocité pour le système barbare adopté par le gouvernement anglais... elles seront abrogées et nulles par le fait dès que le gouvernement anglais sera revenu aux principes du droit des gens, » 229. Entrevue de Napoléon avec son frère Lucien à Mantoue. A ce propos, l'Empereur écrit au roi Joseph : « Il n'y a pas un moment à perdre; les événements se pressent; il faut que mes destinées s'accomplissent, » 234. Projet de former l'armée en légions. — Du 27 au 28 décembre, à Turin, 257-268. — Travaux pour les places fortes d'Italie. Napoléon rentre en France. — Du 3 janvier au 22 mars 1808, à Paris, 269-507. — Établissement de conseils d'administration dont les réunions seront périodiques et auxquels l'Empereur assistera. Démêlés avec le Saint-Siége : ordres pour l'occupation de Rome. Napoléon propose à l'empereur Alexandre de faire dans les Indes une expédition en commun contre les Anglais. Ordres pour une expédition en Sicile, à Corfou. Organisation de l'armée modifiée. En demandant au vice-roi des nouvelles des affaires d'Italie, Napoléon écrit : « Dans un état rien ne va seul; tous les mois je fais la revue des ordres que j'ai donnés, et je me fais rendre compte de leur exécution. Ce n'est que comme cela que les affaires marchent; autrement, les ministres dorment et laissent volontiers tomber tout dans l'oubli. » 381. Affaires d'Espagne : le grand-duc de Berg nommé lieutenant de l'Empereur auprès de l'armée française en Espagne; instructions détaillées et répétées données à Murat. Dans une de ces instructions, Napoléon dit : « Si je prends tant de précautions, c'est que mon habitude est de ne rien donner au hasard, » 492. Organisation provisoire de la Toscane. Constitution spéciale des départements au delà des Alpes (l'ancien Piémont et l'ancienne république de Gênes). — Du 22 mars au 2 avril, à Saint-Cloud, 507-552. — L'Empereur annonce qu'il veut partir pour l'Espagne. Il offre la couronne d'Espagne à son frère Louis. Rupture avec Rome. Près de se rendre sur la frontière des Pyrénées pour veiller de moins loin aux affaires du Portugal occupé par Junot, et aux affaires de l'Espagne envahie par Murat, Napoléon règle l'ordre du service pendant son absence, et part de Saint-Cloud le 2 avril. — Le 2 avril 1808, il est à Orléans. 552; le 4, à Barbezieux, 558; du 5 au 13 avril, à Bordeaux. 560-585. — Ordres divers. Napoléon dit dans une instruction à Murat : «Quand on connaît le but où l'on doit marcher, avec un peu de réflexion les moyens viennent facilement.» 571. Ailleurs, écrivant à l'empereur Alexandre pour lui proposer l'expédition dans les Indes contre les Anglais, Napoléon dit : «Il est de la sagesse et de la politique de faire ce que le destin ordonne et d'aller où la marche irrésistible des événements nous conduit.» 587. En recommandant le secret à Louis sur la proposition qu'il lui fait de la couronne d'Espagne, Napoléon écrit : «Il faut qu'une chose soit faite pour qu'on avoue y avoir pensé.» 589. Dictée sur la manière dont l'histoire moderne de la France doit être enseignée. Napoléon part pour Bayonne.

Neuchâtel (Alexandre, prince et duc de), vice-connétable, major général de la Grande Armée. (18 février 1808.) Son mariage projeté avec la princesse Élisabeth, nièce du roi de Bavière; à ce sujet, Napoléon parle de «la vieille amitié» qu'il porte à Berthier. 410-411. Le bataillon de Neuchâtel envoyé au Havre, 574.

Neutres. (4 septembre 1807.) L'Empereur veut connaître les mesures que l'Angleterre vient de prendre en faveur de différents pavillons neutres, qu'elle ne protége que pour les faire servir à son propre commerce. 8. — (9 septembre.) La France ne peut reconnaître la neutralité des pavillons impuissants à se faire respecter et qui sont dans la dépendance de l'Angleterre, 23-24. — (15 novembre.) Représentations aux États-Unis qui paraissent se soumettre au droit de visite que s'arrogent les Anglais. 195. — (17 décembre.) Ordre à Decrès de retenir dans les ports de France des bâtiments neutres; motif de cette décision. 232. — (12 janvier 1808.) Bâtiments américains séquestrés jusqu'à ce que les États-Unis déclarent la guerre à l'Angleterre, 289. — (11 février.) Rappel au ministre d'Amérique du principe que le pavillon couvre la marchandise; les États-Unis doivent se refuser à la visite des Anglais et faire respecter leur pavillon de neutres, 377. — (30 mars.) Décision interdisant à l'avenir les simulations de pavillons neutres. 541. — (31 mars.) Demande d'une note à Champagny pour se plaindre au ministre des États-Unis d'Amérique de ce que des bâtiments américains arrivent chargés de denrées coloniales en dissimulant qu'ils viennent de Londres. 541. V. Blocus, Pavillons, etc.

Noblesse impériale. (23 septembre 1807.) Les possesseurs de grands fiefs devront avoir à Paris un hôtel inaliénable. Les généraux qui reçoivent une dotation sont obligés d'avoir un hôtel, sinon à Paris, du moins dans les départements. 52-54. Projet de trente maisons de ducs à Paris, qui s'élèveront avec le trône: leur donner 500,000 francs en argent. 100,000 francs de rente; de soixante maisons de comtes ayant hôtel à Paris ou dans les chefs-lieux : 200,000 francs en argent. 50,000 francs de rente; de quatre cents maisons de barons, avec 5,000 francs de rente. 54. — (15 janvier 1808.) Actions de la Banque et rentes à affecter aux fiefs. 300.

Notaires (Les). (21 octobre 1808.) Assimilés à des juges et soumis comme les membres de la magistrature inamovible à l'examen prescrit par le sénatus-consulte du 12 octobre 1807: enquête à faire sur des notaires suspects de malversations. 125.

O

OLDENBURG (Le prince d'). Ménagements à garder envers ce prince, à qui l'empereur de Russie porte un vif intérêt; ordre de retirer les troupes qui occupent l'Oldenburg. 397, 428.

OPÉRA (Projet de salle d'). V. PARIS (Travaux d'embellissement de).

OUVRARD. V. COMPAGNIE VANLERBERGHE, DESPREZ ET OUVRARD.

P

PAIX (GODOY, prince de la). V. ESPAGNE (Affaires d').

PARGA. Ville de la Turquie d'Europe, vis-à-vis de l'île de Paxo. Il y aurait folie à la rendre à Ali-Pacha, 82; la fortifier pour la mettre à l'abri des Turcs, 84.

PARIS (Approvisionnement de). (2 septembre 1807.) Questions à Cretet relativement au projet d'établir aux frais de l'état des greniers publics pour approvisionner Paris. Ces greniers seraient-ils une ressource pour les fermiers? L'idée d'établir «une sorte de mont-de-piété» pour les grains est-elle praticable? Ne serait-il pas préférable de disséminer les magasins dans les départements limitrophes? Dans tous les cas, il ne faut commencer que par l'établissement d'un seul magasin à Paris, 4-5. — (9 septembre.) Questions relatives à l'approvisionnement dans la prévision d'une mauvaise récolte, 24-25. — (28 janvier 1808.) Ordre donné, en conseil de l'intérieur, pour que l'approvisionnement de Paris soit complété sans délai. 337.

PARIS (Travaux d'utilité et d'embellissement de). (12 octobre 1807.) Demande d'un rapport sur le palais de justice, la Conciergerie, la préfecture de police, le Temple, l'emplacement du tribunal criminel et de la cour des comptes, 93. — (13 octobre.) L'Empereur a décidé que le quadrige de Berlin serait placé sur le temple de la Victoire, à la Madeleine, 100. — (14 novembre.) La caisse d'amortissement autorisée à prêter huit millions pour les travaux de Paris. Ordre à Cretet de prendre des mesures pour que ces travaux soient rapidement terminés, 191. — (4 février 1808.) Ordre donné, en conseil de l'intérieur, de distinguer en divers chapitres les travaux qui se font à Paris et qui sont du ressort ou de la commune ou des ponts et chaussées, 361. — (10 mars.) Demande à l'architecte Fontaine de faire «en relief un beau projet d'opéra... une salle sans colonnes, favorable à la vue et à l'oreille; grande loge au milieu pour l'Empereur, petite loge avec un appartement, à peu près comme celle de Milan.» On exposera ce plan pour consulter le goût du public, 478. — (12 mars.) L'Empereur, en annotant le budget de l'intérieur de 1808, s'occupe particulièrement de l'Arc-de-Triomphe, de l'Hôtel-Dieu, du quai à prolonger depuis le palais du Corps législatif jusqu'au pont d'Iéna, du pont d'Iéna, dont la construction en fer serait confiée à une compagnie, de la Bourse à commencer, 486. V. BOURSE. — (17 mars.) Questions de l'Empereur à Frochot pour l'établissement d'un entrepôt à la halle aux vins, 497-498. — Observations, dans le conseil de l'intérieur tenu le 19 mars, sur le meilleur emplacement de l'entrepôt des vins à Paris. L'Empereur se détermine à le placer à l'embouchure du canal de l'Ourcq. L'entrepôt doit être ouvert le 1ᵉʳ janvier 1809. Ordre, dans le même conseil, de tracer l'alignement du quai entre le pont d'Austerlitz et la barrière de la Râpée jusqu'aux boulevards neufs. Plans demandés pour établir, dans le faubourg Saint-Antoine, des promenades comme celles des Champs-Élysées, pour terminer la place du Châtelet et y transporter le marché du quai de la Ferraille. 503. — (21 mars.) Sommes décrétées pour améliorer les moyens de communication avec Paris par la Seine, le canal de l'Ourcq, la Meuse, la Marne. L'Empereur revient sur son projet d'un pont devant l'hôtel des Invalides, en fer, à construire non plus par une compagnie, mais par l'état, 506-507. — Observations et prescriptions diverses, en conseil de l'intérieur, le 26 mars 1808, sur le canal de navigation de la Villette à la Gare, l'aqueduc de la Villette au marché des Innocents, l'aqueduc de la Villette à Monceaux, 523-524; les travaux pour conduire l'eau de la Beuvronne à la Villette et de la Villette au marché des Innocents sont d'abord à faire. Le 14 octobre prochain, jour anniversaire des victoires d'Ulm et d'Iena, on célébrera par une fête l'arrivée des eaux du canal de l'Ourcq à Paris, 524. — Ordres relatifs à l'entrepôt des vins à Paris, aux embellissements du quai de la Rapée, à l'établissement d'une promenade aux abords du pont d'Austerlitz, au projet de l'Arc-de-Triomphe de l'Étoile, au projet d'une chaussée en face du pont d'Iena, au projet du palais des Arts sur le quai Bonaparte; aux hôpitaux de la Charité, de Saint-Louis, de Saint-Antoine, de l'Hôtel-Dieu, 525-526.

PARLEMENTAIRES. Les Anglais se servent des parlementaires pour introduire des agents en France et sur le continent, 411.

PAVILLONS. (14 février 1808.) Désignation des pavillons neutres, alliés; faveurs auxquelles l'Empereur propose de les admettre. Les pavillons de Knipbausen, Papenburg, Oldenburg, Mecklenburg, ne doivent plus être admis dans les ports de l'Empire, 386-389.

PERSE (Le schah de). (23 octobre 1807.) Indications à Champagny pour une réponse à faire à ce prince : l'Empereur interviendra, s'il le faut, pour la paix entre la Perse et la Russie ; mais Alexandre l'a assuré que la Perse n'avait rien à craindre de la Russie. 133. — (18 janvier 1808.) Compliments; exhortation à s'unir à la France contre l'Angleterre, 303-304.

PLACES FORTES. (27 septembre 1807.) Le ministre de la guerre tiendra toutes les semaines un conseil de fortifications, dans lequel seront traitées toutes les questions qui intéressent les places fortes de l'Empire. Leur classement par rang d'importance, 60-61. Travaux pour fortifier Lans-le-Bourg. 62. — (29 septembre.) De l'éclairage de plusieurs places fortes d'Italie. 66. — (6 octobre.) Ordre de démanteler Glogau et Küstrin, 82. — (23 octobre.) Pour les fortifications de Magdeburg, il faut tirer ressource des inondations, 134. — (21 décembre.) Instructions sur les travaux de fortifications à exécuter pendant l'année 1808 dans les places fortes du royaume d'Italie. 244-248. — (14 janvier 1808.) Décret qui ordonne la démolition des places de Hameln et de Nienburg. L'Empereur attache une grande importance à ce que ces démolitions commencent le 20 janvier et se fassent avec quelque éclat, 298. Il faut qu'il ne reste rien dans ces places qui puisse servir à les rétablir, 299. — (26 mars.) Fortifications à l'île d'Aix et à Boulogne, 518-519.

PLAISANCE (L'évêché de). (28 décembre 1807.) La bulle concernant l'évêché de Plaisance déférée au Conseil d'état comme attentatoire aux droits des souverains; plaintes sur les abus du pouvoir du Pape à mettre dans les considérants du décret, 264-265.

POLICE. «Le métier de préfet de police ne s'apprend qu'en exerçant; rien de ce qui est écrit sur cette matière ne donne une idée claire de ce qu'il y a à faire.» 3.

POLOGNE. (13 octobre 1807.) Le duché de Varsovie ne peut garder la légion polacco-italienne et les régiments de lanciers à son service, parce qu'il ne peut pas les payer, 101. — (22 octobre.) Jugement sur la conduite de la Pologne depuis 1806. Conseil à Davout de fermer l'oreille aux insinuations des partis, et de laisser faire le roi de Saxe. 130-131. — (23 octobre.) Napoléon, qui veut rassurer l'Autriche et la Russie, fait répandre des bruits de paix en Pologne, avec d'autant plus d'insistance que «dans ce pays, dit-il, on désire la guerre.» - 136.

— (27 octobre.) Instructions à Champagny, pour prescrire à Bourgoing le langage qu'il doit tenir à Varsovie envers les Autrichiens, les Polonais, les Russes, le roi de Saxe, de manière à contenter ou calmer tous les partis, 143-144. — (16. 17 décembre.) Décision prise au sujet des biens de Pologne, 227, 230. — (30 janvier 1808.) Conseil au roi Jérôme de garder les Polonais à sa solde. 351. — (21 février.) Invitation au roi Jérôme de les diriger sans délai sur Mayence. 418. — Compensation à faire des dettes et des créances de la France en Pologne; créances sur la Prusse à affecter au reliquat des comptes, 438, 440. 472. — (16 mars.) Champagny est autorisé à faire une proposition au roi de Saxe qui se plaint de ce que son état militaire est excessif pour ses finances : l'Empereur prendra à son service et à sa solde un nouveau corps de 8,000 Polonais. Cette troupe pourra être rendue au roi de Saxe, en temps opportun, sans réclamation des dépenses faites. Conventions à régler sur ces bases avec les députés polonais, 494-495. — (31 mars.) Manifeste polonais à désavouer. Recommandation à Davout de contenir les Polonais. « qui sont des têtes ardentes, » 541-542. La légion polacco-italienne prend le nom de *légion de la Vistule*, 542. — (11 avril.) Organisation provisoire de cette légion, 574.

PONTE-CORVO (Prince de). (1ᵉʳ mars 1808.) Ordre au prince de Neuchâtel de lui transmettre différentes instructions, 1° pour porter son corps d'armée à l'effectif de 23,000 hommes, 2° pour occuper les îles du Danemark, toutefois sans trop disséminer ses troupes et sans abandonner la défense du continent et des villes hanséatiques; les Espagnols à faire d'abord passer dans les îles; les Français à réunir autour de Copenhague; les Hollandais tiendront les communications avec le continent. Questions à faire à Bernadotte, notamment sur les opérations des Russes en Finlande, où ils ont dû entrer depuis le 10 février. Fortifications dans le Danemark à faire étudier 452-453. — (29 mars.) Ordre à Berthier d'instruire au plus tôt Bernadotte de la révolution du 18 mars à Madrid. Ménagements à prendre pour porter ces nouvelles à la connaissance du corps espagnol de la Romana placé sous les ordres de Bernadotte : « Il est nécessaire de dérober le plus longtemps à ces troupes la connaissance de ces événements, » 536. — (13 avril.) Instructions pour garder dans le Nord une forte attitude d'observation, disperser les Espagnols de la Romana dans les îles danoises; comment les événements d'Espagne doivent leur être présentés; ne pas s'avancer au delà du Danemark; tenir une position intermédiaire pour être à portée de défendre ou de maintenir Hambourg, Copenhague et Amsterdam. 583-584. V. DANEMARK. LOUIS NAPOLÉON. (la) ROMANA, SUÈDE, etc.

PONTS ET CHAUSSÉES. V. CANAUX. DÉPARTEMENTS AU DELÀ DES ALPES, TRAVAUX PUBLICS.

PORTALIS, maître des requêtes au Conseil d'état, chargé par intérim des affaires des cultes, 7. 120.

PORTE OTTOMANE. (4 septembre 1807.) Questions à faire à l'ambassadeur turc à Vienne : la Porte accepte-t-elle la médiation de la France pour faire la paix avec la Russie? 8. — L'Empereur demande à Champagny copie des lettres écrites au grand vizir, à Tilsit et depuis Tilsit, ainsi que les instructions données aux deux officiers envoyés en Moldavie et en Valachie, 9. — (14 septembre.) Les Turcs ne doivent pas être mécontents de l'armistice conclu entre eux et les Russes; plaintes à faire au sujet de canonniers français maltraités par les Turcs. 40. — (14 octobre.) Réserve extrême recommandée au général Savary, à Saint-Pétersbourg, quant aux affaires de Turquie, 104. — (23 octobre.) Pourquoi Napoléon n'a pas maintenu envers le sultan Mustafa la politique qu'il avait pour Sélim, le sultan précédent. 133. — (1ᵉʳ novembre.) Incertitudes de la politique de Napoléon envers la Porte, 157. — (7 novembre.) Napoléon dit à Tolstoï que, si la Russie a des idées « plus étendues » sur l'empire de Turquie, il faut que Romanzof lui envoie des instructions explicites et précises; quant à lui, il veut tout ce qui peut resserrer ses liens avec la Russie. 173. — (11 décembre.) Napoléon demande à Marmont des renseignements sur l'importance des différentes provinces de la Turquie d'Europe, 224. — (17 décembre.) Andréossy blâmé d'avoir parlé du sort futur de Constantinople. 230. — (12 janvier.) Questions à faire poser à la Porte par Sebastiani : 1° sur sa disposition à faire la guerre si les Russes voulaient conserver la Moldavie et la Valachie; 2° sur le concours qu'elle prêtera à la défense de Corfou contre les Anglais. 288. V. Alexandre. Corfou. Mustafa, etc.

Portugal (Expédition de). (4 septembre 1807.) Plaintes et menaces contre le Portugal, qui se livre aux Anglais, 8. — (12 octobre.) Le général Junot reçoit l'ordre d'entrer en Espagne et de marcher sur Lisbonne. 94. — L'Empereur compte que le roi d'Espagne, Charles IV, prêtera son concours armé pour forcer le Portugal à fermer ses ports aux Anglais. 97-98. — (13 octobre.) Ordre qu'en Hollande, en France, en Italie, l'embargo soit mis sur les navires portugais. 100. — (16 octobre.) Direction que doit suivre Junot, commandant le 1er corps d'observation de la Gironde. 106. Force de ce corps, après la réunion des troupes que l'Espagne doit fournir. Deux divisions espagnoles doivent en outre agir au midi du Tage. Arrangements à prendre avec l'Espagne pour nourrir l'armée. La solde sera fournie par la France. Les contributions à payer par le Portugal, question réservée. 107. — (17 octobre.) L'armée va recevoir des renforts. Un 2e corps d'observation de la Gironde se réunit à Bayonne; dans toutes les chances, Junot sera appuyé; il fera faire une reconnaissance exacte du pays qu'il traverse et l'enverra à l'Empereur. Le Portugal a déclaré la guerre à l'Angleterre, mais cette apparente satisfaction ne doit pas arrêter la marche de Junot; il faut arriver à Lisbonne au 1er décembre, comme ami ou comme ennemi. 115-116. — (20 octobre.) Ordre à Champagny de signifier à la légation du Portugal que la guerre est déclarée, 123. — (23-27 octobre.) Projet de convention et convention définitive pour le partage du Portugal. V. Conventions de Fontainebleau. — (28 octobre.) Critique de l'ordre de marche de Junot; il devrait marcher en trois colonnes, par division. 146. — (31 octobre.) Instruction pour la marche accélérée de l'armée, qui, le 1er décembre, doit être tout entière à Alcantara, sinon à Abrantès, avec une division d'avant-garde à Lisbonne. 151-152. Positions à donner aux troupes espagnoles. Comment les troupes françaises doivent camper près de Lisbonne. Junot peut se présenter en auxiliaire; en réalité, il faut qu'il s'empare du Portugal et prévienne les mesures que pourraient prendre les Anglais. 153. Espoir que le prince régent ne fera pas de résistance. Autres instructions sur divers détails. Recommandation de ne remettre aucune place forte aux Espagnols. 154. — (2 novembre.) Ordre à Decrès d'envoyer au général Junot, à Ciudad-Rodrigo, des officiers de marine, qui devront le suivre à Lisbonne pour prendre possession du port et des vaisseaux. 159. — (5 novembre.) L'intention de l'Empereur est que, une fois entrée en Portugal, l'armée soit à la charge du pays, et que la marche ne soit pas retardée sous prétexte du manque de vivres; " 20,000 hommes vivent partout, même dans le désert, " 165. — (6 novembre.) Question à Decrès au sujet de l'envoi d'une croisière sur les côtes du Brésil, où elle prendrait une grande quantité de vaisseaux portugais. 167. — (8 novembre.) Junot continuera sa marche, malgré la déclaration du Portugal promettant de fermer ses ports à l'Angleterre, se dirigera droit sur Lisbonne et prendra la flotte et les arsenaux. Nécessité de précipiter la marche de Junot, les troupes anglaises de Copenhague étant de retour de la Baltique; avis et recommandations. 174-175. — (12 novembre.) Instructions à Junot pour la conduite à tenir en Portugal : occuper les places fortes, les ports, bien camper les troupes, saisir la flotte, placer des garnisons sur les vaisseaux, les armer, procéder au désarmement des troupes portugaises, en envoyer une partie sur les Pyrénées, décider le prince régent à se rendre en France, le garder avec soin, traiter avec ménagements la famille royale et l'envoyer à Bayonne, percevoir les revenus du pays, séquestrer les marchandises et propriétés anglaises, donner l'exemple du désintéressement et de la probité, empêcher sévèrement les dilapidations, etc. 184-187. — (24 novembre.) Division dirigée sur Vitoria pour être à même de secourir Junot, 211. — (20 décembre.) Ordres à Junot : licencier l'armée portugaise, qui doit être envoyée en France, 242 ; éloigner de Lisbonne les membres de la famille royale et les personnes attachées à l'ancienne cour qui y seraient restées, 242-243 ; ne pas se laisser aller à des rêves de commerce et de prospérité au milieu des difficultés des circonstances ; désarmer le pays ; camper dans de bonnes positions ; vaisseaux à mettre en construction, autres à terminer ; contribution extraordinaire à imposer, 243 ; marchandises anglaises à séquestrer ; armes de la maison de Bragance à faire enlever, 244 ; importance d'occuper Almeida ; communication à garder avec Dupont, qui doit secourir Junot en cas de besoin, 242-244. — (23 décembre.) Décret imposant une contribution extraordinaire de 100 millions sur le Portugal, 248, ordonnant le séquestre des biens de la famille royale et des seigneurs qui ont abandonné le pays et ne rentreraient pas, 249, conférant au 1er corps de la Gironde le nom d'*armée de Portugal*, accordant aux troupes des gratifications, prescrivant l'envoi d'agents français pour administrer le pays, 249-250. — Ordres à Clarke pour l'exécution de ce décret, 251. — (23 décembre.) Importance d'occuper Almeida ; conduite peu prévoyante et illusions de Junot ; ordre réitéré pour l'occupation et le désarmement du pays, le licenciement de l'armée portugaise, 254, l'éloignement des personnes de l'ancienne cour, le campement des troupes françaises, la police de la ville de Lisbonne, l'armement d'une division navale, le séquestre des marchandises anglaises, 255. Conduite à tenir ; ordre pour le bien-être des troupes ; envoi d'agents de l'administration, 256. — (4 janvier 1808.) Ordre au général Dupont de diriger sur le Portugal tous les régiments provisoires appartenant au corps de Junot, 269. Le ministre de la guerre chargé de renouveler à Junot les ordres déjà donnés pour soumettre le pays et s'en assurer la possession, 269-270. Mission d'un officier, 270. — (10 janvier.) L'Empereur refuse de publier la convention pour le partage du Portugal avec l'Espagne, 281. — (12 janvier.) Ordre à Junot de se maintenir maître de tout le pays, 288. — (26 février.) Observations sur les finances du Portugal ; économies à faire sur les dépenses de la marine, des fortifications ; marchandises à confisquer, à rendre, à imposer ; contribution à établir suivant le principe d'égalité ; papier-monnaie à rembourser en domaines de la Couronne, 446-447. — Ordre à Clarke de faire des représentations à Junot : il doit mieux assurer la tranquillité, désarmer les Portugais, occuper leurs places fortes, faire camper les troupes françaises en dehors de Lisbonne, ne pas les exposer dans la ville ; plaintes diverses ; demande de rapports et d'états de situation ; surveillance à exercer sur les divisions auxiliaires espagnoles, 447-448. — (4 mars.) Observations et reproches adressés de nouveau à Junot : le Portugal non encore désarmé ; les troupes portugaises non encore envoyées en France ; le décret frappant le pays d'une contribution de 100 millions, publié avec emphase ; ordres divers non exécutés ; le pays non maîtrisé ; l'armée française toujours exposée dans Lisbonne au lieu d'être campée aux environs, 457-458. — (6 mars.) Napoléon apprend avec satisfaction que les troupes portugaises partent enfin de Lisbonne ; que Junot a quelques navires armés.

TABLE ANALYTIQUE. 643

Conseil au sujet de la maistrance, qui doit être composée, en majorité, de Français et non d'étrangers. Ordre d'occuper Elvas et de faire camper autour un corps de troupes en état de se porter partout où besoin sera. Autre division à établir à Almeida. Junot doit bien surveiller la division espagnole de Galice et l'arrêter si elle voulait se rendre à Valladolid. Route à tracer aux Portugais pour se rendre en France; ne pas les faire passer par Madrid. Grande surveillance à exercer sur les Espagnols de l'expédition, 461-462. — (7 mars.) Inquiétude de l'Empereur en apprenant que le général Solano a quitté le Portugal avec sa division espagnole pour se rendre à Badajoz. Ordre à Junot de le faire suivre, de s'assurer de sa marche sur Cadix ou sur Madrid. Junot doit diviser son armée en trois corps pour trois destinations indiquées. Il n'a rien à craindre des Anglais pour le moment. Il usera de réserve envers les Espagnols. Napoléon compte se trouver à Burgos le 20 mars, 465-466. — (14 mars.) Décision pour appliquer à l'armée de Portugal le mode de comptabilité usité à la Grande Armée, 493.

PROTOCOLE (Comité du), au ministère des relations extérieures. (15 mars 1808.) Suppression de ce comité, parce qu'il est composé d'hommes imbus d'idées de l'ancien régime : « Les hommes qui ont servi la politique de Versailles ne peuvent diriger la mienne. » 494.

PRISONNIERS DE GUERRE : *Français*, maltraités en Prusse, même depuis la paix, 42; — *Étrangers*, ordre de les employer à des travaux publics. 244.

PRUSSE. (14 septembre 1807.) En cas de non-payement prochain des contributions convenues, l'Empereur menace de s'emparer des revenus courants, 30-31. — (15 septembre.) Demande d'un projet réglant le mode d'évacuation des provinces prussiennes, 35. — (16 septembre.) Instruction pour l'évacuation, 39-40. Rien ne finit, par la faute du Roi, 41. — (26 septembre.) L'Empereur réclame 150 millions, condition *sine quâ non* de l'évacuation : « Le roi de Prusse, dit-il, n'a pas besoin d'entretenir une armée, il n'est en guerre avec personne, » 59-60. — (13 octobre.) L'Empereur approuve que la démolition des places de Prusse soit retardée. 102. — (27 octobre.) Il insiste pour le payement de 100 millions dans l'année, 144. Il gardera les forteresses jusqu'à l'arrangement des contributions de guerre. Avant de commencer l'évacuation, il faut stipuler des routes militaires pour la communication des troupes. 145. — (7 novembre.) Recommandation formelle au maréchal Soult de ne pas évacuer les pays de la rive droite de la Vistule avant que les dernières conventions avec la Prusse soient signées, et qu'il en ait reçu l'ordre exprès de l'Empereur. 169.

R

RAPP, général de division, aide de camp de l'Empereur. 54. Napoléon l'approuve de n'avoir point toléré les manifestations insolentes de quelques officiers prussiens. 87. 150.

RÉGIMENTS ÉTRANGERS. (17 septembre 1807.) Le ministre de la guerre fera connaître la situation et l'emplacement des régiments étrangers au service de la France. L'Empereur est dans l'intention de les faire passer au service de Naples et de Hollande. Les Suisses, exceptés de la mesure, forment une classe à part. 48.

— (16 octobre.) Ordre de faire partir sans délai le régiment d'Isembourg pour Naples, si ce n'est déjà fait. 110.

REGNIER, grand juge, ministre de la justice. 229. 353. 508.

REILLE, général de division, aide de camp de l'Empereur. Ses missions près de la reine régente d'Étrurie, 215; en Toscane 265; en Espagne, près du grand-duc de Berg, auquel il porte des instructions particulières de l'Empereur. 570. 585.

81.

Réserve, V. Camp de réserve et Division de réserve.

Réserve générale de cavalerie. (16 octobre 1807.) Ordre à Clarke de la composer d'une brigade de grosse cavalerie, à Tours; d'une brigade de dragons, à Orléans; d'une brigade de chasseurs, à Chartres; d'une brigade de hussards, à Compiègne, 108-110. — (11 novembre.) Ordre pour que ces quatre brigades se mettent en marche, par la route la plus directe, sur Bordeaux, 180.

Révolution (La). (17 décembre 1807.) On ne doit pas se ressouvenir de ce qui s'est dit dans ce temps-là. «Je récompense ceux qui ont dit du mal de moi alors, et c'est, au contraire, un titre pour eux plus qu'une prévention contre eux,» 236. — (12 avril 1808.) «Il faut avoir soin d'éviter toute réaction en parlant de la Révolution. Aucun homme ne pouvait s'y opposer. Le blâme n'appartient ni à ceux qui ont péri, ni à ceux qui ont survécu. Il n'était pas de force individuelle capable de changer les éléments et de prévenir les événements qui naissaient de la nature des choses et des circonstances,» 576-577.

Reynier, général de division, 315, 319. (26 février 1808.) Plaintes à faire au général Reynier de ce que, dans la capitulation accordée par lui en occupant Reggio, il n'a pas fait mention du roi de Naples et a accordé aux ennemis des conditions trop favorables; autre reproche de ce qu'il parlemente trop fréquemment avec les Anglais, 448.

Rœderer, 119. Jugement de Napoléon sur Rœderer, 381, 449.

Romana (Marquis de la), général, commandant la division espagnole du corps du maréchal Bernadotte. (19 janvier 1808.) Demande de renseignements sur l'esprit de ces troupes et sur leur attachement au prince de la Paix ou au prince des Asturies, 305. — (29 mars.) Recommandation de leur dérober le plus longtemps possible la connaissance des événements de Madrid, 536. — (13 avril.) Ordre à Bernadotte de disperser dans les îles danoises les troupes espagnoles de la Romana et de les surveiller; ce qu'il faut dire à ce général des événements de Portugal et d'Espagne, 583-584.

Rome (Cour de). Négociateurs envoyés par le Saint-Siège et non admis par l'Empereur. V. Bayane, Litta. — (25 septembre 1807.) Ordre de diriger la division Duhesme sur Bologne et sur Ancône, pour occuper le duché d'Urbino, les provinces de Macerata, Fermo, Spoletto, 56. — (3 octobre.) Le général Lemarois prendra le commandement des troupes du Pape dans ces provinces, placera son quartier général à Ancône, et sera prêt à s'emparer, au premier avis, de l'administration provisoire de ces pays, 75. — (19 octobre.) Ordre à ce général de diriger des colonnes mobiles sur les frontières du royaume de Naples, 122-123. — (21 octobre.) Lemarois réunira les troupes du Pape à Ancône, et les emploiera à réprimer par la force toute résistance, 127. — (22 octobre.) Il ménagera la cour de Rome si elle cède, ou s'emparera de ses provinces adriatiques si elle résiste, 131. — (23 novembre.) Ordre au prince Eugène de laisser subsister le gouvernement du Pape à Ancône. Lemarois, en qualité de gouverneur, doit seulement avoir le commandement militaire et la police, 210. — (28 décembre.) Plaintes contre la cour de Rome à mettre dans les considérants du décret pour le rejet de la bulle relative au diocèse de Plaisance, 264. — (10 janvier 1808.) Instructions au prince Eugène pour l'occupation de Rome : troupes à tirer de la Toscane et d'Ancône et placées sous le commandement de Miollis pour marcher sur Rome; le roi de Naples appuiera ce mouvement par l'envoi d'une colonne à Terracine, 278-279. Ordres à donner à Miollis pour cette opération; il doit s'emparer du château Saint-Ange, déclarer qu'il a mission d'occuper Rome pour arrêter les brigands napolitains et les agents anglais; ne pas se mêler du gouvernement; prendre le titre de *Commandant en chef des troupes qui sont dans les États de l'Église*, 279-280. — Instructions au roi de Naples pour la réunion à Terracine d'une colonne de 3.000 hommes qui devra rejoindre le général Miollis à Rome. 280-281. — (22 janvier.) Napoléon calcule la marche des troupes et le jour où elles arriveront à Rome ; il en fait prévenir Alquier deux jours seulement avant leur arrivée, 310-311. Le titre de Miollis est changé ; il doit prendre celui de *Commandant de la division d'observation de l'Adriatique*. Ce qu'il doit faire à Rome, 310-311. — Note à remettre à la cour de Rome pour expliquer l'arrivée des troupes françaises ; griefs à énumérer : refuge donné aux brigands napolitains, aux sujets rebelles du roi de Naples, aux agents de la reine Caroline et de l'Angleterre ; cardinaux napolitains encouragés dans leur rébellion ; faiblesse du gouvernement du Pape, 311-312.— Instructions pour Alquier : l'Empereur veut ne rien ôter au Pape, mais le faire agir dans son système ; la conduite du Pape décidera du sort de ses états temporels. 312. Instructions secrètes ; l'intention de l'Empereur est d'habituer le peuple et les troupes françaises à vivre ensemble, afin que, le cas arrivant, la cour de Rome «ait cessé insensiblement d'exister comme puissance temporelle,» 312. — Conduite qu'Alquier doit tenir à Rome et envers le Pape. L'Empereur désire laisser les choses *in statu quo*, mais il est décidé à faire un éclat à la première publication que le Pape se permettra ; il cassera la donation de Charlemagne et réunira les états de l'Église au royaume d'Italie. 313. — (23 janvier.) Eugène chargé de donner à Miollis l'ordre de se concerter avec Alquier, de prendre le commandement des troupes papales, d'arrêter les brigands réfugiés à Rome, d'empêcher toute publication du gouvernement, d'interdire toute communication de Rome avec la Sicile et la Sardaigne. 314. — (7 février.) L'Empereur explique au prince Eugène dans quel sens Miollis doit se concerter avec Alquier ; il en est entièrement indépendant pour les affaires militaires ; le château Saint-Ange doit être occupé ; les agents de l'Angleterre et du roi Ferdinand doivent être arrêtés ; les cardinaux napolitains envoyés à Naples de gré ou de force ; toute insurrection doit être sévèrement punie ; enfin, si Miollis avait évacué Rome ou le château Saint-Ange, il doit y rentrer, 368-369. — (12 février.) L'Empereur reçoit la nouvelle de l'entrée des troupes à Rome ; il écrit au prince Eugène d'ordonner à Miollis de s'emparer de la police, de bien traiter les troupes du Pape, d'en prendre le commandement, et d'envoyer à Naples les cardinaux et les Napolitains rebelles au roi Joseph. 383. — (17 février.) Ordres à transmettre à Miollis pour que ce général s'empare du commandement de Rome et des provinces de l'État pontifical autres que celles d'Ancône, de Camerino, d'Urbino, de Macerata, déjà occupées par le général Lemarois. Miollis aura sous ses ordres toutes les troupes des Apennins à la Méditerranée jusqu'à Civita-Vecchia. Il correspondra avec le vice-roi. Il devra annoncer secrètement l'arrivée probable et prochaine de l'Empereur à Rome. 396-397. — (11 mars.) Ordre au général Miollis de s'opposer à ce que le Pape établisse de nouveaux impôts ; s'il persiste dans cette intention, le menacer de convoquer des États provinciaux auxquels on dénoncera l'usage fait des finances romaines, qui ne servent qu'à organiser et entretenir la révolte ; et les États n'accorderont aucune nouvelle contribution tant que le Pape se trouvera «en rébellion temporelle» contre l'Empereur. 484. — (14 mars.) L'ordre de s'opposer à l'établissement de tout nouvel impôt est rappelé. Conduite que doit tenir le chargé d'affaires laissé à Rome : rester impassible au milieu des intrigues et seconder le général Miollis. 490. — (16 mars.) Le refus du Pape de reconnaître Joseph Napoléon comme roi de Naples est un des principaux griefs de l'Empereur contre la cour de Rome, 496. — (20 mars.) Ordre au général Miollis de s'emparer «du gouvernement temporel.» sous le titre de *Général commandant les troupes dans les États de Rome*; de renvoyer à Ancône toutes les troupes du Pape; de ne plus faire assister les troupes françaises aux cérémonies religieuses; d'agir sur l'esprit du peuple par des publications; de mettre notamment dans un ordre du jour que les prêtres ne doivent, pas plus que les femmes, commander à des soldats; de se moquer des représentations du chargé d'affaires d'Espagne, 504. Rappel de l'ordre de n'avoir à souffrir aucun nouvel impôt à Rome, 505. — (23 mars.) Mesures et préparatifs indiqués au vice-roi pour la transformation administrative des quatre Légations, à réunir au royaume d'Italie «après le carême passé;» bruit de cette prochaine réunion à faire courir dans le public pour intimider la résistance de la cour de Rome, 510-511. — (1ᵉʳ avril.) Rupture des relations diplomatiques. Le cardinal Caprara cesse d'être reconnu comme légat en France. Ordre aux employés de la légation de quitter la France avant trois jours. Le cardinal reçoit cette signification dans une note qui lui est remise le 3 avril; double texte de cette note. La cause principale de la rupture, c'est le refus du Pape d'entrer dans une ligue défensive et offensive contre les ennemis de l'Empire. L'Empereur annonce qu'il compte s'emparer de la souveraineté temporelle du Pape; c'est ce qu'il fera en déplorant de voir «l'imprudence, l'obstination, l'aveuglement détruire l'ouvrage du génie, de la politique et des lumières.» Mais la perte de la souveraineté temporelle n'entraînera aucune diminution de l'autorité spirituelle du Pape, qui sera «évêque de Rome et chef de l'Église comme l'ont été ses prédécesseurs pendant les huit premiers siècles et sous Charlemagne.» Paroles irritées contre l'abus que le Pape peut faire de son autorité spirituelle dans les circonstances présentes, 545-548. — (2 avril.) Ordre à Champagny d'envoyer, à Rome, au chargé d'affaires de France, copie de la note remise au cardinal Caprara. Ultimatum à présenter : le Pape consent-il à entrer dans une ligue offensive et défensive avec les royaumes d'Italie et de Naples contre les ennemis communs de la Péninsule? Si le Pape adhère à la proposition, ordre au chargé d'affaires de le signifier au plus tôt au vice-roi; si le Pape n'y adhère pas, le chargé d'affaires demandera ses passe-ports et quittera Rome, mais le 20 avril seulement, c'est-à-dire le carême passé, 551. — (6 avril.) «Il est impossible de perdre plus bêtement ces états temporels que le génie et la politique de tant de papes avaient formés,» 562.

RÜGEN (Ile de). Remise par capitulation aux Français, 42-43.

RULHIÈRE. (2 avril 1808.) Quel est l'auteur de l'*Histoire de l'anarchie de Pologne*, Rulhière ou le Père Maubert? Question à faire examiner par la 3ᵉ classe de l'Institut, 551-552.

RUSSES (Escadre et troupes). (6 septembre 1807.) Ordre au prince Eugène de bien traiter sur la terre ferme de Venise les troupes russes quittant Cattaro et Corfou, 12; si elles débarquent à Naples, les diriger sur Bologne, 14. — (14 septembre.) Le vice-roi leur fera avancer les fonds nécessaires; prendra des mesures pour que le pavillon russe ne soit pas insulté par les Anglais dans les ports italiens, 31; accueillera avec distinction, à Milan, les officiers supérieurs russes; avertira des affaires de Copenhague l'escadre russe, qui de Ténédos se rend à Cadix, pour la prémunir contre une surprise des Anglais, 32-33. Ordre de bien recevoir les vaisseaux russes dans les ports de Hollande, 33. — (30 septembre.) Napoléon reproche au vice-roi d'avoir exagéré ses prévenances envers les officiers russes, 69. Fournitures faites aux troupes et navires russes, 80, 88, 89, etc. Prisonniers russes rendus, armés de fusils français, 94, 95, 104, etc. — (7 novembre.) L'escadre russe a passé le 19 octobre devant Cadix; l'Empereur envoie à la recherche de Siniavine pour l'avertir de ne pas entrer dans la Manche, 172. Il est fâché que cet amiral n'ait pas voulu relâcher à Cadix, où on était en mesure de le secourir, 173. — (23 novembre.) Avis au général Savary, à Saint-Pétersbourg, que les troupes russes cantonnées à Padoue se mettent en marche pour traverser les états autrichiens, 208. — (7 décembre.) Avis de légers différends avec le commandant des troupes russes à Padoue, qui attend des ordres de Saint-Pétersbourg pour partir. 222. — (23 décembre.) L'Empereur fait demander par Andréossy au prince Kourakine, à Vienne, un ordre pour que les forces navales russes à Corfou se réunissent aux siennes. 259. — (20 janvier 1808.) Le général Nazimof refuse de laisser passer ses troupes en revue, à Padoue et à Trévise. 325. — (9 février.) Ordre au vice-roi de laisser les troupes russes libres de partir, de ne plus leur donner d'argent et de tenir compte de toutes les dépenses qui ont été faites pour elles. 375-376. V. ALEXANDRE, CORFOU, EUGÈNE NAPOLÉON, JOSEPH NAPOLÉON, SAVARY, etc.

S

SAINTE-MAURE, une des îles Ioniennes. Ordre de l'occuper et de la fortifier. 84.

SALICETI, ministre de l'intérieur et de la police du royaume de Naples. Peut être mis dans la confidence de l'expédition de Sicile. 317. 372. Jugement de Napoléon sur ce personnage : «Saliceti est de ceux qui réussissent toujours.» 449.

SARDAIGNE. (5 septembre 1807.) L'intention de l'Empereur est de s'en «rendre maître sur-le-champ.» 10. — (28 décembre.) Ordre au prince Eugène et au roi de Naples de mettre embargo sur les bâtiments venant de Sardaigne. 266-267. — (12 janvier 1808.) Ordre au consul français de quitter la Sardaigne, si ce gouvernement ne veut pas faire cause commune avec le continent; la Sardaigne n'est plus qu'une colonie anglaise. 289. 291. — (13 mars.) Recommandation de bien traiter à Rome l'ancien roi de Sardaigne (Charles-Emmanuel IV), qui a véritablement renoncé aux affaires. 489.

SALINES DE L'EST (Compagnie des). Observations faites en conseil des finances sur la constitution de cette compagnie. 352-354. Rapport demandé. 361.

SAVARY, général, aide de camp de l'Empereur, en mission en Russie. (4 septembre 1807.) Ordre de lui ouvrir un crédit, 8. — (15 septembre.) Plaintes à porter au sujet de libelles que les Russes font courir à Elbing. 35. — (28 septembre.) Nouvelles de l'île de Rügen. du Portugal. Les modes demandées par les belles Russes vont lui être expédiées; l'Empereur en fera lui-même le choix. 63. Il est chargé de remettre deux lettres à l'impératrice de Russie. 64. — (6 octobre.) Savary a eu tort de trouver mauvaise la conduite du général Rapp envers les Prussiens. 87. — (14 octobre.) Il est blâmé d'avoir répondu trop vivement à Champagny lui recommandant l'économie. Ce qu'il doit dire de la conduite de Guilleminot en Valachie, des prisonniers russes que l'on a désarmés en France. 103; ne point s'avancer pour les affaires de Turquie. 104. — (30 octobre.) Nouvelles. Attente de Tolstoï. Espoir d'une rupture prochaine entre l'Angleterre et les États-Unis d'Amérique. 148-149. — (1er novembre.) Ordre à Champagny d'envoyer à Savary, pour le communiquer à Alexandre, le traité fait avec le Danemark. 155. L'Empereur lui annonce diverses gracieusetés qu'il vient de faire à Alexandre : promesse de bien accueillir dans les ports de France les cadets de Russie; présent de 50,000 fusils des manufactures françaises; autre présent d'un hôtel «le plus élégamment arrangé» pour l'ambassade russe à Paris. 156. L'Empereur donne à Savary un aperçu des affaires sur lesquelles Alexandre doit prendre un parti : la guerre à déclarer à l'Angleterre; la Suède et l'Autriche à décider contre l'Angleterre; quant à la Porte, la question est réservée par l'Empereur jusqu'au moment où Alexandre lui aura donné quelques gages de plus. Caulaincourt va être envoyé comme ambassadeur en Russie, 156-157. — (7 novembre.) L'Empereur instruit Savary du prochain départ de Caulaincourt, lui écrit la conversation qu'il a eue avec Tolstoï, et lui donne différentes nouvelles, 172-174. — (23 novembre.) Savary doit revenir à Paris après avoir mis au fait Caulaincourt, 207-208. — (7 décembre.) Il est rappelé, 222. Blâmé de trop de vivacité à l'égard de Champagny, 223. — (20 février 1808.) Envoyé à Orléans pour presser le départ des troupes pour l'Espagne, 414. — (13 avril.) Chargé d'une mission auprès du grand-duc de Berg, 573, 585.

Savone (Port de). Ce port est le plus commode pour correspondre avec le Pô et le Piémont : il est au défaut des Alpes et des Apennins; derrière, pas de montagnes; à côté, la belle rade de Vado, 167.

Saxe (Frédéric-Auguste, roi de). (1er septembre 1807.) L'Empereur se plaint de la conduite de l'envoyé de Saxe à Constantinople, 1. — (23 septembre.) Aucun pays appartenant à la Saxe n'a dû être réuni au royaume de Westphalie, 51. — (22 octobre.) «Le roi de Saxe est un homme de sens,» 131. — (27 octobre.) Instructions à Bourgoing pour la conduite à tenir à l'égard de ce prince, qui doit être reçu par les troupes françaises avec le plus grand éclat, 143-144. — (16 décembre.) L'Empereur espère qu'il sera satisfait des décisions prises relativement aux biens de Pologne. Compliment au sujet de l'accueil fait au Roi à Varsovie. L'évacuation du duché de Varsovie par les troupes françaises laissée à l'appréciation du Roi, 227. — (4 janvier 1808.) Davout approuvé pour sa conduite à l'égard de ce prince, que l'Empereur a en grande estime, 270.

Scilla. Au pouvoir des Anglais, 20, 111, 316, 318, 330. Importance que Napoléon attache à ce que le roi Joseph s'en empare, 370, 371. Scilla pris, 459. Doit être fortifié, 538-539.

Séminaires. — V. Clergé.

Sélim (Sultan), 133. V. Mustafa, Porte Ottomane.

Sept Iles. (12 octobre 1807.) Projet de décret d'organisation : un gouverneur général investi de toute l'autorité militaire et de l'autorité civile et diplomatique; un commissaire près le sénat des Sept Iles avec l'autorité des anciens préfets coloniaux; un payeur; un commandant de marine. Le gouvernement des Sept Iles sera tout entier dans les mains du ministère de la guerre. Ne rien innover dans l'administration intérieure, 95-96. — (28 janvier 1808.) Ordre au général Donzelot de prendre le gouvernement général des Sept Iles, 335. — V. Berthier (César), Corfou.

Serment politique. (30 janvier 1808.) Le serment prêté au roi Jérôme par des conseillers d'état entraînerait leur exclusion du Conseil. 350. — (12 mars.) Les Français ne peuvent prêter serment à un prince étranger sans cesser d'être Français; décision à signifier aux rois de Naples, de Hollande et de Westphalie, 487.

Serurier, premier secrétaire de la légation française en Hollande, 9. Il lui est demandé un mémoire sur les prétendus amis de l'Angleterre qui entourent, dit-on, le roi de Hollande, 16.

Servan, général, prévenu d'avoir abusé de papiers d'état pour son ouvrage intitulé : *Campagnes des Français en Italie depuis Henri IV jusqu'en 1806;* mesures prescrites à cette occasion, 195-196.

Sicile (Expédition de). (12 décembre 1807.) Ordre pour la réunion de forces navales dans la Méditerranée, 224-226. — (24 janvier 1808.) Avis au roi Joseph que l'escadre de Rochefort a effectué sa sortie pour rallier l'escadre de Toulon et se rendre à Naples; vaisseaux et transports que le Roi doit préparer. L'escadre prendra les troupes commandées par le maréchal Jourdan et les débarquera près de Messine, tandis que Reynier, avec d'autres troupes, s'embarquera à Reggio et à Scilla. 315. Points qu'il faudra fortifier aussitôt le débarquement opéré, afin d'assurer le passage des troupes et les communications, 315-316. Question au roi de Naples sur ses ressources pour cette opération, 316-317. Secret à garder; Saliceti, Jourdan et un officier de marine à mettre seuls dans la confidence de ces projets, 317. Instructions pour l'embarquement des troupes et les opérations y relatives, 317-318. Le but de l'expédition est d'avoir Scilla et le Phare : « Ne ferait-on que se maintenir au Phare pendant un certain temps, on serait maître de la Sicile, » 318. Forces dont le Roi dispose pour cette expédition, 319-320. Questions sur Milazzo et sur différents points des côtes de la Sicile, 320-321. — (25 janvier.) Ordre à Clarke pour un envoi de munitions de guerre à Toulon, 322. — Ordres à Decrès : Ganteaume sera envoyé à Toulon, prendra le commandement supérieur de la côte et de l'arsenal; renseignements qu'il devra donner sur les croisières ennemies dans la Méditerranée et sur les moyens à mettre en œuvre pour préparer l'expédition, 322; but de l'expédition, dont les dispositions définitives sont subordonnées aux renseignements attendus de Naples, 323. Ordres à donner à Ganteaume pour des préparatifs, 323-324. L'escadre destinée à ravitailler Corfou dans le cas où l'expédition de Sicile ne se ferait pas, 324. — (26 janvier.) Renseignements attendus du roi Joseph; il doit préparer des moyens d'embarquement pour 3 ou 4,000 hommes, 328. L'Empereur attend avec impatience la nouvelle de la prise de Scilla, 329. — (7 février.) Note à Decrès : mission d'un officier de marine près du roi Joseph et de Ganteaume pour combiner l'expédition en la faisant partir de Reggio, 367. Lettre à écrire à Ganteaume pour lui faire connaître « la grande importance d'avoir la Sicile, ce qui change la face de la Méditerranée, » 367-368. — (7 février.) Incertitudes sur le départ de Ganteaume et sur ses projets; l'Empereur ignore s'il se rendra à Naples ou s'il ira d'abord à Corfou, 369-371. Le succès de l'expédition de Sicile est subordonné à la prise de Scilla, « le point le plus important du monde. » 370-371. Instruction au roi Joseph, qui doit presser le siége de Scilla, réunir des troupes à Reggio, continuer les préparatifs d'embarquement à Naples et envoyer près de Ganteaume à Corfou pour lui dire de venir se présenter devant Catane et Reggio, 371-372. Secret recommandé, 372. — (8 février.) Le roi Joseph doit regarder la conservation de Corfou comme plus importante que l'expédition de Sicile, 374. — (12 février.) Le roi de Naples a mandé à l'Empereur qu'il pense que l'expédition pour la Sicile peut très-bien partir de Reggio, 383. — (15 février.) Conseils pour préparer l'expédition, 392. — (5 mars.) Espoir que Napoléon fonde à ce sujet dans le succès de Ganteaume à Corfou. Arrivée prochaine à Toulon d'une escadre espagnole de six vaisseaux; arrivée de l'escadre de Lorient, plus incertaine. Ces deux escadres combineront leurs opérations avec Ganteaume, et le roi de Naples pourra disposer de toutes ses forces pour délivrer la Sicile, 459-460.

SOEURS DE CHARITÉ. V. CHARITÉ (Établissements de).

SONGIS, général de division, commandant l'artillerie de la Grande Armée. (15 septembre 1807.) Instruction à lui donner au sujet d'armes de guerre qui se trouvent dans l'arsenal de Berlin. Songis a bien fait de retenir les 21 bouches à feu provenant de Dresde; il agira de même pour les fusils et les sabres prussiens, 34. — Sa conduite relativement à la démolition des places de Prusse est approuvée, 101-102. — Son projet sur l'organisation de l'artillerie approuvé par l'Empereur, 566.

SOULT, maréchal, chargé du 2e commandement de la Grande Armée. (7 novembre 1807.) Il n'évacuera pas la rive droite de la Vistule avant d'en avoir reçu l'ordre formel de l'Empereur; mouvements à faire et pays à occuper lorsque cet ordre, ajourné par l'état des affaires avec la Russie, la Prusse et l'Autriche, lui aura été donné, 169. — (11 novembre.) Nouvel emplacement assigné au 4e corps compris dans le

2ᵉ commandement de la Grande Armée, 182. — (30 janvier 1808.) Soult envoie à l'Empereur le sceptre de Gustave-Adolphe, 345. — Mentionné, 34, 53, 428, 430, 515.

Spezia (La). (29 janvier 1808.) Ordre d'établir des batteries dans le golfe, telles qu'une escadre française ou alliée s'y trouve à l'abri de tout événement et protégée contre une escadre supérieure. Il faut que ces batteries soient dans le cas de jouer avant la fin de février, 340.

Sucre indigène. (18 février 1808.) Question à Berthollet sur du sucre provenant de l'érable et sur un autre sucre fait avec des navets, 409.

Suède. (29 septembre 1807.) Les armes de Suède doivent être abattues en Toscane, et ses ministres renvoyés, 65. — (7 décembre.) Les communications de la Suède sont interdites avec Stralsund, 220. — (17 décembre.) Cet ordre est réitéré, 232. — (17 février 1808.) Demande au roi de Hollande de faire passer en Danemark des chaloupes canonnières pour seconder l'expédition dano-française près de se rendre en Scanie, pendant qu'une armée russe envahit la Finlande, 397. — (18 février.) Avis à Alexandre des instructions envoyées au prince de Ponte-Corvo pour seconder l'expédition russe contre la Suède. Napoléon félicite Alexandre de sa décision au sujet de la Finlande, 588. — (22 février.) Le major général écrira au prince de Ponte-Corvo et au maréchal Soult sur l'expédition projetée en Suède : Bernadotte parlera au prince royal de Danemark des troupes qu'il peut employer à cette expédition, de la difficulté de passer la mer, des démonstrations qu'il faut se borner à faire; Soult, de son côté, réunira des bâtiments, interceptera les communications, annoncera son intention de passer en Suède; «il ne saurait faire trop de bruit, puisqu'il est difficile de tenter quelque chose.» 428. — (14 mars.) Ordre au prince de Neuchâtel d'annoncer officiellement à Bernadotte l'entrée des Russes en Finlande : instructions à lui donner pour qu'il se tienne prêt, avec toutes ses forces, à prendre part aux hostilités, 491. — (23 mars.) Instructions et ordres divers à transmettre sans retard au prince de Ponte-Corvo pour l'expédition de Suède. Bernadotte, approuvé de n'avoir pas fait de mouvement rétrograde; autorisé à se rendre à Copenhague, mais autorisé à ne passer en Scanie qu'autant qu'il aura sous ses ordres, avec les contingents espagnols, hollandais et danois, un corps de 36,000 hommes. Une fois en Suède, Bernadotte doit faire la guerre méthodiquement; user de la plus grande prudence et ne s'avancer sur Stockholm qu'avec la certitude d'y avoir un parti puissant. Conduite à tenir envers le roi de Suède, que la France a cessé de reconnaître depuis le renversement de la constitution de 1778. Recommandation d'avoir avec ce prince une autre attitude que celle de Brune, plus hautaine. Communication à faire au prince royal de Danemark, 508-510, 513. V. Alexandre, Louis Napoléon et Ponte-Corvo (Prince de).

Suisses. (16 septembre 1807.) Il ne faut pas les presser pour le bataillon neuchâtelois, 40. — (18 octobre.) L'Empereur veut intervenir dans la question de Fribourg pour maintenir l'acte de médiation, 117. — Quatre régiments suisses sont en France; deux bataillons ont été envoyés à l'armée de Portugal, 110, 116, 185. — (20 février 1808.) L'Empereur s'enquiert des régiments suisses au service d'Espagne et voudrait les se concilier, 413. — (31 mars.) Demande à Champagny d'une note au landamman pour se plaindre de ce que le recrutement des régiments suisses au service de France est arriéré et arrêté. Même plainte à faire au ministre de Suisse à Paris, au ministre de France en Suisse, 541.

Sulkowska (Madame). Sulkowski, aide de camp du général Bonaparte, avait été tué en Égypte; l'Empereur donne une pension à madame Sulkowska, sa mère, 23, 101.

T

Talleyrand (Charles-Maurice de). — V. Bénévent (Prince de).

Tarente. (5 et 6 septembre 1807.) La rade est parfaitement armée. 10. L'Empereur demande si une escadre s'y trouverait à l'abri d'une force supérieure, 12.

Théâtres. (28 septembre.) Talleyrand chargé d'envoyer des acteurs et des actrices à Saint-Pétersbourg. 63. — (21 octobre.) En réglant le budget de 1807. Napoléon a porté 1.500.000 francs pour la caisse des théâtres. et 200.000 francs pour l'arriéré des théâtres. exercice 1806; reproche au ministre Fouché pour des indemnités irrégulièrement payées à des théâtres. 126. — (27 octobre.) Suppression des billets gratuits dans les quatre grands théâtres de Paris. 144.

Tilsit (La paix de) «sera. je l'espère, une nouvelle époque dans les fastes du monde.» 222. «L'ouvrage de Tilsit réglera les destins du monde.» — «M. de Tolstoï est bien loin de la hauteur des événements de Tilsit.» 587.

Thibaut, comte de Champagne. Le préfet de Troyes sera blâmé pour avoir autorisé une fête en l'honneur de Thibaut : «Il est ridicule d'aller réveiller, après plusieurs siècles. la mémoire d'hommes qui n'ont pas eu un mérite éclatant.» 73.

Tolstoï (Comte de). ambassadeur de Russie à Paris. (7 novembre 1807.) La réception qui lui est faite excite la jalousie de quelques membres du corps diplomatique. 172 ; sujets de sa conversation avec l'Empereur ; n'a pas paru connaître toutes les intentions d'Alexandre. 173. — (2 février 1808.) Jugement sur ce ministre. plein de préjugés et de méfiance contre la France. 587.

Toscane. (11 novembre 1807.) Intention de réunir la Toscane au royaume d'Italie; ordre au vice-roi de préparer en secret les mesures nécessaires. 183. — (28 décembre.) Le vice-roi ne doit s'occuper de la Toscane qu'au point de vue militaire. 265. Instructions pour le conseiller d'état Dauchy. administrateur général de la Toscane ; rapports qu'il doit envoyer au ministre des finances. 265-266. Dauchy enverra le plus tôt possible un état des finances du pays. des couvents à supprimer. des différents évêchés. des palais royaux ; recommandation d'apporter le plus grand soin à ce que le décret sur le blocus et les marchandises anglaises soit exécuté. La Toscane relève. pour l'administration civile, du ministère des finances de France. 265. 276. — (8 janvier 1808.) Les troupes toscanes se rendent à Parme et seront soldées par le trésor français. Un receveur général doit être envoyé à Florence pour percevoir les contributions. 276. — (29 janvier.) Mission du général d'Arancey pour faire l'inventaire de l'artillerie et prendre possession des magasins de la Toscane. 341. — (11 février.) Ordre à Eugène de se faire rendre compte de tout ce qui est relatif à l'artillerie, au génie et à l'armement en Toscane. 381. — (18 février.) Envoi à Gaudin d'un état des finances de la Toscane en 1808 : recettes, 15 millions; dépenses, 6 millions; dette publique, 18 millions en capital. Distinction à faire entre les dettes urgentes et celles qui sont susceptibles de réduction ou de suppression ; assurer le payement des premières. faire un état des secondes pour en être décidé ultérieurement. Dettes à réduire et ajourner. celles dont sont titulaires le domaine, la Couronne. l'Autriche, les corporations religieuses. les villes. enfin les dettes courantes ; dettes dont le payement ne peut être différé. celles dont les titulaires sont des particuliers. Ordres à transmettre en conséquence. 402-403. — (20 mars.) Demande d'un rapport pour la réforme du clergé régulier en Toscane. 505-506.

Tournon (De), chambellan. officier d'ordonnance de l'Empereur. (13 novembre 1807.) Envoyé en mission près du roi Charles IV ; ordre d'observer en route l'opinion du pays, si elle est en faveur du prince des Asturies ou du prince de la Paix; de remarquer si l'on arme les places fortes de Pampelune et de Fontarabie, et enfin de prendre des renseignements sur l'armée espagnole. 188-189. — (25 février 1808.) Autre mission à Bordeaux, à Bayonne, à Vitoria, à Burgos, à Madrid, 444, 445.

TRAVAUX PUBLICS. (4 octobre 1807.) Le Cher sera rendu navigable en trois ans; les dépenses seront payées par le département, le trésor, le domaine et les particuliers, 75. — (14 novembre.) Projet de créer une caisse des travaux publics, dans laquelle seraient versés les fonds spéciaux pour les routes, la navigation, etc. «Avec cette institution, nous changerions la face du territoire.» 163. — (14 novembre.) «L'exécution des grands travaux est aussi nécessaire à l'intérêt de mes peuples qu'à ma propre satisfaction.» 194. Intention d'employer les fonds provenant du desséchement des marais du Cotentin et de Rochefort à alimenter la caisse des travaux publics, ou à opérer d'autres desséchements. 195. — Travaux du mont Cenis. V. CENIS (Mont). — Travaux dans les départements au delà des Alpes. V. DÉPARTEMENTS AU DELÀ DES ALPES. — Travaux de Paris. V. PARIS. — (17 février 1808.) Bacs à remplacer par des ponts de bateaux, 394. — (11 mars.) Montalivet est informé qu'un prélèvement de 25 pour 100 devra se faire sur le produit des droits de navigation, pour l'écluse de Pecquigny, l'écluse de Metz, l'entrepôt de Mayence, l'écluse du Pont-de-l'Arche et pour l'amélioration du cours de la Marne de Paris à Saint-Dizier, 482. L'Empereur demande à Montalivet «un rapport bien précis» sur le projet d'établir une route de Tournus à Chambéry. Intention de faire en 1808 la route de Chambéry au mont Cenis, la route du passage du mont, les habitations y projetées; la route de Metz à Mayence; les ponts de Tours, de Roanne, de la Durance, de Kehl; d'entreprendre et d'avancer le pont du Furens. Questions et rappel d'ordres au sujet de la route de Bordeaux à Bayonne; de Venloo à Wesel; du pont de Bordeaux; des ponts de la Scrivia, du Pô à Turin et autres en Italie; des chemins et canaux pour seconder l'exploitation des forêts, 482-483. — (12 mars.) L'Empereur, en arrêtant le budget de l'intérieur de 1808, recommande à Cretet de pousser activement tous les travaux y projetés, notamment les routes de Paris à Mayence, de Chambéry au mont Cenis, celle du mont Cenis, 485. Les crédits extraordinaires pour travaux publics doivent toujours être épuisés, 486. — (21 mars.) Observations, demandes de renseignements et ordres à Cretet pour les travaux que l'Empereur désire pousser avec le plus d'activité : les canaux Napoléon, de Bourgogne et du Nord; les moyens de communication avec Paris, comme le canal de l'Ourcq à la Meuse, et l'amélioration de la navigation de la Seine à la Marne; les marais du Cotentin et de Rochefort à dessécher. Projet de l'Empereur de vendre certains travaux faits, pour, avec le produit de cette vente, en entreprendre d'autres non moins utiles au public, et sans qu'ainsi il en coûte rien au trésor, 506-507. — (22 mars.) Ordre à Cretet de faire établir à Boulogne-sur-Mer un abattoir en dehors de la ville; autres mesures de salubrité pour la même ville. Projet demandé pour l'assèchement du territoire de Calais, devant servir de règle aux travaux des particuliers. Route à terminer de Maldeghem à Breskens. 507. — Observations et ordres divers, en conseil d'intérieur, le 26 mars 1808, sur deux projets de communication avec l'Aisne par Soissons, le canal de l'Aisne à la Meuse. 525. V. CANAUX et PARIS.

TREILHARD, conseiller d'état, président de la section de législation. A présenté au Conseil d'état un projet sur les actions de la Banque et les cinq pour cent à affecter aux fiefs; l'Empereur lui demande ce travail, 300.

TURQUIE. V. PORTE OTTOMANE.

TUILERIES (Palais des). (10 mars 1808.) Note pour Cretet, ministre de l'intérieur : l'Empe-

TABLE ANALYTIQUE. 653

reur n'approuve pas des travaux projetés; il veut réunir les Tuileries et le Louvre; indications diverses, notamment pour la construction de la nouvelle galerie; l'architecte Fontaine fera un plan, que l'on exposera pour recueillir les critiques du public. 477-478.

V

Verceil (Emprunt de), 389, 391.
Vincennes. Examiner s'il convient d'y mettre la prison d'état. 93.
Visite (Droit de). L'Empereur ne s'arroge le droit de visite sur aucun bâtiment; mais il exige que chaque nation maintienne l'indépendance de son pavillon. 377.
Vistule (La légion de la). (11 avril 1808.) Cette légion, composée de 5.000 hommes d'infanterie et de plus de 1.000 hommes de cavalerie, aura son dépôt à Sedan. Emplacement à lui assigner: la cavalerie le long de l'Eure ou de la Seine, à la portée de Cherbourg et du Havre; l'infanterie à deux ou trois marches de Paris. Destination éventuelle. Vues de réorganisation de cette légion. Demande à Clarke d'un rapport à ce sujet. 574-575.

W

Wesel. Réunie à la France (26 janvier 1808); ordre d'en prendre possession. 326.
Westphalie (Royaume de). (29 septembre 1807.) Les magasins de toute nature et les approvisionnements de siége des places de la Westphalie doivent rester entre les mains des agents français; tout cela appartient à l'armée. 65. — (30 octobre.) L'armée française doit y séjourner longtemps. 147. — (15 novembre.) Constitution du royaume de Westphalie, 197: états dont se compose le royaume; domaines réservés pour la Grande Armée. 198; fait partie de la Confédération du Rhin; son contingent, 198; loi d'hérédité du trône; liste civile, 199; égalité devant la loi; libre exercice des cultes; suppression des priviléges, du servage; système monétaire, 200; ministères, 200; Conseil d'état, pouvoir législatif, 201; États du royaume, 202; division du royaume en départements, districts, cantons, municipalités, 202; autorités administratives, 203; colléges de département, 203; Code Napoléon; le jury en matière criminelle; magistrature indépendante, 204; conscription, 204; lois organiques de la Constitution, 205. — (11 décembre.) Ordre à la régence de Westphalie de se maintenir en possession des domaines royaux jusqu'au partage, et de poursuivre le payement des contributions, 223. — (17 décembre.) Daru chargé de s'entendre avec les commissaires du Roi pour l'acquittement des contributions et le partage des domaines, 230. — (17 décembre.) Instructions à Daru pour les créances de la France en Westphalie, les contributions arriérées, les contributions de guerre, les domaines; les domaines resteront jusqu'au partage entre les mains des agents français, 232-233. — (17 décembre.) Explications données au Roi à ce sujet, 235-236. — (23 décembre.) Ordre à Clarke de diriger sur Cassel les corps de Hesse-Cassel et de Westphalie qui sont en France, 253. — (4 janvier 1808.) Affaire des domaines; selon les calculs de l'Empereur, la part qui revient à la France est évaluée à 4 millions, dont il ne faut pas se dessaisir, 270. Jollivet nommé commissaire pour procéder au partage des domaines et régler le payement des contributions; instructions bien précises à lui donner; convention à faire à ce sujet dans la forme diplomatique, 270-271. En quoi consistent les domaines, rentes et revenus dont il a été pris possession en Westphalie au nom de l'Empereur, 331. — (30 janvier.) Instructions à

Daru pour l'affaire des domaines et des contributions : les domaines sur lesquels l'Empereur a des droits sont évalués à 12 millions de revenu net; l'Empereur réduit sa demande à 4 millions, 345-346. Dans le payement des contributions de guerre, le Roi devra se substituer aux provinces non encore libérées, à l'exception cependant de celles de Magdeburg, Halle et Gœttingen, qui sont riches et d'un mauvais esprit; nécessité surtout de forcer la province de Magdeburg à payer, 346-347. L'Empereur remet à la Westphalie ce qu'il pourrait lui réclamer en vertu des créances de Hesse-Cassel, 347. — (30 janvier.) Instructions formelles de l'Empereur pour le règlement de ses différends d'intérêts avec la Westphalie, 351-352. — (16 février.) Approbation d'un projet de traité, préparé par Daru, pour les domaines et revenus que l'Empereur s'est réservés en Westphalie; deux points à spécifier plus explicitement, 393. — (31 mars.) L'Empereur demande à Daru des nouvelles de la convention passée le 1ᵉʳ mars avec le roi de Westphalie, et non encore parvenue aux relations extérieures à Paris, 542.

Würzburg (Ferdinand-Joseph, grand-duc de). — (25 janvier 1808.) L'Empereur a donné ordre à Champagny d'intervenir en faveur du grand-duc près du roi de Bavière; il regrette que le projet de mariage avec la fille du roi de Saxe ait été abandonné, 325. — (30 janvier.) Ordre à Champagny de s'opposer aux prétentions de la Bavière sur le duché de Würzburg, 363.

Wurtemberg (Frédéric, roi de). — (20 octobre 1807.) Assurance qu'il ne sera point porté atteinte à l'intégrité du Wurtemberg : «Ma qualité de protecteur des princes de la Confédération du Rhin me met dans la situation d'accroître leur territoire et non de le diminuer.» 124-125. — (16 décembre.) Le roi de Bavière paraît heureux de l'alliance qui va unir les maisons de Wurtemberg et de Bavière. Le contingent wurtembergeois remis à la disposition du Roi, 226.

LISTE DES PERSONNES

A QUI LES LETTRES SONT ADRESSÉES.

ALDINI, ministre secrétaire d'état du royaume d'Italie, 548.
ALEXANDRE Ier, empereur de Russie, 43, 64, 171, 220, 586, 588.
BAUDIN, capitaine de vaisseau, 36.
BÉNÉVENT (Prince de), vice-grand électeur, 137, 213.
BÉRENGER, directeur de la caisse d'amortissement, 301, 380.
BERG (Grand-duc de), lieutenant de l'Empereur en Espagne, 413, 416, 436, 455, 463, 466, 473, 491, 495, 502, 512, 516, 529, 530, 539, 549, 552, 560, 563, 564, 569, 571, 573, 582, 584.
BERNADOTTE, maréchal, chargé du 1er commandement de la Grande Armée à Hambourg, 305.
BERTHOLLET, membre de l'Institut, 409.
BERTRAND, général, aide de camp de l'Empereur, 407.
BESSIÈRES, maréchal, commandant la cavalerie de la Garde impériale, 147, 184, 348, 406, 522, 540, 561, 585.
BIGOT DE PRÉAMENEU, président de la section de législation au Conseil d'état, 264.
BILLARD, capitaine de vaisseau, 37.
BOULAY (de la Meurthe), conseiller d'état, chargé du contentieux des domaines, 396.
CAMBACÉRÈS, prince, archichancelier de l'Empire, 7, 560.
CATHERINE, reine de Westphalie, 268.
CHAMPAGNY, ministre des relations extérieures, 1, 7, 8, 9, 11, 15, 25, 28, 29, 40, 41, 50, 51, 65, 78, 87, 89, 92, 111, 117, 123, 124, 133, 143, 149, 155, 195, 207, 211,

212, 215, 216, 229, 230, 250, 287, 293, 310, 321, 331, 343, 355, 360, 362, 377, 392, 438, 445, 468, 476, 487, 490, 494, 526, 541, 545, 551.
CHARLES IV, roi d'Espagne, 21, 97, 189, 281, 445.
CHAUNAY-DUCLOS, capitaine de vaisseau, 49.
CHRISTIANE, margrave de Bade, 105.
CLARKE, général, ministre de la guerre, 11, 21, 26, 28, 45, 48, 59, 60, 68, 77, 80, 94, 95, 96, 106, 107, 108, 110, 125, 133, 134, 146, 161, 163, 165, 175, 176, 178, 184, 187, 195, 216, 237, 244, 250, 251, 252, 253, 269, 277, 289, 293, 296, 298, 314, 322, 332, 333, 340, 357, 381, 385, 393, 394, 404, 412, 413, 428, 432, 447, 448, 453, 478, 479, 488, 493, 498, 499, 518, 519, 558, 573, 574.
CRETET, ministre de l'intérieur, 2, 4, 6, 24, 55, 58, 73, 75, 77, 89, 93, 99, 106, 112, 113, 139, 150, 155, 161, 191, 231, 294, 300, 356, 394, 446, 477, 482, 485, 506, 507, 517, 551, 575.
DARU, intendant général de la Grande Armée, 30, 59, 145, 232, 270, 325, 331, 345, 393, 440, 470, 526, 542, 570.
DAUCHY, conseiller d'état, administrateur provisoire de la Toscane, 265.
DAVOUT, maréchal, chargé du 1er commandement de la Grande Armée, 23, 101, 130, 136, 270, 541.
DECRÈS, vice-amiral, ministre de la marine, 6, 10, 12, 19, 23, 29, 48, 80, 100, 135, 159, 166, 167, 224, 232, 290, 291, 322, 330, 343, 362, 363, 365, 366, 367, 375, 377,

382, 395, 411, 513, 535, 541, 544, 568, 578, 580.

Defermon, ministre d'état, 379.

Dejean, général, ministre directeur de l'administration de la guerre, 27, 30, 80, 137, 296, 299, 336, 487, 500, 520.

Denon, directeur général des musées, 293.

Duroc, général, grand maréchal du palais, 55, 75, 100, 514.

Élisa, princesse de Lucques et de Piombino, 184, 489.

Eugène Napoléon, vice-roi d'Italie, 2, 9, 12, 19, 20, 31, 38, 44, 56, 60, 63, 66, 69, 72, 74, 75, 88, 91, 117, 122, 127, 131, 136, 159, 168, 183, 190, 210, 211, 214, 260, 265, 266, 269, 278, 297, 301, 302, 305, 307, 314, 325, 326, 334, 348, 358, 368, 375, 376, 380, 383, 396, 409, 437, 480, 483, 489, 504, 510, 521, 529, 536, 552, 562.

Ferdinand-Joseph, grand-duc de Würzburg, 325.

Fesch, cardinal, grand aumônier, 98, 105.

Feth-Ali, schah de Perse, 303.

Fouché, ministre de la police générale, 21, 88, 97, 111, 126, 144, 162, 165, 168, 213, 254, 395, 439, 514, 521.

François II, empereur d'Autriche, 219.

Frédéric, prince royal de Danemark, 70.

Frédéric, roi de Wurtemberg, 124, 226.

Frédéric-Auguste, roi de Saxe, 227.

Frochot, préfet de la Seine, 497.

Ganteaume, vice-amiral, 35.

Gaudin, ministre des finances, 17, 18, 23, 70, 74, 78, 99, 183, 187, 262, 276, 289, 360, 363, 382, 402, 419, 446, 505, 534.

Gouverneur des Sept Iles, 341.

Jean, infant, régent de Portugal, 22.

Jérôme Napoléon, roi de Westphalie, 196, 205, 220, 235, 267, 271, 272, 276, 303, 349, 351, 418, 460, 484.

Joseph Napoléon, roi de Naples, 3, 13, 14, 15, 20, 32, 57, 73, 82, 85, 91, 111, 117, 118, 127, 145, 168, 170, 210, 234, 267, 280, 302, 303, 315, 328, 335, 349,
369, 374, 381, 391, 449, 459, 496, 538, 550.

Jullien, général, préfet du Morbihan, 456.

Junot, général, commandant le 1ᵉʳ corps d'observation de la Gironde, 115, 151, 174, 184, 242, 254, 457, 461, 465.

Lacépède, grand chancelier de la Légion d'honneur, 71, 126, 129, 151, 358.

Lacoste, colonel, aide de camp de l'Empereur, 364, 456, 515, 581.

Lacuée, général, directeur général des revues et de la conscription militaire, 291.

Lebrun, prince, architrésorier de l'Empire, 163.

Lemarois, général, commandant la division des côtes de l'Adriatique, 334.

Louis Napoléon, roi de Hollande, 33, 38, 67, 92, 102, 138, 155, 190, 330, 372, 397, 449, 496, 553, 589.

Madame Mère, 359.

Maret, ministre secrétaire d'état, 218, 227, 326, 455.

Marie-Louise, régente d'Étrurie, 47, 215.

Marmont, général, commandant l'armée de Dalmatie, 223, 326, 376, 505.

Martin, vice-amiral, préfet maritime à Rochefort, 368.

Maximilien-Joseph, roi de Bavière, 410.

Menou, général, gouverneur général des départements au delà des Alpes, 176, 384.

Mollien, ministre du trésor public, 18, 25, 68, 79, 146, 403, 411, 469, 572, 582.

Moncey, maréchal, commandant les corps d'observation des côtes de l'Océan, 275.

Montalivet, directeur général des ponts et chaussées, 208, 482.

Mouton, général, commandant la division des Pyrénées orientales, 275.

Neuchâtel, prince, major général de la Grande Armée, 9, 11, 21, 23, 34, 35, 39, 48, 51, 52, 53, 55, 65, 71, 82, 97, 147, 180, 220, 223, 232, 304, 393, 428, 452, 491, 501, 508, 515, 516, 536, 566, 583.

Portalis, chargé des affaires des cultes, 24, 26, 46, 102.

REGNIER, grand juge, ministre de la justice, 125, 229, 354, 508.

ROSILY, vice-amiral, commandant l'escadre en rade de Cadix, 38.

SAVARY, général, en mission à Saint-Pétersbourg, 41, 63, 86, 88, 103, 148, 156, 172, 222.

SONGIS, général, commandant l'artillerie de la Grande Armée, 101, 437.

SOULT, maréchal, chargé du 2ᵉ commandement de la Grande Armée, à Elbing, 169, 345.

TOURNON (DE), chambellan de l'Empereur, 188, 444.

TREILHARD, conseiller d'état, président de la section de législation, 300.

VICTOR, maréchal, 39.

VILLEMANZY, administrateur général de la Grande Armée, 436.

LISTE DES PERSONNES

MENTIONNÉES DANS LE TOME XVI.

Achard, chimiste français. 409.
Adair, ambassadeur d'Angleterre à Vienne. 174.
Allemand, contre-amiral, commandant l'escadre de Rochefort, 224, 368.
Andréossy, général de division d'artillerie, ambassadeur de France à Vienne. 212, 230. 250.
Arancey (D'), général de brigade d'artillerie, chargé de faire l'inventaire de l'artillerie de la Toscane, 341.
Aremberg (Prince d'), colonel du régiment de ce nom, 71.
Armstrong, général, ministre des États-Unis d'Amérique à Paris. 288.
Artaud, ancien secrétaire d'ambassade à Rome, chargé d'affaires en Toscane, est destitué, 362.
Aubusson (D') Lafeuillade, ministre et envoyé extraordinaire à Naples, 230, 550.
Baguenault, banquier, 295.
Baratinski, amiral russe. 89.
Barbou, général de division. 161. 188.
Barrois, général de brigade, 51.
Bellavène, général de division, gouverneur du palais de Fontainebleau. 76.
Belliard, général de division, chef d'état-major du grand-duc de Berg, 53, 325, 371.
Bérenger, conseiller d'état, directeur général de la caisse d'amortissement. 451. 462.
Bergon, conseiller d'état, directeur général de l'administration des eaux et forêts, 75.
Bessières, général de brigade. 251, 252.
Bessières, consul général à Venise, 1; commissaire près le sénat des Sept Iles, 95, 211, 321.

Beugnot, conseiller d'état, membre de la régence de Westphalie en 1807. Le roi Jérôme peut l'employer comme ministre, 277.
Beurnonville, général, sénateur. Proposition à lui faire pour la cession du domaine de Colorno à la liste civile de Parme. 363-364.
Bisignano, prince, 328.
Bochud, capitaine adjoint, 162.
Bose (Comte de), ministre du cabinet et secrétaire d'état en Saxe, 230.
Boudet, général de division. 452.
Bouillerie (La), 289.
Boulogne (Abbé de), aumônier de l'Empereur, secrétaire du chapitre général des sœurs de Charité, 67.
Bourcier, général de division, commandant le dépôt de remonte de la Grande Armée, à Potsdam. 34.
Bourgoing, ministre plénipotentiaire de France à Varsovie, 51, 143, 230, 495.
Bourrienne (Fauvelet de), ministre plénipotentiaire près le cercle de basse Saxe. 23. 48. 78, 79, 380.
Boussart, général de brigade, 162.
Brême, ministre de l'intérieur du royaume d'Italie, 302.
Brissac, candidat au Corps législatif, 77.
Brun, général de brigade. 164.
Bruyères, général de brigade, 182.
Burr, mention de la conspiration de Burr. 294.
Caffarelli, général de division, ministre de la guerre et de la marine du royaume d'Italie. 54, 168, 358, 376.
Caignet, capitaine adjoint, 162.

83.

CANISY, écuyer de l'Empereur, 407. 464.
CARAFFA, cardinal, 481.
CARDENAU, général de brigade, commandant en second à Corfou, 83.
CARNÉ, sous-préfet du département du Finistère, paraît défavorable aux possesseurs de biens nationaux, 446.
CASSAGNE, général de brigade, 162.
CASSANO (Duc DE), 328.
CAVALETTI, 481.
CETTO, envoyé extraordinaire et ministre plénipotentiaire de Bavière à Paris, 29.
CHABRAN, général de division, 560.
CHAMEAUX, adjudant commandant, 162.
CHARPENTIER, général de division à l'armée d'Italie, 44, 214, 433.
CHASSELOUP, général de division du génie, 53, 247, 248.
CLAUZEL, général de division, 44, 160.
COLLIN, conseiller d'état, directeur général des douanes, 58, 100.
COLONNA, prince, commandant de la garde nationale de Naples, 328.
COSMAO, contre-amiral, 535.
DARMAGNAC, général de brigade, 333, 412, 415, 474.
DECAEN, général de division, capitaine général aux îles de France et de la Réunion, 37.
DEFERMON, ministre d'état, 263, 285, 390.
DENNIÉE, secrétaire général de la guerre, inspecteur en chef aux revues, nommé, le 4 mars 1808, intendant général des armées en Espagne, 282.
DENON, membre de l'Institut, directeur général des musées, 100.
DEPONTHON, officier d'ordonnance de l'Empereur, envoyé à Saint-Pétersbourg, 41, 42, 103.
DESPREZ, banquier, 113.
DIDELOT, envoyé extraordinaire et ministre plénipotentiaire de France près le roi de Danemark, 78, 230.
DREYER (Baron DE), envoyé extraordinaire et ministre plénipotentiaire du Danemark à Paris, 1, 29.
DROUET, général de division, 417.

DUBOIS, conseiller d'état, préfet de police, 523.
DUBOIS-THAINVILLE, consul de France à Alger, 360.
DUPAS, général de division, chargé d'un commandement à l'armée du Nord, 452, 453.
DURAND, ministre de France à Stuttgart, 446.
DURANDEAU, commandant la garde nationale de Viteaux (Côte-d'Or), décoré pour sa conduite courageuse contre des brigands, 151.
FAUCHE-BOREL, 88.
FERNAN-NUÑEZ (Duc DE), 561.
FERRET, capitaine adjoint, 162.
FONTAINE, architecte des palais et bâtiments impériaux à Paris, 477, 478.
FOUCHARD, capitaine adjoint, 162.
FOURCROY, conseiller d'état, directeur général de l'instruction publique, 337, 338, 339.
FRIANT, général de division, 53.
FRIAS (Duc DE), ambassadeur extraordinaire de Charles IV, roi d'Espagne, 8, 21.
FRIEDERICHS, général, 416.
FROCHOT, conseiller d'état, préfet de la Seine, 523.
GAILLANDE, vice-consul au cap de Bonne-Espérance, 111.
GAILLARD, capitaine adjoint, 162.
GALLO (Marquis DE), ministre des affaires étrangères du royaume de Naples, 211, 328.
GALUPPO, 348.
GOBINOT, général de brigade, 162.
GOMER, consul général à Amsterdam, 74, 294.
GOTHA (Duc DE), 476.
GOWER (Lord), ambassadeur d'Angleterre à Saint-Pétersbourg, 104, 157, 174.
GRASSINI (Mme), actrice à l'Opéra, 151.
GROUCHY, général, 53, 180, 474.
GUILLEMINOT, général, 103.
HALMA (Abbé), 575.
HARDENBERG, préfet en Westphalie, 350.
HAUTERIVE, 362.
HÉDOUVILLE, 562.
HERMAN, 186, 447.
HOHENLOHE (Prince DE), 219.
HOHENZOLLERN (Prince de), 28.
INFANTADO (Duc DE L'), 574.

LISTE DES PERSONNES MENTIONNÉES. 661

Jomini, adjudant commandant attaché à l'état-major du maréchal Ney. 112.

Joubert. 299.

Jourdan, maréchal, gouverneur de Naples. 315.

Jusuf-Aga, ambassadeur extraordinaire du schah de Perse. 304.

Kellermann, maréchal, commandant en chef l'armée de réserve. 164, 292.

Kollontay, publiciste polonais. 130.

Koubakine (Prince), ambassadeur de Russie à Vienne. 213, 250.

Lachevardière, consul à Dantzig. 16.

Lacuée, ministre d'état, directeur général des revues et de la conscription, général de division. 27, 238, 282, 380, 421, 427.

Lagrange, général de division. 523.

Lannes, maréchal. 52.

Laplane, général de brigade. 162.

Laroche, général. 154.

Lasalle, général de division. 582.

Lauriston, général de division. 2, 3, 19, 54.

Laval, général de brigade. 162.

Lavallette, conseiller d'état, directeur général des postes. 374.

Le Camus. 273.

Lechi, général de division. 212, 252.

Lefranc, général de brigade. 164.

Legrand, général de division. 54.

Lepic, général de brigade. 444, 565.

Liger-Belair, général de brigade. 162.

Lima, ambassadeur de Portugal à Paris. 50, 51.

Loison, général de division. 154.

Malher, général de division. 161, 501.

Marescalchi, ministre des relations extérieures du royaume d'Italie, résidant à Paris. 183.

Marescot, général de division, 1ᵉʳ inspecteur général du génie. 62.

Masséna, maréchal, commandant le 5ᵉ corps de la Grande Armée. 52-53.

Masserano (Prince de). 561.

Mecklenburg-Schwerin (Prince de). 476.

Mériage, second secrétaire de l'ambassade de France à Vienne. 78.

Merle, général de division. 412, 417, 473, 474, 492, 501, 502.

Merle de Beaufonds, receveur. 521.

Metternich (Comte de), ambassadeur d'Autriche à Paris. 50, 212.

Michelson. 41.

Milhaud, général de division. 182.

Molitor, général de division. 181, 232, 430.

Moncenigo. 329.

Mondragone (Duc de), ambassadeur de Naples à Saint-Pétersbourg. 302, 484.

Montesquiou, officier d'ordonnance. 103, 156.

Montrichard, général de division. 328.

Morangiès, général de brigade. 340.

Morio, colonel. 271.

Morlot, général de division. 164.

Mortier, maréchal. 52, 53; commandant en Silésie. 181, 182, 515.

Nansouty, général de division. 53.

Nardon. 3.

Nazimof, général russe. 325.

Ney, maréchal. 52-53.

Nugent, colonel autrichien. 219.

Ordener, général de division, sénateur. 54.

Otto, ministre de France en Bavière. 476.

Oudinot, général de division. 53, 181, 431, 435, 437.

Pajol, général de brigade. 181.

Pannetier, général de brigade. 162.

Paradisi, conseiller d'état du royaume d'Italie, nommé commissaire pour déterminer les limites de l'Isonzo. 212.

Parceveaux. 396.

Pérignon, maréchal, gouverneur général de Parme et Plaisance. 261, 481.

Péruggon, aide de camp du prince de Neuchâtel. 103.

Perrégaux, banquier. 8.

Poniatowski, prince. 131, 494.

Pontevès, auteur d'un ouvrage remarqué par l'Empereur. 529.

Potocki (Comte Stanislas), chambellan de l'Empereur. 131.

Ramel, adjudant commandant. 9.

Rayneval, secrétaire d'ambassade. 92.

Regnaud de Saint-Jean-d'Angely, ministre d'état. 120, 283.

Rewest, adjudant commandant, 162.
Rhimberg, banquier, 295.
Riboisière (La), général de division d'artillerie, 53. 414, 415, 464, 566.
Romanzof (Comte Nicolas de), ministre des affaires étrangères en Russie, 173.
Rosily, vice-amiral, commandant l'escadre française à Cadix. 38, 224, 226, 330.
Rostollant, général de brigade. 232.
Roulet, 396.
Ruffin, général de division. 162.
Ruffo (Louis), cardinal-archevêque de Naples. 504.
Ruffo (Fabrice), cardinal, 504.
Saint-Aignan, 156.
Saint-Cyr (général Gouvion), commandant le camp de Boulogne. 480.
Saint-Hilaire, général de division, 35, 53.
Salligny, général, 315.
Salmatoris, intendant des biens de la Couronne au delà des Alpes, 264.
Schramm, général de brigade, 290.
Sebastiani, général de division, ambassadeur à Constantinople, 40, 103, 133, 288, 326.
Ségur (Comte Louis-Philippe de), conseiller d'état, grand maître des cérémonies, 50, 54.
Seras, général de division, 122.
Serra, résident de France à Varsovie, 230.
Siméon, conseiller d'état, membre de la régence du royaume de Westphalie, 277.
Simone, capitaine de vaisseau, conseiller d'état du royaume de Naples, 382.

Siniavine, amiral russe, 89, 91, 104, 145, 172, 221.
Six, ambassadeur de Hollande à Saint-Pétersbourg, 484.
Solano, général, marquis del Socorro, commandant une division espagnole dans l'armée de Portugal, 448, 465, 468-469, 475.
Spada, prince, 293.
Staël (Mme de), 219, 254.
Starhemberg, ambassadeur d'Autriche à Londres. 174-588.
Suchet, général de division, 53.
Taviel, général de brigade d'artillerie, 251.
Thévenin, 520.
Thibaudeau, conseiller d'état, 70.
Thomas, adjudant commandant, 162.
Vandeul, second secrétaire de l'ambassade de France à Madrid, 468.
Vedel, général de division, 161.
Verdier, général, désigné pour commander une division de réserve en formation à Orléans, 290.
Verdière, général de division, 169, 182.
Ver Huell, amiral hollandais, 366.
Victor, maréchal, 52, 53, 102.
Waldeck (Prince de), 476.
Walther, général de division, 53, 71.
Watteville, 25.
Winzingerode (Comte de), ancien ministre de Wurtemberg, recommandé par l'Empereur au roi Jérôme, 460.
Zajoncheck, général de division, 130.

TABLE

DES MATIÈRES DU TOME XVI.

	Pages
Rapport à S. M. l'Empereur, par S. A. I. le Prince Napoléon	1
Correspondance du 1ᵉʳ septembre 1867 au 13 avril 1808	1
Supplément	586
Table analytique	591
Liste des personnes à qui les lettres sont adressées	655
Liste des personnes mentionnées dans le tome XVI	659

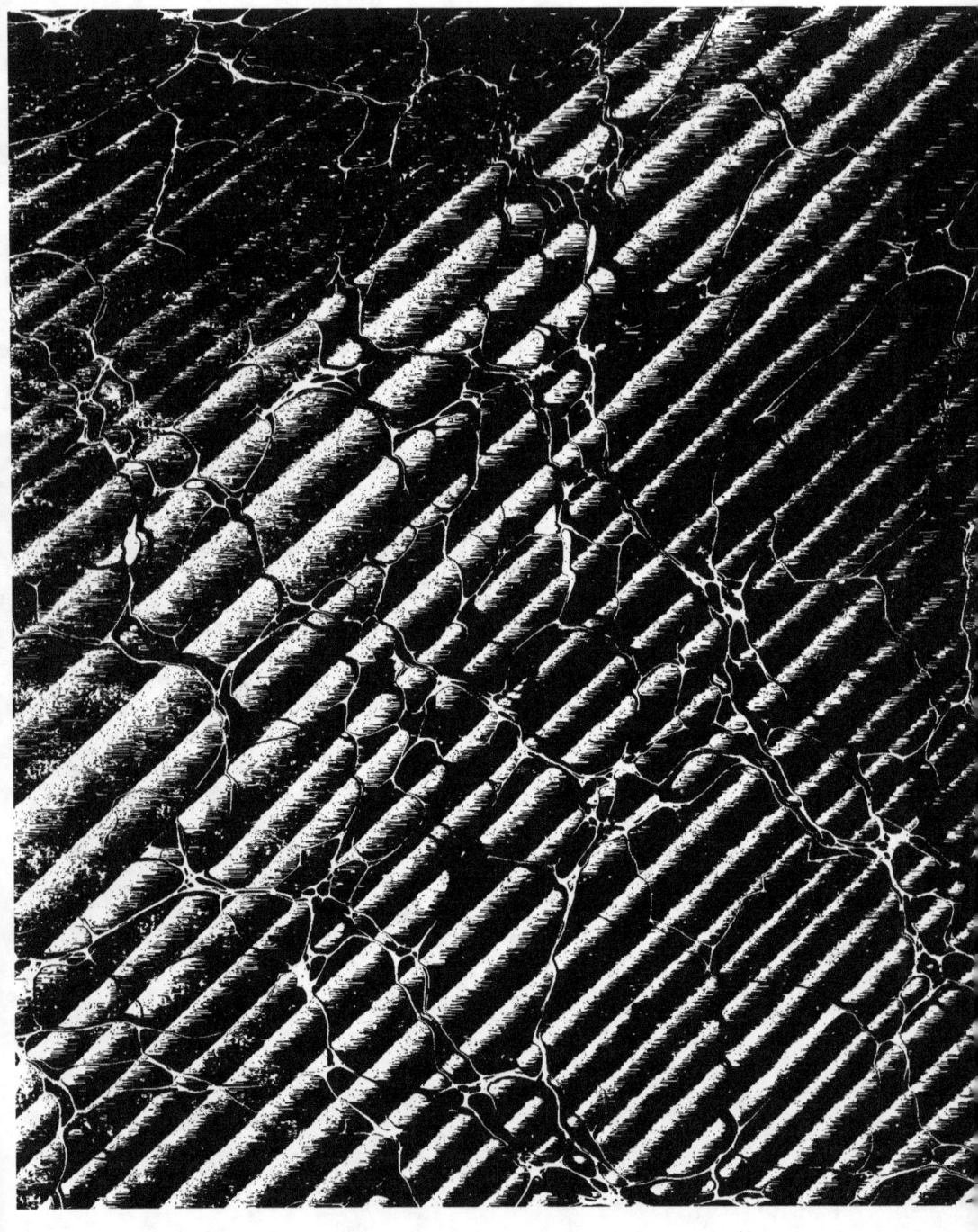

www.ingramcontent.com/pod-product-compliance
Lightning Source LLC
Chambersburg PA
CBHW050056230426
43664CB00010B/1345